現代中国の留学政策

――国家発展戦略モデルの分析――

白土　悟

九州大学出版会

目次

中国の主要な地域（2010年現在）

序章　本研究の概要

第一節　研究目的

一九四九年十月一日、中華人民共和国が成立した。中華人民共和国は中国語では「新中国」あるいは単に「中国」と呼ぶのが普通である。「台湾」は公式には中華人民共和国の一省として「台湾省」とされている。つまり通常、「中国」の総面積は約九六〇万平方キロメートルという中には「台湾省」の三六、一九〇平方キロメートルが含まれ、また行政区分である「四直轄市・二三省・五自治区・二特別行政区」という中にも「台湾省」は含まれている。しかし、日本では「中国」と呼ぶ場合、「大陸」を指し、「台湾」を含めない場合が多い。従って、ここでも「新中国」あるいは「中国」の語を使用する際、「台湾」を含めないことにする。「台湾」は「中国」の実効支配を受けておらず、「中国」の留学政策とは異なる独自の留学政策を実行しているからでもある。

また、中国では時代を「近代」（一八四〇年アヘン戦争～一九一一年辛亥革命）、「現代」（一九一二年一月中華民国成立～一九四九年）、「当代」（一九四九年十月中華人民共和国成立以後）に大別する。従って、「新中国」は「当代中国」と同義である。だが、日本では〈近代〉は明治維新（一八六八年）から太平洋戦争終戦（一九四五年）までを指し、〈現代〉は終戦後を指している。従って、「新中国」・「当代中国」は日本の〈現代〉に当たるので、〈現代中国〉と訳すことができる。

さて、「近代」「現代」中国における学術・教育分野は、清朝末から新中国成立まで、日清戦争、辛亥革命、満州事変、抗日戦争、国共内戦と、戦乱が続いたために発展が著しく阻害された。中国の「近代」留学史は清朝政府が一八七二年八月、官費留学生三〇人を米国に派遣したことに始まる。これを皮切りに、戦乱の最中、米国、欧州、日本、ソ連への留学潮流が形成されていった。この時代の留学教育――留学派遣による人材育成――は学術・教育分野の発展を支える有能な人材を多く育てたが、国内の大学や研究機関が戦乱により辺境に疎開、あるいは閉校したため、彼らは能力を十全に発揮することができなかった[1]。

新中国成立後、漸く復興の時代を迎え、学術・教育分野は順調に発展し始めた。留学教育は国家の政治的指導人材および学術・教育の発展を推進する中核的人材の育成政策と位置づけられ計画的に実行された。国家の「発展」概念と留学教育が結合されたのである。このような事例は現在では珍しいのではないだろうか。近くでは明治日本に見ることができるだけである。

こうして振り返れば、中国留学史は二〇一二年八月に一四〇年目を迎える。その間、主要な留学目的、留学政策や留学制度、留学先国などは変化してきたが、留学規模は今日までほぼ一貫して拡大している。特に、一九七八年の改革開放以降、三〇年間で留学規模は史上、最も急速に拡大した。現今、世界最大の留学生送り出し国となった。

ところで、現代の留学はほとんどが個人の主体性に基づいて行われている。個人が留学条件を調べ、奨学金に応募し、海外の大学に入学する。しかし、独立国家における教育の主体は国家社会である。第二次世界大戦後、米ソをはじめ先進国や途上国は、近代化理論、世界システム理論、経済のグローバル化理論、人的資本理論、プッシュ・プル理論などを根拠として、国家社会として留学政策を制定してきた。それら理論は留学政策を時代的要請によって国家社会が行う必然的行為であると論じてきた[2]。すなわち、戦後の留学交流の隆盛は、個人的意志によって行われる主体的行動の結果であると同時に、個人的意志を越えるところの時代的要請によって国家社会が行った留学政策の必然的結果でもある。従って、ある国家社会の留学動向を理解するためには、その国家社会の留学政策を分析することから始めるのが妥当であろう。

国家社会の留学政策は、個性豊かな個々人の「集合体」である「留学者」の国際的流動を推進する基本的枠組みである。「留学者」とは、海外の教育機関に学んでいる点が共通しているというだけで、個々人の個性を無視して一括りにした集合名詞である。個人的意志による主体的行動としての留学を通して、個々の人生はドラマティックに展開している。だが、国家社会の留学政策の分析では、個々人はほとんど取り扱わない。

留学政策の諸規定には、留学派遣の目的、試験制度、社会的期待、留学者の社会的地位や階層、留学後の職業等々だけではなく、海外生活における留学者の管理や支援政策、帰国後の就職斡旋制度や家族の優遇政策等々も明記されている。このように留学政策は留学の客観的情況の重要な部分を規定しており、個々人の留学意識にも少なからず影響を与えている。また留学政策の諸規定から得られる情報には、受け入れ国や受け入れ大学の留学生政策の変更や留学生の修学・生活上の指導にとって役立つものが少なくない。

さて、本研究では新中国成立後の留学政策について、具体的内容をその時代背景を含めて考察するつもりである。留学政策の諸規定を見ると、時代とともに変化したものもあれば、過去のままで変更されていないものもある。また留学政策は政変や金融危機など不可抗力的な政治・経済的要因によって急遽変更され、あるいは停止されることもある。このように留学政策には不易の部分と刻々と変化する部分がある。このことを踏まえて、ここでは次の三つの疑問を解明することを目的にしたい。

第一に、各時期の留学派遣政策の具体的内容とその社会的背景はどのようなものか。

第二に、在外留学者に対する管理政策および帰国奨励政策とはどのようなものか。

第三に、中国人の海外留学は将来も増え続けるのか。

すなわち、第一の疑問については、各時期の知識人政策（知識分子工作）に着目したい。ここでいう知識人（知識分子）とは、後に詳しく説明するが、略言すれば、一定の科学的・文化的知識を有する人々である。中央政府の留学派遣政策は中国共産党の政治的意図に則して決定されるが、最も大きな影響を与えた政治的意図はその知識人政策である。留学者は中国では知識人という範疇に入る。知識人は建国から文化大革命の終結する一九七〇年代半ばまでの階級闘争路線下では反革命に転じやすい存在と見なされ、政治的・経済的に冷遇され、その社会的・文化的活動は厳しく抑制されてきた。だが、改革開放路線への変更後、学術・教育の振興のために知識人が必要とされ、知識人尊重政策が取られた。これによって、知識人の海外留学は急速に増大したと思われるのである。

第二の疑問については、送り出した留学者に対する海外生活の管理・支援体制および彼らを国家の発展に貢献させるために呼び戻す帰国奨励政策や就業・創業政策を明らかにする。こうして第一、第二の疑問を明らかにすることによって、第三の疑問である中国人の海外留学の将来動向をある程度見通すことができるのではないかと思われる。

第二節　研究方法

研究は次のような方法で行った。

第一に、留学政策のテキスト分析を行った。中国における数多くの政策文献や留学政策関連法を考察した。因みに、通常「法律」という語は、最高権力機関、日本では国会、中国では全国人民代表大会などで議決され成立したものを指す。これに対して「法」という語はあらゆる形式で出されるすべての国法を指し、法律を含む広い概念として用いられる。ここでもその用法に従うことにしたい。

ところで、ここにいう政策文献とは指導者の講話や中国共産党・中央政府の布告などで、留学政策の制定に影響を及ぼした文献を指す。政策文献は従来から公開され入手可能であった。他方、留学政策関連法は入手困難であった。中央政府や地方政府の留学政策は常に法律その他の関連法によって表現されるので、政策の理念・目的や方法を知るには実際の法律や関連法を吟味する必要がある。しかし、法律は入手できても、それ以外の関連法は入手することが難しかったのである。そのため政策文献と留学政策の制定との因果関係を明確に把握することができなかった。

中央・地方政府の留学政策関連法は関係機関宛に発布されるだけで、一九八〇年代中期まで一般国民に公示されなかった。恐らく教育の対外関係は外交政策（外事工作）に関連するものとして非公開が原則ではなかったかと思われるが、たとえこの原則が厳密に適用されるものではないとしても、関係者以外に窺い知る術はなかったのである。

しかし、一九八〇年代中期以降になると、漸く「規定」という形式で政策が提示されるようになった[3]。だが、それを基本にして後日発布される「補充規定」や「通知」など、その実施に関する詳細や変更の情報は一般には入手困難のままだった。しかし、冷戦終結後、改革開放が一層進んだ結果、二〇〇〇年前後から法は大小にかかわらず安価な冊子や『法律年鑑』等で公開されるようになった。留学政策関連法も例外ではない。非常に大きな変化であった。

近年、次のようなものがある。李滔主編『中華留学教育史録』（高等教育出版社、二〇〇〇年一月）は、一九四九年から九七年までの留学政策関連法とその他関係文書を時代順に収録した史料集である[4]。また、何東昌主編『中華人民共和国重要教育文献』（海南出版社、二〇〇三年）全四巻のシリーズは、一九四九年から二〇〇二年までの国内外の重要な教育文書、教育法規（「条例」、「規定」、「辦法」）や「通知」、「意見」、「決定」、「報告」などを網羅的に収録している[5]。

最近は中国も情報化が進み、中央政府の各官庁や地方政府が政策文献・法規などをホームページで公開するようになった。これもまた甚だ大きな変化である。世界各地からアクセスして、無料でこれら第一次史料を入手できるので、中国研究は国内外でかなり速いスピードで進展するものと思われる。本研究においてもこれらホームページを参照した。

第二に、地方政府の留学政策に関しては現地面接調査と資料収集を実施した。地方政府とは省級・副省級・地級・県級の人民政府を指す（第一章第四節参照）。その最上位の行政区である省級の地方政府とは省・直轄市・自治区（通常「省・市・自治区」と略される）を指すが、その地方政府の動向は、中央政府の政策文献や留学政策関連法だけでは分からない部分がある。中央政府の方針の枠の中で各地方の実情に合わせて独自の政策を規定しているからである。実際に地方政府の政策文献や留学政策関連法は今日でも甚だ入手困難である。地方年鑑・地方政府報告書などに断片的な記事を若干見出すことができるだけであり、研究書・論文も見当たらないのである。

経済特区の留学政策については、一九九五（平成七）年三月、広東省深圳市と海南省海口市において政府・大学関係者および留学帰国者に面接した。また民族自治区の留学政策については、李滔主編『中華留学教育史録』（二〇〇〇年）に若干の史料が掲載されているが、甚だ心もとない情況である。筆者は一九八八（昭和六十三）年七月～十月に新疆ウイグル自治区のウルムチ市、カシュガル市、イーニン市などで学校調査に従事し、また一九九二（平成四）年八月に内蒙古自治区フフホト市、二〇〇二（平成十四）年九月に新疆ウイグル自治区のウルムチ市を訪問し教育庁等の留学関係者に面接した。その際、若干の関係資料が得られた。だが、知り得なかった事柄も少なくない。ここに知り得た範囲で叙述したいと思う。

第三に、留学政策の歴史的背景に関しては、中国共産党の知識人政策を中心にして政治史、経済史、高等教育史、民族教育史の公式の政策文献や研究文献の中から関連事項を抽出して分析した。

第四に、創業政策に関しては、一九九五（平成七）年に広州の留学人員創業園、二〇〇六（平成十八）年に青島の留学人員創業園を訪問、また留学帰国者の同窓会に関しては、北京の欧美同学会、上海市欧美同学会、広州留東同学会などを訪問し、面接と資料収集を行った。

第三節　先行研究の検討

1　「近代」「現代」留学史の研究

中国における中国人海外留学の研究は、その概況を述べた姚夏瑗「二〇世紀以来的留学史研究」（二〇〇五年）によれば、文化大革命以後、一九七〇年代末から徐々に活発になり、一九九〇年代～二十世紀末は「研究の開拓と深化」の時期となり、二〇〇〇年以降は「研究の発展」の時期を迎えた。そして、現在のところ最も多い研究は、「近代」「現代」（一八四〇～一九四九年）の留学運動とその成果に関するものである。(6)

一九九〇年代以後の単行本に限って見ると、王奇生『中国留学生的歴史軌跡（一八七二～一九四九）』（湖北教育出版社、一九九二年）や同『留学と救国：抗戦期間海外学人群像』（広西師範大学出版社、一九九五年）、李喜所『近代留学生与中外文化』（天津人民出版社、一九九二年）、田正平『留学生与中国教育近代化』（広東教育出版社、一九九二年）、孫石月『中国近代女子留学史』（中国和平出版社、一九九五年）、李喜所・劉集林他『近代中国的留美教育』（天津古籍出版社、二〇〇〇年）、謝長法『中国留学教育史』（山西教育出版社、二〇〇六年）、胡連成『走向西洋――近代中日両国官派欧美留学之比較研究一八六二～一九一二』（吉林大学出版社、二〇〇七年）、張澤宇『留学と革命――二〇世紀二〇年代留学蘇聯熱潮研究』（人民出版社、二〇〇九年）、葉雋『異文化博弈：中国現代留欧学人与西学東漸』（北京大学出版社、二〇〇九年）などがある。また、同時期、留学史料集として、陳学恂・田正平編『中国近代教育史資料匯編――留学教育』（上海教育出版社、一九九一年）が発刊されている。これら著作は表題から分かるように、ほとんどが中国の「近代化」に焦点を絞り、優秀な留学者たちが帰国後、政治・軍事・学術・教育等々の諸分野で果たした功績を究明している。(7)

他方、日本では、さねとう・けいしゅう『中国人　日本留学史』（くろしお出版、一九六〇年初版、一九七〇年増補版）が一八九六（明治二十九）年から一九三七（昭和十二）年までの留日中国人学生の革命・抗日運動史を考察している。近年では、日中韓三国の研究者による論文集、大里浩秋・孫安石編『中国人日本留学史研究の現段階』（御茶の水書房、二〇〇二年）があるが、清末・明治期・満州国等の日本留学史研究である。(8)

このように「近代」「現代」研究が単行本・史料集となって発刊されている一方、「当代」研究では、論文・報告類は多数出されているが、単行本はまだ少ない。

2 「当代」留学史の研究

「当代」留学史に関しては、国家教育委員会外事司編『教育外事工作：歴史沿革与現行政策』（北京師範大学出版社、一九九八年）がまず挙げられる。「当代」の教育交流政策を全般的に解説した公的文献であるが、留学派遣政策、帰国奨励政策、外国人留学生受け入れ政策など留学政策史の叙述は簡略である。[9]

同じく一九九八年に、丁暁禾主編『中国百年　留学全紀録（全四冊）』（珠海出版社、一九九八年）が発刊されているが、これは清末から中華人民共和国の一九九〇年代半ばまでの留学史を主に各時代の政治・経済・科学などの発展に貢献した人物を中心に描いた大著である。留学人物伝と言ってもよいだろう。[10]また、田正平主編『中外教育交流史』（広東教育出版社、二〇〇四年）は明末清初から中華人民共和国の最近までの教育交流史（十六世紀末～二〇〇九年）を政策・制度を中心に叙述した大著である。[11]

更に、特定国への留学史研究もなされている。瀋殿成主編『中国人留学日本百年史（一八九六～一九九六）』（遼寧教育出版社、一九九七年）は清末から一九九〇年代半ばまでの日本留学史を叙述したものであり、郝世昌・李亜晨『留蘇教育史稿』（黒龍江教育出版社、二〇〇一年）は、清末から一九六〇年代半ばまでのソ連留学が新中国の政治・教育の領域に与えた深い影響を総括することを試みている。これら著作は「近代」「現代」「当代」という一〇〇年以上の長い期間を叙述しているが、通史のもつ性質上、留学政策・制度の時代背景に関する叙述は簡略であり、留学政策・制度の理念や社会的意義よりもむしろ海外留学の量的拡大や留学帰国者の個人的業績などに叙述の力点を置き、留学運動の成果を評価しようとしている。それは通史に共通した傾向である。[12]

3 「当代」の留学政策・留学生問題の研究

「当代」中国の留学政策研究としては、中国高等教育学会の下部組織である全国出国留学工作研究会の論文集『全国出国留学工作研究会成立十周年紀念文集』（北京大学出版社、二〇〇二年）がまず挙げられる。また、公費派遣政策に関する研究には、陳学飛他『留学教育的成本与収益——我国改革開放以来公派留学効益研究』（教育科学出版社、二〇〇三年）がある。公費留学の帰国者にアンケート調査を行い、公費派遣のコスト・ベネフィット分析を行ったものである。中国教育部の委託を受けて行われた、最初の公費派遣政策の本格的な評価研究である。[13]

また、帰国奨励政策の研究では、陳昌貴『人材外流与回帰』（湖北教育出版社、一九九六年）がある。これは米国在住の元中国人留学者に対するアンケート調査によって一九九〇年代の不帰国の原因を実証的に追究している。葉傳昇『人材戦争』（中国文聯出版社、二〇〇一年）は国際労働市場での人材獲得競争の視点から中国の「人材流失」問題を考察している。程希『当代中国留学生研究』（香港社会科学出版社、二〇〇三年）は在外留学生の帰国と米国移民の趨勢に関する論文集である。[14]

他方、日本における「当代」中国の留学政策研究の論文は多い。但し、単行本・報告書はまだ少ない。岡益巳・深田博己『中国人留学生と日本』（白帝社、一九九五年）、『平成六〜八年度文部省科研報告書：帰国中国人留学生の比較追跡調査による留学生教育の改善と展望に関わる研究』（研究代表者　遠藤誉、一九九七年）などを挙げることができる。前者は在日中国人留学生の修学・生活・就職意識など多方面の調査報告であり、後者は留学帰国者に対するアンケートによって日本留学の評価を明らかにしようとしたものである。更に、段躍中『現代中国人の日本留学』（明石書店、二〇〇三年）は、日本留学終了後に日本に滞在して活躍する新華僑の定住と社会貢献を究明したものである。また、王雪萍『当代中国留学政策研究：一九八〇－一九八四年赴日国家公派本科留学生政策始末』（世界知識出版社、二〇〇九年）は、日本との国交回復直後に国家派遣された学部留学生の面接調査によって当時の派遣政策の目的とその派遣停止の原因を究明したもので、慶應義塾大学大学院に提出された博士論文を再整理したものである。[15]

第四節　本研究の意義

本研究の意義は主に次の点にあると思われる。

(1)「当代」中国の海外留学は、ほぼ一〇年の文化大革命期（一九六六～七六年）の停滞を除けば、一貫して増加してきた。特に、改革開放以降は、かつてない規模で増加している。中国は二〇〇八年現在、世界最大の留学生送り出し国であり、今後も増加すると予測されている。しかし、「当代」における今日までの六〇年間の歴史的・社会的背景を踏まえた留学政策研究は甚だ少なく、知識人政策（知識分子工作）という、より広い政治的文脈の中で考察したものはない。本研究はこの点に特色がある。

(2)「当代」中国は高度人材を蓄積する方法として公費派遣政策と帰国奨励政策を手堅く実施している。発展途上国の中には、留学帰国者にあまり期待をかけず、帰国後の支援もほとんどしない国が多い。それとは対照的に、中国は留学政策を国家発展戦略として位置づけ、一定の成果を収めている数少ないケースである。中国の留学政策の分析は発展途上国の留学政策の在り方を批判的に検討する材料を提供するという普遍的な意義を有する。

(3)　中国人留学者は世界各国で増加している。彼らの教育問題・生活問題・就職問題・移民問題などは受け入れ国政府や教育機関にとって重要な課題となっている。ところが、送り出し国である中国の留学政策の意図についてはほとんど了解されていない。中国の留学政策は社会の発展段階に応じる人材需要を満たすために実施され、かつ留学者の各種問題に対応するために絶えず調整されている。受け入れ国政府や教育機関にとって送り出し国側の論理を知ること、即ち中国の留学政策の制定過程と具体的内容およびその変遷を知ることは、現在および将来の中国人留学者の受け入れ体制や留学終了後の就職問題を考えるうえで不可欠である。

(4)　日本は一九七八年九月、日中平和友好条約を締結した。その直後から大量に中国人留学生を受け入れてきた。二〇〇八年五月現在、日本の高等教育機関等に在籍する中国人留学生は在日留学生総数の六〇パーセント以上を占める。従って、中国人の海外留学の将来動向を考慮せずに、在日留学生の将来動向を予測することはできないのである。

（5）二〇〇八年七月、日本政府の六つの関係省庁は国家戦略として「〈留学生三〇万人計画〉骨子」を公表した。二〇二〇年までに留学生を三〇万人まで増加させる計画である。少子高齢化による将来の労働力不足を補い、また巨大なアジア市場に進出するために、アジア人留学生の国内企業への採用拡大を視野に入れたものである。つまり、日本の留学生政策の理念は「人材育成に関する途上国援助」から「海外高度人材の日本導入」という方向に転換した。今後、日本で就職する留学生が増加していくと想定すれば、彼らの日本社会での中・長期的な定住化支援が課題として浮上してくるだろう。二〇〇八年現在、留学終了後に日本で就職している留学生の大半は中国人である。彼らの日本留学の将来動向は日本の将来の労働市場の課題に直接関連しているのである。

第五節　本書の構成

本書は序章および終章のほか、一二章から構成される。次の通りである。

第一章では、中国の留学政策を考察するための基本的視角について論述する。つまり、留学政策の基本構造と歴史的な時期区分について検討する。

第二・三・四章では、新中国初期および文化大革命期における留学政策と知識人政策について考察する。第二章では新中国成立直後の在外留学者の帰国事業を取り上げ、第三章では同時期のソ連・東欧の社会主義国家への国家派遣政策（一九五〇～六五年）を取り上げるが、これら帰国事業・派遣政策の背後には、知識人を国家の発展に不可欠な高度人材と見なす、謂わば「知識人尊重政策」が存在した。だが、他方で階級闘争路線下では、知識人をブルジョア階級の世界観を多分に残す「反革命に転じやすい存在」と見なす見方も根強く存在していた。すなわち、知識人に対する肯定的見方と否定的見方の両方が混淆していたのである。第四章で取り上げる文化大革命期（一九六六〜七六年）には、まさに知識人を「反革命に転じやすい存在」とする見方一色になり、知識人の弾劾と再教育を基本内容とする「教育革命」が実施された。これにより高等教育・留学交流が停滞するなど、高度人材育成に大きな空白が生じるが、その損失の実情について考察する。

第五・六・七章は、改革開放期における国家派遣、機関派遣、自費留学の各留学政策とその社会的背景を考察する。まず第五章では、階級闘争路線下での知識人に対する否定的見方を完全に払拭し、改革開放路線下での「知識人尊重政策」を確立した「撥乱反正」期（一九七六〜七八年）の政治転換と、それを背景とした改革開放前期の国家派遣と機関派遣の拡大政策を考察する。第六章では、冷戦終結とともに社会主義市場経済建設を標榜した後の国家派遣と機関派遣の改革と発展について、第七章では改革開放以降、経済成長とともに活発になった自費留学に関する制度的整備の問題について考察する。

第八・九章では、中央政府と地方政府における留学者の帰国奨励政策の内容と成果について考察する。中央政府では教育部と人事部主導で帰国奨励政策が進められる。他方、地方政府では、経済特区や沿海開放都市で市場経済化が進むにつれ、人材需要が高まり、留学者の導入政策（留学者の就業・創業政策）が開始された。留学者の導入政策に関して、全国に先駆けた経済特区の深圳と海南省の事例および沿海開放都市の中から大都市の北京・上海・広州の事例を、現地調査を踏まえて考察する。

第一〇章では、地方政府のひとつである民族自治区政府の留学政策についてその沿革と現状を考察する。民族自治区の留学政策は民族政策・民族教育政策と密接に関連して実施されてきたが、沿海部の他省に比べればそれほど活発に行われたわけではない。しかし、近年、西部大開発戦略の下に国際的人材の育成がそれら辺境の地でも重要な課題となってきた。

第一一章では、留学帰国者の個人的な就業情況と留学帰国者が各地で結成した同窓会の活動および在外留学生団体との国際的連携について考察する。今後、これらの団体の活動は国内の社会貢献や国際的な学術交流・経済交流・文化交流において広範に影響力を持ってくるものと思われる。

第一二章では、中国人の海外留学の将来動向について、主に第五章から第七章で考察した公費・自費留学政策の趨勢をベースに理論的推論によって明らかにするとともに、受け入れ国としての将来動向、ＷＴＯ加盟後の大学主導の留学交流の趨勢についても論述する。

終章では、全体のまとめ及び日本と中国の将来の留学交流について提言を行うことにしたい。

一九八〇年代には日本の経済力が中国を圧倒していたが、二〇〇〇年以後は中国の経済力が日本を凌ぐ勢いである。今や中国は日本とは政治において拮抗しながらも、経済においては重要なパートナーとなりつつあることは周知のことであろう。年々増加する在日中国人留学生は、日本と中国との将来の政治・経済関係、学術交流、文化交流に少なからず影響を与えるだけではない。日本の少子高齢化による熟練労働力の不足を補う高度人材として重要視される昨今である。今こそ、中国人の海外留学の歴史的推移と将来動向を把握しておくことが必要であると思われる。

【注】

（1）　学術・教育が阻害された例は次の文献に見ることができる。ジョセフ・ニーダム／ドロシー・ニーダム編『科学の前哨：第二次大戦下の中国の科学者たち』（山田慶児・牛山輝代訳）平凡社、一九八六年、参照。これは日中戦争の最中、一九四二年秋～四六年春まで中英科学技術合作館の事業として、西南・西北地域に退却して知的交流を失った中国人科学者たちのもとを訪問し研究援助を行ったジョセフ・ニーダムの手記・論考である。これによれば、抗日戦争によって東部の大学や政府の実験所は破壊され、図書館は消失するか放置されてしまった。多数の中国人科学者が西部辺境に追い詰められ、科学研究は途絶したのである。

（2）　留学政策の根拠としての近代化理論は西洋の近代化を目標として非西洋諸国が先進的な知識と技術を求めることは必然であるとする。世界システム論は、世界はひとつのシステムであり、中心国家・半周辺国家・周辺国家という基本構造を持っており、これら国家がシステム内の地位向上を目指して競い合っている現実のなかで、中心国家への留学派遣は必然であるとする。経済のグローバル化理論は、国家の経済活動が国際化し、国家間の相互依存度が増していく現実において、途上国には国際経済・国際金融等に精通した人材が欠落しているので、先進国に留学派遣して育成するのは必然であるとする。人的資本理論は、国家の発展のためには人的資源への教育投資のほうが物的資本への投資よりも容易に効果が上がるので、留学派遣を長期的な教育投資と考える。プッシュ・プル理論は、国家間の人材流動を解釈するための分析理論であり、留学に関しては人材流出が起こる原因を指摘し、その対策を提言する根拠となっている（陳学飛他『留学教育的成本与効果：我国改革開放以来公派留学効益研究』教育科学出版社、二〇〇三年、八六―九五頁。および吉田正晴編『比較教育学』福村出版、一九九〇年、三七―四八頁、参照。また世界システム論については、Wallerstein, Immanuel, *The Modern World-System*, NY. London. 1974. 参照）。

（3）楊暁京・苗丹国「新中国出国留学教育政策的演変過程及対策研究」、『出国留学工作研究』二〇〇〇年四月号、一―二七頁（全国出国留学工作研究会編『全国出国留学工作研究会成立十周年紀念文集』北京大学出版社、二〇〇二年、一三六―一六一頁、所収）

（4）李滔主編『中華留学教育史録』高等教育出版社、二〇〇〇年

（5）何東昌主編『中華人民共和国重要教育文献二〇〇三～二〇〇八』（新世界出版社、二〇一〇年）が発行された。この他にも、重要な教育文書・法規を集めて発行したものがあるが、発行部数が極めて少なく主に政府部門、研究機関や大学の図書館に配備する目的で発行されたものと思われる。例えば、国家教育委員会編『中華人民共和国：現行教育法規匯編　一九四九―一九八九』（人民教育出版社、一九九一年）、同様に国家教育委員会編『中華人民共和国：現行教育法規匯編　一九九〇―一九九五（上下巻）』（人民教育出版社、一九九八年）、国家教育委員会政策法規司法規処編『中華人民共和国：教育法適用大全』（広東教育出版社、一九九五年）などがある。また、郭斉家・雷銑主編『中華人民共和国教育法全書』（北京広播学院出版社、一九九五年四月）は一九九五年三月第八期全国人民代表大会第三次会議を通過した「教育法」の解説書であり、教育の対外交流についても歴史的に解説している。

（6）姚夏瑗「二〇世紀以来的留学史研究」、李喜所主編『留学生与中外文化』南開大学出版社、二〇〇五年、七八九―八〇四頁、所収

（7）王奇生『中国留学生的歴史軌跡（一八七二～一九四九）』湖北教育出版社、一九九二年。王奇生『留学と救国：抗戦期間海外学人群像』広西師範大学出版社、一九九五年。李喜所『近代留学生与中外文化』天津人民出版社、一九九二年。田正平『留学生与中国教育近代化』広東教育出版社、一九九二年。孫石月『中国近代女子留学史』中国和平出版社、一九九五年。李喜所・劉集林他『近代中国的留美教育』天津古籍出版社、二〇〇〇年。謝長法『中国留学教育史』山西教育出版社、二〇〇六年。胡連成『走向西洋――近代中日両国官派欧美留学之比較研究　一八六二～一九一二』吉林大学出版社、二〇〇七年。張澤宇『留学と革命――二〇世紀二〇年代留学蘇聯熱潮研究』人民出版社、二〇〇九年。葉雋『異文化博弈：中国現代留欧学人与西学東漸』北

京大学出版社、二〇〇九年。陳学恂・田正平編『中国近代教育史資料匯編――留学教育』上海教育出版社、一九九一年

(8) さねとう・けいしゅう『中国人　日本留学史』くろしお出版、一九六〇年初版、一九七〇年増補版。大里浩秋・孫安石編『中国人日本留学史研究の現段階』御茶の水書房、二〇〇二年

(9) 国家教育委員会外事司編『教育外事工作：歴史沿革与現行政策』北京師範大学出版社、一九九八年

(10) 丁暁禾主編『中国百年　留学全紀録（全四冊）』珠海出版社、一九九八年

(11) 田正平主編『中外教育交流史』広東教育出版社、二〇〇四年

(12) 瀋殿成主編『中国人留学日本百年史（一八九六～一九九六）』遼寧教育出版社、一九九七年。および郝世昌・李亜晨『留蘇教育史稿』黒龍江教育出版社、二〇〇一年

(13) 全国出国留学工作研究会編『全国出国留学工作研究会成立十周年紀念文集』北京大学出版社、二〇〇二年。および陳学飛他『留学教育的成本与収益――我国改革開放以来公派留学効益研究』教育科学出版社、二〇〇三年

(14) 陳昌貴『人材外流与回帰』湖北教育出版社、一九九六年。および葉傳昇『人材戦争』中国文聯出版社、二〇〇一年。程希『当代中国留学生研究』香港社会科学出版社、二〇〇三年

(15) 岡益巳・深田博己『中国人留学生と日本』白帝社、一九九五年。および『平成六～八年文部省科研報告書：帰国中国人留学生の比較追跡調査による留学生教育の改善と展望に関わる研究』（研究代表者　遠藤誉）一九九七年。段躍中『現代中国人の日本留学』明石書店、二〇〇三年。王雪萍『当代中国留学政策研究：一九八〇―一九八四年赴日国家公派本科留学生政策始末』世界知識出版社、二〇〇九年

第一章　中国の留学政策研究における基本的視角

第一節　「留学人員」の概念

日本では「中国人留学生」と「中国人研究者」は別の範疇に属する身分の呼称であるが、中国では「留学人員」という一語で表現される。このように中国における「留学人員」は、滞在国で学生身分の場合もあれば、研究者身分の場合もある。従って、「留学人員」は日本語では「中国人留学者」と訳すのが適当である。

さて、「中国人留学者」の意味内容は、「中国人」という呼称の背後にある政治的情況と民族的情況という二つの情況を抜きにしては理解できない。「中国人」の意味内容によって「中国人留学者」の意味内容も違ってくるのである。本節では、この辺の事情を考察する。

1　政治的情況（一）

政治的情況の第一は、一九五五年のアジア・アフリカ会議以降、中国政府は華僑（海外に定住する中国公民）が二重国籍を持つことに賛成できない旨をしばしば発表してきたが、一九八〇年九月十日に第五期全国人民代表大会第三次会議において「中華人民共和国国籍法」を採択、正式に明文化したことである。これによって、中国国籍を有するまま海外に定住する中国公民は従来通り「華僑」と呼ぶが、海外に定住し外国国籍を取得していた華僑は自動的に中国国籍を失い、「華人」あるいは「外籍華人」「華裔」と呼ばれることになった。約三、〇〇〇万人の海外定住者のうち九〇パーセントが「華人」に変わった。これに伴って、従来の華僑団体は当該国の民間団体という性質に変わり、当該国における民族の平等と合法的権益を獲得することを主目的とするようになった。すなわち、「華僑」と「華人」は共通文化を有し、更に血縁関係や社会関係を有していても、法律上は異なる概念となったのである。(1)

一九九七年七月一日、イギリスから香港が返還された。続いて、一九九九年十二月三十一日ポルトガルからマカオが返還された。香港とマカオの返還は、かつての帝国主義列強による中国植民地の終焉であった。だが、長期間植民地であったがゆえの繁栄もあった。その香港・マカオには一国二制度(一国両制)が適用され、「特別行政区」とされた。特別行政区では、「港人治港」の言葉に表現されるように高度な自治が与えられ、資本主義制度が維持されている。だが、返還前後には両地区で海外移民が急増した。社会主義中国に吸収されることを忌避した人々である。彼ら海外移民は移民先の国籍を取得するまでは「華僑」であり、外国国籍を取得すれば、たとえ香港に再び戻って定住しても、「華人」である。日本で「香港の留学生」と呼ぶ学生の中にはイギリス国籍を有する学生(華人の子女)もいるのである。

また、日本の大学を「中国人留学生」として卒業し日本に定住している華僑(一九八〇年代以後の高学歴の元留学者は「新華僑」と呼ばれている)が大勢いる。彼らの子女は、日本で誕生したか、あるいは幼児期に家族に同伴して来日した経歴を有している。もし彼らが日本で中等教育を卒業すれば、日本の大学の受験資格は「外国人留学生」にはならない。文部科学省の規定では、「外国人留学生」とは日本以外の国で少なくとも一二年間の学校教育を受けた者を指すからである。このような場合、新華僑の子女は中国国籍を有していても、在留資格は「留学」ではないので、在学身分は「中国人留学生」ではない。すでに、このような新華僑のジュニア世代が大学に進学する時代が始まっている。

2　政治的情況（二）

また、もう一つの政治的情況がある。大陸と台湾の統合問題である。香港・マカオに適用された一国二制度は、もともと台湾を統合するために考えられた制度であった。「ひとつの中国」を目指して大陸と台湾の両岸交渉は一九九〇年代から行われてきた。経済交流は日々深まっているが、政治的統合は簡単には進展しない情勢にある。

故に、日本にいる「中国人留学生」には、大陸からの留学生と台湾からの留学生がいる。一般に日本人の間では大陸からの留学生を「中国人留学生」と呼び、台湾からの留学生は「台湾の留学生」と呼んで区分している。思えば、政治的情況に則した呼び方である。

しかし、「台湾の留学生」にとっては、このような日本人の政治的な呼び分けはどう映っているのであろうか。実は、彼ら「台湾の留学生」には異なるアイデンティティを有する二つの集団が存在する。国共内戦に敗れた国民党の台湾遷移に伴って台湾に移住してきた人々は「外省人」と呼ばれる。これに対して、もともと台湾に居住していた人々を「本省人」と呼ぶ。外省人系は、自分達は「中国人留学生」であるという意識を持っている。例えば、パーティの席上、司会者が「中国人留学生は挙手をお願いします」と言えば、当然挙手する。しかし、本省人系は自分達が「中国人」と呼ばれることに不快感を表す。自分達は「中国人」ではないと主張する。

ともあれ外省人のことを考えると、「中国人留学生」は本来、大陸からの留学生だけを意味するものではない。

3　民族的情況

次に、「中国人留学生」の民族的背景を理解する必要がある。

大陸と台湾には漢族と少数民族が存在している。台湾の住民は本省人（旧移民系）と外省人（戦後の新移民系）の二系統に大きく分かれるが、その他にも約三〇万人の「高砂族」と呼ばれる原住民が主に中央山岳部や周辺島嶼に居住している。また外省人の中には大陸の少数民族出身者も多く、その民族言語も使用されている。

他方、大陸には漢族以外に五五の民族が識別され、「少数民族」と呼ばれている。従って、大陸からの留学生の中には少数民族学生が含まれている。例えば、福岡地域の大学には、筆者の知る限りでは、ウイグル族、カザフ族、回族、蒙古族、朝鮮族、満州族、エベンキ族、チワン族、苗族、イ族、モーラオ族、白族などの少数民族学生がかつて在籍していたし、現在も在籍している。日本の大学の学籍管理では民族属性は取り扱わないのが原則であり、学籍簿には記載されないので、少数民族学生の存在はあまり表面には現れない。しかし、日本の大学には相当数の少数民族学生が在籍しているのである。彼ら少数民族学生も「中国人留学生」である。

少数民族学生は漢族学生と文化背景が異なっている。例えば、漢族は無宗教か、もしくは道教か仏教を信奉しているが、回族やウイグル族はイスラム教であり、蒙古族はラマ教である。その他にも様々な信仰を有している民族がいる。宗教のような基本的価値観はもとより、言語、習俗、慣習、食物嗜好、対人関係の在り方、歴史認識など、留学生活において重要な要因がそれぞれ微妙に異なっている。さらに重要なことだが、留学目的、留学経路、専門分野の学力、語学力、対人関係の範囲や生活適応の情況、卒業後の進路、帰国後の留学成果の在り方において、漢族とは異なる点もある。同じ「中国人留学生」と言っても、同一視できない部分が少なくない。少数民族学生の独自の文化背景と特殊な社会事情を尊重した教育指導、生活指導、日本での文化交流、帰国後のフォローアップ事業が展開される必要があると思われる。

少数民族学生には、姓名や外見が漢族とは明らかに異なる特徴を持つ学生もいるが、姓名も外見もほとんど漢族と見分けが付かない学生もいる。一見して見分けが付くか付かないかは、学生本人にとって重要である。見分けが付かない場合は、日本人に対して「私は中国人です」と言うのみで、民族属性をわざわざ自ら明らかにすることは稀である。また漢族学生に対しても自ら少数民族であると表明しようとしない学生もいる。逆に、少数民族出身を誇りにしている学生もいる。この態度の相違する背景には、漢族に対する民族感情が潜んでいる。漢族と少数民族では母国での立場が異なり、歴史的な対立感情を残している場合もある。

以上のように、「中国人留学生」には政治的・民族的背景がある。彼らの中には学業修了後に帰国する学生のほかに、日本で就職する学生もおり、徐々に増加している。また米国・カナダ・オーストラリアなど第三国に移民する学生もいる。「中国人留学生」の進路問題は多様化していることを付言しておきたい。

4 「留学人員」の訳語の検討

上述のような政治的・民族的情況を踏まえるとともに、さらに中国の留学政策関連法の条文で頻繁に使用される「留学人員」等の日本語訳を検討しておかなければならない。条文を誤読・誤解しないために必要である。以下の丸括弧内には中国語を記している。

第一に、中国語の「出国留学人員」が頻出する。中国の留学身分は学部学生（本科生、専科生）、大学院生（研究生）、「進修生」（進修生）、訪問研究員（訪問学者）の四種類である。その中の「進修生」は中国語の進修生をそのまま使用することにしたい。これを「研究生」と訳すこともあるが、「研究生」は受け入れる大学の在籍身分を指すので混同し易い。進修生は、一年以下の、学位取得を目的としない短期間の研修・研究留学を指し、訪問研究員は重点研究室・学科等の学術リーダーによる、短期間の研究留学を指す。すなわち、「出国留学人員」には学生身分の留学生だけではなく、進修生や訪問研究員も含まれている。従って、日本語では「留学生」と訳すより、「留学者」と訳すのが適切であろう。因みに、大学院生は「修士学生」（碩士研究生）と「博士学生」（博士研究生）と訳すことにしたい。

第二に、中国語の「留学回国人員」には、帰国留学生だけでなく、帰国研究者も含まれるので、ひと括りにして「留学帰国者」と訳すことにしたい。

第三に、中国語の「在外留学人員」は「在外留学者」と訳すことにする。海外の教育・研究機関に在籍する留学生や研究者を指している。但し、例えば「在外留学人員に帰国を呼びかける」という文脈でしばしば使用されるが、この場合、留学中の学生や研究者と留学終了後も帰国していない海外定住者をまとめて指している。すなわち、前者は狭義の「在外留学人員」概念であり、後者は広義の「在外留学人員」概念である。

要するに、広義の「在外留学人員」は海外滞在の様相に応じて六種類に分かれる。

① 海外の教育機関に在籍している中国人留学生
② 海外の教育・研究機関に在籍している中国人研究者
③ 留学終了後、海外の教育・研究機関に就職した中国人研究者
④ 留学終了後、海外で就職した元留学者（華僑）
⑤ 留学終了後、海外で就職し、外国籍を取得した元留学者（華人）
⑥ 留学終了後あるいは途中で行方不明になり、海外に不法滞在する元留学者

である。

この別々の実体を表すのに適当な訳を当てなければならないが、①は在外留学生、②と③を明確に区別する呼称はないので、ともに「在外研究者」と訳してよいだろう。但し、③は華僑の研究者（華僑研究人員）という呼び方をする場合もある。そして、④は「華僑」、⑤は「華人」、⑥は「不法滞在者」と訳してよいだろう。但し、不法滞在者には留学ビザからの不法滞在者のほかに、就学ビザ、短期滞在ビザからの不法滞在者もいれば、ビザなしの密入国者もいる。

ところで、やや混乱しやすいが、「出国留学人員」、「留学回国人員」、「在外留学人員」を略して「留学人員」と総称することがある。例えば、「留学人員」の語が、「国内外の留学人員を経済特区に導入する」という文脈で使用される場合、その「留学人員」は、明らかに「在外留学人員」と「留学回国人員」を包摂している。このように「留学人員」はその文脈に応じて幅広い概念に変わるので注意しなければならない。

第二節　海外留学の統計的分析

新中国は二〇〇九年十月一日、建国六〇周年を迎えた。この六〇年間、中国人の海外留学は増え続けてきた。そ

の海外留学の特徴について統計的資料を見ることにしたい。

1　中国人の留学増加傾向

中国の海外留学数は、一九六六年から一九七六年までの文化大革命（以後、文革と略す）の一〇年間を除けば、ずっと増加の一途を辿ってきた。表1－1は建国直後からの海外留学数である。各年度の十二月末現在の数値である。すなわち、一九五〇年度に東欧諸国に三五人の留学生を国家派遣して以来、ソ連を中心に社会主義国に派遣し続けた。文革直前の一九六五年度には四五四人を派遣している。文革期には派遣数は減少したが、改革開放後にはすぐに復活した。すなわち、一九七五年度の海外留学者は一八〇人であったが、一九八〇年度には二、一二四人と一挙に約一二倍に増えている。

一九八五年度には四、八八八人と更に増加する傾向が見えたが、一九九〇年度には二、九五〇人と減少した。その原因ははっきりしないが、前年の一九八九年六月四日の天安門事件の影響で海外留学が制限されたのかもしれない。しかし、一九九五年度に二〇、三八一人、二〇〇〇年度に三八、九八九人と復調し、ここからさらに急増して二〇〇二年度に一〇万人台を突破、二〇〇七年度に一四四、五〇〇人となった。すなわち、二〇〇二年度以降は毎年一〇万人規模の海外留学が行われている。一九五〇年から現在まで多少の増減はあるにしても、右肩上がりで増えてきたのである。

表1－1　1950～2007年の中国人の年度別出国留学者数の推移　（人）

年度	出国留学者数
1950	35
1955	2,093
1960	441
1965	454
1970	0
1975	180
1980	2,124
1985	4,888
1990	2,950
1995	20,381
2000	38,989
2001	83,973
2002	125,179
2003	117,307
2004	114,682
2005	118,557
2006	134,000
2007	144,500

出所）『新中国五十五年統計資料彙編』（中国統計出版社，2005年）および各年度『中国教育年鑑』（人民教育出版社）より筆者作成

表 1-2　2000 年度の海外滞在留学者数のトップ 10

順位	出身国名	留学者数
1	中国	327,351
2	インド	110,754
3	韓国	90,405
4	日本	66,034
5	ギリシャ	65,228
6	マレーシア	62,242
7	ドイツ	55,452
8	モロッコ	50,083
9	トルコ	48,722
10	台湾	46,423

出所）A. Bohm, D. Davis, D. Meares, D. Pearce, "Global Student Mobility 2025" (IDP Research Publication, 2003) より作成

表 1-3　2006 年末，中国人留学者の地域別分布数　（万人）

南北アメリカ	ヨーロッパ	アジア	オセアニア	アフリカ	計
25.4 32.1%	22.1 27.9%	20.0 25.3%	11.2 14.2%	3.9 0.5%	79.2 100.0%

出所）『神州学人』第 10 期（2006 年，30 頁）より作成

2　中国人留学者の規模

ＩＤＰ報告書『Global Student Mobility 2025』（二〇〇三）によれば、表１-２のように二〇〇〇年度の海外に滞在する留学者の絶対数において、中国（台湾・香港を含まず）は世界第一位であった。第二位インドの約三倍であり圧倒的に多い。その後も毎年、中国人留学者数は留まるところを知らず増加している。二〇〇七年現在、中国は世界第一の留学生送り出し国である。(2)

3　中国人留学者の地域分布

在外留学者向けの総合誌『神州学人』（第一〇期、二〇〇六年）に公表された統計（典拠不明）によれば、在外留学者は二〇〇六年現在、世界一〇八カ国に分布し、表１-３のように「南北アメリカ」三二・一パーセント、「ヨーロッパ」二七・九パーセント、「アジア」二五・三パーセント、「オセアニア」一四・二パーセント、「アフリカ」〇・五パーセントで

表1－4　2000～2007年の留学先国別の高等教育機関における中国人留学者数の推移

（人）

年度	米国	オーストラリア	イギリス	カナダ	韓国	日本	ロシア	フランス	ニュージーランド	ドイツ
2000	59,939	—	12,100	2,970	—	32,297	6,700	—	2,294	—
2001	63,211	—	20,700	—	3,221	44,014	—	—	—	—
2002	64,757	19,596	—	1,369	—	58,533	9,072	8,773	—	13,523
2003	61,765	—	31,781	8,663	5,607	70,814	—	—	20,789	—
2004	62,523	—	47,740	14,575	8,677	77,713	—	11,908	19,763	—
2005	62,582	40,054	52,765	—	12,312	80,592	12,500	—	—	25,987
2006	67,723	—	—	—	19,160	74,292	—	—	—	26,615
2007	81,127	—	—	—	31,829	71,277	—	—	—	—

出所）Kemal Guruz（2008），日本外務省『主要国･地域の留学生受け入れ政策』（2004），日本の数値は日本学生支援機構調べ。ロシアに関しては，王輝耀主編『中国留学人材発展報告2009』機械工業出版社，210頁。韓国教育科学技術部HP参照。

あるという。二〇〇七年三月、教育部統計（教育渉外監管信息網）では、二〇〇六年末の在外留学者数は七九・二万人であったので、そこから逆算すると、「南北アメリカ」には二五・四万人、「ヨーロッパ」には二二・一万人、「アジア」には二〇万人、「オセアニア」には一一・二万人ということになる。

また、同誌は、国別では「中国人留学者が五万人を超えるのは三カ国である。米国、日本、イギリス。中国人留学者が一万人〜五万人の国家は八カ国で、カナダ、ドイツ、フランス、オーストラリア、ニュージーランド、ロシア、アイルランド、シンガポール。その他はみな一万人以下である」と述べている。すなわち、大量の中国人留学者を受け入れているトップ3は、米国、日本、イギリスである[3]。

4　留学先国別の中国人留学者数

中国人留学者の二〇〇〇年から二〇〇七年までの留学先国を示したのが表1－4である。各国の「留学者」の定義が異なるので、単純に比較できないが、おおよその情況は理解できる[4]。

これを見ると、二〇〇〇年には米国への留学が最も多く、日本、イギリスがこれに続いていた。二〇〇二年にオーストラリアへの留学が増え、またドイツ・フランスへの留学も増えてきた。二〇〇三年には日本は米国・イギリスを抜いて、最も多く中国人留学

表1－5　1978～2006年までの中国人留学者の送り出し実績

<table>
<tr><td rowspan="3">出国留学者総数
106.7万人
（100.0%）</td><td colspan="2">留学帰国者
27.5万人
（25.7%）</td><td>大学教員
政府部門職員
企業家など</td></tr>
<tr><td rowspan="2">在外留学者
79.2万人
（74.2%）</td><td>外国教育機関
在籍者
58.3万人
（54.6%）</td><td>学部生
大学院生
ポストドクター
進修生
訪問研究員</td></tr>
<tr><td>不帰国者
20.8万人
（19.4%）</td><td>就労（華僑）
移民（華人）
不法滞在</td></tr>
</table>

出所）中国教育部統計により筆者作成

者を受け入れている国になった。また、二〇〇四年にはニュージーランドとカナダへの留学がフランス留学を抜いた。

総じて言えば、各国において中国人留学者数は軒並み増加している。中でも、日本留学、米国留学、イギリス留学が際立って優勢である。このような留学先国の選択傾向は特別な事情がない限り、将来も劇的に変化することはないと思われる。

5　改革開放後の送り出し実績

表1－5は、二〇〇七年三月に発表された教育部統計（教育渉外監管信息網）による一九七八年末から二〇〇六年末までの二八年間の累積留学者数である。それによれば、出国留学者数は一〇六・七万人。そのうち留学帰国者は二七・五万人（二五・七パーセント）、在外留学者は七九・二万人（七四・二パーセント）である。また、在外留学者の内訳は、五八・三万人（全体の五四・六パーセント）が学部生、大学院生、ポストドクター、進修生、訪問研究員などの身分で大学等の教育機関に在籍する留学生や研究者である。残りの二〇・八万人（全体の一九・四パーセント）がいわゆる不帰国者である。不帰国者の中には長期的に海外に定住することを決めた華僑が多いと思われるが、外国籍を取得した華人や不法滞在者もかなりの数に上るだろう。もし各国で中国人の不法滞在者が増加すれば、各国は中国からの留学者の入国制限処置を取るだろう。日本はその好例である。

第三節　留学政策の構造的分析

国家の留学政策研究に当たっては、構造的分析と歴史的分析がともに必要である。構造的分析では、国家間の留学交流が成立するための基本的構造、留学過程の構造、留学政策を制定する主体としての中央政府と地方政府の役割分担、留学政策の種類等について吟味することにしたい。次に歴史的分析では、留学政策の特徴によって時期を区分しなければならないが、その背景にある知識人政策の変遷に注目することにしたい。

1　留学交流の基本的構造

二国間において留学交流が成立するための構造的要因の第一は両国間に国交が樹立されていることである。もし二国間に国交がなければ留学交流は不可能であろう。過去はどうであれ、近代国家の林立する今日では国交のない国への密航による留学は許されない。従って、図1－1のように、まずは二国間の国交樹立が留学交流の成立する基本条件であると言えるであろう。

その基本条件の上に、経済交流（モノ・カネの交流）が拡大し、文化交流（芸術・情報等の交流）が進展し、信頼関係が深まる中で留学交流（教育・研究におけるヒトの交流）が展開すると考えられる。また逆に、留学交流が発端となって新たな経済交流が生じ、文化交流が拡大することもある。いずれにしても、二国間の政治・経済・文化領域における交流が活発に行われ、相互に影響力を及ぼしあう情況のなかで、留学交流

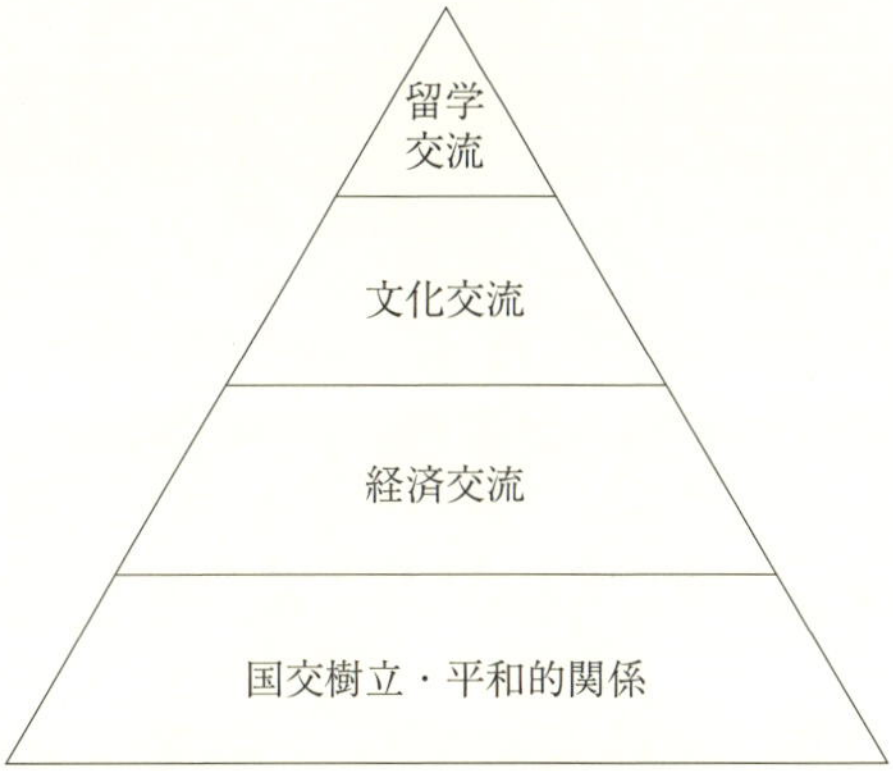

図1－1　留学交流の基本条件

は継続されていくものであろう。特に、二国間の経済交流（経済的相互依存度）が、文化交流や留学交流の推進に大きく影響するように思われる。

さて、こうして留学交流の諸条件が整えば、留学交流は容易に進展するかというと、そう簡単ではない。留学交流が進展するにはさらにいくつかの条件が必要である。

留学交流には、まず留学者個々人の留学意欲、なによりも留学したいという強い意志が必要である。次に、その意志を実現するための、個人の学力、外国語能力、そして留学生活を支える経済力が揃わなければならない。

しかし、それら個人的諸条件が揃ったとしても、それだけではまだ十分ではない。もし自国の留学政策において海外留学が制限されれば、自由に出国できないであろう。また、留学先国において外国人留学生に対する情報提供体制、専門教育体制、語学教育体制、修学・生活支援体制などがないならば、海外留学を実行することははなはだ困難であるだろう。従って、自国の政府や教育機関において海外留学を促進する政策や制度が整備されていること、また受け入れ国の政府や教育機関において外国人留学生を受け入れる政策や制度が整備されていることが望ましい。単に望ましいというだけでなく、必要不可欠でさえあると思われる。

以上のように留学交流は、二国間の国交樹立を前提として経済・文化交流が進展するなかで、留学を可能にする個人的諸条件（必要条件）が揃い、さらに自国と受け入れ国の政府・教育機関の政策・制度的な条件（十分条件）が整備されてはじめて安定的に拡大する教育事業なのである。

2　留学過程の構造

（1）　四つの留学過程

ある個人の海外留学の過程は、図1－2の日中留学交流の模式図のように、二国間を往復して一周する円環として描くことができる。円環は次の三つの過程に分れる。

①　母国を離れて留学先国に到着するまでの出国過程

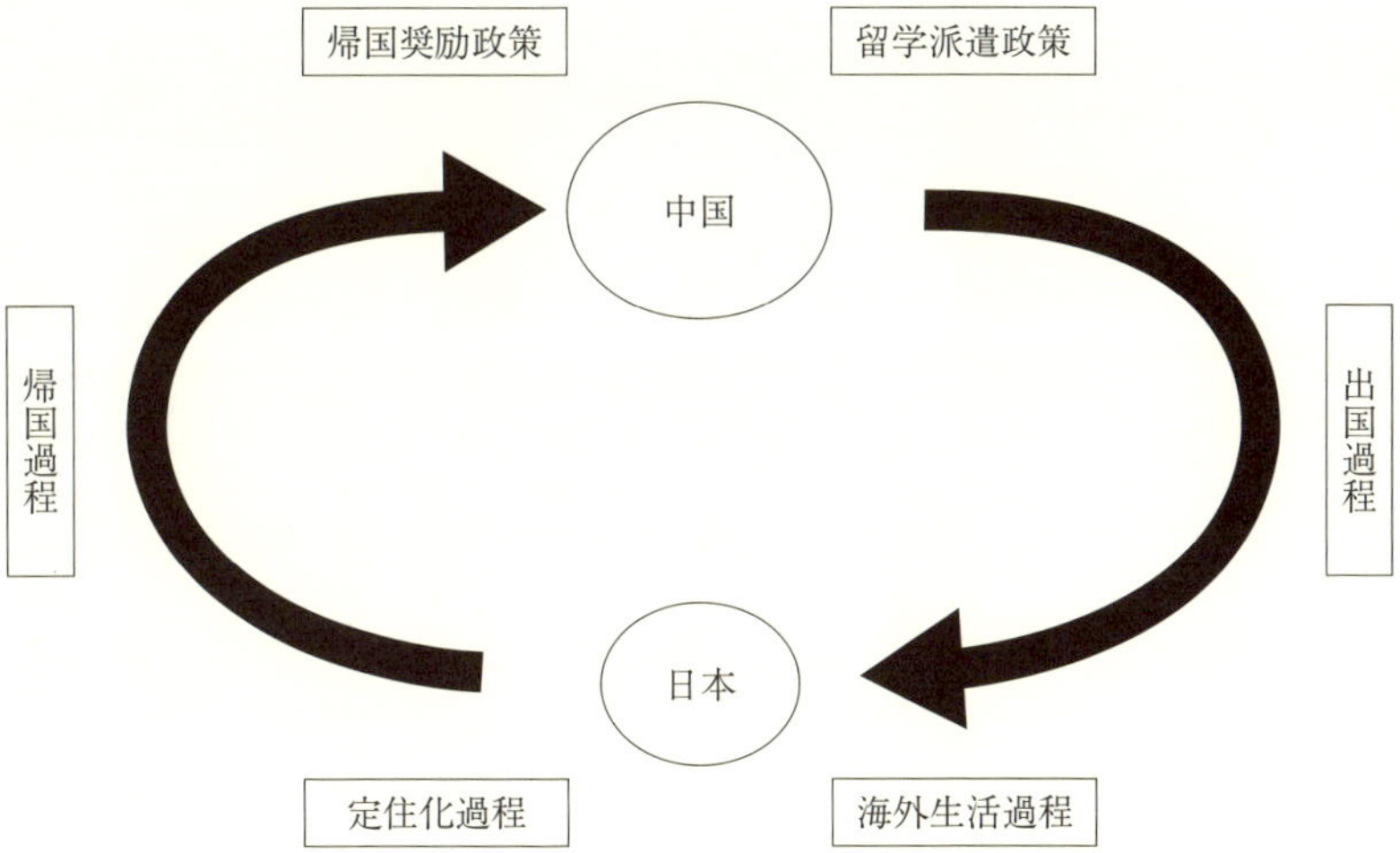

図１－２　留学過程の円環

②　留学先国に到着してから留学終了までの海外生活過程

③　留学終了後に留学先国から母国に戻るまでの帰国過程である。さらに近年、主として途上国から先進国への留学生において、留学終了後に帰国せずに留学先国あるいは第三国（主に米国・オーストラリアなど移民国家）で就職あるいは結婚して定住するケースが年々増加している。この定住化過程もまた留学生受け入れの結果のひとつである。当初から就職・定住することを目標とする留学生も増えている。また高度な人材が受け入れ国で就労することを当初の目標とする留学政策（例えば、日本政府のアジア人財資金構想）も実施されている。従って、留学生の定住化過程も今後の検討課題となるであろう。このように考えると、海外留学には出国過程、海外生活過程、帰国過程と定住化過程という四つの過程が連続しながらも、それぞれ独立した過程として存在すると言えるだろう。

（２）　留学過程の反復性と不規則性

二国間あるいは多国間の留学交流の様相は絶えず変化している。従って、一朝一夕にして現在の様相を呈するに至ったのではない。四つの過程に分けて考えても、各過程固有の諸条件は移り変わり、その変化に対処するために新しい政策が実行され、問題の改善が試みられてきた。その試みの繰り返しが現在の様相を作り出しているのである。

さて、留学過程は次のような二つの性質を持っている。

第一に反復性である。それは長年月、留学生が何度も繰り返し通過するものである。留学生は様々な障碍や困難に直面するが、それら障碍や困難には繰り返されるものが多いので、その都度、政策的・制度的に問題を解決する努力を続ければ、かなりの程度問題は解消できるのである。但し、極めてプライベートな問題、交通事故などのトラブル、また海外留学を妨げる戦争の勃発や伝染病の発生など不可抗力的な問題には、随時対応するしかない。特に、定住化過程には、労働不安、子どもの教育、永住権取得、文化摩擦、排他的な民族主義、偏見や差別などの問題が存在する。要するに、留学生が留学過程上を円滑に循環するためには、四つの過程における修学・生活上の様々な障碍や困難をできるだけ取り除くこと、また、それら障碍や困難を留学生が自ら乗り越えるのを支援する態勢を創りあげること、この二つの課題を解決しなければならない。

第二に不規則性である。留学過程は膨張・縮小を繰り返し、絶えず不規則に変化する。つまり、過程上を通過する留学生の規模は毎年増減する。その増減に影響を及ぼしている要因は種々様々である。諸要因の中から有力な要因を特定することができても、必ず隠れた要因が存在するに違いない。従って、その増減は長期的に観察されなければ、実際にどういう要因が影響していたかを判定することはできない。

例えば、今日の中国において海外留学が増加する原因を考えると、中央政府の自費留学の自由化政策、高等教育の適齢人口増加とキャパシティの限界、外国語教育の充実、順調な経済成長、外国企業の進出、国際的地位の向上などの国内事情が考えられる。加えて、海外事情も影響している。即ち、先進国における留学生増加政策や移民政策、高等教育の財政逼迫、少子化問題、グローバル企業の中国進出の増加などである。だが、それら現在の有力な要因は過去においても有力であったわけではない。国際情勢や国内情勢は常に変化しており、それに連動して有力な要因も当然変化してきたと思われる。すなわち、中国人の海外留学は数の上では一貫して増加しているが、それをもたらした各時期の歴史的背景は変化してきた。つまり、留学過程は歴史的に形成されてきたものである。歴史的な観点から考察することが現況や問題点を正確に認識するためには欠かせないのである。

3　留学過程に作用する多次元の要因

中国人の海外留学の動向に影響を及ぼす諸要因について考えるときに、「プッシュ・プル理論」は有効な枠組みを提供してくれる。この理論は人が国境を越えて移動する現象の背後にある諸要因を大きくプッシュ要因とプル要因に分ける。すなわち、プッシュ要因とは中国側に存在するところの留学生を押し出す要因であり、プル要因とは諸外国が中国人留学生を引き寄せる要因である。この二方向の要因が相俟って人は国境を越えて留学すると考えるのである。

このプッシュ・プル要因は三つのレベルに分けて考えることができる。国際的レベル、国家的レベル、個人的レベルである。

（1）　国際的レベルの諸要因の中のプッシュ要因としては、中国と諸外国との政治・経済関係が良好であることがある。中国と国交のない国々、あるいは敵対するか戦争状態にある国々には、中国政府は留学生を派遣しないし、留学生も自ら行くことはない。

また、受け入れ国側のプル要因として、高い学術・教育水準がまず挙げられるだろう。受け入れ国・大学・財団等々による外国人留学生対象の奨学金制度の充実度や留学経費を自ら賄うことができるだけのアルバイトが許可されているか否かというのも重要な要因である。更に、中国人留学生を惹きつける要因として、その国々の移民政策や外国人就労者の受け入れ政策などもある。これら国際的レベルの諸要因は海外留学の動向に少なからぬ影響を及ぼすのである。

（2）　国家的レベルの諸要因とは、海外留学を促すところの中国の内部に存在する社会的要因をいう。例えば、国内政治の情況、経済の情況、知識人政策、科学技術の振興政策、中等・高等教育政策（人材育成計画など）など種々の要因が留学政策を提案し実施する原因となっている。裏返して言えば、留学政策の背後にはこれら社会的要

表1-6　中国の地方行政区域

省級	副省級	市	地級	県級	直轄市・大きな市	郷級
省 自治区 直轄市	省都・区都 （省会市）	計画単列市 （計划単列市）	地区 自治州 盟 地級の市	県（旗） 自治県（旗） 特区 林区 県級の市	市管轄の区 （市轄区） 県管轄の区 （県轄区）	郷 民族郷 鎮 街道

筆者作成

因が必ず存在するのである。

（3）　個人的レベルの諸要因とは、個々人が海外留学を実現するのに関連するプライベートな要因をいう。個々人の海外留学の動機、家庭経済の情況、文化的状況（教育熱心な伝統、一人っ子政策による子どもへの教育熱）などである。個人的レベルの諸要因がなければ留学が行われないことは事実であるが、個々人のプライベートな要因は多様であり、個性的であるので、把握することは難しい。

以上、これら二方向の三つのレベルの諸要因は相互に関連しながら、ある時期の海外留学の特徴を作り出している。しかも、これらプッシュ・プル要因は時々刻々と変化していると考えなければならない。つまり、各時期の海外留学は歴史的背景をもち、歴史的文脈の中で成立していると言えるのである。

第四節　留学政策の制定と実施

1　中央政府と地方政府の公共政策

中国の行政区は、一九八二年十二月四日に第五期全国人民代表大会第五次会議を通過した『中華人民共和国憲法』（『八二年憲法』と略す）の第一章第三〇条にいう。「①全国は省、自治区、直轄市に区分する。②省、自治区は自治州、県、自治県、市に区分する。③県、自治県は郷、民族郷、鎮に区分する。直轄市と大都市は、区、県に区分する。自治州は県、自治県、市に区分する。自治区、自治州、自治県はすべて民族自治地方とする」。また、第九五条は「省、直轄市、県、市、市轄区、郷、民族郷、

表1-7　各級政府の機能分担

政府レベル	位置づけ	職　能
中央政府	計画と調整	発展計画，政策法律， 統一制度，宏観調整（マクロレベルの管理と調整）， 平衡社会，国防外交，国家安全
地方政府	発展と保障	政策法規，経済発展， 公共投入（道路，教育，水，電気など）， 社会保障（就業，衛生，養老），公共安全
基層政府	治理と服務	法規執行，公共服務，環境保護， 社区建設（地域社会の構築）， 社会穏定（平和な社会），公共文化

出所）肖貴玉主編『第一動力：2006年度上海人材強市戦略研究』上海社会科学院出版社，2007年，54頁

鎮には、人民代表大会と人民政府を設立する。自治区、自治州、自治県には自治機関を設立する」とし、第一一二条は「民族自治地方の自治機関とは、自治区、自治州、自治県の人民代表大会と人民政府である」と規定している。なお、自治区は正式には民族自治区と呼ばれる。

以上の地方行政区を整理すると、表1-6のようになる。なお、市には直轄市の他に、省・自治区の省都・区都（省会市）、また省・直轄市に直属するが財政管理権限を有する「計画単列市」、そして、省・自治区に直属の「地級の市」と、省・自治区あるいは自治州に直属の「県級の市」がある。また、「街道」は郷級の准行政区である。(5)

さて、中国の国土は広大である。各地方の気候風土、天然資源、人口構成、民族構成はもとより、歴史、経済、社会、教育の情況なども異なっている。地方には地方の特性がある。従って、中央政府の方針に則して、地方行政区（地方政府と基層政府）は地方の実情に合わせて独自の政策法規を制定する必要があるが、どの地方行政区も制定できるわけではない。制定の権利を有するのは、①県級以上の地方政府、②省・自治区の人民政府所在地のある市、③国務院が承認した比較的大きな市などにおける人民代表大会とその常務委員会である。中央政府と地方行政区の公共政策の分担について、その基本的内容は表1-7のようにまとめられる。なお、地方政府とは省級・副省級・地級・県級の人民政府を指し、基層政府とは郷級の人民政府を指す。(6)

2　立法機関と法体系

いかなる政策も法によって表現される。法はそれを制定する立法機関のレベルによって呼称が異なる。『八二年憲法』に基づき、国家の最高権力機関である全国人民代表大会とその常務委員会が制定するものは「法律」と称する。なお、『五四年憲法』においては、全国人民代表大会の制定したものを「法律」、その常務委員会の制定したものを「法令」と称していたが、『八二年憲法』ではこの区別をなくし、「法令」という呼称を廃止して、「法律」に統一した。

国務院・各官庁など中央行政機関が制定するものは「行政法規」、特にその中の各官庁の決定や命令は「部門規章」と称する。また、省級・地級・県級の地方政府の人民代表大会とその常務委員会が制定するものは「地方性法規」、その下部の行政部門が制定するものは「地方政府規章」と称する。

民族自治地方政府（自治区・自治州・自治県）の人民代表大会とその常務委員会が現地民族の政治・経済・文化の特徴に配慮して制定するものは「自治条例」や「単行条例」（独自に行使可能）である。但し、自治区・自治州の「自治条例」や「単行条例」は自治区の人民代表大会常務委員会の承認後に発効する。自治区の「自治条例」や「単行条例」の中には全国人民代表大会常務委員会の承認後に発効するものもある。加えて、諸外国と締結する「国際条約」がある。

重要なことは、これらの法はすべて中国共産党の路線・方針・政策に従わなければならないことである。その枠組みから逸脱することは許されない。憲法に、中国共産党は政権それ自体ではないが、政権組織に対して政治・思想などの側面で指導的地位にあると規定されているのである。党規約である『中国共産党章程』第九章「党組」には、中央および地方の政府機関・人民団体・経済組織・文化組織や他の非共産党組織（非党組織）の中に共産党組織を設置できるとし、共産党組織は共産党の路線・方針・政策を実現し、重要な政策を決定し、非共産党員の幹部（非党幹部）と協力して党と国家から託された任務を完遂するとしている。すなわち、各レベルの立法機関で制定される法は全て、中国共産党の路線・方針・政策に沿って制定されている。法律は発布後、全国統一的に施行され、その効果はマクロレベルで調整（宏観調整）される。

さて、上記の立法機関による教育関連法の制定について言えば、次のようになる[7]。

① 国家の最高権力機関である全国人民代表大会とその常務委員会が制定し発布する教育法規は「教育法律」と呼ばれる。例えば、中華人民共和国教育法（一九九五年九月一日施行）、中華人民共和国高等教育法（一九九九年一月一日施行）などがある。

② 国家の最高行政機関である国務院が、憲法や「教育法律」を根拠にその権限の範囲内で制定する教育法規は「教育行政法規」である。また国務院は「教育行政法規」に関連する決議や命令を発布できる。

③ 各官庁（教育部を含む）などの国家行政機関が制定する「教育行政規章」がある。

④ 県級以上の地方政府の人民代表大会とその常務委員会および立法権を有する省・自治区政府所在地の市（省都・自治区区都）や、国務院が承認する比較的大きな市における人民代表大会とその常務委員会が制定するものは「地方性教育法規」という。

⑤ 県級以上の地方政府、立法権を有する省・自治区政府所在地の市（省都・自治区区都）や国務院が承認した比較的大きな市などにおける教育行政部門が制定するものは「地方性教育行政規章」という。

⑥ 民族自治地方政府（自治区・自治州・自治県）の人民代表大会は、教育関連の「単行条例」を制定できる。

⑦ 「国際条約」が教育に影響を与える場合がある。例えば、中国ではＷＴＯ加盟によって教育が国境を越えて輸出入されることを承認したのである。

すなわち、教育関連法には「教育法律」、「教育行政法規」と「教育行政規章」、「地方性教育法規」と「地方性教育行政規章」、また「単行条例」や「国際条約」がある。それらを根拠に中央及び地方政府の教育行政部門はさらに「通知」・「意見」などを発布する。「通知」・「意見」は母体である教育法規の不備の調整・補充あるいは変更を行うものである。「通知」・「意見」といっても命令と同様に強制力を有している。

3　国家教育部の沿革史

二〇〇七年現在の国家教育部は次のような沿革を経てきた。一九四九年九月二十七日、中国人民政治協商会議の第一期全体会議において「中華人民共和国中央人民政府組織法」が通過、この規定によって政務院（のち国務院）のもとに教育部を設置することが決定され、同年十一月一日、政務院第二次会議で華北人民政府の教育部と高等教育委員会を基礎に、中央政府の教育部が成立した(8)。

一九五二年十一月十五日、中央政府委員会第一九次会議で高等教育部が設置されたが、一九五八年二月十一日、第一期全国人民代表大会第五次会議で「国務院所属の組織機構を調整することに関する決定」（関于調整国務院所属組織機構的決定）が通過、同年三月一日をもって高等教育部と教育部は合併され、「教育部」となった。一九六三年十月二十三日、国務院第一三七回全体会議の決定により、翌六四年三月、「教育部」は以前のように高等教育部と教育部に正式分離した。教育部は普通教育・業余教育・職業教育を担当することになった。

一九六六年五月、文化大革命が発動されたが、同七月二十三日、中共中央は中央宣伝部の建議を受けて、高等教育部と教育部を再び合併して「教育部」となした。一九六八年七月二十七日、中共中央・国務院・中央軍事委員会・中央文革小組は、教育部に軍事管制を布くことを決定して、軍事管制小組を設置した。一九六九年十月半ば、教育部および教育部所属の人民教育出版社、高等教育出版社、中央教育科学研究所、北京函授学院などの事業体とその全幹部・職員一、二五八人が、安徽省鳳陽県の「教育部五七幹部学校」に労働鍛錬のために「下放」された。北京では留守業務を軍事管制小組の三～五人で行うことになり、北京函授学院は廃校となった。なお、「下放」とは、一九六〇～七〇年代前半に思想改造を目的に、上級幹部・都市労働者・知識青年を農村・工場に一定期間派遣したり、あるいは農村に移住させたりした制度である。

一九七〇年六月二十二日、国務院に科学教育小組（国務院科教組）を設置、ここが元教育部の業務と国家科学委員会の業務を合わせて担当することになり、同七月に軍事管制小組は廃止された。

一九七五年一月十七日、第四期全国人民代表大会第一次会議で国務院の科学教育小組を廃止して、「教育部」の再設置が決定された。これ以降、「教育部五七幹部学校」に下放されていた幹部・職員は教育部内の各部署に配属され始め、同十一月に幹部学校は廃校となった。

文革後、教育部の職務内容は次第に増え、下部組織の司・局・委員会等も増えていった。一九八五年六月十八日、第六期全国人民代表大会常務委員会の第一一次会議で、教育部を廃止して「国家教育委員会」に改組することが決定された。一九八六年五月、中共中央・国務院は「出国留学者工作を改善し強化することに関する若干の問題の通知」（関于改進和加強出国留学人員工作若干問題的通知）を発布、国家教育委員会は留学派遣計画、選抜、海外管理、帰国後の職業分配という留学政策の全般を取り扱うことになった。

一九九八年三月十日、第九期全国人民代表大会第一次会議は国務院の機構改革法案を了承した。これにより国家教育委員会は再び「教育部」と名称を変更した。

このように現在の教育部になるまでに教育部、高等教育部、国家教育委員会など行政機関名が変わったので、時期によって教育法規の発布者の名が変わるのである。

4　民族自治区政府の留学政策

さて、留学政策について、われわれが中央政府の政策方針を知ることは基本である。だが、それだけでは不十分であり、省級の地方政府（省・直轄市・自治区）の留学政策もあわせて知る必要がある。一九八〇年代、省級の地方政府は、中央政府が国家派遣（国家公派）を実施しているのと同様に、独自に機関派遣（単位公派）することが認められた。しかしながら、省級より下位の人民政府では、外国との直接的な交渉権が認められておらず、たとえ要望はあっても独自に留学派遣することはできない。必ず上位の省級の地方政府の認可を得なければならない。

現在、中国の省級の地方政府は二二省（台湾を除く）、五自治区、四直轄市である。すなわち三一の行政区がある。省級の地方政府の留学政策は、各地の人材需要や留学需要が異なる以上、当然同一ではない。一体どのような政策が行われてきたのか。今まであまり取り上げられていない。

また、省級の地方政府のひとつである民族自治区は特定の少数民族が集中居住する地域である。隣国と国境を接する周辺部に位置し、東シナ海に面する沿海部に比べて経済・社会・教育の発展は遅れている。交通が不便であるため海外との交流は進まず、いわば閉鎖的な状態にある。そのような辺境の経済・社会・教育の発展には、各分野に優秀なリーダーが必要である。新中国成立当初、少数民族が多く居住する民族自治区では、少数民族の国家への忠誠と団結による政治的安定が最も求められた。それゆえ政治・行政分野で働く少数民族幹部の養成が急務とされた。しかし、政治的安定が得られると、今度は経済・社会・教育の発展のために幅広い分野の専門的人材が必要となる。民族自治区の需要を満たす先進的な知識と技術を外国から直接導入する手段として、留学派遣が実施されたのである。

民族自治区における留学政策では少数民族出身の学生・研究者が比較的多く派遣されるというが、その実情は今まで詳らかにされていない。民族自治区の留学政策は、中国留学教育史の一側面でもあり、また民族教育史の一側面でもある。本書では分かる範囲で取り上げることにしたい。

第五節　留学政策の種類

1　留学政策の種類

留学交流を展開するためには、なによりも国家が留学政策を策定して、その方針を決定し、制度的保障のために法的整備を進めなければならない。留学政策は留学交流の全過程に直接関連し、最も大きな影響を与えるものである。留学政策に関しては、ほとんどあらゆる国が、送り出しと受け入れの両政策を行っている。つまり、いずれの国家も送り出し国と受け入れ国という両側面を持っている。一国の留学政策を目的別に分類すると、次の八つがあると思われる。

① 自国留学生の派遣政策
② 自国留学生の海外生活の管理政策
③ 自国留学生の帰国奨励政策
④ 外国人留学生の受け入れ増加政策
⑤ 外国人留学生の受け入れ抑制政策
⑥ 外国人留学生の生活の管理政策
⑦ 外国人留学生の就職支援政策
⑧ 外国人留学生の帰国後のアフターケア政策

である。

さて、①自国留学生の派遣政策とは先進的な知識・技術等の学習を目的とする自国民の海外留学を奨励し支援するものである。また、②自国留学生の海外生活の管理政策とは、海外における修学・政治的言動を監督し、生活問題あるいは緊急事態に援助を与えるものである。

③自国留学生の帰国奨励政策とは、自国留学生が留学終了後に帰国して就職するのを支援するものである。途上国の場合、海外留学者はその国のエリートであるので、頭脳流出（brain drain：人材流失）を防止するという目的で行われる。留学生は留学期間が五～一〇年など長期に及ぶと、母国に帰国するよりも留学先国で適職を見出す可能性が高まる。まして留学先国では高度な専門的人材は尊重され、給与水準は母国よりも高く、生活環境も良好であれば、不帰国が大量に生じる。帰国奨励政策は通常その対抗策として行われる。

他方、④と⑤の外国人留学生受け入れ増加政策と受け入れ抑制政策とは、外国人留学生の受け入れ規模の増減を統御するための施策である。例えば、大学の教育国際化や学術の国際交流の発展を期したり、あるいは逆に外国人留学生の質を確保するために量を制限したりする。政府が不法滞在を減らすために特定の国からの入国を制限したりする場合もある。また、⑥外国人留学生の生活の管理政策とは、留学生の修学・生活上の問題を十分に把握し、経済的・情報的・物質的・心理的支援を与えることである。⑦外国人留学生の就職支援政策には、留学終了後の留学生に対して、自国のグローバル企業や地元企業の求人情報を与えること、雇用者とのマッチングの機会を提供すること、あるいは就労ビザを多種多様にしたり、その取得を容易にしたりすることなどがある。しかし、受け入れ国が自国企業への留学生の就職を促進することは、送り出し国から頭脳流出を招いているという反撥を受けることもある。最後に、⑧外国人留学生の帰国後のアフターケア政策とは、現地同窓会との交流、専門雑誌の送付、専門的研究指導の提供などである。これらを通じて、受け入れ国は留学価値を高め、留学帰国者に友好的な感情を長期間維持することができるだろう。

本研究では上記①~③に焦点を絞って考察する。以下に、中国における、①の留学派遣政策（出国留学工作）、②の海外生活の管理政策（出国留学生管理工作）および③の帰国奨励政策（留学回国工作）の沿革と現状を概観しておきたい。

2　留学派遣政策

（1）　留学派遣政策の種類

中国の留学形式には、国家派遣（国家公派）、機関派遣（単位公派）、「自費公派」および自費留学（自費留学）の四種類がある。なお、国家派遣、機関派遣、自費公派は公費派遣（公派留学）と総称される。公費派遣には帰国義務があるが、自費留学には帰国義務がない。明確な相違点である。

それぞれの留学形式は次のようなものである。

①　国家派遣とは、中央政府が国家の人材育成計画の下に全国公募し、統一試験によって選抜し、留学期間中は中国政府や諸外国の支給する奨学金・研究助成金を給付されるものである。派遣する身分は、目的別に大学生（本科生、専科生）、大学院生（碩士研究生、博士研究生）、進修生、訪問研究員（普通訪問学者、高級訪問学

者）の四種類であり、出国前に確定され、出国後に変更することはできない。

②　機関派遣とは、中央官庁（部門）・省級の地方政府（省、直轄市、自治区）・中国科学院・大学などの様々な機関（単位）によって独自の計画に基づき機関内で募集・選抜されるもので、それぞれの機関から奨学金が全額給付されるもの、一部給付されるもの、国内外の奨学金や貸付金などを利用するものなどがある。

③　「自費公派」とは、機関派遣の一形式で、教育・科学技術・生産関係の職場で専門的知識技術を有する中核的人物（専業技術骨干）——例えば、「助理研究員、講師、工程師、主治医師」などの中級の専業技術職務資格（職称）以上の人材および大学院修了生（卒業研究生）、文芸家（優秀文芸骨干）、スポーツ選手（優秀運動員）、事務専門家（機関工作業務骨干）など特殊技芸の人材——が所属機関の同意を得て、「出国留学協議書」に署名した後に留学するものである。全くの自費（親戚・友人の援助などを含む）の場合もあるが、外国の教育・研究機関の資金提供を受ける場合もある。自費公派の場合、留学先での生活困窮や期限内に帰国するとき旅費不足の際に所属機関から援助を受けることができる。国外の自費留学者は本人の意思で自費公派留学になることができるが、そうなれば中国公館から「国家派出留学人員証明」を発給される。日本語では訳語がないので、そのまま「自費公派」としておく。なお、「工程師」とは土木建築や製造設備関係の中級技術者の職称である。

④　自費留学は公費を受けない私的留学である。個々人が外国の大学や大学院に自己資金や国内外（香港・マカオ・台湾を含む）の親戚・友人の資金援助を受けて行くものである。日本語の「留学派遣」という概念にすんなりと当てはまらないが、中国では自費留学も留学派遣政策の一つとして重視され、その概念に包摂されている。現在では、優秀な成果をあげた自費留学者に対して、中国政府が奨学金を給付する制度も始まっている。中国政府は自費留学を公費派遣と同一のものとして平等に取り扱う方針である。

表1－8　2000～2007年の中国における留学資金別送り出し実績

年度	国家派遣（人）	機関派遣（人）	自費留学（万人）	計（万人）
2000	2,808	3,888	3.23	3.89
2001	3,495	4,426	7.60	8.39
2002	3,500	4,500	11.70	12.50
2003	3,003	5,149	10.91	11.73
2004	3,556	6,882	10.43	11.47
2005	3,979	8,078	10.65	11.80
2006	5,580	7,542	12.10	13.40
2007	8,900	6,900	12.87	14.45

出所）『中国教育年鑑』より作成

（2）　近年の留学動向

中国では文革終結後、一九七八年十二月末、改革開放政策の方針が決議されて以降、海外留学の様相は一変した。従来の国家派遣制度に加えて、一九八〇年代に機関派遣制度と自費留学制度が発足した。海外留学の規模は急速に拡大した。それぞれの制度には問題があり適宜に改善が必要であったが、とにもかくにも三つの大きな海外留学ルートが開設されたのである。

簡単に言えば、国家派遣・機関派遣はともに厳しい選抜試験を課される少数エリートの留学制度である。これに対して、自費留学は一般大衆に開かれた留学制度である。しかし、一般大衆に開かれた留学制度とはいえ、外国の大学や大学院の選抜試験が課されることを思えば、決して容易な道とは言えない。いずれにしても知識人階層に含まれる人々である。

さて、この三種類の海外留学の近年の成果は表1－8の通りである。ここから以下のことが言えるであろう[9]。

①　毎年の留学者数は確実に増加している。二〇〇〇年と二〇〇七年を比べると、約一〇・五万人の増加である。毎年増加を続けているというのは注目すべき現象であり、この現象の背後にある要因の分析は急務である。

②　国家派遣・機関派遣ともに増加している。二〇〇〇年と二〇〇七年では、国家派遣は約六、〇九二人増加、機関派遣は約三、〇一二人増加している。中央政府も地方政府も留学派遣による人材育成策をかなり重視している。

③　自費留学の規模は国家派遣や機関派遣に比べて桁違いに大きい。例えば、二〇〇七年の国家派遣・機関派遣の合計が約一・六万人（約一〇パーセント）であるのに対して、自費留学はその約一〇倍の一三万人（九〇パーセント）である。

④　毎年、自費留学は全留学の約九〇パーセントを占める。一般国民の留学希望はかなり高い。一九八〇年から実施されている「一人っ子政策」によって、一人の子どもに対して、父母、父方の祖父母、母方の祖父母という六人の期待が集中することになったと言われる。一人の子どもに対する親族の教育投資は熱気を帯びている。留学資金もこの熱気から拠出されているものと想像される。

⑤　自費留学は二〇〇〇年と二〇〇一年、二〇〇一年と二〇〇二年にそれぞれ四万人余の幅で増加している。かつてこれほどの増加率を示した時期はない。二〇〇〇年に高等教育機関の入学枠が拡大される方針が出されたことで、国民の高等教育への進学意欲が高まった。それが延いては外国の大学への進学意欲も高めたように思われる。いずれにしても、二十一世紀を迎えて子どもに明るい未来を与えたいという父母・祖父母の教育熱が感じられる。

3　海外生活の管理政策

留学者は海外において修学・生活上の様々な問題を抱える。そのような場合、同国の学生間の相互扶助組織があれば、そこで情報や支援を得ることができる。また、受け入れ大学の支援体制や周辺地域の支援も得られるかもしれない。例えば、受け入れ教育機関はカウンセリングなど情緒的支援を与えてくれるだろう。また、地域のボランティア団体が冷蔵庫や生活用品を提供するなど物質的支援、最適のアパートや適切な病院を紹介するなどの情報的支援を与えてくれるだろう。しかし、留学先の国や地域によっては中国人学生・研究者の相互扶助組織がなく、受け入れ大学や地域の支援が十分に確立していないところもある。そのような場合には、母国政府の管理政策（支援を含む）が不可欠となる。

特に、国家派遣に関しては、在外公館がその生活状況を把握して、重病や事故などには緊急に適切な支援を与えなければならない。同時に、対外友好関係を損なわないために、派遣留学生の政治的言動、犯罪その他の違法行為あるいは反政府運動などを監督・監視することも必要になる。また、国家派遣だけでなく、機関派遣や自費留学の学生・研究者に対しても母国の留学政策の最新情報を提供し、母国の祝祭日にはパーティを開催することもある。

このように在外留学生や在外研究者がその留学目的を完成するために、いろいろな便宜を図り、あるいは様々な支援を提供するなど、母国政府の管理政策がなされる。

4　帰国奨励政策

留学派遣制度の最終段階は、留学者に帰国後その能力を十分に発揮させることである。従って、在外留学生や在外研究者が、留学終了後にスムーズに帰国して、復職あるいは新しく就職できるように、帰国前に国内情報を提供したり、帰国直後に生活支援や就職斡旋をしたりすることなどが不可欠になる。

なぜならば、在外留学生や在外研究者は、海外生活が長期に及ぶと、自国の事情に疎くなり、留学先国での生活にも慣れて、そこで就職先を見出そうとすることがある。これは国家にとっては貴重な高度人材が海外に流出すること、即ち頭脳流出を意味する。特に、国家派遣や機関派遣の留学者が帰国しなければ重大な損失である。このために帰国奉仕（回国服務）を促す政策が実施されている。また、帰国奨励政策の中には、海外定住した華僑研究者や外国籍を取得した華人研究者とその自主的な非営利団体に公費助成して、短期帰国させ、それぞれの分野で祖国奉仕（為国服務）を求める政策も行われている。

5　留学過程と留学政策の分析枠組み

留学者たちが帰国後どのような職業に就いているかを知るのはかなり難しい。恐らく多種多様であり、データは公表されていない。しかし、そこには幾つかの支配的な類型が存在すると指摘されている。次の五つの類型である。[10]

表1－9　中国人の留学過程と留学政策の全体的分析の枠組み

<table>
<tr><td colspan="2">出国過程</td><td>海外生活過程</td><td colspan="3">帰国過程</td></tr>
<tr><td colspan="2">留学派遣政策</td><td>管理政策</td><td>帰国奨励政策</td><td colspan="2">就職類型</td></tr>
<tr><td rowspan="3">公費派遣
（公派留学）</td><td rowspan="3">国家派遣
機関派遣
自費公派</td><td rowspan="5">在外留学生
学部学生
大学院生

在外研究者
進修生
訪問研究員</td><td rowspan="5">帰国奉仕
（回国服務）</td><td colspan="2">復職（政府部門等）</td></tr>
<tr><td>大学
科研機関</td><td>科技型校営企業
大学科学技術園</td></tr>
<tr><td colspan="2">経済特区の政府部門・企業</td></tr>
<tr><td rowspan="4">自費留学</td><td rowspan="4">高等教育
培養費

仲介制度</td><td>創業</td><td>留学人員創業園
自主創業</td></tr>
<tr><td>民間企業</td><td>国内企業
外資系企業</td></tr>
<tr><td>華僑・華人</td><td>祖国奉仕
（為国服務）</td><td colspan="2">春暉計画</td></tr>
<tr><td>不法滞在者</td><td colspan="3"></td></tr>
</table>

筆者作成

①　大学等の教育機関の教員になる類型：彼らはほとんどが博士学位取得者であり、理工系だけではなく、言語、芸術、文学、教育など文科系の基礎科学を修了した公費留学帰国者に多い。

②　科学研究機関の研究者になる類型：彼らは修士あるいは博士学位取得者で、研究課題を明確に持っている主に公費留学帰国者である。全体から見れば比率は小さい。

③　政府行政機関の公務員や外郭団体等の職員となる類型：彼らは哲学、社会学、経営管理などを専攻した主に公費留学帰国者である。復職者が多く、新規採用は少ない。

④　大型・中型の国有企業、合資企業、貿易関連企業、金融証券関連企業に就職する類型：彼らの多くが応用科学、金融証券、貿易投資、商業管理、言語翻訳などを専攻した留学帰国者で、かなり比率は高い。

⑤　自主創業する類型：彼らは理工系・医薬系を専攻した留学者や海外で起業してある程度成功を収めた華僑などである。海外の延長として中国で起業する。

ここに挙げられた五つの就職類型は、政府の帰国奨励政策が在外留学者を吸引したいと考える四つの社会的分野、即ち政府部門等の行政分野、大学等の教育分野、科学研究分野、企業等の経営管理分野に該当する。そして、大体において在外留学者はそれらの四つの社会的分野に吸収されていると言うのである。しかし、就職は必ずしもこの四つの社会的分野に限られるものではない。留学帰国者の中には法曹界、医学界、芸術界、スポーツ界などの方面で活躍する人々も少なくない。現今は私的企業を創業するなど、より一層多様化する方向にある。だが、この四つの社会的分野が従来から公的に重視されてきたと考えてよいであろう。

以上のような情況を踏まえて、中国人の留学過程とそれに関連する留学政策および就職類型を横軸に、公費派遣（公派留学）と自費留学を縦軸に全体的分析の枠組みを示したのが表1-9である。本書ではこの枠組みに沿って、留学政策の具体的内容と時代背景について考察する。

第六節　留学政策と知識人政策の時期区分

1　留学政策の時期区分の検討

留学政策の歴史的分析とは、一九四九年十月から二〇〇七年現在に至るまで、海外留学に密接に関連する諸要因がいかに変遷したかを研究することである。中央政府の留学政策は刻々と移り変わる国内の政治・経済・社会・教育の動向にも、さらには国際情勢の変化にも左右されてきた。従って、時期区分を設定して、留学政策の変遷を検証しなければならない。その際、留学派遣、海外生活の管理、帰国奨励の三種の留学政策は留学交流の循環経路を担う一体的政策であり、個々別々に取り上げるのではなく、設定した時期区分の中で「一体」として取り上げることにしたい。

さて、中央政府の留学政策については、国家教育委員会（現教育部）が一九九八年に総括的な歴史文献を刊行している。即ち、国家教育委員会外事司編『教育外事工作の歴史沿革及び現行政策』（北京師範大学出版社、一九九八年）である。これは留学政策の展開を次のように四つの時期に区分している。[11]

①　第一期は一九四九～一九六六年：ソ連・東欧派遣の時期
②　第二期は一九六六～一九七八年：文化大革命から改革開放前までの停滞期
③　第三期は一九七八～一九八九年：改革開放初期の留学規模の拡大の時期
④　第四期は一九八九～一九九六年：自費留学の大量発生と帰国奨励政策の開始

しかしながら、この区分は一九九八年出版時点のものであり、その後、現在（二〇〇七年）までの推移は当然のことながら記述されていない。

次に、楊暁京・苗丹国「新中国の出国留学教育政策の演変過程及び対策研究」（『出国留学工作研究』二〇〇〇年四月号）が留学政策の変遷を詳しく跡付けている。これは二〇〇〇年に発表された論文で、先の文献よりも新しい。著者のひとり苗丹国は教育部国際司出国留学処の調査研究員である。その意味で教育部の公的見解とも言えるだろう。この論文は新たな時期区分を提起している。次のような四つの時期である。[12]

①　第一期は一九四九～一九六六年：建国から文化大革命前までの留学教育政策
②　第二期は一九六六～一九七八年：文化大革命から改革開放前までの留学教育政策
③　第三期は一九七八～一九九二年：改革開放前期の留学教育政策
④　第四期は一九九二年以降：市場経済時期の留学教育政策

である。

さて、この両者の時期区分の相違点は、第三期と第四期を一九八九年で区切るか、一九九二年で区切るかの相違である。先の国家教育委員会の文献が一九八九年で区切る理由は、この年の六月四日「天安門事件」（第二次天安門事件とも呼ぶ）が起こり、その影響で「出国熱」が急速に高まったことにある。「出国熱」とは、表面上は知識人の留学希望者が急増したことを指すが、裏面では知識人の政治不信が高まったことを意味する。そうした知識人の海外流出という危機的な事態が起こる前後を海外留学史の節目と考えるのである。

これに対して、楊・苗論文が一九九二年で区切る理由は、天安門事件後に現れた不帰国現象に対する中央政府の対応方針が決まり、留学政策の新しい時代が始まった年を一九九二年と考えるからである。すなわち、一九九二年一～二月の鄧小平の南巡講話を受けて、同年八月十四日国務院辦公庁は「在外留学者関連の問題に関する通知」(関于在外留学人員有関問題的通知：四四号文件と呼ばれている)を発布、「支持留学、鼓励回国、来去自由」を留学政策の原則として打ち出したのである。以後、中国人の在外留学者を「掠奪」しようとする先進国の人材獲得政策に対する対抗処置として、「鼓励回国」という帰国奨励政策が強化されていく。この原則は現在(二〇〇七年)まで堅持されている。一九九二年はこういう意味で重要な節目なのである。

筆者は楊・苗論文の提出した区切りのほうを取りたいと思う。なぜならば、一九九二年は、一九九一年十二月にソ連が崩壊し冷戦構造が消滅するという国際社会の大きな節目だからでもある。社会主義国家の代表であったソ連の崩壊は、少なからず中国指導層に動揺をもたらした。翌一九九二年一～二月の鄧小平の南巡講話はこの衝撃的な事態に対する中国共産党の方針を示したものであった。また同年十月、中国共産党第一四回全国代表大会(党十四大)では、「中国の特色をもつ社会主義を建設する」という理論によって、経済体制改革において「社会主義市場経済体制」を確立するという目標が設定された。中国の社会主義社会の建設史において重要な節目であった。留学政策は高度人材育成の重要な方法であり、社会主義社会の建設史の展開に深く関連している。従って、一九九二年を区切りの年としたい。

また、二〇〇七年現在からみると、二〇〇一年十二月に中国はＷＴＯに正式加盟して、教育サービスの輸出入を承認するという規定の下で、米国、イギリス、オーストラリアなど諸外国の教育課程を国内の大学で中国人対象に提供すること(中外合作辦学)を容認するようになり、また逆に中国の大学が外国で外国人対象に教育課程を提供すること(境外辦学)も行われるようになった。すなわち、ＷＴＯ加盟は中国の留学教育史にとって新しい留学教育の形態(跨国教育：Transnational Education)が始まる契機となった。同時に、自費留学が完全に自由化され、急激に増大する契機ともなった。その意味で、二〇〇一年を重要な節目と考えることができる。

最後に、時代は遡るが、一九四五年八月、太平洋戦争終結直後に中国では海外留学が急増した。このとき留学した人々は、一九四九年十月、国共内戦の終結後に、新中国に帰国したり、台湾に移住したり、そのまま華僑・華人として留学先国に定住したりしたが、この時期に大陸・台湾はともに在外留学者の帰国支援事業を展開した。そのときの諸政策はその後の留学政策の原型となり、留学政策史に大きな刻印を残すことになった。従って、この時期を第一期として加えることにしたい。これによって、時期は一つずれることになる。

すなわち、まとめると、「当代」中国の留学政策の変遷は六つの時期に区分できる。各時期の特徴を簡潔に言えば、下記のようになる。

①　第一期は一九四五～一九四九年：国共内戦と海外留学の増加
②　第二期は一九四九～一九六六年：在外留学者の帰国事業及びソ連・東欧への留学派遣
③　第三期は一九六六～一九七八年：文化大革命による留学交流の停滞
④　第四期は一九七八～一九九二年：改革開放初期の留学規模拡大と不帰国現象
⑤　第五期は一九九二～二〇〇一年：市場経済発展の中の帰国奨励政策と海外人材獲得政策
⑥　第六期は二〇〇一～二〇〇七年：ＷＴＯ加盟後の新しい留学交流の形態の出現

2　知識人政策の時期区分

中国共産党の各時期の知識人政策〈知識分子工作〉は、留学政策の制定と密接に関連する。知識人政策に関しては、中国共産党の指導者であった毛沢東、周恩来、鄧小平の論文・報告等々および実際に起こった知識人排斥運動の考察を通して明らかにしたいと考えるが、ここではその変遷の概略を述べておきたい。

ところで、中国語の「知識分子」は一般に〈知識人〉と日本語訳されているので、ここでもそれを使用するが、そもそも中国における「知識分子」はどういう人々を指すのであろうか。馬嘶（二〇〇三）によれば、清朝末に西洋文化が流入した結果、特に海外留学した青年たちが新しい知識や観念を摂取して普及させたことにより、科挙制度を背景に培われてきた伝統的な「士」（官吏）概念が近代的な「知識分子」概念に変化した。辛亥革命前後には「知識分子」は増加して重要な独立した社会階層をなし、各種の職業の様々な局面で異彩を放つようになった。また人文・社会科学、自然科学、工程技術、実業、法律、教育、文化、新聞、出版など多種多様な職業を出現させた。

そして、現在は「学歴の高低、知識の多寡、職業の尊卑、収入の高低によって、知識分子は高級知識分子と一般知識分子の両種に分かれる。前者は大学教授、学者、科学者、工程師、作家、芸術家、弁護士、主任医師、編集者、記者、高級職員等々である。後者は小中学校の教員、工程技術員（初級技術者の職称）、公的機関の職員、事務職員、医療従事者、大学生等々である」という。[13] すなわち、中国でいう「知識分子」とは「高級知識分子」と「一般知識分子」の両方を包摂する総合的概念である。簡潔に言えば、一定の科学的・文化的知識を有する人々であると言えるだろう。なお、「知識分子」を〈知識人〉と訳せば、誤解を招くかもしれない。日本語の〈知識人〉は「高級知識分子」だけを指すからである。しかし、ここでは「一般知識分子」も含めた総合的概念としての「知識分子」を〈知識人〉と訳すことを断っておきたい。

さて、新中国における知識人政策は、中国共産党における階級闘争路線の時期と改革開放路線の時期では一転する。階級闘争路線期は、一九二一年七月の中国共産党の結党から文化大革命終結までであるが、この時期は更に新中国成立以前の時期（一九四九年以前）と新中国成立から文化大革命直前までの時期（一九四九〜一九六六年）に二分できるであろう。

前者では、党内に様々な議論が交錯していたが、最終的には一九三九年十二月の毛沢東「知識分子を大量に吸収せよ」（大量吸収知識分子）等に見られるように、中国革命の勝利のためには大量の知識人を動員すると同時に、労農階級の中から新しい知識人を育成する必要があると考えられた。

後者では、一九五七年三月の毛沢東「全国宣伝工作会議講話」に見られるように、旧中国の「ブルジョア階級の知識人」（資産階級知識分子）を労農大衆に奉仕するよう再教育すべきであるという原則論（知識分子与工農相結合）に基づきその政治的・経済的活動を監視すべきだという主張と、それとは相反して、一九五六年一月の周恩来

「知識分子問題に関する報告」（関于知識分子問題報告）等に代表されるように「大部分の知識人はすでに労働者階級の一部」であり社会主義建設に活用すべきだという主張が併存していた。従って、知識人の科学研究への貢献が期待され待遇改善が実施されるかと思うと、反右派闘争のように知識人批判が巻き起こるなど、知識人の社会的位置づけは紆余曲折した。この二つの主張はともに実際の政治運動や経済政策・科学技術政策などに色濃く反映されたのである。

次の文化大革命期には、一九七一年の「二つの評価」論（両个估計）のように知識人批判が極端に喧伝された。「二つの評価」論とは新中国成立以来の一七年間、教育はブルジョア階級が専制支配してきたという評価、および大部分の教師と彼らに教育された学生は基本的にブルジョア階級の世界観を有するという評価である。そこで知識人・学生は労農大衆の労働に参加して彼らに奉仕する思想を樹立するために再教育されなければならないとしたのである。多くの幹部や知識人は、「五七幹部学校」に送られ、あるいは農村戸籍に入れられて農村に定住させられた。また「政治審査」や「批判闘争」で迫害を受け、死に至ることもあった(14)。

これに対して、階級闘争路線を終結させた後の改革開放路線期（一九七六年～現在）には、一九七七年の鄧小平「知識を尊重し、人材を尊重しよう」（尊重知識、尊重人材）に見られるように、知識人尊重が唱導され、知識人は「社会主義現代化建設」にとって不可欠な存在とされた。そこでは個々の知識人の有する政治思想性はあまり問題にされず、むしろ先進的な科学知識を修得して社会発展に貢献することが重視されるようになった(15)。

この知識人尊重政策を基盤として、知識人・学生の公費派遣政策や在外留学者の帰国奨励政策が積極的に実施されるようになったのである。同時に、自費留学も公費派遣と同等に重視する方針が出され、公的な支援体制が作り上げられた。

以上のような知識人政策の変遷を踏まえて、次章から各時期の留学政策の実情を考察することにしたい。

【注】

（1）華僑華人百科全書編集委員会編『華僑華人百科全書：社団政党巻』中国華僑出版社、一九九九年、参照

（2）A. Bohm, D. Davis, D. Meares, D. Pearce, *Global Student Mobility 2025*, IDP Research Publication, 2003

（3）『神州学人』第一〇期、二〇〇六年、三〇頁

（4）Kemal Guruz, *Higher Education and International Student Mobility in the Global Knowledge Economy*, State University of New York Press, 2008, pp. 171-207. 参照

（5）浦善新・陳徳彧・周芸『中国行政区画概論』知識出版社、一九九五年、参照

（6）肖貴玉主編『第一動力：二〇〇六年度上海人材強市戦略研究』上海社会科学院出版社、二〇〇七年、五四頁

（7）杜作潤主編『中華人民共和国教育制度』三聯書店（香港）有限公司、一九九九年、二三―四二頁、参照

（8）『中華人民共和国重要教育文献』第三・四巻、海南出版社、二〇〇三年、参照

（9）白土悟「中国における自費留学制度の形成過程の考察」『九州大学留学生センター紀要』第一七号、二〇〇八年、七三頁

（10）「珠江三角洲的留学生回国熱」『神州学人』一九九五年一二号、一三頁

（11）国家教育委員会外事司編『教育外事工作：歴史沿革与現行政策』北京師範大学出版社、一九九八年

（12）楊暁京・苗丹国「新中国出国留学教育政策的演変過程及対策研究」『出国留学工作研究』二〇〇〇年四月号、一―二七頁（全国出国留学工作研究会編『全国出国留学工作研究会成立十周年紀念文集』北京大学出版社、二〇〇二年、一三六―一六一頁、所収）

（13）馬嘶『百年冷暖　二〇世紀中国知識分子生活状況』北京図書館出版社、二〇〇三年、三頁

（14）五七幹部学校は、一九六八年以降、全国各地の農村に創設され、幹部が下放されて労働に従事した。

（15）夏征農主編『社会主義辞典』（吉林人民出版社、一九八五年）の項目「知識分子」は、改革開放路線期の「知識分子」の定義であるが、次のように記している。「一定の科学的・文化的知識を有する脳力労働者である。……搾取階級が統治する社会では各種各様の知識分子がいた。ある者は反動的統治階級に完全に奉仕しており、肉体労働に従事する労働者と対立する地位にあった。……一般に資本家に雇用された知識分子は物質生産か精神生産に従事し、剰余価値を創り出すことに参加していた。彼らは資本家に雇用された肉体労働者と同様に資本家の搾取を受けていた。社会主義社会の知識分子はその絶対多数は労働者階級の一部であり、社会主義社会の主人である。……」と。

第二章　新中国初期における在外留学者の帰国事業

中国共産党の知識人政策は革命即ち階級闘争路線を完遂するために知識人（知識分子）を大量に参加させる方針を取った。それを指導理論として、新中国政府は海外華僑（華僑学者と華僑学生）と在外留学者の帰国事業を実施した。それには現実的要請もあった。後述するように、一九五〇年時点の党員一五〇万人中一三〇万人が文盲か半文盲であったという。社会主義国家建設に必要な高度人材が不足していたのである。本章では、在外留学者に焦点を当て、中国政府の帰国事業、米国・日本からの帰国運動について考察する。

第一節　中国革命における知識人政策

新中国成立以前の中国共産党の知識人政策（知識分子工作）はどのようなものであったのかについてまず触れておきたい。それは新中国成立直後に開始された在外留学者の帰国事業（知識人の吸収）とソ連・東欧への国家派遣政策（知識人の育成）の指導理論であった。

大長征の途上、一九三五年一月、貴州省遵義における拡大政治局会議（通称、遵義会議）で、毛沢東は党政治局常務委員会委員に選任され、かつ軍の指揮権を掌握して、党の指導権を確立した。毛沢東の発言は重みを増した。毛沢東はその後、知識人問題について講話・報告等で言及しているが、次のものが代表的である。

一九三九年十二月一日、毛沢東は「知識分子を大量に吸収せよ」（大量吸収知識分子）という指示を中共中央に提出した。「一、長期にわたる残酷な民族解放戦争において、新中国を建設する偉大な闘争において、党が偉大な抗戦力を組織し、何百何千万の農民大衆を組織し、革命的文化運動を発展させ、革命的統一戦線を発展させるには、知識分子を吸収することに習熟しなければならない。知識分子の参加なくして、革命の勝利は不可能である」、「二、……多くの軍隊の幹部は知識分子の重要性に気づいておらず、知識分子を恐れ、甚だしいものは知識分子を排斥する気持ちを持っている。……ブルジョア政党が死に物狂いで我々と知識分子を争奪しあっており、日本帝国主義も様々な方法を使って、中国の知識分子を買収し、麻痺させていることの重要性を理解していないからである」、「三、全ての戦区の党と党の全ての軍隊は、大量の知識分子を我々の軍隊に、我々の学校に、政府工作に吸収すべきである。……このような大量吸収の政策を取るに当たっては疑いもなく、敵やブルジョア政党から送り込まれた分子を拒否し、不誠実な分子を拒否することに十分に注意すべきである」、「四、……プロレタリアート自身の知識分子の養成も、社会に今まであった知識分子の援助を利用することと、決して切り離すことはできない」と述べる(1)。

また、一九四五年四月二十四日、毛沢東は中国共産党第七回全国代表大会（党七大）の政治報告「聯合政府を論ず」（論聯合政府）においては「民族圧迫と封建圧迫を掃除し、新民主主義国家を建設するためには、大勢の人民の教育家と教師、人民の科学家・工程師・技師・医者・新聞工作者・著作者・文学家・芸術家と普通文化工作者を必要とする。……一切の知識分子はただ人民に服務する工作のなかで成績を上げれば、尊重されるべきである。彼らを国家と社会の宝貴的財産と見なすべきである」と述べている(2)。

この知識人問題に言及した二つの代表的な報告は、革命の勝利のために知識人獲得の必要性と緊急性を訴えている。中国社会は本来、知識人を尊重する伝統を有しているが、階級闘争路線の下、党内には旧社会の統治階級出身の知識人を憎悪し排斥する傾向が強かったのであろう。毛沢東は、中国共産党、政府、軍、教育界、文芸界等々に大量の知識人を参加させることが革命成就にとって必要であり、かつ労農大衆の中から知識人を育成するにも知識人の協力が必要であるので、知識人は排斥するよりも「吸収」すべきだと訴えたのである。

ところで、もうひとつ注目したいのは、「ブルジョア政党が死に物狂いで我々と知識分子を争奪しあっている」

という発言である。中国共産党はブルジョア政党との間で知識人の獲得競争を行っている最中であった。

第二節　国共内戦と人材争奪戦

一九四五年八月十五日、太平洋戦争終結と同時に、盧溝橋事件（一九三七年七月七日勃発）以来、八年間続いてきた抗日戦争が終結した。その後の新政権構想をめぐって中国国民党と中国共産党は対立していた。

その二日前、一九四五年八月十三日、毛沢東は延安の幹部会議で「抗日戦争勝利後の時局とわれわれの方針」と題する演説を行っている。その中で、「全国的な規模の内戦がまだ勃発しないうちは、人民の間でも、わが党の多くの同志の間でも、まだこの問題について、皆が皆はっきりした理解を持つわけではない。大規模な内戦はまだ始まっておらず、内戦がまだ普遍的な、公然とした、頻繁なものになっていないので、『まさか！』と考えているものが多いし、また、内戦になることを恐れているものも多い。……さきには一〇年間戦争をし、抗戦でまた八年間戦争をした。これ以上戦争をするのは堪らないからである。……内戦を起こそうとする蔣介石の陰謀に対して、わが党が取っている方針は明確であり、一貫している。それは断固として内戦に反対し、内戦に賛成せず、内戦を食い止めることである。……しかし、内戦の危険性が非常に大きいことは、はっきりと見抜かなければならない」と述べて、中国国民党軍との内戦の可能性に備えるよう訴えた。

このような緊迫した情勢の中で、一九四五年八月二十八日から四三日間、中国国民党代表団（国民政府主席の蔣介石等）と中国共産党代表団（党中央委員会主席の毛沢東、周恩来、王若飛等）は重慶で会談し、十月十日に漸く「双十協定」（国共双方代表会議紀要）に調印した。しかし、双方が完全に合意できたわけではなかった。特に、国民党側は解放区政権や共産党軍の合法的地位を認めようとはしなかった。翌日、毛沢東は延安に戻ったが、周恩来と王若飛は重慶に残って話し合いを続けることになった(3)。

この「双十協定」では政治協商会議を早急に招集することが決まった。因みに、「政治協商」（直訳は政治協議）

とは、「政治協商対話制度」から来た言葉で、政府と国民の間の政治に関する対話を保障する制度を指す。すなわち、政府が様々な社会的利益を調整するに当たり、政治情報を国民に広く開示し、国民の意見が政府に十分に伝わることを保障するという民主政治の原則を守るための制度である。具体的には、例えば政府が専門家あるいは国民の代表を招集して協議する制度、国民投票制度、マスメディアを利用して会議情況を広報する記者会見制度、意見箱制度など種々ある。

さて、この「政治協商」の原則に則って、翌一九四六年一月十日から三十一日まで中国国民党、中国共産党、民主同盟、青年党、社会各界人士の五つの方面の代表者を招集して、第一回政治協商会議（通常、旧政治協商会議と称される）が重慶で開かれた。この会議において、内戦を回避し平和裏に新中国を建国するという方針が決議された。同年五月国民政府は首都を重慶から南京に戻した。だが、両党の東北地方での武力衝突は止まず、各地で学生や市民や社会団体による内戦反対運動が起こるが、その願いも空しく、一九四六年六月二十六日、政治協商会議の決議は破棄され、全面的な国共内戦が始まった。内戦は約三年間続いた[4]。

この内戦の間、一九四六年十一月、国民政府は国民大会を開き、中華民国憲法を公布する。これに関して、中国共産党は十二月に中国国民党の主導する国民大会も憲法採択も無効であるという声明を出す。だが、一九四八年三月その憲法によって国民大会が開かれ、中華民国総統に蔣介石を選出した。こうして立憲政治が実施されることになったが、内戦のため総統の権限が大幅に拡大されたので、事実上、軍事政権と化していった[5]。

他方、中国共産党軍（この解放戦争期に八路軍・新四軍を合わせて人民解放軍を編成）は中国国民党軍に攻勢をかけ各地で勝利を収めた。三大戦役と言われる遼瀋戦役（一九四八年九～十一月遼寧西部・瀋陽・長春地区での戦闘）、淮海戦役（一九四八年十一月～四九年一月、東は海州、西は商丘、北は臨城、南は淮河までの広大な地域での戦闘）、平津戦役（一九四八年十二月～四九年一月、北平・天津・張家口地区での戦闘）において、国民党軍は大敗を喫し、一五〇万人余を失ってほぼ瓦解した。かくして、一九四七年九月、中国共産党は華北人民政府を樹立、一九四九年一月十五日に天津、二月一日に北平に入城して、揚子江以北を統治下においた。一月十四日から四月二

写真 1　1949 年北平香山にて，毛沢東・江青夫妻と娘李訥及び長男の毛岸英・劉松林夫妻（1950 年ポスター）

十日まで北平にて両党の和平協議がなされたが実を結ばなかった。翌四月二十一日、中国共産党軍（第二・第三野戦軍）は揚子江を渡って進軍、四月二十三日に首都南京を陥落させ、基本的に内戦に勝利する。

この後、中国共産党は一九四九年九月二十一日から三十日まで、北平において中国人民政治協商会議（新政治協商会議と称される）の第一期全体会議を開いた。この会議は中国共産党、各民主党派、各人民団体、各界の民主的人々（各界民主人士）、国内少数民族、海外華僑などの代表的人物で構成された。この会議において、「中国人民政治協商会議共同綱領」（一九五四年憲法制定まで臨時憲法の役割を果たした）、「中国人民政治協商会議組織法」、「中華人民共和国中央人民政府組織法」など重要な法律を制定、北平を首都として「北京」の旧称に戻し、国旗を「五星紅旗」とすることなどを決定した。そして、政治指導者として、中央人民政府主席一人（毛沢東）、同副主席六人（朱徳、劉少奇、宋慶齢、李済深、張瀾、高崗）を選出した。

翌十月一日午後二時、主席・副主席と若干の委員からなる中央人民政府委員会が開かれ、中央人民政府秘書長（林伯渠）を選出、また政務院総理・兼外交部長（周恩来）、人民革命軍事委員会主席（毛沢東）、人民解放軍総司令（朱徳）、最高人民法院院長（沈鈞儒）、最高人民検察署検察長（羅栄桓）など行政・司法機関のトップを任命した。かくして、同日午後三時、天安門に北京の各工場の労働者、農民、学校の教員と学生、各機関幹部など三〇万人が集合して、「開国大展」が開かれ、中華人民共和国の成立宣言がなされた(6)。

一方、国民党軍は南京陥落後、さらに南方戦線でも敗退を続け、広州、重慶を経て台湾に逃れた。一九四九年十二月二十七日、蒋介石は台北への遷都を宣布した。翌一九五〇年三月上旬、海南島に残る約一〇万の国民党軍は人民解放軍と激戦の末、五月一日に敗北、敗残兵は台湾に逃れた。その後も小規模な戦闘が各地で行われるが、ここに大陸の国民党軍は完全に消滅したのである。

ところで、ここに興味深い文献がある。岳慶平主編『中南海三代領導集体と共和国科教実録』（上・中・下巻、中国経済出版社、一九九八年十月）である。この著作は新中国五〇周年を迎える一九九九年十月を前に、経済、外交、軍事、政治法律、文化および科学教育の六分野について五〇年の展開過程を跡付けようとしたシリーズ本の一冊である。中共中央（党中央委員会）の直属機関である中央党史研究室や中央党校の専門家による検閲を通過している。但し、その記述は歴史読物風である。この上巻「黎明前の国共の科教人材の争奪」の章は次のように物語る。

「浙江省渓口、蒋介石の実家。一九四九年一月（中華民国総統を）引退後、彼はずっと実家で隠遁生活を送っていた。敗戦が定まると、彼は大陸で呆然としているつもりはなかった。中央銀行総裁の兪鴻鈞に命じて、金庫の三九〇万オンスの黄金、七〇〇〇万米ドルの外貨と七〇〇〇万米ドルの白銀を全部台湾に運ばせた。この件は誰にも知られず、彼は得意になっていたが、黄金よりも更に貴重な科学人材を運び去ろうとした時、彼は怒りで気が狂わんばかりになった。中国科学界の精鋭が北極閣にて院士大会を開催したのはわずか七カ月前であった。蒋介石は国家元首として大会に出席し、院士たちに親しく『院士証書』を手渡した。彼は科学界の優れた人々を尊重して主席台に座らず、台下に座った。これは人材を尊重したということである。彼はこれら著名な科学者たちが彼とともに台湾に行くことを望んだが、その復国大業をともに図ろうとした時、呼応する人はいなかったのである。……（中略）……統計によれば、一九四八年の北極閣の院士大会前に選出された八一名の院士のうち、新中国に五〇人余が留まった。[7]」

すなわち、中国国民党と中国共産党の間では戦闘の裏で国内の科教人材（科学研究と教育に携わる人材）の争奪戦が行われていた。中国国民党は国内の科教人材を鄭重に遇していたけれども、その多くは台湾に移らず、大陸に留まったのである。

また、重要なことであるが、中央気象局、中央地質調査所、鉱産物測量所（砿産勘測処）、水力発電工程総処、中国地理研究所、レーダー研究所（雷達研究所）、地学工作者聯誼会など主要な科学研究機関・連絡会の科学者・技術者の多くが、国民政府の交通部・教育部・国防部など管轄官庁の圧力に抗して大陸に留まり、その施設、図書、資料等も保護された。各機関の中国共産党組織による地下活動が奏効したという。[8]

ところで、田正平主編（二〇〇四）によれば、一九五〇年三月、中国共産党の中央組織部長・陸定一が駐華ソ連代表に接見したときに示した統計資料では、「当時、華北に一五〇万の党員がいたが、その中の一三〇万は文盲か半文盲だった。地区委員会以上の幹部のうち、約五〇パーセントは教育がないか、教育程度が高くなかった」と述べ、「このような幹部たちによってこのように広大な中国を何とか管理するしかなかった。……この情況下、海外華僑と留学生を経済建設に参加させるために帰国させ大量に吸収することは、新中国の直面する重要な任務となった」という。中国共産党員は、党官僚、中央・地方政府の官僚、人民解放軍の上層部あるいは国営企業の経営管理層など要職を占めるべき人々であるが、科学的な専門知識をもつ人材が非常に少なかったのである。[9]

海外華僑に関しては、一九四九年から五九年の一〇年間に三〇万人が帰国、その中の多くが海外で教育を受けた専門家であった。また東南アジアを主として世界四〇カ国・地域に定住する華僑は自分たちの子女を祖国中国で教育を受けさせるために送った。政務院（のち国務院）は一九五〇年八月十四日、「高等学校暫行規定」及び「専科学校暫行規定」を発布し、高卒程度の革命幹部・工農青年・少数民族学生と同様に華僑学生にも大学入学と学習面で優遇措置を与えることを規定した。一九五一年七月十二日には教育部は「華僑帰国学生の入学配慮に関する暫定法」（関于照顧華僑帰国学生入学的暫行辦法）を発布、東南アジアなどで迫害され、良質な高校教育を受けることができない青年華僑のために大学統一入試の合格基準や入試時期を配慮すること、広州に試験会場を開設することなどを指示したのである。このように華僑子女の大学入学に対して特別配慮を与えたのは、海外華僑と統一戦線を作り、政治的影響力を拡大するためでもあった。かくして一九四九年から六五年の一五年間に小学校から大学まで各学校に華僑子女八万四、〇〇〇人余を受け入れた。一九四九年十月から五九年十月までの一〇年間に約四、〇〇〇人の華僑学生が大学・中等専業学校を卒業し、中国で就業したという[10]。

では、もうひとつの高度な人材集団、即ち在外留学者に対して、新中国政府はどのような体制を作り、どのような活動を行ったのだろうか。また、在外留学者は政局が激変したこの数年間に、どのような選択をしたのだろうか。彼らは帰国すべきは大陸か台湾か、あるいはどちらにも帰国せず、しばらく様子を見るべきなのか、重大な選択を迫られていた。以下、新中国初期の在外留学者に対する帰国事業を考察することにしたい。

第三節　在外留学者の帰国事業

1　在外留学者数の確認作業

一九五一年一月三十日、教育部高等教育司留学生管理処の報告『留学生概況』によれば、海外留学の隆盛（出国留学潮）は一九四五年前後から一九四九年夏までの内戦時期に生じた。この約五年間に、多くの高級知識人（すでに専門的知識と技術を有する研究者など）が海外に留学・実習・考察・参観などの名目で出国した。ほとんどが国民政府の統治する地区からであった。その専門分野は理工系、農学系、医学系など自然科学が七〇パーセントを占めた。その胸中については当人たちの個人的史料はないが、「多くの人々は科学技術報国、教育救国の信念を抱いて海外に行き、刻苦して勉学した」と評されている[11]。

新中国成立後の一九五〇年夏には、表２－１のように、米国、イギリス、フランス、日本などの高等教育機関に

表2－1　1950年における国別の中国人在外留学者数　（人）

国	米国	日本	イギリス	フランス	ドイツ	フィリピン
人数	3,500	1,200	443	197	50	35
国	カナダ	デンマーク	スイス	ベルギー	オーストリア	インド
人数	20	20	16	15	14	10
国	イタリア	スウェーデン	オーストラリア	オランダ	南アフリカ	合　計
人数	7	5	5	3	1	5,541

出所）李滔主編『中華留学教育史録』高等教育出版社，2000年1月，3頁

五、五四一人の在外留学者が在籍していた。米国三、五〇〇人、日本一、二〇〇人、イギリス四四三人、フランス一九七人、ドイツ五〇人が上位を占める。この上位五カ国で全体の九七パーセントに達する。これら在外留学者の帰国事業が課題とされたのである[12]。

但し、日本に滞留していたという在外留学者一、二〇〇人に関しては、第四節に述べるように大陸籍約六〇〇人余、台湾籍約一、〇〇〇人余で、合計約一、七〇〇人であったという報告もある。

2　留学生回国事務委員会の設置

新中国政府は、留学生派遣事業（出国留学工作）とは別に、在外留学者の帰国事業（留学生回国工作）を展開した。上述の教育部『留学生概況』によれば、まず一九四九年八月、前華北高等教育委員会が留学帰国者の受け入れ（接待）を開始した。中華全国自然科学工作者代表会議準備会が彼らの就職斡旋を委託された。十月一日、新中国政府成立後、教育部がこの事業を引き継いだ。まもなくして、十二月六日、政務院の文化教育委員会の管轄下に「留学生回国事務委員会」（辦理留学生回国事務委員会）が設置され、帰国事業はここで統括されることになった。

留学生回国事務委員会は早速、十二月十三日に第一回会議を開き、委員会の主任委員（馬叙倫）、副主任委員（張宗麟、邵筌麟）等を選出するとともに、簡単な運営規則を採択し、文化教育委員会に報告した。この運営規則は留学生回国事務委員会の活動を知るうえで重要な文献である。以下は全訳である[13]。

留学生回国事務委員会の簡則

一、本会は中央人民政府政務院文化教育委員会に帰属する。

二、任務：新民主主義の文教政策に基づいて、留学生帰国事業に関して統一的に指導する。具体的任務は次の通りである。

（一）まだ国外にいる留学生を調査し、早期に帰国するよう働きかける。

（二）留学生に対し帰国前後に宣伝し、理解させ、教育する。

（三）留学生の帰国後に接待（招待）をする

（四）留学生の帰国工作を統括し解決する。

三、組織

（一）本会はしばらくの間、文化教育委員会および教育部より各二人、中央財政経済委員会、政治法律委員会、文化部、科学院、衛生部、新聞総署、外交部、情報総署、財政部、華北大学、中華全国学生連合会（全国学連と略す）、新民主主義青年団中央委員会（団中央と略す）、中華全国第一次自然科学工作者代表会議準備会より各一人が出て構成する。

（二）本会は主任委員一人、副主任委員二人、秘書一人を、各機関の出席委員の互選により選出する。

四、開会

本会の会期はしばらく固定せず、必要なときに主任委員が招集するか、あるいは三分の一以上の委員が主任委員に請うて招集する。

五、役割分担

本会は工作の必要に応じて以下の組を設置する。

（一）調査組：教育部、外交部、情報総署、財政部、新聞総署、全国学連、団中央からの委員で構成し、在外留学者に対する調査・宣伝などの工作を統括する。

（二）接待組（招待組）：中央財政経済委員会の人事局、文化教育委員会、政治法律委員会の人事局、教育部、華北大学からの委員で構成し、留学帰国者の接待、理解、教育を統括する。

（三）　就職斡旋組（工作分配組）：中央財政経済委員会の人事局、政治法律委員会の人事局、衛生部、文化部、科学院、教育部からの委員で構成し、留学者事業の問題解決を統括する。
以上の各組の会議は教育部の関係部署が招集する。
六、本会の一般事務は教育部管轄の部署が責任を持って行う。
七、本簡則は文化教育委員会の批准を経て、次いで政務院に報告し正式に記録され、施行する。

以上、この簡則から、留学生回国事務委員会は教育部主導で運営されてはいるが、他の中央官庁はじめ様々な全国的団体による横断的組織であり、在外留学者に対する帰国の呼びかけ、国情の宣伝そして帰国後の世話までを統括していたことが分かる。まさに国家事業として留学帰国者の受け入れが行われたのである。中国にとって高度な人材は貴重な存在であると認識されていた。

3　留学生回国事務委員会の第二回会議報告

翌一九五〇年三月二十二日、留学生回国事務委員会は教育部会議室において第二回会議を開催した。その会議録によれば、この委員会の英語名をCommission on Returned Students Affairs, State Administration Councilと決定した。また、業務に関して以下の八つの事項が話し合われた[14]。以下は議事の要約である。

（1）　当委員会の取り扱う「回国留学生」の範囲と対処方法の七つの原則が決められた。
①　国内外で大学専科以上の学校を卒業し、研修目的で出国した者。委員会の事業は彼らを主要な対象とする。
②　華僑の帰国者で、大卒で専門的技能者は暫時、委員会で対処する。
③　華僑の中卒程度以下の者は華僑事務委員会にて対処する。
④　国内で高校を卒業し、国外の大学卒業者は、委員会と教育部が協力し対処する。
⑤　大学を卒業して国外で就業していた知識人は委員会で対処する。

⑥　放浪していた学生（流亡学生）の帰国者は、全国学連が対処する。
⑦　香港からの失業知識人と国内の失業知識人は全国編成の委員会が発足して後、統一的に解決する。
（2）　中心的都市に留学帰国者の受け入れステーションを設置する件では、委員会は上海、広州などの人民政府と連携して、留学帰国者を接待し、北京に行くよう紹介する。
（3）　留学帰国者に華北以外での仕事をいかに紹介するかという問題に関しては、華北以外の地区では東北地方が最も幹部の需要が高いので、留学帰国者に東北地方で仕事をするよう説得すること。中央財経委員会人事局は東北財経委員会と連携して、東北財経生産部門に就職する問題を迅速に解決するよう努めることとする。
（4）　留学帰国者の就職斡旋後、その待遇を統一する問題に関しては、標準賃金を暫定的に決め、既に就業している留学帰国者の賃金と思想状況を調査して財経委員会人事局に報告することとする。
（5）　米国・イギリス政府は中国人留学生が帰国の際に経由する香港への入境ビザを発給しないという方法で、多くの中国人留学生の帰国を阻止している問題に関して、委員会は対策として、第一に在外留学生に対して委員会の名義で帰国歓迎の手紙や電報を出すこと、第二にビザ問題の具体的な解決法は教育部と外交部に検討を依頼することとする。
（6）　国外調査において各関係機関の間で留学状況に関する資料を交換する制度をいかに作るかを検討する。
（7）　在外留学生に向けた宣伝活動に関しては、中国の国連代表団を通して行い、国際新聞局発刊の『人民中国』に宣伝文を掲載することを検討する。
（8）　留学生の帰国旅費は一律に貸与し、帰国後に返金方法を具体的に決めること。また、委員会の予算に限りがあるため、旅費は求人部門が負担することとする。

ところで、この会議で留学生回国事務委員会が取り扱う「回国留学生」とは、主として大学専科以上の学歴を有する者（華僑を含む）であることが決められた。つまり、大学専科以上の学歴を有しない者はこの委員会では取り扱わない方針を採った。この点から見て、この帰国事業が高度な人材の確保を意図していたことは明らかである。だが、帰国事業には、在外留学者調査、帰国宣伝、香港ビザ発給、接待所設置、職業分配、標準賃金設定、帰国旅費貸与等の解決しなければならない諸問題が山積していた。

4　留学生回国事務委員会の具体的活動（一九四九年十二月～一九五〇年六月末）

留学生回国事務委員会は一九五〇年六月末までの七カ月間の活動報告を提出している。これによると、留学帰国者と在外留学者の両側面に対して事業が展開された。報告は次の通りであった。[15]

（1）　留学帰国者に対する事業

①　一九五〇年三月頃から多くの留学生が帰国し始めた。六月末までに帰国登録者（登記）は二四六人に達した。一九四九年八月からの留学帰国者一六三人を加算すると、合計四〇九人となった。米国からが最も多く三一〇人、次いでイギリス五〇人、フランス一七人、日本一四人、スイス六人という順位であった。

②　留学帰国者は香港経由で広州に入り、そこから上海あるいは南方各地に往く者が多く、留学生回国事務委員会は上海や広州などの人民政府と連携を進めて、迎え入れる活動を行った。また東北人民政府と相談の上、瀋陽に宿泊所（招待所）を設置した。

③　留学帰国者には宿泊所（招待所）にいる期間に新中国の情勢を学習させた。主要なテキストは毛沢東「人民民主専政を論ず」、「共同綱領」および知識人政策に関する文献であった。

（2）　在外留学者に対する事業[16]

在外留学者に対する事業は以下の四つであった。

①　調査工作

在外留学者は約五、〇〇〇人（華僑学生を含まず）、そのうち自然科学専攻は七〇パーセント、社会科学専攻は三〇パーセントを占めていることが判明した。国内外の関係機関や留学帰国者の持っていた名簿等を手掛かりにして調べた結果である。

② 宣伝工作

国営通信の新華社や国際新聞などを通じて、国内外の新聞雑誌に帰国関連の政策を広報するとともに、文化部対外文化事務連絡局などを通じて四五種類にのぼる六〇〇冊余の書籍や雑誌『人民中国』などを在外留学者団体に送付した。また、在外留学者からの問い合わせに回答した。

③ ビザおよび入境証問題の支援

一九五〇年三月以降、イギリス政府は香港ビザの発給を中国人の中で「中国入境許可証」所持者に限定するとして事実上拒絶し、約五〇〇〜六〇〇人が帰国できないでいた。また米国船舶会社は「中国入境許可証」所持者にしか香港までの乗船券を売らないという処置を取った。このため「中国入境許可証」を発行してくれるよう求める手紙が留学生回国事務委員会に殺到した。委員会は外交部と相談して、中国人留学者の帰国を歓迎する旨を書いた英文証書を二カ月間で一九三通発行した。その英文証書を入境許可書に代替させることにしたのである。だが、そうこうするうちに、米国船舶会社がまず「中国入境許可証」は不要であるとし、イギリスの植民部大臣は六月三日に香港ビザ申請に「中国入境許可証」を必要とするという条項を抹消したのだった。

④ 旅費問題

約五〇人の在外留学者から帰国旅費を援助してくれるよう申請があり、文化教育委員会は四万ドルの予算を組んだ。

こうして一九五〇年前半の活動は成果をあげ、帰国意思のある者は確実に帰国できるようになった。

5　留学生回国事務委員会の具体的活動（一九五〇年七月～一九五〇年十二月末）

一九五〇年六月二十五日、朝鮮戦争が勃発。これにより帰国事業は大きな影響を受けることになった。遡れば、一九四五年八月十五日終戦後、日本に進駐した米軍と、満州に駐留するソ連軍によって、日本軍の武装解除後の朝鮮半島の管轄区域をソウル北西の北緯三八度線を境に二分することが決められた。だが、一九四八年八月十五日に大韓民国が成立、九月九日には朝鮮民主主義人民共和国（北朝鮮）が成立、それぞれの政府が朝鮮半島全体の唯一合法政府であることを宣言し、祖国統一を目標に掲げた。かくして、北緯三八度線（軍事境界線）は「国境」と化し、韓国軍と北朝鮮軍の局地的衝突が頻繁に起こるようになった。そして、ついに一九五〇年六月二十五日に北朝鮮軍は三八度線を越えて南下したのである。こうして始まった朝鮮戦争は一九五三年七月二十一日に板門店で休戦協定が調印されるまで約三年間続いた[17]。

朝鮮戦争において、中国は北朝鮮に義勇軍を送る。中国義勇軍はほぼ前面に立つことになり、韓国軍を支える連合軍（主力は米軍）と対戦することになった。一九五〇年二月、周知のように、米国ではマッカーシーを中心とする反共運動が起こり、更に六月には朝鮮戦争の勃発によって在米中国人留学生は拘留されたり、帰国を要望した留学生の多くが逮捕・監禁されるなどの事態が生じていた。十月には、米国移民局（Immigration and Naturalization Service）が「中国人学生の出国禁止令」を発布した。

このように朝鮮戦争勃発によって一九五〇年七月から十二月までの留学生回国事務委員会の活動は非常な困難に直面した。その具体的活動状況は次のようであった[18]。

第一に、留学帰国者に対するサービス事業では、八月以降、広州には広東省文教庁の主導で受け入れ事業（招待工作）が進められ、「広州市招待回国留学生委員会」が成立した。上海では華東教育部の主導で九月に「回国留学生招待組」が成立した。武漢では「中南交際処」の主導で中継的な事務業務が行われ、北京では国家教育部の主導で事業が進められた。このように新規の留学帰国者を迎える体制が全国各地に整備されていった。

第二に、在外留学者に対する事業では、宣伝工作として、朝鮮戦争で在米留学者との連絡が困難になったので、新規帰国者を動員して手紙で中国情勢を伝えてもらっただけであった。また状況把握ができないので、折角準備された四万ドルによる帰国旅費支援はほとんどできなかった。

米国貨物船は戦禍を避けて、他の中国開港地への運行を停止したので、留学帰国者は唯一香港経由で中国に入国するしか方法がなくなった。六月以降、ビザ申請に「中国入境許可書」は不要とされていたが、香港ビザ取得は難航した。十一月になって、イギリス領事館は、福建、広東、広西の三つの省の居住者に限り、香港ビザをすぐに発給するという新しい規定を作ったが、限定的な性質のものであった。たとえ香港ビザを取得しても香港での自由行動は許されず、香港警察によって汽車で九竜駅から羅湖駅まで護送され、そこから国境を越えて深圳に入り、広州に向かったのである。

報告によれば、帰国事業は手詰まり状態であったが、この六カ月間に帰国して北京で登記した留学帰国者は二八三人にのぼった。北京で登記していない留学帰国者もおり、その実数は正確ではないが、約五〇〇人という。

以上、留学生回国事務委員会の一九五〇年の一年間の活動報告を前・後半に分けて見てきたが、留学帰国者の帰国旅費支援、招待所における宿泊支援、各地への就職斡旋、在外留学者の不当な取り扱われ方に対する抗議活動など、大小様々な課題が解決されていった様子を理解することができた。次に、米国および日本からの帰国状況を具体的資料から明らかにしよう。

第四節　米国からの帰国運動

1　在米留学者の帰国運動の開始

遡れば、一九四五年、周恩来の提言で「中国科学工作者協会」が重慶に設立された。国共内戦で中国共産党がほぼ勝利を収めた頃、南京、上海、北平、杭州、香港、イギリス、フランスに分会が成立した。一九四八年には米国分会（留美分会）が成立した。

中共中央南方局の指導の下に、五名の者（蘇華、徐鳴、頼亜辦、藺毓鐘、薛保鼎）が、米国留学して在米留学者の中の科学技術者に対する工作を展開した。彼らは別名「土曜座談会」（星期五座談会）と称して、大都市で「建社」「明社」「芝社」など小団体を組織し、それを基礎に米国の中部、東部、西部地区に中規模の科学技術団体を設立していった。

その一つである米国・中国科学工作者協会（美中科協と略す）は一九四九年一月二十九日、シカゴで中・西部地区の代表者会議によって成立した。会議では理事五人（葛庭燧、馮平貫、葛春霖、陳立、丁儆）、理事候補二人（顧以健、劉静宜）、監事三人（華羅庚、郭暁嵐、雷樹荘）、監事候補一人（陳志徳）を選出し、「私たちの意見」（我們的意見）を採択した。そこにおいて、封建勢力・帝国主義勢力を排除する革命を支持し、「古くて遅れた国家」を「現代的・進歩的国家」にすることが科学工作者に与えられた使命であると宣言したのである。

この「美中科協」を基盤とし各地区の団体代表を集めて、一九四九年六月十八・十九日、ピッツバークで会議を開き、全米規模の留美中国科技工作者協会（Chinese Scientific Workers' Association in USA：留美科協と略す）が成立した。当日、全米から五八人の代表が集まり、張文裕を主席に選出し、会則を定めた。「留美科協」はピッツバーグ、シカゴ、ニューヨーク、ワシントンＤＣなどの一三団体を地方部会として、会員三四四人を擁するものになった。その中には趙忠尭、郭永懐、陳省身などの著名人も多数いた[19]。

こうして中国共産党は全米規模の「留美科協」設立に漕ぎ着けたのである。「留美科協」は一九五〇年五月には地方部会が三二カ所に増え、会員は七一八人に増加した。ほぼ全米の主要都市と州を網羅するようになった。また機関誌『留美科協通訊』を発刊、水利や金属や石油などに関する二六学会を組織し、資料収集や書籍翻訳を行った。同地方部会では学術研究や帰国問題について座談会を開催した際に、新しい中国情勢について情報交換していた。同年六月、全国レベルの年次大会を開催、各分野の専門家の帰国問題に関して積極的な話し合いが進められた。在米留学者の帰国運動はこの時を境に活発になっていった。

だが、同じ六月、中国が朝鮮戦争に援軍を送るや、米国政府は在米中国人留学者の活動を監視するようになった。「留美科協」で中心的な役割を果たしていた顔鳴臬、黄葆同、李恒徳などの人々はニューヨークのエリス島（Ellis Island）の監獄に一六〇日間拘留され、保釈後も移民局によって活動地域を限定された。こうして一九五〇年九月十九日、「留美科協」は活動を停止せざるを得なくなり、解散に追い込まれた。一九五一年以後、米国政府は中国人留学者のパスポートを取り上げ、不法滞在にさせておいて、米国から出国できないようにしたという。

2　華羅庚の公開状

一九五〇年二月、数学者の華羅庚（一九一〇〜一九八五）は米国からの帰途、滞米中の留学者たちに対して公開状（給留美同学的公開状）を発表した。それは三月四日『大公報』に掲載された。彼が苦悩のうちに帰国を決心した理由が書かれている。華羅庚は当時四〇歳であった。

華羅庚は一九二四年中学校を卒業後、独学で数学を研究。一九三〇年に上海の雑誌『科学』に投稿した論文が認められて、清華大学数学系（学部に相当）の助手に採用された。一九三六〜三八年ケンブリッジ大学に留学、帰国後に西南連合大学数学系の教授となった。また中央研究院にて院士の称号を受け、トップレベルの研究者と認められた。しかし、国共内戦の時期、一九四六年に渡米し、プリンストン大学の数学研究所の研究員となった。その後、プリンストン大学、イリノイ大学の教授を歴任する。かくして米国で豊かで安定した学究生活を手に入れていた。しかし、敢えてそれを捨てて新中国に帰国することにしたのである。

さて、華羅庚の公開状には次のように述べられている。ここに当時の知識人の信条を知ることができる。[20]

この手紙に述べる事は私が一年間苦しみ考えてきた結果です。帰国を決心するに至った理由を述べたいと思います。一部は自分で冷静に思索した結果ですし、一部は友人たちと議論したり手紙をやり取りしたりして得た結論です。友人たちよ、もしあなた方が同じ苦悶を持っているならば、この手紙は解決の参考になるでしょう。もしあなた方がこのような感覚を持たないとしても、これを読んでほしいと思います。このような苦悶が生じたこと、それが偶然ではないことがお分かりになるでしょう。

私はまず大所から説き起こそうと思います。すなわち、現在の世界は明らかに二つの陣営に分かれています。一つは大衆の福利を考えるものであり、もう一つは専ら少数の統治階級の利益を考えるものです。前者は正義に立ち、真理を根拠とするものですが、後者は矛盾に満ちているものです。一方は被圧迫民族を友とし、他方は不幸な者の身上に「文明」を建設しようとしています。そこで世界の人々は皆、どちらかを選び取らなければなりません。人類の幸福のために、真理の光明のほうを選び、多数の人々の利益のほうを選ばなければならないのです。

私たちはどうして出国できたのでしょうか。……私たちのここでの享受は、私たちが自分の本領を発揮したからですし、ここでの地位は自分の努力によるものです。だが、私にはそればかりとは限らないと思えます。なぜでしょうか。誰が私たちに特殊な学習の機会を与えて、大学を卒業させてくれたのでしょうか。誰が私たちに必要な外貨を与えたのでしょうか、そして出国して学習することができたのでしょうか。手足を労して働く私たちの同胞ではないでしょうか。千辛万苦する私たちの父母ではないでしょうか。同胞たちの血と汗を受けて育ち、人材となって後に彼らのために服務しないとしたら、それは公平でしょうか。理にかなっているでしょうか。友人たちよ、私たちは自分だけうまく行ったら他を省みないというわけにはいきません。私たちは見極めなければなりません。すなわち、私たちは既に優越した権利を得ていますので、すぐに尽くすべき義務を尽くさなければならないのです。とりわけ聡明で有能な友人たちよ、私たちは中華人民共和国の空前にして巨大な人民の任務を負わなければなりません。……まとめれば、真理を選び取るために私たちは帰らなければなりません。国家民族のために私たちは帰らなければなりません。人民に服務するために私たちは帰らなければなりません。個人の活路を切り開くためにも、すぐに帰り仕事の基礎を作らなければなりません。私たちの偉大な祖国の建設と発展のために奮闘しましょう。

（華羅庚「公開状」）

この公開状が在米留学者にどれほど強い影響を与えたのか。その効果を測ることはできないが、帰国運動の鏑矢的役目を果たしたことは間違いないであろう。のちの文化大革命の時期、留学帰国者たちは造反派にあらぬ嫌疑をかけられた。海外で裕福な暮らしをしていた者がなぜ帰国したのか、誰のさしがねかと詰問せられたという[21]。だが、この華羅庚の公開状を読むと、彼らは誰かのさしがねでないことはもちろん、祖国愛だけで帰国したのでもないことが分かる。自己の使命の自覚や西洋文明のあり方に対する疑問など自問自答を繰り返しながら、明らかに思想的展開を経て帰国していたのである。

華羅庚は帰国後、すぐに清華大学教授に任じられた。その後、数学研究で実績を上げるとともに、中国科学院副院長、国務院学位委員会委員、第一～六期全国人民代表大会常務委員会委員、第六期全国政治協商会議副主席など要職を歴任した。一九八五年六月十二日、日本の東京において心臓病で突然死去した[22]。

3　銭学森の帰国

著名な物理学者・銭学森（一九一一～二〇〇九）は、一九三四年に上海交通大学を卒業後、一九三五年に精華大学の公費留学生となり、米国のマサチューセッツ工科大学に留学して修士学位を取得。一九三九年にカリフォルニア工科大学で博士学位を取得した。その後、マサチューセッツ工科大学教授を経て、カリフォルニア工科大学教授となった。一九五〇年八月、数え年四一歳の時、カリフォルニア工科大学のジェット推進研究所の主任研究員を退職し、新中国に帰国しようとして税関検査で荷物を押収された。荷物の中身は八〇〇キログラムの書籍とノート類であった。銭学森は八月二十三日、米国を出国せずして調査を待つよう通知され、九月七日に移民局によって拘置された。拘置所では誰とも会話することを許されず、毎晩一〇分間隔で室内の電灯が点けられるという厳しい監視を受け、ほとんど休息を与えられなかったという。銭学森の友人らが一五、〇〇〇ドルの保釈金を払って九月二十二日に釈放されたが、その後も彼の行動は監視され続けた[23]。

同時期に、次のような事件も起こっていた。科学者の趙忠尭と沈善炯、そして羅時鈞（銭学森の学生）の三人が一九五〇年八月二十九日、ウィルソン号に乗船して帰国しようとしたとき、荷物検査を受け、所有していた書籍

（特に、物理学の書籍）を押収された。九月十二日、横浜到着時にも米軍による荷物検査を受けた。三人は米国情報部に拘留され、深夜十二時に東京中野の米軍拘置所に、翌朝未明に巣鴨拘置所に移送された。巣鴨には日本人戦犯が留置されていたが、そこにあった「中国犯人室」なる所に二カ月間拘留されたのだった。その後、国民党の駐日代表団に引き渡されて軟禁された。十一月十五日に新中国政府からの抗議があり、彼らはやっと釈放されたのである。(24)

この他にも多くの事例が報告されているが、この時期、米国は中国人科学技術者の大陸への帰国を阻止しようとしていた。それは何のために行われたのだろうか。米軍がこの件に深く関与しているところから見ると、彼ら留学者が修得した高度な科学技術が軍事開発に応用されるのを防止する目的があったと推測される。

在米中国人留学者たちはこの不条理な状況を広く公開して援助を求めようとした。例えば、約三〇人の留学者たちは国務院総理・周恩来に手紙をしたためたが、それを届ける手段はなかった。中国とは通信が途絶えていたのである。仕方なく代表者数名がワシントンＤＣにある、中国に友好的な中立国家の駐米公館に赴いて、他国に駐在する中国大使に手紙を手渡し、中国大使から周恩来に届けてくれるよう手配を懇請している。

留学者の帰国妨害に対して、中国国内に抗議行動が始まった。国内の抗議行動は政府によって盛り上げられたのである。一九五〇年九月二十四日、李四光（中華全国自然科学専門学会連合会の主席）は銭学森が米国政府によって不当に拘留されたことを国際連合や世界科学者協会に電報で伝え、米国政府にも抗議文を打電した。十月九日には、南京の科学者たち一六九人が連名でトルーマン大統領（H. S. Truman）や国連事務総長に銭学森、趙忠尭その他の人々をすぐに自由にするよう抗議文を打電している。また一九五一年十一月、中華全国自然科学専門学会連合会の招集した学生会議は次のような決議を行った。(25)

一、１　わが人民団体は、拘留されている学生の大学の学長、教授その他の進歩的人々や関係団体（国連、ユネスコ、科学工作者会議、人権自由連盟、進歩党など）に手紙・電報を送り、学生釈放を訴える。

2　わが英語放送で全世界にこの件を宣伝する。
3　同船していて拘留された学生たちや、まだ拘留されていない学生たちの家族に抗議を提出させる。
二、今後、留学生帰国三カ条を定めて、具体的に実践する。（現在のところ不明）
三、ヨーロッパの中国公館は帰国者のためにビザ手続きを迅速に行い、旅費の不十分な学生には資金援助をしなければならない。

更に、一九五二年十二月、北京にある欧米留学帰国者の同窓会「欧米同学会」も米国政府に抗議の声を上げた。多少の誇張があるかもしれないが、ここから当時の情況を窺うことができる。以下は全訳である。(26)

米国政府による中国人留学者に対する迫害は日一日と激しくなっている。「中国留美科学工作者協会」、「北美中国学生基督教連合会」などの学生団体は相次いで解散を迫られた。『留美学生通訊』のような学生刊行物は停刊を迫られ、学生集会は米国の学校に置かれた中国学生コンサルタントによって監視され、学生は選択する授業を制限され、親友間の通信は検査され、多数の学生は常に尾行・尋問され、住宅は無理に捜査され、学生団体に参加し、或いは帰国の意思を表明した学生は「親共産党分子」であると思われて、常に不法に拘留される危険がある。とりわけ卑劣で恥知らずなことは、米国政府は種々の権威と利益誘導という手段を尽くして中国人学生の帰国服務を妨げようとしていることである。はじめに、奨学金を利用して買収し、国民党を擁護し新中国に反対することを表に書き込むよう強制する。その後、更に交通手段を統制して学生の帰国を妨害する。毎回の帰国人数を五〇人に制限して、故郷が広東・広西・福建にありかつ香港の通過ビザを取得した者だけが船のチケットを購入できると無理やりに規定した。帰国準備をしていた多くの教授や学生はこれらの妨害に遭って自分の祖国に帰ることができないでいる。一九五一年末より、米国政府は激しさを加えて法令を通過させた。理・工・医・農などの学科の中国人学生は一律に帰国を許可せず、わが国の留学生を拘留できると規定している。これを利用して、新中国が平和建設に邁進するのを妨害する恥知らずな手段の一つとしているのである。一九五〇年に帰国途中のわが国の科学者・銭学森博士や趙忠暁教授や羅時鈞・沈善炯などを不法拘留した。これは世を挙げて知るべきファシストの暴行である。
以上、事実を挙げたのは、米国政府が中国人学生を迫害している比較的顕著な例である。当然、米国帝国主義がわが国とわが国人民を敵視している凶悪な心をすべて説明してはいない。我々の中の多くの人はかつて米国に長期間あるいは短期間居住したが、多少なりとも直接に米国政府の迫害を受けたことがある。我々自らの体験に基づき、無比の憤怒を以て、米国政府による中国人留学者に対する迫害と、わが国留学者を不法に拘留するという罪悪的処置に謹んで抗議する。特にここに宣言する。一九五三年十二月五日
（欧美同学会の抗議声明）

他方、米国政府は抗議を受けても態度を変えず、中国人留学者の帰国許可を制限したままだった。一九五四年八月五日、アイゼンハワー大統領（D. D. Eisenhower）に宛てた公開状（英文）を梁暁天ら在米中国人留学者二六人が起草して、多数の機関に郵送している。この公開状はマスコミに大きく取り上げられ、在米中国人留学者の状況が広く報道されることになった。米国世論は彼らに同情的だったのである。その公開状は次のように訴えている。(27)

学業のある段階を修了すれば、私たちのある者は中国に帰国するため、あるいは他国に行くために出国許可を申請します。だが、申請はいつも却下されました。移民局では、技術工学分野の数千人の中国人学生は誰一人出国を許可されないだろうと言われました。しかし、無駄とは思いながらも、残された私たちは出国許可申請を繰り返しました。
署名者のうち幾人かは、知識と英知を求めて、愛する妻子を残して祖国を発ちました。多くのケースでは、悲痛な別離がすでに七年間も続いています。なのに、彼らの帰国は拒否されたままです。結婚していなくても、婚約している者もおり、悲しさは同じです。
苦しく不安なまま、人生の最も良き月日が無理やり指の間からこぼれ落ちるようなことをされています。……（中略）……私たちを帰国させない唯一の理由は、私たちが技術訓練を受けたからです。……私たちが学んだ技術訓練はすべて秘密にされていないものです。アメリカ合衆国が成立した日以来、科学技術知識を伝播するのはアメリカの伝統的精神です。不幸にも中国人学生の帰国を阻止する政策が無辜の人々に辛酸をなめさせ苦悶を与えています。……すべて

の中国人学生がアメリカを離れることを選択した時にはアメリカを離れることができるようにしてください。どうぞ禁令を解除して下さるようお願いいたします。

（留学者二六人の「公開状」）

このような抗議行動とは別に、米中の政府間交渉が行われた。一九五四年四月二十六日より米国、イギリス、フランス、ソ連、中国の五大国を中心にジュネーブ会議が開催され、朝鮮およびインドシナの平和的解決に関する問題が話し合われた。中国は周恩来を首席とする代表団を送っていた。会議の途中、一九五四年五月二十六日、在米留学者の抗議行動を背景に、中国代表団は在米留学生や華僑が帰国できない問題について米国政府と直接話し合う用意があることを新聞発表した。中国代表団顧問の一人であった黄華は次のように述べた。「中国人留学生は何の罪もない。米国政府は彼らが故郷に帰り家族と団欒する権利を剝奪した。これは国際法の原則に違反するだけでなく、人道主義にも完全に適合しない」と[28]。

他方で、中国には、朝鮮戦争で捕虜となり、あるいは中国で法を犯して拘置されている米国人がおり、彼らの帰国問題に米国の世論は高い関心を示していた。

翌一九五五年八月一日、米中両国の大使級会談がジュネーブ国連ビルで行われ、双方の意見交換がなされた。中国側は駐ポーランド大使の王炳南（代表団秘書長）、米国側は駐チェコスロバキア大使のアレックス・ジョンソン（U. Alexis Johnson）を代表とした。会談は数回行われた。会談の模様はジョンソンが米国国務省のダレス国務長官（John Foster Dulles）に毎回送った電文報告によって知ることができる。会談はアイゼンハワー大統領のアドバイスを受けながら進められた[29]。

翌八月二日、第二回会談は次のようであった。王炳南は中国にいる米国人を四つのカテゴリーに分けて人数を示した。第一に、四二人の一般人で、申請すればいつでも帰国できる。既に帰国申請中の者もいる。第二に、二七人の一般人の犯罪者で、態度がよければ釈放するかもしれないし、親族の面会を許可する。第三に、一六人の朝鮮戦争での捕虜で、彼らは自ら本国送還を拒否している。彼らは望めばいつでも帰国できるし、親族の面会も許可する。

第四に、軍人の犯罪者で、既に一五人は釈放され、二人がまだ残っている。

そして、彼は中国政府の要望として四項目を提出した。第一に、双方が自国にいる相手国の国民の名簿とその現況について情報を交換すること。留学生を含むすべての中国人の名簿を要望する。第二に、米国は中国人の出国を妨げている全ての禁令と法令を無効にすること。帰国を難しくする期間制限もなくすこと。第三に、米国は一九五五年四月八日に七六人に出国許可を与えたことを伝えてきたが、そのリストを中国に与えること。彼らの帰国が未だ確認されていないためである。第四に、中国と米国は第三国をそれぞれ選んで、双方の国民の帰国について委託すること。中国はインド政府に委託することにしたい、という。

この提案を受けて、ジョンソンは、米国にいる中国人が帰国することを妨げる制限は一切設けておらず、中国人留学生が米国から出国するのを妨げることはないと述べ、出国を妨げられた学生が分かれば直ぐに調査するので名前を教えて欲しいと述べたのである。

会談は九月十日に終了した。その日、両国民の帰国問題について「中華人民共和国・アメリカ合衆国の両国大使協議声明」（Agreed Announcement of the Ambassadors of the United States of America and the People's Republic of China）が文書化され、中国国民の帰国援助はインド政府に、米国国民の帰国援助はイギリス政府に委託されることになった。

会議の途中、銭学森の帰国問題が提起され話し合いの結果、米国政府は八月四日に銭学森に帰国できる旨を通知した。こうして銭学森は帰国の途につき、二カ月後の一九五五年十月八日、漸く中国に到着した。米国での拘留・監視等の状態は五年の長きに亘ったのである。帰国後、中国共産党に入党、中国のロケット・ミサイル・人工衛星・半導体・原水爆の研究に貢献し、中国科学院副院長、中国科学技術協会主席、党の第七〜一二期中央委員会委員候補などを歴任した。

また一九八一年十二月、七〇歳で退職後、一九九一年十月十六日、国務院中央軍事委員会より「国家杰出貢献科学家」の称号と「一級英雄模範奨章」を授与された。更に一九九九年九月十八日、中共中央・国務院・中央軍事委員会は新中国成立五〇周年に際して、北京人民大会堂で、「両弾一星」（原水爆・ミサイル・人工衛星）の開発に貢献した科学技術者二三人に「両弾一星巧勛奨章」を贈ったが、その一人であった。二〇〇九年十月三十一日死去する。

ところで、新中国と米国の国交断絶は長く続いた。一九七二年二月、ニクソン（R. M. Nixon）が米国大統領として初めて新中国を訪問するまで二三年の歳月を要した。新中国からの留学者が初めて米国の地を踏んだのは、それから更に六年後の一九七八年であった。

第五節　日本からの帰国運動

1　五〇年の教育交流の終焉

一九四五年八月十五日、日本の太平洋戦争敗戦と同時に、中国大陸では八年間続いた抗日戦争が終結した。だが、戦争は終結しても、日本と中国の政治関係の回復はまだ先のことであった。思えば、両国の教育交流は、日清戦争の直後、一八九六（明治二十九）年、清朝が官費留学生一三人を戦勝国日本に派遣し、東京高等師範学校校長だった嘉納治五郎が中心となって受け入れたことに始まる。かくして一万人を数えたこともある中国人留学生だったが、抗日戦争中にほとんどが帰国し、日本に留学する者は激減していた。そして、今、数少ない中国人留学生が敗戦国日本を離れ、約五〇年の教育交流は一旦幕を閉じようとしていた。[30]

全国政協暨北京・上海・天津・福建政協文史資料委員会編『建国初期留学生帰国紀事』（中国文史出版社、一九九九年十二月）は恐らく数少ない資料の一つであろう。この著作は一九九七年九月から原稿を公募して集まった、一九四六年から一九五六年までの回想録五七篇、加えて上海政協・天津政協・福建省政協の提供する資料六篇を収録したものである。米国・欧州・日本に分けて編集しているが、このうち日本からの帰国回想録は五篇である。その中の郭平坦・陳富美「建国初期留日学生帰国情況」は、帰国事業の展開を三段階に分けている。すなわち、第一段階は一九五〇～五二年に在日留学生が個別に帰国した時期、第二段階は一九五三～五五年に在日留学生と華僑が団体で帰国した時期、第三段階は一九五六年に留学生を含む知識人が帰国した時期である。以下、この三段階説に従って、五篇の回想録を基に当時の状況を整理してみたい[31]。

2　抗日戦争期の日本留学派遣

一九三七年七月七日に勃発した盧溝橋事件から一九四五年八月十五日の太平洋戦争終結までが、中国では抗日戦争期である。その間に日本留学した中国人学生のうち、大陸籍の学生の多くは満州国及び「華北政権」、汪兆銘政権（南京国民政府）、蒙古政権（徳王の蒙古軍政府）が派遣した公費生であった。まだ自費留学生は少数だった。他方、植民地台湾からの学生はすべて自費留学生だった。台湾籍の学生は働きながら、日本の高等学校に入学した後、大学に進学していた。

周知のように、満州国は満州事変後、一九三二年三月一日に清朝最後の皇帝溥儀を執政として成立した。また「華北政権」とは盧溝橋事件後、一九三七年十二月十四日、北平・天津を占領した日本軍が旧軍閥の政治家らを支援して北平に成立させた自称「中華民国臨時政府」で、王克敏を主席とした。そして、一九三八年三月二十八日、日本軍が占拠した南京に「中華民国維新政府」が成立し、梁鴻志を行政院院長とした。当時、中国国民政府（蒋介石総裁）は南京から重慶に遷っていたが、一九三八年十二月、汪兆銘副総裁が日本軍との和平工作のため重慶を脱出。一九四〇年三月三十日には、王克敏・梁鴻志・汪兆銘の三者協議によって「中華民国維新政府」を改め、「南京国民政府」を発足させた。汪兆銘は同年十一月二十九日にその主席に就任した。これを汪兆銘政権と呼ぶ。

これら満州国・「華北政権」・汪兆銘政権（南京国民政府）は、中国国民政府（蒋介石総裁）にとって、いずれも日本の傀儡政権である。戦後、政権の首脳たちは日本の中国侵略を補助した売国奴（漢奸）として中国国民政府によって処刑された。今日の中国もその評価を変えていない。

表2-2　抗日戦争期の中国からの日本留学派遣数

派遣国・地域		1937	1938	1939	1940	1941	1942	1943	1944	計
満州国	公費	−	362	−	−	−	−	−	−	1,637
	自費	−	1,275	−	−	−	−	−	−	
華北政権	公費	−	0	51	149	125	133	108	−	566
	自費	−	10	6	6	12	22	25	−	81
汪政権	政府公費				38	30	30	30	25	306
	他の公費				−	−	41	−	−	
	自費				−	−	115	−	−	115
台湾	大学	211	313	337	310	303	330	−	−	12,411
	専門学校	890	1,250	1,554	1,798	1,992	1,939	−	−	
	大学予科	154	145	177	201	249	258	−	−	

出所）宋恩栄・余子侠主編（2005）第1巻（303-323頁）・第2巻（445頁）・第3巻（376-387頁）・第4巻（433頁）より作成

さて、抗日戦争期には、これら各地の親日政権から日本に留学派遣が行われた。詳細は不明であるが、宋恩栄・余子侠主編『日本侵華教育全史・第一～四巻』（人民教育出版社、二〇〇五年）によれば、表2-2のように一九三七年から四四年までの八年間で留学者は総計一五、一一六人に上った。但し、蒙古政権からの留学者数は不明である[32]。

3　中国留日同学総会の成立

一九四五（昭和二十）年八月十五日終戦当時、焦土と化した日本に中国人留学生は約一、七〇〇人いた。大陸籍の学生が約六〇〇人余、残りの一、〇〇〇人余は台湾籍の学生であった。同年九月に大陸籍の学生は「中国留日同学会」、十月に台湾籍の学生は「旅日台湾学生連盟」をそれぞれ結成した。しかし、台湾籍の学生は、一九四五年後半から四六年前半にかけて次々に台湾に帰国し、台湾の大学に転入する者が少なくなかった。

翌一九四六年四月十八日から二十一日まで全国各地の四二カ所の華僑総会及び留学生代表、合わせて約三〇〇人が熱海で協議し、全国統一組織として「留日華僑総会」が設立された。また九月一日、「中国留日同学会」と「旅日台湾学生連盟」及び各地の大学内に組織された同学会が合併して「中国留日同学総会」が東京に設立された。設立大会には約六〇〇人が参加した。そして、東京、北海道、盛岡、仙台、横浜、京都、大阪、神戸、福岡、長崎の一〇カ所にあった地方同学会はその下部組織となった。当時の会員登録者は一、一〇三人であった[33]。

中国留日同学総会の主たる活動は留学生たちの貧困救済と相互扶助であった。日本の大蔵省と交渉して一人毎月五〇〇円の救済金が支給されるようになり、文部省と交渉して学費延納が認められ、農林省と交渉して食料特別配給を得、旧日本軍の毛布、靴、服など軍用物資を支給されるようになった。これら交渉活動によって、奨学金が途絶えた公費生や為替を受け取ることが難しい自費留学生の生活を支えた。他方、毎月『中国留日学生報』を発行、中国での内戦やそれに続く解放戦争の状況を伝え、また中国人民解放軍の綱紀厳正なことや中国共産党の人民奉仕の精神や政策などを掲載し、国民党の腐敗を厳しく批判した。また、学習班を作って世界や中国の情勢を探っていた。

台湾籍の学生は、一九四七年二月二十八日、台湾で二・二八事件（二・二八起義）が弾圧されて後、反蔣介石の立場に立つ者が増え、台湾に帰国しない意志を固めていたのであろうか、標準中国語を学習する者もいたという。二・二八事件とは日本降伏後、重慶にあった国民政府は台湾省行政長官を派遣して台湾の戦後処理に当たらせていたが、その強硬なやり方や官吏の腐敗に対する台湾民衆の不満が高まり、民衆と政府軍の間に発生した衝突である。蔣介石はすぐさま援軍を派遣し、民衆は三月八日大量殺戮によって鎮圧された。その犠牲者は一八、〇〇〇〜二八、〇〇〇人と推計され、これ以後、台湾人が国民党や外省人に対して不信感情を持ち続ける原因となった。

さて、一九四九年十月一日、新中国が成立するや、十月十日に留日華僑総会、東京華僑総会、中国留日同学総会は共同で東京神田の共立講堂で中華人民共和国成立慶祝大会を開催した。これには約二、〇〇〇人が参加した。中国留日同学総会は地方同学会の代表委員会を招集して、新中国を擁護することを正式に決定した。このため中華民国政府（台湾）の駐日代表団に様々な迫害を受けたという。また、駐日代表団は新しく同学会を設立して対抗したが、台湾籍の学生の多くは中国留日同学総会を離脱しなかったという。その後、間もなくして、いよいよ新中国への帰国が開始されることになった。

4　中国留日同学総会の帰国運動

日本からの帰国の第一段階は一九五〇年から五二年にかけて行われた。すでに述べたように、一九四九年十二月六日、新中国政府では政務院文化教育委員会の管轄下に留学生回国事務委員会（辦理留学生回国事務委員会）を設置し、帰国業務を統括させていた。留学生回国事務委員会は政務院人事局、文化教育委員会、中華全国学生連合会など一七組織で構成され、それぞれ役割分担をして帰国業務に関わっていた(34)。

ある時、新中国政府高官が、東京にいる楊春松（東京華僑総会の副会長）を連絡役として、中国留日同学総会に帰国事業に参加するよう伝えてきた。文科系の学生はすぐに帰国するように、理工系の学生は卒業後に帰国するようにという指示であったという。一九五〇年は戦時中に日本留学した学生の卒業年度に当たっていた。卒業後、日本に残って華僑になるという方法もあり、学生たちは迷っていたのである。一九五〇年六月、留学生回国事務委員会の構成団体のひとつである中華全国学生連合会から中国留日同学総会に手紙が届いた。そこには「あなた方が更に努力して学習し学術を磨くことを希望します。すでに専門の学習が終了した学生はすぐに帰国して祖国建設に参加することを希望します。……留学生回国事務委員会と直接連絡し、または私たちを通じて連絡し、関連した問題を検討し解決するよう希望します。……」というようなことが書かれてあった。この呼びかけが、在日留学生の間に自分の知識を祖国に捧げたいという愛国心を引き起こしたという。

中国留日同学総会は、在日留学生に早期帰国を勧める留学帰国者からの手紙を次々に公刊していった。また、ある学生は、教育部の帰国留学生招待所秘書長の黄新名の署名・押印のある手紙を直接受け取ったという。そこには「中華人民共和国はあなた及びその他の留学生が帰国し、祖国の社会主義建設事業に参加されることを歓迎します。あなた方の入国はいかなる入境証も不要です。但し、身分証明があれば便利です」と書かれていた。新中国政府は大量の人材を必要としており、周到な帰国工作が展開されたのである。

こうして中国留日同学総会では、どのように帰国するかが議論されるようになった。当時、日本は米軍占領下にあり、その米軍を主力とする連合軍は一九五〇年六月に始まった朝鮮戦争において中国義勇軍と敵対していたので、在日留学生が日本から中国に帰国するには複雑な手続きが必要であったが、まさにこの六月に在日留学生たちは個別に帰国し始めたのである。

その出国手続きは次のようであった。在日留学生が個人的に東京華僑総会に赴き、出国申請書に記入。東京華僑総会がそれを国民党駐日代表団僑務処に郵送する。僑務処には在日留学生を抑留する権限はなく、郵送されてきた申請書を連合軍総司令部に送り、そこが審議して許可するか否かを最終決定した。一九五〇年一月、イギリスと中国は協定を締結し、香港を通過して帰国できるようになった。学生たちは、香港の旅行社の保障する香港の親類訪問や香港観光旅行などの理由で出国を申請したという(35)。

この理由を出すと、連合軍総司令部はほとんど許可した。連合軍総司令部はむしろ日本共産党の指導者を逮捕しようとして、出国者を厳しく検査していたのである。ある人の追想では、日本から香港に直接行く外国船、また大連・天津・上海を経由して香港に行く外国船では、数時間の荷物検査があり、共産主義関係書籍はすべて没収されたという。香港から中国への入国は簡単で、教育部の帰国要請書、中国留日同学総会や東京華僑総会の紹介状があれば、警備の人民解放軍は許可した。当人が大学卒業証書を所持するなどして身分の証明ができれば、北京の帰国留学生招待所に送られた。

当時、東京華僑総会の副会長だった劉永鑫の回想では、同会は一九五〇年から五二年の間に約一〇〇人の出国手続きを行ったようであるが、独自に手続きした学生もいたので、全部で約二〇〇人が帰国したのではないかという(36)。

5　在日留学生及び華僑による集団的帰国

朝鮮戦争勃発を機に米国は、日本列島をアジアにおける対共産圏の最前線基地として保持し続けることを暗黙の前提として、日本に一定限度の再武装を許可し、かつその独立を承認するため対日講和を急いだ。こうして一九五一（昭和二十六）年九月八日、日本はサンフランシスコ講和会議で対日参戦国五五カ国のうち四八カ国と平和条約に調印し、交戦状態を終結させた。だが、ソ連・ポーランド・チェコスロバキアの三カ国は調印を拒否し、また中華民国・インド・ビルマ・ユーゴスラビアの四カ国は会議に出席しなかった。日本は中華民国（台湾）あるいは中華人民共和国（大陸）のどちらと条約を結ぶかを自主選択しなければならなかったが、翌一九五二（昭和二十七）年四月二十八日、中華民国との間に平和条約を締結した。このような事情で中華人民共和国とは国交のない状態になった。

一九五二年十二月一日、新中国政府スポークスマンの趙安博は、新華社記者団に談話を発表した。それは、中国（大陸）には日本人滞留者が約四万人おり、皆帰国を求めているので、日本政府と北京で協議したいというものであった。これが海外放送によって日本に届いた。これを受けて早速、日本赤十字社、日中友好協会、日本平和連絡会の三団体が北京に向かい、中国紅十字会と協議を開始した。

この情勢を知り、東京華僑総会はすぐに日本外務省とそれら三団体に、日本人滞留者を迎えに行く日本船を利用して、在日留学生や華僑が中国に帰国したい旨、申し出た。日本外務省と三団体はこの件を中国側との協議に提出して了承を得た。中国側の代表は、政務院華僑事務委員会の副主任・廖承志であった。彼はすでに東京華僑総会からこの件を支持してくれるよう要請を受けていたので、日本側に正式に在日留学生と華僑の帰国支援を要請した。

この間の事情は廖承志の報告に詳しい。一九五三年二月二十四日、廖承志は日本と中国の交渉結果について毛沢東に報告している。訳文「在留日本人の帰国交渉状況に関する毛沢東への報告」によれば、次の四項目において合意に達したのである。以下は抄録である。

1、帰国を希望する中国在住のすべての在留日本人は一般に外国人在留者の出国手続きに基づいて申請し、中国政府の所定の機関による証明発給後、速やかに帰国できる。中国籍の男性と結婚しているすべての日本人女性は日本に帰国したければ、われわれは認める。日本籍の男性と結婚しているすべての中国籍の女性は、もし夫とともに日本へ行きたくなければ、中国は強制しない。前の二つのグループに属する夫婦の間の子どもは、満一六歳以上であれば、日本に行くかどうかは本人の希望にまかせ、一六歳未満の者は両親の双方が協議して解決する。中国の孤児院に収容されているすべての日本人孤児は中国側がその帰国を援助する。

2、秦皇島、上海、天津の三港を、帰国を希望する在留日本人の集結、乗船地と確定する。帰国を希望する在留日本人は毎回三、〇〇〇ないし五、〇〇〇人を集める。第一回の乗船時期は三月十五日から二十日までと確定し、以後一五日ないし二〇日ごとに人数をまとめるものとする。在留日本人の集団帰国の期限は、一応六月下旬から七月初めまでと定める。日本側の船舶派遣はわが国が公表した「在留日本人の帰国への援助に際して日本側が船舶を派遣する上で遵守すべき事柄に関する規定」を守らなければならない。

3、中国側は帰国を希望する在留日本人の困難に配慮し、居住地を離れてから乗船までの食費、宿泊費、旅行費（五〇キログラムの荷物運賃を含めて）を、中国紅十字会が負担する。あわせて、帰国する在留日本人が一定数量の外国貨幣に両替して帰国する申請を認め、帰国する在留日本人の携帯品は中国政府が規定した輸出禁止品及び禁制品を除いて、在留日本人個人に帰属するものは税関の処理手続きを経た後、持ち出しを認め、制限を加えない。

4、在留日本人が七月以後、日本への帰国を個別に希望した場合には、中国紅十字会は引き続き援助する。中国から帰国した在留日本人が再び中国に来ることを希望した場合、もしくは中国に居留する在留日本人の家族が中国に来ることを希望したときには、中国政府の外国人在留者の出入国条例に基づいて処理する。

日本側は在留日本人のわが国の公営私営企業で働いている人数、中国にいる在留日本人の分布状況、日本人戦犯と囚人犯、拘留されている日本人漁船員など、交渉の範囲を超えた問題を公表するよう要求を提出したが、わが方は明確に拒絶した。明日から会談コミュニケの起草を開始するが、もう一度会議を開いてコミュニケを可決し、交渉を終了できるものと考える。

（廖承志「在留日本人の帰国交渉状況に関する毛沢東への報告」）

一九五三年二月下旬、日中は共同声明の中で、日本政府が日本人滞留者を迎えるために日本船を中国に派遣し、在日留学生や華僑がその船を利用して帰国することに同意したことを明らかにした。[37]

一九五三年三月、日本船は上海、天津、秦皇島などに三隻に分かれて数千人の日本人滞留者を迎えに行った。日本政府は、朝鮮戦争はすでに停戦（同年七月休戦協定成立）していたが、連合軍と韓国に船舶の安全を守って欲しい旨要請した。しかし、それには中国に向かう船に乗客も貨物も乗せないという条件が付けられたので、在日留学生や華僑を乗船させることができず、中国側と交わした約束を反故にしたのである。

東京華僑総会と中国留日同学総会は日本の友好団体に働きかけた。その結果、日中友好協会、平和連絡会、婦人連合会、日本共産党、日本赤十字社、朝鮮連合会などが日本側の一方的な都合で約束を破ったことを外務省に抗議した。これに中国から帰還したばかりの日本人たちも、帰国の便を図った中国政府に対して道義に反する行為だとして抗議に加わった。

この件について参議院は特別委員会を開き、東京華僑総会の副会長・陳焜旺を招請して状況説明を求めた。陳焜旺は、この件は在日留学生と華僑の生活問題であって、政治問題ではない、彼らは帰国手続きも済んで貧困と不安の中で帰国を待っていると訴えた。同時に、中国紅十字社からも同年五月十九日、日本の三団体に対して次回の日本船の中国受け入れを保留する旨を電報で伝えてきた。

一九五三年六月五日午後二時から築地の華僑会館で中国人帰国希望者大会を開催、その後、在日留学生と華僑約三〇〇人が帰国を求めてデモ行進を行った。五星紅旗を掲げ、「義勇軍行進曲」「団結就是力量」などを歌い、一橋礼堂から霞ヶ関の外務省まで歩き、代表六〇人が外務大臣に面会を求めたが拒絶され、大臣室前に座り込んだ。警察隊が彼らを外務省の門外に引き出した。翌日の朝日新聞・毎日新聞は彼らが無抵抗で連れ出され、自発的に解散したと報じている。こうした世論を受けて、翌六月六日、日本政府は彼らの帰国は人道問題であるとして、日本船四隻のうち一隻を赤十字船として彼らを乗船させ帰国させることを決定した。

東京華僑総会と中国留日同学総会は帰国する学生や華僑の荷物運搬支援を組織し、特別列車を設えて京都舞鶴港まで送った。一九五三年六月二十七日、第一派帰国者五五一人が興安丸で天津に向かった。このとき東京華僑総会副会長の陳焜旺と中国留日同学総会会長の韓慶愈が同行した。天津では中国政府高官など大勢の歓迎を受けたという。

陳焜旺と韓慶愈の両人は東京に戻って中国の新しい情勢を紹介した。これによって心を動かされ、帰国希望者は増えていった。八月に第二派、十月に第三派が帰国し、合計約三、〇〇〇人に上った。帰国のピークであった。折しも、中国では一九五三年から五七年までの第一次五カ年計画が策定されたばかりであった。それは主に工業建設に力を注ぐもので、ソ連の援助による一五六項目のプロジェクトを中心に、六九四項目の大型・中型プロジェクトを実施する予定になっていた。社会主義国家建設の最初の五年間であり、その意気込みも高まっていたのである。翌一九五四年・五五年にも集団帰国したが、数十人から一〇〇人程度だった。

ところで、一九五三年の約三、〇〇〇人の帰国者の中で、大卒以上の学歴を有する者は一六五人であったという。専門別には理工系四四人、医薬系三三人、農業一一人、経済法律三四人、文学二〇人、その他二三人であった。翌一九五四年・五五年に帰国した留学生は各年一〇人前後であったという。彼らは天津市人民政府が設置した接待事務所に迎えられ、国務院華僑事務委員会（僑務委員会）などと共同で北京、天津、浙江省、河南省の大学や研究所に配属された。これが正しいとすれば、日本からはこの時期、合計一八五人前後の留学帰国者がいたことになる[38]。

6　知識人の帰国促進運動

中国留日同学総会では、一九五四年中華人民共和国憲法草案発布を受けて、その学習を実施し、機関誌『中国留日学生報』（月刊）に学生らの論文等を掲載した。中国政府もこのような在外留学生の活動を支持して、『毛沢東選集』、『中国共産党三十年』『中国近代史』などの書籍や『人民日報』『中国青年』『中国婦女』などの新聞・雑誌を定期的に送付した。このような中国政府と在外留学者団体との繋がりは、その後もずっと維持されていく。

この時期、中国からの日本訪問団が相次いだ。一九五四年十月、日本赤十字社など三団体の招聘で、中国紅十字会の代表団が初めて日本を訪れた。十一月三日、団長・李徳全、団顧問・廖承志など七人の代表は東京日比谷音楽堂で全国から集まった華僑三、〇〇〇人の歓迎を受けた。十一月十一日、訪問団全員が中国留日同学総会を訪れ、留学生たちに会い、学業に励み、卒業後は祖国で働いて欲しいという希望を述べた[39]。

一九五五年十一月二十日、中国科学院は日本学術会議の招待によって中国科学代表団を組織した。団長は中国科学院院長の郭沫若であった。彼は元日本留学者である。東京華僑総会の歓迎会の席上、「祖国では大規模な建設が進行しています。大量の人材を求めています。祖国はあなたがたに呼びかけています。祖国はあなたがたを必要としています。あなたがたが努力して学び、身体を鍛錬し、将来祖国のために貢献することを望みます」と呼びかけた。同年十二月、中国京劇団が日本を訪問した。団秘書長の孫平化（のち中日友好協会秘書長）は中国留日同学総会の責任者に知識人が帰国する重要性を話したという。つまり、改めて確認しておかなければならないが、留学生回国事務委員会が支援対象にしていたのは、大学専科以上の学歴を有する留学生および研究者であった[40]。

この一九五六年前後、後述のように、中国共産党の知識人政策は、知識人について、反革命分子として敵対すべき存在から科学技術の発展に積極的に活用すべき存在へと認識を改め、その認識に基づいて徐々に知識人尊重の方向へ転換し始めていた。

この情勢を反映して、一九五六年二月、中国留日同学総会は国務院華僑事務委員会主任となっていた廖承志から留学生の帰国を求める自筆の書簡を受け取った。中国留日同学総会はこの時から留学生・華僑学生など知識人を帰国させることを会の任務としたのである。まず、中国留日同学総会は大卒の留学生と華僑学生、日本に定住している知識人を調査して、名簿（所属大学、専門分野、住所、中国にいる親族などが記入されている）を作成し、中国に提供した。また同年四月から月刊『中国留日学生報』に中国の知識人政策の方針転換、知識人の帰国貢献への期待、政府の帰国支援事業の現状などを掲載し、帰国促進のための宣伝を行った。一九五六年六月、留学生・華僑学生二〇人が日本船で帰国、七月・八月にも計六〇人が帰国、また翌一九五七年五月、大卒の華僑学生十数人が帰国した。なお、華僑学生とは、海外に定住する華僑の子弟で、その外国の高等教育機関に在籍する学生を指す。

こうして日本からの帰国事業もこの年に大方済んでしまったようである。一九五六年十一月、国務院は留学者の帰国事業を国務院専家局に担当させることを決定、高等教育部の帰国事業担当部署も専家局に編入されることになった[41]。北京では、一九五七年春節に、国務院総理・周恩来が北京飯店に約五〇〇人の各国からの留学帰国者を招待して歓迎大会を開催したのだった。

第六節　知識人政策における葛藤

1　知識人政策の模索

新中国成立以前の中国共産党の知識人政策（知識分子工作）は、毛沢東の「大量に知識分子を吸収せよ」等々に代表されるように、主として二つの目的を提起していた。革命の勝利のためには知識人を排斥せず知識人を吸収すること、および労農階級から「新しい知識人」を育成することであった。こうして新中国成立後に、知識人には先進国の教育と科学技術を学習して国家の発展に役立てるという使命が与えられた。特に優秀な者は政治思想を厳しく審査されて選抜され、留学派遣された。彼らは帰国後、党・政府の幹部となり、あるいは大学・研究機関の教員・研究員となったのである。

ところで、本来、マルクス主義では知識人とは独立した階級ではない。知識人は頭脳労働者によって形成される社会階層である。大多数の知識人はそれぞれの時代の支配階級に従属し、その支配階級に奉仕してきた。封建社会では地主階級に奉仕し、資本主義社会ではブルジョア階級に奉仕する。大多数の知識人は各時代の支配階級出身であるのが一般的であり、高度な知識を求めるのに有利な条件を持っているのである[42]。

さて、新中国はプロレタリア階級の中の労働者階級と中国共産党の指導によって、その他の諸階級と協力しながら国家を運営するという「人民民主主義国家」（一九五四年憲法）を標榜している。つまり、人民（労農大衆）が支配階級の地位に就いたのである。この政治体制下では、知識人は当然人民に奉仕しなければならない。この観点から知識人は次のように四種類に分類された。①数は少ないが旧社会の労働者階級出身の知識人（無産階級知識分子）、②旧社会の支配階級出身でありながら人民を搾取する圧政に反抗する「革命的な知識人」（革命的知識分子）、③旧社会において圧迫され搾取されてきた貧しい「小ブルジョア階級の知識人」（小資産階級知識分子）、そして④旧社会の支配階級出身でその支配者階級の思想体系を保持している「ブルジョア階級の知識人」（資産階級知識分子）である。この中には旧社会で育成された青年学生と旧社会で既に専門家・学者・教師・文芸家・医者・技術者・記者となっていた人々がいる。知識人問題という場合、④を指す[43]。

新中国初期には多数の高度な知識人が支配階級出身であったため、旧社会の、人民を搾取し労働を卑しむ旧思想を多分に残している可能性があると見なされた。実際にはそうではなくても「ブルジョア階級の知識人」の中に包括されて警戒された。なぜなら、「ブルジョア階級の知識人」は一緒に革命を遂行して政治権力を握ったとしても、結局は封建的な地主階級と妥協して革命を水泡に帰せしめる恐れのある存在だとイメージされたからである。このような理由で、多くの知識人がプロレタリア階級に奉仕するように旧思想を改造する必要があるとされた。従って、社会主義社会を構成する労働者、農民、知識人の三種類の人々の中で、知識人は最も不遇な立場に置かれたのである。しかし、教育と科学技術を発展させ得るのは知識人であるという現実があった。知識人に対して、どのような政策を取るかは中国共産党の重要な課題であった[44]。

中国共産党は知識人に対して、「団結、教育、改造」という政策を採用した。彼らにマルクス主義理論・中国共産党史とその政策を学習させる一方、朝鮮戦争・土地改革・反革命運動の鎮圧等に参加させ、現実の中で思想改造を進めた。

国務院総理・周恩来は知識人の待遇改善を考えていた。一九五一年九月、北京大学教員による政治学習運動が開始され、北京・天津の各大学の教員間に広がった。これに応じて、九月二十九日、周恩来は北京・天津大学教師学習会において「知識人の改造問題について」（関于知識分子的改造問題）という講演を行った。講演の中で、中国共産党の立場、知識人の思想改造の必要性等々について周恩来自身の経験を交えながら訴えた。約一、七〇〇人の大学教員等が出席し、講演は五時間に及んだが、多くの聴衆が率直な経験談に共感し、知識人に対する中国共産党の立場と期待を理解できたという[45]。十一月三十日、中共中央は「学校の中で思想改造と組織の整理工作を進めることに関する指示」（関于在学校中進行思想改造和組織清理工作的指示）を発布し、北京・天津の学習運動を全国の大学・小中高校の教職員と高校生以上の学生に広げ、文芸界や知識人全体に逐次広めるよう指示した。このような知識人の思想改造運動は一定の成果をあげて一九五二年秋に一応終息した。

周恩来は、一九五二年に第一次五カ年計画（一九五三～一九五七年）の策定作業を開始した時、各分野の専門家がいかに不足しているかを痛感し、知識人の活用は国家建設にとって重大な問題であると考えるようになっていた。一九五五年十一月二十三日、周恩来の提案を受けて国家主席・毛沢東は、党内で知識人問題を検討し、この問題に関する大規模な会議を翌年一月に開くよう指示した。こうして周恩来を責任者として一〇人のメンバーによる「中共中央知識人問題検討十人小組」が設置され、議論が煮詰められた。

一九五六年一月十四日、予定通りに、中共中央（党中央委員会）の知識人問題会議が中南海の懐仁堂で開催された。中央委員会委員、中央委員会委員候補、各省・自治区・直轄市および二七の省轄市の党委員会書記または副書記、それら党委員会の組織部・宣伝部・統一戦線部の責任者、主要な大学・高等専門学校・科学研究機関や重要な工場・鉱山・病院や文芸団体や軍事機関などの党組織の責任者など、一、二七九人が出席した。この会議で周恩来は「知識分子問題に関する報告」（関于知識分子問題的報告）を最初に発表した。以下は抄訳である[46]。

社会主義の時代においては、以前のいかなる時代にもまして生産技術を十分に高めることがますます重要になり、科学を十分に発展させ、科学知識を利用することがますます必要になる。従って、我々が多く、速く、立派に、無駄なく社会主義建設を発展させるためには、労働者階級と、広範な農民の積極的な労働に依拠せねばならないだけでなく、知識分子の積極的な労働にも依拠しなければならない。……彼らの中の絶対多数はすでに国家工作員となり、すでに社会主義のために服務しており、すでに労働者階級の一部分である。旧知識分子を団結させ、教育し、改造すると同時に、党はまた大きな力を注いで大量の知識分子を養成した。そのうちには、すでに相当数の労働者階級出身の知識分子がいる。これらすべてにより、我国の知識界の様相には、過去六年の間にすでに根本的な変化が生じた。

……何が当面の知識分子の問題なのであろうか。当面の根本問題は、我々の知識分子の力が、数においても、政治的自覚の面においても、すべて社会主義建設の急速な発展の需要に適応しえていないこと、そして、我々の現在の知識分子の使用および待遇の面における若干の不合理な現象、特に一部の同志の、党外の知識分子に対する若干のセクト的感覚が知識分子の現在有する力を発揮させることをかなり妨げていることである。……知識界の政治と業務における巨大な進歩を過小評価し、我国の社会事業における彼らの役割を過小評価し、彼らが労働者階級の一部分であることを認識せず、どのみち、生産は労働者に依拠し、技術はソ連専門家に頼ると考えて、党の知識分子政策をまじめに執行せず、党の知識分子の面に関する問題をまじめに研究解決しようとしないものである。……知識界の進歩を見るばかりで、彼らの欠点を見ず、彼らを過大に評価して、無差別にやたらと信頼し、悪質分子に対しても警戒せず……彼らに対してあえて教育・改造工作をすすめようとしないものである。この二つの傾向は、……そろって我々が知識分子の問題と科学文化の問題を解決することを妨害し、我国の社会主義事業の発展を妨害している。

……党中央は、旧時代の知識分子に対しては彼らが自己改造することを援助し、彼らに地主階級およびブルジョアジーの思想を放棄させ、労働者階級の思想を受け入れさせなければならないと考える。この目的のために、党は一連の措置を取った。党は彼らを組織して土地改革、反革命の鎮圧、抗米援朝、「三反・五反」の闘争に参加させ、工場および農村を見学させ、ソ連を訪問させ、各種の国際活動に参加させ、彼らがマルクス・レーニン主義の基本知識を学習し、ブルジョアジーの観念論的観点を批判し、胡風反革命集団およびその他の反革命分子との闘争を行うことを指導するとともに、学習の基礎に立って、批判と自己批判を展開した。……彼らの中の絶対多数はすでに国家工作要員となり、すでに社会主義のために服務しており、すでに労働者階級の一部分である。

（周恩来「関于知識分子問題的報告」）

周恩来はこの報告で、第一に知識人はすでに労働者階級の一部であり、第二にこれに反するセクト主義やそれとは逆の過大評価をともに批判したうえで、第三に知識人の活用策を提言した。すなわち、知識人を信頼し支持すること、知識人の無駄のない適切な職場配置、知識人の職場の条件整備と賃金待遇の改善、知識人の思想改造の支援、

先進的な科学技術習得のためのソ連研修などの諸対策を行うことが党の任務だと述べたのである。(47)

2　知識人による科学研究の推進策

知識人は社会主義の経済・文化建設にとって不可欠の人材であるが、相当に不足しているという認識を背景に、中共中央は一九五六年一月十八日、「科学に向かって進軍する」（向科学進軍）というスローガンを公布。次いで二月二十四日「知識分子問題に関する指示」（関于知識分子問題的指示）を通達する。その第四節に「知識人の新しい力の養成に力を入れ、知識人の業務水準を高め、我国の知識人問題を根本的に解決する。中央と地方の各官庁は一五年将来計画（遠景規划）、第二次五カ年計画と一九五六・五七年の両年度計画を制定するに際し、必ずこの任務に重要な位置づけを与えなければならない」と述べ、具体的施策を列挙している。次のようなものである。(48)すなわち、科学部門を一二年以内（第三次五カ年計画の最終年度）に世界水準に近づけるという中央政府の方針に則って、国家計画委員会と各関係部門とが協議して、主に工業と科学研究における専門家養成の量・質に関する全面的計画を策定せよというのである。その計画は次の四点を目的とする。

① 中国の現代化した工業・農業・交通運輸業・国防・衛生事業その他の領域の技術的問題を独自に解決できる専門家を量・質ともに十分に養成する。
② 自然科学の基礎研究発展のために最先端の水準に近い物理学者、化学者、数学者、生物学者その他の理論科学者を一定数、養成する。
③ 教育事業と文化芸術事業でも専門家を養成する。
④ 社会科学、哲学分野の専門家の養成にも力を入れる。

そして、この目的を達成するための施策として、「人材の充実」、「科学研究機関の強化」、「ソ連を中心に諸国家から学習する事業の強化」という三領域での施策を列挙している。

（1）人材の充実

①現在の高級知識分子と就労している大卒者の中から優秀者を直ちに集めて科学研究に従事させ、また科学知識を持つ党員幹部を集めて科学研究機関に直ちに配置する。

②新しい専門家を積極的に養成し抜擢する、かつ系統的にその制度を確立する。

③優秀な行政幹部や中級の知識人や積極性のある労働者には研修機会を与える。

④大学の学生定員を計画的に増加し、科学技術の予備力を拡大する。

（2）科学研究機関の強化

①中国科学院を強化して全国の科学研究を指導するセンターとする。

②大学を科学研究機関として強化し、科学研究工作を発展させ、科学・技術の新しい力を養成する重要な基地とする。

③政府の各官庁（部門）は必ず自己の科学研究機関を積極的に設立し強化する。

④各種の大学・経済部門・大企業における研究機関や文化・衛生関連の機関の中で、最高水準の機関を必ず計画的に作り上げ、全国の科学・技術・文化水準を引き上げる模範とする。

⑤図書館、博物館、文書館の事業を発展させ、かつ実験器具製造や科学研究を補助する事業を発展させる。

（3）ソ連を中心に諸国家から学習する事業の強化

①最も人材の必要な領域に照らして、専門家、優秀な科学工作者、優秀な大卒者をソ連その他の国家に適切な期間、派遣して研修させたり大学院に入学させたりする。帰国後は、すぐに科学院や中央官庁で科学・技術の基礎を固めさせ、新しい幹部を大量に養成させる。毎年、継続して派遣すること。

②一部の分野については、ソ連その他の国家から専門家を招聘して、最短期間で科学院の研究の支援、各官庁の科学研究機関の設立、幹部の養成、共同研究を責任を持って行ってもらう。

③科学工作者や技術者を計画的に、中国に来ているソ連専門家に指導してもらう。ソ連は中国の一五六項目

の企業建設と生産を援助する中で、多くの技術者に新しい原理を系統的に伝授する。
④ソ連その他の社会主義諸国だけでなく、資本主義国家の科学技術の最新成果も研究して吸収する。
⑤外国語学習を普及し、外国書籍の輸入事業を改善する。また、翻訳事業も強化し、科学と文化の各領域の古典的著作や最新成果物で、一九六七年以前のものはすべて翻訳しなければならない。

以上のように、中国共産党は知識人の貢献を量的にも質的にも高めるための具体策を打ち出した。ソ連への国家派遣の目的が中央官庁・中国科学院の幹部を大量に養成することであったことがここで確認できる。また注目すべきは資本主義国家の科学技術の最新成果も吸収するとしている点である。米ソ冷戦が始まった直後の一九五〇年代半ばに、中国は科学技術の吸収に関しては、イデオロギー対立に拘泥せぬ積極的姿勢を持っていたのである。

一九五六年七月二十日、国務院は「《高級知識分子の就業条件に関する問題の情況と意見》を転送する通知」（転発《関于高級知識分子工作条件問題的情況和意見》的通知）を出し、それに附して、「高級知識分子の就業条件を改善することに関して、中央関係官庁が行うべき業務」（関于改進高級知識分子工作条件應由中央各有関部門進行的工作）を指示した。それには、全国の図書資料の充実、中核都市における歴史・自然・芸術に関する博物館の建設、外国との科学技術情報の交換や学術交流の活発化、研究費・研究機器や研究助手の充実、実験用の建物の建設などについて、中央官庁が実情を観察して検討し改善計画を立て、九月三十日までに国務院に報告するよう求めている。すなわち、科学と文化の発展を促進する高級知識分子の研究条件を改善することに着手したのである。

3　知識人に対する懐疑論

ちょうど帰国事業が終了し、知識人を尊重する政策方針が提示された頃、一九五六年四月二十八日、毛沢東は政治局拡大会議で「百花斉放、百家争鳴」政策を提起して、次のように述べた。「『百花斉放、百家争鳴』、これを我々の方針にしなければならない。芸術問題の上では百花斉放であり、学術問題の上では百家争鳴である。百花斉放とは、民衆の間で提出されたもので、誰もが提出するものである。人が私に揮毫を求めるとき、私はすぐにこの二つの句を書く。すなわち、『百花斉放、推陳出新』。百家争鳴とは、二千年前に起こった事実である。春秋戦国時代に百家が争鳴した。学術を講ずるならば、あの学術もこの学術も講ずるべきである。一種類の学術が一切を圧倒してはならない。もしそれが真理であれば、信ずる人は自然に必ず多くなるだろう」と。[49] 因みに、「百花斉放」とは、異なった形式の芸術をすべて花開かせること及び科学上で異なった学派の自由な論争を行うことを意味する。「推陳出新」とは、古い形式の芸術から新しい形式の芸術を生み出すことである。この「百花斉放、百家争鳴」は大いに歓迎されたのであった。

しかし、毛沢東の心中には知識人に対する懐疑が根強く存在していた。翌一九五七年二月二十七日、「人民内部の矛盾を正しく処理する問題について」(関于正確処理人民内部矛盾的問題)の中で、知識人問題を取り上げ、次のように述べている。[50]

我国の人民内部の矛盾は知識人の間にも現われている。過去に旧社会のために奉仕した数百万の知識人が、現在新しい社会のために奉仕するように変わってきた。そこには、彼らが新しい社会の要求にどう適応し、我々がそれをどう援助するかという問題がある。これも人民内部の矛盾のひとつである。

我国の知識人の大多数はこれまでの七年間に著しく進歩した。彼らは社会主義制度に賛意を表している。彼らの中の大勢の人がマルクス主義の学習に努力しており、一部の人々はすでに共産主義者となっている。この部分の人々はまだ少数であるが、次第に増えている。もちろん、知識人の間には、今なお社会主義に疑問をもったり、賛成しなかったりする一部の人々がいるが、この部分は少数に過ぎない。

我国の非常に困難な社会主義建設事業は、できる限り多くの知識人がそれに奉仕することを必要としている。およそ本当に社会主義事業に奉仕することを願う知識人なら、我々はすべてこれを信頼し、彼らとの関係を根本的に改善し、彼らの問題解決を援助し、彼らが積極的に才能を発揮できるようにしなければならない。……新しい社会の要求に十分に適応し、労働者・農民と団結するために、知識人は引き続き自己を改造し、ブルジョア的世界観を一歩一歩捨て去って、プロレタリア的・共産主義的世界観を打ち立てなければならない。世界観を変えることは根本的な変革であり、現在多くの知識人がこの変革を成し遂げたとは言えない。……我国の社会制度が変化したためにブルジョア思想の経済的基礎はすでになくなった。このことが大量の知識人の世界観を改革する必要だけでなく、可能性も生じさせた。しかし、世界観の徹底的な変革はきわめて長時間を要する。……知識人、青年、学生の中で最近の一時期、思想・政治活動が弱まり、若干の偏向が現われている。一部の人々から見れば、政治とか、祖国の前途とか、人類の理想とかには、まるで関心を寄せる必要がないかのようである。……こうした情況に対して、いま思想・政治活動を強化する必要がある。

（毛沢東「関于正確処理人民内部矛盾的問題」）

要するに、知識人は社会主義事業に不可欠な科学技術を発展させる存在であり、その多くが社会主義制度と思想に賛意を示していることは評価すべきであるが、まだブルジョア思想を捨て去って世界観を徹底的に変えるまでには至っていない。しかも、知識人や青年や学生の間では中国の政治問題や人類の理想に無関心な状況が現われてきた。そこで彼らの思想・政治教育を強化しなければならないというのである。

また、一九五七年三月十二日、毛沢東は、中共中央が招集した全国宣伝工作会議の講話においても、社会主義制度は設立されたが、まだ強固なものになっておらず、「政治戦線、思想戦線で、絶え間のない、困難に満ちた社会主義革命の闘争と社会主義教育を行わなければならない」と述べて、知識人の情況と改造問題に言及した[51]。

推定によると、高級知識分子と一般知識分子を含めて、様々な知識分子がおよそ五〇〇万前後いる。……圧倒的多数は愛国的で、……社会主義国家に奉仕することを願っている。少数の知識分子は社会主義制度を歓迎せず、それほど喜んでいない。彼らは社会主義に対してまだ疑いを持っているが、帝国主義を前にしては、やはり愛国的である。我々の国家に対して敵対的な感情を抱いている知識分子はごく少数である。これらの人は我々のこのプロレタリア階級独裁の国家を好まず、旧社会に未練を持っている。……（中略）……マルクス主義について、五〇〇万前後の知識分子の取っている態度は、次のように言うことができる。それに賛成し、しかもかなりよく分かっている人は少数であり、それに反対している人も少数であって、多数の人は賛成してはいるがよく分かっておらず、賛成の程度もまちまちである。……（中略）……現在の我々の知識分子は、大多数が古い社会を経てきた人で、勤労者の家庭の出身ではない。……解放前にブルジョア教育を受けているので、世界観は基本的にブルジョア階級のそれであり、彼らはやはりブルジョア階級の知識分子に属している。

（毛沢東「全国宣伝工作会議講話」）

すなわち、毛沢東は知識人を、①社会主義国家に奉仕しようとする精神を持つ人々、②社会主義に疑いを持っているが愛国的な人々、③社会主義に敵対的な感情を持つ人々の三種に分ける。前半では大多数の知識人が①であると述べるのであるが、後半では大多数はマルクス主義に「賛成しているが、よく分かっていない」中間的な立場にあり、動揺しやすく、その世界観は「基本的にブルジョア階級のもので、彼らはやはりブルジョア階級に属する知識分子である」と述べている。

このように毛沢東にとって、大多数の知識人は国家奉仕の精神を抱いていても、マルクス主義をよく理解しておらず、まだ思想的に問題を残す存在であった。それで知識人が労農大衆と密接に結びつく必要性を強調して、「知識分子は労農大衆（工農群衆）に奉仕するからには、まず労働者・農民を知り、彼らの生活、仕事、思想を熟知しなければならない。我々は知識分子が大衆の中に入り、工場に行き、農村に行くことを提唱する。……知識分子がもし労農大衆と結びつき、彼らと朋友になれば、本から学んだマルクス主義を自分のものにすることができる」と述べたのである。[52]

毛沢東と周恩来、両者の見解を比較すると、周恩来の報告は知識人の積極的活用に重点を置いているが、毛沢東は周恩来の見解を認めながらも知識人のブルジョア的世界観を変革する必要性を強調する。ここには微妙ではあるが、埋めることのできない主張の違いが存在する。この両者の考え方に象徴されるように、中国共産党内部で知識人に対する認識は分かれていたのである。

4　反右派闘争における知識人

一九五七年四月二十七日、中共中央は「整風運動に関する指示」（関于整風運動的指示）を発布。社会主義建設の時期に入り、中国共産党内に大衆や実際の情況から遊離した官僚主義、セクト主義（宗派主義）、主観主義の現象が出現しているので、党幹部は唯物弁証法の学習を計画し、また一定時間労農大衆と一緒に労働するなどして、自己批判し、思想を改めるよう指示した。また、中国共産党以外の人々のこの運動への自由意思による参加を歓迎すると述べた。五月四日、中共中央は毛沢東の起草した「党外人士に整風運動を援助するよう求める指示」（関于請党外人士帮助整風運動的指示）を全国党組織に送って、民主党派や無党派の人士に共産党の整風運動（錯誤や欠点を改める運動）に遠慮なく意見を述べることを勧めたのである。「百花斉放、百家争鳴」の方針と相俟って、言論界は活気づいた。中国共産党の政策や独裁化に対する批判的意見が表明され、知識人・学生の抗議行動や労働者のストライキなどが生じた。

毛沢東は五月十五日「事情は変化してきた」（事情正在起変化）を執筆して民主党派や大学の中の右派分子を批判し、党内幹部に閲読させた。このような事態は中国共産党の整風運動の利益を越えていると述べたのである。かくして毛沢東は中国共産党から右派分子が政権を奪おうとする策謀であると断じるに至った。

六月八日、中共中央は毛沢東の執筆した党内指示を「力を組織して右派分子の進攻に対して反撃を準備することに関する通知」（関于組織力量準備反撃右派分子進攻的通知）として発布し、同日『人民日報』社説に「これは何故か？」（這是為什嗎？）と題して掲載した。これは「六・八指示」と呼ばれている。以下、関連部分の訳である。

反動分子の人数は数パーセントに過ぎず、もっとも活発な狂気分子は一パーセントに過ぎないから、恐れるに当たらない。一時、険しい空模様に見えたからといって、腰を抜かしてはならない。……工場の主な幹部や古参の労働者を集めて会議を開き、次のように話しておく。一部の良くない資本家、良くない知識分子、社会の反動分子が、いま労働者階級と共産党に気違いじみた攻撃をかけており、労働者階級の指導する国家権力を打ち倒そうとしているから、断じてその手に乗らないよう注意しなければならないと。煽動する者があれば、それを締め出す。街頭に反動ビラが貼り出されれば、大衆を動員してはがす。……（大学では）反動的な教授、講師、助手、学生に毒素を大いに吐かせ、言いたいことを存分に言わせるのが一番良い。……適当な時機が来たら、すぐ党員と青年団員にそれぞれ組に分かれて会議を開かせ、どれが建設的な批判で、それを受け入れ、自分たちの誤りや欠点を正すべきであるのか、どれが破壊的な批判で、それに反駁すべきであるのかを区別させる。同時に、党外の人々に演説させ、全ての見解を述べさせる。そのあとで、わりあい威信のある党の責任者が、分析もあり説得力もある総括的な演説を行って、空気を完全に転換させる。……そのあと、穏やかな方法による党内の整風に入るのである。（『人民日報』社説「這是為什嗎?」）

すなわち、反革命派の意見を批判する思想闘争を指示したのである。この「六・八指示」から反右派闘争（反右闘争）が始まった。一九五七年六月から五八年前半にかけ一年間、多くの党幹部や知識人が迫害された。[53]

李成武（二〇〇六）によれば、一九五七年七月十四日、北京地域の自然科学者の座談会で、中国科学院は「愛国的科学家は積極的に行動して、右派が科学領域に進攻してくるのに反撃しよう」（愛国的科学家積極的行動起来反撃右派向科学領域的進攻）というスローガンを掲げて、反右派闘争の先陣を切ったという。八月一日、中共中央は「右派分子に継続して反対することに関する指示」（関于継続深入反対右派分子的指示）を発布し、右派の中の極右派を探し出すこと、公衆の面前で恥をかかせ大衆を教育すること、また党内の右派分子も一律に批判することなどを全国党組織に指示した。八月十四日、中国科学院は「国家機関職員が整風運動とブルジョア階級右派に対する反対闘争に参加することについての国務院決定を貫徹することに関する通知」（中国科学院関于貫徹国務院関于国家機関工作人員参加整風運動和反対資産階級右派闘争的決定的通知）を発布して、右派闘争を開始した。

科学研究員たちは何回も右派批判大会に出席させられ、他者の言動批判や自己批判を行った。一九五八年二月に闘争が静まるまでに、中国科学院の北京地区職員のうち一六七人が「右派分子」にされたという。その中で研究員は八人、副研究員三人、助理研究員二二人、実習研究員七二人、技術員六人、通訳一〇人、助理業務員一五人、編集一二人、行政職員一九人であった。主として青年研究員が右派とされた[54]。

また、大学も反右派闘争の場となった。全国二〇五大学の「右派分子」に関する高等教育部の統計では、右派分子に確定されたのは、教員三、九一一人、幹部職員一四、〇五八人で計一七、九六九人、学生は一二、一四六人であった。この中には学長・学部長一六人、教授・副教授一、一六四人が含まれていた。なお、当時二〇五大学の教員総数は五九、六四一人であったので、「右派分子」とされた教員三、九一一人はその六・五六パーセントであった[55]。

もちろん中国科学院や大学だけで「闘争」が行われたのではない。全国の党組織を通じて、社会主義制度や中国共産党の指導や政府の政策に批判的な立場を取る人々とその共鳴者に対して「右派」というレッテルを貼っていったのである。一九五七年十月十五日、中共中央は「右派分子を区分する基準に関する通知」（関于划分右派分子的標準的通知）を発布し、その区分基準を示した。以下はその基準部分の訳である。

およそ言論・行動が下記の性質の者は右派分子として区分すべきである。

（1）社会主義制度に反対する。都市と農村の中の社会主義革命に反対し、共産党と人民政府の社会経済の基本政策（工業化や統制購入・統制販売など）に反対する。社会主義革命と社会主義建設の成就を否定する。資本主義の立場を堅持し、資本主義制度とブルジョア階級の搾取を宣揚する。

（2）プロレタリア階級専政に反対し、民主集中制に反対する。反帝国主義の闘争と人民政府の外交政策を攻撃する。反革命分子を粛清する闘争を攻撃する。「五大運動」の成就を否定する。ブルジョア階級分子とブルジョア階級知識分子に対する改造に反対する。共産党と人民政府の人事制度と幹部政策に反対する。ブルジョア階級の政治法律と文化教育が社会主義の政治法律と文化教育に取って代わるよう要求する。

（3）共産党が国家の政治生活の中で指導的地位にあることに反対する。共産党が経済事業や文化事業を指導することに反対する。社会主義と共産党に反対することを目的にして、共産党と人民政府の指導機関と指導者に悪意ある攻撃をしかけ、労農幹部と革命積極分子の名誉を傷つけ、共産党の革命活動と組織原則の名誉を傷つける。

（4） 社会主義に反対し、共産党に反対することを目的にして人民の団結を分裂させる。大衆が共産党と人民政府に反対するよう煽動する。労働者と農民の分裂を煽動する。各民族間の分裂を煽動する。社会主義陣営の名誉を傷つけ、社会主義陣営の各国人民間の分裂を煽動する。

（5） 社会主義に反対し共産党に反対している小集団を組織したり、それに参加したりしている。ある部門やある基層単位の共産党の指導を転覆させるという陰謀をめぐらす。共産党に反対し人民政府に反対する騒乱を煽動する。

（6） 上述の犯行を犯す右派分子のために意見を出し、連絡し、情報を与え、彼らに革命組織の機密を報告する。

（中共中央「関于划分右派分子的標準的通知」）

但し、次の六種類の人は右派分子としてはならないという。①社会主義と共産党の指導に反対していないが、政策・就業・学術等の問題で不満を述べている人。②右派に類似した思想を持っているが、その思想を発表したことがなく、根本的には社会主義と党の指導に反対していない人。③社会主義の政治・経済制度や共産党の指導について間違った議論をしていても敵意を持っていることが証明できない人。④いったんは右派に付和雷同しそのグループに加わっていたとしても過ちを悟り、右派とは決裂した人。⑤かつて反動的立場に立っていたとしても、右派の活動時期にその活動に加わらなかった人。⑥右派分子であると疑わしいが十分な証拠がない人、などである。

こうした区分に従って告発された「右派分子」は全国で約四四万人（当時の統計では四三九、〇三五人）に達した。「右派分子」はその半数が公職を奪われ、農村で強制労働に従事させられたという。この反右派闘争は教育と科学研究の分野にも多大の損失を与えて、一九五八年上半期に終息した。なお、訳中の「五大運動」とは、土地改革、抗米援朝、反革命の鎮圧、「三反・五反」運動、知識人の思想改造運動を指す。

一年半後、一九五九年九月十五日、毛沢東は民主党派や文化教育界の著名人と右派分子の名誉回復について会合を開いた。翌十六日、国務院全体会議の第九二次会議において「確実に改まった右派分子の処理問題に関する決定」（関于確実表現改好了的右派分子的処理問題的決定）が通過した。新中国成立一〇周年に当って、言論と行動において改善が認められた「右派分子」を名誉回復するという決定である。その年、国家機関・民主党派中央機関の人々一四二人（黄琪翔、費孝通、葉恭綽、林漢達など）を含む右派分子二八、一六五人が全国で名誉回復された。更に、同年十一月二日、中共中央は「右派の帽子を脱いだ人員の職業分配と生活待遇に関する規定」（関于摘掉右派帽子的人員的工作分配和生活待遇的規定）を発布、各機関がこの規定に則って名誉回復した人々の就職支援・学校再入学などを行うように指示した。こうして一九六〇年から一九六四年の間に三〇万人余が名誉回復された。しかし、全員ではない。結局、「右派分子」と確定された全ての人々の名誉回復および就業・生活条件が改善されたのは、文革終結後の一九八一年末であった。二二年間の長期にわたって冷遇は続いたのである。[56]

5　大躍進政策の失敗

この時期の国内の政治・経済の状況を述べておきたい。党内の権力闘争が激化し、やがて文化大革命を起こすことになった重要な契機がこの時期に萌芽したのである。

すなわち、反右派闘争が終息に向かう頃、第二次五カ年計画（一九五八～六二年）が始まった。ここで国家主席・毛沢東は「大躍進」政策を提唱した。一九五八年二月二日、『人民日報』論説は、工業・農業・文教・衛生の各事業が「大躍進」しなければならないと号令をかけたのである。一九五八年五月五日から二十三日まで北京で、中国共産党第八回全国代表大会第二次会議が開催された。この会議で「社会主義建設の総路線」（「大いに意気込み、常に高い目標をめざし、多く・速く・立派に・無駄なく社会主義を建設する」という路線）が承認され、大躍進運動を開始することになった。また同八月十七日から三十日まで北戴河で、中共中央政治局拡大会議が開催され、翌年度の経済計画や農工業の生産問題などが議論された。この会議で「農村における人民公社の設立問題に関する決議」（関于在農村建立人民公社問題的決議）が通過した。この決議の中で、人民公社が共産主義社会に向かう過渡期において最適な方式であること、また共産主義社会が中国で実現するのは遥か未来ではないことなどを述べている。こうして、農工業の生産拡大のため、大衆約九、〇〇〇万人を大動員した鉄鋼生産運動および大規模農場「人民公社」(平均五、〇〇〇戸)の組織化と全国的普及が図られた。農民は毛沢東の号令に熱狂的に従ったが、結果は惨憺たるものであった。鉄鋼は粗悪で使用に耐えず、穀物生産は大幅に減少した。やがて各農村は経済的困難に陥ることになった。

一九五九年四月十八日から二十八日まで北京で開催された第二期全国人民代表大会第一次会議において、毛沢東は大躍進政策挫折の責任を取って国家主席を任期満了で退任し、代わって党中央委員会副主席の劉少奇が国家主席に就任した。毛沢東は党中央委員会主席・党中央軍事委員会主席として党と解放軍を一応掌握してはいたが、行政的指導権を半ば失ったのである。

同年七月二日から八月十六日まで、中共中央政治局拡大会議および中国共産党第八期中央委員会第八回総会(中共八届八中全会)が廬山で開催された。この廬山会議で大躍進政策の行き過ぎの問題が議論されたが、毛沢東に農村の窮状を訴える「意見書」を提出した国防部長・彭徳懐は逆に毛沢東によって「右傾」として批判され、国防部長を罷免された。毛沢東と大躍進政策への一切の批判はこうして封じられた。代わって新国防部長に任命された林彪は毛沢東思想を絶対化させていった。この廬山会議を契機に大躍進政策の批判者を「右傾」と壟断する「反右傾闘争」が繰り広げられた[57]。

中国はこの一九五九年から三年間旱魃が続き食糧難に陥った。加えて一九六〇年七月、中ソ論争によってソ連が専門家を引き揚げ、援助を中止したことも重なって、第二次五カ年計画は挫折してしまった。一九六〇年冬になって、中共中央と毛沢東は農村経営の「左傾」の誤りを改め、大躍進運動を停止せざるを得なかった。結局、一九五八年から六〇年までに約二、〇〇〇万~三、〇〇〇万人が栄養失調と飢餓で亡くなったと推定される[58]。

一九六一年一月から国家主席・劉少奇、党総書記・鄧小平ら(一般に「資本主義への道を歩む実権派」と呼ばれる)は経済建て直しに着手した。この時期を「経済調整期」という。翌一九六二年一月十一日から二月七日まで北京で参加者を拡大した中共中央工作会議(通称、七千人大会)が開催され、大躍進政策の失敗を認め、経済回復に

写真 2　七千人大会における中国指導部：左より，朱徳，周恩来，陳雲，劉少奇，毛沢東，鄧小平

全党団結して努力すべきことが確認された。かくして経済建て直しが進んだ結果、五年後に第三次五カ年計画（一九六六～七〇年）に入る見通しを得ることができた。

他方、毛沢東はこの党内の現状をどのように受け止めていたのだろうか。エドガー・スノー（一九六八）によれば、「劉少奇は一九三八年頃から党員資格を管理し、各級の統制委員会を握っていた。大雑把に言って、党員の約九〇パーセントは一九三八年から一九六五年にかけて劉・鄧の支配下に組織されていたと言えるのではないだろうか」という。[59] 毛沢東は既に政治主導権を失い、党内での発言力低下を憂慮していたとも推測されるし、あるいは実権派による官僚主義的支配の確立によって社会主義革命が後退することを危惧していたとも考えられる。いずれにしろ、このような情況を脱するために、毛沢東とその支持グループはやがて文化大革命の中で奪権闘争を展開することになった。

6　周恩来の知識人政策

党内部に認識の不統一があり、反右派闘争があっても、周恩来の知識人問題に関する見解はその影響を受けず変わらなかった。一九五六年一月の「知識分子問題に関する報告」から六年後、一九六二年三月二日、広州で開催された全国科学工作・演劇創作等会議における講話「知識分子問題を論ず」（論知識分子問題）やその論旨を更に明確にした、一九六二年三月二十七日第二期全国人民代表大会の「政府工作報告」の中でも、中国の絶対多数の知識人は「労働人民に属する知識分子である」と述べ、知識人を信任すべきであると一貫して主張している。以下は抜粋である。[60]

知識分子は社会主義建設事業が勝利するのに必要不可欠で重要な力である。我国の知識分子は社会主義建設の各戦線で貴重な貢献をしてきた。国家と人民の尊重を受けるべきである。我国の知識分子の状況は、すでに解放初期とは大きく異なっている。新社会は大量の若い知識分子を育成してきた。彼らは「紅であり専である」（社会主義の自覚と専門的知識・技能を兼備する）という道に沿って成長してきた。旧社会からの知識分子は一二年の鍛錬を経て、一般的に言えば、すでに根本的に変化した。知識分子の中の絶対多数は積極的に社会主義のために服務し、中国共産党の指導を受け入れ、自ら継続して自己改造を行っている。全く疑いなく、彼らは労働人民に属する知識分子である。

……毛沢東主席はかつて述べたことがある。「社会主義を建設するために、労働者階級は必ず自分の技術幹部の隊伍を持たなければならず、また必ず自分の教授、教員、科学者、新聞記者、文学家、芸術家とマルクス主義理論家の隊伍を持たなければならない。これは広大な隊伍であり、人数が少なくては成り立たない」と。我々が今、持っている知識人の隊伍は人数がまだ少ないし、水準もまだ高めなければならない。これは解決すべき大きな問題なのである。……国家の知識人政策の出発点は一切の愛国的知識人を団結させ、労働人民の知識人の広大な隊伍を徐々に作り上げることである。百花斉放・百家争鳴の方針は、中国共産党の科学研究および文学芸術の領域における重要な方針である。事実が証明しているように、この方針は科学と文教事業の繁栄・発展に有利であり、広大な知識人を団結させるのに有利であり、マルクス・レーニン主義思想の指導的地位を強めるのに有利である。

（周恩来「政府工作報告」第二期全国人民代表大会第三次会議）

この国務院総理・周恩来の「政府工作報告」はこの六〇年代初期の、中国共産党の知識人政策についての代表的見解と位置づけてもよいだろう。毛沢東発言の中で知識人尊重を主張した箇所だけを随所に引用して、その代表性を巧みに高めている。また、周恩来は「百花斉放・百家争鳴」の方針についても、科学と文芸上の問題には自由な探求と自由な議論が行われるべきであり、全国で奨励しなければならず、制限したり干渉したりすることは間違えだと述べる。

しかし、間もなくして、この見解は一九六六年六月に勃発する文化大革命の中で掻き消されていった。多くの知識人が「ブルジョア階級の知識分子」の帽子を被せられたのである。多くの知識人や「知識青年」が一層厳しい思想改造を迫られ、あるいは弾圧され、追い詰められていった。海外から帰国した知識人もこの時代の渦に呑み込まれたのである。[61]

第七節　一九四九〜五四年の帰国事業の成果

新中国成立後、中央政府は直ちに在外留学者の帰国事業を組織的に推進した。その結果として、留学帰国者たちは国家建設の第一線に立って活躍できたと言えるだろう。もしこのような帰国事業がなかったならば、彼らが国家建設の第一線に立つ機会はなかったかもしれない。また、彼らが主に従事した教育と科学研究の分野における人材供給は甚だ遅れたに違いない。革命成就のために取った「知識人を大量に吸収せよ」という政策方針が幸いしたと言えるだろう。

この時期の帰国事業の成果に関する資料は非常に限られている。表2 - 3は教育部作成の統計表であり、「帰国して社会主義建設に参加した留学生情況」（回国参加社会主義建設的留学生情況）というタイトルが付してある。これによれば、一九四九年八月から一九五四年末までの五年四カ月の間、帰国人数は約二、〇〇〇人であり、登記人数は一、二三二人となっている。帰国して登記しなかった留学生もいるのである。帰国人数の中で「社会主義建

表2-3　1949〜54年に帰国して社会主義建設に参加した留学生情況　（人）

国名	1949.8〜1950.6	1950.7〜1950.12	1951.1〜1951.12	1952.1〜1952.12	1953.1〜1953.12	1954.1〜1954.12	合計
米国	310	221	290	35	37	44	937
イギリス	50	28	71	24	13	7	193
日本	14	13	39	36	16	1	119
フランス	17	13	29	13	11	2	85
カナダ	3	2	7	7	4	3	26
スイス	6	1	4	2	2	—	15
フィリピン	3	—	—	1	3	—	7
ドイツ	—	—	2	2	—	2	6
オーストリア	—	3	1	2	—	—	6
オランダ	—	1	1	1	1	2	6
スウェーデン	3	—	2	1	—	—	6
デンマーク	—	1	4	—	—	—	5
インド	1	—	—	3	—	—	4
ベルギー	1	—	—	1	1	—	3
オーストラリア	—	—	—	—	1	1	2
ニュージーランド	—	—	2	—	—	—	2
イタリア	1	—	—	—	—	—	1
マレーシア	—	—	—	—	—	1	1
計	409	283	452	128	89	63	1,424
登記人数	409	283	288	113	76	63	1,232
帰国人数	700〜800	500	452	128	89	63	約2,000

出所）李滔主編『中華留学教育史録』高等教育出版社，59・60頁より作成

設に参加したこと」が判明している人数は一、四二四人である。(62)

この一、四二四人の留学帰国者の中で最も多いのは米国からの帰国者九三七人であり、全体の六六パーセントを占める。次いで、イギリス一九三人（一四パーセント）、日本一一九人（八パーセント）、フランス八五人（六パーセント）、カナダ二六人（二パーセント）の順であった。この上位五カ国だけで全体の九五パーセントを占める。ドイツからの帰国者が異常に少ないのは、戦争に巻き込まれて死亡したからであろうか。

また、帰国人数が多い期間は、一九四九年八月から一九五一年末までの二年四カ月の間である。つまり、国共内戦終結直後から帰国し始めており、早期帰国と言える。新中国成立という歴史的出来事が在外留学者の心を激しく揺り動かした証左である。更に、先に表2－1に示したように、一九五〇年の在外留学者は五、五四一人であったので、一九五四年末までの留学帰国者数約二、〇〇〇人はその三六パーセントにあたる。

以上、戦後すぐの中国人留学者の帰国過程は国内外の政治情勢に翻弄されていた。思うに、在外留学生の帰国過程は国内政治および国際政治の情勢に大きく左右される。少し歴史を振り返れば、革命や戦争など不穏な政治情勢が原因で帰国できない留学生が、急遽、留学先国あるいは第三国に余儀なく在留する事例は数多い。今後もそういう事態が起こらないとは言えない。留学生交流において常に想定すべき事態なのかもしれない。

【注】

（1）毛沢東「知識人を大量に吸収せよ」、『毛沢東選集』第二巻、新日本出版社、一九六四年、三七一―三七三頁。また、〈知識分子政治思想工作的特点和規律〉課題組「知識分子政治思想工作的特点和規律初探」『中国高教研究』第三期、一九九二年、九―一四頁。および汪培棟・李鋭「学習毛沢東関于知識分子問題的総述」『中国高教研究』第三期、一九九二年、六一―六二頁、参照

（2）毛沢東「連合政府について」、『毛沢東選集』第三巻、新日本出版社、一九六四年、三一七―四〇二頁。また中国人民教育出版社編『毛沢東　教育の仕事』（新島淳良・光岡玄共訳）新興出版社、一九五九年、参照

（3）毛沢東「抗日戦争勝利後の時局とわれわれの方針」、『毛沢東選集』第四巻、新日本出版社、一九六四年、一一―三一頁

（4）国共内戦前の情況については、中国共産党の資料として、毛沢東の評論「蒋介石は内戦を挑発している」（一九四五年八月十三日新華社）、「国民党と和平交渉を進めることについての中共中央の通達」（一九四五年八月二十六日）、「重慶交渉について」（一九四五年十月十七日）、「国民党進撃の真相」（一九四五年十一月五日）等々がある。（いずれも『毛沢東選集』第四巻、新日本出版社、一九六四年、所収）

なお、「双十協定」は、調印日の十月十日にちなんでそう呼ばれる。その内容は、「一、双方は平和、民主、団結、統一を基礎とし、蒋主席の指導の下に長期にわたる合作を行い、内戦を避け、三民主義を実行することを平和建国の基本方針とする。二、政治の民主化を実現するため、各党各派による政治協商会議を早急に招集する。三、人民の自由を保障する。四、全政党、政治団体の合法的地位を承認する。五、特務機関による人民の逮捕、処罰を禁止する。六、政治犯は原則として釈放する。七、地方自治を積極的に推進するため普通選挙を実行する。八、漢奸の処罰と傀儡軍（汪兆銘軍）の解体を行う」というもので、更に、合意に至らなかった四項目「国民大会」「軍隊の統一」「解放区地方政府」「日本軍の降伏受け入れ」について双方の意見が併記されている（サンケイ新聞社『蒋介石秘録　下巻』サンケイ出版、一九八五年、四二二—四二六頁、参照）。

（5）「国民政府」の名称については、一九二五年七月中華民国における国民党指導の下で中国統一・主権回復を目的とする政府を国民政府と呼んだが、国共内戦中の一九四七年一月中華民国憲法が制定され、憲政が実施されるようになって、国民政府の名称は使用されなくなった。

（6）倪忠文・譚慕雪編『中華人民共和国建国史手冊』新華出版社、一九八九年六月、三—七頁

（7）岳慶平主編『中南海三代領導集体と共和国科教実録』上巻、中国経済出版社、一九九八年十月、一・二頁

なお、院士制度について補足すれば、中国国民政府は一九二八年四月十日「国立中央研究院組織条例の修正」（修正国立中央研究院組織条例）を発布して、独立した国立中央研究院の設置を決定。六月九日には蔡元培を院長として、徐渊摩・丁西林・陶孟和・竺可楨・李四光・楊端六・王季同・周鯁生・宋梧生・周仁ら関係者が上海東亜酒楼において第一回会議を開き、中央研究院の設立を宣言した。中央研究院は同年一一月の「国立中央研究院組織法」に基づき国家の最高学術機関として体制作りが開始され、一九三〇年には九つの研究所と自然博物館を擁する規模に発展した。一九四八年三月、大勢の研究員の中から民主的選挙により「院士」八一人を選出した。従来の「学侶」「院員」「院侶」などを廃止して、正式に「院士」の名称が採用された。中央研究院は中国国民政府が台湾に遷るのと一緒に台湾に移設された。

ところで、新中国では一九五四年六月、中国科学院（物理学数学化学部、生物学地学部、技術科学部、哲学社会科学部の四学部）の設置準備が、政治基準（共産党の擁護）と学術基準（学術書の評価）で選抜された二三三人の「学部委員」によって進められた。翌一九五五年六月、学部成立大会開催。しかし、文革によって活動は停滞し、改革開放後に復興された。一九九三年十

月十九日、国務院第一一次常務委員会で「学部委員」の名称を廃して、「院士」に改称することが決定された。その後、中国工程院も設立され、中国科学院とともに「院士」を選出している（潘晨光・倪玉平・張如意「中国院士制度的誕生与発展」『中国人材発展報告№1』三五〇―三七二頁、参照）。

(8) 同上書、一四―一七頁

(9) 田正平主編『中外教育交流史』広東教育出版社、二〇〇四年、八六二頁。因みに、中国では一般に「文盲」は識字が五〇〇字以内の人を指し、「半文盲」は五〇〇字～一、五〇〇字以内の人を指す。一九八八年二月五日発布の国務院「文盲一掃工作条例」（掃除文盲工作条例）では、農民は一、五〇〇字以上、都市住民と公務員は二、〇〇〇字以上を知っていることが非文盲の標準であるとする。しかし、新聞・雑誌で常用される漢字数は八、〇〇〇字であり、「文盲」「半文盲」ではないとしても、それを読むことができない人々がいるのである（王尚銀主編『中国社会問題研究引論』浙江大学出版社、二〇〇五年、三一頁、参照）。

(10) 同上書、八六三頁

(11) 同上書、八六六頁。なお、周棉主編『中国留学生大辞典』（南京大学出版社、一九九九年、六〇五頁）に記載の『中華年鑑』（一九四八年）の資料によれば、国共内戦期の一九四五・四六年の出国留学生数はそれぞれ八人と七三〇人であった。しかし、一九四七～四九年の出国留学生数は不明である。

(12) 李滔主編『中華留学教育史録』高等教育出版社、二〇〇〇年一月、三・四頁

(13) 同上書、五・六頁、所収

(14) 同上書、七―九頁、所収

(15)「辦理留学生回国事務委員会工作概要」、同上書、一〇・一一頁、所収

(16) 同上書、一二頁、所収

(17) 児島譲『朝鮮戦争』文藝春秋、一九七七年および朱建栄『毛沢東の朝鮮戦争』岩波書店、一九九一年、参照

(18)「辦理留学生回国事務委員会工作概要」、李滔主編、前掲書、一四―一七頁、所収

(19) 岳慶平主編、前掲書、二三一―二四頁。および『華僑華人百科全書　社団政党巻』（中国華僑出版社、一九九九年）の「留美中国科技工作者協会」項（二三五頁）参照。また、李伝松・許宝発編著『与祖国風雨同舟――当代中国留学人員創業簡史』上海外語教育出版社、二〇〇一年、一二〇―一二四頁、参照

(20) 華羅庚「与給留美同学的公開信」、李滔主編『中華留学教育史録』高等教育出版社、二〇〇〇年一月、二八―三〇頁

(21) 袁随喜・成宝犀「従留英到回国」、全国政協暨北京・上海・天津・福建政協文史資料委員会編『建国初期留学生帰国紀事』中国文史出版社、一九九九年、三二七―三三四頁

(22)『中華留学名人辞典』東北師範大学出版社、一九九二年、一五〇頁、参照

(23)岳慶平主編、前掲書、二四—二六頁

(24)同上書、二六—二八頁

(25)同上書、二八頁。なお、トルーマン大統領の在任期間は一九四五～一九五二年である。

(26)李滔主編、前掲書、「欧美同学会抗議美国政府阻撓中国留学生回国」五〇・五一頁、所収

(27)全国政協暨北京・上海・天津・福建政協文史資料委員会編、前掲書、四七九—四八一頁、所収。なお、アイゼンハワー大統領の在任期間は一九五三～一九六一年である。

(28)岳慶平主編、前掲書、三〇—三二頁および金冲及主編『周恩来伝　上』(劉俊南・譚佐強訳)岩波書店、二〇〇〇年、一一三—一四〇頁

(29)出典は、'The China Area,' "Foreign Relations, 1955-1957" Volume III, pp. 7-10, 85・86. なお、オリジナルは、Department of State, S/P Files: Lot 66 D 70, China. である。そのタイトルは、「Secretary of State John Foster Dulles has approved this action by Ambassador Johnson and President Eisenhower has been kept advised of the progress of the talks」である。

(30)横山健堂「嘉納治五郎伝」一九四一年発刊(講道館監修『嘉納治五郎体系』第一一巻、本の友社、一九八八年、所収)。明治二十九年(一八九六)清国の要請で一三人の中国人留学生を初めて受け入れた。高等師範学校校長であった嘉納は、西園寺文相・外相より受け入れについて相談があり、同校の本田増次郎教授に神田に家を持たせて世話をさせた。明治三十二年(一八九九)十月七日、亦楽書院という校名をつけ、のちに宏文学院と改称する。嘉納はその院長となる。宏文学院は、清国の教育費削減や排日運動などの原因で留学生数が減少し、明治四十二年(一九〇九)七月二十八日閉校する。清国公使、文部大臣(代理)など出席して閉校式を行う。それまでの一四年間に入学者総数七、一九二人、卒業者・修業者三、八一〇人であった。

(31)全国政協暨北京・上海・天津・福建政協文史資料委員会編、前掲書、三九七—四四二頁に次の五編がある。林連徳「中国留日同学会側記」、郭平坦「留日同学会引導我們走愛国回国的道路」、郭平坦・陳富美「建国初期留日学生帰国情況」、林連徳「留日帰国記」、劉永鑫「憶回帰祖国」。

(32)林連徳「中国留日同学会側記」(全国政協暨北京・上海・天津・福建政協文史資料委員会編、前掲書、三九八頁、所収)によれば、一九四三年の台湾人口統計では、台湾人六一三万人、日本人三九万人であった。しかし、台北帝国大学には日本人学生二七七人、台湾人学生一一一人(うち医学科一〇四人)であり、台湾人は医学という限られた専門でしか大学に入学できなかった。また、宋恩栄・余子侠主編『日本侵華教育全史』第一～四巻、人民教育出版社、二〇〇五年、参照。更に、汪兆銘政権に関しては、劉傑『漢奸裁判——対日協力者を襲った運命』中央公論新社、二〇〇〇年、及び上坂冬子『我は苦難の道を行く——汪兆

銘の真実』文藝春秋、二〇〇二年、参照

(33) 郭平坦・陳富美「建国初期留日学生帰国情況」(全国政協曁北京・上海・天津・福建政協文史資料委員会編、前掲書、四一七―四二六頁、所収)。また、留日華僑総会の設立については、陳焜旺編『日本華僑・留学生運動史』日本僑報社出版、二〇〇四年、六六二―六六六頁、参照

(34) 同上書、四一九頁

(35) 同上書、四二一頁

(36) 同上書、四二一頁

(37) 廖承志「在留日本人の帰国交渉状況に関する毛沢東への報告」、廖承志文集編集辦公室編『廖承志文集』安藤彦太郎監訳、徳間書店、一九九三年、三〇五―三〇九頁、所収。また、廖承志は一九五三年二月十八日、中国紅十字会を代表して日本側三団体に歓迎の挨拶を行うが、その中で「中国にいる在留日本人はおよそ三万人前後」であると述べている。(同上書、三〇〇―三〇四頁、参照)

(38) 郭平坦・陳富美、前掲書、四二三頁

(39) 郭平坦「留日同学会引導我們走愛国回国的道路」、全国政協曁北京・上海・天津・福建政協文史資料委員会編、前掲書、四一一頁

(40) 郭沫若は東京、京都、大阪、岡山、福岡において講演会を行った。十二月十七日、九州大学医学部中央講堂で講演を行ったが、九州大学は郭沫若にとって母校であった。その講演内容について、当時、通訳をしていた劉徳有が郭沫若没後一〇年に『人民日報』(一九八八年七月七日)に記載している。劉徳有「私が母校から学んだ事は……郭沫若同志の九州大学での講演の思い出」(下村昭仁訳)『九州大学文学部同窓会会報三二』一九八九年、一六―一八頁、参照。
なお付言すれば、同時期この在日留学者帰国事業と並行して、最高人民検察院は全国人民代表大会常務委員会の決定(関于処理在押日本侵略中国戦争中的犯罪分子的決定)に従い、一九五六年六月二十一日、第一回目の日本人捕虜の釈放を行った。撫順・太原で罪状軽微な者計三三五人に釈放を告げ、中国紅十字会にその帰国を委託した。

(41) 李成武「中華人民共和国人材工作簡史一九四九~二〇〇四」、潘光主編『中国人材前沿№2』社会科学文献出版社、二〇〇六年、三七五頁

(42) 周恩来「論知識分子問題」(一九六二年三月二日)、中央教育科学研究所編『周恩来教育文選』教育科学出版社、一九八四年、一八二―二〇一頁、参照

(43) 同上書、一八三・一八四頁。また毛沢東「知識人を大量に吸収せよ」等の講話および賈春増主編『知識分子与中国社会変革』

華文出版社、一九九六年、一二三頁、参照

(44) 知識人に対する「革命の敵」というレッテルや迫害等々については、一九四九年建国から一九五七年反右派闘争までの過去八年間の思想闘争史を紐解かなければならない。于風政『改造――一九四九～一九五七年的知識分子』（河南人民出版社、二〇〇一年）は、映画『武訓伝』と陶行知の批判、兪平白『紅楼夢研究』批判、胡適の唯心論批判、胡風らの反革命集団事件など反革命分子として粛清された人々の歴史を解明している。なお、胡風は新中国成立後、中国作家協会理事・中国文聯全国委員会委員などに任じたが、一九五五年「反革命集団」と認定され、一九六五年刑が確定した。一九八〇年九月中共中央は「反革命集団」と胡風本人を冤罪として名誉回復した。その後、中国人民政治協商会議全国委員会常務委員等を歴任した。

(45) 金冲及主編『周恩来伝　上』（劉俊南・譚佐強訳）岩波書店、二〇〇〇年、一七一―一八八頁

(46) 同上書、一七六・一七八頁

(47) 周恩来「知識分子問題に関する報告」、『周恩来・中国の内外政策（上巻）』（森下修一編訳）嶋崎経済研究所、一九七三年、一二三四―一二五六頁

なお、「三反・五反」運動は中共中央の指示によって一九五一年十一月から五二年八月にかけて行われた。「三反」運動は党幹部の汚職・浪費・官僚主義の三つに反対する運動であり、「五反」運動は一九五二年一月に開始、私営の商工業者における贈賄、脱税、国家資材の横領、手抜き仕事・材料のごまかし、国家経済情報の窃取という「五毒」に反対する運動である。（『中華人民共和国国史全鑑』一九九六年、及び『現代中国事典』岩波書店、一九九九年、参照）

(48) 『中華人民共和国国史全鑑』第二巻、団結出版社、一九九六年、一七〇五―一七〇七頁

(49) 同上書、一七二五頁

(50) 毛沢東「人民内部の矛盾を正しく処理する問題について」、『毛沢東選集』第五巻、外文出版社、一九七七年、五六五―六二〇頁

(51) 毛沢東「中国共産党全国宣伝工作会議における講話」、『毛沢東選集』第五巻、外文出版社、一九七七年、六二一―六四四頁。および金冲及主編、前掲書、一八七・一八八頁。なお、毛沢東は一九五四年全国人民代表大会で国家主席に選出され、一九五九年に辞任している。

(52) 毛沢東、同上書、六二八頁

(53) 毛沢東「力を結集して右派分子の気違いじみた攻撃に反撃をくわえよう」、『毛沢東選集』第五巻、外文出版社、一九七七年、六六五―六六八頁。なお、共産党批判を展開した民主党派の中で主だった人は、『光明日報』編集長の儲安平、農工民主党主席の章伯鈞、民主建国副主任の章乃器などである。（竹内実『現代中国の展開』日本放送出版会、一九八七年、七二―七六頁。及

び章詒和『嵐を生きた中国知識人——「右派」章伯鈞をめぐる人びと』（横澤泰夫訳）集広舎、二〇〇七年、参照）
(54) 李成武、前掲書、三八四頁
(55) 同上書、三八五頁
(56) 「右派分子」は、『現代中国事典』（岩波書店、一九九九年、一〇五二・一〇五三頁）では五五万人であるというが、『中華人民共和国国史全鑑』（第二巻、団結出版社、一九九六年、二三八二頁）では四四万人であるという。
(57) 蘇暁康、羅時叙、陳政『廬山会議』毎日新聞社、一九九二年、参照。なお、人民公社体制は『八二年憲法』で改革することが規定された。一九八五年二月には全国の人民公社において政治との分離（政社分開）が完了し、人民公社は農村の経済団体となり、行政機能は郷・民族郷・鎮の各人民政府に取って代わられた。
(58) 矢吹晋『図説　中国力：その強さと脆さ』蒼蒼社、二〇一〇年、四〇・四一頁。ここで「大躍進期の餓死者の推計」を人口統計の推移から推定している。
(59) エドガー・スノー『北京・ワシントン・ハノイ——日本で考えたこと』（松岡洋子訳）朝日新聞社、一九六八年、九一頁
(60) 周恩来「政府工作報告」：一九六二年三月二十七日第二期全国人民代表大会第三次会議（中央教育科学研究所編『周恩来教育文選』教育科学出版、一九八四年、二〇二—二〇五頁、所収）
(61) 「知識青年」とは、一般的には「知識を有する青年」を指すが、中国では大躍進政策が行われる一九五〇年代の初めに始まり、文化大革命が終結する七〇年代末まで、政府によって組織的に農山村や辺境に送られ、そこに居住して農業に従事した青年男女を指す。それは貧農・下層農民に学ぶという教育として推進された。その中には都市出身の小中高の卒業生やもともと農村出身の小中学校の卒業生、学校卒業後に職のない都市青年（社会青年）など様々なグループがあった（『中国知青事典』四川人民出版社、一九九五年、参照）。
(62) 李滔主編、前掲書、五九・六〇頁

第三章　新中国初期におけるソ連・東欧への国家派遣政策

本章は新中国初期といわれる一九四九年十月の建国宣言から一九六六年六月の文化大革命勃発までの留学政策の展開と実績について検証する。新中国は新民主主義経済の段階――一九四九年三月中国共産党第七期中央委員会第二回総会（中共七届二中全会）における毛沢東報告によれば、国営・協同組合・個人経営・私営資本主義・国家資本主義という五つの経済要素が長期間並存する段階であると理論化されていた――を早々に終えて、一九五三年初めから農業・商工業・手工業の「社会主義的改造」（生産手段の公有化）を開始したが、これも一九五六年九月、中国共産党第八回全国代表大会（党八大）において完了が宣言された。僅か三年で達成されたのである。

新民主主義経済の段階と「社会主義的改造」の段階は非常な速さで通り抜けた。その勢いで、いよいよ「社会主義の全面的建設」の段階に進むことになった。毛沢東は「大躍進」政策を掲げたが、この急進的な経済政策は多大な損害を出して、結局失敗してしまった。加えて三年間の自然災害や中ソ論争によるソ連技術者の引揚げなども重なり、経済は危機的事態に陥った。

この時期、社会主義国家建設の指導的人材の養成を目的に国家派遣政策が進められた。国内外の政治・経済情勢に連動して、派遣先はソ連・東欧から次第に西側諸国に変化していった。

第一節　中国の留学政策の理念と理論

1　終戦直後の留学交流の平和祈念モデル

一九四五年八月、第二次世界大戦が終結する。その直後から欧米諸国の留学政策は動き始めた。欧米諸国が留学政策に付与した理念や政策の具体的根拠となった理論はどのようなものだったのか。それらとの比較において、中国の留学政策の理念・理論の特徴を把握したいと思う。

さて、終戦直後の欧米諸国の留学政策の理念は「平和祈念モデル」と呼ぶことができる。戦争の再発を防ぐことを最終目的とするものであった。「平和祈念モデル」の代表としては、ユネスコの推進した国際理解教育および米国のフルブライト・プログラムがある。(1)

(1)　ユネスコの国際理解教育

国際連合は、世界平和のために世界各国が地球的協力を行うことを標榜して成立した。ユネスコ（国連教育科学文化機関）はその教育振興を司る機関である。一九四五年ユネスコ憲章は冒頭で次のように謳っている。(2)

この憲章の加盟国政府は、その国民にかわって宣言する。戦争は人間の心の中ではじまるものであるから、人間の心の中で、平和の防衛が建設されなければならない。相互の慣習と生活にとっての無知は、人類の歴史を通じて、世界の諸国民のあいだの猜疑心と不信との共通な原因であり、それがため、諸国民の不和は、あまりにもしばしば戦争にまで至った。いまや終息した大いなるかつ恐るべき戦争は、人間の尊厳、平等および相互尊重という民主的諸原則の否認と、そして右の諸原則の代わりに、無知と偏見を通して、人間と種族との不平等の教義の宣伝によって可能とされた戦争であった。文化の広汎な普及および正義と自由と平和に対する人間性の教育は、人間の尊厳にとって欠くことのできないものであり、かつ、すべての国民が相互援助と相互関心の精神において果たさなければならない神聖な義務である。もっぱら諸政府の政治的、経済的取り決めの上に基礎をおいた平和は、世界の諸国民の一致した永続性のある、かつ真摯な支持を確保しうる平和ではないであろう。それゆえに、平和は、それが失敗しないためには、人類の知的および道義的連帯の上に樹立されなければならない。

これらの理由により、この憲章の加盟国は、万人に対する完全にして平等な教育の機会、客観的真理の拘束されない探究ならびに思想及び知識の自由な交換を信じ、加盟国の民衆の間の通信方法を発展・増進せしめ、かつこれらの方法を相互理解と相互の生活についての、いっそう真実にして完全な認識のために用いることに同意しかつ決意した。

二十世紀前半は人類史上かつてない闘争の時代であった。国家・民族間の近代戦争は悲惨を極めた。その深刻な反省に立って、ユネスコ憲章は永続性のある平和は国家間の平和条約によって保証されるのではなく、諸国民の相互尊重と相互理解のうえに初めて樹立されると述べたのである。ユネスコはこの目的実現のために、相互理解を促進する事業に協力し、国際協定を勧告し、人種・性・経済的社会的差別のない教育事業を進め、世界遺産を保護し、また教育・科学・文化の分野で活躍する人物の国際交流を奨励する等々の活動を開始した。

加盟国にはユネスコ国内委員会が設置され、国際理解教育が進められた。それは国際人のあるべき姿や心の在り方を考究し、外国の社会や文化の成り立ちを相互学習することで相互尊重の精神を培うことを目的とした。しかし、日本が好例であるように、実際に外国人と接する機会のほとんどない時期には、専ら紙上で外国について知識量を増やす以外に方法はなかった。世界の地理、歴史そして国際的通用性のある科学技術語（国際語）としての英語を教育することによって、青少年の国際理解を深めようとしたのである。それは学校の教室内で統一的に適用可能な教育方法であるが、学習者の立場から言えば、実感の伴わないものであった。他方、海外留学は、外国に居住し、外国の社会・文化を直接肌で知ることができる唯一の方法である。そのことから、当時は少数の人々に限られていたが、海外留学は国際理解を促進する有効な方法と考えられた。ユネスコの理念が留学交流の推進力となったのである。

（2）米国のフルブライト・プログラム

もうひとつの平和祈念モデルとして、米国のフルブライト・プログラムを挙げることができる。太平洋戦争が終結した二カ月後、下院議員フルブライト（J. W. Fulbright）は教育交流法案を提案した。当時、米軍が世界中に残した軍事施設、食糧、医薬品、毛布、衣類などの軍事関係資産があり、米国にすべて回収するのは困難、それらが置かれた国々に無償提供もできなければ、各国がその通貨で買い取ることも難しかった。フルブライトはそれら軍事関係資産を各国に売却し、その支払い方法として、各国の留学生を米国に送る経費および米国から留学者を受け入れる経費を各国に負担させることを考えた。各国はその通貨で支払うことができるし、米国政府にとっても海外の軍事関係資産問題を一挙に解消することができる。こうして、教育交流法案は、軍事財産処分法改正案と二本立てで提出された。

翌一九四六（昭和二十一）年、米国上下両院において教育交流法案（提案者にちなんでフルブライト法と称する）は可決され、トルーマン大統領が署名、ここに米国連邦政府奨学金による米国と諸外国との教育交流計画としてフルブライト・プログラムが発足した。フルブライトはその提案の真の理由を次のように語っている。[3]

（広島・長崎への）原爆の惨禍が、私に交換留学生計画の提案を決意させる直接の原因となった。各国ともお互いの国民が対立しあうことのないよう、心の結びつきをつくり、育てていかなければならない。世界中の人たちがお互いをもっとよく知り合えば、敵対して殺し合うことも、原爆まで使って相手を壊滅させようなどと思うこともなくなるのではないか、というのが発想の起点だった。……一年、二年と異境に長期滞在して、その言葉を覚え、歴史・文化を理解し、地域社会に友好的な隣人として受け入れてもらうことが大切だ。そうしてこそ、両国を結ぶ太くて、丈夫な架け橋になれる。そういう人たちが増え、それぞれの社会の指導者となっていけば、戦争を未然に防ぎ、核兵器など二度と使わなくて済む新しい時代がやってくる、そう考えた。

（J・W・フルブライト『権力の驕りに抗して』）

フルブライトの言葉を借りれば、留学交流の真の目的は戦争の再発を防ぐこと、そのために「国際関係を人間化すること」（Humanization of International Relations）である。諸国民が相互に知り合い、相互に尊重し合えば、戦争で外国を殲滅するという恐ろしい考えを抱く人はいなくなる。そういう新しい時代を創造することである。留学交流の継続は人類の平和を築くものだという遠大な理念であった。

2　冷戦期の留学交流の外交戦略モデル

第二次世界大戦後、戦勝国である米国・イギリスは全ヨーロッパを解放したいと考え、同じく戦勝国ソ連（スターリン政権）は東ヨーロッパに拡大した影響力をそのまま温存したいと考えた。その基底には資本主義と社会主義のイデオロギー対立があった。一九四七年三月十二日、トルーマン大統領が一般教書演説において所謂「トルーマン・ドクトリン」（共産主義封じ込め政策）を宣言し、米ソ冷戦時代に入った。

こうして一九四九年東西ドイツ政府が成立、一九五〇年に朝鮮戦争が勃発（一九五三年まで）、その後も世界各地で米ソの代理戦争と呼ばれる戦争が絶えず起こった。このような冷戦構造は一九九一年十二月、ソ連崩壊まで約四五年間続いた。冷戦とは核戦争の恐怖（核抑止力）によって維持された、戦闘のない「平和」な体制である。その体制の中で米ソの軍拡競争が繰り広げられたが、皮肉にも冷戦は世界の留学生数を大幅に増加させた。

米国政府は一九四六年フルブライト法（Fulbright Act）、一九六一年フルブライト・ヘイズ法（Fulbright-Hayes Act：Jビザの確立）、一九六六年国際教育法（International Education Act）を制定して、世界各国からの留学生受け入れを奨励した。留学政策は、世界に影響力を及ぼし自由主義陣営の結束を固めること、即ち世界各国の未来のエリートに政治的影響力を維持し、将来の経済交流を有利に展開する外交政策と考えられた。また世界から優秀な頭脳を集めて米国の科学技術力を発展させることも重要な目的であった。

米国では教育行政は地方分権が原則である。留学生受け入れについても各州政府と大学の主導でなされた。他方、フォード財団、ロックフェラー財団など民間財団が開発途上国援助を理念として留学生への奨学金給付および米国の大学教員による途上国研究の助成と開発援助活動に対する資金提供を行った。留学交流の外交戦略モデルは一面で途上国援助モデルとも呼ばれる所以である。(4)

殊に一九四九年に民間団体ＥＴＳ（American Educational Test Service）が設立され、一九六一年からＴＯＥＦＬ（Test of English as a Foreign Language）を開始したことは米国の留学生招致にとって画期的であった。現在、ＴＯＥＦＬは世界一八〇カ国で実施され、その五～一〇パーセントの成績優秀者が米国の著名な大学に留学できる。彼らは卒業後、米国でそのまま就労する率が高い。この意味で、ＴＯＥＦＬは米国の大学の留学生選抜試験であると同時に、ひいては高度人材の移民のための選抜試験という社会的機能も果たしていると言えるだろう。

ところで、ソ連は、ソ連経済が影響力を持つ国々から留学生を受け入れた。その留学政策の基本的性格は、松永裕二（一九九二）によれば、社会主義諸国、開発途上国、資本主義諸国の三つの国家群ごとにそれぞれ異なる理論によって決められていた。まず社会主義諸国に対しては、「原則的には相互間の兄弟的援助による社会主義共同体における経済、科学、文化的結合の深化と社会主義の世界体制の強化」を目的として留学政策を実施した。アジア・アフリカ・ラテンアメリカの開発途上国に対しては、「開発途上国の労働者階級の文化的立ち遅れの克服、人種差別・人種的偏見の一掃」という目的が強調され、各国の義務教育・職業教育・高等教育の制度的発展のための一方通行的援助を行った。開発途上国からの留学生受け入れはその一環として行われたのである。また、資本主義諸国に対しては、「互恵主義と内政不干渉」を基本原則とし、政治的緊張緩和の手段として留学交流が行われたという。(5)表３－１は冷戦期の各国の留学生受け入れ数を示したものであるが、一九八八年には、ソ連の留学生受け入れ数は一一万五、三〇〇人という規模に達した。

これに比べて、ヨーロッパは二度の大戦で破壊され、高等教育は関係者の戦死や米国・カナダ・オーストラリア

表 3-1　1950〜90 年の冷戦期における先進諸国の留学生受け入れ数の推移　（人）

年度	米国	ソ連	西ヨーロッパ			日本	オーストラリア
			イギリス	フランス	西ドイツ		
1950	29,813	-	-	13,510	-	2,149	339
1955	36,494	-	-	16,127	7,547	3,663	1,841
1960	53,107	-	-	-	-	4,703	-
1962	64,705	14,400	14,020	-	-	-	-
1963	74,814	15,000	-	-	-	-	-
1964	82,045	15,600	-	-	-	-	-
1965	82,709	-	16,396	32,454	26,225	3,467	8,108
1967	110,315	15,000	-	-	-	-	-
1970	144,708	27,918	24,606	34,500	27,769	4,444	7,525
1971	140,126	-	-	-	33,997	4,445	-
1972	146,097	-	-	-	-	-	-
1973	151,066	-	-	66,473	-	5,241	-
1974	154,580	-	40,838	77,382	47,096	5,475	7,635
1975	179,344	43,267	49,032	93,750	53,560	5,573	8,356
1976	203,068	-	55,927	96,409	54,080	5,671	8,602
1977	235,509	-	58,563	104,317	54,062	5,755	8,258
1978	263,938	62,942	50,625	-	-	5,849	-
1980	311,882	-	-	110,763	61,841	6,572	8,770
1981	326,299	-	50,684	-	-	7,175	-
1983	338,894	-	45,416	130,244	74,267	10,428	10,797
1984	342,113	-	-	133,848	76,918	12,410	12,028
1985	343,777	-	53,694	131,979	79,354	15,009	16,075
1986	349,609	104,200	56,726	131,979	81,724	18,631	-
1987	356,187	-	59,220	123,978	85,749	22,154	-
1988	366,354	115,300	63,223	125,574	91,926	25,643	18,207
1989	386,851	74,737	-	143,640	-	31,251	-
1990	407,529	66,809	80,183	136,015	92,016	41,347	24,988

出所）IIE「Open doors」，UNESCO 統計年鑑，文部省『我が国の留学生制度の概要』。また，Kemal Guruz（2008）より作成。表中の留学生数は高等教育機関に登録している学生数であり，外国人研究者数は含まれていない。

への移民で弱体化していた。一九六〇年代になって漸くイギリス、フランス、西ドイツが旧宗主権国として旧植民地（独立したばかりのアジア・アフリカ諸国）から、奨学金を給付して留学生を受け入れ始めた。

こうして一九六〇年代後半から一九九〇年まで留学潮流は、米国・ソ連・西欧の三極に向かって分流する形勢となった。日本とオーストラリアは、表3－1のように八〇年代に留学生受け入れをわずかに増加させた程度であったが、九〇年代以降、受け入れを急増させ、米国・西欧に次ぐ受け入れ国となっていった。逆に、ソ連は崩壊後、社会主義諸国の盟主としての求心力を失い、受け入れは減少していった[6]。

3　中国の国家発展戦略モデル

冷戦期には、米ソの政治・経済的対立軸に沿って、世界各国の留学交流が推進された。中国の留学交流もこの対立軸に沿って展開した。

やや時期は遡るが、新中国成立前夜、一九四九年六月十五日、当時、中国共産党政治局主席であった毛沢東は「新政治協商会議準備会での演説」において、「我々は同時に全世界に声明する。我々が反対するのは帝国主義制度とその中国人民に敵対する陰謀計画だけである。どのような外国政府であろうと、中国の反動派との関係を断つことを望み、二度と中国の反動派と結託したりこれを援助したりせず、人民中国に対して偽りのない真の友好的態度を取るかぎり、我々は平等、互恵ならびに領土主権の相互尊重という原則を基礎にして、それらの政府と外交関係樹立の問題について交渉する用意がある。中国人民は世界各国の人民と友好的に協力し、国際間の通商事業を回復・発展させることによって、生産の発展と経済の繁栄を図ることを望んでいる」と述べた[7]。

そして、実際に米国との外交交渉を試みたが、米国はあくまで反共政策を取り、交渉は実を結ばなかった[8]。

米中関係が断絶した直後、一九四九年六月三十日、毛沢東は「人民民主主義独裁について――中国共産党二八周年を記念して」（『人民日報』同年七月一日発表）という演説を行っている。この中で中国の近代留学史を省みながら、中国の新国家建設は人民民主主義独裁（労農大衆による独裁的政治体制＝共産党の一党独裁）を実施し、かつソ連を手本とすること（向ソ一辺倒）を宣言したのである。[9]

一八四〇年のアヘン戦争に敗れたときから、中国の先進的な人々は非常な苦労を重ねて、西方諸国に真理を求めた。洪秀全、康有為、厳復、孫中山は、中国共産党が生まれるまえに、西方に真理を求めた一派の人物を代表している。そのころ、進歩をもとめる中国人は西方の新しい知識に関するものなら、どんな書物でも読んだ。日本、イギリス、アメリカ、フランス、ドイツに派遣された留学生の多いことは驚くばかりであった。国内では科挙を廃止し、雨後の筍のように学校を起こして、西方に学ぶことに力を注いだ。……国を救うには維新しかなく、維新には外国を学ぶほかないというわけである。そのころの外国では西方資本主義諸国だけが進歩的だった。彼らはブルジョア近代国家の建設に成功していたのである。日本人は西方から学んで効果を収めていたので、中国人も日本人から学ぼうと考えた。……これが十九世紀の四〇年代から二十世紀の初期にかけて、中国人が外国のことを学んだ状況である。

帝国主義の侵略は西方から学ぼうとする中国人の迷夢を打ち破った。不思議なことだ。なぜ先生はいつも生徒を侵略するのか。中国人は西方からたくさんのものを学んだが、通用せず、理想はいつも実現できなかった。……（中略）……経済建設という重大な任務がわれわれの目の前に横たわっている。……ソ連の共産党員にも、初めのうちは、やはり、経済があまり得意でないものがいたし、帝国主義者はやはり彼らが失敗するのを待ち受けていた。しかし、ソ連共産党は勝利した。……彼らはすでに偉大な輝かしい社会主義国家を打ち立てた。ソ連の共産党こそはわれわれの最も立派な先生で、われわれはソ連の共産党に学ばなければならない。

（毛沢東「人民民主主義独裁について」）

一九四九年十月一日、唯一の合法的政府であることを宣言して、新中国（中華人民共和国）が成立した。翌二日、ソ連は新中国を正式に承認し国交樹立を宣言した。続いて十月から十一月にかけて、ブルガリア人民共和国、ルーマニア社会主義共和国、ハンガリー人民共和国、チェコスロバキア社会主義共和国、朝鮮民主主義人民共和国、ポーランド人民共和国、モンゴル人民共和国、ドイツ民主共和国（旧東ドイツ）、アルバニア人民社会主義共和国、翌一九五〇年一月十八日にベトナム社会主義共和国（旧北ベトナム）、六月にビルマ連邦社会主義共和国など一二カ国と国交樹立した。国名から分かるように、いずれも社会主義国である。

中国の国交樹立交渉は、第一に国民党政府と外交関係を断絶し、新中国政府を唯一合法的政府と承認すること、第二に新中国の国際連合での地位回復を支持すること、第三に各国にある中国の財産を新中国に返還すること、という三原則に基づいて行われた。それゆえ西側資本主義諸国との国交樹立は進まなかった[10]。国交樹立した国は一九五〇年四月一日にインド、同十三日にインドネシア共和国、五月から十月にかけてスウェーデン王国、デンマーク王国、スイス連邦、リヒテンシュタイン公国、フィンランド共和国など七カ国であった。この中でスウェーデンとスイスは永世中立国であり、どの国とも外交関係を持っていた。その後、中央アジア、中近東、アフリカのイスラム諸国との国交が毎年数カ国ずつ結ばれていくが、一九六六年の文化大革命発動までに国交樹立した国はわずか五一カ国であった[11]。

さて、留学交流に関しては、この新中国成立初期（建国初期）、中国はソ連・東欧などの社会主義諸国を中心に国家派遣を行った。国交を樹立した国家が少なかったので、必然的にそのような形勢になったのである。建国宣言から一九六〇年に中ソ論争によってソ連との関係が悪化するまでの一〇年間はソ連一辺倒の政策を取り、資本主義陣営とは政治・経済交流において一線を画していた。ソ連から「兄弟的援助」を受け、ソ連に最も多くの留学者を派遣したのである。

しかし、中ソ論争が顕在化した後には資本主義諸国への派遣を開始するなど、現実に即した柔軟な姿勢を見せた。このような事実から、中国の留学政策は自国の社会発展のために、ある時は同じ社会主義体制をもつ先進地域から多くの経験を学び取り、また、形勢が変われば資本主義諸国からも学び取るという合理的姿勢に貫かれていたと言うことができる。改革開放後もその姿勢は変らなかった。畢竟、中国の留学政策は、「国家発展戦略モデル」と呼ぶのが適切であろう。

第二節　社会主義国家への国家派遣政策

1　東欧五カ国・北朝鮮への国家派遣

新中国成立後、一九五〇年七月十日、政務院文化教育委員会・外交部・教育部は、チェコスロバキア、ルーマニア、ポーランド、ハンガリー、ブルガリアの東欧五カ国及び北朝鮮との交換留学生計画を策定した。政務院文化教育委員会主任・郭沫若から政務院総理・周恩来に計画が報告された。

次のように記す。「一、交換留学生の国家はチェコスロバキアとポーランド（両国は既にわが国に交換を建議している）、ルーマニア、ハンガリー、ブルガリア、朝鮮民主主義人民共和国（四カ国については外交部が各国の駐華大使館に交換を建議している）の六カ国です。二、学生数はチェコスロバキアとポーランドが各一〇人、他の四カ国は各五人で、合計四〇名。三、チェコスロバキアの一〇人中五人は語学・歴史を学習し、五人は軍事を学習します。ポーランドの一〇人中五人は語学・歴史を学習し、他の五人は炭鉱について学習します。その他の四カ国ではみな語学・歴史を学習します。四、学生は本年度の大学卒業生（必用な時は、一部の課程を学習後に理由があって退学した「大学肄業生」）の中から一部を選抜し、また重工業部・燃料工業部が各々五人選びます。試験によって選抜します。五、出国前に短期研修（約二週間、計画は別に取り決める）を実施します。八月一日に開始して八月十五日に修了します。六、わが国に来る各国留学生は外交部が半年から一年の中国語訓練班を設け教育します。訓練修了後、各国立大学に送り授業に出席します」と。

こうして、一九五〇年九月六日、東欧五カ国に語学・歴史等を学習させるために二五人を送り出した。これが最初の留学派遣であった。同年十二月二十八日にはチェコスロバキアとポーランドに技術工学を学習させるためにさらに一〇人を送り出した[12]。

2　ソ連への国家派遣制度の確立

（1）　共産党幹部の子弟派遣

新中国成立以前に、既に中国共産党幹部の子弟や革命に殉死した人々（革命烈士）の子弟が四三人、ソ連政府奨学金を給付されソ連に留学していた。新中国成立後、教育部は彼らに給付されているソ連政府奨学金を断り、中国政府奨学金を新たに給付したいと考え、財政部、文化教育委員会と協議を進めていた。

その際、奨学金額が問題となった。奨学金は一人毎月八〇〇ルーブルを給付するつもりで予算が組まれていたが、駐ソ大使・王稼祥から、チェコスロバキアの駐ソ大使の意見として、チェコスロバキア留学の場合は一人毎月生活費が四〇ドル（一六〇ルーブル）あれば足りるという情報を打電してきた。チェコスロバキアでの生活費は給付予定額と比べてあまりにも格差があるので、実際の予算立てのため、一九五〇年四月、教育部は外交部に対してソ連での生活情況調査を依頼した[13]。

その結果、給付額（五〇〇～七〇〇ルーブル）が決定され、一九五一年十二月二十八日、教育部はソ連にいる四三人の留学生に中国政府奨学金を給付することを文化教育委員会に報告した。報告は以下の通りである[14]。

政務院文化教育委員会：

我国の元ソ連留学の李鵬ら四三名は、大部分が革命幹部の子弟です。その留学費用として、我国の中央人民政府成立前に、ソ連共産党の配慮により一人毎月五〇〇ルーブルを給付されています。一九五〇年から別に我が駐ソ大使館より一人毎月一五〇ルーブルを補助しています。後者は既に我が部によって返納しました。一九五一年より我国は既にソ連に三七五名の留学生を派遣していますが、その学習・生活費は我が政府が全部支給しています。すなわち、現ソ連留学四三名の学習・生活費の問題を我が部と外交部で協議した結果、ソ連から補助されるべきではなく、我国政府から全て支給すべきであると考えます。一九五二年度から我が部が予算を編成し、時期に応じて、我が駐ソ大使館に為替を送り、給付することにしたいと思います。以上の意見を実施してよいか否か、政務院の指示をお願い致します。かつ外交部にソ連政府と交渉するように通知下さるよう、謹んでお願い申し上げます。

一九五一年十二月二十八日

こうして、中国は四三人について、一九五二年度からソ連政府奨学金を受けずに、中国政府奨学金を給付することにした。

（2）　中ソ両国政府間協定による留学派遣

新中国政府は一九五一年八月に三七五人をソ連へ国家派遣したが、この国家派遣制度が法的に保障されたのは翌年からであった。すなわち、一九五二年八月九日、中ソ両国政府間で中国人留学生のソ連留学に関する協定がモスクワで正式に締結された。「中華人民共和国公民がソ連の大学（軍事学校を除く）で学習することに関する協定」〈関于中華人民共和国公民在蘇連高等学校〈軍事学校除外〉学習之協定〉八条である。[15]

この協定で中国からの国家派遣留学生のソ連での受け入れ方法等が規定された。その協定書は、以後の中国の二国間交流協定書の原型となった。以下は全訳である。

中華人民共和国中央人民政府とソビエト社会主義共和国連邦政府の双方は、中華人民共和国国民がソ連の大学（軍事学校を除く）で学習する条件と方法、およびその生活費と学習費の完済方法についてあらかじめ確定しなければならないと認める。このために本協定を結び、それぞれ全権代表を以下のように派遣した。

中華人民共和国中央人民政府は中華人民共和国駐ソビエト社会主義共和国連邦特命全権大使の張聞天を派遣する。ソビエト社会主義共和国連邦政府はソ連外務省副大臣のカリキ・マルクスモイヤー・プシーチンを派遣する。両全権代表は相互に全権証書を校閲して妥当と認めた後、下列の各条項を認定した。

第一条　ソビエト社会主義共和国連邦政府は中華人民共和国中央人民政府の要望に応じ、中華人民共和国国民を受け入れて、大学生や大学院生としてソ連の大学等で学ぶことに同意する。入学する大学生と大学院生の受け入れ定員および学習する専攻科は、遅くとも学年開始の四カ月前に中華人民共和国教育部とソ連高等教育部が協議してこれを規定する。

中華人民共和国教育部は遅くとも学年開始の二カ月前にソ連の大学で学習する中華人民共和国国民の名簿をソ連高等教育部に送付する。

派遣大学生の名簿には、既に普通中等教育を完了した者であることを明記しなければならない。大学院生の名簿には既に高等教育を完了し、かつ健康状態が大学課程を順調に完了するに十分である者を明記しなければならない。

第二条　本協定第一条の指す人員がソ連に行く時の入国ビザは、一般的な手続きでこれを発給する。

第三条　本協定第一条に明記する中等教育あるいは高等教育を既に完了した人員は、ソ連高等教育部の規定する科目によって入学試験を受けた後、はじめてソ連の大学に受け入れられる。通例によって、上述の大学生と大学院生は大学の初級クラスにて学習する。個々の事情により高級クラスで学習することもできる。ロシア語を未だ十分に修得していない者は、予備クラスで学習しなければならない。その期限は六カ月から一年である。ソ連の各学校が大学生および大学院生のために規定した一切の規則は、本協定に基づき、ソ連の各学校で受け入れる人員は均しく一律に遵守しなければならない。およそソ連の大学を卒業した人員は、均しくソ連によって規定した形式の卒業証書を発給され、かつその獲得した専門知識および熟練の程度を明記される。

第四条　中華人民共和国国民である大学生および大学院生はソ連の大学で学習する期間、ソビエト社会主義共和国連邦政府によって住居（即ち宿舎）を提供される。その条件はソ連国民の大学生・大学院生と同じである。

第五条　ソビエト社会主義共和国連邦政府は、中華人民共和国国民がソ連の大学で学習する時の学習費と生活費を支給する。その費用は以下の通りである。

甲：大学生の手当ては一人毎月五〇〇ルーブル。

乙：大学院生の手当ては一人毎月七〇〇ルーブル。

丙：教授および教員の賃金、学費、雑費、宿舎費および大学生・大学院生を学習地に赴かせるのに生じる金額。

第六条　中華人民共和国中央人民政府はソビエト社会主義共和国連邦政府に本協定第五条に示す各費用項目の五〇

パーセントを償還しなければならない。

第七条　本協定第六条の規定によって、中華人民共和国中央人民政府は、ソ連財務省が提出する清算表に基づき、ソビエト社会主義共和国連邦政府に償還する。毎年二回、前半年分はその年の十月内に清算し、後半年分は翌年四月内に清算する。支払方法は、中華人民共和国とソビエト社会主義共和国連邦政府の間で締結された非貿易支払協定に基づく。その金額は中国人民銀行がソ連国家銀行に開設した通帳に記入される。

第八条　本協定は一九五二年九月一日に発効する。本協定二部は、ともに中国語とロシア語で書かれ、両文字の条文は均しく同等の効力を有する。

一九五二年八月九日　モスクワにて締結する

（中ソ政府「関于中華人民共和国公民蘇連高等学校〈軍事学校除外〉学習之協定」）

これによれば、ソ連は中国人留学生を学部と大学院に受け入れることを了承している。そして、中国人留学生の学費・生活費・宿泊費・交通費などはソ連が半額給付するというものであった。

3　毛沢東のモスクワ大学講話

中国政府の指導部はソ連への国家派遣留学を極めて重視していた。一九五六年二月七日、国家副主席・朱徳、次いで一九五七年一月九日、国務院総理・周恩来がモスクワ大学を訪問している。同年十一月十七日には国家主席・毛沢東、副主席・鄧小平はじめ楊尚昆、彭徳懐、烏蘭夫、胡僑木など錚々たる面々が各国共産党・労働党会議に出席するためソ連を訪問した際に、一行連れ立ってモスクワ大学を見学。毛沢東は講堂で約三、〇〇〇人の中国人留学生・実習生を前に講話を行った。

朱訓編『希望寄托在你們身上』（中国青年出版社、一九九七年）は当時、毛沢東講話を聞いた人々のソ連留学回顧録であり、毛沢東講話四〇周年を記念して編集されたものである。ここから毛沢東の講話はどのようなものであったのか、留学生・実習生はいかなる感激をもって聴き入ったのかを確認しておこう。当時、財政学部学生だった紀照亜の回想記「世界はあなたがたのものだ——毛主席の留ソ学生に対する談話を想う」(世界是你們的——憶毛主席対留蘇学生的談話)は次のように記している[16]。

午後六時、台上の入り口付近に数人の人影が現れた。撮影する記者が現れ、台上のすべての電灯がつけられて明るくなった。誰かが叫んだ。「毛主席が来られた!」と。会場内のすべての者が立ち上がって懸命に拍手し、講堂内に雷鳴のように響き、耳をつんざくほどであった。私たちは思わず知らず叫んでいた。「毛主席、你好!」「毛主席、万歳!」という声が会場全体から沸き起こった。(紀照亜「世界是你們的」)

毛沢東と中央指導部の面々は入場し、やがて毛沢東が台上の中央に腰掛けた。場内の拍手は鳴り止まなかった。激しい拍手から次第にゆっくりした拍手になり、軽くリズムのある拍手に変わった。感激して涙を流す者もいた。拍手は約一〇分間も続いたのち、ソ連大使の劉暁が、拍手を止めて着席するよう求めたが、更に数分、鳴り止まなかった。毛沢東は両手を差し出して、着席するよう身振りで指示した。会場の拍手は漸く止まったという。

我々が座るや、湖南なまりの声が聞こえた。「世界はあなたがたのものです。」毛主席が最初の一句を話したのである。会場全体から熱烈な拍手が沸き起こり、また長く続いた。私たちの聴いたこの一句は誰も正しく聞き取ることはできなかった。全員が毛主席の話す一字一句に全神経を集中していた。「私たちのものでもあります」と第二句が話されるや、またまた熱烈な拍手が沸き起こった。毛主席はさらに言った。「しかし、結局はあなたがたのものです。」再び長く熱烈な拍手が起こった。「あなたがた青年には努力前進の精神が鬱勃としています。まさに旺盛な時期です。朝の八時か九時の太陽のようだ。希望はあなたがたの身上に託されています。世界はあなたがたのものです。未来はあなたがたに属します。」またも熱烈な拍手が起こった。「しかし、あなたがたは現在まだ学習中であり、仕事をしていないし、国家の大事を管理していない。私たち老人が仕事をして、国家を管理しています。よって、世界は私たちのものでもあるのです。」またも沸き起こった熱烈な拍手、そのあとに続けて「しかし、私たちはもう年だ。みんな西天に昇ってマルクスに会うことになります。これが自然の法則です。国家はあなたがたによって管理されなければならない。従って、世界は結局あなたがたのものであり、未来はあなたがたに属しているのです」と述べた。我々は話に聴き入り、次を聴こうと待ち構えていた時、毛主席の「わたしの話は終わりです」という言葉を聞いたのだった。数秒後、会場全体から熱烈な拍手が沸き起こった。（同上）

この短い講話の後、毛沢東は会場からの質問を受けて三〇～四〇分間、歓談している。当時の毛沢東は「偉大な指導者」（偉大領袖）として今日では想像もつかないほど中国人民の深い崇敬を受けていた。毛沢東講話は中国の留学派遣政策の基本精神となったのである。即ち、留学生は努力して勉学に励み、いずれ祖国に貢献すべしというものである。この講話は長く語り継がれることになった。

また、これ以後も中国指導部のモスクワ大学訪問は続いた。一九六〇年十二月十日、党中央委員会副主席・劉少奇、一九六四年十一月十三日に国務院総理・周恩来が留学生たちに接見している。当時のソ連派遣留学生に対する中国指導部の期待の高さを知ることができる。

4　中ソ論争によるソ連派遣の減少

（1）中ソ論争

中ソの蜜月関係は中ソ論争が原因で終わってしまう。一九五三年三月五日、ソ連共産党書記長のスターリン（I. V. Stalin）が死去した。一九五六年二月二十四日、第一書記のフルシチョフ（N. S. Khrushchev）はソ連共産党第二〇回大会の閉幕直後、外国代表団を締め出して、「個人崇拝とその結果について」と題し、スターリンの独裁と神格化を批判する秘密報告を行った。中国も朱徳（党中央委員会副主席）、鄧小平（党秘書長）らの代表団を送っていたが、その内容を知るよしもなかった。

後日、この秘密報告の内容（党幹部の大量粛清、党大会代議員の反革命容疑による大量逮捕などのスターリンの不正の暴露）が判明したとき、毛沢東は党中央委員会政治局会議を急遽開催して報告について討議している。毛沢東はフルシチョフに対して非常に憤慨したが、中国は表立って非難はしなかった。それまでソ連共産党やスターリンは絶対的に正しいと信じてきた共産主義諸国にも動揺が広がっていた。

他方、中国国内では、すでに述べたように、一九五八年五月五日、中国共産党第八回全国代表大会（党八大）で「社会主義建設の総路線」が採択され、毛沢東は大躍進政策と人民公社化を開始した。しかし、大躍進政策や人民公社化はやがて行き詰まり、一九五九年四月、第二期全国人民代表大会で毛沢東は任期満了とともに国家主席を退任した。代わって党中央委員会副主席・劉少奇が国家主席に選出された。毛沢東は党中央委員会主席・党中央軍事委員会主席として党と解放軍を掌握していたが、行政の第一線から退いたのである。一九五九年六月から旱魃により食糧難が発生し多数の餓死者が出始めていた。一九五九年七月二日から八月十六日まで廬山会議において大躍進政策の誤りが議論されたが、毛沢東への批判は封じられ、結局、大躍進政策はその後も継続されることになった。[17]

中ソ関係は次のような経過を辿った。一九五七年十月十五日、両政府は国防新技術協定に調印、ソ連は中国に原爆のサンプルと製造技術資料を提供することを約した。一九五九年一月二十四日から二月九日まで、周恩来は中国共産党代表団を率いてモスクワで開催されたソ連共産党第二一回代表会議に出席。二月七日、周恩来はフルシチョフとの間で、五〇億ルーブルの借款と、一九五九年から六七年まで中国が実施する七八項目の大型工業建設（冶金、化学、石炭、石油、機器製造、コンピューター製造、無線電信、建築材料など）に対して技術援助を受けるという協定を結んだ。また六月二十三日、中ソは北京において「中華人民共和国とソ連社会主義共和国連邦の領事条約」に調印した。しかし、三日前の六月二十日、ソ連は一方的に国防新技術協定を破棄することを通告していた。

一九五九年九月、フルシチョフは米国を訪問して平和共存の米ソ共同コミュニケを発表した後、十月一日の中国国慶節式典に参列したが、毛沢東との間には冷めた関係が残った。フルシチョフは人民公社化に対して批判的であったからだという。

中ソの非公然の対立は続いていたが、一九六〇年四月、レーニン生誕九〇周年に中国共産党が党機関誌『紅旗』第八号に「レーニン主義万歳」という論文を発表しソ連を批判した。毛沢東は特別執筆班を組織して、党機関紙『人民日報』等に諸論文を発表させた。これに対抗してソ連も『プラウダ』に論文を載せ、中国批判で応酬した。ここに中ソ論争は顕在化したのである。

植田捷雄（一九六二）によれば、論点は次のところにあった[18]。すなわち、中国共産党は、資本主義的な帝国主義が存在する限り、戦争は必ず生じるという戦争不可避論がレーニンの思想であると主張して、フルシチョフによるスターリン批判および西側諸国との緊張緩和政策を「修正主義」として批判した。これに対して、ソ連はフルシチョフの資本主義諸国との外交交渉による平和共存（戦争可避論）こそレーニンの政策であり、中国の戦争不可避論を時代錯誤の教条主義であると批判したのである。また、この論争の背後には、中ソの様々なレベルの差異があったという。①中ソの経済発展段階の相違。②中ソの集団農場経営に関する考え方の相違。即ち、中国はソ連のコルホーズより人民公社が優れていると主張していた。③科学技術の発展の大きな格差。④国際社会における中ソの役割の相違。⑤毛沢東とフルシチョフの共産主義圏における指導権争いなどの諸要因が絡んでいたのである。

この中ソ論争が激化する中で、一九六〇年七月十六日、ソ連は中国に更に次のことを通告した。中ソ政府間の一二協定と二五七項目の科学技術協力を破棄するとともに、七月二十八日から九月一日の約一カ月間に中国に派遣している専門家一、三九〇人をすべて本国に召還し、この年の専門家九〇〇人の派遣を中止するという。九月にモスクワで中ソ共産党会議がもたれたが話し合いは決裂した。これにより中ソ関係は一段と悪化した。

（2）　中ソの留学交流の停滞

一九六〇年九月十三日から二十一日まで、中国共産党国家科学委員会の中の党委員会、教育部党組、外交部党委員会は第二回留学生工作会議を急遽開催し、ソ連への国家派遣の減数と質向上の方針、即ち、主に大卒で二年以上の就労経験を持つ者を大学院生、進修生、実習生として派遣し、高卒者は原則として派遣しないことを決定した。

この決定を受けて、一九六一年二月十九日、教育部は中国共産党国家科学委員会に当該年度の派遣計画を提出。ソ連への国家派遣はこの一九六一年から大幅に減少する。表3－2のように、一九六一年から六五年までの五年間に派遣したのは、大学生わずか八人、大学院生一〇三人、「進修教師」八一人、実修生一〇人で、合計二〇二人であった。[19] なお、「進修教師」とは短期間（六カ月以上、一年未満）だけ海外派遣される若手の教員・研究者である。

他方で、大勢の中国人留学者がソ連から帰国し始めた。甚だしきはソ連では中国人留学者に帰国を強要する事態（駆逐回国現象）も発生し、一時は彼らの身の安全が脅かされることもあったという。[20] 一九五八年から六二年までの五年間に留学帰国者は六、一〇〇人に達した。毎年一、〇〇〇人以上が帰国した計算である。この時期は、それまでのソ連への国家派遣留学の「収穫の時期」になったのである。[21]

一九六六年六月、文化大革命が発動されると、燻っていた不満が爆発するようにソ連型教育に対する批判が盛んに行われるようになった。高等教育部部長の蔣南翔、教育部部長の劉季平は批判の的となって、教育行政は麻痺してしまった。同年九月二十日、在ソ留学者に授業を受けるのを停止して一〇日から一五日以内に帰国するよう指示が出された。同様に、中国で在学中のソ連人留学生も授業を受けられなくなった。十月にはソ連政府から駐ソ中国大使館に通知が出された。「互恵の原則に照らして、ソ連政府機関はソ連の教育施設や研究機関にいる中華人民共和国留学生の訓練を停止することを決定した」と。翌一九六七年六月、在ソ留学者はすべて帰国し、中ソ留学交流は一旦停止することになった。[22]

中国とソ連との外交関係は保持されはしたが、様々な領域での実質的な友好協力関係は停滞してしまった。中ソが和解し国交正常化したのは一九八九年五月十五日、ソ連大統領ゴルバチョフが訪中した三〇年後であった。

5　ソ連への国家派遣の実績

表3－2は一九五一年から六五年までの一五年間におけるソ連派遣の留学身分別人数の推移を示している。累計すれば、大学生が四、九一三人（五八パーセント）で最も多く、次いで大学院生二、七五三人（三三パーセント）、

表3-2　1950～65年のソ連への国家派遣における留学身分別の派遣実績　（人）

年	大学生	大学院生	進修教師	実習生	計
1950	−	−	−	−	0
1951	136	239	−	−	375
1952	209	11	−	−	220
1953	60	523	−	−	583
1954	1,226	149	−	−	1,375
1955	1,660	239	33	−	1,932
1956	1,343	619	123	−	2,085
1957	40	269	174	−	483
1958	8	235	135	−	378
1959	65	300	95	−	460
1960	158	66	93	−	317
1961	8	30	36	−	74
1962	0	30	16	9	55
1963	0	15	1	1	17
1964	0	3	0	0	3
1965	0	25	28	0	53
計	4,913	2,753	734	10	8,410

出所）李滔主編（2000）より作成

「進修教師」七三四人（九パーセント）、実習生一〇人（〇・一パーセント）の順である。大学生と大学院生で約九〇パーセントを占める。ソ連に若い高度人材の育成を委ねていたのである。[23]

特に注目すべきは、次世代の政治、高等教育、科学研究の各界指導層がソ連留学組から輩出したことである。ソ連留学組には、第三世代の党指導層として、江沢民（国家主席）、李鵬（国務院総理）、尉建行（中央政治局常務委員）、李嵐清（国務院副総理）、劉華清（中央政治局常務委員）、銭其深（外交部部長、国務院副総理）などがいる。また、中国科学院・院士に八二人、中国工程院・院士に六三人（一九九七年現在）が叙せられている。[24]

一九六四年十月、中国は原子爆弾の製造に成功した。この開発に携わった科学研究グループの中には、米国・ソ連留学などからの帰国研究者が多数いた。留学成果は最悪の軍事技術に応用されたのである。言うまでもなく、中国にとっては安全保障上の功績であろう。しかし、戦後の留学交流の平和的理念に反することは間違いない。留学交流のジレンマがそこには存在する。

第三節　脱ソ連の留学政策

1　資本主義国家の大学院への留学派遣制度の拡大と改革

ソ連・東欧との留学交流の一方で、資本主義国家に大学院生を派遣する計画が進められていた。大学院生は将来の科学研究の担い手である。政治的対立はひとまず横に措き、専門的人材の育成を図ろうとする強い意図が働いていたに違いない。

すなわち、一九五六年六月、外交部・高等教育部は「資本主義国家に大学院生を国家派遣することに関する請示報告」（関于向資本主義国家派遣留学研究生的請示報告）を国務院に提出し承認を求めた。中国の国家派遣はそれまで社会主義国家に限られていたが、以降、資本主義国家も含め全方位に展開することになった。以下は全訳である[25]。

国務院第二辦公室並びに国務院：

国際情勢の発展と我国の国際的地位の向上に伴って、我国と資本主義国家の文化交流は日増しに増え、多くの国家の民間団体および政府はかつて我が方に留学生の相互派遣を提案してきた。しかし、我国は目下のところインドに留学生一二人、エジプトに留学生七人を派遣した以外、他の国には未だ派遣していない。我国の各方面の建設発展の需要に基づき、今後、毎年一定数の大学院生を資本主義国家に留学させ、彼らの言語、歴史、特殊な専門分野を学習させることが必要である。以下の意見を提出する。

1、国家建設の各方面の需要および我国と資本主義国家の文化交流と友好関係の発展に応じるために、その需要と可能な条件のもとで、我国は計画的に一定数の大学院生を資本主義国家に留学派遣するべきである。
2、資本主義国家の情勢は複雑であり、派遣する留学生は政治面で比較的強く、生活面で一定の経験があることが必要であり、ゆえに、特殊な場合を除いて、大学院生だけを派遣し、大学生は派遣しない。
3、毎年、学習させる専門分野を計画して派遣するが、高等教育部は国家計画委員会と共同で、関連官庁の需要に基づいて派遣案を提出し、国務院の批准後、当該国と交渉することに責任を負う。
具体的方法は以下の通りである。
(1) すでに我国と国交があり、すでに留学生を派遣したことがある国家に対しては、政府間の文化協定を通して話し合う方式で解決する。
(2) すでに我国と国交はあるが、未だ留学生を派遣したことのない国家に対しては、外交部あるいは対外文化連絡局によって、正式に当該国に留学生相互派遣について交渉あるいは提案し、具体的方法を話し合う。
(3) 未だ我国と外交関係はないが、すでに代表機関(例えば、商務代表処など)を相互に設置している国家に対しては、具体的情況を見て、留学生相互派遣問題を提起し、在外の代表機関あるいは対外的人民団体(例えば、対外文化協会)が責任を持って交渉する。
(4) 外交部、文化部、対外貿易部、衛生部などの政府部門および対外文化連絡局の留学生派遣要望に基づいて、一九五六・五七年には資本主義国家に留学生五〇人を派遣する。そのうち、インド八人、インドネシア三人、ミャンマー三人、エジプト五人、アフガニスタン三人、イギリス三人、シリア三人、スウェーデン四人、フィンランド三人、パキスタン三人、その他一二人である。具体的に学習する専門分野は定員確定後まで待って、国内需要および受け入れ国の専門分野の特色に基づいて、再び確定する。批准をお願いする。

一九五六年六月

(外交部・高等教育部「関于向資本主義国家派遣留学研究生的請示報告」)

国務院はこの報告を承認した。この承認が出された一九五六年は中ソ論争の兆しが現われた時であった。中国はソ連一辺倒の政策を再考し、資本主義国家との交流を考えざるを得なかったのであろう。派遣先国家が資本主義国家であることや、中国との国交の有無についてもあまり頓着せずに、留学派遣ルートが模索された。中国の発展に必要と思われる先進的知識と技術を吸収すること、それが最も重視されたのである。

2 大学院留学派遣の統一試験実施

教育部は一九五八年四月十日、「大学院留学生の一九五八年度選抜に関する通知」（関于一九五八年選抜留学研究生的通知）を発布し、大学院留学生の質を保証するために教育部による統一的選抜試験を行うことを通知した。すなわち、次のような手順で行う。

まず中央政府の各官庁や省級地方政府（省・直轄市・自治区）は、国務院科学計画委員会（国務院科学規划委員会）において決められた定員枠と専門分野別の派遣計画に基づき、当地の人事・教育・公安・衛生の各部門の協力によって専門組織を設置し、その専門組織が五月末までに二重の審査と身体検査を実施して、四〇歳以下の優秀な幹部を選抜する。次に、六月に教育部が被選抜者に対して大学院留学統一試験を全国各地の大学を借りて実施する。これによって採用基準に合致した者は、外国語修得の情況を見て、一九五八年と一九五九年に分けて派遣するというものである。最も重要である選抜条件は、以下のように記されている。[26]

（一）　政治条件：共産党の指導を擁護し、社会主義制度を擁護し、全身全霊で人民に服務し、歴史をよく知り、政治と道徳において優良で、前途育成するに足る者であること。

（二）　学業条件：

1、大学本科を卒業し、もともと学んだ専攻と近い科学技術工作あるいは教育工作に従事し、二年以上の就業経験があること（国家が特に急ぎ求める専門はこの限定を受けない）。または、大学本科を卒業していなくてもよいが、選抜される専門分野に近い科学技術工作あるいは教育工作に四年以上の就業経験があり、かつ工作単位によって大学本科卒業に相当する能力があり、科学研究工作に従事する能力があると証明されること。

2、外国語の程度が既に専門的書籍を読み、専門の講義を聴き取るまでに到達し、自己の基本的な意見を正確に表現（口頭あるいは文書で）できる水準にあること。または、外国語水準がこの要求に到達していなくても、政治・業務・身体などの条件が比較的良好で、一年間の補修により、この要求に到達できる者。

（三）身体条件：衛生部の「留学生身体検査不合格標準的規定」に照らして、当地の衛生庁（局）指定の病院で検査し、合格すること。

（四）年齢条件：四〇歳以下に限る。

（教育部「関于一九五八年選抜留学研究生的通知」）

この選抜条件をみると、中国政府は留学派遣者の政治思想性を非常に重視していること、および留学成果に非常に強い期待を持っていることが伝わってくる。かくして、厳しく選抜された大学卒業生が、ソ連を中心とする社会主義国や若干の資本主義国の大学院に留学派遣されたのである。

また、この通知の補充規定として、一九五八年四月二十九日、教育部は「一九五八年に大学教員の中から選抜して大学院留学生として派遣することに関する通知」（関于一九五八年従高等学校教師中選抜留学研究生的通知）を関係大学宛に発布した。それによれば、大学院留学生派遣計画に基づいて一部の指定大学には選抜を任せている。しかし、それ以外の大学には同計画の範囲内で各大学の需要に応じて専門分野ごとに少なくとも二人の大学教員を推薦するよう求めている。推薦を受けて、教育部が採否を決定するのである。このような大学教員の学位取得のための国家派遣留学は、中国が高等教育発展の基礎を築く重要な政策であった。

3　アジア・アフリカ諸国との留学交流

一九六一年以降、中ソ関係が冷え込むにつれて、留学派遣先としてのソ連の地位は急落した。ソ連に代わる留学派遣先はどこであったのか。表3－3は、一九六一～六五年の国・地域別の留学派遣人数の推移である。派遣身分は進修生、大学院生、学部生、実習生の四種類であった。特に一九六四年を境に派遣先は転換した。

表3－3　1961～65年の国家派遣における国・地域別の派遣人数の推移　（人）

年	ソ連	ソ連以外の社会主義国	アジアの資本主義国	アフリカの資本主義国	ラテンアメリカの資本主義国	西欧の資本主義国	マカオ	計
1961	74	45	0	0	0	5	0	124
1962	55	50	6	0	1	2	0	114
1963	17	34	0	0	0	8	0	59
1964	3	315	45	98	2	148	39	650
1965	54	128	72	28	4	168	0	454

出所）李滔主編（2000）223-225頁より筆者作成

①　ソ連派遣をかなり減らして、他の社会主義国への派遣を増加させた。表3－4をみると、キューバ派遣が急増し、一九六二・六三・六四年の三年間で一五三人に達した。ベトナム派遣も一九六三・六四・六五年の三年間で八六人に上った。また、北朝鮮派遣も一九六二年から六五年までで六六人であった。

②　西欧の資本主義国への派遣も増加させた。フランス派遣が最も多く、一九六四・六五年の両年で一八四人。また、イギリス派遣も両年で八六人に上った。

③　アジア・アフリカ・ラテンアメリカ地域の新独立国家との国交樹立が進み、留学派遣が開始された。表3－3のように、アフリカの資本主義国への派遣が増加され、一九六四・六五年の両年で一二六人に達した。表3－4によれば、特にアルジェリア・モロッコ派遣が増やされた。更に、アジアの資本主義国への派遣も増加。一九六四・六五年の両年で一一七人に上った。

すなわち、派遣先国がソ連から西側の資本主義国や第三世界の資本主義国にシフトされたのである。(27)

4　外国語人材の育成計画

（1）　外国語人材の不足状況

この時期の留学派遣のもうひとつの特徴は外国語学習が主流を占めたことである。外交関係を展開する必要性から外国語人材の育成が急務とされたのであ

表3-4　1961～65年の中国における国家派遣先のシフト　（人）

順位	1961		1962		1963		1964		1965	
1	ソ連	74	ソ連	55	ソ連	17	キューバ	120	フランス	81
2	チェコ	9	キューバ	18	キューバ	15	フランス	103	イギリス	64
3	ブルガリア	8	北朝鮮	8	北朝鮮	6	アルジェリア	50	ソ連 ベトナム	54 34
4	ポーランド	6	チェコ	6	ベトナム	4	ベトナム	48	アラブ首長国連邦	16
5	スイス	5	東ドイツ	5	イギリス	4	アルバニア マカオ	40 39	東ドイツ ルーマニア	15 15
それ以下	東ドイツ	4	ポーランド イギリス スイス	4 1 1	東ドイツ ルーマニア スイス	3 3 2	北朝鮮 ルーマニア モロッコ	38 33 30	北朝鮮 ポーランド チェコ	14 14 13

出所）李滔主編（2000）223-225頁より筆者作成

る。

一九六四年三月五日、国務院外事辦公室・高等教育部党委員会は鄧小平・中共中央宛に「現在の外国語幹部の不足問題を解決するための応急措置に関する報告」（関于解決当前外語幹部厳重不足問題応急措置的報告）を提出した。外国語人材育成の大規模な三年計画案である。同三月十二日、中共中央は、早速この「報告」に意見を付して各官庁・地方政府の関連委員会に回覧した。各機関の意見を聴取し各機関の協力を取り付けるためであろう。

「報告」によれば、外国語のできる幹部や外国語の通訳などが全国で不足している。三年間（一九六四・六五・六六年）の外国語人材の需要を計算し、そこから同じ三年間の高等外国語学院の卒業生数（供給）を差し引いて、不足分を予測している。すなわち、英語（五、二四五人不足）、ドイツ語（三九二人不足）、フランス語（七一四人不足）、スペイン語（二二八人不足）、日本語（一、一七七人不足）の人材不足が生じ、ロシア語の人材は三、八八九人が過剰になるという。この計算を基に、総合大学外国語学科や高等外国語学院で外国語教師の養成課程を開設するなど外国語教師を大量に育成し、かつ既存の外国語専門学校（二・三年制の専科）の募集定員を増やす方策などを提案している。また、外国語学習のための留学派遣計画も立てている。それによれば、三年間で一、七五〇人、そのうち大学生（留学先での身分）を一、五五〇人、進修生（一年以内の短期留学）を二〇〇人派遣し、言語別ではフランス語に五七〇人、スペイン語に三〇〇人、ドイツ語に一二〇人を当てるという。この三カ国語で五七パーセントを占める。特にフランス語人材を優先的に育成しようとしたことが分かる。

この「報告」の提案に従って、各官庁・地方政府の関連委員会の協力を得て、一九六四年度の事業はすぐに開始された。

（2）ロシア語教育から英語教育への転換

さて、この「報告」から七カ月後、一九六四年十月二十日、国務院外事辦公室・文教辦公室・国家計画委員会・高等教育部・教育部は合同で「外国語教育七年計画問題に関する請示報告」（関于外語教育七年規划問題的請示報告）を提出した。同十一月十四日に中共中央・国務院はこれを承認し、「外国語教育七年計画綱要」（外語教育七年規划綱要）として公布した。その冒頭に当時の情況を次のように説明している。

「……建国初期と第一次五カ年計画の期間、空白の部分に大量のロシア語教育を発展させた。基本的には、当時のロシア語幹部の大量需要を満たして、大きな成果を上げた。しかし、その他の外国語の人材に対する需要を低く見積もり過ぎて、初めに高校・中学校での外国語を全部ロシア語に改め、続いて中学校の外国語を取り消してしまった。これが外国語教育の偏った発展を招き、全体の外国語教育の水準を非常に低下させた。高等教育でのロシア語以外の外国語教育の発展もまだ十分ではない。一九五七年以後、中央の指示で、中学校の外国語教育が次々に回復、次第に英語の比重が大きくなった。高等外国語学院も次第に英語とその他の言語の募集人数を増加させていった。しかし、現在まだ、高校・中学校での外国語学習の中で、ロシア語学習が三分の二を占め、英語学習は三分の一に過ぎない。高等外国語学院の在校生二・五万人中、ロシア語学習が四六パーセント、英語その他の外国語学習は合わせて五四パーセントを占めるだけである。このために、今度の七年計画では、ロシア語とその他の外国語の人数の比率を大きく改変し、また外国語教育の規模を拡大しなければならない。こうして外国語教育の発展を国家の長期需要に適する軌道に乗せる。受動を能動に転ずるのである。……」という。

外国語教育の方針については、「学校教育の中で、英語を第一外国語とする。高等教育と中等教育で外国語学科を開設するときの言語の種類の比率を大幅に調整する。英語学習者数を大量に増加させ、フランス語・スペイン語・アラビア語・日本語・ドイツ語の学習者数も適当に増加させなければならない。その他の通用性の低い言語の学習者も一定の比率を占めなければならない。ロシア語の学習者数は適当に縮減し、実際の需要に適合させる」（第一節三項）と述べている。

このようにロシア語教育を主流としている現状から英語教育を主流とする方向へ外国語教育の大転換が計画された。その外交関係の範囲を社会主義諸国から資本主義諸国へと拡大するという方針に基づくものであった。

ところで、七年計画の中の留学計画の部分を見れば、一九六四・六五・六六年の三年間に外国語学習の留学生を一、九二六人派遣するとしている。計画表によれば、一、九二六人中に大学生が一、五四七人（八〇パーセント）、進修生が三七九人（二〇パーセント）である。学習する外国語として四〇言語が決定されている。派遣人数の最も多い言語はフランス語（四七〇人）である。次いで、スペイン語（二七二人）、ポルトガル語（一〇三人）、アラビア語（九九人）、朝鮮語（九五人）、英語（九〇人）、ベトナム語（八五人）、ドイツ語（六八人）、ポーランド語（六四人）、ルーマニア語（六二人）、アルバニア語（五八人）、ロシア語（四〇人）、イタリア語（三五人）の順である。因みに、計画では日本語学習のために一九六五・六六年に進修生を二五人派遣する予定であった。また、続く一九六七年から七〇年までの四年間の留学計画は需要をみて別途決定するとしている。(28)

結局、この留学計画によって一九六四・六五年合わせて約一、〇〇〇人が派遣された。しかし、一九六六年とその後の計画は文化大革命の発動によって中断せざるを得なかったのである。

なお、『中華人民共和国教育大事記』（一九六五年二月二十五日付）には、次のような記事がある。「我国は一九五七年よりイタリア、ベルギー、スイス、スウェーデン、ノルウェー、デンマークなどに留学生を派遣した。一九六五年一月までの八年間に二〇〇名を派遣したが、大部分は外国語学習であり、自然科学の留学生はわずか二一人であった。」すなわち、当時、自然科学専攻の国家派遣は極端に少なかったのである。[29]

第四節　海外生活の管理政策と留学生守則

1　在外留学者の管理規定の発展

留学派遣業務（出国留学工作）と並んで、在外留学者の管理業務（出国留学生管理工作）がある。この二つの業務は両輪の如く実施されている。ここでは初期の管理業務について見ておきたい。

さて、管理業務とは、派遣した留学生の思想、学習、生活、健康、事故・犯罪等の問題に指導・援助を与えることである。管理業務を定めた最初の法律は、一九五〇年九月十二日、中央人民政府教育部によって発布された「一九五〇年東欧の新民主主義国家に派遣する交換留学生の管理辦法」（一九五〇年度派往東欧新民主主義国家的交換留学生管理辦法）七条であった。以下は全訳である。

一、一九五〇年度にポーランド、チェコスロバキア、ルーマニア、ハンガリー、ブルガリアの五カ国に派遣した交換留学生の学習を督促し、生活を検査し、期日までに学習任務を完成できるように、特に本辦法を制定する。
二、留学生の管理業務は、本教育部と外交部が話し合いの上で決定し、所在国の中国大使館が執行する。
三、留学生は直接に所在国の大使館に指導を受ける。本教育部と留学生の連絡は、外交部と大使館を通じて行う。
四、留学生は毎学期終了後、二週間以内に、学習成績と生活情況を総括し、かつ次の学期の学習計画の要点を定め、わが在外公館大使が報告を受けて初歩的審査を行った後に、意見を提出する。本教育部に送付し審査を受ける。然る後、本教育部から関係官庁に送って再審査し、意見を本教育部に送り返すこと。

五、留学生がもし特殊で重大な事故のために、途中で学習計画を変更するか、あるいは帰国を要望するとき、必ず事前に、わが在外公館大使の審査と同意を経て、本教育部に許可を申請しなければならない。
六、留学生が国外で、もし学習に勤めず、あるいは規則違反の行為があれば、本教育部はわが在外公館大使の意見を根拠として、その事情の軽重を見、適切に処理し、必要な時は帰国を命じなければならない。
七、留学生は以下の規則を遵守しなければならない。
（1）小班会議制度を作り、定期的に学習・生活・思想に関する検討を行い、団結互助と批評と自己批判の精神を発揮し、かつ大使館に対して学習情況を報告すること。
（2）政治的な活動に参加したり、文章を発表したり、あるいは演説したりする必要があれば、事前に大使館の許可を得なければならない。
（3）所在国の法令、学校規則を遵守し、所在国の風俗習慣を尊重し、国家機密に関する問題を勝手に探ってはならない。
（4）生活は質朴耐忍の風を保持し、所在国政府の給付する手当てを超えて使ってはならない。
（5）休日の活動として、文化・娯楽・旅行・スポーツなどに参加するならば、なるだけグループで参加しなければならない。

（教育部「一九五〇年度派往東欧新民主主義国家的交換留学生管理辦法」）

この最初の規定をベースとして改訂を加え、一九五二年六月五日、政務院（国務院の前身）は「派遣留学生の管理辦法」（派送出国留学生管理辦法）を発布。管理工作に関する教育部、外交部、人事部、在外公館、送り出す部門（保送部門）の役割分担と協力関係を明確にした。同時に、簡潔で覚えやすい「留学生守則」八条を作成、留学生の心得を示した。「留学生守則」としては最初のものであった。

その後も、管理規定には若干の添削が加えられた。二年後、一九五四年十二月二十一日、高等教育部は在外公館宛に「留学生注意事項」八条を発布。また、その四年後、一九五八年一月十日、高等教育部と外交部は共同で「各国に派遣した留学生の管理に関する規定」（関于管理派赴各国留学生的規定）を発布した。更にその六年後、一九六四年三月九日、「国外に派遣した留学生の管理教育工作の暫定的規定（草案）」（中華人民共和国派往国外留学生管理教育工作的暫行規定〔草案〕）八章五〇条（以下、「六四年暫定的規定」と略す）、及び附件「留学生守則」一〇条を発布した。この「六四年暫定的規定」はそれまでの一四年間に積み重ねられた経験を反映して五〇条という分量になったと思われるが、様々な事柄について細かく規定している。

2 「六四年暫定的規定」

「六四年暫定的規定」の章立ては、第一章「総則」、第二章「思想政治工作」、第三章「業務学習」、第四章「対外関係」、第五章「組織紀律」、第六章「党の工作」、第七章「組織指導」、第八章「経費支出」となっている。第一章の総則は、この規定の目的を次のように述べている。

第一章　総則

一、留学生を出国派遣して学習させるのは、わが国の社会主義の科学技術幹部と高等教育機関の教師を育成し向上させるのに必要な工作である。同時に、各国との文化交流を促し、派遣先国家の人民との友誼団結を増進することでもある。このために党と国家の方針に基づく政策を根拠として、留学生の管理教育工作を積極的に本気で行い、留学生育成の任務が完了することを保障しなければならない。

二、留学生に対して党と国家の望むことは、政治的態度をしっかり定め、仕事をしっかり行い、品行方正で、身体健康であることである。

留学生は必ず中国共産党と中国政府の指導に従い、祖国に忠実で社会主義を熱愛しなければならない。国家の需要と国外の可能性に基づき、所在国の得意とする分野と先進的な科学技術をまじめに学習して、学習任務を完成させること。

三、国外の特色に基づき、留学生に対する管理教育工作の方針は、政治面では積極的に向上するよう厳格に求め、仕事面では自覚を促して検査を強化する。思想品行面の教育に力を入れ、厳粛に管理する。管理教育工作では、必ず政治優先を強調し、政治思想問題の工作（思想政治工作）を中心に据えなければならない。
四、留学生の国外の管理教育工作は大使館が全面的に責任を負う。留学生に対する管理教育工作における大使館の主要任務は、留学生の政治思想問題の工作を大いに行い、学習の監督と検査を強化し、留学生の対外的活動を正確に把握して指導し、対外的な交渉に関する事柄を処理すること、また調査研究を強化し、経験を適宜総括し、留学生の管理教育工作の水準を絶えず向上させることである。
五、留学生工作は外交的な工作である。必ず国家の対外工作の方針を実行し、指示を仰ぎ、かつ報告する制度を厳格に実行しなければならない。
（教育部「中華人民共和国派往国外留学生管理教育工作的暫行規定［草案］」）

つまり、在外留学者の管理は、「思想政治工作」即ちイデオロギーを宣伝し、個々人の思想的迷妄を解消するための業務を中心に行う。それは他の条項にも述べられている。例えば、マルクス・レーニン主義、毛沢東思想を学習すること（第六条）、外国の政治団体・外国人学生の政治グループへの参加を禁じること、政治活動に参加する場合の原則は、それが帝国主義、植民地主義に反対し、社会主義陣営の団結を強めるのに有利なものであること（第二七条）などがある。留学者の政治思想と政治活動にかなり注意を払っているのである。

また、ホスト国にとって興味ある点を挙げれば、留学先の学校で「外国留学生委員会」のような学生組織が成立している場合、そのメンバーや規則など情況を見て参加するか否かを決めること（第二八条）とあるが、これは日本の大学でもよく結成されている留学生会に参加することに慎重であるべきという注意である。更には、ホスト国で国際学術会議に参加する場合には在外公館の許可を受け、学生身分で参加し国家を代表しないこと（第三〇条）などの条文もある。こうしてみると、中国政府は留学者たちの海外での言動をかなり細かく注視すべきだと考えていたのである。

次に、第五章「組織紀律」を訳出するが、そこには留学生活に密接に関連する紀律が仔細に指示されている。

組織紀律

三一、留学生は厳格に我国の法律、法令および留学生に関する規則制度を遵守しなければならない。国家機密を厳守し、厳格に指示を請い、指示通りに情況に対処すること。滞在国の関係法令や制度を遵守し、その風俗習慣と宗教信仰を尊重すること。

三二、留学生は外国人に借金することは許されない、貴重な礼物を受けることも許されない。また外国人と不正当な金銭授受を行ってはならない。

三三、留学生は外泊も不正当な娯楽場所に行くことも許されない。休暇・旅行などの活動は組織やグループで参加するのが妥当である。一般に休養所や療養所に泊まらず、留学生は病院に三カ月以上通うことが求められたら、病状が許せば帰国して治療すること。

三四、留学生が科学研究中になした重要な発見や研究成果、創造的発明や執筆論文は、他の国家で発表できないし、特許権を売ることも許されない。およそ指導教員とわが留学生の合作論文は、もし指導教員が連名での発表を求めるならば、同意してもよい。

三五、滞在国の関係機関がわが留学生に原稿、ラジオ、映画撮影、テレビや記者取材などの活動を求めてきたら、婉曲に断るべきである。どうしてもする必要がある場合は、原稿や活動の内容について在外公館の許可を得ること。

三六、学習任務の完成のため、留学生は国外での学習期間中に恋愛・結婚は許されない。

三七、紀律に違反した場合は、過誤を指摘するか（批評教育）、必要な処分を与え、厳重に注意し教えても改めない者に対しては留学生資格を取り消し、即刻国に送り返す。（同上）

このように、国家秘密の漏洩が最も憂慮され、不当な金銭授受をせず、娯楽・外泊を控え、マスコミの取材を断り、恋愛・結婚は禁止、研究成果は特許登録せずに持ち帰る等々、在外留学者の生活を律していた。

3 留学生守則

次に附件「留学生守則」一〇条を見ると、留学生活における基本的態度が指示されている。覚えやすいように簡潔に注意事項を列挙している。留学派遣前の準備教育段階で訓示されたのではないかと思われる。(30)

留学生守則

（一）祖国に忠節を尽くし、党の話に耳を傾けること。
（二）政治的立場をしっかりと定め、根本的な正邪善悪を明らかにすること。
（三）発奮して強く願い、虚心に学業を好むこと。
（四）組織紀律を遵守し、よく指示を請い報告を行うこと（請示報告）。
（五）警戒心を高め、安全に注意し、国家機密を厳守すること。
（六）中国の同学間の団結と互助を強めること。
（七）生活は素朴で質素にし、態度を正しくすること。
（八）整頓清潔に心がけ、よく身体を鍛錬すること。
（九）滞在国の関係法令、制度を遵守し、その風俗習慣を尊重すること。
（十）滞在国の人民との友誼と団結を維持し、増進すること。

新中国成立初期には在外留学者は国家建設という重大な任務を帯びた存在であった。彼らに対する管理規定や「留学生守則」は、留学派遣事業を何としても成功に導くための指針として作成された。これを読むと、留学派遣事業の失敗は国家にとって重大な損失であり、失敗を防ぐために留学者の思想、学習、生活を保護し援助しなければならないが、その援助責任は極めて重大であると関係者の誰もが認識していたように思われる。上記の第四項「請示報告」とは、困ったことがあれば在外公館に相談し指示を請えという意味である。国家派遣留学者は在外公館の監督下に置かれたのである。

第五節　一九四九〜六五年の留学交流の実績

1　中国の国家派遣留学の実績

冷戦構造の中で、中国は社会主義陣営にあって、ソ連・東欧への国家派遣（国家公派）を推進した。当時、個々の家庭の収入では海外との経済格差が著しいため青壮年が自費留学することは到底できなかった。国家派遣制度が唯一の留学ルートだった。この時期の国家派遣の特徴は次のようであった。

第一に、毛沢東が「人民民主主義の独裁について」で述べたように、派遣目的は社会主義国家の経済建設をソ連など社会主義国家に学ぶことであった。表3－5に示す通り、圧倒的にソ連派遣が多い。一九六六年の文化大革命以前の、一九五一年から六五年までの一五年間に四〇カ国に一〇、六九八人を派遣している中で、ソ連派遣は八、四一〇人で全体の七八パーセントを占めた[31]。

因みに、ソ連は中国に対して借款（資金提供）を実施し、各方面の専門家を中国に派遣して、特に中国人民解放軍の軍事施設建設、海軍・空軍・軍事学校の設立を支援した。また、ソ連に中国人専用の学校を創設した。それは後に北京に移されて、ソ連の教師・教材で学ぶ学校となった。中国人民大学の前身である[32]。

第二に、表3－6に示すように、留学身分別では、大学生が六、一七一人（五七・六パーセント）で過半数を占めた。次いで大学院生が三、一八九人（三〇パーセント）であり、この両者で約九〇パーセントを占めた。その他には、順に「進修教師」一、一一三人（一〇・四パーセント）、通訳一九七人（一・八パーセント）、実習生二八人（〇・二パーセント）がいる。なお、通訳は外交に不可欠な人材であり、一九五九年から六三年の五年間に集中して現地養成されたことが分かる。また、実習生は工場等の現場で実習して具体的な技能を修得するのが目的である

表3－5　1950〜65年の中国における国・地域別の国家派遣実績（上位5カ国）　（人）

年度	ソ連	東ドイツ	チェコスロバキア	ポーランド	ルーマニア	その他	計
1950	－	－	10	10	5	10	35
51	375	－	－	－	－	5	380
52	220	－	2	3	2	4	231
53	583	31	23	14	10	14	675
54	1,375	47	29	17	11	39	1,518
55	1,932	53	29	20	8	51	2,093
56	2,085	80	93	64	15	64	2,401
57	483	3	17	6	－	83	592
58	378	16	3	6	－	12	415
59	460	7	6	4	4	95	576
60	317	24	11	5	11	71	441
61	74	4	9	6	3	31	124
62	55	5	6	4	1	63	114
63	17	3	0	1	3	35	59
64	3	12	4	20	33	578	650
65	53	15	13	14	15	347	457
計	8,410	300	255	194	121	1,502	10,698

出所）李滔主編『中華留学教育史録』（高等教育出版，2000年1月，220-226頁）及び『中国教育成就：1944－1983』（人民教育出版社，1985年），『新中国五十五年統計資料彙編』（中国統計出版社，2005年）より数値誤記を修正して作成

が、派遣人数は少なかった。

以上のように、ソ連・東欧の社会主義諸国の高等教育機関において、優秀な青年（大学生・大学院生）に様々な学術分野の先進的知識・技術を習得させることが主要な目的であった。社会主義国としての政治的安定と経済発展を実現するために各分野で指導的人材が不足していた。この時期、先進地域への留学派遣（中国語では「留学教育」とも言う）は不可欠な人材養成方法だったのである。

2　外国人留学生の受け入れ実績

外国人留学生受け入れ政策について、国家派遣政策とのバランスを明らかにするために若干触れておきたい。表3－7のように、新中国初期の一九五〇年から六五年までに、交換留学を含めて外国人留学生（来華留学生）は七〇カ国から七、二五九人を受け入れている。一九六六年には文革が始まったために、受け入れはしばらく停止さ

表3-6　1950〜65年の中国における留学身分別の国家派遣実績　（人）

年度	大学生	大学院生	進修教師	実習生	通訳	計
1950	27	8	–	–	–	35
51	136	244	–	–	–	380
52	219	12	–	–	–	231
53	60	615	–	–	–	675
54	1,363	155	–	–	–	1,518
55	1,756	304	33	–	–	2,093
56	1,521	754	126	–	–	2,401
57	52	282	195	–	–	529
58	8	257	150	–	–	415
59	66	330	101	–	79	576
60	165	84	143	–	49	441
61	8	43	46	–	27	124
62	1	42	27	13	31	114
63	3	17	27	1	11	59
64	537	5	98	10	–	650
65	249	37	167	4	–	457
計	6,171	3,189	1,113	28	197	10,698

出所）李滔主編（2000）より作成

れた。前節に見たように留学派遣人数は四〇カ国一〇、六九八人であった。従って、総体的に見れば、派遣数は受け入れ数を上回った。

では、どこの国から受け入れていたのか。二国間の交流情況を見ると、北ベトナム（ベトナム民主共和国）からの留学生が五、二五二人（七二パーセント）で圧倒的に多い。次いで北朝鮮五四六人（七・五パーセント）、ソ連二〇八人（二・八パーセント）、アルバニア一九四人（二・六パーセント）、モンゴル人民共和国一三一人（一・八パーセント）の順である。この上位五カ国で八七・二パーセントに達する。上位五カ国は言うまでもなくすべて社会主義国家である。

また、中国とソ連との二国間交流がアンバランスな点も際立っている。この期間、中国からのソ連派遣は八、四一〇人に上ったのに対して、ソ連からの中国派遣は僅か二〇八人、明らかに中国の派遣超である。当時の中国とソ連との経済・科学技術の格差を象徴している。

他方、中国に多くの留学生を派遣した北ベト

表3-7　1950～65年の中国における国・地域別の外国人留学生受け入れ実績　（人）

年度	北ベトナム	北朝鮮	ソ連	アルバニア	モンゴル	アフリカ	その他	計
1950	－	－	－	－	－		33	33
51	－	－	－	－	－		－	－
52	－	209	－	－	3		18	230
53	287	180	－	－	3		34	504
54	253	10	18	2	2		39	324
55	283	4	4	2	2		32	327
56	396	4	3	4	9	4	55	475
57	－	－	80	3	15	11	58	167
58	12	19	10	－	20	0	29	90
59	106	41	21	5	11	9	66	259
60	253	4	－	4	28	95	53	437
61	263	16	21	102	25	21	23	471
62	133	1	20	47	9	1	30	241
63	59	27	－	22	4	0	6	162
64	115	－	13	－	－	10	91	229
65	3,092	31	18	3	－	37	131	3312
計	5,252	546	208	194	131	188	928	7,259

出所）李滔主編（2000）286-288頁および中非教育合作与交流編写組（2005）より作成

ナム、北朝鮮、アルバニア、モンゴル人民共和国などは、なぜ中国を派遣先として選んだのか。二国間の政治的・経済的関係がその背景にある。

① 北ベトナムとの関係

北ベトナムは社会主義国家として一九五〇年一月に成立した。中国はすぐにこれを承認し、国交を樹立した。以後、密接な政治・経済関係が結ばれた。一九五五年七月七日、中国政府と北ベトナム政府は「文化合作に関する議定書」（関于文化合作的議定書）を北京で取り交わした。これは中国と北ベトナム双方の交換留学制度に関する協定である。

また一九六五～七三年のベトナム戦争では、米国の支援する南ベトナム（旧ベトナム共和国）に対して、中国はソ連とともに北ベトナムによるベトナム統一を支援した。このように北ベトナムは同じ社会主義国として、また後方支援者として中国と友好な関係を維持してきた。ベトナム戦争勃発直後の一九六五年に三、〇九二人という大量の留学生を中国に派遣している。

② 北朝鮮との関係

北朝鮮は中国への留学派遣に関して中国と政府間協定を結んだ最初の国であった。一九五三年十一月二十三日、中国・北朝鮮は「朝鮮学生が中国の大学および中等技術学校において学習することに関する協定」（関于朝鮮学生在中国高等学校及中等技術学校学習的協定）を北京で締結した。これによれば、北朝鮮の学生が、中国の大学・大学院・中等技術学校に入学すれば、学費・実習費・宿舎費・雑費は免除され、生活費と帰国旅費（中国国内分）は中国政府が立て替えて、学生の帰国後に北朝鮮政府が返済するという取り決めである。一九五四年一月一日から適用されることになった。

③　モンゴル人民共和国との関係

中国には蒙古族が集中居住する内蒙古自治区や自治州が存在する。それらの地区では、蒙古語が日常語として使用されているばかりか、大学では蒙古語で授業がなされている。しかも教育レベルは漢族を除く五五の少数民族中、最も高いと言われている。またモンゴル人民共和国にとって、中国は隣国であること、同じ蒙古族が多数存在する自治区があること、同じ社会主義国家を建設していることなどの理由で、留学先として選択されたものと思われる。

④　アルバニアとの関係

アルバニアはバルカン半島にある小国である。一九四六年に共産党政府が樹立され、五〇年代に労働党（共産党を改称）による政府が成立して、政権が維持されていた。一九六〇年十月、ソ連共産党第一書記フルシチョフがアルバニアのスターリン主義を批判したことにより、十二月にソ連との国交が断絶した。こうして、アルバニアは一九六〇年代、同じくフルシチョフと対立した中国と密接な外交関係を保持することになった。ヨーロッパにおける中国の唯一の代弁者と言われている。中国からの経済援助は極めて少ないが、その政治的関係の緊密さから、一九六一年に一〇二人という数多い留学生を中国に派遣したのである。

⑤　アフリカの新興独立国家との関係

中国はアフリカの新興独立国家の建設支援のため、また反帝国主義・反植民地主義の民族独立と解放を支援するために留学生を受け入れ始めた。一九五〇年代にはエジプト、ケニア、カメルーン、ウガンダ、マラウィから計二・

四人の中国政府奨学金給付の留学生・進修生を受け入れている。一九六〇年代には中国はアフリカ諸国からの留学生の奨学金枠を拡大した。独立国家だけではなく、未だ独立していない地域の党派や団体にも奨学金を提供した。「一九六〇年には、中国人民対外友好協会など諸団体が、ソマリア民族連盟に六〇人の奨学金枠を提供、カメルーン人民連盟には一〇〇人の奨学金枠を提供した」[34]。こうして、アフリカ諸国との教育交流は開始されたのである。

【注】

（1）横田雅弘・白土悟『留学生アドバイジング――学習・生活・心理をいかに支援するか』ナカニシヤ出版、二〇〇四年、二一―二二頁、参照

（2）徳澤龍潭『ユネスコの世紀』西荻書店、一九五〇年、二二五頁

（3）J・W・フルブライト『権力の驕りに抗して』（勝又美智雄訳）日経ビジネス文庫、二〇〇二年、参照

（4）Burkart Holzner and Davydd Greenwood, "The institutional policy context for international higher education in the United States of America," Hans de Wit ed., *Strategies for internationalization of higher education*, EAIE, 1995, pp. 33-65

（5）松永裕二「ソ連における留学生受け入れの現状と展望」、権藤與志夫編著『世界の留学――現状と課題』東信堂、一九九一年、二八四・二八五頁

（6）Hans de Wit and Hilary Callan, "Internationalisation of higher education in Europe", Hans de Wit ed., *Strategies for internationalization of higher education*, EAIE, 1995, pp. 72-73.
Kemal Guruz, *Higher education and international student mobility in the global knowledge economy*, State University of New York Press, 2008, pp. 171-207. 参照

（7）毛沢東「新政治協商会議準備会での演説」、『毛沢東選集』第四巻、新日本出版社、一九六四年、四九三―四九八頁

（8）孫勇勝『中華人民共和国対外関係史綱』甘粛人民出版社、一九九六年、五―一一頁、参照

（9）毛沢東「人民民主主義独裁について――中国共産党二八周年を記念して」、『毛沢東選集』第四巻、新日本出版社、一九六四年、四九九―五一七頁

（10）孫勇勝、前掲書、一二―一四頁

（11）同上書、四二五・四二六頁

(12) 備忘録「チェコスロバキアへの留学生派遣の件」（李滔主編『中華留学教育史録』高等教育出版、二〇〇〇年、七六頁、所収）によれば、毛沢東がモスクワでチェコ大使と話して、チェコ教育部は一九五〇年秋から中国人学生を一〇〇人受け入れ、五〇人に奨学金を給付する、また相互に歴史・言語を学ぶ交換留学生一〇人に奨学金を給付するという制度を提案している。だが実際の中国人学生数はその一〇分の一であった。
(13) 一九五〇年四月十八日「教育部致函外交部、請速調査在蘇四〇名留学生詳細情況」（李滔主編、前掲書、七一頁、所収）
(14) 一九五一年十二月二十八日「教育部関于我国原蘇連四三名留学生之学習生活費用擬自一九五二年度起全部由我政府供給的報告」（李滔主編、前掲書、七二頁、所収）
(15)「関于中華人民共和国公民在蘇連高等学校〈軍事学校除外〉学習之協定」（李滔主編、前掲書、八三・八四頁、所収）
(16) 紀照亜「世界是你們的——憶毛主席対留蘇学生的談話」、朱訓編『希望寄托在你們身上』中国青年出版社、一九九七年、五四—五九頁
(17) 蘇暁康・羅時叙・陳政『廬山会議』毎日新聞社、一九九二年。および安藤正士・太田勝洪・辻康吾『文化大革命と現代中国』岩波書店、一九八六年など参照。なお、社会主義建設の総路線、大躍進政策、人民公社化は、三本の赤い旗（三面紅旗）と呼ばれた。
(18) 植田捷雄「中ソ論争の現状と将来」、日本外政学会編『中共政権の現状分析』明徳出版社、一九六一年、三〇九—三二四頁。また後年、猪木正道『共産主義の系譜』（角川書店、一九七四年新増訂版）、あるいは菊池昌典・袴田茂樹・宍戸寛・矢吹晋『中ソ対立——その基盤・歴史・理論』（有斐閣、一九七六年）において詳細な分析がなされている。
(19) 田正平他編『教育交流と教育現代化』浙江大学出版社、二〇〇五年、二二一頁
(20) 同上書、二二一頁
(21) 田正平主編『中外教育交流史』廣東教育出版社、二〇〇四年、九九一頁
(22) 同上書、二二二頁
(23) 李滔主編『中華留学教育史録』高等教育出版、二〇〇〇年、二二一〇—二二三頁
(24) 赫世昌・李亜晨、前掲書、二六八—二九六頁および三二九頁
(25) 李滔主編、前掲書、一四五・一四六頁
(26) 同上書、一五三—一五六頁
(27) 同上書、二二二—二二四頁
(28) 同上書、一八八—一九〇頁。また潘晨光・類偉「中国留学事業的回顧与展望」、潘晨光主編『中国人材発展報告No.1』社会科

学文献出版社、二〇〇四年、四〇一頁、参照

(29) 金鉄寛主編『中華人民共和国教育大事記』山東教育出版社、一九九五年、七八一頁

(30) 李滔主編、前掲書、二四七―二五三頁

(31)『中国教育成就：一九四四―一九八三』人民教育出版社、一九八五年、また『新中国五十五年統計資料彙編』中国統計出版社、二〇〇五年、および李滔主編『中華留学教育史録』高等教育出版、二〇〇〇年、二二〇―二二六頁、参照

(32) 赫世昌・李亜晨『留蘇教育史稿』黒竜江教育出版社、二〇〇一年、二五八頁。なお、政務院が一九四九年十二月十六日「中国人民大学の成立に関する決定」を提出し、翌一九五〇年二月に開学した。

(33) 中非教育合作与交流編写組『中国与非洲国家：教育合作与交流』北京大学出版社、二〇〇五年、一―一六頁

第四章　文化大革命期における留学交流の停滞と再開

本章では、一九六六年五月～一九七六年十月の文化大革命（以下、文革と略す）が国家派遣留学に与えた影響について、次の観点から検証する。第一に知識人政策の停滞、第二に人材育成面での損失、第三に人材流動面、即ち留学派遣の停滞による損失である。この三つの停滞によって、中国における高度人材の蓄積に大きな空白が生じた。この高度人材の空白は、文革後期の資本主義国家への国家派遣留学および改革開放期の留学派遣増加政策を打ち出す直接的原因であったと思われる。

なお、衛道治編『中外教育交流史』（湖南教育出版社、一九九八年）は、文革期の対外教育交流を「文革初期」（一九六六～七〇年）と「文革後期」（一九七一～七六年）の二つの時期に区分する。両時期を画すのは一九七一年一月、ユネスコにおいて中国の加盟が承認されたことである。同年十月、第二六期国連総会において、中国は国連代表権を回復し、それに伴って「中華民国」台湾の国連代表権は失われた。すなわち、一九七一年は中国の国際的地位が確立した年であった。以後、西側諸国と国交を結び、留学交流を展開していったのである。[1]

第一節　文化大革命期の知識人政策

1 「革命の敵」としての知識人

文化大革命運動（一九六六〜七六年）は国内的な政治闘争である。紅衛兵による官僚・知識人に対する暴力的批判、学校の教育革命、残存する旧支配階級の排除、そして国家主席・劉少奇、党総書記・鄧小平をはじめ党内「実権派」を追い落とす奪権闘争、共産主義イデオロギーによる民族伝統文化の破壊活動、国防相・林彪グループによる武装クーデター未遂事件、批林批孔運動、「四人組」逮捕など、政治・教育・文化面において複雑な様相を呈したのであり、その全容の解明はまだ十分になされていない。

知識人（知識分子）に対する政策について言えば、第二章でも触れたが、毛沢東と周恩来の意見が異なっていたことに象徴されるように、中国共産党内で意見は分かれていたのである。知識人政策に関して、毛沢東はかつて共同執筆した中国革命の教科書『中国革命と中国共産党』（一九三九年十二月）の中で次のように述べている。(2)

知識人と青年学生は、一つの階級または階層ではない。しかし、彼らの出身家庭、彼らの生活条件、彼らの政治的立場から見れば、現代の中国の知識人と青年学生の大部分は小ブルジョアジーの部類に入れることができる。……彼らは多かれ少なかれ、資本主義の科学的知識を身につけ、政治感覚に富み、現段階の中国革命の中でしばしば前衛的な架け橋的な役割を果たしている。辛亥革命前の留学生の運動、一九一九年の五・四運動、一九二五年の五・三〇運動、一九三五年の一二・九運動は、その明らかな例証である。殊に広範な比較的貧しい知識人は、労働者・農民と一緒になって革命に参加し、革命を支持することができる。マルクス・レーニン主義の思想が中国に広く伝わり、受け入れられたのも、最初はやはり知識人と青年学生の間であった。革命勢力の組織と革命事業の建設は、革命的知識人の参加なしには成功することができない。

（毛沢東他『中国革命与中国共産党』）

毛沢東は、このように中国革命の中で知識人の果たす役割は重要であり、その参加なしには革命は成功しないという認識を示している。だが、それとは正反対の認識も併せ持っていた。知識人は革命に消極的になり、一部は「革命の敵」になる可能性があるという恐れである。

知識人がまだ大衆の革命闘争と一体にならず、まだ大衆の利益に奉仕し大衆と結合する決意を固めないうちは、とかく主観主義と個人主義の傾向を帯び、彼らの思想はとかく空虚で、行動もとかく動揺的である。……そのうち一部の者は、革命の重大な瀬戸際になると、革命の隊列から離れて消極的な態度を取るようになり、そのうち少数の者は革命の敵になってしまう。知識人のこのような欠点は、長期の大衆闘争の中でしか克服できない。

（同上）

このように知識人問題は一九四九年十月の建国以前にすでに提起されていた極めて基本的な問題であった。一九五一年十月二十三日から十一月一日まで中国人民政治協商会議第一期全国委員会第三次会議が開催された。毛沢東は「開会の辞」において、反米・北朝鮮支援（抗美援朝）を継続的に強化するという方針を述べた。同時に、国内における知識人の「思想改造」運動にも言及して、「なによりもまず各分野の知識分子の思想改造は、わが国が各方面で徹底的に民主的改革を実現し、次第に工業化を実行するうえでの重要な条件の一つである。従って、我々はこの自己教育と自己改造の運動が着実に前進する過程で、一層大きな成果が収められるよう希望する」と述べた。なお、「思想改造」とは個人主義的な考え方を社会主義的な考え方へ改めるという意味である。

その後、映画「武訓伝」と陶行知批判、胡適の唯心論批判、胡風の文芸論批判などが繰り返され、一九五七年六月の「反右派闘争」まで延々と続いた。更にその延長として文革が起こされた。毛沢東にとって文革は長期間継続されるべき大衆闘争（継続革命路線）の一段階として当然行われるべきものだった。毛沢東は文革において大衆闘争という方法で知識人問題を解消しようと考えたと思われる。だが、文革は党内の権力闘争と絡まり、かつ大衆の日頃の鬱憤も加わって、毛沢東の予想を超え統御できないほど過激化してしまったのではなかろうか。

米国の歴史学者J・K・フェアバンク（一九九六）は、一九五七年に始まった「反右派闘争」から一九七六年十月「四人組」逮捕による文革終結までを、毛沢東とその支持グループによる連続した階級闘争であり、「二〇年の失われた歳月」と呼ぶ。フェアバンクは「反右派闘争」について、「都市では、農村とほとんど同様に、労働者や農民階級の内部から現われ、十分な教育を受けておらず、外部世界については無知で、外国嫌いと知識人不信の思いでいっぱいの新たな連中が一九五七年に権力を握るようになった。……中国共産党内で権力を握ったこの新しいグループは、中国の近代化とそれへの対応に関する問題については最低の理解力しかなく、学問を軽蔑していたが、執念深く、そして彼らが今や行うことが可能となった無慈悲で熱狂的な破壊には長けていた」と述べ、毛沢東はこの新しいグループとともに、国家建設と経済発展にとって必要な知識人エリートに「党の考えとは異なる自分自身の考えをもつこと」を許さず、文革終結まで彼らの言論を封殺したのである。すなわち、「二〇年の失われた歳月」とは、「愛国的な人材が台無しにされ、彼らが国家の発展を援助することを許されなかったことを言う」と述べている。[3]

「ブルジョア階級の知識人」（資産階級知識分子）に対する不信感および社会主義革命を覆そうと画策する「革命の敵」（革命敵人）という知識人のイメージは、中国革命の途上で強調されてきた。毛沢東とその支持グループは、新中国成立後もその根強い不信感やイメージを捨て去ることができなかった。それは「反右派闘争」と文革の期間、その基底にずっと存在し続けた固定観念であった。

2　プロレタリア文化大革命の発動

（1）　歴史劇「海瑞の罷官」等に対する批判

毛沢東はソ連の修正主義及び党内の実権派（劉少奇、鄧小平ら）の修正主義思想と対決するために文化大革命を起こした。それは最初、呉晗（北京市副市長）の論文「海瑞論」（一九五九年）や戯曲『海瑞罷官』（一九六一年）に対する批判から始まった。戯曲『海瑞罷官』は一九六一年一月から北京京劇団により上演され好評を博していたもので、明代の官僚・海瑞が農民の味方をして地主と争い、嘉靖皇帝に罷免されてしまうという物語である。この物語がなぜ批判の対象になったのか。

一九六五年十月〜十一月、中共中央政治局拡大会議の席上、毛沢東は戯曲『海瑞罷官』が暗に廬山会議で前国防部長・彭徳懐を罷免した毛沢東を批判する反動的作品であるとして批判するよう指示した。これに応じて、一九六五年十一月十日、姚文元（党上海市委員会所属）は評論「新編歴史劇『海瑞罷官』を評す」を書き、それが上海『文匯報』に掲載された。呉晗は封建社会の官僚である海瑞を高く評価することで反革命的人々を擁護するつもりだと批判したのである。また鄧拓（北京市党委員会書記）の随筆「燕山夜話」（一九六一年三月〜六二年九月『北京晩報』に一五三篇掲載）や鄧拓・呉晗・廖沫沙（北京市統一戦線部長）の三人が連載した「三家村札記」（一九六一年十月〜六四年七月北京市党委員会機関理論雑誌『前線』に六七篇掲載）に対しても、一九六六年五月十日、姚文元は「三家村を評す――『燕山夜話』と『三家村札記』の反動的本質」（『解放日報』・『文匯報』）を発表してその観点が毛沢東思想を攻撃する反革命的なものであると批判した。やがて彼ら三人の後ろ盾として彭真（北京市長・北京市党委員会第一書記）にも批判の矢は向けられていった[4]。

文芸界の改革を指導する機関として、彭真・康生・陸定一・周揚・呉冷西をメンバーとする「文化革命五人小組」（一九六四年七月設置）が事態を収拾するため、一九六六年二月三日、会議を開き、「当面の学術討論に関する報告要綱」（関于当前学術討論的匯報提綱）を提出した。所謂「二月提綱」である。この中で、この論争は政治的色彩を帯びるべきでなく、学術論争の範囲内に留めるべきだという結論を提出した。二月十二日、この報告は中共中央政治局常務委員会の承認を得、また毛沢東にも報告した後、全党に通達された。毛沢東はこの時敢えて反対しなかったが、結局、毛沢東の政治的観点からの呉晗に対する批判は取り上げられなかったのである。この論争が文化大革命の発火点であった。

（2）「五・七指示」

一九六六年五月四日〜二十六日まで北京で中共中央政治局拡大会議が開催された。党中央委員会主席・毛沢東は不在で、会議は副主席・劉少奇を議長として進められた。

開催から数日後、五月七日、毛沢東は国防部長・林彪に宛て短い手紙を書いた。手紙には、軍人・労働者・農民・学生・商業やサービス業者、党員や政府職員がそれぞれの仕事以外に、政治・文化・軍事を学んで、ブルジョア階級批判運動に参加する必要があると述べられていた。この短い手紙は後日「五・七指示」と呼ばれることになった。

その中で学生の教育に関して、「学生もこのようにし、学業を主とし、兼ねて別のものを学ぶ。文を学ぶばかりではなく、労働者に学び、農民に学び、軍人に学び、ブルジョア階級を批判する。学制は短縮しなければならず、教育は革命しなければならない。ブルジョア知識分子が我々の学校を支配する現象は、もはや継続できなくなったのです」と述べられていた。ここで注目すべきは、「ブルジョア階級の知識分子が我々の学校を支配する現象」に対して、教育革命を起こすよう指示している点である。文革運動の中で教育革命は中心的課題のひとつに据えられたのである。(5)

（3）「五・十六通知」

一九六六年五月十六日、中共中央政治局拡大会議は「中国共産党中央委員会通知」（通称「五・十六通知」）を採択し、中央各局、省・市・自治区の党委員会、中央官庁、国家機関の各部門や人民団体の党組・党委員会、人民解放軍の総政治部宛に発布した。原文は党機関誌『紅旗』七月号に掲載された。この「通知」は文革を全党挙げて実施するよう指示したものであり、これを以て文革期の始まりとする。「通知」は「プロレタリア階級文化大革命の大旗を高く掲げ、反党・反社会主義の所謂『学術権威』におけるブルジョア階級の反動的立場を徹底して暴き、学術界・教育界・新聞界・文芸界・出版界におけるブルジョア階級の反動思想を徹底して批判し、これら文化領域の

念念不忘阶级斗争！横扫一切牛鬼蛇神！
敌人不投降 就叫它灭亡！
群丑图

写真 3　文化大革命において反動的路線を歩んでいるとして批判された人々の風刺画（1967 年 2 月 22 日）

指導権を奪う」と述べる。文革は文化領域における指導権をプロレタリア階級に取り戻す闘争であると位置づけられた(6)。

「通知」では、「文化革命五人小組」の作成した「二月提綱」を取り消し、「文化革命五人小組」とその事務局の反革命性を批判してこれを解体し、代わって、新たに陳伯達を組長、江青を副組長とし、王任重、劉志堅、張春橋による「中央文化革命指導小組」を政治局常務委員会の下に新設することを伝えている。この新設された「中央文化革命指導小組」が一九六六年五月から一九六九年四月まで文革を指導する中心的機関となった。

文革は公式には一九六九年四月一日、中国共産党第九回全国代表大会において終結したとされる。前年一九六八年九月に全国省・市・自治区に「革命委員会」が成立したので、文革を終結する必要があった。この全国代表大会で毛沢東は短い講話を行った。中国共産党の結党以来、現在まで路線の争いで何人もの代表が犠牲となったと言い、「われわれは今回の大会が、団結の大会としての実をあげることができるよう希望する」と語り、党内・各民族の「団結」を促した。毛沢東はこれで文革を終結させたつもりであったと言われるが、明確に文革終結を宣言したわけではない。

同大会で「中央文化革命指導小組」は解散することになったが、この時、中共中央政治局員に昇格した江青、張春橋、姚文元らの文革派によって、七〇年代に入っても「反革命分子」打倒を目的に実質的に文革は継続された。多数の党幹部・高級知識人が官僚主義・権威主義として告発され、侮辱され、拷問されるという苛烈な武力闘争（武闘）が全国で繰り広げられたのである。(7)

第二節　教育革命の進行と課題

1　学校の募集停止

各方面で文革の措置が実施されていく中、教育行政の側面では一九六六年六月から七月にかけて、下記のように「学校を停止して文化大革命に一身を捧げよ」（停課鬧革命）という通知が矢継ぎ早に出された。

①　一九六六年六月十三日、中共中央・国務院は教育部党組の提案した「高校の募集方法を改革することに関する報告」（関于改革高級中学招生工作辦法的請示報告）を承認。これによって、現行の入試方法を廃止して、労働者、貧農・下層中農・中農、革命幹部、革命軍人、革命烈士など労働人民の子女が優先的に高校に入学できるようにするために、推薦と試験を合わせた選抜方法を行うことになった。

②　一九六六年六月十三日、中共中央・国務院は「大学の募集工作を半年遅らせることに関する通知」（関于高等学校招生工作推遲半年進行的通知）を発布。一九六六年度大学入試を半年延期する旨を通知した。

③　一九六六年六月二十七日、高等教育部は「一九六六年・一九六七年の大学院生募集工作をしばらく停止することに関する通知」（関于暫停一九六六年・一九六七年研究生招生工作的通知）を発布、大学院生募集をとり

あえず停止した。

④　一九六六年六月三十日、高等教育部は「留学生の選抜・派遣工作を延期することに関する通知」（関于推遅選抜、派遣留学生工作的通知）を発布、留学生派遣事業を半年遅らせる旨を通知した。

⑤　一九六六年七月十二日、教育部は「小中高の募集・入学試験・休み・卒業等の問題に関する通知」（関于中小学招生、考試、放暇、卒業等問題的通知）を発布。学校教師が文革運動に集中できるように、都市の全高校の教師・職員・学生、全中学の教師・職員と三年次の生徒及び全小学校の教師・職員は、夏季休暇を取り止め、学校で文革運動に参加するよう指示した。なお、中国では「中学」は中学校（初級中学）と高校（高級中学）を指す。

⑥　一九六六年七月二十四日、中共中央・国務院は「大学の募集工作の改革に関する通知」（関于改革高等学校招生工作的通知）を発布。同年から入試を廃止して、推薦と試験を合わせた選抜方法を行うことを通知した。

⑦　一九六六年七月二十五日、教育部は「小学校で教える毛主席語録のテキストを印刷・発行することに関する通知」（関于印刷与発行小学講授毛主席語録本的通知）を発布、小学校教師と五・六年生の児童に一人一冊配布するよう決定した旨を通知した。

こうして各級の学校教育は停止した。卒業生は進学できず、次の指示があるまで農村で生産労働に従事するよう指示された。

2　教育革命の提唱

一九六六年八月八日、中国共産党第八期中央委員会第一一回総会（中共八届十一中全会）は「プロレタリア文化大革命に関する決定」（関于無産階級文化大革命的決定）を採択した。これにより文革は全国的に展開することになった。これは一六条からなる文革の目的・方法に関する決議であり、単に「十六条」とも呼ばれている。さて、「十六条」の中で教育に関する条項は第一〇～一二条にある。特に、第一〇条「教学改革」の項は次のように記している。

十、教学改革

旧教育制度を改革し、旧教学方針や方法を改革することは、プロレタリア階級文化大革命のきわめて重要な任務である。この文化大革命の中で、ブルジョア階級の知識分子が私たちの学校を統治しているという現象を必ず徹底的に変えなければならない。各種の学校では、毛沢東同志が提起した、教育はプロレタリア階級の政治に奉仕し、教育と生産労働を相結合するという方針を徹底的に実行し、教育を受ける者が徳育・知育・体育すべての面で発達して、社会主義の覚悟を有する文化的な労働者となるようにしなければならない。学制は短縮しなければならない。課程の設置においては精選して単純にしなければならない。教材は徹底して改革し、あるものはまず複雑な部分を削除して簡単にする。学生は学習を主として行うが、別のことも兼学する。すなわち、ただ読み書きを学ぶだけでなく、労働者に学び、農民に学び、軍隊にも学び、ブルジョア階級を批判する文化革命の闘争にも随時参加しなければならない。

（中共中央「関于無産階級文化大革命的決定」）

また、第一一条「刊行物上での名指し批判の問題」の項では、「文化革命の大衆運動を行うときは必ずプロレタリア階級の世界観を伝え、マルクス・レーニン主義と毛沢東思想を伝え、ブルジョア階級と封建階級の思想に対する批判とうまく結び付けなければならない。党内を混乱させているところの代表的人物やブルジョア階級の反動的な学術的権威に対抗して批判しなければならない」と述べ、哲学・政治経済学・教育学・文芸作品・文芸理論・自然科学理論など様々な学問分野における反動的な観点を批判しなければならないが、刊行物上で名指しで批判する場合は、同級の党委員会で検討し、上級の党委員会の許可を得なければならないという。

更に、第一二条「科学者・技術者と一般職員に関する政策」の項では、「もし彼らが愛国的で、積極的に仕事をし、反党・反社会主義的ではなく、外国と気脈を通じていないならば、この運動中、継続して『団結し、批評し、団結する』という方針を取らなければならない。貢献している科学者・技術者は保護しなければならない。彼らが自分の世界観とやり方を逐次改造するのを援助すべきである」と述べる。

要するに、ブルジョア階級の知識人が教職員として学校を運営してきたので、その運営体制の批判と彼らに学んだ生徒・学生がブルジョア思想を脱皮するための再教育を実施すべきであり、また科学技術者は必要な知識人なので、その政治思想をチェックして問題がなければ、中国共産党や労農大衆と団結するよう働きかけるべきだというのである。

この「十六条」の趣旨に沿って、翌一九六七年七月十八日、党機関紙『人民日報』に論文「修正主義の教育路線の黒幕を打倒する」（打倒修正主義教育路線的総后台）が掲載された。新中国成立後の一七年間の反革命的な教育を全面的に否定すべきであるという論旨であった。修正主義教育に対する批判が全国民に提示されたのである。

3　学校の授業再開の指示

一九六六年六月以来、「学校を停止して文化大革命に一身を捧げよ」（停課閙革命）の方針によって学校は授業を行わず、革命運動を行っていた。しかし、一九六七年三月七日、『人民日報』は、「小中高校を再開し文化大革命に一身を捧げよ」（中小学復課閙革命）という社説を掲載した。なお、小中高校の中には中等専業学校や半工半読・半農半読の学校も含まれる。社説は次のように述べる。「今や、革命的な教職員と学生は学校に戻って、プロレタリア階級のために小中高校の陣地を占領する時である。（中略）小中高校で授業を再開し革命を行うとは、毛沢東思想の授業を再開し、プロレタリア文化大革命の授業を行うことである。授業では主に、プロレタリア文化大革命と結びつけて、毛主席の著作や語録を真剣に学習し、プロレタリア文化大革命関連の文献を学習し、ブルジョア階級の教材や教育制度を批判する。同時に、必要な時間を取って、高校・中学校では数学・物理・外国語や各種の必要な常識を復習し、小学校では算術や科学常識を学習しなければならない」という。恐らく学校停止によって学業が疎かになってしまったことが危惧されたのであろう。学校の再開が指示された。だが、学校を再開するにしても、そこが革命闘争の重要な戦場であることを忘れぬように、再認識を促している。

こうして、一九六七年十月十四日、中共中央は「大学、高校・中学、小学校が授業を再開して革命を行うことに関する通知」（関于大、中、小学校複課鬧革命的通知）を発布した。以下は全訳である。

（1）全国各地の大学、高校・中学、小学校は一律に即刻開学すること。
（2）各学校はすべて真剣に毛主席の「私心と闘い、修正主義を批判せよ」という指示を執行しなければならない。
（3）すべての大学、高校・中学、小学校は一方で学業を教え、一方で改革を行うこと。教育実践の中で、毛主席の教育革命思想を徹底的に実行し、教育制度と教育内容の革命方案を一歩一歩提出すること。
（4）各学校は毛主席の一九六七年三月七日の指示（学生の軍事訓練の実施）に従うべきであり、革命の原則の下、教育の班・級・系の各系統において、革命の大連合を実現し、革命の三結合の指導グループを成立させなければならない。
（5）各学校の教師と幹部の大多数は良い、あるいは比較的良い。地主・富農・反革命・悪質・右派分子以外、ある人々は過去に誤りを犯したとしても、誤りをよく認識し、誤りを改めれば、直ぐに彼らを就業させるべきである。
（6）各大学、高校・中学、小学校はすぐに学生募集の準備に積極的に取り掛かること。

（中共中央「関于大、中、小学校複課鬧革命的通知」）

ここにいう「革命の大連合」とは造反派間の主導権争いを止めて手を握ることであり、「革命の三結合」とは各地で奪権後に大衆・軍・革命幹部の三者による臨時的な権力機構を成立させることである。いずれも毛沢東の指示であった。本通知では、学校においてもこれを実現するよう指示しているのである。しかしながら、中共中央の指示にもかかわらず、大学の再開はほとんど進まなかった。事態はそれほど混乱していたのである。

4 「上山下郷」運動

少し時代を遡るが、中国では一九一九年五月四日の「五・四運動」以来、マルクス主義教育思想の基本原理である「教育と生産労働の相結合」が教育方針として実施されてきた。マルクス主義では、知識と生産労働を結び付けて教育することが人間の全面的な成長にとって不可欠であると認識されているのである。すなわち、「五・四運動」期には文盲・半文盲の労働者と農民に科学知識を教育すべきであるという「労教相結合」運動として展開された。また、一九三〇～四〇年代の革命根拠地での「新民主主義の教育期」には、労働者・農民・兵士の子女は生産労働に従事して自分たちの教育経費を稼ぎ、学校で勉学することができた。一九四九年十月新中国成立後はソ連の「教育と生産労働の相結合」理論と経験が導入され、一九五七～六五年の「社会主義教育運動」では、毛沢東のいう「社会主義の覚悟と文化を有する労働者」の育成のために「教育と生産労働の相結合」が強調された。このなかで、知識人の思想改造（生産労働は懲罰の手段と化す）とともに、青少年の「上山下郷」運動（農山村で生産活動に従事させて再教育すること）が始められた。「上山下郷」運動は一九五〇年代に始まって文革期に最高潮に達した。文革期には、本来の「教育と生産労働の相結合」という教育理念の中から知識教育が極端に軽視されてしまった(8)。

さて、「上山下郷」運動の発展段階は四区分されている。

第一段階は、一九五三～六一年の間、小中学卒業生の急速な増加によって都市で就業することが難しくなり、国家は農村で生産活動に参加することを奨励し、また「社会青年」（都市の待業者）の一部を農村・辺境に動員した。

第二段階は、一九六二～六六年の間、大躍進政策の失敗で経済は低迷し、青少年層が都市で進学・就職することがますます難しくなり、都市人口を減らすために、全国で計画的に農村に行かせた。この五年間で一二九万人が都市から農村に移住した。

第三段階は、一九六七～七六年の文革の間である。一九六六～六八年度の都市の中学・高校の卒業生四〇〇万人は学校が停止して進学できず、工場にも就職できず、農村・辺境に定住したり、生産建設兵団に入隊したりした。

また一九六八年七月、毛沢東は紅衛兵を解散し、十二月に再教育のために下放させた。同九月、大学・高等専門学校の卒業生が農村や工場に下放され始めた。一九六八年十二月『人民日報』において、毛沢東の次の言葉「知識青年は農村に行き、貧農・下層中農から再教育を受ける必要がある。都市の幹部その他の人に、自分の中卒、高卒、大卒の子女を農村に送るよう説得しなければならない。各地の農村の同志は彼らを歓迎すべきである。」が引用され、「上山下郷」は毛沢東の指示による新制度とされて全国で大規模に行われ始めた。この文革期に全国で一、四〇〇万人が動員された。しかし、その結果、多くの問題が生じた。多くの知識青年が自給できず、結婚・住居・疾病等々の問題を抱え、逃げ出すのが常態化した。

第四段階は、一九七六～八〇年の間である。文革終結後も「上山下郷」は続いた。一九七七年に全国で参加者は一七一万人であったが、七八年に四八万人、七九年には二四万人と次第に減少していった。他方で、都市に帰る知識青年が増加して行き、一九八〇年に中共中央は「上山下郷」方式を停止した(9)。

以上のように「上山下郷」によって、都市の余剰労働力を農村に回して農村の発展を促すことができると考えられたが、結局、都市に帰って来た大量の青年の経済的貧窮を救済するのに国家は多大の負担を背負うことになった。また青年期に学習機会を奪われ、才能を伸ばせなかった世代を創り出したことで国家の発展は著しく遅滞したのである。

5 「二つの評価」論（両个估計）

一九六八年九月十二日、党機関紙『人民日報』は「知識分子の再教育問題に関して」（関于知識分子再教育問題）なる記事を掲載した。「偉大な指導者・毛主席は我々に教えて次のように説いた。社会主義革命と社会主義建設の過程において、知識分子に対する改造は極めて大きな問題である。……プロレタリア階級の知識分子隊伍を作り上げ、徹底的にプロレタリア階級の教育革命を実行しなければならない。労農兵の中から技術人員およびその他の知識分子を育成するという革命の道を行き、生産経験のある労働者や農民や解放軍兵士の中から学生を選抜する。同時に、過去の旧い学校を出た大量の知識分子については必ず再教育を遂行し、広大な知識分子と団結するよう頑張らなければならない」と、一般民衆に公示したのである。知識人の再教育は文化大革命の追究すべき目標となった。
一九七一年四月十五日から七月三十一日まで、国務院は北京にて全国教育工作会議を開催した。参加者は、各省・市・自治区や国務院官庁・軍事委員会各総部・各軍などの教育管轄責任者と一九八大学の関係者、計六三一人であった。八月十三日、その報告書『全国教育工作会議紀要』が中共中央によって承認された。この『紀要』において、林彪・江青は「二つの評価」論を提起した。『紀要』は、党政治局員・姚文元が添削して、党政治局常務委員・張春橋が決定稿としたことが後日判明している。⑩
さて、「二つの評価」とは、第一に、文化大革命以前の一七年間、教育戦線において毛沢東のいうプロレタリア教育路線が基本的に実行されず、ブルジョア階級がプロレタリア階級を専制支配してきたという評価。第二に、教師の大多数および過去一七年間に養成された学生の大多数の世界観は、基本的にブルジョア階級のものであるという評価である。すなわち、この二点において教育は基本的な錯誤を犯してきたとする。従って、これまで学校を統治してきた教師と学生を批判し、労働者・農民・人民解放軍を学校現場に派遣して教育の主導権を取り戻さなければならないという。この「二つの評価」に反対する者は誰であれ、文化大革命と毛沢東思想に反対する者であると宣伝したのである。文革期はずっと「二つの評価」論を軸に「教育革命」が推し進められた。

6　「教育革命」の終焉と評価

文革期、「教育革命」をテーマとして学校教育・青少年教育に様々な変革が起こされた。ここで詳しく解説することはできないが、「教育革命」の基本的特徴は次のようなものであった。

文革も一〇年を経過した頃、一九七六年二月十四日、『人民日報』は論説「旧世界を批判して新世界を建設する——我々は重大問題として一七年の修正主義路線を徹底して正すと堅く決心しているか」（在批判旧世界中建設新世界——我們在重大問題上堅決同一七年修正主義路線対着干的）を掲載した。それは教育革命のスローガンを次の一〇項目に総括していた。[11]

① 労働者階級の指導（工人階級的領導）

② 農村に分散して学習する（分散在農村学習）

③ 中等専業学校（農、林、医、師範系）が人民公社から中学卒業生や同等の学力がある者を募集し、卒業後に元の人民公社に帰還させる制度（社来社去）

④ 「知育第一」に反対する

⑤ 働きながら学び、働いて学費を倹約する（半工半読、勤工倹学）

⑥ 科学研究と生産活動と教育を結合する（三結合体制）

⑦ 社会運動の中で学ぶ

⑧ 明確な入学基準をなくす

⑨ 労働者・農民・軍人（工農兵学員）が「大学に進学し、大学を管理し、大学を改造する」（上大学、管大学、改造大学）

⑩ 労働者・農民からなる教師陣をつくる（開門辦学）

である。

要するに、労働者・農民など社会主義革命の中核となる階級の人々やその子女には高等教育を受ける学力がなかった。知識人は低い社会的地位に追いやられていたが、学業に対する素養があるので、高等教育段階では知識人が教え、知識人の子女が入学して学ぶというように知識人が独占する状態となっていった。これでは知識人が社会の支配階級となり、労働者・農民階級が被支配階級に逆戻りする危険があった。労働者・農民階級にはこの状態に対する憤懣が蓄積されていた。「教育革命」とは、知識人と労働者・農民階級との教育格差を「是正」するものであった。

さて、一九七六年十月、「四人組」逮捕によって文革が終結した後、一九七七年九月十九日、鄧小平は教育部の幹部との談話で「二つの評価」論を次のように批判した[12]。

「『二つの評価』は事実にあわない。数百万、数千万人の知識人を棍棒で殴り倒すことがどうしてできようか。我々の現在の人材は一七年間に養成されたのではないか。原子爆弾は一九六四年に成功した。水素爆弾は一九六七年に爆発させたが、いっぺんにできたのではない。これはみな同志が指導して一九五六年に作成した科学一二年計画が基礎になっている。……諸君ら教育に従事する人間が広範な知識人のために口を開かず、いつまでも『二つの評価』というお荷物を背負っていたら、そのうち、もんどりうってひっくり返ることになるだろう」と述べた。

この批判に応えて、二カ月後、一九七七年十一月十八日、「教育部大批判組」は「教育戦線の大論戦～『四人組』が捏造した『二つの評価』を批判する」（教育戦線的一場大論戦～批判「四人組」炮制的両个估計）という論説を『人民日報』に掲載し全国民に公示した。その後、一九七九年三月十九日、中共中央は一九七一年の『全国教育工作会議紀要』を抹消することを決定し、ここに「教育革命」を支えた「二つの評価」論は完全に潰えたのである。

ところで、今日「教育革命」はどのように評価されているのだろうか。袁振国主編『当代教育学』（教育科学出版社、一九九九年初版）は教育学の大学生用テキストであり、二〇〇二年度全国大学の優秀教材一等賞（全国普通高等学校優秀教材一等奨）を受賞、国家レベルで高い評価を得たものである。だが、文革中の一〇年の教育に関しては、一頁の三分の二を割いて記述しているに過ぎない。

次のように記述している。「当時、教育の性質と形勢に対して、誤った判断がなされた。教育がすでにブルジョア階級の知識分子に統治されたと認識し、甚だしくは文化大革命以前の一七年間に育成した学生はみなブルジョア階級の知識分子であるとして、教育に対する徹底的な革命を実行しなければならないと考えた。まず教育の指導権を奪い、労働者・農民・解放軍を派遣して学校に進駐し指導させた。次に、学校の中心的任務はブルジョア階級批判を展開することであると考え、学生は文化を学習しなければならないが、更に工場、農村、軍営において労働者、農民、解放軍に学ばなければならず、社会革命の実践の中で学ばなければならないとした。また、これまでの教育のワンセットである募集、進学、選抜、分配制度および育成方式を否定して、全く新しい社会主義教育のモデルを打ちたてようと企図した」と。つまり、文革中の「教育革命」は「誤った判断」に基づく企図として否定されるべきである。これが「教育革命」に対する現在の評価である。(13)

第三節　文化大革命による人材損失論

1　物質的損失と人材的損失

一九六六〜七六年の文化大革命一〇年間の教育的な成果と損失は何であったのか。その評価は極めて難しい。中国ではまだ十分に実証的な研究がなされていない。その影響は青少年の人生観に及び、また全国に及んだためである。今後もいろいろな観点から研究が続けられていくであろう。ここでは高等教育制度に与えた影響に限って概述することにしたい。

周全華（一九九九）は、文化大革命の与えた損失について、現在、断片的資料があるのみで、正確に計算するのは非常に難しいとしながら、物質的損失と人材的損失に分けて、事実確認のできる範囲で次のように述べている。(14)

第一に、物質的損失に関しては、高等教育が最も損失を被ったという。一九七一年全国教育工作会議で「高等教育機関の調整に関する法案」（関于高等院校的調整方案）が通過して、大学四一七校が三〇九校に減らされた。減らされた一〇八校のうち、四三校は合併して消え、三校が工場に変わり、一七校が中等専業学校に降格され、四五校が抹消された。抹消された大学には中国人民大学、中国医科大学、華僑大学、暨南大学などの名門校が含まれていた。

また各地の情況については、「北京市だけで五五校あった大学が、一九七二年には一八校になっていた。（消えた三七大学のうち）一八校は抹消、七校は合併、一五校は他所に移設され、校舎は七〇万平方メートルが占拠された。

江西省の一三大学は抹消や合併で五校になり、一度は全部が農村に移設して運営された。校舎は四二万平方メートルが占拠され、機器、設備、図書資料の大部分が失われた。損失額は四、四〇〇万元に達した。福建省の一〇大学は三校に減った。福建師範学院が一九二〇年代から蓄積した動植物の標本が一朝にして烏有に帰し、三万個の国内外の岩石・鉱物標本が道路舗装に使用された。天津大学の実験室は工宣隊（工人毛沢東思想宣伝隊）によって貧者を救済すると称して物品が持ち去られ（開倉済貧）、二〇の実験室が空になった。南開大学の実験室は六〇〇余平方メートルが砕き壊され、設備の七〇パーセントを失った。全国一八の財経大学は一六校が切り取られ、わずかに遼寧・湖北の二箇所が残った。農学院は五二校あったが、一七校減った。二二校の農学院の校舎八六万平方メートルが占拠され、半減した。全国の大学の校舎で占拠された面積は四三〇万平方メートルに達した」と述べている(15)。

第二に、人材的損失としては、大学教師陣が「横掃牛鬼蛇神」、「清隊」、「下放」の三つの「大浩劫」（大きな災害）により重大な損害を受けたという。すなわち、知識人迫害である。

「一九八〇年十一月五日現在、最高検察院特別検察庁の起訴書の統計によれば、教育部所属機関と一七省・市の教育界において迫害を受けた幹部教師は一四万人に達した。衛生部直属の一四大学の六七四人の教授・副教授のうち起訴され罪状が決まった者は五〇〇人を超えた。全国の教授・副教授七、八〇〇人が一九七七年には五、八〇〇人に減っていたが、減員の多くは迫害のため死亡したのである。北京大学では、一四三人の学部一級幹部のうち一三〇人余が走資派とされた。法学部六五人のうち六〇パーセントが『審査』を受けた。『労改大院』が設けられて二六〇人余が押し込められた。全校で迫害のため死亡したのは四〇人余であった。上海の高等教育機関で正式に『審査』を受けるよう登録されたのは八、五四八人で、その中の三七一人は迫害のために死亡した。上海音楽学院では七〇〇人余のうち二五四人が『審査』を受けた。上海交通大学では一、〇六五人が捕らえられて審査を受けた。これは総人数の三分の一を占めた。陝西省の高等教育機関では正式に『審査』を受けるよう登録されたのは三、八三八人に達し、教師総数の五三・六パーセントだった」と述べている(16)。

「審査」とは監禁して拷問することを意味するが、死者を出す惨事となっていた(17)。

もちろん、高等教育機関だけではなく、小中高校の教師にも「審査」は行われた。「天津市の小学校・中学・高校教師で『審査』を受けた者は三一、一九三人、その中で死者は一、八二二人、解雇された者は四、八六六人であった」という[18]。

2　大学教育の成果と損失

（1）　全国大学の閉校と工農兵学員の推薦入学

一九六六年六月十三日、中共中央・国務院は「大学の募集工作を半年遅らせることに関する通知」（関于高等学校招生工作推遲半年進行的通知）を発布。文革期の高等教育の方針を述べた重要な文献であり、六月十八日『人民日報』で告示された。以下は全訳である。

目下、大学と高校の文化大革命が起こったばかりなので、この運動を深く浸透させるには一定の時間がないといけない。少なからぬ大学や高校・中学にあっては、ブルジョア階級の統治は未だ根深く強固であり、プロレタリア階級とブルジョア階級の闘争は尖鋭であり激烈である。大学と高校において文化革命運動が深く浸透すればするほど、今後の学校教育に極めて深い影響を与えるだろう。同時に、大学の学生募集の入試方法は解放以来、絶えず改良されてきたが、基本的にはブルジョア階級の入試制度の枠組みを脱け出ていない。中共中央と毛沢東主席が提出した教育方針を徹底的に実行するのに不利であり、更に多く工農兵の革命青年を大学に吸収するのに不利であるので、必ず徹底して改革しなければならない。中共中央と国務院は上述の情況を考慮して、一九六六年の大学の新入生募集工作を半年間延期する。一方で、大学や高校で十分な時間をかけて文化革命を徹底的に行い、他方で、新しい募集方法を十分な時間をかけて準備する。高校の新入生募集や新学年の開始に影響しないように、高校の今期卒業見込み者は、学校の文化革命運動が未だ終結していない場合には、学校が時間と居住地を適当に処置して、文化革命運動を継続して深く浸透させるべきである。学校の文化革命運動がすでに終結し、大学が未だ募集していないときには、学校が彼らを組織して農村や工場に行かせ生産労働に参加させるべきである。

（中共中央・国務院「関于高等学校招生工作推遲半年進行的通知」）

すなわち、既存の学生募集方法である学力試験方式はブルジョア階級の生み出した制度であるから、「ブルジョア階級の知識人」に有利で、「工農兵の革命青年」に不利である、従って早急に改革しなければならないとして、大学入試の実施をとりあえず半年延期するという。一九六七年十月十四日に中共中央は「学校を再開して文化大革命に一身を捧げよ」（復課鬧革命）という通知を出して学校再開を指示したが、事態を統御できず入試の延期状態は続いた。結局、全国の大学は学生募集ができずに一九六六年から一九七〇年末まで四年半閉校していた。

大学が再開された経緯はこうである。すなわち、一九七〇年六月二十七日、中共中央は「北京大学、清華大学学生募集の〈試験的な実施点〉になることに関する請示報告」（北京大学、清華大学関于招生〈試点〉的請示報告）を承認した。この「報告」は、毛沢東が「七・二一指示」の中で「実践経験のある労働者・農民の中から学生を選抜し、学校で数年学習させた後、また生産実践に戻さなければならない」と述べたことを具現化しようとしたものである。「報告」にいう学生の条件は、三年以上の実践経験があり、かつ中学校（初級中学）以上の文化程度の労働者、貧農・下層中農、あるいは復員軍人や青年幹部であることだった。募集方法は「大衆が推薦し、指導者が承認し、学校が再審査する」（群衆推薦、領導批准、学校復審）という推薦方式であった[19]。

一九七〇年十月十五日、国務院は全国各地に「報告」を参照して実行するよう打電した。こうして、同年七月から十二月末までに、一部の指定された大学で学生募集が試験的に行われ、全国で四一、八七〇人が学生に採用され、翌七一年春から授業が開始された。彼らは「七〇年度の工農兵学員」（七〇級工農兵学員）と呼ばれている。この兆しを見て、各地の大学では工農兵学員を受け入れて開校できるという期待を抱き、一九七一年には早速開校する大学も現われた。選抜方法は学力試験方式から推薦方式に切り替えられていた。学力試験方式は文革終結後の一九七七年まで一一年間実施されなかったのである。かくして工農兵学員という大学生は、表4‐1のように、一九七六年度までの七年間に九四万人に達した[20]。

周全華（一九九九）によれば、「これら学員は、世界教育史上、空前絶後の大学生である。一部の幹部の子女や文化素質の高い者を除けば、その中の多数の普通の労働者・農民の子女は本来、高等教育とは無縁であった」。こ

表 4-1　1970～76 年の中国の大学における工農兵学員の入学者数

年度	大学入学者数
1970	41,870 人
1971	42,400 人
1972	133,553 人
1973	15 万人
1974	16.5 万人
1975	19.1 万人
1976	21.1 万人
計	94 万人

出所）周全華「文化大革命中的教育革命」広東教育出版社，1999 年，181 頁より作成

のように歴史上、不利な立場に置かれてきた貧しい労働者・農民の子女が、入学試験の廃止によって、高等教育を受ける機会を与えられたのである。社会的不公平を是正したという意味では高く評価されるべきだが、その代価を支払わなければならなかった。代価とは次の三点である。

① 工農兵学員の多数が高等教育を受ける文化的基礎がなかったので、学業を完成することが難しく、その意味で投入された教育経費は莫大な浪費だった。

② この世代の中で最も文化的潜在力を持っている人々が高等教育を受ける機会を奪われ、人材層が断絶した。

③ 推薦制度は理想的に思われたが、実際は不正が蔓延した。一部の権勢者が私物化して、推薦制度を変質させたのである。

文革以後、工農兵学員はこの呼称を羞じ、正規の教育体系に組み入れられることを要望した。一九八〇年四月十二日、最後の工農兵学員の卒業大会席上、教育部部長・蒋南翔は、工農兵学員の学習上の問題の責任は「四人組」にあって彼ら自身にはなく、大部分は大変良い学生であり、今後も補習を受けて弱点を克服するよう励まし、またこの呼称は当然廃棄されるべきであると述べた。かくして工農兵学員は、非常に簡略化され短縮されたカリキュラムで学習したため学力は高くはなかったが、専科卒業と認定されたのである[21]。

（2） 学部教育の量的損失

新中国では大学卒業生（本科・専科）全員の職業分配制度（高等教育卒業生分配制度）を一九五〇年に試行し、一九五二年から本格的に実施してきた。一九五二～五八年までは、人事部、教育部、高等教育部、国家計画委員会

表4-2　1954〜1991年の中国の全日制大学本科・専科課程における学生数の推移（万人）

年	卒業生数	入学者数	在籍学生数	年	卒業生数	入学者数	在籍学生数
1954	4.7	9.2	25.3	1973	3.0	15.0	31.4
1955	5.5	9.8	28.8	1974	4.3	16.5	43.0
1956	6.3	18.5	40.3	1975	11.9	19.1	50.1
1957	5.6	10.6	44.1	1976	14.9	21.7	56.5
1958	7.2	26.5	66.0	1977	19.4	27.3	62.5
1959	7.0	27.4	81.2	1978	16.5	40.2	85.6
1960	13.6	32.3	96.2	1979	8.5	27.5	102.0
1961	15.1	16.9	94.7	1980	14.7	28.1	114.4
1962	17.7	10.7	83.0	1981	14.0	27.9	127.9
1963	19.9	13.3	75.0	1982	45.7	31.5	115.4
1964	20.4	14.7	68.5	1983	33.5	39.1	120.7
1965	18.6	16.4	67.4	1984	28.7	47.5	139.6
1966	14.1	0.0	53.4	1985	31.6	61.9	170.3
1967	12.5	0.0	40.9	1986	39.3	57.2	188.0
1968	15.0	0.0	25.9	1987	53.2	61.7	195.9
1969	15.0	0.0	10.9	1988	55.3	67.0	206.6
1970	10.3	4.2	4.8	1989	57.6	59.7	208.2
1971	0.6	4.2	8.3	1990	61.4	60.9	206.3
1972	1.7	13.4	19.4	1991	61.4	62.0	204.4

出所）『新中国五十五年統計資料匯編』中国統計出版社，2005年，80-82頁

が全国卒業生の分配計画案を作成し、国務院の承認を得た後、大学や省・市の人事部門が学生の専攻や健康状態、家庭事情や個人的希望などをある程度考慮して、成績順に機械的に割り振って分配名簿を確定し、卒業生らを職場に送り出す事務を行ってきた。分配の原則は「学用一致」（学業の専門的内容やそのレベルと職場で求められる能力を基本的に一致させること）であった。分配された職場に不服の者は分配を受ける資格を失うことになった。

一九五九年の規定変更により、中央官庁が管轄する大学の卒業生は中央政府が統一的に分配工作を実施し、地方政府が管轄する大学の卒業生は中央政府と地方政府が人数を分けて分配工作をすることになった。しかし、一九六二年からは再び全国統一的な分配方式に戻った。

それもつかの間、一九六六年六月に文革運動が始まり、卒業生の分配は停止された。卒業生は農場や工場に送られ、生産労働に参加

するよう命じられたのである。それまで修めた学業とは何の関係もない現場では学業はほとんど活用されなかった。だが、文革後期になると、情勢は若干変化した。一九七三〜七九年まで、大多数の卒業生は出身地域や元の職場（職場派遣の大学卒業生の場合）に戻って就業し、少数の優秀な者だけは特別に国家が全国統一的に分配することになったのである（本書第七章第二節参照）。

表4-2は、文革直前から改革開放初期の大学卒業生数（本科・専科）の推移を示している。これによれば、文革以前（一九五四〜六五年）の一二年間に大学卒業生は合計一四一・六万人であった。これに対して、文革期（一九六六〜七七年）の一二年間の大学卒業生は合計一〇七・七万人である。比較すれば、文革期は文革以前の七六パーセントであり三四万人少ない。また、文革以後（一九七八〜八九年）の一二年間の大学卒業生は合計三九八・六万人である。文革期はその二七パーセントでしかなく、二九〇万人ほど少ない。すなわち、文革運動は文革以前に比べて大学卒業生を減少させただけでなく、大学卒業生が大幅に増加する機会を一二年間も遅らせたと言えるだろう。

因みに、全日制大学（普通大学）の全国統一入試（全国高等院校招生統一考試）が再開されたのは、一九七七年十二月十日であった。全国で五七〇万人が受験し、本科・専科の合格者は表4-2のように二七・三万人（受験者全体の約五パーセント）であり、非常に激烈な競争であった。合格者は一九七八年三月に入学した。また一九七八年七月二十〜二十三日の入試では六一〇万人が受験して、四〇・二万人（六・六パーセント）が合格し、九〜十月に入学したのである。[22]

3　大学院生教育の成果と損失

（1）「研究生」教育制度の発足

新中国の「研究生」教育は一九五〇年八月、教育部「高等学校暫行規定」に始まる。これによって総合大学（中国語では「大学」）や単科大学（一九五二年院系調整前は「専門学院」と称す）に「研究部」を設置することを認めた。「研究部」は全学の「研究生」教育とその事務管理を担当する職能部門である。即ち、日本の大学院は専攻別の縦割の教育組織であるが、それとは異なる組織形態である。こうして早速、「研究生」教育が開始された。当時は、大学の助教・講師など若手教員が「研究生」となって、ソ連の専門家から指導を受けるプログラムなどが実施された。

翌一九五一年十月一日、政務院は「学制改革に関する決定」（関于改革学制的決定）を発布、総合大学や単科大学の修業年限を原則三～五年とし、その上に「研究生」課程（修業年限二年以上）を置き、本科卒業生あるいはそれと同等の学力を有する者を募集して、将来の大学教員と科学研究員を育成することにした。一九五二年五月九日、教育部は「大学の研究生部の現状及びその調整に対する意見」（高等学校研究生部的現状及其調整的意見）を発布し、院系調整のため「研究生」の募集を一時停止した。この時には、すでに三四大学に「研究生部」が設置されていた。「研究生部」という名称が「研究部」に代って、使用された。

一九五三年十一月二十七日、高等教育部は「大学における研究生育成の暫定法」（高等学校培養研究生暫行辦法）を制定し、「研究生」（修業年限二～三年）の教育が大学教員と科学研究員の育成を目的とすることを改めて明確にした。ところで、「研究生」課程修了後の就職に関しては、高等教育部が統一的に職業分配するとしている。同時期に、師範大学にも「研究生班」が設置された。他方、一九五五年九月一日、「中国科学院研究生暫行条例」が国務院第一七回全体会議を通過し、中国科学院も科学研究員育成のために「研究生」課程を設置した。「研究生」課程修了後、復職する者以外は政府が統一的に職業分配するとしている。

こうして、中国の大学・研究機関における「研究生」教育制度が整備された。[23] なお、「研究生」課程は日本の大学院課程に相当するので大学院と訳され、「研究生」は大学院生と訳されている。ここでも、これに従うことにしたい。

（2）　大学院生の募集停止と職業分配停止

さて、全日制大学や中国科学院の大学院課程の修了生を各地の職場に配属する制度は、「高等学校卒業研究生分配制度」という。これには二種類のパターンがある。ひとつは大学本科を卒業後、試験を受けてそのまま大学院生になり、滞りなく修了する場合であり、ほとんどの修了生は大学教員や科学研究員として配属された。もうひとつは在職の幹部が大学院を修了した場合で、元の職場に復帰するのが一般的であるが、大学教員を補充する必要が生ずれば、彼らもまた大学に優先的に配属されたのである。概して、一九五三年から一九六三年までの約一〇年間は、大学院修了生のほとんどが大学教員か科学研究員になる時代であった。

続く一九六四・六五年の分配情況をみると、教育部が単独で全国の大学院修了生の統一的分配計画を作成し、国家計画委員会の審議を経て国務院がこれを承認後、教育部が実際に分配計画を実施に移すという手順がほぼ確立していた。

しかしながら、文革が始まるや、一九六六年六月二十七日、高等教育部は「一九六六年、一九六七年の研究生募集工作を暫く停止することに関する通知」(関于暫停一九六六年、一九六七年研究生招生工作的通知)を発布した。非常に短い通達である。文革中の「教育革命」の中で大学院制度は停止せざるを得なかったのである。以下は全訳である。

中共中央と国務院が六月十三日に発布した通知の精神に基づき、「研究生」制度は必ず徹底的に改革されなければならない。目下、全国の高等教育機関で文化大革命が起ったばかりであり、この運動を深く浸透させなければならないために、各機関は一九六六年の「研究生」募集・採用工作および一九六七年の「研究生」採用計画の制定工作を暫く停止する。今後、この工作をいかに行うかは、別途通知する。

(高等教育部「関于暫停一九六六年、一九六七年研究生招生工作的通知」)

つまり、高等教育機関において文革運動を進めるのに、通常の業務をしていたのでは時間が足りない。新しい改革案を作成する時間を取るために、現行制度を停止するというのである。こうして翌一九六七年一月三日、教育部

表4－3　1954〜1991年の中国の大学院生の推移　（人）

年	卒業生数	入学者数	在籍学生数	年	卒業生数	入学者数	在籍学生数
1954	660	1,155	4,753	1973	0	0	0
1955	1,730	1,751	4,822	1974	0	0	0
1956	2,349	2,235	4,841	1975	0	0	0
1957	1,723	334	3,178	1976	0	0	0
1958	1,113	275	1,635	1977	0	0	226
1959	727	1,345	2,171	1978	9	10,708	10,934
1960	589	2,275	3,635	1979	140	8,110	18,830
1961	179	2,198	6,009	1980	476	3,616	21,604
1962	1,019	1,287	6,130	1981	11,669	9,363	18,848
1963	1,512	781	4,938	1982	4,058	11,080	25,847
1964	895	1,240	4,881	1983	4,497	15,642	37,166
1965	1,665	1,456	4,546	1984	2,756	23,181	57,566
1966	1,137	0	3,409	1985	17,004	46,871	87,331
1967	852	0	2,557	1986	16,950	41,310	110,371
1968	1,240	0	1,317	1987	27,603	39,017	120,191
1969	1,317	0	0	1988	40,838	35,645	112,776
1970	0	0	0	1989	37,232	28,569	101,339
1971	0	0	0	1990	35,440	29,649	93,018
1972	0	0	0	1991	32,537	29,679	88,128

出所）『新中国五十五年統計資料匯編』中国統計出版社，2005年，83頁

は国務院文教辧公室に対して「研究生制度と研究生の職業分配を廃止する問題に関する報告」（関于廃除研究生制度及研究生分配問題的報告）を提出した[24]。

以上のように一九六六年に文化大革命が勃発するや、すぐに大学院生の募集は停止され、一九七七年十月に募集が再開されるまでの一二年間、大学院は新規に高度人材を育成できなかった。すなわち、一九六六〜八〇年度まで一五年間、大学院修了生はおらず、職業分配はなされなかった。大学教員や科学研究員の世代間におよそ一五年の空白が生じたのである[25]。

（3）　大学院教育の量的損失

表4－3は、文革直前から改革開放初期にかけての大学院教育の推移を示している。これを見ると、大学院修了生という次代の大学教育と科学研究を担う人材の供給量は非常に少ない。文革期（一九六六〜七七年）の一二年間で僅か四、五四六人である。一九六九年

には在籍学生がすべて修了して、大学院は無人化してしまった。文革以前（一九五四～六五年）の一二年間の大学院修了生は一四、一六一人である。また、文革以後（一九七八～八九年）の一二年間の大学院修了生は一六三、二三二人である。すなわち、文革期の大学院修了生は文革以前の三二パーセントであり、文革以後の僅か三パーセントでしかない。

かくして文革期の一二年間で養成した大学生は一〇七万人余、大学院生は四、五四六人であった。文革期は高学歴人材の育成が甚だ減退した。この人材の空白をいかに埋めるかは次の時代の緊要な課題となった。この空白こそ留学派遣拡大の最大要因であったと思われる[26]。

第四節　文化大革命による留学交流の停滞と再開

1　国家派遣留学の停止

結論から言えば、「教育革命」は留学政策の展開を阻害した。一九六六年六月三十日、高等教育部は「留学生の選抜と派遣工作を延期することに関する通知」（関于推遅選抜、派遣留学生工作的通知）を発布した。文化大革命運動の中で「鍛錬」し「高める」ために、一九六六年度に派遣予定の留学生の出国を半年延期し、かつ今後の留学生の選抜を暫く停止するという通知であった。

一九六七年一月十八日、教育部・外交部は「国外留学生は帰国し、文化大革命運動に参加することに関する通知」（関于国外留学生回国参加文化大革命運動的通知）を在外公館等に宛て伝達した。「プロレタリア文化大革命に関する決定」からすでに半年が経過していた。以下は全訳である。

各在外公館、代辦処、代表処：

中央の批准した外交部党委員会十二月十二日「海外滞在員は計画的に帰国し、文化大革命運動に参加することに関する」精神に基づき、ここに留学生が帰国して文化大革命運動に参加するよう以下の通り通知する。

一、科学技術進修生で特別な必要性があるか、あるいは個々の特殊な情況があって、国外で継続して学習する場合を除き、すべて帰国し文化大革命運動に参加しなければならないと現在決定した。

二、一九六五年の出国留学生は学校側と交渉して半年休学し、二月初めに帰国して出頭すること。たとえ学校側が同意せずとも二月十日前に帰国すること。

三、一九六四年の出国留学生はすべて卒業を繰り上げること、即ち二月十日前に帰国し、帰国後は再び出国しないこと。学校側が同意せずとも期日通りに帰国すること。但し、学習困難な言語（アラビア語、フィンランド語、スウェーデン語など）であれば、学校側に半年休学の同意を求めた後、すぐに帰国すること。再び戻って学習を継続するか否かは、秋までに具体的な情況に基づいて改めて決定する。

四、電信受理後すみやかに学生に伝達すること。よく検討し、対外交渉に力を入れ、かつ妥当に処置し、うまく説得するよう。処置情況は速やかに国に報告するよう望む。

（教育部・外交部「関于国外留学生回国参加文化大革命運動的通知」）

この「通知」によって、科学技術関係の研究員を除いて、国家派遣の在外留学者はすべて帰国し文化大革命運動に参加するよう命じられた。しかも、「通知」が出されたのは一九六七年一月十八日であるが、二月十日前には必ず帰国するよう求めている。帰国まで一カ月もない。この慌しさの原因は何だろうか。記録によれば在外留学者は一九六六年初めに一、二二一人であったが、全員が帰国したのだろうか。どのくらいの人数が帰国したのか。何も公表されていない[27]。しかし、典拠は不明であるが、馬継森（二〇〇三）によれば、一九六七年二月初め、五〇〇人余の留学生が北京に帰り着いた。その中でフランスからが最多で二〇〇人余、キューバからが一〇〇人余であった。その他、ベトナム、北朝鮮、チェコスロバキア、ポーランド、ルーマニア、アルバニア、デンマーク、フィンランド、シリア、エジプト、アルジェリア、モロッコ等の国々からも帰国した。彼らは最初、北京大学、清華大学、北京医科大学、北京航空学院などに住まわせられたが、後に友誼飯店にあった外国専家局に集められた。彼らは学業を中断して帰国したが、彼らを送り出した教育部は既にこのとき完全に麻痺していた。国務院外事辦公室も「外交部革命造反連絡站」も彼らを管轄できず、彼らはどこで文化大革命に参加してよいか分からなかったという(28)。その後の顚末は判然としない。

ところで、そもそもなぜ帰国するよう命じたのだろうか。これも推測するしかない。ひとつには、在外留学者の有するブルジョア階級の政治思想を再教育する必要があると考えられたからであろう。つまり、文革の基本路線に則した帰国命令だったと考えるのが最も自然である。

しかし、それだけではなかったとも考えられる。ひとつは国内に社会的混乱が生じたことで在外留学者が政府批判を外国で行う可能性、または帰国をためらう可能性などがあり、帰国を急がせたとも考えられる。あるいは、在外留学者が「プロレタリア文化大革命に関する決定」第一二条にいう「外国と気脈を通じる人間」になることを回避するためだったかもしれない。あるいは外国の留学生誘致は自分たちに従順な知識人幹部を育成する文化侵略政策であるという考えが底辺にあったとも考えられる。帰国命令の理由ははっきり断定できないが、しかし恐らく同じ理由で、新規の留学派遣は中止されたように思われる。結局、一九六六年から一九七一年までの六年間、留学派遣は行われなかった(29)。

2　外国人留学生への休学・帰国の勧告

一九六六年七月二日、高等教育部は外国人留学生（来華留学生）の受け入れを延期することを、当時、外交関係のあった三六カ国にある在外公館、またラオス工作組、イギリス・オランダ二カ国の代理処、すなわち計三九カ国宛てに打電した。この通知文「来華留学生の受け入れを延期することに関する在外公館への電文」（関于推遲接収来華留学生事電有関駐外使館）は極めて短い。「目下、全国の各大学において、文化大革命が進行中です。中央の批准を経て、今年の新しい外国人留学生の受け入れ工作は、半年あるいは一年間遷延します。このために我が部は関連する駐華外国公館にこの事を説明しますので、貴公館には必要な時期を見計らって相手方へ説明下さるようお願いします。[30]」

それから約二カ月後、一九六六年九月十七日、教育部は中国滞在中の外国人留学生が一年休学することを在外公館に打電した。以下は全訳である。[31]

在外公館：

目下、全国の各大学ではプロレタリア階級文化大革命が進行中です。幹部・教師はみな全力をあげて文化大革命に参加し、外国人留学生のために単独に授業をすることができなくなりました。我が部は中央の批准を経て、今から外国人留学生には一律に授業を停止します。ベトナム・アルバニアの同意を得ていますが、その留学生は我が国の軍事学校に集中入学しており、一年間の政治理論と漢語を学習していますので、それを除いて、他の国家の留学生はみな休学して帰国しますし、学籍は一年間保留します。往復旅費はわが国が負担します。中国で学習する具体的時間・期日は別途通知します。我が部はすぐに関係する在外公館と留学生に通知し、必要な工作を進めます。

教育部　一九六六年九月十七日

外国人留学生の新規受け入れの中止と外国人在籍留学生の休学という事態は尋常ではない。文化大革命の発動によって教育行政や大学運営は混乱に陥っていたのであり、やむを得ない処置であったのだろう。

第五節　対外関係の拡大と「四つの現代化」政策の提唱

1　対外関係の劇的な変化

一九七〇年代に入ると、対外関係に大きな変化が現われた。中国の対外関係にとって節目となる三つの出来事が起こったからである。

第一に、国際連合に復帰した。一九七一年十月、国連総会でアルバニア案（新中国の国連加盟と台湾の国連追放）が可決され、新中国の国連代表権復活が決定し、安全保障理事会の常任理事国五カ国のうちの一つという地位を回復した。新中国は国際社会に受け入れられたのである。

第二に、一九七二年二月、西側諸国のリーダーである米国と国交回復した。顧みれば、米中関係は、一九五〇年夏、朝鮮戦争で敵対したこと、同時に、トルーマン大統領が台湾海峡を封鎖するために第七艦隊を派遣して中国の「台湾解放」を阻止したこと、および台湾と防衛条約を締結し、以後台湾に米軍を駐留させてきたことによって、外交は途絶していた。他方、ソ連は一九六八年チェコスロバキア（ソ連の社会主義拡大政策に抵抗していた）に出兵、一九六九年三月二日には、中国とウスリー川のなかの珍宝島（ダマンスキー島）で国境をめぐって武力衝突するなど、勢力を拡大していた。すなわち、米国・中国にとってソ連の勢力拡大に対する脅威は共通の問題であり、双方が国際戦略と安全のために手を結ぶ必要性が高まっていたのである[32]。

第三に、一九七二年九月、高度経済成長を続ける隣国日本と国交回復したことである。戦後、日本は米国の軍事同盟国となって中国とは一線を画してきたが、ここにきて米国の国際戦略に従う形で中国と国交を回復することになった。

この三つの出来事によって、中国は国際社会での地位を確立し、一九七一年一五カ国、一九七二年一八カ国と、この二年間に計三三カ国と国交を樹立した。以後、中国は国際関係の新しい枠組みが形成されるなかで重要な位置を占めることになった。国内では文革運動が燻り続けていたが、国際的な対外関係の基礎は築かれたのである。

2　文革後期の留学交流の再開

文革の最中に、かろうじて留学交流が再開に向けて動き出したのは、一九七〇年六月二十二日、国務院が「科学教育組」（国務院科教組）を設置し、七月一日、その下に教育交流担当の「外事小組」を設置したときであった。この外事小組の組長には地質学者・李四光が任じられた。

留学交流に関しては、一九七二年九月、中共中央は外交部の提出した「中国・フランスの貿易と文化交流の若干の項目の原則に関する請示」（関于中法貿易和文化交流若干項目的原則請示）を承認した。これを受けて、九月十五日、国務院科教組は「フランス語を学習する進修生をフランスに派遣することに関する通知」（関于法国派遣学習法語進修生的通知）を発布し、次のような派遣方針を述べた。以下は全訳である。

　中央委員会が承認した外交部の「中国・フランスの貿易と文化交流の若干の項目の原則に関する請示」の中にあるフランスに留学者を派遣する問題を実行するために、我々は八月二日午前中に関係機関の同志を招いて、フランス語を学ぶ留学者のフランス派遣問題について座談した。目下、わがフランス語の通訳幹部、フランス語専門の教師は質・量ともに需要を満たすことができず、高水準の通訳と高学年担当の教師を育成することが急ぎ求められている。よって、各機関はこの工作を大変重視し、フランスに留学者を派遣することに大変積極的である。協議した初歩的見解は以下のようなものである。

　一、進修生は派遣するが、大学生は派遣しない。過去の留学派遣事業の経験からすれば、高校卒業生を派遣して大学生とすると、年が若く、国外で初めから学び始めるので、業務学習上、時間が長くかかり、効果は少ない。今度のフランス派遣留学者は文化大革命後の最初の国外派遣留学者なので、短時間で大きな効果を得る必要がある。政治

表4－4　1972～77年度の文革後期の国家派遣留学の実績

年度	出国留学者数	留学帰国者数
1972	36	－
73	259	－
74	180	70
75	245	186
76	277	189
77	220	270
計	1,217	715

出所）『新中国五十五年統計資料彙編』（中国統計出版社，2005年）

条件が良く、一定程度のフランス語の基礎があり、身体健康で、年齢は三三歳以下（教師は三五歳以下でもよい）の青年通訳幹部と教師を研修させる。

二、進修期間は二年、学位を取得しない。我々の需要に基づき、フランスの大学の課程を選んで履修し、教員の指導の下、国外の条件を十分に利用して、実践的言語を学習し、聞く・読む・書く・訳す能力を高める。

三、中央の規定した出国人員の政治審査規定によって処理する。各機関が先ず審査し、その所轄機関が承認する。

四、今年の十月に送り出すよう努力する。出国前にある期間（一〇～一五日）集中して学習するクラスを実施する。

五、各機関の提出した計画によれば、既に一五人を超えている。フランス側が我が方に三〇人の留学生定員（フランス語、理科、工科それぞれ一〇人）を与えてくれているが、フランス語の定員を二〇人に増やす。理工科専攻はフランス語の条件があり、準備をしなければならず、今年は送り出すのは不可能である。理工科専攻の定員は一〇人とする。

六、上述の意見に同意してもらうよう、外交部にフランス側と交渉してもらう。フランス側との具体的な協議がまとまるのを待って、各派遣機関に名簿を通知する（駐フランス中国公館は一九七二年九月十三日にわが外交部にフランス側が二〇人前後の中国の学生がフランス語を学習することに同意し歓迎していることを伝えた。）

（国務院科教組「関于法国派遣学習法語進修生的通知」）

こうして、国務院科教組はフランスに語学進修生二〇人を派遣した。同年、イギリスにも一六人の語学進修生を派遣し、進修生は計三六人となった。これを皮切りに、資本主義諸国への国家派遣が再開された。だが、国内の社会混乱はいまだ終息せず、改革開放が決定される一九七八年以前までの、留学派遣人数は表４－４のように計一、二一七人であった(33)。

ところで、この文革後期は外国語学習を主とする派遣であった。対外関係が激変したことによって、外国語人材の需要が急増したことによる。それにもかかわらず、教育革命の影響で極度に派遣人数は制限された。留学交流が行われないのは文化的に鎖国状態にあるのと等しい。鎖国状態が経済や科学技術その他あらゆる分野の発展を遅らせることを中国は身を以て知ることになった。この苦い経験が次の対外開放時代に留学交流の急速な拡大をもたらす民衆のエネルギーに変じたのではないかと思われる。

3　留学者の海外生活の管理制度

一九七二年に資本主義諸国への国家派遣留学が再開された。これを機に彼ら派遣留学者の政治思想を監督することが緊急の課題となった。一九七四年八月二十七日、外交部・国務院科教組は「出国留学生管理制度（草案）の試行に関する通知」（関于試行《出国留学生管理制度》（草案）的通知）を在外公館宛に発布した。これには附件として「出国留学生守則（草案）」八条と「出国留学生管理制度（草案）」が記載されている。後者の「出国留学生管理制度（草案）」には、「外事紀律」八項と「内部制度」八項があるが、留学者の思想・言動を規制しようとする様子が読み取れる。以下は全訳である(34)。

出国留学生管理制度（草案）

一、外事紀律

1、外国人と重大な時事政治問題を談じるには、我国の政治文献等の精神、公開されている新聞雑誌の意見、在外公館の指示する表現形態を以てすること。

2、参観旅行への外出は在外公館の許可を求め、外出活動は二人以上同行すること。

3、外国の新聞雑誌やテレビでの文章発表あるいは記者への応答は、在外公館に事情を斟酌して処理してもらうよう請うこと。

4、滞在国あるいは外国人学生の政治組織や宗教活動に参加しないこと。滞在国で組織される政治活動に参加するかどうかは、在外公館に指示を請うこと。

5、映画・テレビを見ることは、専門の学習にとって利益があることが原則であり、在外公館は具体的な規定を作成すること。

6、居住地や公共の場所で国家機密や内部問題を議論しないこと。

7、外国人と金銭の貸借関係を作らないこと。

8、外国人と恋愛しないこと。

一、内部制度

1、在外公館の党委員会の統一的指導に従うこと。条件の揃った地方では、留学生は単独で党や共産主義青年団の支部を設置し、対外的には学生会の名を使用すること。

2、定期的に党や共産主義青年団の組織で生活し、常に（社会矛盾の）批判と自己批判を展開し、「四大」をしないこと。

3、同志間で意見が分かれたら内部で解決して、外国人の面前に曝さないこと。

4、学習中の思想問題と実際問題を注意深く解決し、随時、経験を総括すること。

5、政治上、学習上、生活上、相互に関心を持ち、相互に愛護し、相互に援助すること。

6、同国人の間の生活（内部生活）は、団結、緊張、厳粛、活発であること。その土地の事情に適合するように有益な文化・娯楽・体育の活動を行うこと。

7、勤倹節約を励行し、厳格に財務規定の各項目を実行すること。

8、留学者は紀律を遵守する模範、政策を実行する模範、内部の統一団結の模範とならなければならない。外事紀律と内部制度に違反すれば、反省を促し、処分に至るものとする。

（外交部・国務院科教組「関于試行《出国留学生管理制度》（草案）」）

すなわち、公費留学者が資本主義国の思想・風俗になじむことを警戒して、中国共産党の政治思想の学習を奨励し、また海外での言動に対して種々の注意を与えている。例えば、外事規律の第一項に「外国人と重大な時事政治問題を談じるには、我国の政治文献等の精神、公開されている新聞雑誌の意見、在外公館の指示する表現形態を以てすること」とあり、外国人とは一定の距離をおいて付き合うよう要求している。

なお、上記の内部制度の第二項に言われている「四大」とは、大鳴（大いに見解を述べる）、大放（大胆に意見を発表する）、大弁論（大弁論を行う）、大字報（壁新聞を貼り出す）という四つの行動を指す。これら文化大革命において奨励された行動は、外国では禁止されたのである。

一九七四年九月二十日、国務院科教組・外交部は「出国留学生の選抜派遣・管理の工作を改善強化することに関する請示報告」（関于改進和加強出国留学生選派・管理工作的請示報告）を国務院に提出し、承認を受けている。冒頭には「一九七二年以来、我々は国外に留学者を派遣し始めた。現在までにすでに二一カ国に三三七人を派遣した。総じて、これら留学者はプロレタリア文化大革命による鍛錬を経ており、階級闘争・路線闘争・継続革命について一定の覚悟を持っている。絶対多数は国外でこの立場を堅持し、刻苦して学習し、積極的に対外友好工作を展開しており、その影響は好ましいものである。しかし、ごく少数の学生はブルジョア階級思想の腐蝕のもとで変化し始め、ある学生は甚だしく恥ずべきだが祖国に叛き、対外的に良くない影響を作り出している」と述べ、派遣留学者の海外での行動に対して警戒を強めている様子が分かる。

そして、次のような改善が提案された。すなわち、主に進修生（短期）を派遣すること、就業経験のある在職者および外国語学院の卒業見込みの工農兵学員を進修生に選抜すること、出国前後にマルクス主義・毛沢東思想を教育すること、また在外留学者の管理担当幹部を留学者二〇人に対して一人、四〇人以上に対して二人ほど在外公館に配置すること、更に北朝鮮・アルバニア・ベトナム・ルーマニアの各国には必ず一人を配置することなどである。こうして文革後期における在外留学者に対する管理体制が整えられた。

4　外国人留学生の受け入れ再開

一九七三年五月二十二日、外交部・国務院科教組は「一九七三年の外国人留学生受け入れ計画と留学生工作の若干の問題に関する請示報告」（関于一九七三年接受来華留学生計画和留学生工作若干問題的請示報告）を国務院に提出し指示を請うた。一九六六年度に受け入れを停止してから七年が経過していた。文革がまだ継続中であり、外国人留学生に対してどのような教育姿勢で臨んだのであろうか。以下は全訳である。

国務院：

一九七三年の外国人留学生受け入れ計画と留学生工作の若干の問題について以下のように指示を請います。

（1）一九七三年はわが文化大革命以来、外国人留学生の第一次受け入れを行う年です。各国が派遣したいという学生数は大変多く、完全に要求を満たすのは不可能です。各国の要求と我方の条件と可能性を考慮したうえで、重点的に考慮する一方、一般的原則にも配慮して処理したいと思っています。すなわち、アルバニア、ベトナム、北朝鮮、ルーマニアなどの国の要求は極力満たしたいと思います。アジア・アフリカ・ラテンアメリカの既に国交のある友好国については、重点的に考慮して、少数ですが奨学金給付定員を与えます。欧州・北米・太平洋州・日本などの国には一般に奨学金を提供せず、対等の原則に基づき、協議して適当な人数を受け入れます。各国の友好な人々と米国籍の中国系学者の子女のために、少数の「自費生」定員を保留し、個別の情況を見て奨学金を給付したいと思います。

一九七三年の受け入れ留学生数は、総数で五〇〇人を超えないことにしたいと思います。そのうち、わが奨学金を提供するのは三〇〇人です。過去、ベトナム、北朝鮮、ルーマニアなどの国は我方と資金立替協定があり、ベトナムについては我方から奨学金を提供するように改めましたが、それ以外の国は本来の協定に基づいて処理します。留学生の定員配分は表1（略）の通りです。

（2）受け入れる留学生の種類は、わが大学に入学して学習するところの、大学生と科目履修生（選課大学生）と進修生の三種類に限ります。留学生は以下の条件を具備しなければなりません。自らの意志で中国に来て学習し、政治的に我方に対し比較的友好であり、大学生になるには高校卒業以上の文化程度を有すること、進修生になるには大学卒業の文化程度であること、身体健康で、我国の法令及び校則をよく遵守し、学習計画を堅持して完成させることなどです。

（3）外国人留学生は一般にまず北京語言学院で一年前後、漢語を学習した後、漢語の運用能力を見て、専攻に転入して学習します。留学生を受け入れる都市と学校については、北京、上海、天津、武漢、杭州、広州などの開放都市に集中させたいと思います。受け入れる専攻は一般的な専攻に限定します。芸術や農林のような専攻は、今は受け入れ条件が備わっておらず、まだ処置できません。但し、長期的に考えて、いくらかでも処置したいと思います。なかんずく農林専攻は、アジア・アフリカ・ラテンアメリカの多数の地区の気候条件と似ている広東と広西にそれぞれ農林院校を一校選択して、準備できるのを待って受け入れたいと思います。一九七三年に留学生を受け入れたいと思う専攻は表2（略）の通りです。

（4）留学生受け入れ機関は統一的に管理します。外国政府派遣は国務院科教組が主として受け入れます。対外関係はしばらく外交部新聞司の責任とします。兄弟党の派遣は中国共産党中央対外連絡部（中聯部）が主として受け入れます。中国に滞在する外国人子女は外交部が主として受け入れます。

（5）外国人留学生に対する管理方針は以下の通りです。政治的影響を積極的に及ぼすようにしますが、強要はしません。学習は厳格に要求し、誠意を以て援助します。生活は厳しく管理し、適切に世話をします。

①　思想政治工作を進めるうえで、調査研究を強化します。異なる対象及び異なる特徴に基づいて、区別して対処します。学習と生活から入って友好工作を行います。

②　留学中に発生した問題を具体的に分析し慎重に処理します。もし我々の工作の欠点が原因で悪い影響を及ぼしているならば、すぐに調べて是正し、留学生に対して説明します。留学生の不合理な要求に対してはじっと耐えて教育し説得します。もし相手が政治について我々の視点と異なったり、あるいは我々を疑い誤解したりしている場合は我々の立場と視点を正面から明らかにして見解の一致した部分は妥協し、不一致の部分は各自保留するようにします。下心を以てわが党と国家を攻撃する相手には理を以て論駁し、我々の立場を厳正に表

明します。
③　留学生は一般にわが学生の政治活動には参加しません。進歩的な留学生や参加を望む者に対しては、意を汲んで中国の学生の政治活動に参加させるよう按配します。
④　教育計画で決められた労働には留学生は参加します。但し、中国の学生と区別し、時間は長くしません。本人が参加を望まない場合にも授業は行いません。留学生がこの活動に参加せずに余った時間には、学校が補習を手配するようにします。
⑤　政治理論の課程は必修課とします。もし本人が学習に参加することを望まない場合は履修免除を申請しなければなりません。
（6）外国人留学生の学費・医療費は免除します。我国が奨学金を提供する留学生には、中国で学習する期間、大学生は毎月生活費として一〇〇元、進修生は一二〇元を支給します。双方の国家が別途協議しているか、あるいは特別な協定に批准している以外は、彼らが中国に来る旅費、学業を終えて帰国あるいは休暇で帰国するときの旅費は派遣側が負担します。
（7）外国人留学生の民族的風俗習慣や宗教信仰を尊重し必要な利便を提供します。
（8）外国人留学生工作は我々が尽くすべき国際主義の義務であり、我国と各国の文化交流を促進し、我国人民と各国人民の間の友誼を増す重要な道です。我々はこの路線を規範として党の一元的な指導を強化しなければなりません。皆で、関係者と民衆に対して国際主義の教育と外事方針や政策の教育をうまく行って、ショービニズム（排外的な愛国主義）に反対します。
（9）外国人留学生の政治活動の管理は省・市・自治区の外事部門の責任とします。専門分野の学業は教育部の責任とします。公安・商業・衛生・文化・体育などの部門もこの工作に協力して行います。
以上の報告の当否に関して審議をお願い致します。
（外交部・国務院科教組「関于一九七三年接受来華留学生計画和留学生工作若干問題的請示報告」）

興味深いのは、外国との友好交流を重視する立場から、外国人留学生が中国の政治状況を誤解する場合は中国の立場を解説し、また中国の政治的影響を彼らに及ぼすように努めると述べている点である。文革期における留学生教育方針の特質と言ってもよいであろう。

ところで、外国人留学生の受け入れは一九六六年から七二年までは皆無であった。表4－5は、文革後期（一九七三～七六年）から改革開放前期（一九七七～九〇年末）までの受け入れ実績である。これによれば、文革後期には一、六五八人を受け入れている。

表4－5　1973～90年の中国における外国人留学生受け入れ実績　（人）

年度	外国人留学生数	年度	外国人留学生数
1973	383	1982	865
74	378	83	1,038
75	432	84	1,293
76	465	85	1,585
77	408	86	2,009
78	432	87	2,044
79	440	88	1,854
80	576	89	1,393
81	744	90	1,745

出所）国家教育委員会計划建設司編『中国教育統計年鑑 1990』人民教育出版社，1991年，15頁

5　「四つの現代化」の提唱

文化大革命運動を推進する文革派と経済回復を唱導する実権派との間には、文革当初から権力闘争が繰り広げられてきた。それが今日判明している実情である。しかし、国連加盟以降、外交・内政の実権は、国務院総理・周恩来、鄧小平など実権派が握るようになった。これも党中央委員会主席・毛沢東の意思であったとすれば、毛沢東は文革派と実権派の両方を統御していたことになる。

金冲及主編『周恩来伝　下』（岩波書店、二〇〇〇年）によれば、一九七四年十二月二十六日、長沙において毛沢東と周恩来は二人で、翌年予定されている中国共産党第一〇期中央委員会と第四期全国人民代表大会に向けて党・政府の指導部の人事問題を話し合い、人事案を最終的に確定した。これを「長沙決定」と呼ぶ。第二世代の指導者グループを決めた極めて重要な人事案であった[35]。

翌一九七五年一月一日、「長沙決定」に基づいて、中共中央政治

局会議で国務院・最高人民法院の人事案が承認され、第四期全国人民代表大会で提案することになった。一月五日、中共中央一号文書により、鄧小平は中央軍事委員会副主席・中国人民解放軍総参謀長に就任した。一月八日、中国共産党第一〇期中央委員会第二回総会（中共十届二中全会）が予定通り北京で開催された。第四期全国人民代表大会に向けての最終的な準備が目的である。憲法改正、政府活動報告、国務院と全国人民代表大会常務委員会の候補者が討議された。この総会で、鄧小平は党中央委員会副主席、政治局常務委員会委員に正式に任命された。

同年一月十三日～十八日、第四期全国人民代表大会が開催され、周恩来は「政府活動報告」を行った。その中で、文革前の一九六四年第三期全国人民代表大会で提唱した「二段階構想」を再び提出した。「第一段階は、一五年の時間をかけて、つまり一九八〇年までに、独立した比較的整った工業体系と国民経済体系を確立すること。第二段階は、今世紀内に、農業、工業、国防、科学技術の近代化を全面的に実現し、我が国の国民経済を世界のトップレベルに引き上げることである」と。特に、今世紀内に「四つの現代化」を実現するという目標は文革で苦悶してきた全人民の国家建設への闘志を湧き立たせたという。また、行政面では、鄧小平ら一二人が国務院副総理に就任することが決定した。鄧小平は周恩来が膀胱がんで入院したのちは、国務院副総理としてほとんどの実務を代行した(36)。

こうして文革の暗い一〇年間は過ぎ去り、文革前の経済構想に立ち戻ろうとしていた。

6　文革の終結

一九七六年は中国にとって混迷の年と言われている。一月八日、病気療養中だった国務院総理・周恩来が死去する。一月十五日、人民大会堂で党・政府の指導部や北京各界代表五、〇〇〇人余が参列して、周恩来追悼式が開かれ、鄧小平が追悼の辞を捧げて献花した。四月四日の清明節（死者を祭る日）が近づくと、国民による自主的な周恩来追悼の活動が始った。三月三十日、北京市総工会（労働組合）が天安門広場の南側に立つ人民英雄紀念碑に花輪を供えた。これを皮切りに中央官庁や人民解放軍の各機関、北京の工場・学校・商店等々が花輪や詩歌を供え、清明節当日には数千という夥しい数の花輪が広場北側から人民英雄紀念碑まで一直線に並んだ。そこに二〇〇万人の群衆が参集した。かねてより対立していた江青ら文革派は天安門広場での周恩来追悼集会は反革命的行動であるとして、公安部に反革命分子の逮捕を命じるとともに、四月四日深夜、花輪等を撤去させた。翌四月五日、これに抗議する数万の群衆を強制排除したのである（「天安門事件真相」『人民日報』一九七八年十一月二十一・二十二日）。これが後日、「第一次天安門事件」と呼ばれる事件である。四月七日には、中共中央政治局会議において、華国鋒を党中央委員会第一副主席かつ国務院総理に選任すると同時に、その言動が反政府的であるとして鄧小平の全職務（党籍保留）を解任した。文革派が再び実権を握ろうとする企てであった。

七月六日、全国人民代表大会常務委員長・朱徳死去。七月二十八日、河北省唐山地区大地震で死者二四万人・負傷者三六万人余。九月九日、党中央委員会主席・毛沢東が死去する。かくして次期権力をめぐる党内抗争が激化し、その結果、十月六日、文革派の中心であった江青・王洪文・張春橋・姚文元の「四人組」がクーデター未遂により逮捕された。翌十月七日、中共中央政治局会議において華国鋒を毛沢東の後継者として党中央委員会主席に任命することが決定された。十月二十四日、華国鋒の党主席就任と「四人組」逮捕を祝う一〇〇万人集会が北京で催された。これによって文化大革命は事実上終結した。動乱の時代が過ぎ、漸く社会は安定に向かい始めた。

第六節　米国との留学交流の再開

1　米国との国交樹立

一九七二年二月二十一日、米国のニクソン大統領が秘密裏に訪中、中米共同コミュニケ（二月二十八日、上海で発表されたので「上海コミュニケ」と呼ばれる）が出された。中国は米国に中華人民共和国を唯一の合法的政府と認め、領土の一部である台湾省からの米軍基地の撤退を求めた。しかし、コミュニケでは、米国は中華人民共和国が台湾を領土の一部であると考えていることに「異議を唱えない」こと、台湾問題が中国人によって平和的に解決されることに関心を持ち続けること、台湾にある米国の兵力・軍事施設を撤退させることを「最終目標とする」こと、という微妙な含みを残した米国の立場が盛り込まれた。中国はもちろんこの米国の主張に完全に同意するものではなかったが、とりあえずこれを容認したのだった。こうして両国の敵対関係は終結した。五カ月後、七月十五日、世界は突然この事実をニュースによって知らされたのである。

上海コミュニケにより中国と米国の国交回復はなったが、まだ国交樹立したわけではなかった。米国が上海コミュニケを遅々として実施しなかったことによる。他方、一九七五年四月、台湾では蒋介石が死去して厳家淦が総統に就任。その後、一九七八年二月、蒋介石の長男である蒋経国が総統に就任するなど、台湾の政治にも世代交代が起こった。

米国は、ソ連対策など国際情勢から中国と友好関係を早く結ぶのが有利と判断し、一九七八年十二月十六日に国交樹立を発表、翌一九七九年一月一日に国交樹立した。同時に、台湾との外交関係断絶と相互防衛援助条約を廃止、台湾からの残留軍事要員の四カ月以内の引揚げを発表した。この時期、中国は一九七八年十二月十八日〜二十二日まで中国共産党第一一期中央委員会第三回総会（中共十一届三中全会）を開催して、改革開放の方針を決定した。米国との国交樹立は改革開放と同時に実現されたのである。[37]

2　米国との交換留学に関する「口頭による諒解」

中国の改革開放後の留学政策については後章にて考察するが、米国との教育交流の再開については、ここで概観しておきたい。

さて、一九七八年十月七日から二十二日まで、米国大統領科学技術顧問のフランク・プレス（Frank Press）の招請を受けて、周培源（全国科学技術協会主席代理）を団長、李琦（中国教育協会副会長）を顧問とする中国教育代表団が米国を訪問した。この時、ワシントンＤＣで協議を行い、中米の交換留学に関する事項が口頭により諒解された。その「口頭による諒解」（Understanding on Educational Exchanges）の中国側の記録が「中米の口頭による諒

解の我方の記録」（中美口頭諒解我方記録稿）である。以下は全訳である。(38)

フランク・プレス博士の招請に応じて、プレス博士と方毅主任（国務院副総理）の一九七八年七月北京会談の後を継いで、中華人民共和国科学技術協会主席代理・周培源博士を団長とする中国教育代表団と国家科学基金会主任のリチャード・アドチンセン博士を団長とする米国代表団は、一九七八年十月七日から十月二十二日まで両国の学生・研究者の交換の問題について会談し、双方は以下のいくつかの点を口頭で諒解した。これらは交流の基本的側面を明らかにしている。

1、双方は上海コミュニケの精神に照らして、かつ上海コミュニケの精神を貫徹して、教育交流計画を実行することに同意する。

2、これは両国の相互利益になるよう交際するところの科学と学術の交流である。

3、交流には学生、大学院生、訪問研究員が相手国で研究と学習を遂行することを含む。

4、双方はその学生と学者の興味ある専門分野の名簿および彼らが行きたいと思う機関の名簿を交換した。それぞれは相手方が学習・研究する機会についての要望を満足させるように尽力する。それぞれはそれぞれの国の法律と規定に基づき、この交流を実施するためにビザを迅速に発給する。

5、派遣する方が交流に参加する人員の費用を支出する。

6、提供できる奨学金はどのようなものであれ双方は十分に利用することができる。

7、それぞれはこの計画を自国内で執行する責任を負う。相手方に対して相談を提供したり、大学・研究機関の情況や資料を提供したりする責任も含まれる。

8、双方は派遣した学生や学者が受け入れ国の法律や規定を遵守し、かつその風俗習慣を尊重することに同意する。

9、中国は一九七八～一九七九年度に総数五〇〇人から七〇〇人の学生と研究者を派遣したいと述べた。米国は一九七九年一月に国家計画の中の一〇人の学生を派遣、一九七九年九月にその国家計画の中の五〇人の学生とその他の中国が受け入れ可能な学生を派遣したいと述べた。双方は計画完成に尽力することで同意した。

10、交換する学生と研究者の人数を毎年確定し、交換計画の進展を議論するために、双方は必要な時に面談する。重要な問題も両国政府を通じて協議する。この他、双方は両国の大学・研究機関や研究者の間で直接接触することを奨励する。

11、双方はこの会談がすばらしい端緒であり、両国の関係が改善されるに従って、両国間の科学・技術・教育の交流を進めるために前途に広い見通しを切り開いたと認識する。双方はこのような交換が両国人民の間の友好と理解を援け、促進することを信じる。

（「中美口頭諒解我方記録稿」）

かくして中国教育代表団は帰国後、十一月二十五日に報告書『中国教育代表団訪美総結報告』を提出している。報告書の中で米国での活動の様子を伝えている。冒頭部分の訳である。

我が団は十月七日米国に到着、先ず西海岸のサンフランシスコ、ロサンゼルス地区を参観した。十二日から二十日までワシントンDCで正式に協議を行った。そして、オハイオ州、ボストン、ニューヨークなどを参観した。参観の前後、スタンフォード大学、カリフォルニア大学バークレイ校とロサンゼルス校、カリフォルニア工科大学とそのジェット推進実験室、オハイオ大学、オハイオ州立大学、マサチューセッツ工科大学、ハーバード大学、ニューヨーク州立大学ストーニーブルック校など一四の大学と研究機関を訪問し、米国教育界の友人たちの熱烈な歓迎を受けた。カリフォルニア大学バークレイ校の時計台は我団が到着したとき、「東方紅」の曲を敲いた。ニューヨーク州立大学ストーニーブルック校では、この学校の最高栄誉章が周培源団長に贈られた。この大学の農業技術学部はパーティに我が団を招待したとき、中米両国の国旗を立て、我国人民に特別に友好な情誼を示した。私たちは楊振寧、李政道、呉健雄、陳省身、林家翹、張捷遷、李振翩など著名な米国籍中国系の教授や学者や一般人士ら二〇〇人余に会った。彼らと座談して、我国の四つの現代化を実現する方針・政策などを宣伝した。彼らの貴重な意見を聴取し、米国側の情況を理解できた。

（『中国教育代表団訪美総結報告』）

また、「口頭による諒解」がなされた経緯を報告し、今後の政策について五つの提言を行っている。提言は中米教育交流の方針を示すもので、大変興味深い。以下は提言部分の訳である。(39)

口頭による諒解が達成された後、我々の差し迫った任務は、この口頭による諒解をまじめに実行し、また中央の指示を貫徹するという決心を固め、本学年に規定した派遣人数五〇〇～七〇〇人の派遣を完成させるよう、この困難かつ重要な派遣事業をしっかり行うことである。このために我々は以下の建議を提出する。

1、一九七八～一九七九年度の米国留学の本科生、大学院生、進修生は選りすぐって派遣すること。質は必ず確保しなければならず、いっそ少なく派遣するのもよい。決して実力のない者をあてがってはいけない。派遣する歩幅は安定させ、一歩が成就して、次の一歩を出すようにしなければならない。今年、最初に進修生を派遣する。派遣する学校や研究機関はあまり分散させず、相対的に集中させるべきである。検討したのだが、ワシントン地区、ニューヨーク地区、ボストン地区、サンフランシスコ地区を重点にしたいと思う。まず我々に対する態度が友好的で、かつ教育の質が高く、比較的有名な機関に派遣する。

大量の留学生の海外生活管理をしっかり行うために、我々は駐米連絡所に少数の留学生管理幹部を派遣する準備をしなければならない。できるだけ頭脳明晰で実行力に富み、既に英語を解しまた専門分野についての一定の知識をもつ幹部に担当させる。

2、米国の各大学と研究機関の具体的な状況に鑑みて、わが派遣人員は主に民間のルートで処理しなければならない。国内で米国事情に詳しい人々の力および米国籍の中国系の研究者たちをすぐに動員して、米国の大学・実験室や研究機関と積極的に連絡を取り、直接わが派遣人員を適切に処理すべきである。

3、英語の補習問題について。わが派遣する学習者は英語の水準が十分に高くなく、専門は良くても、クラスで授業を聞き取ることは難しい。よって我々は二つの方法を取らねばならない。国内で補習を行うものと直接米国に行き米国の大学で段階的に英語補習を行うものである。適当な学校や教師を捜して順次連絡しなければならない。

米国が教師を中国に派遣して英語を教えたいという提案に関しては、米国は外国人学生に英語を教えることに相

表4-6　1978～84年の中国から米国への留学派遣7年間の実績　（人）

年	国家派遣	機関派遣	自費留学
1978	52	不明	この期間、7,000人余であった。
79	354		
80	754		
81	1,400		
82	904		
83	970		
84	1,129		

出所）「中米科学技術連合委員会の第4回会議・留学生・学者小組対口会談」より作成

当豊富な経験を蓄積しており、かつ先進的な教育機器を持っており、我々は学ぶ価値があるので、我々は原則上同意してもよいと思う。これは外貨を節約し、大量に育成する方法でもある。

4、米国は留学生と研究者を一九七九年一月に一〇人、九月に五〇人派遣してくる。彼らが希望する専攻や学校は我方がもともと定めていた開放範囲を超えている。我々は、相互往来や相互利益の原則（相手は数量上対等であることを求めていない）によって、開放する専攻や学校を適当に拡大して、積極的に対処するのが良いと思う。

5、友好工作をさらに強化し、友好工作と留学生派遣工作を結びつける。我が代表団が米国を訪問した期間、各方面で心のこもった接待を受けた。更に多くの交流ルートを切り開くために、派遣する学習者を適切に処理するとともに、今後、我方は計画的に米国側の代表団あるいは研究者を歓待して、学校間交流、国際学術交流活動、個人的連絡などの方式で友好工作をしなければならない。同時に、米国籍中国系の研究者に対しては、連絡を強化し、彼らが祖国を愛する積極的な気持ちを十分に動かさなければならない。

（同上）

一九七八年十月の「口頭による諒解」後、教育部は同年十二月二十六日に五二人の訪問研究員（訪問学者）を国家派遣した。これ以後、留学交流は非常な勢いで拡大していく。表4-6のように、一九七八年から八四年までの七年間に国家派遣は五、五六三人に達した。このほかに機関派遣の公費留学者（人数は不明）および自費留学者が相当数いる。一九七八～八四年までの自費留学者は合計七、〇〇〇人前後になったという。また、一九七九年一月三十一日、国務院副総理・鄧小平は米国を訪問して、カーター大統領（Jimmy Carter）と「口頭による諒解」に基づき、中米科学技術協力協定（中美科技合作協定：Agreement on Cooperation in Science and Technology）に調印した。

他方、一九七八年から八四年までに、米国からはＣＳＣＰＲＣ（米中学術交流委員会：The Committee for Scholarly Communications with the People's Republic of China）を通して、公費による訪問研究員一七〇人と研修生一〇二人が訪中した。加えて、民間ルートや大学間交流、双方の大使館推薦やフルブライト・プログラムなどによっても訪中し、中国教育部が受け入れた米国の学生と研究者は一、〇〇〇人に達した。一九八一年度からは四週間～五カ月間の短期留学が始まり、一九八四年度までに米国人学生三、九〇〇人が参加している。(40)

因みに、フルブライト・プログラムに関しては、一九四七年十一月、中国（中華民国）と米国間で協定が結ばれたが、一九四九年十月の新中国成立後は中米関係が断絶し停止していた。一九七二年二月、中米関係の回復後、一九七九年一月に留学生の相互派遣協定が締結されて、フルブライト・プログラムは復活した。翌一九八〇年に第一回フルブライト交換留学が実施され、以後、現在まで継続している。

なお、中国は米国との留学生の相互派遣協定を皮切りに、一九七九年にイギリス、カナダ、オランダ、エジプト、一九八〇年にイタリア、一九八一年に日本、西ドイツ、フランス、ベルギー、そして、一九八六年にオーストラリアなどとも同様の政府間協定を締結した。(41)

3　特定領域の留学プログラムの始動

在米華人や友好団体等が資金援助する下記のような留学プログラムも始動した。それぞれのプログラムでは米国からも面接官が中国を訪れるなど、厳格な選考が行われた。(42)

①　「中美物理聯考招生項目」（CUSPEA：China-U. S. Physics Examination and Application Program）は、在米華人でノーベル物理学賞を受賞したコロンビア大学の李政道教授が一九七九年に提唱し、中国政府・中国科学院によって推進された留学プログラムである。一九八〇年から一九八九年までの一〇年間に一、〇〇〇人以上の中

国で最優秀な物理学の人材（主に中国科学院大学院と北京大学大学院の在籍学生）を米国大学に政府推薦で派遣し博士学位を取得させるものである。米国大学は学費を免除し、生活費を支援する。

②「中美生物化学と分子生物学考試項目」（CUSBEA）は、CUSPEAの成功に倣って、一九八一年三月二十四日、コーネル大学の呉瑞教授、Bik-Kwoon Tye 助理教授により教育部部長・蒋南翔宛の手紙で提案された留学プログラムである。一九八二年九月から米国四六大学の化学・生物系大学院に推薦入学させている。但し、米国の各大学で奨学金を獲得できるか否かは競争で決まり、とりあえず往復旅費・学費・生活費は自費である。

③「中美化学研究生培養規划項目」（CGP）は、ハーバード大学の多林教授が提唱した、化学専門家育成のために米国の二〇大学大学院で博士学位を取得させる留学プログラムで、一九八一年から八六年までの六年間、推薦入学が実施された。

④「実験物理研究生項目」は、中国のトップレベルの実験物理学人材を育成するもので、マサチューセッツ工科大学の丁肇中教授を含む西欧原子核研究センターのＬＥＰ３共同研究グループが協力して、西ドイツとスイスの大学で実験研究を行わせ、博士学位を取得させるものである。一九八二年から八七年まで六年間実施された。

⑤「数学研究生項目」は、米国数学研究所の陳省身教授の提唱で始まり、一九八三年から八七年まで五年間、毎年十数人をハーバード大学等に送り出した。

4　教育交流協定の締結

一九八一年一月十四日、教育部その他七部門は「自費出国留学に関する暫定的規定」（関于自費出国留学的暫行規定）を発布し、自費留学の門戸を大きく開いた。同年十二月、中国政府は国内でＴＯＥＦＬ試験を実施する機構を北京、上海、広州に設置した。ＴＯＥＦＬは一九六三年に始められた、非英語圏の人々の英語力を把握する試験で、米国とカナダの大学では入学許可や奨学金授与等の選考においてその成績が考慮されるものである。中国人の米国への自費留学はこのTOEFLの試験機構の設置によって活発になった。

一九八五年七月二十三日、ワシントンDCにおいて中米両国政府による「教育交流合作議定書」(Protocol for Education Cooperation) が調印された。中国側代表は国家教育委員会主任・李鵬、米国側はNPC (National Press Club) の代表シュワルツであった。これによって公費・自費留学にかかわらず研究者と学生の相互の教育交流について両国政府は支援することを約束したのである。

一九八七年六月二日から十四日まで、国家教育委員会副主任の何東昌を団長とする中国教育代表団は、米国NPCの招請でワシントンDCを訪問し、会長代理マービン・L・ストーンらと会談を行った。席上、何東昌は次のように述べた。「中国のような発展途上国での仕事と研究の条件は先進諸国と同じようにできない。しかし、中国の規定で、公費留学者は自分の祖国に帰国して、艱難辛苦の創業精神で国家建設に参加する義務がある。中国政府は国の需要に応じて可能な限り留学帰国者に彼らの知識と技能を活用して国家の現代化に貢献できるような条件を提供している」。

双方は、米国滞在の外国人留学生が学業修了後、本国に帰国する規定について話し合った結果、米国側は特定の外国人留学生に対しては、学業修了後に帰国して二年間奉仕することを義務づける米国の法規が適用可能であるとして、外国人留学生が米国で知識や技能を学んだ後、帰国しなければ、米国は国際交流の目的を達成したことにならないと述べたという。中国側は公費留学生には帰国義務があるので、米国で就職させせないよう了解を求めたのである。[43]

5　米国における中国人留学生数の推移

米国の大学に在籍する外国人留学生を国籍別に見れば、表4-7に示すように、上位五カ国はインド、中国、韓国、日本、カナダである。この中で、過去五年間（二〇〇四〜〇八年）、留学生が減少しているのは日本だけである。日本からの留学生は五年間で約一三、〇〇〇人減少している。

表4-7　2000〜08年の米国における国籍別外国人留学生数の推移　（人）

年度	インド	中国	韓国	日本	カナダ	台湾	香港	留学生総数
2000	54,664	59,939	45,685	46,497	25,279	28,566	7,627	547,867
2001	66,836	63,211	49,046	46,810	26,514	28,930	7,757	582,996
2002	74,603	64,757	51,519	45,960	26,513	28,017	8,076	586,323
2003	79,736	61,765	52,484	40,835	27,017	26,178	7,353	572,509
2004	80,466	62,523	53,358	42,215	28,140	25,914	7,180	565,039
2005	76,503	62,582	58,847	38,712	28,202	27,876	−	564,766
2006	83,833	67,723	62,392	35,282	28,280	29,094	7,722	582,987
2007	94,563	81,127	69,124	33,974	29,051	29,001	−	623,805
2008	103,260	98,235	75,065	29,264	29,697	28,065	−	671,616

出所）Kemal Guruz（2008）および『Open Doors』（http://www.opendoors.iienetwork.org）

それに引きかえ、中国人留学生（大陸）数は伸び続けている。過去五年間で、香港からの留学生を除いても、約三五、七〇〇人増加している。二〇〇八年現在、最も多いインド人留学生が約一〇万三、〇〇〇人であり、それに次いで第二位の九八、〇〇〇人である。米中間の教育交流は順調に拡大している。

しかしながら、米国留学した中国人学生や中国人研究者が帰国しないという問題が生じている。他の諸国に比べて、米国が最も不帰国現象が深刻な地域である。オーリンズ（一九八八）はかつて「米国は最も多くの中国人学生を受け入れているので――帰国しない学生も最も多い――留学生を送り出す新しい政策や指令を考えるときに、中国の指導者たちの念頭に最初に浮かぶのは米国であると想定するのが安全である」と述べたが、この情況は現在も変っていない(44)。

第七節　日本との留学交流の再開

1　日本との国交回復と留学派遣

一九七二（昭和四十七）年九月二十五日、米国のニクソン大統領に続いて、日本の田中角栄首相が訪中した。九月二十九日に調印された日中国交回復の「共同声明」において、日本は中華人民共和国を唯一の合法的政府として承認し、両国の国交は正常化した。これにより一九五二年八月五日に公布された「日本と中華民国との平和条約（日華平和条約）」は効力を失った。同日、中華民国外交部は対日断交声明（『中華週報』六三八号、一九七二年）を発表した。

さて、日中の留学交流は国交回復後も、文化大革命の最中でもあり甚だ少なかった。しかし、文革終結の二年後、一九七八（昭和五十三）年八月十二日、北京において日中平和友好条約が締結（十月十二日、東京で批准書を交換して発効した）され、漸く大量に留学派遣を実施する基盤が整った。

一九七八（昭和五十三）年八月二十六日『毎日新聞』夕刊は、第一面に「日中教育交流――文部省、訪日団を招待」という大きな見出しで、中国との留学交流の開始を取り上げている。これによれば、同七月にスリランカで開催された第四回アジア・オセアニア地域教育相・経済企画担当相会議で、中国代表が日本代表（近藤文部政務次官）に中国教育使節団を日本に送りたい旨を打診した。記事は次のように伝えている。

「文部省は中国が科学技術振興などで、わが国に強い関心をもっているとのあらわれとみており、文相も両国間の教育交流の積極化を図るために使節団の『文部省招待』に踏み切った。現在、わが国の大学や大学院など高等教育機関には約五、七〇〇人の留学生がおり、中国人留学生も二三人いるが、文部省留学生課によると、①文化大革命後の中国の学制が五・二・二制とも五・二・三制ともいわれ、わが国の大学入学に必要な一二年の修学年数に足りない。②中国人留学生の日本語の能力がどの程度か分からない。③日本の大学側に収容能力、受け入れの意思があるかどうか――などの問題点がある」と記し、日本側にはまだ中国の教育事情で不明な点があったことが分かる。日本には中国教育の情報が不足していたのである。思うに、現代中国が共産主義国家であるがゆえに、長年、社会的関心は低く、教育面だけではなく、あらゆる側面について中国研究は立ち遅れていたと言えるだろう。

日中平和友好条約から一カ月後、一九七八年九月、中国は周培源（中国科学院副院長）を団長とする中国科学院代表団を送った。十月には雍文涛（教育部副部長）を団長とする中国教育代表団、また続けて同月に中国の大学学長代表団、十二月に馬大猷（中国科学院物理研究所副所長）を団長とする科学技術視察団を相次いで日本に送った。彼らは日本の文部省、外務省、大学・研究機関に中国の国家派遣制度によって理工系を中心として留学生を大量に派遣したい旨を申し入れた。また、駐日の中国公館・中国機関は日中友好団体や友好人士に中国人留学生受け入れへの協力を働きかけた。

同一九七八年十二月、日本は文部省学術国際局長・篠沢公平を団長とする日本教育使節団一二人を中国に派遣した。十二月十三日・十四日の両日、日本側（日本教育代表団と駐中国日本公館職員）と中国側（胡守鑫、羅勤柏、胡述智、王儀英）との留学交流に関する協議が北京飯店で行われた。協議の結果、次のことが決められた。

① 中国は、一九七九年度に進修生（平均四〇歳）四二五人を二年間の予定で派遣する。

② 一九八〇年度から学部留学生一〇〇～一四〇人を派遣する。日本語教育および理数系の予備教育を一年間行うために、日本人教員を中国に派遣する。

③ 一九八〇年四月から訪問研究員（訪問学者）を派遣する。教職・研究経験がほぼ一五年以上あり、学術的業績のある人物を選抜して、日本の大学教員と共同研究することを目的とする。共同研究の名目で授業料・実験費は日本側が負担する。

実際には一九七九年度、中国は進修生を一六七人派遣した。また、一九八〇年四月には、予備教育を終えた学部留学生九七人、訪問研究員五六人が日本の大学に入学した。ここに日中教育交流は新中国成立後三〇年を経て、漸く再開したのである。

他方、一九七九年度、中国政府は、日本政府の国費留学生制度で奨学金を給付される中国人留学生と同数の日本人を中国政府奨学金で受け入れたいと提案、これに応えて日本政府は急遽募集して、二〇人の日本人学生を派遣した。一九九八年には九〇人まで拡大されている。

2　派遣留学生の予備教育制度

一九七九（昭和五十四）年三月、学部留学生の予備教育のために、中国政府は吉林省長春市にある東北師範大学の中に「中国赴日本留学生予備学校」を開設した。それから二〇年後、一九九八年八月五日に予備学校同窓会（東北師範大留日預校校友会）が発足した。その同窓会名簿『中国赴日本国留学生預備学校：慶祝建校二十周年一九七九―一九九九』（一九九九年八月）によって、その歴史を垣間見ることができる。

「中国赴日本留学生予備学校」では、初期には学部留学生の予備教育が進められた。一八歳以上の大学在籍学生（大体一年生）が全国から選抜されて、この予備学校の「本科生」コースで一年間学習した。日本政府は教員を派遣して、基礎教科教育と日本語教育に協力した。第一期生（一九七九年三月〜八〇年二月）から第五期生（一九八三年〜八四年一月）まで続けられ、三八二人を送り出した。だが、第五期生を最後に「本科生」コースは閉じられた。国家公費による学部留学派遣それ自体が停止されたためであった(45)。

また、この予備学校では、一九八二（昭和五十七）年二月より、大学院派遣のための半年間の予備教育が開始された。同時に、遼寧省大連市の「大連外国語学院出国留学人員培訓部」でも大学院派遣のための予備教育が開始された。一九八一年度の大学卒業生（二二歳）の中から統一試験によって選抜し、日本の大学院修士課程に送り出すための予備教育である。

「中国赴日本留学生予備学校」の「碩士生」コースは、第一期生（一九八二年二月〜八月）から第八期生（一九八九年二月〜九月）まで四〇九人を送り出した後、停止された。代わって、日本の大学院博士課程に直接入学させるための「博士生」コースが新設された。第一期生は一九八九年十月〜一九九〇年八月までの約一年間の教育を受けた。この「博士生」コースは現在も続いている。また、九〇年代半ばには

表4－8　中国における日本留学予備教育の年度別実績　（人）

年　月	東北師範大学内 赴日本留学生予備学校		大連外国語学院 出国留学人員培訓部
	学部留学	大学院留学	大学院留学
1979.3～80.2	100	－	－
1980.3～81.1	102	－	－
1981.3～82.1	100	－	－
1982.3～83.1	50	50	100
1983.3～84.1	30	55	113
1984	停止	55	89
1985		72	102

出所）『中国赴日本国留学生預備学校：慶祝建校二十周年 1979-1999』（1999年8月）

「ポストドクター（博士后）」の日本留学のための予備教育が始まり、第一期生の予備教育は一九九六年二月から八月までの半年間行われた。以後も継続されている。

こうして「中国赴日本留学生予備学校」の歴史をみると、国家派遣の重点は、学部派遣（八〇年代前半）、大学院修士課程派遣（八〇年代全般）を経て、大学院博士課程派遣（九〇年代）、そしてポストドクター派遣（九〇年代後半以降）へと移ってきた様子が分かる。なお、日本政府による教員派遣の協力事業は現在も続けられている。表4-8は、日本留学予備教育の初期の実績を示している。[46]

3 教育交流に関する一〇項目の方針

日中平和友好条約の規定に基づき、一九七九年十二月六日に文化交流協定（文化交流の促進のための日本国政府と中華人民共和国政府との間の協定）を締結し、両国間の学術・教育・文化・スポーツの交流を促進させることに合意。また翌一九八〇年五月二十八日に科学技術協力協定（科学技術の分野における協力に関する日本国政府と中華人民共和国政府との間の協定）を締結し、科学者・技術者の派遣と受け入れや共同研究・情報交換など諸形態により協力するために日中科学技術協力委員会を設置することに合意した。

さて、一九八四年八月二十四日から三十一日まで、教育部長・何東昌は日本の森喜朗文相（のち総理大臣）を招請し、北京で会談した。中国側の記録によれば、日中教育交流の理念について、「双方の認識は一致した。すなわち、中日共同声明と中日平和友好条約が両国の教育交流の基礎をしっかり固めた。平和友好、平等互利、相互信頼、長期安定は、両国の教育交流を指導する共同の準則である。中日両国人民の世世代代の友好は両国人民の共同の崇高な目的である。また双方は言明した。この崇高な目的の実現のために、両国の教育工作者は重大な責任を双肩に負っている。[47]」

こうして日中教育交流の理念が確認されたのち、一〇項目について意見が一致した。その中の留学関係の箇所は次の三項目である。以下はその訳である。

1、留学生交流
留学生交流の重要性について双方は一致した意見を得た。今後、両国の留学生交流が拡大するよう努力し、相互に奨学金を給付する留学生定員を増加させなければならない。日本側は、努力して五年後には、日本政府奨学金を受ける中国人留学生の総数を五〇〇人に達せしめると表明した。中国側はこの表明を歓迎する。

9、在日中国人留学生の指導教員の中国訪問を招請する。
中国側は、一九八五年度に日本の大学で中国人留学生を指導している指導教員による約一〇人の代表団が中国を訪問するよう招請すると表明した。日本側はこの表明に感謝の意を述べた。

10、教育交流の会談
双方は、今後適当な時期に、両国の教育交流と協力について会談を行うことが必要であり、有益であるという認識で一致した。
（「中華人民共和国教育部部長・何東昌、日本国文部大臣・森喜朗会談紀要」）

日中教育交流の理念が日中平和友好条約の目標に即して初めて両国で確認されたもので、その意義は大変大きいと言わなければならない。以後、両国の教育交流と教育協力に関する「会議要録」が代々の教育部長（国家教育委員会主任）と文部大臣（文部科学大臣）の間で取り交わされている(48)。

4　日本における博士学位取得者の帰国工作

一九八七年十月十二日、国家教育委員会は「第一期渡日の大学院生の修了後の帰国工作に関する通知」（関于第一期赴日研究生結業回国工作的通知）を駐日大使館宛に通達した。一九八二年に日本の大学院に公費派遣した第一期生が一九八八年三月末に博士課程を修了する予定であった。それに向けて出された指令である。以下は全訳である。

日本の大学の博士課程の学制規定によって、一九八二年に渡日した第一期大学院生は一九八八年三月末に学業を修了する。今、帰国工作に関する事項を以下のように通知する。
一、第一期渡日の大学院生は原則として一九八八年三月末に博士学位あるいは博士課程修了証書を取得して、期限通りに帰国しなければならない。
二、一九八八年三月末に期限通りに博士学位を取得できず、延長申請をする場合、延長期限は最長でも半年を越えてはならない。延長申請する時、大使館に本人の延長理由書および指導教員の署名した、延長期間に博士学位を十分に取得できることを確認する推薦書を提出しなければならない。
三、延長を承認された者は、生活費用は自弁するが、学位取得後の帰国旅費は国家が提供する。
四、日本にポスドク制度がないことに鑑みて、〈ポスドク研究をする〉という理由で延長申請を提出できないし、第三国に移ることもできない。博士学位取得後に少数の者は公司や企業の実習生となることを申請する必要があれば、以下の原則に従って審査する。
(一)一九八八年三月末以前に博士学位を取得できる者は公司や企業での実習を申請できる。一九八八年三月末以前に博士学位を取得できない者は公司や企業での実習を申請できない。
(二)公司や企業での実習を申請するのに、留学身分を変え、ビザを変更することはできない。
(三)実習内容は必ず博士論文の課題と一致しなければならない。大使館に書面の申請、理由説明、並びに指導教員の推薦書および公司や企業の詳細な情況紹介資料を提出することを求める。
(四)公司や企業での実習を申請するのに、承認される前に勝手に日本の公司や企業と連絡を取ってはいけない。
(五)一九八八年三月末、博士学位を取得できる予定で、公司や企業での実習を承認された者が、もし一九八八年三月末に実際に博士学位を取得できなかったならば、公司や企業での実習資格を取り消す。
(六)公司や企業での実習が承認される期限は一般に半年か一年の二種類に分ける。実習期間の一切の費用は自弁する。
この通知を第一期渡日の大学院生に早速伝達し、厳格に執行し、思想工作をうまく行うように。わが委員会は彼らの帰国後の工作についてうまく処理し、彼らが学問を活用して力(作用)を十分に発揮できるようにする。

(国家教育委員会「関于第一期赴日研究生結業回国工作的通知」)

表4－9　1976～2000年の国籍別・在日留学生数の推移　（人）

年度(元号)	中国	韓国	台湾	マレーシア	タイ	アメリカ	インドネシア	留学生総数
1976(S.51)	－	666	2,047	121	193	611	126	5,671
1977(S.52)	－	679	2,222	127	192	562	129	5,755
1978(S.53)	－	620	2,476	139	216	577	135	5,849
1979(S.54)	127	603	2,641	131	225	545	155	5,933
1980(S.55)	501	680	2,854	143	239	513	138	6,572
1981(S.56)	666	762	…	150	280	593	153	7,179
1982(S.57)	1,085	984	3,085	156	321	633	145	8,116
1983(S.58)	2,136	1,557	3,152	228	418	731	191	10,428
1984(S.59)	2,491	2,165	3,600	402	467	811	226	12,410
1985(S.60)	2,730	3,141	4,414	635	600	794	270	15,009
1986(S.61)	4,418	4,267	4,340	896	701	890	413	18,631
1987(S.62)	5,661	4,852	5,317	1,120	736	934	546	22,154
1988(S.63)	7,708	5,260	5,693	1,201	753	964	671	25,643
1989(H.元)	10,850	6,575	6,063	1,310	831	961	824	31,251
1990(H.2)	18,063	8,050	6,484	1,544	856	1,180	948	41,347
1991(H.3)	19,625	9,843	6,072	1,742	898	1,257	1,032	45,066
1992(H.4)	20,437	11,596	6,138	2,105	894	1,245	1,154	48,561
1993(H.5)	21,801	12,947	6,207	1,934	992	1,192	1,206	52,405
1994(H.6)	23,256	12,965	5,648	2,276	1,014	1,146	1,178	53,787
1995(H.7)	24,026	12,644	5,180	2,230	1,010	1,087	1,085	53,847
1996(H.8)	23,341	12,265	4,745	2,189	1,018	1,088	1,052	52,921
1997(H.9)	22,323	11,785	4,323	2,128	992	999	1,070	51,047
1998(H.10)	22,810	11,467	4,033	2,040	1,059	949	1,140	51,298
1999(H.11)	25,907	11,897	4,085	2,005	1,107	1,073	1,220	55,755
2000(H.12)	32,297	12,851	4,189	1,856	1,245	1,044	1,348	64,011

出所）文部科学省調べ（各年度5月1日現在）：高専・専修・短大・大学・大学院（短期留学も含む）の留学生数である。但し，1981年以前は「学校基本調査報告書（高等教育機関）」を参照，各年度末の数値である

ここでは博士学位取得者の期限通りの帰国と日本企業での実習について規定している。実習期限は半年あるいは一年間である。このことについて日本側はよく理解していなかったのだろう。実際には中国人留学生に対して博士課程修了後に日本企業で実習するという公式のアレンジはなされなかったのである。

5　日本における中国人留学生数の推移

日中平和友好条約締結後、在日中国人留学生は表4-9のように一九七九（昭和五十四）年から毎年増加していった。一九八四（昭和五十九）年六月二十九日、文部省は『二十一世紀への留学生政策の展開について』を策定、二十一世紀初頭までに外国人留学生を当時の約一万人から一〇万人に増やす計画を発表した。この所謂「留学生一〇万人計画」に基づいて、大学・高等専門学校の受け入れ体制は徐々に整備され、この時期を境に世界各国からの在日留学生は急速に増加するが、中国人留学生数もまた急速に増えていったのである。

ところで、『二十一世紀への留学政策の展開について』にはその理念が次のような表現で四つほど記されている。①「留学生が専攻分野の勉学で成果をあげること及び日本の文化・社会に対する理解を深めて帰国すること」、②「それは途上国の人材養成に協力することであり、また、帰国留学生が日本と母国との友好関係の発展の重要な『架け橋』となることが期待できる」、③「日本の大学等の教員・研究者・学生と留学生との交流が『学問的刺激』となり、教育研究水準の向上に寄与する」、④「日本国民が留学生との交流を通じて、日本が『真の国際国家』に発展するために不可欠な諸外国に対する理解を深めること」、である。

注目すべきは、①と②に見られるように、帰国留学生が日本と母国との友好関係に寄与することが強く期待されている点である。日本政府の留学生受け入れ増加政策は、現実の効果としてアジアとの貿易摩擦を解消する狙いがあったと言われている。たとえそうであっても、その裏面には太平洋戦争で失ったアジアや国際社会での信頼を回復するという使命を内包していたと思われる。高度経済成長を果たした日本は、自らの経済力で、その使命に向かって努力する時期を迎えたのである。

附言しておきたいが、当時、留学生受け入れ環境整備のために現場で奔走した大学・行政・民間の人々は五〇～六〇歳代で、皆、戦争体験者だった。計算してみると、一九八四年の「留学生一〇万人計画」は戦後三九年目に出されている。終戦時に、物心つく一〇歳から、軍に召集されあるいは銃後を守って活動していた二〇歳までの人々は、一九八四年には四九歳から五九歳になっており、大学や社会を指導的な立場で動かしていたのである。現場で奔走したこれらの人々の多くは、平和の重要性を体験的に認識しており、戦争とはいえアジアその他の国々において多くの人命が失われたことに対する贖罪意識を少なからず有していたように思われる。そこからアジアや世界の留学生を御国のために立派に育てて帰したいという願いが発せられていたのではないだろうか。思うに、この世代は今、消えようとしている。戦争の記憶は風化し、「国際平和」や「国際理解」はスローガンだけで、本心からその重要性を認識できない世代が国家社会を担う時代になった。「国際平和」や「国際理解」という理念を次世代にいかに引き継ぐかが重要な課題となっている。戦争という手段を使わずに、いかにして国際的紛争を解決すればよいのか。その困難な道を切り開いていける人間を大勢育てなければならないが、留学交流事業はその方法のひとつであろう。

他方、中国は長い戦乱による疲弊と過去一〇年間の文化大革命による混乱から立ち上がろうとしていた。一九七九年以降、西側諸国への国家派遣留学に加えて、一九八一年一月十四日、教育部・公安部・外交部・財政部・国家人事局・国家労働総局・国務院科技幹部局など七部門が「自費出国留学の暫定的規定」（関于自費出国留学的暫行規定）を発布し、自費留学も国家派遣と同様に人材育成の重要な方策であると認め、人民にその門戸を開いた。こうしてみると、中国の留学派遣増加政策と日本の留学生受け入れ増加政策の開始時期はぴったりと重なる。かくして中国の公費留学生・自費留学生の日本への大きな潮流が形成されていった。

［注］

（1）衛道治編『中外教育交流史』湖南教育出版社、一九九八年、三三五―三三九頁

(2) 毛沢東「中国革命と中国共産党」(一九三九年十二月発行)、『毛沢東選集』第二巻、新日本出版社、一九六六年、三九七・三九八頁。また同年十二月一日、毛沢東「知識人を大量に吸収せよ」、同書、三七一―三七三頁、参照

(3) J・K・フェアバンク『中国の歴史』(大谷敏夫・太田秀夫訳)ミネルヴァ書房、一九九六年、四八一―四八四頁。また、賈春増主編『知識分子与中国社会変革』華文出版社、一九九六年、参照。これは、主に知識分子の中国社会における活動と停滞の略史を描いている。

(4) 彭澤周『中国現代史』泰流社、一九七八年、二三九―二四二頁。及び、鄧拓『燕山夜話――付・三家村札記』(毎日新聞社訳・編)毎日新聞社、一九六六年、参照

(5) 竹内実編訳『毛沢東 文化大革命を語る』現代評論社、一九七四年、九六・九七頁

(6) 安藤正士・太田勝洪・辻康吾『文化大革命と現代中国』岩波書店、一九八六年、四〇―四四頁

(7) 毛沢東「中国共産党第九回全国代表大会における講話」、同上書、二四二―二四七頁、所収。また陳東林・苗棣・李丹慧(加々美光行監修)『中国文化大革命事典』中国書店、一九九六年。および厳家祺・高皋『文化大革命十年史』上・下巻(辻康吾訳)岩波書店、一九九六年、参照。ウーヴェ・リヒター(Uwe Richter)『北京大学の文化大革命』(渡部貞昭訳、岩波書店、一九九三年)は、文革期の北京大学と中国共産党指導部との関係を究明したものである。

(8) 成有信主編『教育与生産労働相結合問題新探索』湖南教育出版社、一九九八年、参照

(9) 劉小萌他『中国知青事典』四川人民出版社、一九九五年、二―五頁、参照

(10) 鄧小平(一九七七年九月十九日)「教育分野の乱を撥めて正に反える問題」、『鄧小平は語る 上巻』風媒社、一九八三年、一〇三―一〇九頁

(11) 袁振国主編『当代教育学』教育科学出版社、二〇〇四年修訂版、四九頁

(12) 鄧小平(一九七七年九月十九日)「教育分野の乱を撥めて正に反える問題」、前掲書、一九八三年、一〇三―一〇九頁、参照

(13) 袁振国主編、前掲書、四九頁

(14) 周全華「文化大革命中的教育革命」広東教育出版社、一九九九年、参照

(15) 同上書、三二三・三二四頁

(16) 「横掃牛鬼蛇神」とは、牛の妖怪と蛇の化物のような悪人を打ち負かせという意味である。「清隊」とは「清理階級隊伍」の略語で、階級の隊伍をきれいに整理しようという意味である。「下放」とは、幹部や知識人が地方の農山村に行ってブルジョア思想を社会主義的に改めるため労働に従事することを意味する。

(17) 周全華、前掲書、三二四頁。および何東昌主編『当代中国教育』当代中国出版社、一九九三年、一〇八頁、参照。また「労改

大院」とは反革命分子などの思想矯正のために強制労働を課した所である。
(18) 周全華、同上書、三二四頁
(19) 同上書、一八〇・一八一頁。なお、毛沢東「七・二一指示」とは一九六八年七月二十一日、調査報告「上海工作機械工場から見た技術者育成の道」に対して与えた指示である。また、文革期の大学入試方式については大塚豊『中国大学入試研究——変貌する国家の人材選抜』東信堂、二〇〇七年、九四—一〇一頁に詳しい。
(20) 同上書、一八一頁
(21) 同上書、一八二・一八三頁。また、Leo A. Orleans, "Chinese Students in America," (National Academy Press, 1988, p. 23) は、工農兵学員は学力が低く、海外留学することはできなかったと指摘している。
(22) 大塚豊、前掲書、一一二—一一三頁、参照
(23) 謝桂華主編『二〇世紀中国高等教育——学位制度与研究生教育巻』高等教育出版社、二〇〇三年、五〇—六九頁、参照。なお、一九八〇年「学位条例」によって碩士・博士学位の授与条件が規定されると、中国語の「研究生」は「碩士研究生」「博士研究生」と分けて呼ばれるようになり、一九七八年十月には「研究生院」が中国社会科学院と中国科技大学に設置された。この新造語である「研究生院」も日本の大学院に相当する。
(24) 同上書、七一—七四頁
(25) 『中国教育年鑑一九四九～一九八一』一九八二年、六二八—六二九頁、参照
(26) 周全華、前掲書、三二四頁に、「文革の一〇年間に、大学院生一〇万人、大学生一〇〇余万人、中等専業学校生二〇〇余万人しか育成しなかった」と述べている。しかし、大学院生一〇万人を輩出したという統計は見出せなかった。
(27) 「一九六六年初在国外留学生人数統計表」(李滔主編『中華留学教育史録』高等教育出版社、二〇〇〇年、二二七頁、所収)によれば、一九六六年当時の在外留学者一、二二一人の滞在地は、ソ連一三八人、キューバ一三五人、フランス一〇四人、イギリス八七人、ベトナム八四人、アルジェリア六〇人、ルーマニア五四人、朝鮮五三人、アルバニア五一人、ポーランド三五人、マラッカ三五人など、三八国・地域であった。
(28) 馬継森『外交部文革紀実』中文大学出版社、二〇〇三年、七五—七六頁
(29) 新規に留学派遣を行わなかった理由はもっと根深いものであったかもしれない。例えば、一九三九年十二月発行の毛沢東『中国革命と中国共産党』(『毛沢東選集』第二巻、新日本出版社、一九六六年、三八三—三八五頁)には、帝国主義列強が中国を半植民地・植民地に変えてきた軍事的・政治的・経済的・文化的手段について列挙している。特に、文化的手段について「帝国主義列強は……中国人民の精神を麻痺させる面でも手をゆるめてはおらず、これが彼らの文化侵略政策である。布教、病院、学校

の開設、新聞の発行、留学生の誘致などが、この侵略政策の実施である。その目的は、彼らに服従する知識人幹部を養成することと、広範な中国人民を欺瞞することである」と述べている。この共産党員のためのテキストは「文化侵略政策」への党員の警戒心を根強いものにしてきたのではないかと思われる。

(30)「関于推遲接収来華留学生事電有関駐外使館」、李滔主編『中華留学教育史録』高等教育出版社、二〇〇〇年、三六一頁

(31)「教育部就外国在華留学生休学一年事電有関駐外使館」、李滔主編、同上書、三六一頁

(32)楚樹竜『冷戦后中美関係的走向』中国社会科学出版社、二〇〇一年、二・三頁

(33)国家教育委員会外事司編『教育外事工作歴史沿革及現行政策』北京師範大学出版社、一九九八年、三三頁

(34)『中華人民共和国重要教育文献』海南出版社、一九九七年、一五二七頁、所収

(35)金冲及主編『周恩来伝　下』(劉俊南・譚佐強訳)岩波書店、二〇〇〇年、三六五・三六六頁

(36)同上書、三六七―三七一頁

(37)若林正丈『台湾の政治：中華民国台湾化の戦後史』東京大学出版会、二〇〇八年、一一〇―一二〇頁

(38)「中美口頭諒解我方記録稿」、李滔主編、前掲書、四一三・四一四頁。米国側のこの期間の教育交流に関する研究としては、D. M.Lampton ,"A Relationship Restored: Trends in U.S.-China Educational Exchanges, 1978-1984", National Academy Press, 1986. がある。

(39)「中国教育代表団訪美総結報告」、李滔主編、前掲書、四一一―四一三頁

(40)一九八五年五月一五日、ワシントンDCの米国NPCにおいて行われた会談の報告書「中米科学技術連合委員会の第四回会議・留学生・学者小組対口会談」、李滔主編、同上書、四一九―四二一頁。また、陳学飛主編『高等教育国際化：跨世紀的大趨勢』福建教育出版社、二〇〇二年、二五二―二六〇頁

(41)彭未名主編『国際教育交流与管理』華南理工大学出版社、二〇〇七年、六七・六八頁。及び、改革開放三〇年中国教育改革と発展課題組『教育大国的崛起一九七八―二〇〇八』教育科学出版社、二〇〇九年、一七頁、参照。

(42)李滔主編、前掲書、六〇二―六二八頁に参考資料を所収

(43)「中美教育会談新聞公報」、李滔主編、同上書、四二六・四二七頁

(44)Leo A. Orleans、前掲書、p. 22

(45)大塚豊「日中学術文化交流」、『中国総覧』霞山会、一九八六年、四七一―四七七頁。および白土悟「中国から見た日本留学」、広島大学・大学教育研究センター『大学研究ノート』第七〇号、一九八八年、四八頁、参照。

(46)『中国赴日本国留学生預備学校：慶祝建校二十周年一九七九―一九九九』一九九九年八月、参照。また、王雪萍『当代中国留

学政策研究：一九八〇～一九八四年赴日国家公派本科留学生政策始末』世界知識出版社、二〇〇九年、参照。
(47)「中華人民共和国教育部部長・何東昌、日本国文部大臣・森喜朗会談紀要」、李滔主編、前掲書、四四一・四四二頁
(48) 中華人民共和国駐日本国大使館のHP（http://www.china-embassy.or.jp）参照。
なお、日中の教育交流に関する大臣級会談による二〇〇一年から二〇〇五年までの取り決めは下記の通りである。

《資料》 日本国中曽根弘文文部大臣と中華人民共和国陳至立教育部長との日中両国の教育交流に関する会談の概要
――日中教育交流五カ年計画（二〇〇一年～二〇〇五年）――

日本国文部大臣中曽根弘文と中華人民共和国教育部長陳至立は、二〇〇〇年一月十五日、北京において会談を行った。会談は、友好的な雰囲気の中で行われた。会談の中で双方は、長年にわたる両国の教育交流の喜ばしい成果を顧み、一九九六年から二〇〇〇年までの両国間の教育交流の実施結果に対して満足の意を表した。二一世紀を迎えるに当たって、両国間の教育交流をさらに高い段階に発展させるため、双方は、友好と互恵、相互信頼の精神に基づき、二〇〇一年から二〇〇五年までの日中教育交流について、広範かつ深く立ち入った意見交換を行った。それを踏まえて個別事項に関して協議を行った結果は、以下の通りである。

I　留学生交流
1、日中双方の努力により、一九七九年から開始された留学生交流事業は順調な発展を遂げた。このことについて、双方より満足の意が表明され、また、両国間の相互理解の促進と教育・学術の発展のため、双方が今後も引き続き留学生交流を拡大することで意見の一致をみた。
2、中国側は、大学院レベルの留学生として、二〇〇一年から二〇〇五年までの間、修士課程修了者については四〇名を、博士課程修了者については二〇〇〇年時点の六〇名から毎年段階的に増やし七〇名を、日本の大学の大学院博士後期課程に毎年派遣し、教育・研究を行うことについて、日本側の協力と配慮を求めた。日本側は、これを日本政府奨学金研究留学生として受け入れることを表明した。

3、日本側は、二〇〇一年から二〇〇五年までの間、二〇〇〇年時点の一〇〇名から毎年段階的に増やし一一〇名までの日本人留学生を中国への留学に派遣することを表明し、中国側の協力と配慮を希望し、中国側は、中国政府奨学金留学生として受け入れることを表明した。

4、双方は、若手行政官・経済人の交流を協力して推進することで意見の一致をみ、日本側は、中国の若手行政官や経済人を二〇〇一年から実施する訪日研修プログラムに招聘することを表明した。双方は、具体的な方法等について、事務レベルで協議することで意見の一致をみた。

5、双方は、これまで東北師範大学において協力して進めてきた中国赴日本国留学生予備学校で得られた成果に対して満足の意を表明した。日本側は、当該予備学校の充実に関する中国側の積極的取組みを高く評価した。同時に日本側は、上記2に係る者が同校で予備教育を受けることについて、引き続き必要な協力を積極的に行うことを表明した。中国側は、このことに対し、感謝の意を表明した。

6、中国側は、日本の大学において中国人留学生の指導・世話を担当している教職員に対し感謝の意を表し、かつ、彼らに中国についての理解を深めてもらうため、毎年一〇名以内の教職員の代表団を中国の教育事情視察のために招待する旨を表明し、日本側はこれに対し謝意を表明した。

Ⅱ　教育交流

1、中日両国の教育に関する相互理解と交流を強化し促進するため、双方は、毎年相互に教育行政官の代表団一〇名以内を相手国へ派遣することについて意見の一致をみた。双方は、具体的な内容や方法等は、事務レベルで協議することで意見の一致をみた。

2、両国間の相互理解と交流を促進するため、双方は、毎年相互に三名以内の教育行政官（中央政府教育行政官、地方教育行政官、大学教育行政官）を受け入れ、相手国の言語、教育学、教育行政管理、教育法規等の分野で研修を行い、受け入れ側は、奨学金を提供することで意見の一致をみた。双方は、具体的な内容や方法等は、事務レベルで協議することで意見の一致をみた。

3、中国側は、識字教育、女性教育、職業教育の分野の発展のため日本側の協力を希望し、日本側はこれに協力することで意見の一致をみた。日本側は、識字教育及び職業教育について、ユネスコを通じた協力が考慮できることを提案し、双方は、協力の具体的な内容、方法は、今後、ユネスコを通じて双方の実務レベルで協議することで意見の一致をみた。

4、日本側は、学生・教員等の国際交流の重要性の観点から、世界の高校生、大学生、教員等を対象として相互交流を推進し、国際理解を図るため、ユネスコに信託基金を拠出することを予定しており、本基金を活用して日中間の教育交流の促進を図ることを表明し、双方は、その円滑な実施のために協力することで意見の一致をみた。

5、日本側が日中間の青少年交流の協力の一環として、中国の初等中等教育教員を短期研修のため招聘する計画について、双方は、その円滑な実施のために協力することで意見の一致をみた。

6、双方は、不定期に、日中教育研究会を開催することで意見の一致をみた。研究会の実施方法等は、事務レベルで協議することで意見の一致をみた。

7、両国の教育発展の有益な経験を相互に学ぶため、双方は、不定期に中華人民共和国教育部と日本国文部省の局長またはこれに相当するクラスの職員、大学の学長を派遣し、教育に関する専門的な課題について相手国に対し講義を行い、交流を図ることで意見の一致をみた。双方は、具体的な内容、方法等は事務レベルで協議することで意見の一致をみた。

8、双方は、日中両国の大学の学長が、様々な問題について議論する大学長フォーラムを開催することで意見の一致をみた。双方は、具体的な内容、方法等は両国の大学間における協議を踏まえて、事務レベルで協議することで意見の一致をみた。

Ⅲ　学術交流

1、双方は、学術交流が双方の学術水準の向上に寄与するとともに、両国の研究者間の相互理解に貢献するものであり、引き続き学術交流を促進すべきであるとの認識で一致した。

2、双方は、両国の大学間の交流が学術交流を促進する上で、重要な意義を持つことを認識した。今後、大学間交流を奨励することで双方の意見が一致した。このため、中華人民共和国教育部と日本国文部省は財政等の面で支持することで意見の一致をみた。

3、双方は、研究者交流は学術交流の基本であるとの認識で一致し、さらに研究者の交流を拡大することを表明した。中国側は、毎年、日本へ一五〇名以内の中国政府派遣研究員を派遣し、日本側がこの受け入れに協力することを希望した。日本側は、積極的な協力を行うことを表明した。双方は、協力の具体的内容、方法は事務レベルで協議することで意見の一致をみた。

Ⅳ　語学学習

双方は、両国において日増しに相手国の語学を学習したいという熱意が高まっていること及び長年にわたりこの分野で行われている協力に対し、満足の意を表明した。

その他、双方は、適切な措置をとり、相互協力と連携を強化してゆく必要があるとの認識で一致した。双方は、具体的内容、協力の方法等は、事務レベルで検討することで意見の一致をみた。

（文部科学省による資料提供）

第五章　改革開放前期における公費派遣政策

一九七八年十二月末に改革開放路線を採ることが決議された。それ以降は通常「改革開放期」と呼ばれている。改革開放期はすでに二〇一〇年で三二年を迎えた。楊暁京・苗丹国（二〇〇〇）は留学交流政策の展開から見て、改革開放期を二つの段階に区分する。第一段階は、一九七八年十二月末の改革開放路線の決定から一九九一年末のソ連崩壊までの一三年間である。ちょうど冷戦末期にあたるが、これを「改革開放前期」と呼んでいる。第二段階は、一九九二年以降、冷戦後に市場経済化が急速に進む時期である。これを「市場経済期」と呼んでいる。この時期には従来の計画経済体制から市場経済体制に移行することが国家目標とされた。ここではこの区分に従うことにしたい(1)。

さて、本章では、冷戦末期の「改革開放前期」における公費派遣政策（国家派遣と機関派遣）とその社会背景を検証し、次章で「市場経済期」の公費派遣政策を考察したいと思う。ところで、「改革開放前期」に先立つ、一九七六年十月の「四人組」逮捕による文革終結から一九七八年十二月末の改革開放路線の決定までの約二年間を看過することはできない。この二年間のうちに、中国は階級闘争終結を宣言し、政策の重心を経済発展に転換した。文革の混乱と破壊から政治・経済・教育などあらゆる分野で、所謂「撥乱反正《はつらんはんせい》」（乱世を治め、正しい世に返す）が行われた。鄧小平は「第二革命」と言ってよいほど大きな転換を成し遂げた時期であったと回顧している。ここでは「撥乱反正」期と呼ぶことにしたい(2)。

この二年間の転換期を経て、一九七八年十二月末から「改革開放前期」が始まった。一九八〇年に経済特区制度を南方地域で導入するなど、市場経済化が進められた。海外留学は市場経済化のための人材育成の重要手段と位置づけられるようになり、公費派遣や自費留学の制度が整備された。顧みれば、中国の留学教育史上、画期的な時期であったと言える。

第一節 「撥乱反正」期の政策転換

1 鄧小平時代の始まり

既に述べたように、一九七六年一月八日、国務院総理・周恩来死去、続いて七月六日、全国人民代表大会常務委員長・朱徳死去、九月九日、党中央委員会主席・毛沢東死去と、相次いで最高指導者が亡くなり、次期権力をめぐって党内抗争が激化する様相を呈した。その過程で、十月六日、江青・王洪文・張春橋・姚文元の文革派「四人組」が逮捕され、翌十月七日、中共中央政治局会議において華国鋒を毛沢東の後継者として党中央委員会主席に任命することが決定された。これにより文化大革命は事実上終結した[3]。

一九七七年七月十六日〜二十一日、中国共産党第一〇期中央委員会第三回総会（中共十届三中全会）が開催された。党中央委員会総会とは、中央委員と中央委員候補で構成され、総書記・政治局常務委員・政治局員を選出する最重要会議である。この総会で文革後の党の指導体制が決定された。結果として、江青ら「四人組」の党籍剝奪と全職務解任および鄧小平の全職務復帰が決まった。鄧小平は一九七六年四月五日、第一次天安門事件の二日後、四月七日に全職務を解任されていたが、ここにおいて党中央委員会副主席、国務院副総理、人民解放軍総参謀長に復帰することが正式に決定した。更に、一九七七年八月十二日〜十八日、中国共産党第一一回全国代表大会（党十一大）において党中央軍事委員会副主席に就任。その直後の中国共産党第十一期中央委員会第一回総会（中共十一届一中全会）においては主席・華国鋒、副主席・葉剣英、李先念、汪東興とともに政治局常務委員会委員となり、党政の実権を掌握したのである。翌七八年二月、第五期全国政治協商会議において同主席に就任した。かくして政治的地位は強固なものとなった。こうして最高実力者となった鄧小平は文革以後の改革開放を先頭に立って進めたのである。一般に、それ以前を「毛沢東時代」と呼ぶのに対して、以後は「鄧小平時代」と呼ばれている。

2　「毛沢東と文化大革命」の評価問題

当時、国内外で注視されていたのは中国共産党が「毛沢東と文化大革命」をどのように評価するかという問題であった。党内の認識が一致するかどうか、評価の成否が次の時代を開く重要な鍵となっていたのである。

一九七八年十一月十日～十二月十五日、中央工作会議が北京で開催された。党、政府、軍、人民団体、各省・市・自治区の党委員会、および一一の大軍区から主要な人物が二一二人参加した。会議の目的は中国共産党第一一期中央委員会第三回総会（中共十一届三中全会）の下準備をすることであった。

開幕式において、党中央委員会主席兼国家主席の華国鋒は「ふたつのすべて」（両个凡是）を遵守すべきであると説いた。「ふたつのすべて」とは、毛沢東亡き後、一九七七年二月七日、党機関紙『人民日報』や党機関誌『紅旗』などに提唱された主張で、「すべて毛主席の行った決定を、われわれは断乎擁護し、すべて毛主席の指示に、われわれは終始かわらず従う」というものである。生前の毛沢東の決定や指示を、その死後も絶対的に尊重するという考えである。

これに対して、党副主席・鄧小平は同年十二月十三日、一カ月余続いた会議の閉幕式で「ふたつのすべて」を否定して、毛沢東の評価問題について次のように述べた。(4)

最近、国際的にも国内的にも、毛沢東同志と文化大革命に対するわれわれの評価の問題に大きな関心が寄せられている。毛沢東同志が長期にわたる革命闘争のなかで打ち立てた偉大な功績は、永遠に不滅である。一九二七年の革命が失敗したのちのことを振り返ってみるに、かりにも毛沢東同志の卓越した指導がなかったとしたら、中国革命はいまなお勝利していない可能性がきわめて高い。そうだとすれば、中国の各民族人民は、いまなお帝国主義、封建主義、官僚資本主義の反動支配のもとにおかれ、わが党はなおも暗黒のなかで苦闘しているであろう。従って、毛主席なくして新中国などはない。この言い方はなんら誇張などではない。毛沢東思想は、われわれこの世代の人間を、ひとつの世代全体にわたって育んだ。……毛沢東思想は永遠に、全党、全軍、全国各民族人民のもっとも貴重な精神的財産である。

われわれは、毛沢東思想の科学的原理を、一つのまとまりとして、的確に理解し、掌握するとともに、新たな歴史的条件のもとでそれを発展させる。むろん、毛沢東同志に、欠点や誤りがないわけではない。一人の革命の指導者に欠点や誤りのないよう要求するとしたら、それはマルクス主義ではない。われわれは、全党員、全軍の指揮者と兵士、全国各民族人民が、毛沢東同志の偉大な功績を科学的、歴史的に認識するよう、指導し、教育する。

（鄧小平「思想を解放し、実事求是をおこない、一致団結して前向きに進もう」）

要するに、毛沢東に関しては、中国革命を指導した功績は絶大であったと高く評価すべきであるが、他方で、毛沢東も人間である以上、実際の過程で欠点も現われ、誤りを犯すこともある。毛沢東に対してもっと人間的な評価を行うべきであると主張した。換言すれば、毛沢東その人を否定（非毛化）するのではなく、その神格化を否定（非神化）すべきだというのである。「ふたつのすべて」の考え方は毛沢東の神格化に他ならないとして批判したのである。(5)

また、文革に関しては、以下のように述べた。

文化大革命に関しても、科学的、歴史的に見るべきである。毛沢東同志がこのような大革命を発動したのは、主として、修正主義に反対し、修正主義を防ぐという要求から出発してのことであった。実際の過程で発生した欠点や誤りについては、適当な時期を見て、経験、教訓として総括する。それは全党の認識を一致する上で必要なことである。文化大革命はすでにわが国社会主義の歴史的発展過程におけるひとつの段階となっており、いずれ総括しなければならない。しかし、必ずしも慌ててそれをやる必要はない。このようなひとつの歴史段階に対して科学的評価を下そうとすれば、真剣な研究をなさねばならず、ある種のことがらは、より長い時間を経過して、はじめて十分な理解ができ、評価を下せるだろう。そのときになって、いま一度この歴史の一段階を語るほうが、われわれが今日あれこれ言うより、ずっとマシであろう。（同上）

鄧小平は、文革の評価について全党の認識を一致させる必要があると述べ、文革は社会主義の歴史的発展過程におけるひとつの段階であり、時間をかけて科学的評価を下すべきで、今は論争すべきではないとして、総括的な結論を先送りするよう求めたのである。

華国鋒と鄧小平、二人の意見に代表されるように、当時「毛沢東と文化大革命」に関する党内の評価は分かれていた。評価の相違の背景には理論上、路線上の対立が存在する。評価をめぐって権力闘争が激化し、党内分裂の危機的局面が続いたようであるが、結局、鄧小平派が優勢となり、それが党の基本方針となることで決着した。「ふたつのすべて」を主張した華国鋒は鄧小平派に敗れたのである。党中央委員会主席・党中央軍事委員会主席・国務院総理の三職を兼ねていた華国鋒は、二年後の一九八一年六月二十七日に非公開で開かれた中国共産党第一一期中央委員会第六回総会（中共十一届六中全会）において、自己の見解の誤りを認め、党中央委員会主席等を辞任したのである。

3　改革開放路線の決定

さて、中央工作会議が終了して三日後、一九七八年十二月十八日から二十二日までの五日間、中国共産党第一一期中央委員会第三回総会（中共十一届三中全会）が開催された。列席者は党中央委員会主席・華国鋒、副主席・葉剣英、鄧小平、李先念、陳雲、汪東興を含む中央委員一六九人、中央委員候補一一二人、その他九人、合わせて二九〇人であった。

会議の具体的情況は明らかにされていない。だが、最終日の十二月二十二日に「公報」（中国共産党第十一届中央委員会第三次全体会議公報）が出された。その全文が同月二十四日付で党機関紙『人民日報』に掲載され、全国民に告示された。「公報」は会議での決定事項を六つに分けて記載している。それは以下のようなものであった[6]。

① 階級闘争の終結宣言と現代化建設の開始

階級闘争は基本的に終結したことを宣言し、今後は「社会主義現代化建設」に向けて努力しなければならない。「公報」では「国内には現在まだ我国の社会主義現代化建設を敵視し破壊しようとするごく少数の反革命分子、刑事犯罪分子がいるので、われわれは決して彼らとの階級闘争をゆるめてはならないし、決してプロレタリア階級専政を弱めてはならない。しかし、毛沢東同志が述べたように、大規模な激しい暴風雨のような民衆による階級闘争はすでに基本的に終結した」と述べ、「総会は、全党、全軍、全国の各民族人民が心を合わせること、また安定し団結した政治局面を発展させること、かつ直ちに動員し、勤労意欲を奮い立たせ、衆知を集め大勢の力を合わせて、本世紀のうちに中国を社会主義の近代的な強国（現代化強国）にすること。そのために新しい長征を行進することを望む」と記している。

② 西側諸国との外交政策

外交政策においてはすでに重要な進展があり、今後、米国、日本、欧州、アフリカ諸国、ラテンアメリカ諸国を訪問して、世界との友好関係を発展させる。更に、米国との国交正常化によって、台湾との統一に向けた取り組みを進めるとしている。

③ 国民生活の安定

国民経済を回復するために、経済の管理体制と経営の管理方法を改革しなければならない。すなわち、「公報」では、「自力更生を基礎として、世界各国と平等互利の経済協力を積極的に発展させ、世界の先進技術と先進設備を努力して採用し、現代化の実現に必要な科学と教育工作に大いに力を入れる。これによって、わが国の経済建設は必ず非常に速く安定して発展するだろう。これは間違いないことである」と述べる。特に、農業生産問題を重視して改革を行い、農産品の価格を抑え、国民の生活水準を安定させねばならないという。

④　文化大革命中の政治的過誤の修正

文革中に生じた政治事件が見直された。ひとつは、鄧小平がかつて失脚した第一次天安門事件に対する判断が完全に間違っていたことを認めて、その文献を抹消することを決定した。次に、彭徳懐、陶鋳、薄一波、楊尚昆などに対する過去の処置の誤りを認め、名誉回復を行うことが決まった。更に、憲法で規定された公民の権利を保障するために法整備が急務とされ、「現時点から、立法工作を全国人民代表大会及びその常務委員会の重要な議事工程に組み入れなければならない。検察機関と司法機関に独立性を保持させなければならない」と記している。

⑤　毛沢東思想の体系的学習

毛沢東の中国革命に対する偉大な功績を評価し、毛沢東思想を「体系」として学ぶべきである。つまり、毛沢東の言葉を部分的に切り取って、全く異なる文脈で勝手に利用するような態度を戒めた。また、指導者には欠点がない、指導者は過ちを犯さないと考えるのはマルクス主義の科学的態度にも、毛沢東自身のかつての自己評価（自分も誤りを犯すという認識）にも反するものだという点を強調している。

⑥　党内の民主化

党内の民主化を図らなければならない。例えば、党員は一律に「同志」と呼びあうこと、中央の党員といえどもその個人的意見を「指示」と呼んではいけないこと、党員は中央委員会の常務委員会に直接に批評的意見を言う権利を保障されることなどである。そして、陳雲を長とする一〇〇人構成の中央紀律検査委員会を新設して、党の法規を維持し、その風儀を改良する任務を与えることにしたのである。

ところで、この総会は改革開放を決議した画期的な会議としてよく知られている。だが、その「公報」には「改革開放」の字句は見当たらない。しかし、上述のように政治改革（文化大革命の終結と不当な処置を受けた人々の名誉回復、党内の民主化、毛沢東思想の堅持など）、経済改革（農村改革、農業問題の改善など）、教育改革（科学と教育の発展）、対外交流（世界各国との友好交流）などの方針が掲げられている。後に、これらは「改革開放」

（国内においては改革、国外に向かっては開放という意味）と一言で表現されるようになったのである。

4　党の歴史問題に関する決議

改革開放の決定から約一年後、一九七九年九月、中国共産党第一一期中央委員会第四回総会（中共十一届四中全会）が開催された。ここで議論された内容は一般には知ることはできないが、中央党校副教授・湯応武（一九九八）によれば、中国共産党のこれまでの歴史的功罪が議論され、漸く党内に一致した認識が得られたという。

こうして重要な決定がなされた。一九七八年の中央工作会議および中国共産党第一一期中央委員会第三回総会（中共十一届三中全会）で承認された「毛沢東や文化大革命に対する評価」を踏まえて、これまでの党の実績と過誤を総括する歴史文書を起草することが決定されたのである。この文書は党内の左派・右派の認識を統一するという重要な役割を担うべきものであった。

文書起草は中央委員会の責任で同年十一月に着手され、一年半をかけ完成した。「建国以来の党の若干の歴史問題に関する決議」（関于建国以来党的若干歴史問題的決議）である。湯応武は「この作業は中国共産党中央政治局、中央書記処の監督の下、鄧小平と胡耀邦が自ら指導した。起草委員会（文件起草小組）の主な責任者は胡喬木であった。鄧小平は『決議』の起草を非常に重視していたので、起草開始から起草委員会に『決議がもし立派にできれば、みんなの認識を一致させることができる』と述べていた。起草の過程で十数回も草稿に対して基本的考え方、重要な結論、改訂意見を提出し、『決議』の完成に決定的な影響をもった」と指摘する。(7)

一九八一年六月二十七日、中国共産党第一一期中央委員会第六回総会（中共十一届六中全会）が開催され、「建国以来の党の若干の歴史問題に関する決議」が通過した。「決議」は全三八節からなるが、その三五節目に文化大革命で得られた教訓が一〇項目にまとめられている。全党の認識を統一しなければならない最も肝心な部分である。統一された認識とは以下のようなものであった。

① 最も解決すべきは、人民の物質文化に対する要望は日々膨らむのに、社会生産が遅滞しているという矛盾である。「党と国家の工作の重点は、経済建設を中心に据えた社会主義現代化建設に転換する必要がある」という。

② 過去の経済工作は左傾思想の誤りのために、実情を無視して行われ、大量の浪費を招き、大きな損失を被った。「我々の経済文化は遅れているという基本的事実を見なければならない。同時に、わが国の経済建設が既に取得した成果や経験および国際経済技術交流の拡大など国内外の有利な条件を見て、その有利な条件を十分に利用しなければならない」と述べる。

③ 社会主義の基本的な経済形式（国営経済と集団経済）に、労働者の個人経済の形式をある程度まで認める必要がある。「公有制の基礎のうえに計画経済を実行する必要があり、同時に、市場調節の補助的な作用も発揮しなければならない。社会主義の商品生産と商品交換を大いに発展させる必要がある」と述べて、大躍進・人民公社化の失敗を教訓として、市場経済化を進める必要を認めている。

④ 階級闘争は既に主要な矛盾ではなくなったが、長期的に存在し、条件が揃えば激化する可能性もある。だから、階級闘争が既になくなったという観点にも反対だが、階級闘争を拡大するという観点にも反対である。社会主義者が政治・経済・思想文化・社会生活に対して行った様々な破壊活動を敵視することを警戒しなければならない。階級闘争とは関係ない社会矛盾が大量に存在することを認識して、階級闘争とは違う方法で解決の努力をしなければならない。

⑤ 民主的な社会主義政治制度を建設することを重視してこなかったので、文化大革命を発生させてしまった。各レベルの人民代表大会やその常設機関をして人民民主を実現する権力機関とするなど、民主的制度を構築しなければならない。

⑥ 文化大革命の長期間、教育・科学・文化を軽視し、知識人を軽視した。その誤った観念を排除する必要がある。知識人は労働者・農民と同様に社会主義事業にとって不可欠であることを明確に肯定しなければならない。

⑦ 文化大革命中に階級闘争を拡大するという誤りを犯して、多くの少数民族の幹部と民衆を傷つけ、民族自治権を十分に尊重しなかった。民族間の団結をもたらすために、民族地方の自治権保障、経済援助、民族幹部の育成、宗教信仰の自由政策を行う。「四つの基本原則を堅持し、宗教信徒に宗教信仰を放棄するよう要求しない。しかし、彼らがマルクス・レーニン主義・毛沢東思想に反対する宣伝を行わないよう要求する。宗教が政治や教育に干渉しないよう

要求する」と述べている。
⑧　戦争勃発の危険がまだ存在するので、国防の近代化を行う。人民解放軍の戦闘力を高めるために軍事訓練、政治工作、軍事科学の研究を強化する。
⑨　対外関係では、帝国主義、覇権主義、植民地主義、民族主義に反対し、世界平和を維持する。世界各国との関係や経済文化交流を発展させる。
⑩　才徳兼備の指導者による集団指導制を確立し、いかなる形式の個人崇拝も禁止する。また、「党は党以外の人々との協力を強化する必要があり、人民政治協商会議の役割を発揮させ、国家事務の重大な問題では民主党派や無党派の人々と真摯に協議して、彼らや各方面の専門家の意見を尊重する。党の各レベルの組織は他の社会組織と同様に、すべて憲法と法律の範囲内で活動しなければならない」と述べて、中国共産党の政治運営が独善的にならないように多方面の意見を聴取するというのである。（中共中央「関于建国以来党的若干歴史問題的決議」）

以上、一九七八年十一月の中央工作会議から一九八一年六月の「建国以来の党の若干の歴史問題に関する決議」の承認まで、中国が階級闘争継続の方針から改革開放の方針に大転換した経緯を概述した。この経緯を見ると、それは単に新しい方針が案出された過程というだけではない。党内の団結および社会の団結のために周到に進められた政治的な調整過程であった。改革開放の方針は過去の功罪と教訓を踏まえることによって、将来ビジョンにまで高められたと言えるだろう。

さらに、一九八七年十月には、中国共産党第一三回全国代表大会（党十三大）が開催され、ここにおいて中国は「社会主義初級段階」にあるという理論が打ち出され、かつ「一つの中心、二つの基本点」（一个中心、両个基本点）という基本路線が発せられた。即ち、中国はまだ社会主義社会の初期段階にあり、理想的な共産主義社会に移行するにはまずもって経済を発展させなければならないとして、「経済発展」を中心に据えて政策を実行し、二つの基本点である「改革開放」と「四つの基本原則」（四項基本原則）を遵守すべきであるというのである。なお、

「四つの基本原則」とは「一つ、必ず社会主義の道を堅持する、二つ、必ずプロレタリア独裁を堅持する、三つ、必ず共産党の指導を堅持する、四つ、必ずマルクス・レーニン主義と毛沢東思想を堅持する」というものである。現代化を進めるに当たって、決して揺らいではならない政治思想の原則とされた(8)。

最後に、この「一つの中心、二つの基本点」という基本路線は、一九九〇年十二月、中国共産党第一三期中央委員会第七回総会（中共十三届七中全会）で通過した「国民経済と社会発展の一〇年計画と第八次五カ年計画の制定に関する建議」（関于制訂国民経済和社会発展十年規划和八五計划的建議）の中で「中国の特色ある社会主義」を建設するための「一二条の原則」として更に具体化された。次のようなものである(9)。

① 労働者階級の指導するところの、労農連盟を基礎とする人民民主専政を堅持する。絶えず人民代表大会制度を改善し、絶えず共産党指導の多党協力と政治協商制度を改善し、絶えず広範な愛国統一戦線を強固にして発展せしめ、社会主義民主と社会主義法制の建設に努力する。

② 社会の生産力の発展を社会主義の根本任務として堅持し、現代化建設を専心実行して、絶えず人民の物質文化生活の水準を高める。

③ 絶えず社会主義の経済・政治体制やその他の領域の管理体制を改革することを通して、中央・地方の企業や広大な労働人民の主体性・積極性・創造性を十分に発揮させる。

④ 対外経済貿易関係を発展させ、外資を利用し、先進技術を導入するなどの多様な形式を採用し、経済特区・経済開発区の運営や必要な特殊政策と融通を利かせた措置を実行することを通して、絶えず対外開放を拡大する。

⑤ 社会主義公有制を主体として多様な経済要素を併存させた所有制の構造を堅持し、個体経済・私営経済とその他の経済要素が公有制経済に対して有益な補充作用を発揮するよう、正確な管理と指導を強化する。

⑥ 社会主義の計画的商品経済を積極的に発展させ、計画経済と市場調節を結合させ、国民経済の持続した安定的な協調発展を促進するよう努力する。

⑦ 労働に応じて報酬を分配することを主とし、その他の分配方式を補充とする分配制度を実行する。一部の人々や一部の地区が誠実に労働し合法的に経営して先に豊かになることを許し支持する。先に豊かになったものが未だ豊かでないものを援助することを奨励する。それにより人民全体と各地区を利して、共同富裕を逐次実現する。

⑧ マルクス・レーニン主義、毛沢東思想の指導を堅持し、祖国の優秀な文化遺産を継承して発揚し、世界中の優秀な文化成果を借用し吸収して、絶えず全民族の思想道徳と科学文化素質を高め、社会主義精神文明を建設する。

⑨ 平等互助、団結合作、共同繁栄をめざす社会主義的民族関係を確立して発展させ、民族区域自治制度を堅持して完成させ、民族蔑視や民族圧迫や民族分裂に反対する。

⑩ 「一国二制度」の構想と実践によって、祖国統一の大業を逐次実現する。

⑪ 独立自主の平和外交政策を堅持し、平和共存五原則を基礎に一切の国家と友好関係を発展させ、覇権主義と強権政治に反対し、被圧迫民族と被圧迫人民の正義の闘争を支持し、世界平和を維持して人類の進歩を促進する。

⑫ 共産党の指導を堅持し、党の指導制度・指導風儀や指導方法を絶えず改善し、党の政治・思想・理論と組織建設を強化し、終始変わらず党をして社会主義事業の堅強な指導の中心となす。

かくして、改革開放路線は、社会主義初級段階の理論と相俟って、今日（二〇一〇年）まで三二年間継続する基盤を確立したと言えるであろう。それは簡単には揺るがないものに仕上げられたのである。

第二節　鄧小平の留学教育理念

1　知識人尊重の提唱

留学派遣政策の基本的背景として知識人政策がある。知識人政策については既に述べたように、文革以前には、「ブルジョア階級の知識人」の思想改造のための支援策として、主に工場や農村の見学、マルクス・レーニン主義の基礎的学習など種々の地道な教育活動がなされていた。だが、一九五七年後半から五八年前半にかけて「反右派闘争」が起こり、「教育」という漸進的な思想改造ではなく、「闘争」という急進的な排斥運動が実行された。公職追放・強制労働など「迫害」が行われた。

しかし、国務院総理・周恩来は、一九六二年三月二十七日、第二期全国人民代表大会第三次会議の「政府工作報告」において、従来の教育活動の成果を高く評価して、次のように述べた。「知識分子は社会主義建設事業が勝利するのに必要不可欠で重要な力である。我国の知識分子は社会主義建設の各戦線で貴重な貢献をしてきた。国家と人民の尊重を受けるべきである。……全く疑いなく、彼らは労働人民に属する知識分子である」と。すなわち、急進的な排斥運動を批判したのである。党内には周恩来に反対する勢力が存在したが、とにもかくにもこれが六〇年代半ばまでの知識人政策の基調であったと言えるだろう。

だが、まもなくして、一九六六年六月に文革が勃発し、それまでの知識人政策は崩壊した。以後一〇年間、科学技術を発展させるべき知識人による教育・研究活動は停滞し、大学の閉校と教育の質的低下によって次世代の高度人材の育成も滞ってしまった。

それゆえに、改革開放後、鄧小平は極端な知識人排斥の考え方を批判して、敢えて再び「知識人は労働者階級の一部である」と唱導しなければならなかった。一九七七年五月二十四日、党務に復帰したばかりの鄧小平は「知識

を尊重し、人材を尊重しよう」（尊重知識、尊重人材）という談話において次のように述べている。以下は抜粋である。(10)

我々が現代化を実現するための鍵は科学技術の向上である。科学技術を発展させるためには教育を掌握しなければならない。……先進国と比較して、我々の科学技術と教育は、たっぷり二〇年は遅れている。科学技術の要員はアメリカには一二〇万、ソ連には九〇万いるのに、我々には二〇余万しかいない。……日本人は明治維新から科学技術に注意を払い、教育に注意を払い、大変な努力を重ねてきた。明治維新は新興のブルジョア階級がやった現代化であり、我々はプロレタリア階級であるから、彼らより立派にやるべきであり、また、やることができよう。……（中略）……科学技術系統の中から尖端的人材を選ぶ。……彼らに研究の仕事に専心してもらう。生活が苦しい者には手当をやって補助する。今、ある人たちは老人と子どもを抱え、一カ月の給料は五～六〇元で、家庭の雑用に多くの時間を取られている。夜になって静かなところで本を読もうとしても、それもできない。これでは困る。これらの人たちに対する政治的な要求はほどほどであるべきである。……知識分子を尊重しないという誤った思想に反対しなければならない。頭脳労働であると、肉体労働であるとを問わず、すべて労働である。頭脳労働に従事している人間も労働者である。……知識を重視し、頭脳労働に従事する人間を重視しなければならない。
（鄧小平「尊重知識、尊重人材」）

科学技術の発展には教育の発展が必要であり、科学技術と教育の両方の発展のために知識人が活躍できる条件を創出しなければならない。鄧小平の「知識を尊重し、人材を尊重しよう」はスローガンとなり、全国津々浦々で大小の看板や土壁に大書された。鄧小平は、周恩来の「知識人は労働者階級の一部」であるという考え方から一歩踏み込んで、知識人は「頭脳労働に従事する人間」という定義を与え、知識人の労働の性質を強調した。さらに、知識人の政治思想を厳しく批判するよりも、知識人が自己の仕事に集中できるように生活条件を改善すべきだと主張したのである。

鄧小平は、すでに述べたように、一九七七～七八年にかけて党中央委員会副主席、国務院副総理、人民解放軍総参謀長に復帰するなど、党政の実権を掌握することになった。鄧小平を中心とする党指導部の知識人政策に関して、党内「左」派の反対勢力はどうやら抑えられたのである。

一九八二年七月一日、政治局常務委員の陳雲は、政治局常務委員会に文書を提出した。文書は、北京航空学院の党員教師が中共中央書記処宛てに送った手紙および全国政治協商会議の知識分子政策調査班による中年知識人の健康情況報告書という二つの資料を見て、彼らの生活改善を早急に考えるべきだと主張している。「この二つの資料は中年の知識分子の生活と仕事の負担が重いことを語っている。だが、給与は低く、多くの人の健康水準は下降している。これは国家の大問題であり、確実に大決心して、今年と来年の二年以内に順を追って解決できないものだろうか。……彼らの仕事条件を改善することは基本建設のひとつの項目、基本の中の基本の建設と見なければならない。生産、科学研究、教育、管理部門の知識分子は、どの工業国家でも最も貴重な財産（最貴宝的財富）である。日本、西ドイツの戦後復興は速かったが、重要な原因のひとつは中核的人々を保護し、十分に彼らの作用を発揮させたことである。……人民に向かってはっきりと説明しなければならない。教育程度の高い人は教育程度の低い人に比べて、また脳力労働は体力労働に比べて、給与収入は少し高くなる。これは社会主義経済の法則にも、人民の長期的利益にも合致することである。このようにしなければ、我々の科学技術を高めることはできないし、生産力も高めることはできない」と述べている[11]。

このように鄧小平、陳雲など党指導部は、知識人の尊重と待遇改善が必要であると考えていた。しかし、党指導部の考えが全国末端まで浸透するには時間がかかる。岩佐昌暲（一九八六）によれば、専門知識が豊富で、職場で業績を上げ始めた知識人たちは、そうでない党幹部や上司に妬まれ嫌がらせを受け続けたのである。その多くが労働者・農民出身で知識人に対する反感（のちに「左傾の知識人観」として批判される）を依然として持ち続けていたためである[12]。

だが、党指導部による知識人政策の改善の兆しは、大勢の知識人・学生に自分達が活躍できる時代の到来を予感させたであろう。そのことが彼らの知的欲求を刺激し、高水準の外国の大学に学びたいという留学志向を抱かせる基本的原因であったように思われる。

2　高等教育制度の再建問題

文革で多大な損失を受けた高等教育の復興について簡単に触れておきたい。一九七六年十月、「四人組」逮捕によって文革は事実上終結した。文革期には、大学は工農兵学員を推薦入学させていたが、その制度はその翌年には撤廃されることになった。

一九七七年八月四日~八日、鄧小平は「科学と教育工作座談会」を開催し、科学研究者・教育者の意見を徴した後、自ら「科学と教育に関する若干の意見」という講話を行った。この内容の詳しい説明は割愛するが、①建国以来の一七年間の教育の評価問題、②科学研究者も教育者も頭脳労働者であるという問題、③科学研究の統一的管理機構として国家科学技術委員会を再建する問題、④教育制度の再建問題、⑤科学研究者と教育者の工作支援体制構築の問題、⑥「百家争鳴」を奨励する問題など六つの要件について意見を述べたのである。主に文革期の政策・思想の批判であった。

特に、高等教育制度の再建について、「大学、学院、高等専門学校が当該年度の高級中学卒業生から学生を採用する問題」として、「今年は決意して高級中学卒業生から直接募集することを復活し、大衆推薦は止めることだ。直接募集は、人材の早期養成、成果の早期達成の良い方法であると私は思う」と述べた。

この発言を受けて、同年十月十二日、教育部は「一九七七年大学募集工作に関する意見」(関于一九七七年高等学校招生工作的意見)を提出、国務院はこれを承認した。この「意見」には大学本科・専科の募集対象を次のように記している。以下、その部分の訳である。

(一)　募集対象、条件

すべての労働者、農民、「上山下郷」した知識青年、故郷に帰った知識青年(政策によって都市に留まるも職業分配を未だ受けていない者も含む）、復員軍人、幹部と高校卒業見込み者で、年齢は二〇歳前後、二五歳を超えず、未婚であること。実践経験が比較的豊富で、研究において成果を上げているか、あるいは専門に詳しい場合は、年齢を三〇歳まで拡げ、結婚の有無は問わない（一九六六・一九六七年度高校卒業生の採用についても配慮すること）。

下記の条件の者は、等しく申請できる。

（1）いままで政治的に問題がなく、中国共産党を擁護し、社会主義を熱愛し、労働を熱愛し、革命の紀律を遵守し、革命のために学習する決心をしていること。

（2）高校卒業あるいは高校卒業に相当する文化水準（高校の在籍学生で成績が特に優秀であれば、自ら申請し、学校の推薦によって入学試験に参加できる）を有すること。

（3）身体が健康であること。

（教育部「関于一九七七年高等学校招生工作的意見」）

こうして一九七七年十二月十日、全日制大学（普通大学）の全国統一入試が再開された。全国で五七〇万人が受験登録したが、本科・専科の合格者は二七・三万人（受験者全体の約五パーセント）であり、非常に激烈な競争であった。合格者は一九七八年三月に晴れて入学した。また一九七八年七月二十日から二十三日までの入試では四〇・二万人が合格し、九〜十月に入学した。この二回の入試合格者の中には文革期に「上山下郷」した知識青年が相当多数を占めたのである。(13)

3　科学技術の振興政策

一九七八年三月十八日、中共中央（党中央委員会）は全国科学大会を開催した。鄧小平はその開幕式で講話を行った。講話の中で、文革中に鼓吹された科学技術従事者についての偏見を批判して、科学技術はそもそも生産力であり、その従事者である頭脳労働者は社会主義社会のために奉仕する労働者であると再び強調している。以下はその抜粋である。(14)

同志諸君、二十一世紀のうちに、農業、工業、国防、科学技術の現代化を全面的に実現し、我国を現代化された社会主義強国に築き上げることは、我国人民の双肩にかかる偉大な歴史的使命である。……「四人組」は「四つの現代化が実現した日こそ資本主義復活の日である」などとでたらめを言い、狂ったように破壊を続け、国民経済を一度は崩壊寸前にまでいたらせ、我国の科学技術と世界の先進的水準との差はますます大きく開いた。……「四人組」のやったことは、我々に反面教師として、次のことを深く理解させた。すなわち、プロレタリア階級独裁下で、現代化をやらず、科学技術の水準を高めず、社会的生産力を発展させず、国力を強化せず、人民の物質生活と文化生活を改善しなかったら、その結果、社会主義の政治制度と経済制度は十分に強固にならず、国家の安全には確かな保証がなくなるということである。……四つの現代化の鍵は科学技術の現代化である。現代的科学技術がなければ、現代的農業、現代的工業、現代的国防を打ち立てるのは不可能である。（鄧小平「全国科学大会開幕式における講話」）

この講話において、鄧小平は科学技術に関して、幾つかの重要な観点を挙げた。

① 「科学技術は生産力である」という認識を持つべきだと強調した。文革中には、科学技術で優れた業績を上げた研究者や技師を「ブルジョア階級の学術的権威者」として軽侮し、中国科学院の中の科学研究機関の多くは解体され、研究者は下放させられた。つまり、科学技術研究は非常に軽視されたのである。

② 科学技術者の多くは既に労働者階級の一部になっているという。頭脳労働と肉体労働の区別は社会的分業の相違である。「四人組」は「頭脳労働と肉体労働の分業を階級対立であると歪曲し、知識人を迫害して打撃を加え、労働者、農民、知識人の同盟を破壊し、社会的生産力を破壊し、社会主義革命と社会主義建設を破壊した」と述べる。

③ 科学技術者に対する政治的理由による迫害はしてはならないという。すなわち、「科学技術者のなかには、ブルジョア階級の世界観を完全に改造していなかったり、ブルジョア階級の思想の影響を比較的深く受けていたりしたために、尖鋭で激烈で複雑な階級闘争の中でしばしば動揺する人が一部いる。彼らに対しては、反

党・反社会主義的でない限り、団結し教育し、彼らの専門を発揮させ、彼らの労働を尊重し、彼らが進歩するよう、関心と情熱をもって援助すべきである」と述べる。

④ 若い世代の科学技術者を早急に養成しなければならないという。すなわち、「我々は現在ある科学技術スタッフの水準を高め、彼らの役割を十分に発揮させると同時に、新しい科学技術の人材を大いに養成しなければならない。林彪・『四人組』の破壊によって、我々の科学技術の隊列には研究者の世代的空白が生じている。従って、若い世代の科学技術の人材を早急に養成する任務は更に差し迫ったものになっている」と述べる。

⑤ 科学研究機関には専門家集団として業務遂行に必要な所長責任制を導入すべきだと述べる。中国共産党委員会の役割を政治的指導に限定して、科学技術研究活動の計画策定、論文査定、成果の評価などの職務に関しては権限と責任を専門家に任せるべきだという。

以上、鄧小平の科学技術に関する講話は中国では非常に重要な意義を持っていた。中国科学院常務副院長・白春礼（二〇〇八）は、この講話は中国が科学技術発展の新しい段階に向かって一歩を踏み出す出発点になったと高く評価している(15)。

4　留学派遣の拡大指示

高等教育を再建して高度人材の育成を急ぐことは科学技術を発展させることに繋がる。高等教育と科学技術を発展させるには、教育者と科学研究者の育成が喫緊の課題である。こうして、先進国に留学派遣することは不可欠の事業となる。

一九七八年六月二十三日、鄧小平は教育部から清華大学に関する問題を聴取した時、海外の先進的な自然科学の成果を大量に導入するために留学派遣を拡大すべきであるとして、次のように述べた(16)。

私は留学生の数を増大させることに賛成だ。主として自然科学をやらなければならない。……これは五年以内に成果を見ることができ、我国の水準を高める重要な方法の一つである。数え切れないほど大勢を派遣すべきである。一〇人や八人では駄目だ。教育部は検討しなければならない。たくさんのお金を使うだけの値打ちがある。……今年は三千〜四千人、来年は一万人を。……留学生管理制度も改革しなければならない。……留学生は学校に住むこともあるし、外国の友人の家に住むこともある。……教育部は留学生を専門に管理する係を作るべきであり、留学生が比較的多くいる国に出かけて行って彼らに会い、留学生の情況と解決を求めている問題を常に理解しなければならない。

（鄧小平「談清華問題時関于派遣留学生問題的指示」）

鄧小平の留学派遣政策は、知識人政策と高等教育再建と科学技術振興政策と同根のものである。この留学派遣の拡大と在外留学者の管理に関する発言をきっかけに、中央政府は留学派遣制度を確立するために動き出した。従来からの国家派遣の人数を増加させるだけでなく、新たに機関派遣（単位公派）を発足させ、自費留学を奨励する政策を打ち出して行った。こうして、中国の海外留学の門戸は次第に大きく開かれるのである。

第三節　国家派遣留学の拡大政策

1　教育部による派遣規模の拡大案

鄧小平（当時、党中央委員会副主席）の留学派遣を拡大すべしという発言を受けて、一九七八年七月十一日、教育部は早速、一九七八年度国家派遣計画に関する提案書「選抜派遣する留学生数を拡大することに関する報告」（関于加大選派留学生数量的報告）を国務院副総理・方毅および鄧小平に提出し指示を請うた。提案書から留学者の大量派遣のための制度設計と制度確立に向けた行政の取組みを窺うことができる。以下に要点をまとめよう。[17]

① 派遣留学生の人数、資格、条件、選抜方法の問題

一九七八年内に五、〇〇〇～六、〇〇〇人を選抜する。鄧小平の指示通り今年は三、〇〇〇人を派遣し、来年一九七九年派遣のために二、〇〇〇～三、〇〇〇人の留学予備班を作る。派遣身分は大学生（六〇～七〇パーセント）、進修生（一五～二〇パーセント）、大学院生（一五～二〇パーセント）とし、今後、進修生・大学院生の割合を徐々に高めていく。

選抜条件として、大学生には学業成績と外国語の基礎を審査し、年齢は一八歳以下（最高でも二〇歳を超えない）とする。今年の大学入試受験生で留学条件に合う学生であればどの学校の学生でもよい。特に派遣できる学校は指定しない。各地の大学受験生の募集委員会（招生委員会）が学生を選考する。教育部からも各省・市・自治区に人を派遣して選考に参画する。募集委員会は学生の個人データ（档案材料）を留学予備教育校（指定大学）に送り、そこで最終選考する。

進修生・大学院生には理論的基礎と一～二つの外国語を修得し、独立して研究できることが求められた。進修生の年齢は高くても良く、水準の高い専門家たちによる必要科目の試験及び教育部による審査と外国語試験を行う。大学院生は三〇歳前後（最高でも三五歳を超えない）とし、今年の進学者の中から推薦させ、外国語試験をして選抜する。

②　派遣先の国家について

中国の在外公館や国内機関のもたらす情報、最近の外国賓客との座談会の様子から判断して、目下二〇カ国が受け入れ可能と思われる。イギリス、フランス、西ドイツ、イタリア、デンマーク、ノルウェー、フィンランド、スウェーデン、オーストリア、オランダ、スイス、ルーマニア、ユーゴスラビア、カナダ、米国、メキシコ、オーストラリア、ニュージーランド、日本、フィリピンである。教育部は外交部の協力を得て、この二〇カ国の在外公館に各国の関係機関、友好人士、大学などへ中国人留学者受け入れについて打診し、八月三十日までに帰国してその結果を報告してもらう。

③　派遣する留学生の専門分野の原則

鄧小平の指示通り、一九七八年に派遣する三、〇〇〇人については自然科学（八五パーセント）を主とする。内訳は理科（三〇パーセント、九〇〇人）・工科（三五パーセント、一、〇五〇人）・農科（一〇パーセント、三〇〇人）・医科（一〇パーセント、三〇〇人）の予定。専門分野については、全国科学大会が確定した八つの総合的科学技術領域、新興の技術、萌芽的な技術および一〇八項目の国家重点科学技術を重視して派遣する。既に国内に存在する旧来の専門分野やある程度の高水準をもつ専門分野については少なく派遣する。同時に、外国語（七パーセント、二一〇人）、科学技術管理・経済管理（四パーセント、一二〇人）、その他の社会科学（四パーセント、一二〇人）も学習させる。社会科学とは、主に歴史学、教育学、心理学とする。こうして国家の経済・科学技術の発展、大学の新学科設置や長期的な需要を満たすようにする。

④　出国前の準備教育

今年派遣する三、〇〇〇人と来年派遣する二、〇〇〇〜三、〇〇〇人は時間が切迫しており一〜二カ所の大学に集合させて外国語や数理系学科の予備教育を行うのは無理であるので、北京・天津・山東省の条件の整った一七校に分散して行う。予備教育期間中に、留学に適さない専門分野あるいは一〜二年では受け入れてもらえないような専門分野であることが判明したならば、国内の大学に転入させる。

また、留学予備教育のための学校を拡充し、あるいは新設する。即ち、北京・上海・南京・広州・大連に一、五〇〇〜二、〇〇〇人収容の予備学校を新設する。初期の建設投資額は三四〇〜四四〇万元と見積られた。また広西・青島にあるもと越南学校（ベトナム人学校）ともと山東海洋学院を拡充して、留学予定者三、〇〇〇〜三、五〇〇人を収容できるようにする。外国語教育のための外国人教師の招聘と外国教材の採用、かつ録音機や国内生産が難しい教育機器や設備を輸入する。

以上、①から④までの派遣計画案が党指導部に承認された後、教育部はいよいよこの大掛かりな国家派遣制度の確立に着手したのである。なお、派遣先として欧州が大半を占めるのがこの時期の特徴であるが、北米、豪州、日本など世界の先進地域がすべて含まれている点も注目すべきである。言わば政治的イデオロギーの対立を超えて、全方位的な派遣を企図していたのである。

2　国家派遣留学の拡大政策

（1）国家派遣留学の拡大指示

一九七八年八月四日、教育部は「出国留学生の選抜を増やすことに関する通知」（関于増選出国留学生的通知）を発布した。以下、「七八年通知」と略すが、国家派遣留学に関する改革開放期における最初の通知であった。その冒頭には、その年の全体的な派遣方針が次のように述べられている。

> 中央の指示によって、一九七八年の出国留学生（大学生、進修生、大学院生を含む）の定員を三、〇〇〇人以上に増やす。主に理、工科（農学・医学を含む）関連の専門分野を学習する。既に選抜派遣した学習者以外に、二、五〇〇人以上を選抜する。出国留学して大学生となる者は、今年の大学入試の受験生および大学一年生の中から選抜する。出国して大学院生となる者は、主として今年合格した大学院生の中から選抜する。進修生は大学教員、科学研究機関の研究員および科学技術管理幹部、企業・事業の科学技術人員の中から選抜する。（教育部「関于増選出国留学生的通知」）

留学の成否を分けるのは留学者の選抜である。選抜条件として、すでに専門分野である程度の学力と経験を有していることが重視された。その方が留学の成功率が高いと考えられたのである。選抜条件・方法は「七八年通知」第一条・第二条に次のように述べられている。

一、選抜条件

業務上、基礎理論を比較的良く修得し、専門の水準も比較的高く、一定の外国語の水準（英語、フランス語、ドイツ語、日本語などの中の一つの外国語をよく運用し、専門分野の書籍を読むのに熟練し、かつ日常会話ができる）を有し、一般に二年以上の専門分野での就業経験があり、確実に育成する見込みがあること。

政治上、出国条件に符合しなければならない。政治審査の手続きは、「外交部（七六）部領三字第三二九号文」の精神によって処理するようお願いする。身体は必ず健康であること、指定する病院で検査を受けること。年齢は、進修生四〇歳前後、大学院生は一般に三五歳を超えないこと。

二、選抜方法

出国人数が多く、時期が差し迫っているので、選抜工作は必ず統一条件、統一要求のもとで、各官庁と各省・市・自治区の高等教育を主管する教育行政部門によって実施されなければならない。各省・市・自治区が送り出す場合は、各省・市・自治区の革命委員会で審査する。各官庁（直属の重点大学を含む）が送り出す場合は、各官庁で審査する。然る後に教育部がまとめて組織して送り出す。

業務試験は必ずきちんとしなければならない。まず送り出し機関によって最初の選抜が行われる。その内容は、大学卒業時の成績、教育や科学研究に従事した成果、基礎理論と専門知識の水準、外国語の水準、育成する価値があるか否か等、逐一審査する。現状が如実に分かるように、評価を書き出す。学校あるいは科学研究機関の学術委員会やそれ相当の組織で審査を行い、主査が責任を持って意見に署名し、その者の出国の可否を具申する。最初の合格者は必ず外国語統一試験（教育部が出題する）に参加しなければならない。

こうして、中央各官庁や各省・市・自治区の高等教育を主管する教育行政部門は、合格者の政治条件、業務水準、外国語統一試験の成績によって、総合的に比較し、全面的に再審査し、署名して意見を提出する。

出国する大学院生（研究生）は今年の採用試験にすでに参加しているので、業務審査を受けなくてよいが、外国語統一試験に参加しなければならない。

出国条件に符合する者に関しては、その受験生の「出国進修生、研究生登記表」・「出国学習人員審査表」（一式二部）とともに、業務・外国語試験の成績、身体検査表を九月二十日までに我が部に送付する。我が部は総合的にバランスを取るために最終検査を行ってから、採用通知書を発行する。目下、対外連携も急がれるので、各官庁や各省・市・自治区には送り出し機関、派遣先国、専攻分野、学生の種別と人数などの内容（一式二部）を八月十五日までに我が部に送ってもらいたい。「出国留学生計画表」（一式二部）は八月二十日までに我が部に送ってもらいたい。官庁が送り出す人員についてはどこで外国語試験を受けるかをはっきり注記するようお願いする。（同上）

以上のように、国家派遣は、大学生、大学院生、進修生の三つの身分で実施されることになった。留学者の年齢は進修生が四〇歳以下、大学院生が三五歳以下とそれぞれ比較的高く設定され、しかも二年以上の就業経験を有することが条件とされた。年齢が高く設定された理由は何か。文革期に大学・大学院が閉校したために進学できず農村や工場で生産労働に従事した人々が大勢、一九七七年に再開した大学入試を受験した。このために当時の大学生・大学院生の年齢は高かった。その彼らに合わせた措置であったと思われる。

留学期間は大学生・大学院生がそれぞれ学部・大学院課程を修了するまでの四～五年以上である。これに対して、進修生は一～二年の短期派遣とされた。なお、進修生は海外の大学では研究生（research student）、あるいは訪問研究員（visiting scholar）という身分になる。

選抜方法は、中央官庁と地方政府がそれぞれ選抜し、教育部が最終的に決定する制度であった。中央官庁の中で選抜されるのは有望な官吏であろうし、地方政府の中で選抜されるのはその地方の期待を担う有望な人材であろう。それは極めてハードルの高い選抜であったと想像される。そのことは次の条項にも表われている。第四条「出国前の準備工作」には、各省・市・自治区の教育行政部門や商業部門は、留学者に「洋服、オーバーコート、革靴、肌着、羊毛のシャツ、衣装ケース、レインコート、書類カバンやその他日常用品」を提供すべきであると規定している。出発前にできる限りの生活用品を揃え、持参させる必要があった。中国の所得水準は先進国の物価水準からみてかなり低かったのである。つまり、この時期は経済的理由で自費留学はほとんど不可能であり、国家派遣留学が海外において学ぶことが許される唯一の道だったのである。

（2） 海外の大学院博士課程への直接入学の試行

国家派遣留学はより高度な人材育成のための試行を始めた。一九八二年四月二日、教育部は「一九八二年、博士学位取得をめざす大学院生の選抜を試行することに関する通知」（関于一九八二年試行選抜出国攻読博士学位研究生的通知）六条を発布して、国内で修士学位（碩士学位）を取得した者を、直接、海外の大学に派遣して博士課程で学ばせる方式の当否を試みるために、一九八二年に八〇人を選抜する件をある特定の機関のみに通知した。それら機関は割り当てられた人数を選抜し、被選抜者は教育部の国家派遣留学計画に組み入れられた。但し、第六条に次の条件がつけられていた。「博士課程の学生で、外国で一年過ぎても博士学位の学習をする資格を獲得できない者は、必ず国外での学習を中止して、元の機関に戻って就業する。国外の一年間は進修期間と見なす」というものである。一年間で成果が見えないと、帰国させるという厳しい条件である。恐らく、外国の受け入れ大学ではこのような条件が付されていることを誰も知らなかったのではないだろうか。中国の国家派遣留学生の置かれた立場（義務）を理解する研究が進んでいなかったのである。それはさておき、海外の大学の博士課程に直接入学させることを試験的に行い、その選抜方法や外国語試験などの経験を積んで、将来この方式による派遣を拡大しようと企図したのであった。

（3） 企業からの国家派遣枠の新設

また、一九八四年十一月に「全国出国留学生工作会議」において、毎年三、〇〇〇人を国家派遣する以外に、一九八五年からは商工業関連の企業が技術者・管理者を国家派遣させる枠を新設して、徐々に増やしていくことが決められた。応用科学、管理科学、エンジニアリング、農林業など国内需要の高い専門人材を育成することが目的であった[18]。

（4）　第六次五カ年計画中における派遣目標の設定

一九八二年十二月十日、第五期全国人民代表大会第五次会議において、「国民経済と社会発展の第六次五カ年計画（一九八一〜一九八五年）」（中華人民共和国国民経済和社会発展第六个五年計画）が承認された。この中で留学派遣について、「五年の内に一五、〇〇〇人を派遣、毎年平均三、〇〇〇人を派遣する。五年で学業修了して帰国するのは一一、〇〇〇人である。出国して学習する専門は自然科学と工程技術（土木建築・製造設備に関する技術）を主とし、かつ重点を我国の目下、比較的弱いか、あるいは需要が高まっている学科や領域に置く。同時に、一定数の人々に外国の政治・経済・法律・教育と言語などを研究させる」という目標が掲げられた。また一九七八年度から続けられてきた毎年三、〇〇〇人の国家派遣は更に五年間継続されることが承認されたのである。

3　帰国工作の実施

（1）　進修生の帰国工作の指示

「七八年通知」の補完的な指示として、一九八一年二月二十六日、教育部は「留学者の帰国工作をうまく行うことに関する通知」（関于做好留学人員回国工作的通知）を発布。以下、「八一年通知」と略すが、国務院各官庁の教育司（局）および地方政府の高等教育庁（局）あるいは教育庁（局）、即ち全国の教育関係部門宛に、進修生の帰国工作を指示した。以下は全訳である。

国務院各部委教育司（局）、各省・市・自治区高教（教育）庁（局）：

一九七八年末以来、我国はすでに世界五三カ国に五、〇〇〇名余の留学者を派遣した。今年は一、五〇〇名余の進修生が続々と帰国してきた。出国留学人員管理工作会議の精神に基づいて、国内の送り出し機関は在外公館と協力して、教育工作をうまく実施しなければならない。特に、目下、国外の敵は謀反を起こさせる活動（策反活動）を行い、我々が管理工作を強化することを高度に重視している。わが進修生が学業を終えて帰国し、四化建設で有効な作用を発揮できるよう、以下の工作をお願いする。
1、進修生の学習期限は一〜二年であり、普通は学位を取得しない。身分を大学院生に変更したり、期限を延長したりできない。彼らに期限を守って帰国し、早く社会貢献するよう促してほしい。
2、学習期限の満期後は、就職のために滞留すること（あるいは職業の変更）や学費を取得すること（すなわち給与の変更）を申請できず、国内の就職需要に応じて働かなければならない。彼らが期限を守って帰国するよう働きかけてほしい。
3、極めて少数ではあるが、研究課題が未完成であったり、すこし延長すれば博士学位を取得できたりするというような確かな理由があれば、期間を延長できるが、最長でも半年を超えてはならない。但し、教育部の同意を得る前に、送り出し機関が直接本人に許可を与えるなどして、管理工作を混乱させてはならない。
4、留学者の家族に関する工作をしっかりしてほしい。家族が留学者の国外での状況を理解できるようにし、また家庭の困難な問題に対してできる限り援助して、留学者の後顧の憂いを除くこと。
5、送り出し機関が留学者のために帰国後の就業条件を積極的に創り出してほしい。彼らが学んだことを応用でき、十分に作用を発揮できるように。
6、送り出し機関は留学者と常に関係を保持し、彼らの思想、学習、生活に関心をもってほしい。何か問題があれば、随時教育部に通報してほしい。すぐに協力する。
7、今までにまだ送り出していない人員に対しては厳格に良質を選ぶこと、特に政治の質と現実の表現を重視すること。四つの基本原則に反対の態度を持つ者は出国させない。各機関は再度審査を行い、送り出し条件に符合しない者はすぐにわが教育部に報告し、けっして派遣しないようお願いする。

（教育部「関于做好留学人員回国工作的通知」）

進修生になれるのは大学教員や科学研究機関の研究員であり、彼らは一年から二年という短期間で研究成果を上げて帰国する義務がある。だが、留学期限が来ても帰国しない人、帰国後の就業条件に不満を抱く人、留学延長を申請する人などが現われた。その中には、進修生身分では留学先国で学位取得ができないために、身分を変更して大学院進学を希望する人もいた。このような事態の対策として、進修生が期限を厳守して帰国するよう指導を強化せよと指示している。つまり、進修生の希望は断乎として拒否し、早急に帰国させるべきだという強い態度を表明したのである。

また、留学派遣予備生に関しても、第七条は「四つの基本原則に反対の態度を持つ者は出国させない」という厳しい態度を取っている。進修生の政治思想のチェックを強化した背景には、そうしておかなければならないほど、欧米に学ぶことで政治思想を「右傾化」させる留学者が現われることを警戒したためであろう。

（2）　大学卒業生・大学院修了生の帰国工作に関する指示

また「七八年通知」を補完するために、大学卒業生・大学院修了生の帰国工作に関する指示が二つ出された。ひとつは、国家派遣により海外の大学を卒業した留学生が帰国せずに大学院進学を希望することを許可しないという通知である。もうひとつは海外の大学卒業生・大学院修了生の帰国後の就職に関しては労働人事部が責任を持つという暫定的法規である。以下に詳細を見ることにしたい。

第一に、教育部は「留学している大学本科生が国外で学習を継続する問題に関する請示」（関于出国留学的大学本科生継続在国外学習問題的請示）を国務院に提出して承認を受け、一九八二年五月五日、同一の内容を「大学本科留学生が卒業後すぐに帰国して就業することに関する通知」（関于大学本科留学生卒業后即回国工作的通知）として発布した。以下、「八二年通知」と略すが、冒頭に次のように述べる。

一九七八年以来、我々は八六八名の本科一年の大学生（その中の科技生七九一人、語言生七七人）を海外の大学に学ばせるために出国させた。中央の指示によって、今後、大学本科生は派遣しないか、あるいは派遣を少なくする。最近、これら留学生の一部が在外大使館・領事館に申請して、大学卒業後も国外で継続して修士（博士）学位のために学習することを求めている。国外の奨学金を得ることが可能な者もいる。我々は、これら大学生がもし国外で継続して学位を目指すとすれば、なお二~五年の時間（修士学位は二~三年、博士学位は四~五年）が必要だと考える。そうすると、彼らは国外で七~九年間学習することになる。彼らは若いし、祖国を遠く離れて資本主義社会の環境の中で長期間生活することは、彼らの政治思想の成長にとって不利である。また、これら学生は国内の四つの現代化建設のニーズについて理解しなくなり、選択する専門は国家計画のニーズに符合しなくなる。

（教育部「関于大学本科留学生卒業后即回国工作的通知」）

要するに、学部留学生は留学期限が切れたら、すぐに帰国させたいという。資本主義社会の環境に馴染むことが憂慮されたのである。しかし、通知では、帰国して二年間就業した後に国内外の大学院に進学することを認めること、および特殊な事情があったり、外国の資金援助を獲得したり、本人の態度が良好であれば、在外公館の同意と教育部の特別許可によって国外での学習継続を認めると述べている。実際のところ、それまでに派遣された学部留学生の多くが卒業後、そのまま外国の大学院に進学していた。憂慮された彼らの政治思想がどのように変化する結果になったのか、中国では検証する研究がないまま、一九八六年度に学部留学生の派遣は停止された。

第二に、一九八三年九月十三日、労働人事部、教育部、公安部、財政部は共同で「卒業留学生の分配派遣の暫定的辨法」（卒業留学生分配派遣暫行辨法）を発布した。以下「八三年暫定的辨法」と略す。中国語の「分配派遣」は国家による職場配属という意味であるが、「分配」という語句をそのまま使用して「職業分配」と訳すことにする。

さて、「八三年暫定的辨法」は一九八〇年末から続々と帰国し始めた国家派遣による学部卒業生・大学院修了生のための職業分配方針を規定したものである。これによって、海外の学部卒業生・大学院修了生については、労働人事部が教育部や各官庁・地方政府と相談のうえ、年度ごとに全国統一的な職業分配計画案を作成し、「出国留学人員工作領導小組」の審査を経て、国務院の承認を得たのちに、その計画を実行に移すことになった。

「八三年暫定的辨法」では、国家派遣による進修生の場合、原則的には送り出し機関に復職させるが、それでは学業が活用されないという場合には、派遣機関の所在地のある地方政府の人事部門あるいは中央各官庁の人事庁（局）が責任をもって対処するとされている（第八条）。つまり、海外で学習した専門分野を必要とする職場への配置転換もあり得るのである。また、国家派遣以外の留学帰国者は元の機関に復職するのが原則であり、出国前に学部生あるいは大学院生であった場合も、一律に元の教育機関に戻ることとされている（第一〇条）。

なお、第七章に詳述するが、第一一条では、自費留学について規定している。自費留学により海外の大学院・学部を卒業し学歴・学位証明を有する者は、国家が外国の学歴・学位を承認し、当人が出国前に居住していた地方政府の人事部門が職業分配を行う。但し、修士以上の学位取得者で、地区や部門を超えて求められる人員ならば、地方政府人事部門の要請を受けて、中央政府の労働人事部が審査して責任をもって全国範囲で分配するという。

すなわち、国家派遣の学部卒業生・大学院修了生は中央政府の職業分配を受け、自費留学者は地方政府の職業分配を受ける。この違いはあるが、地方政府が自費留学者の帰国後の就職を保障したことは、自費留学を後押しする大きな要因になったのではないかと思われる。

以上のように、国家派遣の拡大について「七八年通知」を発布後、それを補完する形で、派遣留学者の帰国工作に関する規定――「八一年通知」、「八二年通知」および「八三年暫定的辦法」――が五年間にわたって次々に出された。こうして出国から帰国後までをフォローする総合的政策が出来上がった。

第四節　機関派遣制度の確立

1　中央官庁・地方政府による公費派遣

一九八四年九月三日、教育部は「部門、地方が出国留学人員を自ら選抜派遣することに関する通知」（関于部門、地方自行選派出国留学人員的通知）を、省・市・自治区の人民政府、国務院各官庁、在外公館宛に発布した。ここにいう「部門」とは、国務院が統括する中央官庁を指している。中央官庁には、部、委員会、行、署の四種の別がある。一九八八年三月に国務院機構改革が行われ、現在は二二部、五委員会、一行、一署があり、計二九部門がある。「部」とは教育部、外交部、人事部など、委員会とは国家民族事務委員会、国家発展計画委員会など、「行」とは中国人民銀行、「署」とは審計署（日本の会計検査院に相当）を指している。またここでいう「地方」とは、省・市・自治区の地方政府を指す[19]。

中央官庁・地方政府による留学方式は機関派遣（単位公派）と呼ばれている。この「通知」は既に実施されていたものを公認するとともに、全国不統一だった手続きに統一性を持たせ、また手続きを簡素化して業務効率を高めるものであった。以下、「通知」の全訳である。

「国務院配布：臨時出国団、組、人員を審査し派遣する権限の暫定的規定に関する通知」（国発〔一九八一〕四四号文件）と教育部の「国務院通知を貫徹するための実施細則」（〔一九八二〕教外総字六五八号文件）は、国務院の部・委員会と省、自治区、直轄市が留学者を自ら選抜派遣することができる審査権をすでに明確に規定している。中央の改革の精神に基づいて、部門、地方政府が留学者を自ら選抜派遣する責任を強化し、手続きを簡素化し、業務効率を高め、留学者の国外管理をよりよく実行するために統一的管理に戻す。現在、部門・地方が自ら行っている留学者の選抜派遣の審査方法は、以下の具体的な規定に従うものとする。

一、すべての部・委員会、省、自治区、直轄市が、学校間、友好都市間の交流を通して獲得した国外奨学金や資金援助および国外借款や少ない自己資金などを利用して派遣する留学者（大学院生、進修生、訪問研究者、共同研究員および若干の外国語専攻の本科生を含む）と自費公派の留学者については、等しく部・委員会・省・自治区・直轄市と基本的所属機関の二つのレベルが責任を負う制度を実行する。部・委員会・省・自治区・直轄市の人民政府あるいは授権部門は、自ら審査し、派遣手続きを行い、派遣人員の基本情況、学習期間、留学先の地方や機関、指導教授、費用および旅程をすぐに在外公館並びに教育部外事局に通知することを求む。留学者は学習地に到着後すぐに、在外公館に（直接あるいは文書で）知らせ、統一的管理に便ならしむこと。

二、自ら選抜派遣した各種の留学者の政治思想、業務、外国語、身体条件は、教育部派遣の公費留学者の基準に照らして審査し、派遣人員の質を保証すること。業務・外国語については、派遣機関の責任で自ら試験を行い、教育部が組織する統一試験に参加しないものとする。

三、部門、地方が自ら選抜した留学者には出国前に、派遣する部・委員会・省・自治区・直轄市が一〇日間の集中訓練を統一的に行う。自ら集中訓練を行うことができない場合は、教育部と連携して行うことができる。集中訓練では、留学者に対して政治思想教育、特に愛国主義教育、外事規律教育を行い、また国外の学習と生活状況を紹介する。

四、本通知は発布の日より施行する。

（教育部「関于部門、地方自行選派出国留学人員的通知」）

国家派遣は中央政府が全国公募し派遣するものであるが、それとは異なり、機関派遣は中央官庁や地方政府が自ら海外留学ルートを開拓し、自ら資金を調達し、自ら選抜して留学派遣するものである。派遣されるのは地方政府等の各機関に勤務する官僚や党員だけではなく、管轄する研究機関の研究員、外郭団体の職員、大学の在籍学生など多種多様である。この被派遣者の多様性が特徴である。

2　中央官庁直属の高等教育機関による公費派遣

翌一九八五年四月十八日、教育部は更に「部属の高等教育機関が留学者を自ら選抜派遣するときの審査方法に関する通知」（関于部属高等院校自行選派留学人員審批辦法的通知）を中央官庁直属（部属）の高等教育機関宛に発布した。以下は全訳である。

近年、部属の高等教育機関と国外の大学・研究機関との人員交流が日増しに増加している。中央の権限委譲（簡政放権）と対外開放の政策に基づき、留学者の審査方法を更に改革しなければならない。主に高等教育機関の職責を強め、その対外交流に便利になるようにする。ここに審査方法に関して以下のように規定する。

一、学校が自ら選抜派遣する留学者（公派）とは、高等教育機関が、国外の学校との交流を進め、外国の奨学金や資金援助（自費公派人員を含む）を獲得して、あるいは自前で資金調達して派遣する教員・科学研究員や少数の在籍学生を指す。

二、自ら選抜派遣する留学者の政治思想、業務、外国語、身体条件は、送り出す高等教育機関が、国家が同類の留学者を派遣する際の基準で以て自ら審査する。送り出す高等教育機関は無条件で外国語試験を行うことができ、また教育部の統一試験にも参加できる。

三、自ら選抜派遣する留学者に対して、送り出す高等教育機関が「大学経費による公派審査登記表」（院校自籌経費公派留学人員審批登記表）を教育部に送付すれば、出国の許可書を正式に発行する。

四、留学者を自ら選抜して送り出す高等教育機関を管轄する官庁は、派遣人員についての国外からの招聘状、経済保証書の複写（米国に行くとき要求されるＩＡＰ—66表のようなもの）を「大学経費による公派審査登記表」の副本とともに、教育部所属の北京、上海、広州の出国留学人員集訓部に郵送すれば出国手続きを行う。留学者の政治審査と身体検査表は元の機関に保存して審査の参考に備える。

五、教育部は高等教育機関の申請に基づき、出国旅費（拠出困難であれば帰国旅費も含めることができる）として三枚綴りの外国為替を提供する。留学者の帰国後に、国務院発行（一九八三）の一九五号文件に従って、本人と送り出した高等教育機関が決算する。

六、高級幹部及び外事工作者の子女や配偶者の公費留学は、教育部が規定により審査し許可する。

七、香港、マカオ地区で進修・学習する公派留学の審査は、規定により教育部が行う。

八、自ら選抜派遣した留学者の出国後、送り出した高等教育機関は、積極的に彼らと関係を保ち、彼らが努力して学習するよう励まし、彼らの生活に関心を持たなければならない。

九、本通知は発布の日より施行する。

（教育部「関于部属高等院校自行選派留学人員審批辦法的通知」）

このように上記二つの「通知」により、中央官庁、地方政府そして官庁直属の高等教育機関が独自に選抜して留学派遣する制度が確立された。以降、この機関派遣制度による各年度の派遣人数は年々増加していく。

第五節　公費派遣政策の総合的規定

1　公費派遣の改革方針

国家派遣（国家公派）と機関派遣（単位公派）は、ともに公費派遣（公派留学）であるが、この「公費派遣」の語はその両方を包括して論じる場合に使用されることが多い。ここでも「公費派遣」という場合、その両方を含んでいる。

一九八六年五月四日、中共中央・国務院は「留学人員工作の若干問題を改善・強化することに関する通知」（関于改進和加強出国留学人員工作若干問題的通知）を、省・市・自治区の党委員会と人民政府、中央官庁、軍事委員会総政治部、各人民団体宛に発布した。改革開放後七年間の公費派遣は三〇、〇〇〇人に達し、帰国者も一六、〇〇〇人になり、各方面で活躍していたが、更に大きく展開するために問題点を改善するよう求めたものである。この「八六年五月通知」第一項では、そもそもの留学事業の基本方針を次のように表現している。

留学者派遣は、我国の四つの現代化建設の実情から出発し、我国の生産建設および科学研究と人材育成の需要に密接に結びつかなければならない。それによって科学研究や生産の中の問題を解決し、高度人材の能力を強化し育成する。留学者工作は次のようにしなければならない。需要に応じて派遣し、質を保証し、修得した学問とその活用を一致させる（按需派遣、保証質量、学用一致）。在外留学者の管理と教育を強化する。努力して条件を創り出し、留学者が帰国後に学業を生かして、のびのびと心地よく力を発揮し、祖国建設に貢献できるようにする。

（中共中央・国務院「関于改進和加強出国留学人員工作若干問題的通知」）

すなわち、公費留学者の派遣政策は「按需派遣、保証質量、学用一致」を原則とし、かつ在外留学者の管理を強化すべきであるというのが、「八六年五月通知」の主旨である。これに沿って具体的に今後の派遣計画に関する方針を列挙している。

① 第七次五カ年計画期間は公費留学者の総数は現状を保持する。

② 国内の高等教育は発展し、教育・科学研究レベルも高まってきたので、大学院生は国内で育成することを主とする。従って、公費派遣は進修生と訪問研究員（訪問学者）とし、語学・特殊な科学を学ぶ以外は大学本科生の派遣を止める。

③ 修士学位取得のための大学院生の派遣を適当に減らして、博士学位取得のための大学院生の派遣を増加する。海外との共同研究と博士育成の道を積極的に開拓する。

④ 公費留学者の専攻学科は応用学科を重点とし、外国語と基礎科学理論なども適当な比率で派遣するよう調整する。

⑤ 公費留学者を派遣する国家の分布を我国の平和外交政策に符合するように調整する。

⑥ 公費留学者の選抜には政治条件（愛国・愛社会主義、思想品徳の重視）、業務条件（就業年数を条件に入れる）、外国語能力に注意する。

⑦ 公費派遣の大学院生の選抜は試験と推薦の結合方式とする。所属機関（大学や研究機関などを含む）や在外公館などが連絡を保ち、必要な指導と援助を与える。

⑧ 公費留学者は、中央・地方政府などの公費により派遣されたり、交換留学で行ったりする以外にも、所属機関の同意を得て、各種の奨学金や貸付ローンや資金援助を獲得することができるように、公費留学者の奨学金制度、貸付制度、公費留学者と派遣機関の責任と権利を明らかにする「協議書」作成制度を確立しなければならない。

⑨ 公費の進修生・訪問研究員に対しては研究に不利にならないように、配偶者や子どもが海外に会いに行くこ

とを勧めない。長期になる公費の大学院生の短期帰国やその配偶者の短期出国は認める。

⑩　公費留学者は国家教育委員会の特別な許可がない限り、身分を変えて外国の機関や学校や企業などに雇用されてはならない。

この「八六年五月通知」は中共中央と国務院という最高権力機関の指示であるので、すぐに実施に移されることになった。

2　公費派遣の改革方針の貫徹に関する通知

中共中央・国務院の指示「八六年五月通知」を受けて、一九八六年六月二十五日、国家教育委員会・公安部は「留学人員工作の政策方針を貫徹し、着実に改善し強化することに関する通知」（関于貫徹、落実改進和加強出国留学人員工作方針政策的通知）を、省・市・自治区の教育委員会、高等教育局、教育庁（局）、外事辦公室、公安庁（局）、中央官庁の教育司（局）、在外公館、関係大学宛に発布した。以下、「八六年六月通知」と略すが、中共中央・国務院の指示に則して、以下のような点を補完的に列挙している。

①　高度専門人材は基本的に国内で育成するが、留学制度はその人材育成を援けるものであれば、国内高等教育の発展を妨げることにはならない。

②　本通知以前に、公費留学者の配偶者がすでに公安機関に出国申請をして許可されている場合は継続して審査し処理するが、本通知以後に公費の進修生や訪問研究員が配偶者の出国を申請しても受理しない。但し、送り出し機関がその配偶者の所属機関の同意を得て、送り出し機関の上部の管轄部門が承認すれば、公安機関は受理する。

③　本通知以前に、海外で一年半以上になる大学院留学生では、その配偶者の所属機関の同意を得れば、公安機関で配偶者の出国申請を受理する。

④　公費留学者の送り出し機関とその雇用機関は、留学帰国者の就業条件や能力を発揮しているかどうかを

チェックして解決しなければならない。すでに国家建設重点プロジェクトに参加していたり、国内外で高い成果を上げていたりする留学帰国者の就業条件は優先的に解決しなければならない。

⑤　国家の統一的職業分配を受けている公費留学者の帰国後の分配については、国家教育委員会と国家科学委員会が協議して法規を定める。

以上の二つの「通知」は、公費留学者の選抜条件、専攻や派遣国家の分布、配偶者の出国、帰国後の就職などについて、公費派遣制度の七年間の経験を踏まえて改善するよう求めたものであった。特に、注目すべきは大学本科生の公費派遣を中止して、修士学位取得のための大学院生派遣を減らし、博士学位取得のための大学院生派遣を増加する方針へと、派遣レベルを一段階上げるよう指示している点である。留学教育史上、重要な節目であったと言えるだろう。

3　留学派遣政策の一般公開

一九八六年十二月八日、国家教育委員会による「留学人員工作の若干の暫定的規定」(関于出国留学人員工作的若干暫行規定)が国務院の承認を得て、省・市・自治区の人民政府、国務院の各官庁、在外公館宛に発布された。以下、「八六年暫定的規定」と略すが、翌一九八七年六月十一日の党機関紙『人民日報』に全文が掲載された。半年遅れであるとは言え、これは中国で最初に一般公開された留学政策に関する法規である。それまでの「規定」「通知」等は関係機関宛に出されるだけで一般には非公開であった。公開されたことは留学教育史上、画期的であった。[20]

「八六年暫定的規定」は六節四九条からなる長文である。第一節は留学事業の指導原則(五カ条)、第二節は留学事業の組織(七カ条)、第三節は公費留学者の選抜と派遣(一一カ条)、第四節は国外のポスト・ドクターの研究・実習に従事すること(六カ条)、第五節は公費留学者の休暇による帰国およびその配偶者の出国(九カ条)、第六節は自費留学（一一カ条）である。その内容は、前述した同年五月と六月に発布された中共中央・国務院の「八六年五月通知」や国家教育委員会・公安部の「八六年六月通知」とほぼ重なるが、より具体的な指示が記されている。

要するに、一九八〇年代には既存の国家派遣に加えて、機関派遣（一九八四年以降）と自費留学（一九八〇年以降）の政策が開始された。「八六年暫定的規定」はその三種の留学形態に言及している点で総括的な性格を持ち、同時に、公開性も併せ持つ最初の規定であった。

その第一節第一条に留学派遣の目標を記している。「我国公民が各種のルートと方式を通して、世界各国・地域の大学や研究機関等に留学することは、我国の対外開放政策の組成部分であり、国外の先進的な科学技術や適用できる経済行政管理の経験およびその他の有益な文化を吸収し、我国の高級専門人材の育成を強化する重要な手段であり、我国人民と各国人民の友誼と交流を発展させるのに有益である。このために、我国の社会主義物質文明と精神文明建設の需要に基づき、計画的に各種の形式の出国留学を発展させ、必ず長期間堅持する」と。この目標は現在も変わっていない。

さて、その第三節は派遣方針等について記している。以下はその全訳である。

二、公費留学者の選抜派遣

（1）公費留学者とは、国家建設の需要に基づいて、国家および関係官庁、地方政府・機関が全部あるいは一部を資金助成して各種のルートや方法で計画的に派遣される留学者である。国家の統一的な計画によって、全国で募集され、統一的に選抜派遣され、統一の経費支給規定を執行する留学者は、国家派遣（国家公派）という。官庁・地方政府・機関の経費支給規定による留学者（個人が所属機関の同意と支持を経て、各種の奨学金・貸付金・資金援助などを取得し、派遣計画に組み入れられた留学者を含む）は官庁・地方政府・機関による機関派遣（単位公派）という。

（2）公費留学者は大学生、大学院生、進修生、訪問研究員とする。

（3）大学本科・専科や大学院で学習する留学者は国外での学習期限は相手国の学制によって、派遣機関（派出単位）が確定する。進修生と訪問研究員は国外での期限は研修と研究課題の実際の必要に基づいて、一般に三カ月から一年とする。特殊な情況では一年半も可とする。すべて派遣機関が派遣計画によって確定する。

（4）派遣機関は公費留学者が国外で学習・研修・実習したり、研究に従事したりする機関をうまく選択するよう援助し指導しなければならない。それらの機関は比較的高いレベルを有するか、専門分野に特徴を有するかしなければならない。

（5）公費留学者の条件

1、政治条件

祖国を熱愛し、社会主義を熱愛し、思想品徳は優良で、実際の就業と学習に突出したところがあり、積極的に社会主義現代化建設に奉仕するもの。

2、業務条件

学部留学生は高校を卒業した成績優秀者でなければならない。大学院留学生は大学卒業およびそれ以上の水準を持つ成績優秀者でなければならず、様々な学科の特徴に基づいて、出国前に実際に就業に参加した年限を規定しなければならない。進修生と訪問研究員は、教育や科学研究機関および鉱工業の企業などにおいて専門的業務に五年以上（特に優秀な者あるいは業務に不可欠とされる者は短縮してもよい）従事しなければならない。あるいは修士学位取得後に専門的業務に二年以上従事するか、あるいは職業技術教育の専門的業務に二年以上従事した者でなければならない。進修生と訪問研究員の年齢はそれぞれ確定するが、一般に五〇歳を超えてはならない。副教授・副研究員以上による短期（三〜六カ月）の訪問研究員の年齢は適当に緩和してよい。

3、外国語条件

各種の留学者はみな相手国の言語文字に通じ、専門書を読めるほど熟練していなければならない。一定の聞く・読む・書く能力を備え、短期訓練すれば外国語で関連学科の学術交流が行えなければならない。学部留学生や大学院留学生の外国語能力は必ず授業を聞いてわかるレベルに到達していなければならない。

4、身体条件

各種の留学者の健康状況は、必ず留学規定の標準に符合しなければならない。省・市の一級医院の検査を受け、健康合格証明書（有効期限一年とする）を取得しなければならない。

（6）公費留学者の選抜

1、国家派遣の定員、種類、国別比率、学科比率の確定や選抜組織は国家教育委員会によって決定する。官庁・地方政府・機関による機関派遣の定員、種類、国別比率、学科比率の確定や選抜業務は、派遣する官庁・地方政府・機関が国家教育委員会の指導と各機関の実際の需要に基づいて決定する。かつ従属関係によって、主管部門が国家教育委員会に報告して受理される。

2、公費の進修生・訪問研究員の選抜は、機関が推薦し、学術組織と技術部門が評議（試験）し、人事部門が審査して、指導部が承認するという方法を行う。

3、公費の学部留学生・大学院留学生の選抜方法は、試験と徳・智・体全面の審査を結合した方法を行う。

（7）「出国留学協議書」に署名すること。

1、公費留学者は出国手続きを処理する前に、派遣機関と「出国留学協議書」を取り交わさなければならない。協議書には派遣機関と公費留学者の双方が署名し、公証機関の公証を経た後、効力を発する。

2、「出国留学協議書」の内容には、国家と機関が公費留学者に対して規定する留学目標・内容・期限・帰国義務の要求、また留学者に提供される経費の規定、および派遣機関と公費留学者双方のその他の権利・義務・責任などが含まれる。

（8）公費留学者の出発前の準備と集中的学習

公費留学者の出国前に、派遣機関は各種の有効な方法で短期集中学習を組織し、留学者が心の準備をするのを援助しなければならない。集中学習の主な内容は以下の通りである。対外工作の政策方針、留学規程、外事紀律、関連国家の情況の紹介、その他の注意事項など。

（9）公費留学者の勤続年数と関連経費の管理方法

1、進修生と訪問研究員は、承認された留学期限内であれば、国内の給与は所属機関によって取り決めのとおりに支給され、国内の勤続年数として計算される。公費で博士学位取得をめざす大学院留学生が博士学位を取得すれば、承認された博士学位取得のための学習期限内であれば、国内の勤続年数として計算される。公費で学位取得をめざす在職者は、学習期限内での国内給与待遇は、国内の同類の者に対する規定によって処理する。

2、国家派遣留学者の出国準備費（置装費）、国際旅費、国外学習期間の学習・生活費、大学院留学生と学部留学生の途中の帰国休暇の往復国際旅費などは、国家の統一規定により処理する。

3、機関派遣留学者の出国準備費（置装費）、出国旅費、国外学習期間の学習・生活費、大学院留学生と学部留学生の途中の帰国休暇の往復国際旅費などは、派遣する官庁・地方政府・機関が国家の統一規定を参照して、それぞれ具体的情況に応じて制定した関連規定と結びつけて処理する。

(10) 公費留学者は計画に照らして努力して学習し、期限に従って帰国し、奉仕しなければならない。留学期間に、あるいは留学期間満了後も、一般に留学身分を変えることはできない。延期の必要な者はあらかじめ申請しなければならず、元の派遣機関が審査する。承認を受けずに期限が来ても帰らない場合、一年以内は給与を停止するが職は保留する。一年後に公職を保留するかどうかは情況を見て派遣機関が決定する。

(11) 国家教育委員会は国家派遣留学の経費管理および官庁・地方政府・機関の公費派遣留学の経費支出規定と管理事務について指導責任を負う。国家派遣留学者の国外での経費の具体的管理は、在外公館の教育処（組）の専門官が責任を負うか、あるいは在外公館の財務部が代理で管理する。

（国家教育委員会「関于出国留学人員工作的若干暫行規定」）

以上、公費留学に関する派遣方針が明記された。選抜条件としては、政治条件、業務条件、外国語条件、身体条件の四条件を挙げ、かつ派遣機関との間に「出国留学協議書」を取り交わすことを義務づけた。これによって留学後の速やかな帰国を促したのである。

4 「政治審査」の原則

「八六年暫定的規定」において、公費留学者の選抜の判定材料となる政治条件は「祖国を熱愛し、社会主義を熱愛し、思想品徳は優良で、実際の就業と学習に突出したところがあり、積極的に社会主義現代化建設に奉仕するもの」と記された。しかし、これでは判然としない。そのため、実際には政治条件は厳格に審査されなかったようである。

この不徹底な情況に対して、一九八七年四月十一日、国家教育委員会は「公費留学者の政治審査工作を強化することに関する通知」（関于加強公派出国留学人員政治審査工作的通知）を発布した。冒頭に「通知」の主旨を次のように述べている。「公費留学者の政治思想状況は基本的に好いが、一部に問題がある。その主なものとして、一部の人が四つの基本原則に反対し、我々の党と国家を攻撃している。少数の人は国外で自分勝手（自私）になり、個人の損得だけを考えている。また少数の人は西洋を崇拝し、外国に媚び、自分の祖国と人民を少しも良いところが無いと話している。また少数の人はブルジョア階級の腐敗した思想を崇めている。これら問題は重いものであり、重視しなければならない。このような情況を生んだ原因は、公費留学者を選抜する工作中の政治審査工作を軽視し、これに関する原則を厳格に守らず、うわべを繕い、政治審査の基準が不明確で、責任を全うしないなどの問題にある。この情況を変えなければならない」という。

そこで、「通知」は、初めて政治審査の原則と基準を明確にした。これは以後も公費留学の選抜方針の重要な部分となっているものである。以下は、その条項部分の全訳である。

一、政治審査の原則と工作順序について

公費留学者の肩に負っている祖国と人民に委託された重任とは、国外で学習あるいは研究の任務を完成し、任務完成後に期限通り帰国して四つの現代化建設に参加し、国家の社会主義建設にとって有用な人材になることである。このために、公費留学者は良好な政治思想の素質を持っていなければならない。各官庁、地方政府、機関は十分にこの点を認識しなければならない。すなわち、政治審査を行う同志や派遣機関の責任者は、必ず原則を堅持し、真摯に責任を負わなければならない。まず政治的素質を確認して、次に業務・外国語・身体などの条件を確認するという原則によって、公費留学者の選抜工作を行わなければならない。政治審査工作においては、必ず多くの人々の意見、主として学科（科研室）や学部（研究所）など基層組織の意見を聞かなければならない。派遣機関の人事部門は、基層組織の行政指導者や支部・総支部の共産党書記とともに留学者の人選を行う。被選抜者の現実の政治思想や業務などの側面で具体的に現れているものを選抜に反映させなければならず、抽象的に書いた結論は要らない。最後に上告する政治審査意見には、派遣機関の責任者（大学学長・学部長、研究院・研究所の院長や所長、共産党書記）が署名する。政治審査が真摯に行われず問題が生じたならば、各機関の責任者が責任を取ることとする。

二、政治審査の基準について

公費留学者の政治審査については、出国者の政治審査工作についての中央政府の規定を厳格に執行しなければならない。以下のいくつかの条件を着実に審査しなければならない。

1、社会主義祖国を熱愛していることが実際の仕事面で突出して現われていること。彼らの実際の仕事中に現われているところから、彼らが祖国富強と人民富裕のために貢献するという事業心や決心を持つかどうかを検査する。自分の祖国と人民を顧みず、国家の発展に対して信念に欠け、仕事の態度が消極的で、すべての物事に打算的で、自分勝手に自己の利益を追求し、留学目的が正しくない人は選抜派遣してはならない。

2、「四つの基本原則」を堅持していること。近年、ブルジョア階級自由化に反対する闘争において、明確な認識をもち、明朗な態度をもっていること。政治的に間違った言動があり、多くのブルジョア階級自由化の観点を持っている人に対しては、相当長い時間の教育的な考察を行ってから派遣するかどうかを考えること。「四つの基本原則」を攻撃するという間違った言動があり、騒動を煽動したり計画したりする人は、選抜派遣してはならない。

3、社会の紀律を守ること。国家の法律や関連規則をよく遵守し、社会の決定に従い、かつ出国留学後に期限通りに帰国して奉仕することが保証できること。全体の情況を考えることがなく、自分のすることだけが正しいと考え、社会紀律の観念が希薄で、違法違反行為で処分を受けたような人は、選抜派遣してはならない。

4、道徳品性が良く、やり方が正しいこと。ブルジョア階級の腐敗した思想に逆らうことができず、思想が不健康で、品行が正しくない人は、選抜派遣してはならない。

（国家教育委員会「関于加強公派出国留学人員政治審査工作的通知」）

要するに、第一項では、政治審査の責任の所在を明らかにし、第二項では選抜対象となった人の政治思想は、面接試験だけでは分からないので、日頃の仕事や生活の中で端々に現われる言動を重視し注意を向けよという指示である。日常の言動による思想調査がどのように実施されるのかは分からないが、政治審査の形骸化は防がれ、かなり厳格化したものになった。

5　「出国留学協議書」の補充規定

一九八七年十二月五日、国家教育委員会・司法部は「『出国留学協議書』に署名することに関する通知」（関于簽訂《出国留学協議書》的通知）を発布した。これは、「八六年暫定的規定」で指示している出国留学協議書の締結の際、派遣機関と被派遣者（公費留学者）の双方の権利と義務の範囲が明確になっていないとして、規定を補足したものである。以下は、一〇カ条の全訳である。

一、〈協議書〉に署名することは、留学管理を改善強化する重要な措置であり、留学管理業務の制度化の一側面である。その目的は留学目的とそれへの要望を明確にすること、および派遣機関と留学者双方の権利・義務・責任を明確にすることである。そうして国家の定めた『按需派遣、保証質量、学用一致』という留学工作の方針を貫徹し実現する。

二、〈協議書〉は派遣機関（甲）と留学者（乙）双方の協議が一致した後に署名する、ともに守るべき法的に有効な文書である。甲は必ず法人格の機関でなければならない。甲は法定代表人あるいは法定代表人が委託した代理人が〈協議書〉に署名し、甲の公印を押さなければならない。乙は甲と〈協議書〉に署名する時、自分の保証人を参加させなければならない。

三、〈協議書〉は必ず公証機関によって公証されなければならない。公証費の基準は国家の統一的規定によること。公証費は甲と乙双方が等しく負担する。

四、甲が代理人に署名させる時、その代理人は県級の政府かそれ以上の所で勤務する人でなければならない。甲の代理人は乙と親族関係を持たないものでなければならない。代理人は甲の法定代理人の委託書を持参しなければならない。手続きを簡略にするため、委託書の原本は公証機関に預け置き、後で公証してもらう時には、委託書のコピーを持参すればよい。

五、乙の保証人の条件は、所属機関の講師、工程師あるいは科長以上の職称を持つか職務についている人。乙をよく知り、相互に信頼し、かつ乙が協議事項をよく行うことを保証する。保証人である期間は、私的な出国や半年以上の公的出国をしないこと。保証人の責任は、乙の出国後、常に彼と連絡を取り、乙の情況を理解し、乙が協議事項を守るよう促し、半年ごとに甲に乙が協議事項を守っている情況を紹介することである。もし乙が契約に違反すれば、保証人は甲が乙の責任を追及するのに協力しなければならない。乙が違反し、保証人も責任を履行していない情況では、保証人は一定の経済責任を負わなければならない。すなわち、本人の経済収入で負える範囲で、甲の要求に応じて甲に賠償する。

六、〈協議書〉の中で、甲と乙双方の権利・義務・責任を明確に表現しなければならない。主な内容として次のものを含む。留学内容、目標、期限、留学先国、身分、経費（出所と支給方法）、甲と乙の負うべき義務と享有する権利、および〈協議書〉変更や〈協議書〉違反の処理など。

留学内容と具体的計画は、書面を以て〈協議書〉に添付しなければならない。その一部が秘密にすべき専門や課題に関連する場合は、内部のみ使用の特別添付書とすることもできる。

七、各機関で定める〈協議書〉に上述に規定した基本内容が含まれることを保証するために、我々は〈出国留学協議書〉の様式を制定する。〈協議書〉の取り決め条項は必ず条項通りにし、減らしたり変更したりしてはならない。但し、その中の具体的な内容は、各官庁・地方政府・機関が具体的情況に基づき自ら確定する。各機関はまた具体的情況に基づき、内容を増やしてもよい。〈協議書〉の中の各条項は我国の法律・法規および国家の留学者関連政策に抵触してはならない。

八、各派遣機関は〈協議書〉のコピーをわが在外公館に送付する。

九、本通知の下達以前に署名した〈協議書〉は、内容が本通知と基本的に一致すれば保留できる。内容が本通知と不一致であるか、改める必要があるならば、甲乙双方が協議し考えて、新たに署名したり、補充したり、改めたりせよ。

一〇、本通知の下達後に出国する公費留学者は、本通知の要求通りに派遣機関と〈協議書〉に署名しなければならない。〈協議書〉に署名しなければ、派遣してはならない。

（国家教育委員会・司法部「関于簽訂《出国留学協議書》的通知」）

以上のように、出国留学協議書について、必要最低限の内容と取り扱い方法が明確にされた。以降、出国留学協議書は公費留学者が約定どおり、学業を成し遂げて帰国するための保障制度として機能している。

6　欧州諸国及び日本との博士学生の共同育成プログラム

一九八〇年代後半、大学院博士課程在籍学生（以下、「博士学生」と略す）の中から選抜して、欧州諸国と日本の大学に派遣するという共同育成（聯合培養あるいは合作培養）プログラムが開始された。これは海外の先進的な教育・研究条件を人材養成に利用して、中国で需要の高い分野の科学技術人材を養成する方法として重要視されているものである。

（1）　西ドイツの大学との共同育成プログラム

一九八六年八月三十日、国家教育委員会は「ドイツ連邦共和国と博士学生を共同育成することに関する通知」（関于聯邦徳国聯合培養博士生的通知）を清華大学と浙江大学の二校宛に発布した。中国側のこの二校と西ドイツ側のベルリン工業大学、ミュンヘン工業大学、アーヘン工業大学の間で中国の博士学生の共同育成（聯合培養）を行う協定を、国家教育委員会とＤＡＡＤ（ドイツ学術交流会）が五月二十四日に締結したことを通知している。

共同育成プログラムは中国の博士学生の中から選抜して派遣するもので、年限は四年間である。最初、中国で一年間基礎を学習、ドイツで二年間研究し、帰国して一年間論文・口頭審査の準備を行うという計画である。選抜された学生は派遣前に所属大学でドイツ語を集中学習し、適当な時期に国家教育委員会がその語学力が基本的に研究に支障がないかどうか専門家を派遣して試験を行う。留学経費に関しては、ドイツ国内ではＤＡＡＤが奨学金を提供、国際旅費は国家教育委員会が支給、その他の費用は所属大学が支給する。このように経費は分担されているが、機関派遣ではなく国家派遣と位置づけられている。そして、帰国後の論文・口頭審査は中国語で行うが、ドイツから教員が参席する場合はドイツ語あるいは英語で論文の摘要を提出するものとし、審査を通過すれば、中国側が博士学位を授与する。第一期生は上記二大学から二〇人（各校一〇人）が選抜された[21]。

（２）ＥＣ諸国との共同育成プログラム

一九八七年十二月九日、国家教育委員会は「欧州共同体との博士学生の共同育成に関する通知」（関于欧州共同体合作培養博士生的通知）を全国各地の関係大学宛に発布した。この通知では、上記の「聯合培養」ではなく「合作培養」である。同じように共同育成と訳すが、内容は異なる。「合作培養」では博士学生の派遣期間は一年間である。換言すれば、博士学生の短期派遣である[22]。

通知によれば、選抜される博士学生は、中国での学位課程を完了し、博士論文の題目を確定した後、海外の先進的な実験設備や資料を利用するために進修生・訪問研究員（訪問学者）という身分で派遣される。帰国後に所属大学に博士論文を提出し、審査後に博士学位を授与される。

留学経費に関しては、欧州ではＥＣが支給、国際旅費は派遣する大学が人民元で支給し、国家教育委員会がそれで航空券が買える証明書（非貿易外匯購買機票証明単）を発行する。一九八八年度は北京大学、清華大学、中国人民大学等の三一校（各校一人）に派遣定員が割り振られた。これから見て、かなり厳しい選抜が行われていると考えられる。

その三年後に、それまでの成果を踏まえて、問題点を修正するために、一九九〇年五月二十九日、国家教育委員会は「一九九〇年の国外との博士学生の共同育成事業に関する通知」（関于一九九〇年与国外合作培養博士生工作的通知）を省級の教育委員会・国務院関連部門の教育司・関係大学宛に発布した。この通知によれば、問題点は学生選抜に当たって政治思想を厳格に審査していないこと、派遣する学問領域について将来の学科建設計画を十分に考慮していないこと、派遣先国が数カ国に集中する傾向にあることの三点であった。

通知では、「政治的立場が堅く、社会主義祖国を熱愛し、祖国奉仕の責任感をもつ博士学生を選抜」し、「博士学生は国外にいる間に進修生身分を改変してはならない」と述べる。言うまでもなく、前年一九八九年六月四日の天安門事件後に顕著になってきた不帰国現象の予防策であった。こうした制度的補強を行って、ＥＣ諸国への国家派遣は続けられた。

（3）　日本の大学との共同育成プログラム

日本の大学との博士学生共同育成プログラムは一九九一年度に四〇名を派遣したことに始まる。すなわち、一九九〇年四月十一日、国家教育委員会は「一九九一年国家公費による日本との共同育成の博士学生定員の下達に関する通知」（関于下達一九九一年国家公費与日本合作培養博士生名額的通知）を関係大学宛に発布した。以下はその派遣原則の部分の訳である。[23]

二、派遣する学科と人選について

1、派遣する学科は応用学科を主とし、理工学科、農・医学科と文科の専門を適量に選抜して派遣しなければならない。わが国家教育委員会が批准した大学の重点学科と新興学科の需要を第一に考慮するよう。同時に、派遣先の学科は日本の科学研究と生産において実際に世界をリードする水準にある学科でなければならない。派遣先の学校は既にわが方と交流関係があるところが最も好い。

2、派遣対象の年齢は三三歳（一九五八年四月二日以後の出生）を超えてはならない。

3、上述の人員は一九九一年十月に派遣するが、このため一般に一九八九年下半期に入学した優秀な博士学生を選抜対象としなければならない。

4、日本語を第一外国語とし、かつ英語を使用して学習研究に従事できる人員を優先的に推薦し採用すること。もし英語を第一外国語とするならば、英語に熟練し、英語で文献を読み、研究し、論文を書く能力を要求する必要がある。日本史、日本経済、中日関係などを主に研究する人員は必ず日本語に習熟していなければならない。

（国家教育委員会「関于下達一九九一年国家公費与日本合作培養博士生名額的通知」）

さらに、選抜される学生は上記の条件に加えて、中国で博士課程を完了し、博士論文の研究方向や題目が明確になっていなければならず、日本では博士論文の準備をすることが要求されている。また、日本語は国家教育委員会の経費負担により東北師範大学の予備学校で一年間学習する。日本での研究期間は一～二年間で日本政府奨学金が支給され、かつ日本での取得単位は承認されるのである。

7 一九八八～一九九〇年の国家派遣三年計画

一九八八年二月十三日、国家教育委員会は「一九八八～一九九〇年の国家派遣留学者の選抜工作をうまく行うことに関する通知」（関于好一九八八至一九九〇年国家公派出国留学人員選派工作的通知）を省・市・自治区の人民政府、中央官庁、関係団体、人民解放軍総政治部宛に発布。一九八八年から九〇年までの国家派遣三年計画を策定した。この三年計画の中身は以下のようなものであった[24]。

① 学部派遣は外国語の学習者だけで、少数に限定する。大学院派遣は縮小し国内での育成を主とする。

② 進修生・訪問研究員を増加する。政治態度・業務情況・外国語・身体条件など厳格に審査して質を高める。彼らは講師・工程師など中級以上の職称を有する教育・科学技術に携わる中堅人員から選抜する。

③ 派遣する国・学科の比率を偏らないように配慮する。基礎科学と応用科学は二対八の割合に、社会科学と自然科学も二対八の割合にする。社会科学では経済、管理、法律、金融など国内ニーズの高いものを優先する。人文科学も適度に考慮する。

④　進修生・訪問研究員の定員は毎年一、七〇〇人とし、中央官庁や各地方政府に通達する。
⑤　全国留学者外国語試験（全国出国留学人員外語考試）は半年に一回行う。
⑥　中央官庁や地方政府その他の派遣機関に便利なように、工作要領を記載した「国家公派出国留学人員選派工作手冊」を発行する。

ここでは、一年以内の期間で派遣する進修生・訪問研究員の枠を拡大し、二年以上かかる外国の大学の学部や大学院への派遣を必要最小限に抑えて国内での育成を主とするという原則が述べられている。恐らく急激に低下した帰国率を上げることが重要な課題であったのだろう。

一九八八年八月十七日、国家教育委員会は「一九八九年のアジア・アフリカ第三世界国家への留学派遣に関する通知」（関于一九八九年向亜非第三世界国家派遣留学人員的通知）を発布。政府間協議によりアジア・アフリカ諸国の提供する奨学金を受け、その一部を国家派遣、一部を機関派遣に充当することにし、公募する旨を通知した。ここでも学部・大学院への入学者は派遣せず、進修生・訪問研究員を派遣することを原則としている。

第六節　帰国後の職業分配制度

1　公費留学帰国者の統一的職業分配

一九八六年十月二十四日、国家教育委員会は「留学者の卒業帰国後の職業分配問題に関する通知」（関于出国留学人員卒業回国后工作分配問題的通知）を発布した。以下、「八六年十月通知」と略すが、これは一九八四年に機関派遣が発足した後、従来の国家派遣留学者の帰国後の職業分配方針と合わせて「公費留学帰国者」の職業分配方針を改めて示したものである。以下は全訳である。

各省・自治区・直轄市の教育委員会、高等教育庁（局）、卒業分配計画・配属を管轄する部門、国務院の関係官庁、中国科学院、中国社会科学院、解放軍総政治部、国防科工委員会、関係在外公館：

中共中央・国務院の留学者工作を改善強化する精神および国家教育委員会の「所轄部門に戻して管理する」（帰口管理）に関する全国出国留学人員工作会議の決定に基づいて、留学者の帰国後の職業斡旋（工作安排）と分配の問題について以下のように通知する。

一、公費留学者の帰国後の職業斡旋と分配方法および関連規定は、国家教育委員会によって統一的に制定される。

二、公費派遣の進修生・訪問研究員および機関派遣の大学院生は国外の学習や研究が終了した後、等しく元の機関で就業する。学んだことが活かされず、その専門的な特色が発揮できない場合、調整を求めれば、国家科学委員会が調整・協調工作に責任を持って当たる。

三、国家統一選抜によって出国したが、出国前に就業機関のなかった大学院生や大学生が卒業・帰国した後は、それぞれ国家教育委員会と国家科学委員会が統一的に計画した分配方案によって、教育系統と教育系統以外に分けて調整分配計画を制定する。

四、在外公館は留学者の卒業帰国工作に対して指導・助言を強化しなければならない。国家教育委員会の派出している在外公館教育処（組）と教育外事幹部は、留学者の卒業・帰国後の職業斡旋問題を重視しなければならない。毎年の卒業生のリソースを確実に掌握し、国家の統一規定に照らして、留学者が卒業・帰国する前に関連の仕事に就けるよう、適時に留学者に関する資料を国家教育委員会に送ること。

五、国内の各官庁は留学者の帰国工作に責任を持って真摯に取り組み、適時に彼らの仕事情況を掌握し、かつ関連情況を国家教育委員会に送らなければならない。国家教育委員会は取りまとめて中共中央・国務院に報告する。

六、留学者の統一的管理を強化するために、各機関は留学者を招聘する情報を国家教育委員会に送らなければならない。これによって統一的に計画して処理する。国内のいかなる官庁や機関も自ら国外に行って、公費留学者を自己の官庁や機関に就労者として招聘したり、任用（聘用）したりしてはならない。

七、大学専科以上の学歴をもつ自費留学者が帰国して国家職業分配を要求する際は、上述の方法を参照の上、国家教育委員会によって国家分配計画に統一的に組み入れる。

八、留学者の帰国後の分配工作についての作業分担は、一九八六年十一月一日から本通知に照らして実施する。
（国家教育委員会「関于出国留学人員卒業回国后工作分配問題的通知」）

この「八六年十月通知」によれば、公費留学者の帰国後の職業分配を国家教育委員会のもとに一元化して取り扱うという。公費留学者の卒業情報を在外公館教育処（組）が把握して、①帰国するよう指導すること、②帰国後の就職のために留学者の情報を国家教育委員会に報告すること、③他の官庁や省レベルの機関が勝手に公費留学者をリクルートしないよう求めている点が新たな指示である。

なお、第七条のように、帰国した自費留学者の国家による職業分配については、「八三年暫定的辦法」ではその対象を海外での大学院修了生や学部卒業生などの学位取得者に限定していたが、この「八六年十月通知」では大学専科以上の学歴保持者も対象とし、対象範囲を押し広げている。すなわち、当時、経済的にみて自費留学できる者はまだ少なかった。中央政府は数少ない自費留学者をできる限り多く帰国させて、社会各方面で活用する方針を決めたのであろう。

2　公費留学帰国者の職業斡旋の責任分担

更に、翌一九八七年十月七日、国家教育委員会と国家科学技術委員会は「帰国者の就職斡旋の暫定的辦法」（回国留学人員工作安排暫行辦法）を制定して、職業斡旋の担当部署とその役割を決めた。すなわち、国家教育委員会の「高等学校学生管理司」は在外留学者に対する国内需要の情況を把握して、海外にその情報を伝え、帰国時の職業選択の参考に供し、在外公館は在外留学者の情況を把握して、適時に職業斡旋のための資料を「高等学校学生管理司」に送付する。そして、教育関係の就職（教育系統工作）を希望すれば、国家教育委員会の「教師管理辦公室」が公費・自費留学に関係なくすべて斡旋するというものである。他方、非教育関係の就職（非教育系統工作）を希望する公費派遣の留学者については、国家科学技術委員会の「科技幹部局」が職業斡旋の責任を持ち、同様の希望をもつ自費留学者には「高等学校学生管理司」が職業斡旋の責任を持つと決められた。

第一一条には、留学帰国者の職業斡旋の方法について記している。「①留学期間に留学者は直接国内の雇用機関（用人単位）と連絡を取ってもよい。また国内の公的な関係部門に頼んで雇用機関と連絡を取ってもよい。②家族に会うためや休暇で帰国する時、または学業修了して帰国した後、留学者は雇用機関と直接面談できる。③国家教育委員会と国家科学技術委員会は国内で不定期に雇用機関と留学者の面談会を開催し、会場で就職先を決めるようにする」と述べる。

このように在外留学者の自由選択の余地をかなり残した職業斡旋の方式を打ち出している。従来の強制的に分配計画に組み入れるという方式から、「学用一致」の原則に合致するよう、あらかじめ雇用機関と面談できる調整方式を取り入れたものであり、留学者の意向に配慮したものに変わった。

一九八九年三月二日、国家教育委員会は「大学卒業生分配制度改革法案」（高等学校卒業生分配制度改革法案）を発布、大学と雇用機関による相互選択制度（双向選択方式）を徐々に導入していくことを告示した。この国内事情にあわせて、一九八九年四月、国家教育委員会の管轄のもとに、法人組織「留学服務センター」（対外的には、中国留学服務センターと称する）を設置。今度はここが公費・自費留学の別なく、海外大学の専科以上の学歴を有する留学者の職業斡旋サービスを行うことになった。そこでは留学者と国内求人機関との双方の合意によって就職を成立させる相互選択制度が適用された。

3　中国留学服務センターの沿革

現在の中国留学服務センターの前身は、魏祖鈺（二〇〇九）によれば、一九六四年七月に高等教育部に設置された「出国留学生集訓辦公室」である。職員も数名で、国家派遣留学者の政治審査と集中訓練と派遣手続きを行っていた。一九六七年二月から一九七二年二月まで文革によって業務はいったん中止したが、国務院科教組の設置によって留学派遣が再開するや、北京語言学院内で業務を再開した。改革開放後、留学派遣が拡大されると、一九八一年七月に「教育部出国人員集訓部」となり、一九八三年に「国家教育委員会出国留学人員北京集訓部」と改称した。この頃より、国家派遣が一層増大し、かつ在外留学者の職業斡旋など帰国工作が重視され始め、これらの業務も担当するようになった。こうして一九八九年四月に「国家教育委員会留学服務センター」（のちの「教育部留学服務センター」）が成立した。

以降、センターは発展を続け、現在では出国事務処、来華事務処、国際合作処、信息網絡処、回国人材処など一三の業務部門（職員一〇〇余人）を有する大きな機関に成長している。また、国内外に次々に支部を設置、その情報力も強化されている。二〇〇六年二月現在、国内では広州・上海・瀋陽・海口・寧波・鞍山・大連・烟台などの全国省市に三〇支部、海外ではドイツのベルリン、米国のサンフランシスコ、ニューヨークに支部がある。

また、その業務は多様化している。公費・自費留学の全手続き（海外の学校への入学手続き、旅券・ビザ申請など）や留学者の档案管理（個人別履歴ファイルの保管）、「留学回国人員科研啓動基金」、国外の学歴・学位認証、帰国創業に関する相談指導、「春暉計画」、「中国国際教育巡回展」（海外教育機関の留学フェア）開催、「留学中国教育展」（外国人留学生リクルート）開催などの業務も行っている。(25)

第七節　海外生活の管理政策

1　在外留学者の管理体制の構築

一九七八年度から約三、〇〇〇人の留学者を国家派遣することになったので、国外における留学者の修学・生活の管理体制を急いで構築しなければならなくなった。一九七八年九月十九日、中共中央組織部は「留学生を管理する幹部を選考して異動させることに関する通知」（関于選調管理出国留学生幹部的通知）を関係官庁、省・自治区の党委員会組織部宛に発布している。以下は全訳である。

我国の社会主義の四つの現代化の実現を加速するために、中央の指示によって、我国は今年・来年の二年間、大勢の留学者を陸続と派遣して国外で学習させる。これら留学者の教育を管理する工作を強化するために、幹部を我が在外公館の「留学生管理処（組）」に異動して工作させる。留学者を管理する幹部（管理留学生幹部）の選考・異動の問題について以下のように通知する。

一、今年・来年の二年間、留学者を管理する幹部一一〇人を選考して異動させる。そのうち、参事官級五人（司局長級）、一等秘書官一一人（正処長級に相当）、二等秘書官三三人（副処長級に相当）、三等秘書官あるいは随員六一人（科級あるいは一般幹部）である。定員配分は附表参照（略）。

二、選考して異動させる幹部は必ず出国者の条件に符合しなければならない。参事官（参贊）、一等秘書官（一秘）の年齢は五〇歳前後、最もよく外国語を理解できること。二等秘書官（二秘）以下は四〇歳前後、英語、ドイツ語、日本語など外国語が理解できること。

三、選考して異動させる幹部は、各官庁と省・市・自治区の党委員会組織部が出国者に関する規定によって審査し許可手続きを行う。審査に合格した後、出国者の審査表は幹部の档案資料とともに教育部に送り、審査する。期日までに教育部より通知する。関連するその他の事項は、各官庁と省・市・自治区が直接教育部と連携して処理する。

四、今年派遣する留学者の出国時期が迫っているので、留学者を管理する幹部の異動について、各官庁と省・市・自治区の党委員会組織部は緊急に実施し、十月中旬前に半分を完了し、十一月末までに残り全部を完了すること。

（中共中央組織部「留関于選調管理出国留学生幹部的通知」）

すなわち、中央官庁、地方政府の幹部公務員を在外公館の「留学生管理処（組）」に転勤させて、在外留学者の管理に当たる体制を作り上げたのである。

2　管理教育工作の方針

一九七八年十二月に改革開放政策が決定されるや、翌一九七九年六月三日、教育部、国家科学技術委員会、外交部は、在外公館宛に「出国留学人員管理教育工作的暫行規定（試行）」一〇条および「出国留学人員守則（試行）」八条を通達した。

前者は以下、「七九年暫行規定（試行）」と略すが、その第八条には「留学人員が学校あるいは民家に居住し、彼らと外国教師、同学、現地社会や大衆とより多く接触させ、交流を強め、友誼を増進させるように配慮すること、並びに彼らに絶えず経験を総括させ、対外活動の水準を高めるよう援助すること」と述べている。文革中の一九七四年に出され、外国人との接触に一定の距離を置くよう指示した「出国留学生管理制度」とは正反対の内容であった。

他方、留学生守則はそれまで政治的情況に則して改更されてきたが、改革開放後はじめて出されたのが「出国留学人員守則（試行）」である。留学生守則としてはこれ以後に出されたものはないので、恐らく最後のものであり、今日まで廃棄されてはいないだろう。だが、すでに二〇〇八年現在まで約三〇年を経ているので、現在の公費留学制度の中でこの守則が活用されているか否かは分らない。しかし、改革開放前期の守則がどのようなものであったかを一見しておこう。以下は全訳である。

出国留学人員守則（試行）

一、社会主義祖国に忠節を尽くし、革命を保持するよう警戒し、国家機密を厳守すること。
二、マルクス・レーニン主義、毛沢東思想を真摯に学習し、世界観を改造するよう努力すること。
三、努力して学習し、刻苦して研究し、先進科学文化知識を習得すること。
四、生活は素朴に、品行は方正に。衛生に配慮し、礼儀に注意し、積極的に身体を鍛錬すること。
五、中国の同学間の団結互助を強めること。
六、組織紀律を遵守し、よく指示を請い、報告を行うこと。
七、滞在国の法律と学校の規則・制度を遵守し、その風俗習慣と宗教信仰を尊重すること。

八、滞在国の人民との友誼と団結を維持し、増進させること。

この六条目の「組織紀律」とは社会的行動規範のことである。「七九年暫行規定（試行）」によれば、外国人に金銭・物品を借りない、税関違反物品を外国人に委託しない、また外国人に依頼しない、外国人に配偶者・子女や親友の留学のための資金援助を求めない、香港・マカオ・台湾など国外華僑にも同様なことをしない、不適当な娯楽場所に行かないなどである。八〇年代に欧米、日本など資本主義国へ派遣された中国人留学者があらかじめ教えられたのは、この「出国留学人員守則（試行）」であったと思われる。

3　管理教育工作条例の制定

教育部、外交部、国務院科技幹部局、財政部、文化部、中国科学院の六部門が一九八一年三月十三日に新たに提出した「留学者の管理工作会議情況の報告」（関于出国留学人員管理工作会議情況的報告）が国務院により承認された。そこで、同年七月十六日、同六部門は「留学者の管理工作会議情況の報告」に「留学者の管理教育工作条例」（出国留学人員管理教育工作条例）一〇章四三条を付して、各省・市・自治区人民政府、国務院各官庁と直属機関、在外公館宛に発布した。以下「八一年条例」と略すが、これによって、先の「七九年暫行規定（試行）」は廃棄された。

ところで、「八一年条例」は「規定」や「通知」などに比べると、「条例」というかなり普遍的な性格を持つ法律である。これ以後に留学生管理に関する条例はないので、今日でも有効であると思われる。但し、後述するが、社会情勢の変化に合わせて補充的な規定が二つ出されている。①一九八一年十二月三十一日、教育部「大学院生、大学生の帰国休暇を案配することに関する通知」（関于安排研究生、大学生回国休暇的通知）、また②一九八三年十二月十日、教育部「留学者の国外管理工作の若干の補充規定」（関于留学人員国外管理工作的若干補充規定）である。いずれも国家派遣の留学生管理に関する補充規定である。

4　管理教育工作条例の分析

（1）　条例の目的

一九八一年七月一六日に発布された「八一年条例」一〇章四三条という長文の法律について少し詳しく見ておきたい。中国の公費派遣留学者を受け入れている先進諸国の大学は常識として知らなければならない事項であろう。「八一年条例」の目次は、第一章「総則」、第二章「業務学習」、第三章「思想政治工作」、第四章「対外活動」、第五章「組織紀律」、第六章「留学人員組織」、第七章「組織分工」、第八章「経費管理」、第九章「自費留学」、第一〇章「附則」である。この条例は、第四二条に記されているように「中央官庁の派遣している海外の大学本科生、大学院生、進修生」に適用されるものである。すなわち、公費留学者を指す。ただ第九章では自費留学生の管理についても規定している（本書第七章参照）。

さて、第一章「総則」は条例の趣旨を簡潔に説明している。

第一章　総則

第一条　留学者の管理教育工作をうまく行い、留学者を育成する任務が完成することを保証するために、特に本条例を制定する。

第二条　国家が留学者に望むことは、政治的立場を堅く守ること（政治堅定）、仕事をしっかりやること（業務優良）、品行方正であること（作風正派）、健康であること（身体健康）である。

第三条　留学者の管理教育工作においては、留学者や対外工作についての国家の方針・政策・関連規定を必ず実行し、厳格に指示を待つ制度（請示報告制度）を実行しなければならない。指導を強化し、巧みに指導しなければならない。留学者を組織化し、自己管理するようにしむけなければならない。

第四条　留学者の国外での管理教育工作は、我国の在外公館が責任を負い、国内の派遣機関は積極的に協力しなければならない。
（1） 在外公館は留学者の政治思想工作をうまく行わなければならず、彼らの業務上の学習に対する督促と検査を強化し、彼らの対外活動を掌握して指導し、対外的な交渉に関する事項を処理し、留学者の生活に関心を持たなければならない。
（2） 国内の派遣機関は、留学者の出国前に、彼らに政治思想教育を行い、学習の目的・要求・計画を確定し、かつ派遣先の国家の教育機関や専門機関とよく連携する責任を負う。留学者の出国後、彼らと常に連絡を保ち、彼らの各方面の情況を理解し、適時に指導と援助を与えなければならない。彼らの帰国後の就職も妥当に斡旋しなければならない。

（教育部等六部門「出国留学人員管理教育工作条例」）

第二章以下は、第一章に示した方針を具体化する方法を種々述べている。その中からここには、海外での修学・生活に関する条項を取り上げたい。なぜなら、受け入れ大学等の留学生支援の在り方と密接に関連する内容だからである。

（2） 修学・研究に関する規定

第二章は修学・研究に関する規定であるが、中国語で「業務学習」という。公費留学は「業務」概念に含まれている。国家建設事業の一環に参画する公的仕事であると認識されているのであろう。ゆえに、留学の成果を上げることが「任務」とされる。以下の条項は業務心得と思えば理解しやすいだろう。

第二章「業務学習」
第五条　留学者は国家の要求に基づき、滞在国の学制あるいは両国の協議で決められた学習計画によって学習を進めなければならない。
（1） 大学院生は規定の学習期限内に論文答弁や試験を通過して、国外であるいは帰国後に学位を取得しなければならない。進修生は進修計画を完成し、学術論文あるいは総括報告を提出しなければならない。大学生は在籍する学校の試験を通過して、相応の学位を取得しなければならない。留学者はすべて学科を選択して学習し、在籍する学校の試験を通過して相応の証書を取得しなければならない。

（2）留学者は国外にある間、専攻および専攻関連の科学技術の発展情況や動向に注意し、新しい経験・新しい技術を学び、重要な実験室の情況を把握し、必要な学術会議や専門業務の参観・実習に参加し、関連図書や文献資料を収集しなければならない。

第六条　留学者の専門分野の方向と学習期限

（1）留学者は既定の専門分野や研究の方向を変えてはならない。変える必要があれば、本人が在外公館に提出し、その審査を経て、派遣機関が審査して許可する意見を提出し、主管部門がこれを承認し、かつ教育部が受理する。大学院生の論文題目は教育部に登録される。大学生の学ぶ専門分野はすべて教育部と関係部門が協議して承認する。進修生は大学院生に変わることはできない。もし変わりたい者は教育部の承認を得なければならない。

（2）留学者の学習年限は延長できない。延長が必要ならば、六カ月以内の者なら在外公館が審査して承認し、教育部が受理する。六カ月以上の者なら在外公館が意見を提出し、元の派遣機関が審査して、教育部によって承認される。

第七条　留学者は一般には途中帰国して実習する必要はない。もし国内の資料を使用したいならば、まず留学者が在籍する機関の同意を得て、中央の主管部門が承認する。

第八条　成績優秀で発明創造した留学者は、支持し、援助し、表彰しなければならない。学習が困難で援助しても学習任務を完成することができない者は退学し帰国しなければならない。

第九条　人材を注意して発見し、科学研究の成果を保護する。

（1）留学者が科学研究中に、重要な科学的価値のある成果を得たならば、速やかに在外公館に報告しなければならない。在外公館は状況を教育部に報告しなければならない。

（2）留学者が科学研究中に単独で重要な発明をしたならば、派遣機関を通じて国内の特許許可部門（専利部門）に申請し登記しなければならない。

（3）卒業した大学生・大学院生や学業を終えた進修生は、国家の関連規定によって、関係図書館や派遣機関に卒論、学位論文、進修総括報告、学術的文章を納めなければならない。

第一〇条　留学者が学習任務を完成するのを保障するために、彼らを呼び出して臨時的な仕事（通訳や代表団の付き添いなど）をさせてはならない。特殊な事情があれば、在外公館が承認する。

（同上）

以上、学習期限の延長は原則的には認められないが、しかし弾力的に認められる方向が打ち出されていることは注目すべきであろう。また、第九条に見られるように、留学中の研究成果はすべて国家（図書館や派遣機関等）に報告することや、重要な発明についいては在外公館に報告し、中国で特許申請を行うことが義務付けられている。特許申請については、滞在する大学の知的財産権に抵触することもあるだろう。このような研究成果をめぐる問題は今後増えていくかもしれない。

（3）　生活に関する規定

第五章・第六章は日常生活に関する注意や規則である。受け入れ大学として知らなければならない事項である。公費留学者への注意や規則であるが、一般公開された法律なので自ずと自費留学者の行動にも影響を与えたと思われる。

第五章　組織紀律

第二二条　留学者は我国の法律・法令を厳格に遵守し、留学人員守則および留学者に関する規則を遵守しなければならない。警戒心を高め、国家機密を厳守すること。ありのままに情況を知らせること。滞在国の関係法令と制度を遵守し、滞在国の風俗習慣や宗教信仰を尊重すること。

第二三条　留学者が外国人に借金したり、あるいは物品を取り立てたりするのを厳禁する。税関規定に違反する物品を外国人に委託しても、外国人のために携帯してもいけない。外国人と不正な経済交流をしてもいけない。外国人に配偶者・子女・親友の留学を資金援助してくれるように勝手に求めてはいけない。香港・マカオ・台湾の同胞や国外華僑にもこのような原則で臨むこと。
第二四条　不正な娯楽場所に行ってはならない。
第二五条　外国の関係機関に対して、留学者が原稿を書いたり、放送に出たり、映画やテレビの撮影に出たり、記者の来訪を受けたりするなどの活動を約束する場合、前もってその機関の背景・意図や留学者に対する要望を理解して約束しなければならない。我国の外交政策に違反したり、我国や留学者の印象を損なったりしない場合は一般に同意してもよい。但し、原稿や活動内容は留学者組織の同意を経なければならない。
第二六条　大学本科生は国外で学習する期間は結婚してはならない。
第二七条　紀律に違反したり、その他の間違った事をしたりした場合、批判して教育しなければならない。必要ならば、在外公館の承認を得て、適当に処分する。内容が深刻な場合には、在外公館が処置について意見を提出し、教育部はそれを審議して許可する。
第六章　留学者組織
第二八条　留学者は異なる情況に応じて、地域、都市あるいは学校によって組織を起こさなければならない。留学者組織の規模は過大にならぬようにし、名称は一致しなくても良い。聯誼会、同学会、学友会などと呼んでよい。条件が許す地域では、学科が近い留学者の専門的な小グループを組織しなければならない。
第二九条　留学者組織の任務
（1）　政治・時事学習を組織する。政治思想工作を行う。業務としての学習について理解させ、そのチェックや督促を行う。対外的連絡の責任を持つ。留学者の社交活動や文芸・娯楽・体育活動を組織する。主体的に台湾学生との交流を組織する。生活福利工作をしっかり行う。
（2）　専門的な小グループは業務上の経験交流を責任を持って組織し、学科の発展とその他の業務問題について調査検討し、提言を行う。
第三〇条　留学者の管理教育を強化するために、留学者の中から適当な人物を選んで「兼職幹部」を担当させなければならない。これら同志の学習年限は在外公館が状況に応じて適当に延長できる。在外公館は「兼職幹部」の政策水準や仕事能力を注意して育成し、負担を過重にしてはならない。また、常に彼らが工作をうまくやるように援助しなければならない。
（同上）

ここで注目したいのは、留学者組織の結成を促進し、その任務の中では政治・時事学習に重点が置かれていること、「主体的に台湾学生との交流」を組織するよう指示していることである。つまり、非常に政治的な活動を行うことが主なのである。それは第三〇条においてますます明らかであるが、留学者の中から在外公館との連絡や留学者たちの生活を管理する「幹部」を選ぶことになっている。中国政府は公費・自費を問わず中国人留学者を言わば「監督」することを強化したのである。

5　二つの補充規定

（1）　公費派遣大学院生の帰国休暇の規定

「八一年条例」では公費留学者は国外で四年以上学習したら、一回帰国して休暇を取れることになっているが、これに加えて、一九八一年十二月三十一日、教育部「大学院生、大学生の帰国休暇を案配することに関する通知」を発布。大学院生の場合の帰国休暇について補足がなされた。要約すれば、以下の如くである。

①　修士課程在籍者には帰国休暇は許されない。満二年間海外で学習して博士課程在籍者あるいは博士学位の取得予定者となっている場合は一回の帰国休暇を許される。

②　帰国休暇の往復旅費は留学生経費から支払う。帰国日から海外生活費支給を停止する。国内で賃金を支給されていない者は「出国留学集訓部」が休暇期間に応じて生活費を支給する。毎年七・八・九月は大量に留学者が出国するので、この期間に帰国休暇する者は海外で国際往復航空券を購入しておくこと。

③　教育部が派遣した留学者は帰国休暇中に、近くの北京語言学院出国人員集訓部、上海外語学院出国人員集訓

部、あるいは広東省高等教育局出国人員集訓部において行う政治学習や海外留学報告などの活動に参加すること。中央官庁や省・市・自治区派遣の留学者（大学院生・学部生）はそれぞれの機関の行う集中的な訓練を受け、その結果を教育部に報告すること。

つまり、博士課程在籍の大学院生は、海外留学という業務の半ばで休暇を取って公費によって帰国できるが、帰国後には政治学習や留学報告の会合に出席することが義務付けられている。

（2）国外管理の補充規定

一九八三年十二月十日、教育部は「留学者の国外管理工作の若干の補充規定」を在外公館宛に発布した。「八一年条例」が施行されて二年、幾つかの問題が生じてきたのである。以下は部分訳である。

一、「留学人員業務档案」（留学者の個人別学習ファイル）を確立し健全にすること。各在外公館は留学者（大学本科生、大学院生、進修生、訪問研究員）の学習状況（学籍、学位、本人の専門、学業成績を含む）を詳細に記載しなければならない。今後の幹部の参考に使用するので。学業を修了して帰国するときには、教育部に転送し、かつ派遣機関にも要約を送ること。

二、大学本科生の留年問題。大学本科生で毎学期の試験の不合格者は、所在国の学校の規程によって追試験（補考）を受けてもよい。もし追試験で不合格ならば、一年の留年を許す。もし二年留年すれば、すぐに帰国して元の送り出した学校に転入し、レベルに合ったクラスに編入して学習しなければならない。

三、博士学位取得のための学習期間の問題。大学院留学生は二年以内（ドイツ・日本は二年半前後）に博士学位取得資格に到達しなければ、すぐに帰国して職業を分配されなければならない。博士学位論文の第一次答弁を通過しなかった場合、もし学校が許せば、第二次答弁を受けてもよい。しかし、再度通過しなければ、すぐに学習を止めて帰国すること。

四、進修生の進修期限に関する問題。一九八四年以後に採用した進修生は、全て国家が費用を負担している場合、その学習期限は一般に一年とする。二年目については、もし相手国の資金助成を獲得し、専門も需要があり、元の所属機関の同意を得、在外公館の承認を経れば、延期できる。但し、長くても一年を超えてはならない。進修生は一般に学位を取得しない。もし講師・助理研究員以下の進修生でもともとの決められた期限や計画の範囲内であれば、相手国の試験を受けて博士学位を授与されるならば受けてもよい。

五、第三国において学術会議に参加し、調査研究し、旅行することに関する問題。

1．留学者は第三国で国際学術会議に参加したい場合、専門や外国語が符合し、相手国が全部の費用を提供する場合のみ、参加を許可してもよい。もし費用の国家負担を求めるならば、必ず論文が会議によって受け付けられていることや補助的な費用について厳重に調べ、一般に誰でも留学期間を超えなければ一回は在外公館によって承認する。

2．留学者が教育計画上や研究活動上の必要から第三国で実習したり、短期に調査したりすることを許可する。在外公館が承認すること。費用は一般に自弁する。奨学金や助成金を得ていない留学者については、もし第三国で実習したり、短期に調査したりするのに経費に困っていれば状況を見て補塡してもよい。

3．留学者が余暇を利用して自費で旅行したり家族のもとに帰国したりするのは許される。所在国の範囲内であれば、現地の学生組織に報告すること。第三国に行く場合は在外公館によって承認する。留学者の自費旅行は連れ立って行かなければならない。安全に注意すること。

4．留学者が学業を終えて帰国するとき、途中に第三国か香港を経る場合は在外公館が承認すること。立ち寄る費用は全部自弁とする。

六、留学者が自費で帰国し休暇を取ったり家族に会ったりすることに同意してよい。在外公館が承認すること。

七、大学本科生が卒業後（大学院生が学位取得後）、継続して学習したり、就業したりする問題。

1．大学本科生が卒業後、もし政治的思想（政治表現）が良く、学業が優秀で、その専門が国内で求められていて、相手国の奨学金を得、指導教員が大学院生として受け入れるならば、在外公館によって決定することができ、教育部に報告すれば承認する。

2．大学院生が博士論文の答弁を通過して学位取得後は、一般にすぐに帰国しなければならない。もし所在国の工場や会社などの企業に入り、就業したり学習したりするならば、ある程度の時間を延長できる。但し、長くても一年を超えてはならない。在外公館が審査し、教育部に報告すれば案を準備する。
八、国外で国際的な学術組織に参加する問題。留学者は国内機関や個人が既に参加している国際学術団体を選んで参加することができる。我国がまだ加入していない国際学術団体に参加することについては、その情況（学術水準、組織規程、政治的背景、台湾の加入問題の有無など）をよく理解した後、国内の主管部門で審査する。国外にいる期間、会費は本人が負担する。帰国後は所属機関が負担する。（教育部「関于留学人員国外管理工作的若干補充規定」）

ここには、中国人の国家派遣留学者を受け入れている大学にとって極めて重要な情報が含まれている。すなわち、学部生の留年が一年許可されていること、学部卒業後に自費で大学院に進むことが許可されていること、博士学位取得までの期間が厳しく制限されていること、大学院修了後に滞在国で一年間働くことが許可されていることなどである。実際、辦法・規定・通知等が次々に出されるので、新旧の相違点について認識が行き届いていないのが実情であり、留学者も少し混乱している。ともあれ中国政府は公費留学者の外国での学習状態に配慮して、柔軟に対処するように変わってきたのである。

6　海外留学中の計画出産に関する規定

一九八九年十一月十八日、国家計画生育委員会・国家教育委員会は「留学者の計画外の出産問題に関する通知」（関于出国留学人員計画外生育問題的通知）を発布した。この通知は、まず関係官庁が一人っ子政策（計画生育政策）について、留学者に送り出す前に十分に宣伝するよう求めている。しかし、海外で規定以上の子どもを生んでしまった場合はどうすればよいのか。この通知によれば、留学者が在外公館の証明書と滞在国の出生証明書をもって子どもの戸籍登録をすれば、国内の所属機関の決められた出産枠（出産指標）には算入されないこと、また、海外で規定以上の子どもを生んで帰国しても、国内の所属機関は在外公館の証明書があれば懲罰を与えたり、オーバー出産費（超生子女費）を徴収したりしないことを明言している。[26]

殊に、大学院留学生には初めから家族同伴で出国する場合もあれば、夫婦で出国してあるいは海外で結婚して子どもを出産する場合もある。だが、規定以上のオーバー出産は非常に少ない。しかし、それがかえって、偶然そうなった留学者夫婦に国策違反で帰国後に罰せられるかもしれないという不安を与えていたのである。国策を遵守すべきであるという宣伝が浸透すればするほど、その違反行為は彼らに帰国をためらわせたであろう。この悩みを解消するためにこの通知は発布されたと思われる。

一人っ子政策は国策であり、多くの中国人留学者はこれを遵守している。しかし、国策遵守の背景には「望まれぬ出産」を防止するために堕胎という手段を取らざるを得ないこともある。このような場合、留学者夫婦は非常に深刻な葛藤を抱えてしまう。受け入れ国において、身近にいる友人あるいは大学の留学生担当者による精神的支援が必要とされるであろう。

以上、留学生管理の方針は、文革期には留学生の政治思想の右傾化や海外での中国の政治・社会情勢に関する開放的・批判的言動を強く規制するものだった。だが、改革開放期になると、留学先の国民との友好交流を促進するものに転換するなど、文革の影響は次第に薄れていった。留学派遣の規模が拡大すればするほど、在外留学者の管理工作はますます重視されるものと思われる。この問題は中国人留学者の受け入れ国家、大学、社会にも深く関わる問題であり、中国政府の対策については十分に承知しておかなければならない。

第八節　改革開放前期の公費派遣留学の実績

1　公費派遣留学の実績

一九七六年十月の文革終結以後、改革開放政策への方針転換があった。その方針の下で一九八〇年代を通じて国

表5－1　改革開放後6年間の国・地域別の国家派遣実績　（人）

年度	米国	日本	西ドイツ	カナダ	イギリス	フランス	その他	計
1978	75	109	103	35	79	163	296	860
79	354	112	151	79	261	190	630	1,777
80	754	397	250	206	155	88	274	2,124
81	1,400	441	374	194	144	82	337	2,922
82	904	480	237	110	149	200	207	2,326
83	970	433	313	260	168	234	255	2,633
計	4,457	1,972	1,428	884	956	957	1,988	12,642

出所）『中国教育成就；1949-1983』人民教育出版社，1985年

表5－2　1984～90年の中国における留学資金別送り出し実績

年度	国家派遣（人）	機関派遣（人）	自費留学
1984	3,073	—	現在のところ不明である
85	4,888	—	
86	4,676	—	
87	4,703	6,569	
88	3,786	3,535	
89	3,329	—	
90	2,792	5,500	

出所）田正平主編『中外教育交流史』広東教育出版社，2004年，1029頁，また『中国教育年鑑1988』。機関派遣数は，魏能涛「試論新時期出国留学教育中公派留学人員滞留未帰問題」『出国留学工作研究』1998年第1期，318頁，参照

家派遣政策は建て直され，機関派遣や自費留学制度も整備され，世界各国に留学者を送り出した。社会は漸く自由に外気を呼吸し始めたのである。

ところで，中国における統計資料は現在かなり公開されているが，改革開放期の初めにはほとんど非公開であった。中国の統計資料は不正確というのではないが，その一部が中国の研究論文等で示されるとき，その典拠が明示されていないことが多く，その場合，私たちは信憑性がないと判断せざるを得ない。但し，党・政府部門の正式発表や閣僚の講演で述べられる統計的数値には信憑性があると考えてもよいだろう。現在は国家統計局より各種の統計年鑑が発行されるようになった。統計年鑑の発行は国家統計局の専権事項であり，他の部門は発行できない制度となっている。ゆえに，これら統計年鑑を基に考察することが唯一の科学的

表5－3　1978～89年末までの留学身分別送り出し実績　（人）

留学形態・身分		送り出し人数	帰国人数
国家派遣	進修生・訪問学者 高級訪問学者	21,963	15,624
	博士生	5,003	653
	碩士生	1,947	366
	本科生	1,081	236
	小計	29,994（31.21%）	16,879（43.07%）
機関派遣	進修生・訪問学者 高級訪問学者	32,563	19,928
	博士生	7,562	427
	碩士生	2,819	722
	本科生	486	267
	小計	43,430（45.19%）	21,344（54.47%）
自費留学	留学身分は不明。但し，語学学習者や直接公安部門に自費留学申請をした者を含まず。	22,677（23.59%）	960(2.4%)
合計		96,101（100.0%）	39,183(100.0%)

出所）李滔主編（2000）691・692頁より作成

な方法である。

　さて、表5－1は一九七八年から八三年までの六年間の国・地域別の国家派遣実績である。派遣先は、五〇～六〇年代のソ連派遣が主流だった時代と比較すれば歴然としているが、西側諸国に一八〇度転換している。すなわち、米国が最も多く、四、四五七人（三五・二パーセント）であった。次いで日本一、九七二人（一五・六パーセント）、西ドイツ一、四二八人（一一・三パーセント）、フランス九五七人（七・六パーセント）、イギリス九五六人（七・六パーセント）、カナダ八八四人（七・〇パーセント）の順である。この上位六カ国で全体の八四パーセントを占めた。

　表5－2は一九八四年から九〇年までの留学資金別送り出し実績である。国家派遣はデータが公表されているが、機関派遣・自費留学については不明の部分が多い。また、派遣先別の実数はこの間の『中国教育年鑑』等の資料には記載されていないので、今のところ不明である。しかし、西側諸国を中心に派遣したことは間違

いない。

ところで、李滔主編（二〇〇〇）によれば、表5－3のように、一九七八年から八九年末までの一二年間、国家派遣二九、九九四人（三一・二パーセント）、機関派遣四三、四三〇人（四五・二パーセント）、自費留学二二、六七七人（二三・六パーセント）であった。これら留学者数の合計は九六、一〇一人である。但し、この自費留学の数には、語学留学生や公安部に直接申請した人数は含まれていない。

他方、一九七八年から八九年末までの留学帰国者は三九、一八三人（帰国率は四〇パーセント）であったという。留学帰国者のうち、国家派遣一・六万人、機関派遣二・一万人であり、自費留学は一、〇〇〇人弱であった。これから帰国率を計算すると、国家派遣は五三パーセント、機関派遣は四九パーセント、自費留学はかなり低く四・五パーセントである。(27)

自費留学者の帰国率は低かったが、自費留学者の絶対数は公費派遣者数よりも少なかったので、帰国率が低いことは深刻に問題視されることはなかったように思われる。従って、この時期の留学派遣事業は総体的に見て順調であったと言えるだろう。

しかし、この順調な留学派遣事業の方針はやがてかき乱されることになった。一九八九年六月に第二次天安門事件が起こり、国内の知識人・学生、そして在外留学者は大きな失望を味わった。在外留学者の帰国率は低下した。国際社会もこの事件を厳しく批判した。また、ちょうど時を同じくして、冷戦が終焉に向かい、一九九一年十二月にはソ連が崩壊した。ソ連という社会主義陣営の中心的存在を失って、社会主義の政治・経済政策そのものが疑問視される情況になった。この二つの出来事により、社会主義中国は国際社会から孤立していくかのように思われた。

このような時期には、先進国との教育交流を中断しないということが重要な意味を持つであろう。教育交流には中国が自ら孤立しない、あるいは国際社会が中国を孤立させないための保険的効果が期待されるようになるのである。

2　外国人留学生や華僑その他の受け入れ制度の整備

(1)　外国人留学生の受け入れ制度の整備

改革開放初期の外国人留学生の受け入れについても若干触れておこう。文革後に受け入れ体制が整備されていくが、一九七七年十二月十二日、教育部・外交部は「一九七八年の留学生受け入れ計画及び来華前の文化試験等の問題に関する請示」(関于一九七八年接受留学生計画及来華前文化考核等問題的請示)を国務院に提出した。それによれば、多くの国が優秀な学生を派遣するのは欧米・ソ連であり中国ではない。その理由は、中国の学制(三年)は短く、学位授与制度がないので、外国人留学生は帰国後に中等専業学校卒のような仕事しかない場合や仕事が見つからない場合もあるからだと述べ、各国高卒生を大学生として受け入れる場合、理工・医学系には数学・理化学の基礎知識の試験を課し、文科系には特に試験を課さず在外公館で選抜することを提案している。それから一カ月後、一九七八年一月二十六日、教育部・外交部は「今年の外国人留学生受け入れ工作の実施に関する通知」(関于做好今年接受外国留学生工作的通知)を在外公館宛に発布した。内容はほぼ前記意見の通りであり、大学生の学習期限は四年とされ、また進修生も受け入れることになったのである。

一九七九年二月十日、教育部・外交部・文化部・財政部・国家計画委員会の五部門は「外国人留学生の受け入れ規模を拡大することなどに関する請示」(関于拡大接受外国留学生規模等問題的請示)を国務院に提出して承認を受けた。これによれば、米国や第二世界諸国との交換留学及び第三世界諸国の幹部養成を目的として一九七九年から八五年までに一三、〇〇〇人を受け入れ、かつ一九八五年度には在籍留学生が一二、〇〇〇人に達するようにしたいという。米国・日本など西側諸国と国交が拡大し、相手国において中国への留学需要が急速に高まると予想されたのである。また一九八〇年教育部は「外国人留学生が中国の大学に入学して学習することに関する規定」(関于外国留学生入中国高等院校学習規定)を発布。留学生の受け入れ身分(大学生・普通進修生・高級進修生)、年齢制限、教育計画、学費等々について規定(一九八五年には更に改定)した。一九八一年三月には教育部は「外国人研究者が中国の大学で科学研究することに関する関連規定」（関于外国研究学者入中国高等院校進行科学研究的有関規定）を発布し、研究者の滞在費用等々について規定した。こうして留学生と外国人研究者の受け入れ事業が規範化された。

また、短期中国語研修の受け入れも始まった。一九八〇年十二月三十一日、教育部は「大学が外国人短期中国語学習班を開設する問題に関する通知」（関于高等院校開辦外国人短期中文学習班問題的通知）を発布。冒頭に当時の事情を解説している。

漢語の世界的影響を拡大し、外国人の中国での短期漢語学習の要望を満たし、かつ中外文化の交流と人民間の理解を促すために、一九八〇年に一二大学が外国人夏期中国語学習班を実施した。その中の二校は秋期学習班も開講した。全部で一六カ国七〇〇人余が学習に参加した。短期中国語学習班を開講することを通して、外国人の漢語水準を高め、友誼と相互理解を強化し、外国人の漢語学習を教授する教師隊伍を拡大するだけではなく、国家は約七〇万元の外貨収入を増した。

我が国の対外関係が発展するにつれて、中国で短期に学習したいと望む人は少しずつ増加している。この形勢の発展に応じるため、一九八〇年十一月十一日から十五日まで、教育部は一〇省・市の高等教育庁（教育局）と二四大学の責任者による「外国人短期中文学習班工作座談会」を開催した。会議上、経験を交換し、意義を明確にし、今後の工作方針を議論した。会の同志の認識は一致した。すなわち、短期中国語学習班の開講は外国人を受け入れて中国で学習させるひとつの形式であり、かつ大学間交流の重要な内容であり、交換留学生のために条件を提示できる。またこれは有意義な工作であって積極的に条件を創り出し逐次展開させていかなければならない。

（教育部「関于高等院校開辦外国人短期中文学習班問題的通知」）

こうして「通知」は短期学習班の期間・時間数・学費・教材・教育部上納金の比率等々について規定した。更に一九八三年一月、教育部は「外国人のための短期学習班の実施についての関連規定」（為外国人挙辦短期学習班的

表5－4　改革開放前期における外国人留学生受け入れ実績（人）

年度	在籍外国人留学生総数（長期・短期を含む）
1978	1,236
79	1,593
80	2,097
81	3,440
82	4,535
83	5,461
84	6,144
85	7,727
86	8,754
87	5,646
88	5,835
89	6,379
90	7,494
91	11,972

出所）『中国教育年鑑』各年度。長期留学生は6カ月以上の滞在者を指し，短期留学生とは6カ月未満の滞在者を指す

有関規定）を発布、短期学習班について在学期間は四週間から一学期間、年齢は一六歳から四五歳までとし、経費は自費であることを明確にした。

一九八四年十二月、「全国外国留学生工作会議」を北京にて開催。国務院副総理・李鵬は、留学生政策は外交政策の一部であるという講話を行った。このとき教育部より二六人の留学生受け入れ関係者（幹部・教職員）が表彰され、受け入れを奨励した。翌一九八五年二月、「外国人留学生に対する奨学金及び自費留学生の学費標準額の調整に関する規定」（関于調整対外国留学生発放奨学金和自費生収費標準的規定）を発布、中国政府の奨学金額と大学の徴収する学費標準額について規定し、外国人留学生を本科に受け入れる大学五〇校及び短期学習班に受け入れる大学六〇校を公表した。

一九八五年十月十四日には、国家教育委員会・外交部・文化部・公安部・財政部の五部門が「外国留学生管理辦法」四三条を制定した。その後も細部の問題に関する補充規定が数件発布されるが、この法規において外国人留学生受け入れ制度は一応整ったのである。

（2）　華僑や香港・マカオ・台湾からの学生の受け入れ制度の整備

在外華僑や香港・マカオ・台湾からの学生が中国の大学に入学する際、中国国内の学生や外国人留学生とは異なる取り扱いを受ける。つまり、在外華僑は中国籍（中華人民共和国籍）を有している。イギリス・ポルトガルの租借地である香港・マカオの住民は九〇パーセントが華僑であり、その学生にも華僑が多い。また、台湾は一九七二

年以来、国際社会から中国の一部であると承認され、その住民は「台湾省籍」を有するとされている。だが、住民自身は「中華民国籍」を有している。このような華僑や香港・マカオ・台湾からの学生の中国国内の大学への受け入れは中国経済の国際化が進むにつれて次第に重要性を帯びてきた。彼らは外国人留学生ではないけれどもその受け入れ体制について若干触れておきたい。

文革後、まず一九七八年六月一日、教育部・国務院僑務辦公室は「広州華僑学生補習学校の回復に関する幾つかの意見」（関于快復広州華僑補校的幾点意見）を広東省の教育局と僑務委員会宛に発布。広州華僑補習学校を復興して、高卒程度の学力を有する華僑学生、香港・マカオの学生、加えて中国系外国籍の学生（中国血統外籍学生）を受け入れ、一～二年間中国語を教育するよう指示した。同年七月七日には、国務院僑務辦公室・教育部は「華僑、香港・マカオの学生が帰国して内地で進学することに関する意見」（関于華僑、港澳学生回国和到内地昇学的意見）を国務院に提出した。以下、「七八年意見」と略すが、この中で華僑や香港・マカオからの要望が増えているので、広東省と福建省の華僑補習学校を直ちに再開し、また彼らに全国大学統一入試の受験を課し、その成績（政治・国語は低成績でも可とする）をみて優先的に入学させることなどを具申している。

更に、一九八一年二月二十三日、教育部・国務院僑務辦公室は「華僑青年が帰国して、また香港・マカオ地区や台湾省の青年が内地に戻って、大学に出願することに関する通知」（関于華僑青年回国和港澳地区、台湾省青年回内地報考高等学校的通知）を発布。「七八年意見」に台湾学生を追加して入学試験や入学方法を改めて規定し直したのである。これによれば、華僑（国内に定住して二年以内の者を含む）や香港・マカオ・台湾の学生に関しては、大学は単独で出題して試験を行い、入学許可を出すことができるようになった。募集条件は二五歳以下（理由があっても二八歳を超えず）で高卒程度の学力のある未婚者とし、申請受付は広州市、厦門市、丹東市、香港、マカオの五カ所に設置。入試科目は、理工・農・医学系が政治・国語・数学・物理・化学・外国語（医学・生物系は生物を加える）であり、文史学系が政治、国語、歴史、地理、外国語（経済系は数学を加える）である。また曁南大学と華僑大学が主として華僑や香港・マカオ・台湾の学生を採用するものとし、帰国華僑やその子女また中国内に居住する台湾省籍の学生も採用できるが、彼らには全国大学統一入試を課すことになったのである。

続いて、一九八五年四月二十日、教育部は「北京大学等の七校による華僑や香港・マカオ・台湾の学生の一九八五年度共同募集に関する通知」（関于北京大学等七校一九八五年聯合招収華僑、香澳、台湾省学生的通知）を発布。一九八五年度から北京大学、清華大学、復旦大学、中山大学、中山医学院、華南工学院、深圳大学の七校は共同募集し共通試験を行い、成績優秀者から順次採用することによって、学生の質を確保することになった。その事務は「広東省招生委員会辦公室」で統一的に行われる。また七校以外の大学を受験した場合でも、その成績は一旦「広東省招生委員会辦公室」に送られ、そこから受験生の所属校に通知されることになった。この方法によって、各大学が成績の低い者を合格させている現状に歯止めをかけ、比較的質の高い学生を採用できるようになったのである。

【注】

（1）楊暁京・苗丹国「新中国出国留学教育政策的演変過程及対策研究」、『出国留学工作研究』第四期、二〇〇〇年、一―二七頁（全国出国留学工作研究会編『全国出国留学工作研究会成立十周年紀念文集』北京大学出版社、二〇〇二年、一三六―一六一頁、所収）参照

（2）鄧小平「改革は中国の第二次革命である」、中共中央文献編集員会編『鄧小平文選一九八二―一九九二』（中共中央編訳局・外文出版社訳）東和文化研究所&中国外文出版社、一九九五年、一二七・一二八頁

（3）毛沢東・朱徳・周恩来は周知のように抗日戦争・中国革命の指導者であり、同時期に死去したことは政界にとって大きな転換点となったと思われる。彼らの伝記として、エドガー・スノー『中国の赤い星』（松岡洋子訳、筑摩書房、一九七二年）、アグネス・スメドレー『偉大なる道――朱徳の生涯とその時代』（阿部知二訳、岩波書店、一九七七年）、周恩来『十九歳の東京日記』（矢吹晋編・鈴木博訳、小学館、一九九九年）、郭沫若『抗日戦回想録』（岡崎俊夫訳、中央公論新社、二〇〇一年）等々がある。

（4）鄧小平「思想を解放し、実事求是をおこない、一致団結して前向きに進もう」、竹内実・吉田富夫監訳『鄧小平は語る・上巻』風媒社、一九八三年、二〇二・二〇三頁

（5）鄧小平「『ふたつのすべて』はマルクス主義に合致しない」、同上書、六八・六九頁

（6）『国史全鑑』第五巻、団結出版社、五三一九―五三二二頁、所収

(7) 湯応武『抉択――一九七八年以来中国改革的歴程』経済日報出版社、一九九八年、一六三―一六五頁。また、鄧小平「『建国以来の党の歴史問題に関する決議』の起草に対する意見」、竹内実・吉田富夫監訳『鄧小平は語る・下巻』風媒社、一九八三年、七二―九七頁、参照
(8) 「四つの基本原則」は、一九七九年三月三十日、鄧小平が第一一期中央委員会第三回総会後に開催された中国共産党の理論工作政治思想部会（理論務虚会）における講話で提唱したもので、『八三年憲法』にも明記された。（鄧小平「四つの基本原則を堅持しよう」、竹内実・吉田富夫監訳『鄧小平は語る・上巻』風媒社、一九八三年、二一〇―二四一頁、参照）
(9) 『国史通鑑』第四巻、紅旗出版社、一七三・一七四頁、参照
(10) 鄧小平「知識を尊重し、人材を尊重しよう」、竹内実・吉田富夫監訳『鄧小平は語る・上巻』風媒社、一九八三年、七〇―七二頁
(11) 陳雲「関于改善中年知識分子生活待遇問題的意見」、『中華人民共和国重要教育文献一九七六〜一九九〇』海南出版社、二〇二一頁
(12) 岩佐昌暲「いじめと住宅難――最近の知識人問題」、中国研究センター編『続・「人民日報」読者来信』日本評論社、一九八六年、四一―八四頁、参照
(13) 鄧小平「科学と教育工作に関する若干の意見」、竹内実・吉田富夫監訳『鄧小平は語る・上巻』風媒社、一九八三年、八一―九三頁。また史衛民・何嵐『知青備忘録――上山下郷運動中的生産建設兵団』中国社会科学出版社、一九九六年、三九二―三九七頁、参照
(14) 鄧小平「全国科学大会開幕式における講和」、竹内実・吉田富夫監訳『鄧小平は語る・下巻』風媒社、一九八三年、一二九―一四六頁
(15) 白春礼「士者、国之重器〜紀念拡大派遣留学生三〇年関于人材的若干思考」、『神州学人』第六期、二〇〇八年、八―一一頁
(16) 鄧小平「関于派遣留学生問題的指示」、李滔主編『中華留学教育史録』高等教育出版社、二〇〇〇年、三六五―三六六頁、所収
(17) 教育部「選抜派遣する留学生数を拡大することに関する報告」（関于加大選派留学生数量的報告）、李滔主編、同上書、三六六―三六九頁、所収
(18) 楊暁京・苗丹国、前掲書、七頁
(19) 国務院辧公庁秘書局等編『中央政府組織機構一九九八』改造出版社、一九九八年
(20) 楊暁京・苗丹国、前掲書、七頁

(21) 李滔主編『中華留学教育史録』高等教育出版社、二〇〇〇年、五六七―五六九頁、所収
(22) 李滔主編、同上書、五七〇―五七二頁、所収
(23) 李滔主編、同上書、五七二・五七三頁、所収
(24) 李滔主編、同上書、五七五―五七七頁、所収
(25) 魏祖鈺「改革開放以来中国留学服務事業的創立与発展」、王輝耀編『中国留学人材発展報告二〇〇九』機械工業出版社、二〇〇九年、三三〇・三三一頁、参照
(26) 陳俊生主編『中国改革政策大典』紅旗出版社、一九九三年、四八一頁、参照
(27) 李滔主編、前掲書、六九一・六九二頁、所収

第六章　社会主義市場経済期における公費派遣政策

本章では、一九九二年から二〇〇七年現在までの「市場経済期」の留学交流の展開を検証する。この「市場経済期」に公費派遣政策は改革されたが、それは一九八九年六月四日の天安門事件にそもそもの発端がある。この事件が知識人・学生の中国政府への失望を招き、公費派遣留学者の不帰国現象を助長したのである。中国政府が対策を模索している最中、冷戦が終結。国際政治・経済情勢は大きく変動し、世界の留学交流も新しい展開を見せ始めた。

第一節　冷戦後の世界における留学潮流

一九八九年に東西冷戦は急速に終焉に向かった。天安門事件後、東欧社会主義諸国では共産党系の政党による一党独裁体制が次々に崩壊するという所謂「東欧革命」が始まった。民主化運動によって六月十八日にポーランドで、十月二十三日にハンガリーで多党制に基づく政治体制が生まれた。十一月九日にベルリンの壁が崩壊、十一月十七日にチェコスロバキアでも一党独裁制から多党制に移行した。十二月二十五日にルーマニアでは激しい闘争後にルーマニア共産党書記長兼大統領チャウシェスク（Nicolae Ceaușescu）が銃殺刑に処されて民主革命が勝利した。

この間、十二月二～三日のマルタ会談で米ソ冷戦終結宣言が出された。そして一九九〇年十月三日、東西ドイツ統一、一九九一年十二月八日、ソ連消滅と独立国家共同体（ＣＩＳ）の創立が宣言された。このような一連の民主化運動による社会主義諸国の変革及びその中心的存在であったソ連消滅は中国指導層に大きな衝撃を与えたに違いない。

さて、留学交流の方面でも大きな変化が生じた。一九八七年六月、西ヨーロッパでは新しい形態の留学交流が創設された。EC（欧州共同体）によるエラスムス計画（ERASMUS PLAN：European Community Action Scheme for the Mobility of University Students）である。これはEC委員会の奨学金によって域内大学間で実施する学生・教員の短期交換留学制度である。一九八九年にヨーロッパ単位互換制度（European Credit Transfer System：ECTS）が導入され、学生は一年間留学しても在学期間を延長することなく卒業できるようになった。当時、EC一二カ国の高等教育人口は六五〇万人、その一〇パーセントの六五万人を毎年交換留学させるという遠大な目標が掲げられた[1]。

冷戦終結後、一九九三年十一月、ECはEU（欧州連合）に展開し、ヨーロッパ統合の枠組みが強化されるや、エラスムス計画は一九九五年度に開始されたソクラテス計画の一環として継続されることになった。二〇〇五年度には参加者は一五万人に増えている。

一九九九年、ボローニャ宣言が二九カ国の高等教育担当大臣により採択された。これは二〇一〇年までに各国独自の学位制度を比較可能な制度にし、また欧州高等教育の質保証基準を作成、域内の学位が正当に評価されること等を目指して、欧州高等教育圏（European Higher Education Area）を成立させるものである。参加国は徐々に増えて、四六カ国となった。

EUの動向に対抗して、同じ一九九三年、米国、カナダ、メキシコの三国はNAFTA（北米自由貿易協定）を締結し、EUと並ぶ単一市場を形成した。この三国間の留学交流の規模は倍増された。他方、アジアでは一九八九年、APEC（アジア太平洋経済協力会議）が、参加国一八カ国の貿易・投資の自由化や経済・技術協力を推進するために動き出していた。アジア地域の経済統合が構想されるなかで、一九九一年にUMAP（University Mobility in Asia and the Pacific：アジア太平洋大学交流機構）が発足、域内二九カ国の学生交流の活発化が提起され、一九九七年には単位互換による交換留学制度の創設が決議された。これはエラスムス計画を範として、アジア・太平洋域内の経済統合を進めるための、広域経済圏で活躍できる国際的人材の育成と相互理解の促進を目的としたものである。

表6－1　冷戦後の先進諸国と中国における外国人留学生数の推移　（人）

年度	米国	ロシア	ヨーロッパ			日本	オーストラリア	中国
			イギリス	フランス	ドイツ			
1990	407,529	66,809	80,183	136,015	92,016	41,347	24,988	7,494
1991	419,585	−	88,141	136,306	116,474	45,066	−	11,972
1995	453,787	67,025	197,188	134,418	141,460	53,847	39,685	35,759
1996	457,984	−	196,346	129,761	146,472	52,921	46,773	41,211
1997	481,280	−	198,064	125,205	151,870	51,047	52,897	43,712
1998	490,933	61,137	213,264	121,624	158,435	51,298	56,810	43,084
1999	514,723	57,907	219,285	129,469	165,994	55,735	60,914	44,711
2000	547,867	53,918	224,660	141,616	175,065	64,011	72,717	52,120
2001	582,996	60,674	230,870	174,604	187,027	78,812	86,269	61,869
2002	586,323	64,341	242,655	196,706	206,141	95,550	116,504	85,829
2003	572,509	75,786	275,265	221,491	227,026	109,508	136,125	77,715
2004	565,039	−	300,050	245,298	246,136	117,302	151,798	110,844
2005	564,766	−	318,390	255,589	246,334	121,812	163,930	141,087
2006	582,987	77,438	330,078	247,510	259,797	117,927	207,264	162,695

出所）IIE『Open Doors』，ユネスコ文化統計年鑑，日本文部省『我が国の留学生制度の概要』，日本外務省『主要国・地域における留学生受け入れ政策』2003年，各年度『中国教育年鑑』また，Kemal Guruz（2008）所収の統計表より作成。なお，各国の「外国人留学生」の概念は若干異なる。例えば，短期語学研修の学生を中国では含めるが，米国や日本では含めない。

以上のように、ヨーロッパ、北アメリカ、アジア・太平洋地域という三地域において経済統合の基盤づくりとして域内留学交流が推進されたのである。

表6－1は、一九九〇年から二〇〇六年までの先進諸国と中国における外国人留学生受け入れ数の推移を示している[2]。

米国では一九九〇年の受け入れ数は約四〇万人であったものが、二〇〇六年には約五八万人へと一・五倍に増えた。ヨーロッパの受け入れ先進国であるイギリス・フランス・ドイツでは、各国とも二～三倍増である。これに比べて、ソ連崩壊後のロシアは約七万人台で推移し、大きな伸びは見られない。アジア・太平洋地域では、日本が一九八四年六月二十九日、『二十一世紀への留学生政策の展開について』を策定、二〇〇三年に一〇万人に到達したのが際立っている。オーストラリアは国策として教育産業化を打ち出し、オフショア・プログラムを香港・シンガポール・マレーシアなどアジア各地で展開、留学生受け入れ規模を急速に拡大した。わずか全三九大学で二十一世紀直前、日本を追い抜き、二〇〇六年には二〇万人に達した[3]。

ところで、このような先進諸国の留学生受け入れ政策が強力なプル要因となって、中国からの海外留学、特に自費留学が急増した。裏を返せば、中国の留学生市場は先進諸国の高等教育のターゲットとなっており、将来もそれは続くと考えてよいだろう。

他方、世界の留学動向に合わせて、中国も外国人留学生（来華留学生）の受け入れを拡大してきた。八〇年代初めから大学の短期語学研修プログラム（六カ月未満）を中心に受け入れ数を伸ばし、二〇〇六年現在、長期・短期の留学生は年間一六万人に達した。各国留学生は主として中国語学習のために留学している。先端科学・技術によって留学者を惹きつけている先進諸国とは異なるが、受け入れ規模から言えば、中国は留学生受け入れ国としての相貌をすでに持っているのである。

第二節　知識人政策に対する天安門事件の影響

1　天安門事件の勃発

中国政府の留学政策の背後には常に中国共産党の知識人政策がある。既に述べたように、中国における知識人迫害は「反右派闘争」に始まり、文革終結まで二〇年間続いた。その後の改革開放の中で「知識人尊重」が唱導されて一〇年、再び知識人と学生が中国政府に失望する出来事が勃発した。一九八九年六月四日の天安門事件である。中国では一九七六年四月の政変を「第一次天安門事件」と呼ぶのに対して、今度のものを「第二次天安門事件」と呼ぶが、ここでは「天安門事件」とだけ記すことにしたい。この天安門事件は自費留学を増大させ、すでに問題視されていた在外留学者の不帰国現象を助長する原因となった。

さて、天安門事件の概略を次に述べておきたい。一九八九年四月十五日、中国共産党の前総書記・胡耀邦が急逝した。胡耀邦は「官倒」（汚職を行う官僚）とその背後にいる党保守派（党長老を含む）に対して非常に批判的であったため党保守派によって一九八七年初め総書記を辞任させられ失脚したと、胡耀邦を支持する多くの民衆は考えた(4)。

四月二十七日、〈胡耀邦の追悼〉と〈「官倒」を排除するための政治の民主化〉という二つのテーマを掲げて、北京の学生たちは学生だけによる約三万人の非暴力デモ行進を粛々と行った。さらに続けて、五月四日には五・四運動七〇周年記念デモ行進を行った。このデモ行進の勢いに乗って、五月六日、中国政府に対話を要求する請願書を提出し、天安門広場に数千人が座り込んだ。だが、政府の対応は遅々として進まず、五月十三日、約二〇〇人の学生がハンストを決行した。五月十五日にソ連の政治改革を推進するゴルバチョフ大統領（M. S. Gorbachev）が北京を訪問して三〇年ぶりに中ソ和解するという歴史的行事が予定されており、世界のマスコミの目が中国に集まっていた。その機を利用して世界にアピールするためであった。

学生たちのハンスト参加者は日増しに増え、二、〇〇〇～三、〇〇〇人に達したと言われる。その純粋さによって教員や研究者や作家などの知識人および一般市民の心情を揺さぶりながら一〇〇時間以上続き、ついに飢えと暑さで卒倒するものが出た。この様子を見ていた市民・労働者・農民は学生支援のため五月十七日・十八日に天安門広場に向けて四方八方からデモ行進し、広場は総勢一〇〇万人の群衆で膨れ上がった。全国各地の学生も北京のデモ行進に参加してきた。しかし、規模が大きいにもかかわらず、暴力沙汰は一切起こらなかったという。また、全国六八都市で学生・市民によるデモ行進や座り込みがなされ、香港・台湾でも学生支援集会が行われた。世界各国に滞在する在外留学者も天安門広場の学生たちを支持するデモ行進や資金調達などの活動を行った。五月十九日、党総書記・趙紫陽が天安門広場において学生たちにハンストを中止するよう説得するが、効果はなかった。

中国政府は五月二十日、軍を投入して戒厳令を布告し、ついに六月四日未明、天安門広場での座り込み・ハンストを行う学生・市民を軍・武装警察からなる戒厳部隊を投入して「鎮圧」した。その惨劇は「血の日曜日」と呼ばれている。世界のマスメディアは、学生や市民が「多数虐殺された」と報道したが、報道された死者数は数百人から数千人まで大きな差異があり、実際の数ははっきりしていない。中国政府は天安門広場での死者は皆無だったと国内外に発表している。だが、天安門広場以外でも衝突が起こっており、戒厳部隊と学生・市民双方に死傷者が出たことは事実として中国政府も認めている。

その後一カ月の間に、ＥＣ（欧州共同体一二カ国）、米国、カナダ、オーストラリア、欧州中立国（オーストリア、スイス、スウェーデン、フィンランド）など西側諸国は中国政府に対する非難声明を発表し、国家によって若干異なるが、対中武器禁輸及び政府高官レベルの接触や新たな投資の凍結など制裁措置を実施した。また世界銀行は七億八、〇〇〇万米ドルの対中借款を延期したのである。日本政府は憂慮を表明したが、制裁措置は中国を孤立させるという理由で実施しなかった。ソ連が論評を避けるなど、社会主義諸国は特に非難声明を出すことはなかった。

六月二十三日、中国共産党第一三期中央委員会第四回総会（中共一三届四中全会）は、この事件を「反革命暴乱」と規定した。同時に、鄧小平や国務院総理・李鵬らと対立して、学生との対話による柔軟な対応を主張した党総書記・趙紫陽を解任した。代わって、江沢民が党総書記に選出された。

2　知識人の要求と挫折

（1）　知識人による批判

国内の知識人・学生はもちろん、在外留学者もこの鎮圧行動に深い失望を味わった。彼らの失望がどのようなものであったか。心の内側を知ることは難しい。彼らの文章を手がかりにして推し量る以外にない。加々美光行編『天安門の渦潮』（岩波書店、一九九〇年）は天安門事件に関する資料集である。その第四章は、方励之、厳家其、劉再復、劉賓雁など国内外の知識人によって事件前後に発表された言論を集めている。その一部を下記に紹介することにしたい(5)。

一九八九年六月四日直後、六月十八日に滞留中の米国から香港を訪れた劉賓雁（作家）はいずれ中国に帰国するつもりであったが、記者会見で次のように述べた。「今となっては、帰国することは絶対に不可能でしょう。……もともと自分が根無し草であると思ったことはないのですが、国内情勢の変化により、徐々に根無し草になってきました。……この傷口は二〇年たっても癒えることはないでしょう。たとえ政府が交代したとしても。なぜならこれほど残忍な事件は、歴史上起こらなかったのですから。二〇世紀にもなかったし、秦の始皇帝でも、これほど大規模な自民族の虐殺は行いませんでした。私の人生でも耳にしたことはありません」と述べて、中国政府指導部を痛烈に批判した⑹。

また、事件から一カ月後の七月五日、『聯合報』（台湾）に論稿「国殤日一カ月宣言」（国殤日週月宣言）が掲載された。民主化運動のリーダーである北京市大学学生自治連合会の責任者・ウルケシと北京知識界連合会の責任者・厳家其によって書かれたものである。

「今日は『六・四大虐殺』からちょうど一カ月目に当たる。我々は全世界の中国人が、犠牲となった同胞に黙祷を捧げるよう呼びかけるものである。……鄧小平一派が反動的であるのは、とりもなおさず彼らが初めからこの世界史的潮流に対立する立場にあったという点にある。彼らは魏京生を逮捕し、民主の壁を閉鎖し、いわゆる『精神汚染除去』、『ブルジョア自由化反対』などを発動し、さらに最近の常軌を逸した『六・四大虐殺』にまで至ったのであるが、その目的は彼らが公言するように、『国際的大気候』を逆転させ国際共産主義運動に別の模範を打ち立てることにある。……『八九年中国民主運動』は……名実ともに全世界の華人による愛国民主運動である。古い歴史をもつ中華民族は『自由、民主、法治、人権』の旗印によってのみその生命力のすべてを発揮しうるということが、そこにははっきりと示されている。海峡両岸の平和的統一であれ、香港、マカオの祖国復帰であれ、さらには故郷を離れ海外にいる者の報国の志であれ、まず中国の大地で『自由、民主、法治、人権』を実現するという原則があって、はじめて真の意義をもちうるのである。これ以外に中華民族生存の道はないのだ」と述べる。

これら中国の民主化運動を推進する知識人の言論は、背後にいる大勢の知識人・学生そして市民の意思を一定程

度、代弁していると考えてもよいだろう。(7)

（2）　在外留学者の心情

では、一般の在外留学者の心情はどうであったのか。当時のマスコミへの簡単なコメントの記事や映像はあるが、文献としてはほとんどない。世界各国の在外留学者の集団的活動は在外公館へのデモ行進や天安門広場支援のための募金活動などであり、どこでも同じようなものであった。

在日留学生も同様に全国で募金活動を行い、中国大使館・領事館にデモ行進して、天安門の学生たちを支援しようとした。それだけに六月四日の鎮圧に対する在日留学生たちの落胆はかなり深いものだった。学生たちは泣き声をあげて、政府の非道を非難した。その錯乱せんばかりに悲しむ様子は、彼らの憂国の情として留学関係者の目に焼きついたのである。

鎮圧から一カ月後、七月四日『西日本新聞』（本社福岡）に中国人留学生の投稿文「わが祖国に春は来るか」が掲載された。この一文に当時の在日留学生の心情の一端を窺うことができる。投稿者は「常思郷」（常に故国を思う）と名乗る。文革中、高校生だった彼は農村に下放され、セミを食べて飢えをしのいだ経験もあるという。下記は抜粋である。(8)

六月四日の「血の日曜日」、私は日本のある都市の私のアパートでテレビにかじりついていた。「ひどい！」という衝撃と、「やっぱりそうか」という思いが頭の中をぐるぐる回った。翌日、大事な用事で出かけねばならなかったが、私は着替える気力もなく、一日中寝ていた。……民主化運動が鎮圧された後の天安門広場に、何万という子どもたちが集められ『愛国・愛党』と叫ばされている。何の意味があるのか。私たちと同じように彼らもやがて共産党に絶望するのだと私の胸は痛む。……今回の事態の中で、解放軍が市民に向けて発砲したこと以上に私に大きなショックを与えたことがある。流血の弾圧の後、当局は市民たちに密告を奨励した。アメリカのテレビ局が撮影したフィルムを放映し、その中で市民を煽動している男を密告するよう呼びかけた。すると、約一時間後に、この男が大連で逮捕されたのである。密告したのは中年女性だ。中国のテレビは彼女が「あの男は近所の人だからすぐ分かった」と得意げに語るのを英雄扱いで放映した。彼女には罪の意識も後ろめたさもなかった。日本のテレビでその姿を見て、私は言いようのない衝撃を受けた。悲しいがこれが中国の民衆の実像だと私は思う。人間として何がただしいのか。いま何をなすべきなのか、なすべきでないのか、分かっていない。しかし、それは彼女の罪ではない。……彼女は何一つ正しい情報を知らされていない。更に言えば、この数十年間、社会状況に関して正しい判断ができるような情報を知らされていないのだ。

そして、最後に次のように結んでいる。

日本にいる中国人留学生の大部分は今の中国に帰りたくないと思っている。日本の物質的豊かさが魅力なのではない。多様な情報の中で自分の価値観を持つ喜び、自分の意見を自由に表現する喜び、生き方を自分で選択できる喜びがいかに大きいかを知ったからである。……民主化に向けて動かなければ、中国に未来はない。何をどうすればよいか、私は途方にくれるばかりだが、いずれは中国に帰る。帰って少しでも中国を変えたい。（常思郷「わが祖国に春は来るか」）

この記事から、中国共産党への不信、大衆に情報が与えられていない情況（報道統制）、知識人に言論の自由が許されていない情況（言論統制）、この三つの国内事情に対する在外留学者の挫折感を読み取ることができる。

3　頭脳流出の発生

（1）　米国その他の受け入れ国の対応

ロサンゼルス・タイムズ紙の外交担当記者ジェームズ・マン（一九九九）によれば、米国ワシントンＤＣでは、天安門の武力弾圧の翌日六月五日、在米中国人留学者たちによって議事堂正面で五、〇〇〇人とも一万人とも言われる抗議集会が行われた。ホワイトハウス前を行進するなど、彼らの反中国政府的な行動は全米の注目を集めるところとなった。六月七日、抗議集会を組織した留学者リーダーらは、米国その他の国に対して、第一に中国に経済的圧力を加えること、第二に一九九〇年の北京アジア大会をボイコットするよう説得すること、第三に米国政府が中国人の国家派遣留学者の帰国義務を免除して米国に残留できるよう規則を改めること、この三つの目標を留学者運動によって追求することを決議した。(9)

一九八九年六月十一日、ジョージ・ブッシュ大統領（George H. W. Bush）は在米中国人留学者の人権保護を目的として滞在期間を一年間延長すると公式発表した。しかし、延長を認められた者は一年過ぎれば例外なく帰国しなければならず、再延長は認めないという内容だった。当時の在米中国人留学者のほとんどが帰国義務のある国家派遣の理工系大学院生であり、米国は中国との協議によってこのことに同意していた。しかし、一年間の滞在延長後に必ず帰国しなければならないことに不安を抱く中国人留学者たちは世論の後押しを受け、連邦議会（特に、反ブッシュ派）に米国滞留を許可する法案の成立を訴えた。

ブッシュ政権は一九七八年以降の二〇年間の良好な米中関係を維持したいと願っていたとジェームズ・マンは言う。「一九八九年六月を通じて、中国政府は大掛かりな弾圧を行って全国の動揺を抑えた。数千人の活動家が逮捕され、なかには直ちに裁判にかけられた者もいた。中国のテレビはほぼ連日のように裁判の模様を中継し、頭を刈られ、身体中のあちこちに傷を負った被告たちが弱々しい声を発する様子を放送した。判事の前に引き出された彼らには、重い懲役刑やときには死刑が言い渡された」と。このような映像が米国でも放映され、米国民の怒りをかった。これによってブッシュ政権の願いは打ち砕かれた。(10)

その頃、天安門広場の民主化運動を支援して、海外でデモや集会に参加した各国の在外留学者の間に、帰国すれば厳罰に処せられるという噂が流れていた。中国の在外公館が海外でのデモや集会の報道映像を分析して、「反政府活動」の参加者名簿を作成し、母国に報告済みだというのである。この真相は分からない。というのも、中国政府はこの噂を否定しているからである。(11)

中国は反政府活動の首謀者の捜査に乗り出していたであろうが、デモに参加した在外留学者を悉く逮捕することまでは考えていなかったのではないかと推測される。だが、米国だけではなく、世界中の在外留学者はこの噂に言い知れぬ恐怖を感じたのである。文革時代の弾劾と迫害のイメージが蘇ったという者もいた。筆者がある留学生から直接聞いたところでは、中国の家族への国際電話は盗聴され、国際郵便は開封検閲されているようなので、事件後の本当の様子を国内の家族から詳しく聞くこともできず、海外から何も相談できない事態に陥ったという。

このような暗澹たる情況の中で、在米中国人留学者のロビー活動等が奏効して議員たちによる法案がいくつも提起された。その中で下院議員ナンシー・ペロシ（Nancy Pelosi）の提出した、公費留学者の帰国義務を一時停止する案が在米中国人留学者たちには穏当に思われた。しかし、ペロシ案が法制化されれば、中国政府の反撥は免れない。一九八九年十一月、ブッシュ政権は法制化に反対、将来の教育交流が不可能になりかねないと主張して、廃案にしようとした。だが、逆に世論の反撥を買い、法案は下院で可決、翌日上院で承認された。

そこで一九八九年十二月、ブッシュ大統領は拒否権を発動した。しかし、議会で再議決されれば拒否権は無効になる。そうならないよう、自ら大統領命令で中国人留学生の学業修了後の帰国義務規定を削除することを発表したのである。ペロシ案とほとんど同じ内容であった。その内容は四項目からなる。①一九九四年一月一日まで、交換学者や留学生のビザをもつ中国人は米国に滞在できる。②一九八九年六月五日から合法的に米国に居住する中国人はその合法的居住権を継続して保証する。③一九八九年六月五日以前より米国にいる中国人は就労する権利を付与される。④不法滞在の身分で米国を出国すべき中国人に対して、通知した期限が来ても、強制退去は実施しない、というものであった。

翌一九九二年五月、下院において中国人留学者が帰国して政治的迫害を受けないよう「中国人学生保護法」(Chinese Student Protection Act of 1992) を可決。同十月九日、ブッシュ大統領がこれを批准、正式に発布した。この法律は、一九九三年七月一日までに在米中国人留学生や研究者が中国に安全に帰国できることを大統領が議会で証明できなければ、そのとき発効するというものであった。その内容は、中国人留学生・研究者のビザが切れても一九九四年一月までは強制退去を求めないこと、また中国政府発行のパスポートが期限切れなどで失効した場合、米国滞在や第三国への旅行に支障がないようにパスポートに代わる特別文書を発行するなどの処置を取るというものであった[12]。

かくして一九九三年七月一日に中国人留学生・研究者の安全な帰国が証明できなかったので、「中国人学生保護法」は発効した。同年九月十三日『南洋商報』（シンガポールの新聞）は、「今年七月一日以来、四万九、〇〇〇人の中国人留学生が米国移民帰化局に永住権を申請、その大多数が今月中に認可される見込みである」と伝えている。一年間で申請件数は五・七万人まで膨らんだ。数万人の留学生家族も永住権（グリーンカード）を獲得した。彼ら配偶者の多くもまた中国で高等教育を受けた高学歴人材であった。留学生とその家族は永住権を得て華僑となったのである。このような米国政府の処置に対して、中国政府は頭脳流出を招いたとして厳しく批判した。まさに大量に人材が流出してしまった[13]。

米国のみならず、その他の留学先国でも、中国人留学者は自衛的手段として、専攻学科の変更や他大学への編入、卒業の引き伸ばし、研究の延長、永住権の取得、外国籍の取得（移民）、第三国への進学・就職など様々な方法で帰国を回避し始めた。帰国すれば逮捕されるという恐怖もあったであろうが、心底には中国政府への不信が生じていたと思われる。

他方、ＥＣ各国は事件発生後すぐに、帰国後に政治迫害を受けることのないよう中国人留学者の希望者にはビザ延長を許可した。カナダ政府はカナダ在住の中国人留学生のビザ延長を許可し、更に九月には中国人留学生に永住権申請を承認するという移民政策を取った。表６－２はカナダ移民局の統計であるが、新中国からは一九八九年から一九九二年までの四年間で三六、〇〇〇人余が移民している。またオーストラリア政府は六月十六日、滞在中の中国人約一五、〇〇〇人のビザを一年間延長し、その中の約一〇、〇〇〇人の中国人留学生には生活費を稼ぐために週二〇時間以内の就労を許可した。十二月には移民法を改定した。従来、留学生は一〇年以上滞在すれば長期居住権の申請資格を得るものとし、移民は二年以上オーストラリアを離れ国外から申請しなければならないとしていた

表6-2　1990年代初期の中国からのカナダ移民者数　（人）

年	大陸	香港	台湾	計
1989	4,430	19,908	3,388	27,726
1990	7,989	29,261	3,681	40,931
1991	13,915	22,340	4,488	40,743
1992	10,118	37,787	7,213	55,118
計	36,452	109,296	18,770	164,518

出所）范瀛（1998）所収

が、それを廃棄し代わって一九九〇年十二月十九日以後にオーストラリアで正規教育を終える留学生は職業を得れば永住権を申請できるものとした。こうしてオーストラリアで学ぶ三六、〇〇〇人の中国人学生（三万人は語学学校生）の居住権を承認した。当時、全留学生数の八五パーセントが中国人学生であった。

米国・EC・オーストラリア・カナダなどと違って、日本政府は中国政府との関係悪化に配慮して特別に留学生保護措置を取らなかった。しかし、程希（二〇〇三）は、「一九九〇年、日本は出入国管理及び難民認定法を改正、学歴があり専門分野に長じた外国人留学生が日本で就職することを奨励した。日本のこの措置は六四事件と必然的関係はないとはいうものの、専門家でない中国人留学生にもぴったりと当てはまる。疑いなく中国人留学生が日本に滞留するための方便を提供したのである。以後、中国人自費留学生（在日中国人学生の九〇パーセントは自費）の絶対多数が日本での就職を選択できるようになった」と述べている[14]。

すなわち、一九九〇（平成二）年五月二十四日、日本法務省は「出入国管理及び難民認定法第七条第一項第二号の基準を定める省令」を公布し、在留資格「投資・経営」、「会計・法律」、「医療」、「研究」、「教授」、「技術」、「人文知識・国際業務」、「企業内転勤」、「興行」などの就労資格基準を明記し、資格基準を満たせば日本で就労（起業も含む）できるようにしたが、これは中国人留学生を吸収する移民政策だったというのである[15]。

（2）中国における自費留学の急増

他方、留学名目による出国は国内においても生じていた。国家教育委員会は次のように述べている。「一九八九年春から夏へ移る頃、政治風波が発生した。国内の出国熱は再び上昇した。自費留学申請者が大量に増加した。この年、ＴＯＥＦＬとＧＲＥ（大学院入学のための一般能力試験）の受験者は四万人に達した。一九八八年の同時期に比べ、一万人余多い。その五〇パーセントは大学教員と大学院生であり、すでに教員と学生の隊伍の安定に悪影響を及ぼしている。全国で二〇〇余の機関において派遣人数が増加した。一部の人材開発・交流機関は関連する国家政策に則って厳格に審査せず、甚だしきは出国手続きで暴利を得ていた。出国の道程の混乱は激しくなっていた。これと同時に、一部の西側資本主義国は反中国・反共産党の波を起こし、機会に乗じて露骨にわが在外人材を押さえ留め、掠奪した。各種の法令、例えば米国の四項目の行政措置や特殊移民政策などを通して、わが留学人員、特に優秀な人材に永住権を獲得させた。わが留学人員の不帰国現象は日々厳しくなっていった。[16]」

以上のように、天安門事件は留学者が祖国に戻らず外国に定住することを真剣に考える契機となった。同時に、国内の知識人や学生も海外留学を手段として、海外定住あるいは移民を強く意識するようになった。すなわち、政治的理由で多くの高等教育を受けた人々が流出したと言えるであろう。すべての人々の不帰国が頭脳流出（Brain Drain）、中国語でいう「人材流失」の概念に含まれるわけではないが、不帰国者の中には「人材流失」と呼べるような優秀な人材が多数いたに違いない。特に、国家派遣・機関派遣の留学者が帰国義務を放棄すれば、それは明らかに「人材流失」と言えるであろう。また、帰国義務を守らないで済むように滞在許可を出した先進諸国に対して、中国政府は「人材掠奪」であると抗議声明を出した。中国政府にとって憂慮すべき事態であった。

4　知識人政策の強化

天安門事件から一年二カ月後、一九九〇年八月十四日、中共中央は「知識分子工作を更に強化し改善することに関する通知」（関于進一歩加強和改進知識分子工作的通知）を発布した。これは中央政治局常務委員会および政治局会議などで議論された内容を公示したものである。この「通知」は九項目からなる。以下、要点を列記することにしたい。

第一項目の見出しは「全党は知識分子工作を高度に重視し、それを重要な工程に据えること」というものである。党総書記・江沢民の「愛国主義と我国知識人の使命」と題する、五四記念報告会（青年紀念五四報告会）での講演以後、知識人の反応は良いので、この機会に知識人政策をさらに強化し改善しようと述べる。

第二項目は「党の知識分子隊伍についての基本的計画と基本的政策を堅持することが、知識分子工作をしっかり行う立脚点である」という。改革開放後、知識人は社会主義の祖国のために功績を挙げてきた。知識人の大多数は天安門事件の動乱に反対したのである。「知識を尊重し、人材を尊重する」という方針のもとに進められた中国共産党の知識人政策を変えてはならないという。

第三項目は「知識分子は労働者階級の一部であることを深く理解し、党の知識分子工作を正確に把握すること」という。知識人は労働者の中の頭脳労働に従事する人々であり、「知識分子を労働者階級の外に排除したり、彼らに不信を抱いたり、甚だしくは蔑視するような態度を取るのは全く間違っている。また、知識分子を労働者階級の上にいる独立した階級であると説いたり、労働者階級から引き裂いたり、産業労働者と広大な労働者大衆が対立するようなことは全く間違っている」と述べる。各レベルの党委員会や地方政府は知識人を政治的に信任し、その生活に配慮し、彼らに労働者階級の歴史的使命を担うよう指導せよと述べる。

第四項目は「知識分子工作を強化し改善する目的は、広大な知識分子に現代化と改革開放の中で重要な役割を果たしてもらうことにある」という。そのために中央政府や地方政府は科学研究や教育事業に対する財政投入を従来通り増加しなければならない。また、適材適所に配置するために合理的な人材流動を促し、かつ優秀な青年人材を輩出する政策を講じなければならず、教育・科学技術・文化・衛生事業の発展のために知識人が十分に力を発揮できるようにしなければならないという。

第五項目は「党の中央委員会から地方委員会まで、責任ある態度で、知識分子の生活条件を改善するよう努力せよ」という。ここで、党中央委員会は各官庁や地方政府にすぐに知識人の給与・職称・住居・医療などの問題を専門的に検討して、改善措置を講じるよう指示している。

第六項目は「広大な知識分子が実践と結びつき、労農と結びついた道を歩むよう積極的に指導すること」である。知識人や青年学生が社会的実践や生産実習に参加するために企業や農村は機会を提供し、大中企業は青年学生のための生産実習の基地となるようにする。また、大学は教育計画の中に生産実習や社会的実践活動を取り入れ、地方政府の許可を得れば、受け入れ企業等に大学が実習費を支払わないで済むようにしたり、遠方で実習する学生の交通費を安価にしたりするなど、関係官庁や地方政府に具体的方法を制定するよう求めている。

第七項目は「長期にわたって気をゆるめずに、『四つの基本原則』を堅持し、ブルジョア階級の放任的政治思想（資産階級自由化）を基盤とする教育に反対しなければならない」という。ブルジョア階級の放任的政治思想は社会主義制度や共産党の指導を否定し、資本主義社会に進むよう主張するもので、「四つの基本原則」と対立する政治思想である。その思想との対立と闘争は今後も長く存在する。特に、「青年知識人については愛国主義教育を強化し、マルクス主義哲学を学習させ、弁証法的唯物論と史的唯物論の立場を理解できる」まで指導するよう指示している(17)。

第八項目は「百花斉放・百家争鳴の方針を実行し、科学文化事業を発展させるよう決意を固めること」である。百花斉放・百家争鳴として、様々な見解を自由に述べることは、「四つの基本原則」と相容れない方針ではない。「四つの基本原則」を守るという前提の下に学術の自由と創造の自由を保障するようにする。知識人が学術活動と政治活動を区別して、政策の限界を把握して、学術研究で祖国建設に努力することを奨励するよう述べる。

第九項目は「各レベルの党委員会の責任者は、意識形態の工作を自ら行い、指導的幹部は知識分子と広く交友しなければならない」という。「意識形態の工作」とは、社会主義に反対する政治思想を浸透させないという意味であるが、そのことを重視すること。また、幹部は知識人と親しく交友し、彼らの意見や提言を聴き、中国共産党や政府の政策批評も真摯に受け止めること。党委員会には多くの知識人のいる民主党派に情況を説明したり、また意見交換したりして協力し合うことを指示している。そして、中共中央は地方政府の党委員会に毎年、知識人政策の進展情況の報告を求めることにしたという。

以上のように、中共中央は全国の党員間に天安門事件後に再燃した知識人に対する不信や蔑視を警戒して知識人尊重を呼びかけると同時に、知識人の意見を聴取し、また学生に対する社会主義教育を強化するよう指示した。知識人排撃の風潮が再び党内に広がりつつあったのではないかと思われる。

なお、天安門事件の翌日一九八九年六月五日、北京の米国大使館に亡命を求めて駆け込んだ反政府活動家・方励之とその夫人は一年後の一九九〇年六月二十五日、米中交渉を経て、漸く解放され、北京からイギリスに向けて出国することが許可された。この方励之の解放を契機に、同七月から西側諸国は停止していた銀行融資を再開した。一九九二年一月三十一日、中国は国連安全保障理事会に久しぶりに参席して、国際社会に復帰したのである。(18)

第三節　国家派遣政策における政治条件の厳格化

1　公費留学者の「思想政治工作」の強化

中国の現政治体制下においては、「政治工作」とは中国共産党の綱領と任務のために実施される諸般の職務を指している。それには「組織政治工作」・「幹部政治工作」・「宣伝政治工作」・「群衆政治工作」・「保衛政治工作」などがあり、「思想政治工作」もそのひとつである。「思想政治工作」とは「思想」に関する「政治工作」であり、中国共産党の路線や政策、また「四つの基本原則」など政治思想を教育し普及することである。ゆえに、「思想政治工作」は「政治思想工作」あるいは「思想政治教育」とも呼ばれている。

さて、一九八九年六月四日の天安門事件は「反革命暴乱」とされた。海外では中国共産党の一党独裁と人権軽視に対する批判的意見が数多く表明されたが、国内でも同じ憤懣や批判が潜在したことは想像に難くない。こうした政治思想の「問題」（反体制的思想）に対処するために、全国の大学や教育機関等の党委員会は、「四つの基本原

表6-3　2008年現在の出国留学人員培訓部の名称と訓練言語

名称	訓練言語
北京語言大学出国留学人員培訓部	英語，フランス語，ドイツ語，スペイン語，イタリア語
北京外国語大学出国人員培訓部	英語
上海外国語大学出国留学予備人員培訓部	英語，フランス語，ドイツ語，ロシア語
同済大学留徳予備部	ドイツ語
広東外語外貿大学出国人員培訓部	英語，フランス語，ドイツ語
中山大学外語学院英語培訓中心	英語
西安外語学院出国留学人員培訓部	英語
東北師範大学出国留学人員培訓部	日本語，英語
大連外語学院出国培訓部	日本語
四川大学出国留学人員培訓部	英語，ドイツ語，ロシア語
四川外語学院出国培訓部	英語

出所）教育部HP。詳細は教育渉外服務与管理叢書編集委員会編（2005）参照

則」など党の政策に関する教職員の学習会を一斉に実施して、政治思想を引き締めた。

この引き締め策の影響は国家派遣留学制度にも及んだ。一九八九年九月、国家教育委員会は「全国培訓部工作会議」を成都で開催した。国家派遣による留学予定者の短期語学教育や海外生活のオリエンテーションなどを行っている全国の「培訓部」関係者が集められた。会議は留学予定者の外国語教育の経験交流が主目的であるが、加えて政治思想教育の方針も話し合われた。なお、表6-3は、教育部指定の「培訓部」である。「培訓部」は比較的年齢の高い留学予定者を対象とする留学準備教育を提供している。海外での外国語訓練に支出しなければならない外貨を節約する目的で一九七八年以降、北京、上海、広州など国内一一カ所に設置された。その他にも、中央官庁や地方政府管轄の大学・研究機関に「培訓点」が多数設置されている(19)。

さて、「培訓部」においては外国語訓練とともに政治思想教育および道徳教育が行われる。殊に政治思想教育が重視されるようになった理由は、郝二奔（一九九四）によれば、青壮年の知識人の間にニヒリスティックな思想状況が生じたからであるという(20)。

すなわち、「改革開放以来、各種の西側の思潮が我国に勢いよく入ってきて、多くの学徒に曖昧模糊とした、甚だ混乱した思想認識の問題が生じた。例えば、我国はなぜ社会主義制度を建設し

表6－4　1994年北京語言学院出国留学予備人員培訓部における思想政治教育課程

課程	内容
国際情勢教育	東ヨーロッパの変化とソ連解体の原因と過程，西側帝国主義の和平転覆の戦略などの講義。
近現代史教育	中国が半植民地状態から脱却し社会主義を選択するまでの近現代革命史の講義。および映画「歴史は未来を教える」（譲歴史告訴未来）・「桃園之路」などの学習。また，中国歴史博物館，抗日戦争紀念館，航空博物館，円明園，天安門楼閣の見学。
二つの道・二つの制度についての教育	中央党校教師陣による，社会主義と資本主義の区別，社会主義が資本主義に取って代わる必然性，中国の特色ある社会主義，社会主義初級段階における党の基本路線などの講義。
党の基本路線教育	改革開放の現状を理解するために，工場・農村見学。
愛国主義教育	留学後に帰国して祖国に貢献している先進的な人物を学習する。
特別講座	○「留学史講座」：孫文，寥仲愷，秋瑾，陳天華や周恩来，朱徳，鄧小平，陳毅，聶栄臻などの革命家の救国精神，銭学森らの科学的貢献に関する講義。 ○「宗教知識講座」：唯物論の観点からのキリスト教・仏教の形成と発展に関する講義。 ○「出国後の安全と機密保持の知識講座」：外国の政治闘争に参加しないこと，現地の法律を遵守し，風俗習慣を尊重すること。党と国家の機密を守ること。健康と安全を守ることなどの講義。 ○「対象国の情況紹介」：各国の社会情況や修学・生活に必要な準備についての講義。

出所）郝二奔（1994）より作成

なければならないのか。社会主義と資本主義は結局、どちらの制度がより良いのか。もし社会主義が資本主義制度に比べ優越しているならば、我国はなぜ改革開放するのか。なぜ西側資本主義国家のものを学習しなければならないのか。東欧での巨大な変化やソ連の解体以後、ソ連や東欧の社会制度に変化が生じているのに、我国はなぜ『四つの基本原則』を堅持しなければならないのか等々である。どの留学者も出国前に必ずこれらの問題をはっきりと認識しなければならない。そうすれば、きっと留学する目的や任務や責任を正確に理解できるし、西側敵対勢力の平和を装った陰謀（和平演変）を見破り、西側の価値観や生活方式を自覚的に排斥し、進んで我国の社会主義建設に有用な知識を努力して学習し、帰国して祖国の四つの現代化建設のために貢献するだろう」という。

北京語言学院出国留学予備人員培訓部（現在・北京語言大学出国留学人員培訓部）の実践報告では、政治思想教育は次の六つの内容で行われた。①国際情勢教育（国際形勢教育）、②近現代史教育、③二つの道・二つの制度についての教育（社会主義と資本主義）、④中国共産党の基本路線教育、⑤愛国主義教育、⑥特別講座の開講などである。その内容は表6－4に示すとおりであるが、天安門事件以来、「紅であり、専である」（社会主義の自覚と専門的知識・技能を兼備する）という人材を育成するためのカリキュラムが強化されたのである。

2　不帰国抑止対策の指示

一九八九年十二月、党総書記・江沢民は中央政治局常務委員会において、留学問題に関する幾つかの提言を行った。トップリーダーの提言は至上命令的な指示である。会議紀要は内部資料であり通常閲覧できないが、楊暁京・苗丹国（二〇〇〇）によれば、次のような提言であったという。[21]

① 公費留学者の栄誉感と義務感を強め、公費留学者に必ず帰国義務を果たすという観念を持たせること。
② 機関派遣の留学者は公費留学者の一部であるので、管理を強化し、盲目性を克服すること。
③ 国家派遣計画は現在の予算総額を保持するが、構造を調整して、厳しく選抜し、「定人定向」、努めて質を保証し、帰国を保証すること。
④ 留学者の選抜派遣工作を改善して、彼らの政治思想の考察を強化すること。
⑤ 原則として、学位取得のための留学者は派遣しない。米国とカナダに派遣する留学者の人数を減らす処置を取ること。

要するに、①・②・④のように、公費留学者の政治思想と祖国奉仕精神を強化する教育指導を要請した。また、③のように、帰国を保証するために「定人定向」という派遣方針を取ることが提言された。「定人定向」とは、留学派遣にあたって、あらかじめ就職先（復職を含む）を決めておいて、海外留学で自己の仕事に必要な専門分野を学習させることである。就職先が決まっていれば、学習にも集中して取り組み、不帰国もある程度抑止できると考えられたのである。さらに、⑤では、移民政策を警戒して、米国やカナダへの公費留学を減らすこと、学位取得を目指すような長期派遣をしないことが提言されている。これらはすべて公費留学者の不帰国抑止対策である。それほどまでに公費留学者の不帰国問題は重大視されたのである。

思うに、中国を含め新興国家は社会建設に国民一丸となってエネルギーを注いでいる。このような国家総力的エネルギーは先進諸国では過去のもので、今では見られないものである。中国が公費留学者の不帰国問題に取り組む、やや執拗な姿勢はこのエネルギーのなさしめるところであろう。

3　第三世界からの外国人留学生受け入れ制度の改革

一方で、外国人留学生の受け入れ制度が改革された。一九九〇年二月一日、国家教育委員会国際合作司は「第三世界国家から外国人留学生を招致し養成する方法の改革に関する意見」（関于改革和培養第三世界国家来華留学生辦法的意見）を提出。冒頭に、中国は文革期の一九七三年に留学生受け入れを再開して以来、第三世界国家（主にアフリカ諸国）から留学生を受け入れてきたが、「彼らの年齢が低く、学業の基礎と文化的素養が乏しく、中国滞在が長くなりすぎる。また管理が難しくなり、取得する学位も低く、帰国後の就業も難しいので、養成効果は高くないなどの問題がある」と述べる。そこで今後、第三世界国家からの留学生に関しては、「受け入れる留学生のレベルを上げ、滞在期間を短縮し、養成の質を保証する」（提高培養層次、縮短培養周期、保証培養質量）という方針に転換し、行政・教育・科学研究関係の高度人材を養成することにした。以下は、関連部分の訳である。

一、文科・医科及び特別な国家以外は、一般にアジア・アフリカ・ラテンアメリカと南太平洋諸島の国々の高校卒業生に対して、本科では奨学金は給付しない。これらの国家の大学専科以上の学歴を有する在職者（大学や高校の教員、政府官吏、工程技術者、医療従事者など）や大専卒業見込みの学生や大学の本科卒業生を募集し採用することに改める。

二、第三世界国家の留学生を養成するのに学歴教育を主とし、短期研究やトレーニングを従とする方針である。自国で既に大学専科・本科の卒業証書や修士学位を得ている者は中国で一定の期間学習すれば、我国の学士、修士あるいは博士学位を授与できる。自国で大学教授や准教授である者は中国で短期の学術研究をすることができる。

三、第三世界国家の留学生を受け入れる大学や学科は集中させなければならない。第三世界国家の実際の需要と国内の大学の情況を見て、若干の大学を第三世界国家のために国際政治・経済・管理・法律・農学・牧畜・獣医・水利・機械・建築・紡績・食品・製糖・道路・採鉱・無線電話・医学・針灸・薬学・数学・物理・化学などの専門的高度人材を養成する重点校にする。

四、教育は留学生だけのクラスを単独編成して授業をするのを主とし、中国人学生と合同クラスで授業をするのは従とする。自国で既に大学専科・本科の卒業証書を得ている者の場合、通常、単独クラスを作り授業を受ける方式を取る。

五、授業では、中国語及び外国語（英語、フランス語。目下は主に英語）を用いて直接に教育する方式を実行する。中国語を用いる教育については、学生に中国に来てから一年間中国語を学習することを求める。しかる後に専門の学習に転入する。外国語を用いる教育では、学生は中国に来た後すぐに専門の学習を開始してよいが、同時に中国語も（入学時から）学習する。生活用語などの問題を解決するためである。

六、第三世界国家の留学生に我国の学歴証書や学位証書を与えるには、厳格に学習水準を要求し、また中国学生とは区別しなければならない。大学専科卒業の学歴保持者には、中国で二年間専門を学習し成績が合格に達すれば、本科卒業証書と学士学位を授与できる。大学本科卒業の学歴保持者には、中国で一年間修士課程において学習し、資格試験を通過した後、更に一年間学習して成績が合格に達すれば、修士学位を授与できる。成績が要求水準に達しなければ、「進修証書」を発給してよい。修士学生は論文型の養成以外に、課程型や学位型の養成でもよい。

第三世界国家の留学生、殊にアフリカ諸国の留学生に我国の学士・修士学位を授与するには、世界各国（特にイギリスとフランス）の通常の方法を参照し、第三世界国家の実情を十分に考慮しなければならない。もし我々がこれらの国家の実情とはかけ離れた基準を要求するならば、これらの国家からの留学生に対する吸引力を失うだけでなく、彼らの帰国後に好ましい影響を与えられず、我々にとって益がない。

七、特別な国家の高校卒業生が中国で理・工・医・農の本科で学習する場合は以前の通り現行試験で採用する方法を取るが、それ以外の国家の者が中国で学習する場合には、その国の試験で採用する方法を取ってはならない。派遣国の関係機関や専門家あるいは一定の職務資格を有する教師の推薦によって、またはわが受け入れ大学及び指導教員が申請者の学歴証書・成績表・推薦書などの材料を審査することによって採用する。採用後は、国家教育委員会国際合作司が在外公館に中国での学習ビザを発給するよう通知する。

八、積極的に工作を行い、既にわが大学の優秀な卒業生が再び中国に来て深く研究しているが、そうなるように頑張ってほしい。

（国家教育委員会国際合作司「関于改革和培養第三世界国家来華留学生辦法的意見」）

中国は第三世界諸国の留学生を採用する基準を引き上げ、行政・教育・科学研究に携わるような高度人材を養成する方向に転換した。しかも、彼らに対して特別クラスを設け、外国語（主に英語）で授業を行う方式を取るよう指示している。アフリカを中心にアジア・ラテンアメリカの国々との留学交流を展開し、それによって政治・経済・学術における影響力の拡大を企図したのである。

第四節　海外留学の全面的な自由化政策と人材争奪戦

1　鄧小平の南巡講話

天安門事件から五カ月後、一九八九年十一月にベルリンの壁崩壊、同年十二月にマルタ会談にて米ソ冷戦終結宣言が出された。チェコスロバキアやルーマニアでは民主化運動により共産党政権が倒れ、一九九一年十二月にソ連解体。社会主義国家の中心的存在が消滅したことに中国の指導部は大きな衝撃を受けた。

鄧小平は一九九二年一月十八日から二月二十一日まで南方の経済特区を訪れ、相次いで談話を発表した。いわゆる「南巡講話」（重要談話とも言う）である。その要点がまとめられて、「中共中央一九九二年第二号文件」として印刷され、地方政府の党委員会はじめ国務院・中央官庁・全軍の党委員会などに配布、全党員に通達された。

この中で鄧小平は、マルクス主義は消滅も失敗もしておらず、改革開放により資本主義先進国の経済方式を大胆に借用して豊かになり、豊かさを共有することが社会主義の本質であると述べ、経済発展のためには科学技術と教育の発展が必要であることを強調している。その一環として、天安門事件以来の人材の不帰国現象を改善するべく、在外留学者に帰国を呼びかけた(22)。

経済発展を速くするには科学技術と教育に依拠しなければならない。私は科学技術が第一の生産力だと言っている。過去一〇、二〇年来、世界の科学技術の発展はなんと速かったことか。ハイテク領域のひとつの突破が一群の産業の発展を主導した。……ハイテク領域で中国も世界で地位を占めなければならない。私は素人だが、科学技術工作者が国家のために貢献し、栄誉を勝ち取ったことに感謝しなければならない。皆は、あの当時、銭学森、李四光、銭三強ら老科学者があのように困難な条件の下で、原水爆・ミサイル・人工衛星（両弾一星）など、たくさんのハイテクをやったことを銘記すべきである。……知識人は労働者階級の一部だと私は語ったことがある。老科学者、中年科学者は重要であり、青年科学者も重要だ。外国で学習しているすべての人々が帰国することを希望する。彼らの過去の政治的態度がどうであれ、すべて帰国できるし、帰国後は妥当に按配してよい。この政策は変えてはならない。貢献するにはやはり帰国したほうが良いと彼らに告げよ。皆が力を合わせて、我国の科学技術と教育事業の発展を加速するために実際の事をたくさんやるよう希望する。

（鄧小平の重要談話、一九九二年二月一日）

ここで鄧小平が知識人・在外留学者に対して「過去の政治的態度」は問わないと明言した点は非常に重要であった。天安門事件に発した政府と知識人の間の不信の溝を埋めるきっかけを作ったのである。

一九九二年七月十日、国家教育委員会は「鄧小平同志の重要談話を深く学習することに関する通知」（関于深入学習鄧小平同志重要談話的通知）を発布、「各地、各大学は鄧小平同志の重要談話の深い学習を各部署で真剣に実施し、各層別に若干の専門的組織を配置して、党員や幹部や広大な教職工員（教師・事務員・用務員）の学習を実施しなければならない。夏期休暇中、各地は大学の指導幹部の学習を組織し、中堅を訓練しなければならない。……教職工の学習は政治学習の時間に行い、学生の学習は教科『形勢と政策』で行う。大学党校は重要談話の学習を主内容にしなければならない。哲学・社会科学の課程、特に教科『マルクス主義理論』、『思想政治教育』における教育では鄧小平同志の重要談話の精神を貫徹しなければならない。理論的学習を教師と学生による社会実践活動と結合させなければならない」と述べる。鄧小平の南巡講話を全国の教育関係者が学習するよう指示したのである。

2　在外留学者の問題処理

鄧小平の南巡講話を受けて、同一九九二年八月十四日、国務院辦公庁は「在外留学者関連問題に関する通知」（関于在外留学人員有関問題的通知）を発布した。「四四号文件」と呼ばれる重要文献である。以下は全訳である。

各省、自治区、直轄市人民政府、国務院各部門、各直属機関：

広大な留学者は祖国を熱愛し、中華民族の繁栄と富強に貢献したいと考えている。彼らは外国で努力して学習し、多くの人が喜ぶべき成果を得、栄誉を勝ち取った。留学者は国家の貴重な宝であり財産（宝貴財富）であり、党と政府は一貫して広大な在外留学者を熱心に思いやり、団結教育を行ってきた。祖国は彼らが早く学業成就して帰国し、功業を立てることを希望している。党中央の出国留学工作に関する精神を貫徹して実現し、改革開放の発展の需要に適合するように、出国留学工作を一層充実させよう。我国の社会主義建設事業に貢献するために、ここに在外留学者の問題について以下の如く通知する。

一、留学者の帰国就業を歓迎する。公派による在外学習者は学業成就後に帰国して奉仕する義務を有する。在外にて学習している者は彼らの過去の政治的態度がどうであったかを問わず、学術交流・協力、親類訪問、休暇など短期帰国を含めて、すべて彼らが帰国することを歓迎する。国外で間違った話をしたり、間違ったことをしたりしたことについて、一律に追及しない。すなわち、中国政府に反対する組織に加わり、国家の安全や栄誉や利益に危害を加えたことがある人も、もし彼らがその組織を退き、再び我国の憲法と法律に違反する反政府活動に従事しないならば、すべて一律に帰国就業を歓迎する。

二、期限切れの公的旅券あるいは一回のみ出入国できる公的旅券を持っている留学者に対しては、彼らのために旅券延期あるいは新旅券への切り替えを行う。公的旅券を私的旅券に切り替えることも可能である。既に外国籍を取得した者は中国国籍を退出することを申し出れば、我国の国籍法の規定に従って処理し、外国籍の華人（外籍華人）とする。

三、留学者が旅券延期、新旅券への切り替えおよび中国国籍退出の手続きを申請する時には処理をしてやらなければならない。元の派遣部門や機関と金銭その他の未決事項があれば、その部門や機関と協議して解決し、上述の手続きの処理に影響しないようにする。

四、留学者が短期帰国後、我国の有効な旅券と外国の再入国ビザを持っている場合のみ、再び審査手続きを履行せずに、随時出国できる。

五、派遣機関は在外留学者との関係を強化し、彼らの仕事や生活に積極的な関心を持たなければならない。留学者は帰国後、「双向選択」の原則によって、元の機関に復職したり、自分で就職したりすることができる。また「三資企業」（中外合資、中外合作あるいは外商独資により経営される外資系企業）に就職したり、自分で企業を起こしたりすることもできる。もし国際交流と協力を促進するならば、所属機関の同意を得て、国外で兼職することもできる。

六、留学者の家族が留学者に会うために出国を申請すれば、公安機関によって「中華人民共和国公民出境入境管理法」に照らして審査を行い、当然許可すべきである。

七、各地区、各関係部門は本通知の精神に照らして具体的措置を行い、在外留学者の帰国に便宜を与え、出入国手続きを簡略化し、留学帰国者の就業・生活上の具体的問題を妥当に解決すること。

八、我国の在外公館は国家を代表して留学事務を管理し、我が留学者の合法権益を保護し、彼らの学習と研究および日常生活に対して援助を与え、彼らの憂いを除き困難を解決し、かつ適時に我国の国内事情を紹介してやらなければならない。彼らが滞在国の法律を遵守し、努力して学習し、自尊自愛し、現地の人民と友好を結び、祖国を熱愛し、祖国の栄誉と利益を維持し、国家の名誉のために頑張るよう教育しなければならない。

（国務院辦公庁「関于在外留学人員有関問題的通知」）

この中で特に重要なことは、天安門事件以降、中国に帰国することを躊躇していた在外留学者に対して、政治的処罰を一切せず歓迎することを政府として宣言し、旅券や国籍に関する問題の解決策を提示して、「鼓励回国、来去自由」という言葉こそ使用していないが、出入国自由化の方針を明示したことである。

3　社会主義市場経済体制下における知識人政策

一九九二年十月十二～十八日、中国共産党第一四回全国代表大会（党十四大）が北京で開催された。前回の一九八七年十月中国共産党第一三回全国代表大会（党十三大）から既に五年が経過していた。出席者は党関係者一、九八九人、特別招待四六人、また民主党派・無党派・全国工商連合会等々の代表者も列席、計二、〇〇七人であった。この会議は、九〇年代の改革の方針や新しい情況への経済的対応を決め、また第一四期中央委員会の新委員を選出することが主要な目的であった。

党総書記・江沢民は、初日の十月十二日、第一三期中央委員会を代表して大会報告「改革開放と現代化建設の歩みを加速して、中国の特色をもつ社会主義事業の更なる大きな勝利を勝ち取ろう」（加快改革開放和現代化建設歩伐、奪取有中国特色社会主義事業的更大勝利）を行った。この大会報告は七カ月前から草稿が準備され、全国代表大会直前の一九九二年十月五日～九日の第一三期中央委員会第九回総会（中共十三届九中全会）において採択されたものである。

ここにおいて、中国の経済体制改革の目標は「社会主義市場経済体制の確立」にあることが明言された。以降、資本主義の経済手法が部分的ではなく、全面的に取り入れられることになった。冷戦後の国際経済は大きく変動し始めていた。この変動の一つは、グローバリゼーション（ヒト・モノ・資本・知識・技術・価値観などの国境を越える流動化現象）である。中国政府は市場経済化を加速することによってこの新しい趨勢に対応しようとしたのである。但し、その対応方針や政策は「中国の特色をもつ社会主義の理論」（有中国特色社会主義的理論）から逸脱することは許されない。

ところで、「中国の特色をもつ社会主義の理論」に関しては、既に一九九〇年十二月三十日、中国共産党第一三期中央委員会第七回総会（中共十三届七中全会）で通過した「国民経済と社会発展の十年規画及び〝八五〟計画の制定に関する建議」（関于制訂国民経済和社会発展十年規划和〝八五〟計划的建議）において、「中国の特色をもつ社会主義」建設のための「一二条の原則」が打ち出されていたが、江沢民報告はこれを次の八項目にまとめたのである。[23]

① 外国をモデルにするのではなく、中国の実情に則して中国独自の社会主義をつくりあげること。

② 中国は社会主義の初級段階にあり、この段階は一〇〇年間続く長期的なものであり、一切の方針・政策はこの基本的国情に基づいて考えられるべきであること。

③ 社会主義の任務は国力を伸ばし、人民の生活を引き上げることであり、これに有利かどうかが経済活動の基準となること。現段階では生産力の発展を最優先させ、経済建設を中心に据えること。

④ 社会主義の発展のためには絶えず改革（革命）が必要であり、経済体制改革は社会主義市場経済体制を確立することを目標にすること。政治体制改革は民主政治を発展させることを目標にすること。また、社会主義精神文明を建設すること。

⑤ 社会主義建設では一部の地方や人々が先に豊かになり、次第に多くの地方や人々を牽引して、ともに豊かになるので、それを許容し奨励すること。

⑥ 社会主義の政治的保証として「四つの基本原則」を守ること。

⑦　社会主義建設の外交においては、平和外交政策を行い、平等互恵の立場で世界各国と経済交流、科学技術協力、教育交流、文化交流、スポーツ交流、医療衛生協力など各方面の交流を展開する。即ち、対外開放政策を行うこと。

⑧　祖国統一については、一つの中国を前提にして、香港・マカオ・台湾に対しては資本主義制度を維持して長期間変えないことを原則とする「一国二制度」を行うこと。

さて、この「中国の特色をもつ社会主義の理論」を基に、江沢民報告は一九九〇年代における一〇大任務を掲げた。以下はその項目の訳である。[24]

第一は、社会主義市場経済体制の確立を目指して、経済改革の歩みを速める。

第二は、対外開放をさらに拡大し、国外の資金・資源・技術・管理経験をより多く、よりよく利用する。

第三は、産業構造を調整し最適化を図る。農業を大いに重視し、基礎工業・基礎的インフラと第三次産業の発展を速める。

第四は、科学技術の進歩を速め、教育を大いに発展させ、知識人の役割を十分に発揮させる。

第五は、各地の優勢的条件を十分に発揮し、地域経済の発展を速め、全国の経済配置の合理化を促進する。

第六は、政治体制改革を積極的に推進し、社会主義の民主と法制の建設をかなり大きく発展させる。

第七は、行政管理体制と機構の改革を進める決心であり、職能を再編成し、それらの関係を調整し、人員を精鋭化して政務を簡素化し、効率を高めることを確実に達成する。

第八は、「両手に力を入れて、両手とも緩めない」方針を堅持し、社会主義精神文明の建設を新たな水準にまで高める。これは、改革開放と犯罪摘発、経済建設と法秩序の確立、物質文明と精神文明の建設という両方のバランスを取るという意味である。

第九は、人民の生活を絶えず改善し、人口増加を厳格に抑制し、環境保全を強化する。

第一〇は、軍隊の建設を強化し、国防力を増強し、改革開放と経済建設の順調な進行を保障する。
（党十四大における江沢民報告）

この一〇大任務の中で、第四の「科学技術の進歩を速め、教育を大いに発展させ、知識人の役割を十分に発揮させる」は本書のテーマに関連する箇所である。そこでは教育について、「教育を優先的に発展させるべき戦略的地位に据える」と述べる。既に七年前の一九八五年五月、中共中央は「教育体制改革の決定」（関于教育体制改革的決定）を発布し、「教育は必ず社会主義建設に服務し、社会主義建設は必ず教育に依拠しなければならない」という基本方針を提出していたが、それに沿ったものである。そして、その中で四分類された基礎教育、職業技術教育、成人教育、普通高等教育という現行教育事業に対して政府の財政投入を増加する方針を示した。

また、知識人について次のように述べる。以下はその部分の訳である。

知識分子は労働者階級の中で科学文化知識を比較的多く掌握している一部の人々であり、先進的な生産力の開拓者であり、改革開放と現代化建設において特に重要な作用を持っている。広大な知識分子の才能を十分に発揮させることができるか否かは、我が民族の盛衰と現代化建設の進展を大きく決定する。知識分子が聡明な才知を発揮するのに有利で良好な環境を創る努力を行い、社会全体に知識を尊重し、人材を尊重するという良風を更に形成しなければならない。重大な政策と措置を取る決心をして、知識分子の仕事・学習・生活の条件を鋭意改善する。抜群の貢献をした知識分子を表彰し、かつ規則正しく運営される奨励制度を作る。我々は出国して学習した人々が祖国の現代化建設に関心を持ち、支持し、参加することを熱烈に歓迎する。彼らの過去の政治的態度がどうであったかは問わない。帰国して社会主義建設に参加することを歓迎し、妥当に按配し、出入国自由で、来去に便利な政策を実行する。広大な知識分子はすでに社会主義現代化事業において巨大な貢献を行ってきた。今後も国家と人民の厚い期待と負託に背くことなく、奮闘精神を振るい、新しい貢献をするであろう。
（同上）

その主張は鄧小平が南巡講話ですでに述べた考えを繰り返したものであるが、この中国共産党第一四回全国代表大会において正式に全党の承認を得たのである。なお、この大会で、江沢民は正式に党中央委員会総書記、党中央軍事委員会主席に就任。更に、翌一九九三年三月、第八期全国人民代表大会において国家主席と国家中央軍事委員会主席に選任された。これにより江沢民・朱鎔基を中心とする第三世代指導グループによる政治が開始された。なお、江沢民の地位については毛沢東以来はじめて、党・軍・国家の最高権限を集中させた形となった。これは政治的安定を何より重視した鄧小平の意向であったという。鄧小平は一九九四年九月の中国共産党第一四期中央委員会第四回総会（中共十四届四中全会）で政界引退が承認された。三年後の一九九七年二月二十日死去、享年九二歳であった。後年、その改革開放政策を支えた指針は「鄧小平理論」として体系化され、高校・大学において「マルクス・レーニン主義の哲学」・「毛沢東思想」・「〝三つの代表〟の重要思想」（二〇〇一年七月、党八〇周年慶祝大会での江沢民講話）とともに思想政治科目の中で学習されることになった。[25]

4　科教興国戦略と「支持留学、鼓励回国、来去自由」の方針

社会主義市場経済体制を確立するという国家目標の実現のために、教育事業は優先的に発展させるべきものと位置づけられた。早速、一九九三年二月、中共中央と国務院は『中国教育改革と発展綱要』を発布、中国政府の教育事業の方針を示した。その中で「当今の世界の政治は風の動きのようにとりとめもなく変化しており、国際競争は日増しに激烈となり、科学技術の発展は速い。世界の経済競争、総合的国力の競争とは、実質上、科学技術の競争であり、民族の素質の競争である」と述べ、二一世紀の国際競争において優位に立つためには国民の素質を高め、また科学技術人材を育成することが教育事業の重要な任務であると指摘している。更に、一九九五年五月六日、中共中央と国務院は「科学技術の進歩を加速することに関する決定」（関于加速科学技術進歩的決定）を発布、科学技術の発展と労働者の素質向上が経済発展をもたらすとして「科教興国」（科学と教育による興国）の方針を打ち出した。

このように教育体制改革を進める一方で、一九九三年十一月十一日～十四日、中国共産党第一四期中央委員会第三回総会（中共十四届三中全会）は「社会主義市場経済体制の確立についての若干の問題に関する決定」（関于建立社会主義市場経済体制若干問題的決定）を採択した。この「決定」は十一月七日、党機関紙『人民日報』に掲載され、全国民に告示された。

その第八章「科技体制と教育体制を更に改革する」（進一歩改革科技体制和教育体制）は第四〇～四九項目までである。第四〇項目の冒頭には「科学技術は第一の生産力である。経済建設は必ず科学技術に依拠しなければならず、科学技術工作は必ず経済建設に向かわなければならない」と述べ、ここでも科学技術の発展が経済発展に直結する体制を作るとし、科学技術研究の成果を現実の生産力に積極的に転化するという方針を掲げている。この方針に則して、第四三項目に留学派遣政策に関して次のように述べる。以下はその訳である。

（四三）　知識を尊重し、人材を尊重する、さらに進んで、人が才能を発揮でき、人材が輩出するような環境と条件を創造する。多種多様な形式と方法を取って、大量に熟練労働者と各種の専業人材を育成しなければならない。同時に、世界の科学技術のフロンティアとなるような、二一世紀の学術と技術のリーダー（帯頭人）を作らなければならない。人材育成とその合理的活用のために、労働人事と幹部選抜の制度をワンセットにして改革しなければならない。各種の職業の資格基準と採用基準を制定し、学歴証書（学歴文凭）と職業資格証書の両方の証書制度を実行し、徐々に公募（公開招聘）と平等な競争を実行し、かつ人材の合理的流動を促進しなければならない。「支持留学、鼓励回国、来去自由」の方針を実行し、多種多様な形式を取って、海外人材が祖国のために奉仕するのを奨励する。

（中共中央「関于建立社会主義市場経済体制若干問題的決定」）

この第四三項目には様々な方針が凝縮して表現されているが、要は、人材の育成と活用のための環境作りを開始するというものである。具体的には、学術リーダーや専門人材の育成、幹部人事制度の改革、学歴・職業資格の証書制度の整備、公的機関における職員の公募制、また「人材の合理的流動」の促進などに取り組むのである。なお、「人材の合理的流動」とは、社会主義中国では人材を全国均等に配置するために国家が実施する人材流動の統御を意味する。①沿岸部から西北地区に、②大都市から中小都市に、③中央政府諸機関から基層政府諸機関に、④国有企業（全民所有制企業）から集団企業（集体所有制企業）に、という四つの方向に人材を流動させるのである。

さて、留学政策に関しては、「支持留学、鼓励回国、来去自由」という一二文字の方針が初めて提示された。また「多種多様な形式を取って」、在外留学者による祖国奉仕政策（為国服務：一時的に帰国して国家社会に貢献することを奨励する政策）を実施すると述べる。

ここで注目すべきは「来去自由」の方針であろう。軍事関係や特殊分野の専門家を除いて、誰でも自費留学でき、学業修了後にそのまま海外に定住したり、移民したりすることも個人の自由であると認めたものである。換言すれば、在外留学者が帰国したいと思うような魅力ある就業条件・生活条件を提示しない限り、留学人材は中国から流出してしまうことになる。中国政府は在外留学者の帰国を促す国内環境の整備に否応なく着手せざるを得なくなったのである。

第五節　新しい国家派遣政策の展開

1　国家留学基金方式による派遣方法

「支持留学、鼓励回国、来去自由」の方針に基づき、国家派遣制度が改革された。以下の三点である。

（1）担当部署の法人化

第一に、国家派遣制度の業務が、中央政府の国家教育委員会から法人組織の国家留学基金管理委員会（CSC: China Scholarship Council）に移管された。すなわち、一九九四年七月十一日、国務院は「『中国教育改革と発展綱要』に関する実施意見」（関于『中国教育改革和発展綱要』的実施意見）の中で、非営利の法人組織であるＣＳＣの新設を提案した。ＣＳＣが国家教育委員会の委託を受けて国家派遣制度における選抜・派遣・管理の三業務を行うのである。新設理由は、不帰国現象で徒に国費を消耗している現状に鑑み、国費を消耗しないように留学基金を創設して、それまで国家教育委員会が取り扱えなかった自費留学に対する奨学金給付や留学資金ローン制度を開始するためであるという。法人組織ならばそれができるのである。

（２）違約賠償制度の導入

第二に、派遣前に帰国率を上げるための措置が講じられた。すなわち、一九九五年二月、国家教育委員会は「全国出国留学人員選派工作会議」において、ひとつの方案を提出した。「国家公費留学の選抜派遣の管理方法を改革する法案」（改革国家公費出国留学選派管理辦法的方案）である。ここで打ち出された新原則は、「公開選抜、平等競争、専家評審、擇優録取、籤約派出、違約賠償」であった。訳せば、「公募によって公平な競争を行い、専門家によって審査し、優秀者を選考して採用、派遣契約に署名させ、違反者に賠償を求める」というのである。この法案は一九九五年度に江蘇省、吉林省で試行されたのち、一九九六年度に全国で実施されることになった。

かくして、一九九六年二月二十九日、国家教育委員会は「一九九六年国家公費留学者の選抜派遣方法を改革して、全面的に試行することに関する通知」（関于做好一九九六年国家公費出国留学人員選派辦法改革全面試行工作的通知）を関係機関宛に発布した。これには「一九九六年国家留学基金の資金援助による留学者の選抜規則」（一九九六年国家留学基金資助出国留学人員選抜簡章）を添付して、新しい規則による選抜方法を告知している。それによれば、派遣するのは、表６－５のように、高級訪問研究員（高級訪問学者）、訪問研究員（Ⅰ）、訪問研究員（Ⅱ）の三種類に絞られた。学部留学・大学院留学を送り出さないことになったのである。その理由は、「八〇年代半ばから、国家公費留学者の質が落ち、学業を修了しても期限通りに帰国しない」という現象が現われたので、新しい選抜方法では「派遣者の質を保証し、派遣効果を高める」ことが第一目標に据えられたためである。

一九九六年六月、CSCが新設され、派遣手続きは次のように変更された。国家派遣採用者にはCSCが「出国留学資格証書」を交付し、新聞紙上に名前を公表する。また、「資助出国留学協議書」にCSCと派遣採用者が署名する。協議書において、派遣採用者は努力して留学計画を完成させ期限内に帰国すること、違約すれば留学費用全額と違約金を支払うことを誓約するのである。この違約賠償制度によって国家派遣の帰国率は高まった。中央官庁や地方政府等の行う機関派遣についても、国家派遣に準じて違約賠償制度が導入され、帰国率を高めることに成功した。

更に、留学の成果を保障するために、教育部は「国家派遣留学者の派出管理の更なる強化に関する通知」（関于進一歩加強対国家公派留学人員派出管理的通知）を発布し、二〇〇三年五月一日より派遣採用者の外国語力が合格基準に達しない状態では派遣しない方針を決定した。以下は部分訳である。

1、留学者は派遣前に、必ずCSCに全国外国語試験（PETS－5ないしWSK）の成績表のコピー、あるいは教育部指定の出国留学人員培訓部が発給する英語・フランス語・ドイツ語・日本語の『高級班の培訓結業証書』のコピー、あるいはスペイン語・イタリア語の「培訓合格証書」のコピー、並びに外国からの招請状のコピーを提出しなければならない。CSCが審査して派遣に同意する文書を送付した後、教育部留学服務センターあるいは上海／広州留学人員集訓部において出国手続きを処理する。

2、教育部留学服務センターや上海／広州留学人員集訓部は、留学者の出国手続きをするとき、CSCが送付する文書を厳格に取り扱うようにしてほしい。CSCの審査・同意を経ていない者はすべて一律に派遣手続きを処理することはできない。

3、本法は二〇〇三年五月一日より施行する。工作中に問題や建議があれば、直ちにCSC出国部に連絡すること。

（教育部「関于進一歩加強対国家公派留学人員派出管理的通知」）

表6－5　国家留学基金による留学種別の派遣条件

留学種類	資格要件	資金援助の内容	
		留学期限	援助内容
高級訪問学者	○大学・研究機関や大中企業の重点学科・重点実験室・重点科学プロジェクトの学術リーダーとその候補者等 ○55歳以下の高級専門技術職務者，45歳以下の副高級専門技術職務者 ○学術・科学研究・技術等で相当の成果を上げた者 ○教育・科学研究・管理・生産建設で突出した成績を上げた者	3カ月 半年 1年	往復国際運賃 国外生活費 学術活動補助費
訪問学者（Ⅰ）	○学科領域で研究を深め，一定の成果を上げた教育者・科学技術者・管理者 ○博士学位取得者あるいは高級専門技術職務者 ○一般に45歳以下	1年	往復国際運賃 国外生活費
訪問学者（Ⅱ）	○実際の業務で成績を上げ，海外で育成する必要がある教育者・科学技術者・管理者および珍しい言語の学習，地域問題や特定の専門研究をしている者。 ○大学以上の学歴で，卒業後2年以上就業した者 ○一般に45歳以下 ○交換奨学金を申請し，政府間の交流協議と奨学金給付条件に符合する者	1年	往復国際運賃 国外生活費

出所）国家教育委員会「1996年国家留学基金の資金援助による留学者の選抜規則」

上記の「ＷＳＫ」とは、教育部試験センター（教育部考試中心）の実施する「全国外語水平考試」（漢語発音「Waiyu（外語）、Shuiping（水平）、Kaoshi（考試）」の略記）である。「ＷＳＫ」は初期には英語試験しかなかったが、対外開放が進むにつれて五種類に増えた。五種類とは、英語（PETS―5）、フランス語（TNF）、ドイツ語（NTD）、日本語（NNS）、ロシア語（ТПРЯ）の試験である。これらの試験は毎年二回、六月と十二月に、全国三五カ所の大学外国語試験センター（外語考試中心）で実施される。なお、英語、日本語、ロシア語の試験のレベルは、大学本科の外国語専攻二年生の終了時点と同レベルであると言われている。成績通知書は教育部試験センターが発行する。その成績は、国家派遣留学者選抜や「専業技術職称」の評定や各機関の外国語人材の採用などに利用されている。因みに、試験は一六〇点満点で、一一〇点以上が留学合格ラインである。合格者は「全国外語水平考試合格証」の発行を申請できる。

なお、「PETS－5」は、教育部試験センターの実施する「全国公共英語等級試験」（Public English Test System）である。一級から五級まであり、五級が最も高いレベルである。

（3）　帰国奨励政策の実施

第三に、公費派遣・自費留学を問わず、在外留学者に対する帰国奨励政策が本格的に実施されるようになった。言うまでもなく、経済発展に不可欠な人材需要を満たすために、在外留学者の不帰国を防止することが目的である。その具体的内容については後章（第八・九章）で詳述することにしたい。

2　在外留学者の管理問題の改善

一九九六年十二月二十三日、国家教育委員会は「国家公費留学の改革後の派遣人員の国外管理工作に関する通知」（関于好国家公費留学改革后派出人員国外管理工作的通知）および附件「若干の問題の規定（試行）」（国家留学基金資助人員国外管理若干問題的規定《試行》）を在外公館宛に発布した。これによれば、CSCによる新しい派遣方法によって一九九六年度に全国で選抜試験を行い、一九九七年度から大量に派遣する予定になったが、それに先立ち、在外留学者の管理について以下の点を在外公館に要請した。(26)

すなわち、①新しい方法では「資助出国留学協議書」を作り、違約賠償制度を実施して、留学者には三カ月に一度、在外公館に学習情況を報告すること、祖国の利益を損なう活動を行わないこと、留学先国・留学身分・留学計画を変更しないこと、学習計画を完成させるよう努力すること、協議規定以外の活動をしないこと、期限を守って帰国すること、違約すれば経済的責任を負うことを誓約させるので、在外公館にその監督を委託すること。②在外公館は上記の違約に注意すると同時に、受け入れ側（大学、指導教員等）にも今度の新しい留学規定を説明して、理解と支持を得ることを指示したのである。

次に、翌一九九七年五月二十二日、国家教育委員会は「国家留学基金の資金援助方式で派遣した留学者の国外管理工作の若干の問題をうまく解決することに関する通知」（関于做好国家留学基金資金援助方式派出留学人員国外管理工作若干問題的通知）を在外公館宛に発布した。九七年五月末で帰国率は八〇パーセントであり、まだ問題があると思われたからである。即ち留学延期申請が多いこと、在外公館が新しい方法に不慣れで、自己の責任を重視していないこと、ある部門が「違約賠償させれば他の工作は必要ない」「留学基金管理委員会の仕事だ」と口走るなど認識が不十分であること等がその理由であった。そこで在外公館に、留学者に学習・生活状況を報告させて監督し、期限の延期申請は断固拒否するなど、法律に従って対処するよう求めたのである。

しかしながら、まだ十分に新しい留学政策は軌道に乗らなかったようである。同年八月二十日、国家教育委員会は「国家留学基金の資金援助による留学者の国外管理工作を強化することに関する通知」（関于進一歩加強国家留学基金資助留学人員国外管理工作的通知）を在外公館教育処（組）宛に発布した。これによれば、一九九五年度に江蘇・吉林両省で試行してから一九九七年六月末までに留学基金で三〇三人を送り出し、帰国率は第一期八〇パーセント、第二期八九パーセントであったが、まだ十分ではないとして、それが一〇〇パーセントでなかった原因を三点指摘し、対応強化を指示したのである。

① 新法による留学者の違約問題とは、主に延期申請を出して未だ承認されないまま期限を越えてしまい帰国していないのが実情である。主に米国で発生している。

② 国外管理について、国家教育委員会は一九九六年十二月二十三日「国家公費留学の改革後の派遣人員の国外管理工作に関する通知」（関于做好国家公費留学改革后派出人員国外管理工作的通知）と一九九七年五月二十二日「国家留学基金の資金援助方式で派遣した留学者の国外管理工作の若干の問題をうまく解決することに関

する通知」（関于做好国家留学基金資金援助方式派出留学人員国外管理工作若干問題的通知）を出したにもかかわらず、在外公館が延期申請を拒絶できていない。

③　留学者の国内の所属機関が新しい留学政策について理解が乏しい。そのために過去の管理方法に則って、留学者の延期申請に同意している。これが違約問題を発生させている原因のひとつである、という。

更に、二年半後、一九九九年十月三十日、教育部は「国家留学基金の資金援助による留学者の国外管理工作の若干の問題に関する補充通知」（関于進一歩加強国家留学基金資助留学人員国外管理工作若干問題的補充通知）を在外公館教育処（組）宛に発布した。これによれば、新しい方法で一九九九年六月末までに二、三〇〇人を送り出したが、期限を守って帰国した者は二、一四〇人であり、帰国率は九〇パーセント以上になった。しかし、これに満足することなく、在外公館教育処（組）が提起した問題について幾つかの対策規定を補充し、帰国率を更に高めようというのである。以下は、規定部分の全訳である。[27]

一、国家公費留学者の研修報告制度について。近年の実践と各在外公館の工作が十分に説明しているように、CSC留学者の学習・研修報告制度は、留学者の国外管理を強め、定期的に留学者の国外留学の進捗と研究成果を検査し、国内外の緊密な接続とトレース管理（追跡管理）を保障する有効な措置である。今までの経験と在外公館の建議を基に、手続きを簡略化し、業務効率を高めるため、以下のように関連規定を明確にした。

1、普通の訪問研究員の《CSC出国留学人員学習／研修情況報告表》は毎季一回報告し、半年毎に指導教員あるいは共同研究者が署名しなければならない。高級訪問研究員の研修報告表は指導教員あるいは共同研究者の署名を免ずるが、毎季、規定によって提出する。

2、国内において留学者の情報を掌握し、照合するのに便利なように、各在外公館は毎季、適宜に《国家公費出国留学人員報送CSC学習／研修情況報告信息統計表》を国家留学基金管理委員会に送ってほしい。留学者が毎季提出する《CSC出国留学人員学習／研修情況報告表》の原本は各在外公館に置き、国家留学基金管理委員会に送る必要はない。

3、研修報告制度は、留学者の国外生活費（包干費）の支給と厳格にリンクさせなければならない。期限通りに研修報告を提出しない者には批判して教育し（批評教育）、教育した後、期限通りに研修報告を提出しないことが累計二回を超えた者は、国外生活費を停止しなければならない。内容が空虚で、うわべをごまかして間に合わせたような研修報告については、厳しくチェックし、不合格であれば留学者にもう一度書かせなければならない。教育と催促の後も、報告を提出しない者は国外生活費を停止してよい。

4、交換奨学生や外国奨学金を受けている留学者には、厳格に要求して管理し、日常的連絡と監督を強め、彼らが必ず我が公費留学の管理規定を遵守するよう教育しなければならない。期限を守らない、あるいは研修報告を提出しない留学者には批判して教育すると同時に、適宜に奨学金を援助している先方と連絡を取り、我が関連規定を知らせ、必要なときには先方に奨学金を停止するよう、甚だしくは奨学生の資格を取り消すよう協力を請う。

二、一部の留学者が時間を切り詰めて学習せず、主な精力を旅行と観光に使い、甚だしきは学業と無関係なアルバイトを行い、留学成績や留学効果に直接影響する場合、教育処(組)は事実調査を経て、批判し教育するが、情況がひどい者は厳粛に処理し、国外生活費を停止しなければならない。

各在外公館教育処（組）は留学者に対する組織紀律の教育を強化し、在外留学者の自己管理と自己防備意識を高めなければならない。社会治安の悪い国にある在外公館教育処（組）はその国の情況に即応して、留学者の安全に対する防備教育を強化し、患事を未然に防がなければならない。

三、留学期限の延長申請の問題について。留学者が期限通りに帰国する制度をさらに厳格にし、「欠陥を残さず（不留欽口）」という管理原則を堅持し、留学者やその指導教員との連絡を強化する。日常的に連絡を取るなかで、もし期限通りに帰国できない傾向を発見したならば、まず正面から指導し、留学者に主体的に学習計画を調整させなければならない。延期を申請すれば、まず法律を教え、国家留学基金管理委員会は厳格に法を執行することを明らかにし、違約の結果を強調し、利益と弊害を示すこと。

四、期限を早めて帰国する問題について。既に留学計画を完成し、《資助出国留学協議書》で約束した留学義務を履行し、一〜三カ月ほど期限を早めて帰国することを申請する場合、在外公館は受理し審査して国家留学基金管理委員会に報告する。三カ月以上（三カ月を含まず）期限を早めて帰国することを申請する場合、在外公館が国家留学基金管理委員会に報告し、委員会が審議する。身体が不調なため期限を早めて帰国する者は、病院の証明を提出しなければならない。国内での業務のために期限を早めて帰国する者は、国内の就業機関が申請を提出しなければならない。期限を早めて帰国する公費留学者の国外生活費については、「公費留学者の経費支出規定（公費出国留学人員経費開支規定）」に照らして支給する。政府交換奨学金を受けている留学者の留学期限は厳格に先方の資金援助期限を基準としているので、一二カ月を切る場合、生活費は支給されない。

　税関（海関総署）は、留学期間が一年に満たない留学者に対しては、国産車の免税基準を当てはめて検査し通過させることはない。

五、違約した留学者の教育工作を注意して行い、国家の「支持留学、鼓励回国、来去自由」の留学政策と国家公費留学の関連政策規定を宣伝する。留学者が違約責任を負い、国家留学基金費用を賠償し、国家留学基金管理委員会と署名して結んだ協議の義務を履行すれば、一般の在外留学者と同等に取り扱うべきである。国家は彼らが随時帰国して就業し、あるいは各種の方式で短期帰国して祖国に奉仕することを歓迎する。

　国家留学基金管理委員会と在外公館教育処（組）は留学者の国内就業機関と連絡を強め、元の機関はトレース管理の職能を発揮し、同時に留学者の帰国後における各工作をしっかり行わなければならない。

六、国家留学基金管理委員会は国家公費留学工作の改革をさらに深め、厳格に選抜派遣の質をチェックし、派遣者の政治と業務の両面の素質を保証するよう努めること。同時に、在外公館教育処（組）には適宜に選抜派遣工作を改善する意見や建議を提出するようお願いする。

七、本通知の発布後、既存の規定が本通知と抵触するならば、本規定を基準としなければならない。

（教育部「関于進一歩加強国家留学基金資助留学人員国外管理工作若干問題的補充通知」）

この補充規定を見ると、違約行為に厳しく対処する姿勢が伝わってくる。例えば、国家派遣留学者が学習・研修の報告義務を怠れば、国家留学基金からの奨学金をすぐに停止するだけではなく、外国から受けている奨学金も停止させるというのである。

このような細かな注意努力を重ねた結果、国家留学基金による国家派遣留学者の帰国率は更に高まった。二〇〇六年五月三十日付『人民日報（海外版）』によれば、一九九六年から二〇〇五年末までの一〇年間にCSCによる国家派遣留学者は二二、〇三二人、その中の帰国者は一八、〇九八人であった。帰国率（期限内の帰国者の比率）は二〇〇五年に九八パーセントに達したのである。(28)

以上が先進諸国との人材争奪戦という厳しい情況に立たされた発展途上国・中国の対応策であった。他の多くの発展途上国では留学者が帰国せず、深刻な頭脳流出問題を抱えているが、中国の対応は頭脳還流のモデルケースと言えるだろう。但し、自費留学についてはまだ十分に統御できているとは言えない。

3　二十一世紀の人材強国戦略の提唱

（1）　第一〇次五カ年計画における人材戦略

二〇〇一年三月十五日、第九期全国人民代表大会第四次会議は「国民経済と社会発展の第一〇次五カ年計画綱要」（二〇〇一～二〇〇五年度）を採択。以下、「第一〇次五カ年計画」と略すが、二十一世紀における国家発展の全体的構想を述べたものである。新世紀への希望と意欲に満ちたものである。

本書のテーマに関係する第三篇「科学技術と教育と人材」（第一〇～一二章）では、その三領域における発展方針を次のように述べている。

（一）　科学技術に関しては、第一〇章「科学技術の進歩と創新を推進し、持続する発展力を高めよう」（第一～四節）において、企業を技術革新の主体として各種技術のレベルアップを図ること、情報・生物・新材料等々のハイテク技術を開発し産業化すること、数学・物理・化学・天文等の自然科学や社会科学の基礎研究を強化することなどを述べている。そして、第四節「国家創新体系の建設」では、①企業が自己の技術を開発するために研究開発機関を新設し、「創新体系」（技術革新の意味）の主体となることを奨励すること、②大学と科学研究機関が協力して国際的レベルの研究機関を形成すること、③外資系企業が研究開発機関を設立すること、④国家として企業が研究開発資金を増加するよう奨励すること等々を述べる。すなわち、「国家創新体系」の建設が提唱された。社会全体で科学技術力の向上を目指すというのである。この「国家創新体系」の建設はやがて「創新型国家」の建設という、より明確な国家目標になっていった。

（二）　教育に関しては、第一一章「教育発展を加速し、全民の素質を高めよう」（第一・二節）において、九年制義務教育の西部貧困地区や少数民族地区への普及をはじめ、中等・高等教育の規模拡大や大学の運営自主権の拡大、国家や地方政府の教育投資の拡大などを進めるとしている。

（三）　人材育成と活用に関しては、第一二章「人材戦略を実施し、人材隊伍を壮大にする」（第一・二節）において、才徳兼備の原則の下で各種の高素質の専業技術人材を育成すると述べる。必要な人材隊伍として六種を挙げている。

①　政治理論の教養や現代科学知識や管理知識を有する高レベルの党政人材の隊伍
②　世界的レベルの学術リーダー（学科帯頭人）などを含む各種の専業技術人材の隊伍
③　革新能力を有し、国際競争に適応できる企業家の隊伍
④　清廉で公僕意識を持ち、専門的能力を有する公務員の隊伍
⑤　比較的高度な技術を有する技術労働者の隊伍
⑥　比較的高度な農業経営ができ、農業技術を有する人材の隊伍

である。すなわち、党・政府の幹部、科学研究者、企業家、公務員、労働者、農業従事者というほぼすべての分野で高度人材の需要を満たすことを目標として掲げたのである。このような高度人材の隊伍を形成するという方針は恐らく二十一世紀を通じて追求されていくだろう。高度人材の需要を満たす方法として、海外の教育リソースを活用して育成する方法、また留学者の帰国を促進し活用する方法、更に高級な海外人材を長期・短期で採用する方法を挙げている。以来、このような諸方法が実施されている。

（2） 第一一次五カ年規画における人材強国戦略

二〇〇六年三月十四日、第一〇期全国人民代表大会第四次会議は「国民経済と社会発展の第一一次五カ年規画綱要」（二〇〇六～二〇一〇年度）を採択した。この時には計画経済が終了していたので、「計画」から「規画」（規划）という表現に変更された。以下、「第一一次五カ年規画」と略す。

第七編「科教興国戦略と人材強国戦略を実施する」（第二七～二九章）では、「第一〇次五カ年計画」第三篇の方針をほぼ継続する形で、科学技術・教育・人材に関する方針が提唱された。第二九章「人材強国戦略を推進する」では、「党が人材を管理するという原則を堅持し、科学的人材観を樹立し、人材隊伍を壮大にし、人材素質を高め、人材構成を優良化し、人材雇用制度を完備し、人材の作用を発揮させる。こうして人口大国から人材資本強国への変貌を促進する」と述べている。人材隊伍に関しては、「第一〇次五カ年計画」第三篇の方針に述べられた六種と同一であるが、その育成制度のより一層の完備を期すとしている。特に、「中西部地区と東北地区の人材資源開発と人材隊伍建設を強化する」として、経済発展の遅れている地域の高度人材育成に力を入れると明言している。高度人材は経済の発展した沿海部に集中する傾向があるが、その欠を補うことに努力するというのである。

4　第一一次五カ年規画期間における国家派遣プログラム

「第一一次五カ年規画」（二〇〇六～二〇一〇年度）期間内に、以下のような科学技術発展計画に沿った国家派遣プログラムが行われた。

（1） 二〇二〇年までの科学技術発展計画

二〇〇五年十二月二十日、国務院は「国家中長期の科学と技術の発展計画綱要（二〇〇六～二〇二〇年）」（国家中長期科学和技術発展規划綱要〈二〇〇六～二〇二〇年〉）を発布した。以下、「〇五年科学技術発展計画」と略すが、その序言には次のように述べられている。

「新中国成立五十余年来、数世代の人々が甚だしく艱苦し奮闘を続けて、我国の科学技術事業は人を鼓舞するような巨大な成就を成し遂げた。〝両弾一星〟、有人宇宙飛行、水稲の品種改良（雑交水稲）、沖積土からのオイル生成理論と応用、高性能コンピュータなどが示すように重要な科学技術の成果を上げ、我国の総合国力を大いに増強し、我国の国際的地位を高め、我々の民族精神を振起してきた。同時に、先進国と比べて、我国の科学技術の全体的水準はまだ大きな格差があることも認識しなければならない。主に次の点に現われている。すなわち、鍵となる技術の自給率が低い、発明特許数が少ない。ある地域、特に中西部の農村では技術水準が遅れている。科学研究の質が十分に高いとは言えず、優秀な抜群の人材が欠乏している。同時に、科学技術への財政投入が不足し、体制・制度には多くの短所が存在する。目下、我国は経済大国であるが、経済強国ではない。根本の原因は創新能力の薄弱にある」と。

かくして、二〇二〇年までに様々な分野における重要な科学技術研究に大いに財政投入し、科学技術体制の改善や科学技術人材の育成を行うというのである。

（2）「創新型国家」建設のための国家派遣留学辦法

二〇〇六年一月九日、国家主席・胡錦涛は全国科技大会において、「中国の特色ある自主創新の道を行くことを堅持し、創新型国家を建設するために努力奮闘しよう」（堅持走中国特色自主創新道路、為建設創新型国家而努力奮闘）という講話を行った。その中で、中国は二〇二〇年までに「創新型国家」にならなければならないと述べた[30]。

その二カ月後、二〇〇六年三月、第一〇期全国人民代表大会第四次会議において、「第一一次五カ年規画」を採択。ここで「創新型国家」建設が正式に標榜されることになった。「創新」とは、「イノベーション」（innovation）の中国語訳である。すなわち、中国が自ら発明・発見して知識創造的産業を興す科学技術力を持った国家になることを目標としたのである。先進諸国から既成のものを借用することに甘んじていては、いつまでも先進諸国に追いつくことはできない。多くの開発途上国が全く同じ課題を抱えているが、中国はこの課題に挑戦することを宣言したと言えるだろう。

この方針に従って、国家派遣政策も様相を新たにして、二〇〇六年十一月三日、教育部は「国家派遣留学辦法」（国家公派出国留学選派辦法）を発布した。「〇六年留学辦法」と略すが、以下はその全訳である。

「中華人民共和国国民経済と社会発展の第一一次五カ年規画綱要」及び「国家中長期科学と技術の発展計画綱要（二〇〇六～二〇二〇年）」を貫徹し、創新型国家の建設を促進し、国家公費留学政策を規範化するために、本辦法を制定する。

一、派遣類別と留学期限

1、博士課程学生（国外で博士学位を目指す）：留学期限は三六～四八カ月

2、共同育成博士課程学生（博士在学中に国外で課題研究に従事）：留学期限は六～二四カ月

3、修士課程学生（国外で修士学位を目指す）：留学期限は一二～二四カ月

4、高級研究学者：留学期限は三～六カ月

5、訪問研究員（ポスドク研究を含む）：留学期限は三～一二カ月

二、優先的に資金援助する学科や専門領域

エネルギー、資源、環境、農業、製造技術、情報などの「鍵となる領域」および生命、宇空（空間）、海洋、ナノテクノロジー、新材料など「戦略的領域」および人文・応用社会科学を優先的に支持する。

三、申請の条件

（1）申請者について

大学・企業・事業体・行政機関・科学研究機関の正規職員と優秀な在籍学生で、下記条件に符合すれば、本辦法によって申請できる。

1、祖国を愛し、社会主義を愛し、良好な政治資質と業務素質をもち、仕事や学習で群を抜いており、学業修了後には帰国して祖国建設のために奉仕する。

2、良好な専門領域の基礎力と発展する潜在力をもち、外国語の水準が「国家留学基金資助出国留学外語条件」の規定に到達している。
3、心身ともに健康である。
4、奨学金項目の選抜規定に符合する。
かつて国家留学基金資助を受けたことのある留学者は、帰国後、一般に五年就業すれば、再度申請できる。国家出国留学基金の資金援助の範囲に、境内の者（香港・マカオ・台湾）や国外で学習したり仕事をしたりしている者は暫時含まない。
（2）申請類別と要求について
1、博士課程学生：申請時の年齢は三五歳を超えないこと。修士学位を有するか、優秀な博士課程一年生か、あるいは修士課程卒業見込みの優秀な学生でなければならない。申請時に国外教育機関の入学許可書を提出すること。
2、共同育成博士課程学生：申請者は優秀な博士課程一年あるいは二年生で、申請時の年齢は三五歳を超えないこと。申請時に、国外教育機関による正規の招請状および国内外の指導教員が共同で制定した研修計画を提出すること。
3、修士課程学生：申請時の年齢は三〇歳を超えないこと。学士学位を有するか、優秀な本科卒業見込みの学生でなければならない。申請時に国外教育機関の入学許可書を提出すること。
4、訪問研究員（ポスドク研究を含む）：申請時の年齢は五〇歳を超えないこと。大学・企業事業単位・行政機関・科学研究機関の正規職員であること。本科卒業後に一般に五年以上の就業経歴があること、修士課程修了後に一般に二年以上の就業経歴があること。博士課程を修了した申請者については就業年限の要求はない。
ポスドク研究の申請者は、大学あるいは科学研究機関の博士学位を有し、具体的に教育や科学研究に従事している優秀な在職青年教員や科学研究員であること。申請時、博士課程修了から三年以内であり、年齢は四〇歳を超えないこと。
5、高級研究学者：申請時の年齢は五五歳を超えないこと。訪問研究員の申請条件に符合する以外に、以下の条件の一つを有していなければならない。

(1) 国家重点実験室、教育部重点実験室、国家工程研究センターの中堅。
(2) 「長江学者」特別招聘教授あるいは教育部が当年支持することが確定した創新団体の中の中堅、あるいは「新世紀優秀人材計画」に選ばれた者及びその他の国家級の人材計画に選ばれた者。
(3) 教育部が承認する国家重点学科の学術リーダー。
(4) 中央官庁・地方政府の行政管理部門・大中型国有企業の高級行政管理人員。

その中の教育・科学研究者は教授や博士課程指導資格を有する教員（博士導師）でなければならない。中央官庁・地方政府の行政管理部門の管理者は副司局（副司局を含む）以上の行政職に就いていること。大中型国有企業の高級行政管理人員は副司局（副司局を含む）以上の行政職に相当すること。

四、選抜方法

（1）「公開選抜、平等競争、専家評審、擇優録取、籤約派出、違約賠償」（公募によって公平な競争を行い、専門家によって審査し、優秀者を選考して採用、派遣契約に署名させ、違反者に賠償を求める）の方式で選抜する。申請条件に符合する中国公民は、均しく規定の手順に則って申請できる。

（2）申請時期：一般に毎年二月二十日〜三月二十日。

（3）申請方法：ウェブ上で申し込む方式を取る。申請者は国家留学基金管理委員会のウェブ上の申込みサイトに登録して申し込む。かつ規定に則って申請資料を提出する。

（4）具体的な選抜方法は「国家留学基金資助出国留学選抜簡章」の規定によって執行する。

五、資金援助の内容

一般に往復国際旅費と海外期間の奨学金と生活費とする。具体的な援助項目と基準は採用時に確定する。

六、採用

博士・修士課程学生と共同育成博士課程学生の採用結果は毎年五月に公布する。高級研究学者と訪問研究員（ポスドク研究を含む）の採用結果は毎年七月に公布する。採用通知は申請者の所属機関に発送する。

七、派遣と管理

留学者は派遣される前に、国家留学基金管理委員会と「資助出国留学協議書」に署名し、公証や保証金保存等の手続きを行う。派遣後、国家留学基金による派遣留学者に関する規定および「資助出国留学協議書」の約定を遵守しなければならない。

留学期間、留学者は自覚して在外公館の教育処（組）の管理を受け、派遣機関は真剣に措置を講じて、留学者の在外管理と帰国奉仕工作を強化しなければならない。（教育部「国家公派出国留学選派辦法」）

この「〇六年留学辦法」に関して、注目すべきは派遣対象が修士学位や博士学位の取得を目指す者から、ある程度業績のある訪問研究員や五五歳以下の「高級研究学者」まで広げられたこと、また奨学金を優先的に給付する研究分野を明示したことである。すなわち、自然科学分野のエネルギー、資源、環境、農業、製造、情報などの「六つの鍵となる領域」および生命、宙空（空間）、海洋、ナノテクノロジー、新材料など「五つの戦略的領域」に重点が置かれた。人文・社会科学は一応給付対象となっているが、恐らく採用数は少ないであろう。つまり、国家派遣は最先端の科学技術分野に絞られたのである。

（3）　海外の大学院博士課程への国家派遣プログラム

「〇五年科学技術発展計画」及び「〇六年留学辦法」の方針と規定に従って、二〇〇七年一月二十五日、教育部辦公庁は「国家の建設する高水準大学からの大学院国家派遣プログラムの実施辦法」（国家建設高水平大学公派研究生項目実施辦法）を発布した。その第二条にその趣旨を「国家が重点的に建設を進めている高水準大学の中から一流の学生を選抜し、国外の一流の大学・専攻科において、一流の教師に師事する留学プログラムである」と述べている。高水準大学とは、具体的には「九八五工程の大学」（北京大学、清華大学など四九校）及び「二一一工程の大学」（八校を選出）を指している。二〇〇七年から二〇一一年までの五年間に毎年五、〇〇〇人（総数二五、〇〇〇人）を海外の大学院の博士課程に直接派遣する計画である。

このプログラムには二つの派遣類型――学位取得博士学生（攻読博士生）と共同育成博士学生（聯合培養博士

表6-6　博士学生の国家派遣プログラムの実績　　（人）

年度	学位取得博士学生（攻読博士生）	共同育成博士学生（聯合培養博士生）	計
2007	403	3,549	3,952
2008	1,303	2,753	4,056
計	1,706	6,302	8,008

出所）『神州学人』10月号，2008年，6・7頁

生）――がある。両方とも個人が申請し、大学が推薦し、専門家が審査して選抜するという方式である。前者の応募資格は、本科卒業生あるいは修士課程の在籍学生又は博士課程一年生であり、その際、外国の大学の入学許可書を提出しなければならない。留学期限は三六カ月から四八カ月である。後者の応募資格は博士課程の在籍学生であり、外国の大学で課題研究を行うもので、外国の大学の研究指導者の招聘状と研修計画を提出しなければならない。留学期限は六カ月から二年間までである。両方とも奨学金は一カ月当たり一、〇〇〇ドル（往復国際旅費を別途支給）である。この両派遣はそれぞれ一、五〇〇人を予定している。

派遣領域は、①エネルギー、資源、環境、農業、製造技術、情報などの「六つの鍵となる領域」、②生命、宙空（空間）、海洋、ナノテクノロジー、新材料など「五つの戦略的領域」、③人文・応用社会科学である。実際の派遣実績は、実施二年にして表6-6の通りである。これまでのところ、共同育成博士学生（聯合培養博士生）の派遣人数が比較的多い。

ところで、このプログラムは外国の大学の協力を得なければならないが、その協力大学を更に増やすために国家留学基金管理委員会は、世界各国の大学に個別に受け入れを打診している。これまでのところ、ハーバード大学、エール大学、ミシガン大学、カリフォルニア大学、オックスフォード大学、ケンブリッジ大学、日本では早稲田大学など、その他カナダ・オーストラリア・フランス等々の有名大学と協定を締結した[29]。

この二年間で約八、〇〇〇人がこのプログラムで留学しているが、今後五年で外国滞在者数は二〇、〇〇〇人に達する。大多数が一人っ子で、生活経験が乏しく、安全の問題（交通事故、溺死など）が憂慮されている。在外管理政策が今後も拡充されていくだ

ろう。

（４）二〇一〇年度の国家派遣の特徴

国家派遣の規模を拡大する中で、二〇一〇年一月五日、教育部は「二〇一〇年国家留学基金の資金援助による留学者の選抜規則」（二〇一〇年国家留学基金資助出国留学人員選抜簡章）を公示した。冒頭に次のように述べている。

『国民経済と社会発展の第一一次五カ年規画綱要』及び『国家中長期科学と技術の発展計画綱要（二〇〇六～二〇二〇年）』を貫徹し、創新型国家建設の人材需要を満たし、国家建設に求められる抜群の創新人材を育成し、わが国と世界各国の交流と合作を促進するために、『国家公派出国留学選派辦法』と年度派遣計画に基づき、国家留学基金管理委員会は二〇一〇年に全国で各種留学者を一二、〇〇〇人選抜する。その中の国家派遣の大学院生項目は六、〇〇〇人（国家建設高水平大学公派研究生項目五、〇〇〇人を含む）、また国家派遣の高級研究学者項目・訪問研究員項目（ポスドク研究を含む）・専門大学院生項目（国家公派専項研究生項目）及び各国との相互奨学金項目においては合わせて六、〇〇〇人を派遣する計画である。（教育部「二〇一〇年国家留学基金資助出国留学人員選抜簡章」）

すなわち、上述の「第一一次五カ年規画」・「〇五年科学技術発展計画」の達成を目指し、「〇六年留学辦法」に則して、総数一二、〇〇〇人を派遣するのである。その募集は従って次の通りである。

①「高級研究学者」：留学期限三～六カ月
②訪問研究員（ポスドク研究を含む）：留学期限三～六カ月
③大学院博士生（国外で博士学位取得）：留学期限三～四年
④共同育成博士生（聯合培養博士研究生）：留学期限六～二四カ月

⑤　大学院修士生（国外で修士学位取得）：留学期限一〜二年

かくして彼らの重点的な派遣領域は、エネルギー、資源、環境、農業、製造、情報などの「六つの鍵となる領域」と、生命、宙空（空間）、海洋、ナノテクノロジー、新材料などの「五つの戦略的領域」及び人文科学・応用科学である。

ところで、各派遣項目は、中国政府（教育部）やCSCの奨学金だけでなく、欧米・日本など諸外国の政府・奨学財団・大学・民間企業の各種奨学金（相互奨学金を含む）や研究助成、共同研究プロジェクト資金なども利用して実施されている。但し、諸外国は資金提供するだけで、中国政府やCSCに派遣計画（派遣先国、専攻領域、選考）と実施は一任されている状況である。

因みに、奨学金や研究助成などを支給して、「高級研究学者」・訪問研究員・ポスドク・博士学生・修士学生の身分で受け入れる国家は、米国・カナダ・オーストラリア・ニュージーランド・イギリス・ドイツ・フランス・スウェーデン、アイルランド、オーストリア・ベルギー・イスラエル・シンガポール・韓国・日本・メキシコなど一六カ国である。これらの国家においては先端的科学技術の学習が主目的となっている。

また奨学金の中で注目すべきは、相互奨学金（互換奨学金項目）の協定締結国が四一カ国と非常に増えていることである。その相手国は三地域に分けられる。

第一地域は、中欧・北欧など一二カ国（アイスランド、デンマーク、フィンランド、ノルウェー、スウェーデン、スイス、アイルランド、ベルギー、オランダ、ポルトガル、ギリシャ、イタリア）であり、訪問研究員・博士学生・修士学生の身分で派遣する。

第二地域は、東欧など一一カ国（ロシア、アルバニア、ポーランド、チェコ、クロアチア、ルーマニア、セルビア、スロバキア、ハンガリー、ブルガリア、ウクライナ）である。

第三地域は、アジア・アフリカなど一九カ国（カンボジア、レバノン、モンゴル、ミャンマー、モロッコ、ニジェール、スリランカ、スーダン、タイ、タンザニア、チュニジア、トルコ、シリア、イエメン、イラン、ヨルダ

表6－7　1990～2008年の市場経済発達下の留学資金別送り出し実績

年度	国家派遣(人)	機関派遣(人)	自費留学(万人)	計(万人)
1990	2,244	5,403	－	0.29
1991	2,495	－	－	0.29
1992	2,574	－	－	0.65
1993	－	－	－	1.07
1994	1,962	363	1.26	1.49
1995	1,616	－	－	2.04
1996	1,905	5,400	1.36	2.09
1997	2,110	5,580	1.47	2.24
1998	2,639	3,540	1.14	1.76
1999	2,661	3,204	1.79	2.37
2000	2,808	3,888	3.23	3.89
2001	3,495	4,426	7.60	8.39
2002	3,500	4,500	11.70	12.50
2003	3,003	5,149	10.91	11.73
2004	3,556	6,882	10.43	11.47
2005	3,979	8,078	10.65	11.80
2006	5,580	7,542	12.10	13.40
2007	8,853	6,957	12.90	14.50
2008	11,400	6,800	16.16	17.98

出所）各年度『中国教育年鑑』より作成。年鑑に記載のない部分もあり，現在不明である。

ン、ベトナム、ラオス、エジプト）である。

この第二・第三地域への留学項目の名称は「国際区域問題研究及び外国語高層次人材培養項目」であり、すべて学部編入生の身分で約八カ月間、主に国際問題研究や語学学習に従事する。すなわち、国家派遣制度では派遣先国家によってその派遣目的を明確に分けているのである。

5　国家派遣制度の実績

（1）送り出し実績

国家派遣制度は一九九六年以降、CSCによって運営されている。国家派遣する「高級研究学者」や訪問研究員には、すでに国内で高い評価を得ている研究経験の豊富な人物を選抜するので、少ない費用で高い成果が期待できた。しかし、不帰国による「人材流出」が続き、一時危惧されたが、CSCの違約賠償制度等の厳しい対応策で帰国率は一気に高まった。そのことが安心して派遣枠を拡大できた最大要因であると思われる。表6－7の通り、国家派遣数は安定的に年々増加されている。また中央官庁・地方政府等における機関派遣でも違約賠償制度が導入されて帰国率が高まり、派遣規模は一時期、国家派遣を越えたことも注目すべきであろう。

ところで、国家派遣留学者の専攻学科の比率は、表6－8のように過去一三年間ほとんど変わっていない。毎年、工科が約三〇パーセントを占めて最も多い。次いで、文科が約二三パーセント、医科が約一五パーセント、理科が約一三パーセント、農科及び経営管理がそれぞれ約一〇パーセントの順である。二〇〇八年度を見ると、文科系（文科、経営管理）の約三三パーセントに対して、理科系（理科、工科、医科、農科）は六七パーセントを占めている。[31]

表6－9は、二〇〇三年現在の地区別の、大学専任教員の中で大学院の学歴を有する者（修士・博士課程修了者）の比率を示している。近年、国内の大学院を拡充し、かつ改革開放後に国家派遣・機関派遣を拡大したことが、その比率をかなり高めてきたと言えよう。また大学は「教職工」（教員・事務職員・労働者）で運営されているが、恐らく教員以外の者の学歴も向上していると思われる。しかし、北京・天津・上海という大都市の大学ではその比率は約五〇パーセントであるが、東部・中部地区の大学では約三〇パーセント、西部地区の大学では約二〇パーセントであり、地域間格差が見られる。すなわち、内陸部・辺境部には大学専任教員の質や教育研究水準をいかに引き上げるかという課題が存在する。今後、そのための有効な手段として内陸部・辺境部から先進国への留学派遣が一層拡大されていくと思われる。[32]

（2） 国家派遣奨学金の標準額

国家派遣の奨学金額については、受け入れ国としても彼らの留学生活の経済的基盤の実状を把握するために承知しておきたいものである。留学中において、大学が安価な宿舎を提供する必要性、授業料減免の必要性、アルバイトの必要性などを考える材料となるものである。

さて、国家派遣制度において支給される経費は、「衣物補助費」と「国際旅費」及び「国外生活費」である。

表6-8　1996～2008年国家派遣留学者の学科比率　(%)

年度	文科	経営管理	理科	工科	医科	農科
1996	20.7	9.4	13.1	33.8	13.7	9.3
1997	18.9	9.5	14.5	30.8	14.5	11.8
1998	20.1	10.4	10.3	33.9	15.2	10.1
1999	17.6	9.0	13.0	33.8	17.7	8.9
2000	19.4	9.2	12.4	31.9	16.9	10.2
2001	18.3	9.9	12.9	28.8	15.4	9.6
2002	23.9	12.8	11.0	30.5	14.0	7.8
2003	22.1	9.7	13.2	30.0	15.0	10.0
2004	21.8	9.0	13.0	31.0	15.2	10.0
2005	23.0	10.2	12.8	29.0	14.8	10.2
2006	23.2	10.2	12.8	29.3	14.7	9.8
2007	22.9	9.1	13.0	30.0	15.3	9.7
2008	23.4	9.9	12.9	28.8	15.4	9.8

出所）原資料は国家留学基金委員会秘書処

表6-9　2003年現在の地区別の大学教員の学歴水準

地区	大学専任教員の中で大学院の学歴を有する者の比率
北京・天津・上海	49.2%
東部地区	32.6%
中部地区	27.3%
西部地区	21.6%

出所）閔維方主編（2006）

表6-10　国家派遣の気候別「衣物補助費」（1985年現在）

留学身分	留学期間	熱帯	温帯	寒帯
大学生	3年～4年	700元	800元	900元
大学院生	2年～3年	750元	850元	950元
進修生（訪問研究員含む）	1年	700元	800元	900元

出所）財政部等「公費留学者の経費支出規定」（1985年6月）

第一の「衣物補助費」・「国際旅費」に関しては、一九八五年六月二十五日、財政部・国家教育委員会・外交部が「公費留学者の経費支出規定」（公費出国留学人員経費開支規定）を中央官庁・地方政府・七つの「計画単列市」と南京市の人民政府及び在外公館宛に発布した。それによれば、次の通りである。

① 「衣物補助費」とは、服装・衣類ケース・生活用品・土産品などの費用である。その支給額は派遣先国の気候と留学身分によって決められている。表6－10のように、気候条件は熱帯・温帯・寒帯で分けられている。

② 「国際旅費」には出国費用と帰国費用がある。出国費用は国家教育委員会が搭乗券（航空機あるいは船舶・列車）と途中の経費を提供する。帰国費用は在外公館が搭乗券を提供するが、学習期間が終了せずに帰国したり、在外公館の指定する路線以外を使う場合は留学者が自弁するものと規定している。

第二の「国外生活費」とは奨学金である。教育部は一九九二年『国家派遣留学者の学習・生活費用の情況資料』（国家公費留学人員学習生活費用情況匯編）を発刊した。国別の奨学金標準額を決定したものであるが、その後、各国の情況変化に合わせて数年ごとに金額を調整している[33]。

① 奨学金標準額とは、毎月、国家派遣留学者に支給される学習・生活の費用であり、それには家賃、食費、交通費、電話料、医療費と医療保険、交際費、小遣い（零用費）、書籍・資料の購入費や複写費、引越し費（生活安置費）などが含まれるものとしている。この奨学金以外に、各国の在外公館までの往復交通費、休暇や学業修了後の帰国のための国際運賃を実費で支給している。

② この他に、「艱難辛苦地区のための補助費」（艱苦地区補塡費）があった。これは上述の一九九二年『情況資料』において規定されたもので、派遣先地域が高原であったり、疾病が多かったり、高温であったりする場合に支給されるものである。この補助費は在外公館職員に支払われていたのに合わせたものであった。

だが、一九九四年以後、在外公館では給与制度を改革し、「艱難辛苦地区のための補助費」を廃止、代わって各地の苦労の程度や物価の高低を考慮して支給される「手当て制度」（津貼制度）を採用した。これに合わせて、国家派遣でも同様の措置を取り、従来の補助費を廃止して、特殊補助として奨学金標準額の中に含める

表6－11　国家派遣奨学金の標準月額（1999年現在）

	米国(ドル)	日本(円)	イギリス(ポンド)	フランス(フラン)	ロシア(米ドル)
高級訪問学者	800～900	125,000	400～450	5,200	400
進修生	700～800	105,000	410～360	4,300	360
大学院生	600～700	90,000	410～360	3,800	350
学部生	−	−	−	−	320

出所）教育部財務司編（1999）。米国・イギリスでは物価の地域差を考慮して地区別に支給額を決定している。

ことになった。

③　更に、中国政府と各国政府との協定によって各国政府から奨学金を支給された国家派遣留学者に関しては、その個人が奨学金全額を受給できるものと規定し、かつ別途に奨学金補助を支給している。

以上のような奨学金制度に基づいて、各国ごとに支給額が決められている。表6－11は、一九九九年時点での派遣の多い国家の例である。この種の資料は入手困難なので、やや古い数字である。なお、西側諸国には学部生は国家派遣していないので記載されていない。

6　市場経済期の外国人留学生受け入れ実績

市場経済期には、留学派遣が著しく拡大したのに対して、外国人留学生受け入れの側面はどのように展開したのか。簡単に触れておきたい。

実際、冷戦が終息しつつある一九八〇年代末から中国が受け入れる外国人留学生数は飛躍的に増加した。その原因は自費留学生を受け入れ始めたことにある。一九八九年六月十三日、国家教育委員会は「自費外国人留学生を受け入れることに関する規定」（関于招収自費外国来華留学生的有関規定）を発布した。主な内容は三点である。

①「全日制大学（普通大学）は自費留学生を受け入れようとするならば、必ず外国人留学生を受け入れるための教学、生活、管理等の条件を備えなければならず、また外国人留学生を管理する機関並びに省・自治区・直轄市の一級の教育管轄部門の承認を得なければならない」（第二条）と述べ、地方政府の管理

表6－12　市場経済期の外国人留学生受け入れ実績　（人）

年度	総数	奨学金給付生	自費留学生	年度	総数	奨学金給付生	自費留学生
1990	7,494	3,684	3,810	2000	52,150	5,362	46,788
91	11,972	3,630	8,342	2001	61,869	5,841	56,028
92	14,024	3,389	10,635	2002	85,829	6,074	79,755
93	16,871	3,053	13,818	2003	77,715	6,153	71,562
94	25,586	2,969	22,617	2004	110,844	6,715	104,129
95	35,759	3,001	32,758	2005	141,087	7,218	133,869
96	41,211	4,307	36,904	2006	162,695	8,484	154,211
97	43,712	4,677	39,035	2007	195,503	10,151	185,352
98	43,084	5,088	37,996	2008	223,499	13,516	209,983
99	44,711	5,211	39,500	2009	238,184	18,245	219,939

出所）各年度『中国教育年鑑』より作成。この数値は短期・長期留学生を両方含むものである。

責任を明確にした。

② 自費留学生は直接大学に入学申請し、大学が受け入れを決定するという方式を取ることになった。大学の運営自主権の中に留学生受け入れ事務を組み入れたのである。

③ 大学の受け入れる自費留学生は一九八〇年代には短期留学生に限定されていたが、その範囲を拡大して、本科生・大学院生や進修生としても受け入れることを許可した。

こうして表6－12に見るように、一九九一年度を境に、全日制大学の留学生受け入れ数は増大していった。過去一〇年の状況を見ると、中国政府奨学金を給付される留学生も徐々に増え、二〇〇〇年五、三六二人であったが、二〇〇九年には三・四倍の一八、二四五人となった。また自費留学生の増加はさらに速い。二〇〇〇年四六、七八八人であったものが、二〇〇九年には四・七倍の二一九、九三九人に達した。注目すべきは、二〇〇五年以降、全体の約九四パーセントを占めていることである。中国の国際的地位の向上と著しい経済成長に引き寄せられたのであろう、世界各国の青年は自費で中国に留学し始めたのである。

第六節　留学政策の評価研究

1　留学政策研究の推進

（1）　全国出国留学工作研究会の設立

一九八九年六月の天安門事件の影響で人材流出が生じた。現行の留学政策にはどのような問題があるのか、どのように改善すべきか、外国の留学政策はどのように変化しているのか等を研究しなければならない必要性が高まった。こうして一九九一年九月三日、「全国出国留学工作研究会」が天津の南開大学の大会において設立された。設立大会には約八〇の大学、二三の省・市・自治区の出国留学工作機関、三〇余の中央官庁関係機関・中国科学院や中国留学服務センターの関係者が出席した。「全国出国留学工作研究会」の正式名称は、「中国高等教育学会出国留学工作研究専業委員会」である。中国高等教育学会の下部組織である(34)。

構成員は、中央・地方政府・大学等の留学関係部門である。発足当時、約一〇〇の団体会員が加入した。その中には既に活動していた二つの支部研究会（分会）があった。「中央国家機関出国留学工作研究会」と「北京高等学校出国留学工作研究会」である。「中央国家機関」とは中央官庁とその所属の研究機関や中国留学服務センターなどの外郭団体を指す。また「北京高等学校」とは北京の高等教育機関の意味である。

すなわち、中央官庁関係の人々の小規模な研究会と北京の高等教育機関の留学関係部門の人々による大規模な研究会という既存の二つの支部研究会を基礎として、さらに地方政府の留学関係部門、全国の大学や研究機関等の留学関係部門が加入して全国的な団体として発足したのである。

発足から一年後、一九九二年度に団体会員は約四〇〇団体に増えた。支部研究会も更に五つ増えた。成立順に、「四川省高等学校出国留学工作研究会」、「中国科学院出国留学工作研究会」、「山東省高等学校出国留学工作研究会」、

「天津市出国留学工作研究会」、「湖北省高等学校出国留学工作研究会」である。一九九五年一月の総会報告によると、団体会員は約四五〇団体となり、「江蘇省高等学校出国留学工作研究会」も成立し、全部で八つの支部研究会を擁する大組織になった。支部研究会は専門職務別ではなく、省・直轄市という行政地区別もしくは中国科学院のような研究機構別に組織されている。

二〇〇一年の総会報告でも、その構成員は全く変わらず、団体会員約四五〇団体、支部研究会八つであった。すなわち、全国出国留学工作研究会の輪郭は、成立四年目の一九九五年の段階で、すでにでき上がったのである。中国では中央政府の支持があれば、組織の創設は極めて早い。

（2） 全国出国留学工作研究会の活動状況

「全国出国留学工作研究会」（二〇〇四年「中国高等教育学会出国留学教育管理分会」と改称）の活動は年々盛んになっている。列挙すれば、次のようなものがある。

① 全国総会（年会）は二年に一回、開催される。総会では、執行部である理事会を代表して理事長の事業報告がなされる。一九九三年から九五年、九七年、九九年総会では楊家慶氏、また二〇〇一年総会では閻維方氏（北京大学）が行っている。[35] また、支部研究会（各会が年三～四回）では研究大会を開催している。海外視察を組織したところもある。

② 本研究会の重要な使命の一つは中央政府の留学政策のために時宜を得た意見や建議を提出することである。政府も研究会のそういう研究に基づく意見・建議を重視しており、全国総会や支部研究会の大会には必ず官吏を派遣して、現場の担当者や研究者と対面して交流している。

③ 政府の新しい政策が発布されるときに、その背景や思想について政府関係者を講師として解説してもらう研究会を開催する。

④ 一九九二年から会誌として『出国留学工作研究』（年三冊）を発刊している。全国で唯一の出国留学に関す

る専門誌である。発行経費は北京市、中央科学院の支部研究会、中国留学服務センターなどの支援を受けている。一九九五、九七、九九年に優秀論文あわせて約五〇篇を表彰した。執筆者は研究者だけではない。担当の事務職員も多数の論考を載せている。設立一〇周年には、『全国出国留学工作研究会成立十周年紀念文集』（北京大学出版社、二〇〇一年）を発行した。ここには七〇数篇の良質の論文が掲載されている。

⑤　中央政府が発布前の規定や通知について、意見を求めてくることがあり、研究会の代表が意見を具申している。

⑥　中央政府の調査研究に協力する。例えば、一九九五年に中央教育科学研究所（教育部附属）と連名で、「中国留学生帰国状況アンケート調査」を行ったこともある。

（3）　中国の留学政策研究の特徴

『全国出国留学工作研究会成立十周年紀念文集』をみると、留学政策研究、留学事業の実践と改革、留学制度の構築、留学効果の評価研究、在外留学生の意識調査などが報告されている。そこでは大学の研究者や留学関係部門の事務職員が実質的に活動し、留学政策・海外留学問題を学術的かつ実践的に論じている。彼らの論文・報告等は中国の研究動向を知るうえで重要な文献と言える。理事長の総会報告では、こうした研究報告が政府の留学政策に少なからず影響を与えたという自負が述べられている。すなわち、政策立案者である政府部門と政策実行者である大学等の機関が、この研究会を通して意見交換を密に行っている。これは中国の特色であると言えるだろう。

このような中国の国家主導の留学政策研究の推進方法と日本の公益法人・学会主導の現状を比較すれば、次のようなことが言えるだろう。

①　中国の論文集では「現場」の留学交流担当者が執筆するものが多い。「現場」は複雑な要因が絡んでおり、学術的研究が見出した原理原則を応用するだけでは対応しきれない問題がある。「現場」の複雑な問題に対処するには担当者の新しい創意工夫が求められるのである。だが、日本では「現場」にいる担当者、特に事務職

員が論文・報告等を執筆することが極めて少なく、公的な場で発表する機会もあまり与えられていない。文部省（現・文部科学省）の外郭団体である(財)日本国際教育協会（現・独立行政法人日本学生支援機構）編集の月刊誌『留学交流』が事務職員に「現場」の経験を執筆する機会を与えてきたが、執筆数はやはり少ない。全国出国留学工作研究会の会誌『出国留学工作研究』は一九九二年創刊以来、一〇年間で論文・報告・資料等で約八〇〇篇を掲載している。中国の留学交流担当者たちは、「現場」の複雑な問題を記述することで、政府の留学政策に影響を与えることができたと思われる。

② 日本では留学生教育の学術的研究と実践的な経験交流の状況は次のようになっている。学術的研究では、異文化間教育学会、日本比較教育学会、多文化間精神医学会、異文化コミュニケーション学会、日本語教育学会、留学生教育学会において、各学問分野のアプローチにより研究が蓄積されている。また、学会ではないが、大学の留学生担当教員で構成される国立大学留学生指導研究協議会が結成され、研究誌『留学生交流・指導研究』を発行している。他方、実践的な経験交流は、文部省の指示で各都道府県別に大学・行政・民間団体により構成される留学生交流推進協議会において、各地で職員研修や特色ある支援活動を行っている。だが、県境を越えた横のつながりはほとんどなく、留学政策に対して政府に働きかけを行うことはほとんどない。

③ また、一九六八年に成立したＪＡＦＳＡ（ＮＰＯ法人国際教育交流協議会）は、留学交流担当者の経験を集約して受け入れノウハウの交換と次世代の担当者の育成を目指している。ＪＡＦＳＡは二〇〇八年現在、四〇周年を迎え、約二七〇の国公私立大学等の団体会員と約三〇〇人の個人会員を擁しており、全国的な留学交流担当者のネットワークになりつつある。『留学生担当者の手引き』（凡人社）やブックレットシリーズ出版・メーリングリストの運営によって「現場」で蓄積された経験を普及している。ＪＡＦＳＡにはかなり多くの大学の研究者が会員となっており、学術的研究を推進する面もあるが、現状では事務職員の実践的な経験交流が主流である。

このように見てくると、中国において学術的かつ実践的な研究を推進する全国的団体が存在するのとは対照的に、日本ではアカデミズムと非アカデミズムとが分離し、学術的かつ実践的な性格を合わせもつ全国的団体がまだ成長していない。今後の課題であろう。

2　公費留学の評価研究

（1）　評価研究の概要

教育部の国際交流・合作局（国際交流与合作司）と財務局（財務司）は二〇〇一年度「教育部重大研究プロジェクト」として課題研究「改革開放以来、我国の公費留学の効果に関する評価研究」に助成することを決定した。一九七八年末の改革開放以降、二〇〇〇年末までに、世界一〇〇余カ国（地域）に約一六万人の公費派遣を行った。そのうち国家派遣は約五・七万人、機関派遣は一〇・二万人に上った。中央政府や地方政府等は、公費派遣を高度人材の大量育成事業と位置づけ、計画的に多額の財政投入を行ってきた。その財政投入（cost）に見合うだけの利益（benefit）は得られたのか。公費派遣制度の評価研究を政府主導で行うことにしたのである。この研究課題に対して研究チームを公募し、専門家による選考を行った結果、北京大学教育学院および中山大学高等教育科学研究所による共同研究とすることが決定された。

さて、具体的な研究目的は、二〇年余りの公費留学のコストとベネフィットはバランスが取れているのか。現行の公費派遣政策にはどのような問題があるのか。国内はもとより国際社会の急激な変化に対応して、公費派遣政策には今後、どのような調整がなされなければならないのか。どのような対策を採用することがベネフィットをさらに高めるのかという点を明らかにすることであった。

研究は二〇〇一年三月初めに開始された。定量・定性的分析が総合的に用いられた。すなわち、一二〇余りの大学や中国科学院・中国社会科学院の五、〇〇〇人以上の留学帰国者と管理者に対して数度にわたるアンケート調査が実施された。また、一〇の大学および科学研究院・研究所において重点的に面接調査も行われた。さらに、駐日、駐米の中国公館教育処（組）の幹部や在外留学者を対象とする面接調査も実施している。すなわち、研究対象は大学・研究機関に所属する教職員・研究員に限定されている。政府機関や一般の企業・事業体等に所属する者には及んでいない。この点を注意する必要がある。

研究は、第一に公費留学帰国者のもたらした効果を個人的ベネフィットと社会的ベネフィットの二つの観点から分析している。「非生産領域におけるベネフィットとは最も一般的には、ある計画・政策・活動の予期的あるいは実際的結果」であると定義し、留学派遣という非生産領域のベネフィットを分析したのである。第二に、経済的ベネフィットと非経済的ベネフィットの観点から海外滞在中の留学者が海外居住したまま祖国奉仕（為国服務）する方式によってもたらされた効果を分析している。

研究成果として、『教育部重大研究項目：公派出国留学効益評価研究摘要』（二〇〇二年五月）という要約版が発行された。次に、成果全体を報告する著作として、陳学飛他『留学教育的成本与効果：我国改革開放以来公派留学効益研究』（教育科学出版社、二〇〇三年八月）が刊行されている。以下、その調査結果を見ることにしたい[36]。

（2）　個人的ベネフィット

公費留学のベネフィット概念には、公費留学によって留学者個人にもたらされた個人的ベネフィットと社会全体にもたらされた社会的ベネフィットが含まれる。そのうちの個人的ベネフィットには、留学者本人とその家族が得たベネフィットが含まれ、社会的ベネフィットには個人的ベネフィット以外のさまざまなベネフィットが含まれる。

調査の結果、公費留学者の個人的ベネフィットには個人差があるが、総体的に見れば個人的ベネフィットはかなり大きいことが示された。海外留学は留学者本人に次の八つの面において重要な影響を与えたという。すなわち、①視野の拡大、②外国語レベルの向上、③知識を更新する能力、④情報の獲得と取捨選択の能力、⑤学術の発展方向の認識、⑥学術水準の向上、⑦国際交流の能力、⑧社会活動の能力である。

また海外留学が多くの留学者の帰国後の昇進にとって有利な条件になったことも示している。ほとんどの留学者とその家族の生活水準は出国前に比べて明らかに向上したという。

（3）　社会的ベネフィット

調査結果では、公費留学の社会的ベネフィットは個人的ベネフィットより大きいことが示された。現在、それは次のような側面に現われているという。

①　公費留学は、教育と科学技術分野において国際的学術界と対話できる学術集団を新たに育成した。調査対象の一〇〇校の大学では、留学経験者の比率は院士七六パーセント、博士課程指導教官の四五歳以上で五五パーセント、四五歳以下で五八パーセントを占めた。「有名大学の学術指導者の中で留学帰国者の割合は、一般の重点大学に比べてはるかに高い。例えば、一九九九年、北京大学では教授の六五パーセント、博士課程指導教官の八〇パーセント、院士の七九パーセント、国家レベルの貢献者の九〇パーセント、国家重点実験室主任の九五パーセントが皆、留学帰国者である。一九九八年、清華大学では、院、系、研究所、研究センター、国家重点実験室と開放実験室の一三二人の主要な学術責任者のなかで、留学経験者は一〇二人おり、七七パーセントを占める」という。

②　大学・研究機関において国際的経験の豊かな責任者が養成された。調査対象の一〇〇校の大学では、学長・副学長など全学レベルの責任者の五一パーセント、院・系など学部レベルの責任者の三五パーセントが、留学経験者であったという。

③　ほとんどの研究分野の知識（学術思想、理論と研究方法などを含む）が大幅に更新され、以前空白となっていた学科が創設された。「さまざまな新教材、新教授法を続々と取り入れることによって、我国における研究学科の発展と高等教育水準を向上させ、高等教育機関が養成した人材の質に大きな影響を与えた」という。

④　中国の科学研究の水準が向上し、世界の水準との距離が縮まり、ある分野ではすでに世界水準に到達した。「ある留学帰国者によれば、留学以前、科学研究水準が国際的水準と同じレベルにあったのはわずか四・八パーセントであったが、帰国後、それはすでに八・七パーセントに達した」という。但し、この数値の根拠は明確にされていない。

⑤　公費留学帰国者は、国際共同研究や委託研究、また科学研究成果の産業化、さらに戦略的研究支援などを通して、国家に直接的に膨大な「経済的ベネフィット」をもたらした。「留学帰国者の四四・九パーセントは、自分の科学研究の成果が直接的な経済的ベネフィットを創り出したと考えている。調査結果からみると、一人当たりの留学帰国者が創出した直接的な経済的ベネフィットは平均一四四・二万元であり、国費留学への財政投入と直接的な経済的ベネフィットとの比率は、一対一〇以上となっていることがわかる」という。

（4）　長期的・潜在的ベネフィット

また調査された大学・研究機関においては、公費留学による「非経済的ベネフィット」は「経済的ベネフィット」よりも大きく、また「長期的・潜在的ベネフィット」は「短期的・顕在的ベネフィット」よりもはるかに大きいことが分かったという。次のような理由からである。

①　留学帰国者は幅広い国際的学術交流のネットワークを形成するのに貢献した。彼らは中国と国際学術界との交流に欠かすことができない「架け橋」となっていた。「留学帰国者の七七・三パーセントは、自分の留学経歴が職場の国際交流と協力関係に大きな影響を及ぼしたと思っている」という。

②　世界中に中国文化を広め、民間外交を展開し、「台湾独立反対」に貢献した。中国と外国の相互理解と交流を促進し、中国の国際社会の中での地位向上と祖国統一に極めて大きく貢献したという。

③　中国の高度な専門人材が海外に蓄積された。「統計では、現在、米国と日本にいる中国人留学者はおよそ二〇万人であり、そのうち、七万人がすでに米国のグリーンカードと日本の永住資格を申請している。このようなグリーンカードや永住資格をもつ者の中で、『トップレベルの人材』は三～五パーセント、『優秀な人材』は一〇パーセントである。その一部は一九九〇年以前に公費留学した者であるが、自費留学者が九〇パーセント以上を占める。これらの絶対多数が極めて強烈な愛国の情と報国の志を有しており、しかも帰国して貢献できる資本をもっている。彼らは、我国の現在と将来の潜在的に利用できる巨大な高度人材の資源庫である」と述

べて、海外に定住する元自費留学者の重要性も強調している。

④　海外に定住する数多くの元公費留学者（一部の自費留学生を含む）は、さまざまな方法で直接的・間接的に祖国に貢献している。「中国内でさまざまな形で創立したハイテク・ニューテク企業が四、〇〇〇社以上あり、年商は一〇〇億元を超える。彼らの我国の文化伝播、民間国際交流の展開等における役割は国内の人々には取って代われないものである。また彼らは海外で我国の利益を擁護し、我国の影響力を拡大するのに重要な政治力を発揮している」と述べる。つまり、③と④のように、華僑となった元留学者（不帰国者）に対してかなり肯定的な捉え方をしている点は注目すべきであろう。

3　公費派遣政策への提言

以上のように、公費派遣政策の成果（ベネフィット）を検討した上で、報告書では結論として、以下のように大きく四つの提言を行っている。少し詳しく見ておきたい。

（1）　留学規模を早期に拡大すべきである。

国家派遣留学者の帰国率は一九九六年以降、九〇パーセント以上であり、人材流出の心配がなくなった。公費留学者は帰国して様々な分野で中核的人材になっている。「国家の高度人材の不足、特に国際的知識・経験をもつ高度人材が非常に足りないという状況を解決するには、今後、相当に長い期間、主に国費留学に頼らざるを得ない。現在、自費留学者の帰国率が低い状況にあるからこそ、公費留学者の規模を拡大する必要がある」という。また「政府のみが全国から優秀な人材を計画的に選抜し留学派遣する力をもっており、しかも留学者の帰国貢献を法律で定め、国家に必要な人材の不足を解決する力をもっているからである。と同時に、帰国した公費留学者はまだ海外に居住する人材の回帰に対して模範として大きな影響を与えると考えられる。留学教育は、我国の現代化事業の推進器であり、国家の飛躍的な発展を実現するための重要な戦略的方策である」とも述べている。

（2）国家の財政投入を増やすことにより国家公費留学者の給付水準を引き上げるべきである。

留学派遣への国家財政投入については「戦略的投資」であり、「その効用は道路建設、工場修築、工場建設などへの投資」よりも重要だとして、財政投入の早期拡大を提言する。「国内の一〇〇校の高等教育機関の留学管理者に対する調査で、国家派遣留学のどの方面をすぐに改善すべきかについて質問したところ、八二パーセントの人がまず給付水準を高めるべきと回答した。その中の七八パーセントの人は『適当に高める』と答え、一四パーセントの人が『大幅に高める』と答えた。また、駐日、駐米の八つの中国公館および一〇〇人の留学者に対する調査では、国家派遣留学者の生活費の基準は、当地の訪問研究員の最低生活水準を下回ってはいけないという意見で一致した。もし国家が派遣経費の総額を増やすことができないならば、派遣人数を減らすことによって、公費留学者、特に高レベルの訪問研究員の生活費の標準を高くすべきである」という。

また、政府が全額支給する国家派遣の訪問研究員を除いて、国家留学基金を柔軟に活用して、地方政府等の機関派遣あるいは個人の自費留学に対して公費を支給する方式を開発するよう提言する。例えば、国費を地方政府等による機関派遣留学者にも配分する方式、あるいは、全額支給ではない国有企業や事業体の若手管理者と従業員の海外研修の経費の一部に国費を配分する方式、また新たに「大学院博士学位奨学金」を設立し、重要な専門学科の博士学位取得を目指している在外留学者に支給する方式などである。なお、この最後の提案は二〇〇三年に教育部「国家優秀自費留学生奨学金」制度によって実現されている。

（3）需要に応じて派遣し、留学者の質を高め、「国家チーム」（国家隊）というブランドを形成すべきである。

中国の国家派遣政策では一九八六年に「需要に応じる派遣、質の保証、学んだ事が実際に役に立つこと」（按需派遣、保証質量、学用一致）という方針を確認し、「レベルが高く、専門分野に精通し、最優秀な留学者」（高・精・尖）により構成される「国家チーム」を作るために実施すると位置づけられた。国家派遣はこの方針を堅持すべきであるという。

同時に、国家留学基金管理委員会が一九九九年に設立した「チームでの配当方式による留学者奨学プロジェクト」と「重点大学の系主任および研究所・実験室の中核的人材の海外研修プロジェクト」は、高い評価を受けているとして、「これらの二つのプロジェクトの共通する特徴は、国家と地方の緊急な需要に応じていること、派遣された者の質が高いこと、研修した知識が実際に役立つことである。そこで、我国の国家派遣留学は、さらに『緊急な需要を満たすこと、重点を強調すること、質を保証すること、実際の効果を重視すること』（満足急需、突出重点、保証質量、注重実効）という選考方針を堅持して、プロジェクトを中心とする国家派遣留学の新たな局面を形成していくべきである」と提言する。

また、次のようなプロジェクトを設けるべきであるという。

① ＷＴＯプロジェクト：ＷＴＯの規則に詳しい国際経済、法律、金融、経理、貿易、管理などに精通した高度人材を育成する。

② 西部大開発プロジェクト：国家の西部大開発戦略のために必要な人材を支援する。

③ 重点学科プロジェクト：国家重点学科建設に基づいて留学派遣計画を制定し、高レベルの技術と知識を創造できる人材を速やかに育成する。

④ ロシアおよび東欧プロジェクト：ロシアと東欧への公費留学者数を増加し、世界政治の多極化の趨勢に対応する。

（４）　博士課程留学者数を拡大すべきである。

毎年、重点大学の大学院生の中から三〇〇～五〇〇人を選抜し、政府間の協定や契約という方式で海外有名大学の博士課程で勉学させ、将来の国家需要に備えるべきであるという。

（5）　留学者の帰国就業あるいは適当な方式による祖国奉仕を積極的に奨励すべきである。
現在の在外留学者の大半は自費留学者である。彼らを単純に「滞留」と見るのではなく、祖国に貢献したいと考えている人々も多いと見る。「実際に我国はWTO加盟に伴い、開放はさらに全方位に拡大し、幅広い領域で経済のグローバル化の過程に参与していくだろう。科教興国戦略（科学と教育による興国）の実施によって、中央と地方は次々と一連の優遇的で緩やかでかつ柔軟な、留学者の帰国創業のための政策措置を出しており、我国の人材環境と創業条件はまさに大きく改善されようとしている。このようなさまざまな改善は、留学者たちに千載一遇の機会を与え、かつ極めて大きな吸引力となっており、留学者が帰国する黄金時代が到来している」と述べ、在外留学者に帰国奉仕（回国服務：帰国して就業すること）や祖国奉仕（為国服務：海外居住のままで貢献すること）を促すことを「国家の発展戦略計画に取り入れるべきである」として、以下の六項目を提言している。

①　国家の留学人材戦略を計画し、指導する機構を設立する。

新しく留学人材戦略について統括する機構を設立するべきであるという。この新機構は国家の経済・社会発展の全体計画に基づいて国家派遣計画および在外留学者の開発計画を制定するものである。「今まで、国内には戦略上から全体計画を統括し、また留学者の派遣と帰国事業を調整する専門機構は一つもない」と述べる。

現状は次のようであると分析する。

「派遣に関して言えば、国家留学基金管理委員会は単なる国家派遣留学の具体的な管理部門であり、戦略的な計画部門ではない。機関派遣は、各省・市・自治区の外事辧公室と各機関によって調整されている。自費の場合は、各機関の人事部門と公安部門によって手続きが行われている。帰国後の就職事業は、人事部門、組織部門、また教育部門のいずれもが管理しているが、実際にはいずれもが管理しても管理しなくてもよい状況にある。在外留学者の帰国奉仕と祖国奉仕に関する組織化と動員業務は混乱状態にある。教育部門は派遣事業に、人事部門は帰国招聘事業に責任を負っており、さらに科学技術部や国務院華僑辦公室や共産主義青年団などの組織もそこに関わっている。……近年、省・市や地区・県までもが海外に人材募集に出かけている。このように人材を求める現象は喜ばしいとはいえ、情報の混乱や行政の多数の部門が関わるなどの局面を生じ、全体的効果に影響を及ぼしている」として、「今回の調査で、ある留学者や在外公館員からは、最も良いのは専門的機構を設立し、すべての留学者の選考・派遣、帰国の動員と組織化、帰国後の就職斡旋などを統括させるべきであるという提言が出された。彼らはまた国家は外国人専門家を管理する専門機構を設立するべきであり、同じように大量の留学者を管理する専門機構を設立すべきだと提案している」という。中国留学服務センターは、国内では二〇あまりの下部機構があり、国外ではニューヨーク、サンフランシスコ、ベルリンなどに支部を有し、留学者という人的資源かつ知的資源を開発するために、外国の先進的機器や設備や資金を導入し、国内外の留学者を対象に技術相談や学術研究交流などを展開してきたが、「これらの機構は基本的にサービス機構に属するもの」であり、全面的に統括し管理する機能を果たすことは難しいという。すなわち、国家留学基金管理委員会も、地方政府の各機関も、それぞれに分担して業務を行っているが、情勢を把握し全体的な対応を企画し実行する機構が存在しないのである。(37)

②　留学者のためのホームページを設立する。

在外留学者の共通の意見として中国内の求人情報が分からないという。そこで在外留学者向けのホームページを公式に設立することを提案する。「ホームページは、国内の改革開放の進展状況および政府の留学に関する方針政策を伝える窓口になるだけでなく、国内外の求人情報が交流するプラットホームにもなるのである。現在、国内にある多くの機関（在外大使館・領事館教育処を含む）は自分の『人材庫』（データベース）を設けているが、互いに交流を行っていない。また、多くの政府部門や企業・事業体のホームページにも求人が載っているが、情報はまばらであり、しかもかなり古くなっている。したがって、国内外から相互にアクセスが可能で、また権威のある在外留学者のためのホームページを創って、求人情報を交換できるルートを提供することは、在外留学者の帰国と祖国貢献の効果を高めるうえで焦眉の課題である」という。

③　「春暉計画」等の留学者短期帰国プロジェクトの資金援助をさらに拡大する。

国家自然科学基金委員会の「留学者の短期帰国工作・講義特別基金」、その後、教育部の「春暉計画」、人事部の

「留学者短期帰国基金」、中国科学院の「高級訪問学者計画」等の政策が次々と出されている。これらの政策は在外留学者の間で非常に歓迎され、大きな効果をあげているが、資金が未だ十分ではない。「したがって、国家の関係部門は、既存のプロジェクトの資金援助を続けて増加させなければならないし、より多くの在外留学者の帰国視察や帰国交流を実施するために、関係地区や部門に新たな資金援助プロジェクトを設立させるよう提案したい。これらのプロジェクトは投資が少なくても長期的、連帯的な効果をもたらすと考えられるからである」という。

④　祖国奉仕（為国服務）プロジェクトに海外定住者を動員するため在外公館の機能を十分に発揮する。

留学後に海外に定住している元留学者の祖国奉仕事業を行うために在外大使館・領事館教育処（組）の役割を強化する必要がある。「多くの大使館・領事館教育処（組）はすでに積極的・主体的に大量の業務を行っており、大きな成果をあげている。しかし、これらの業務を統一的に管理する組織がないため、目下、その展開状況はアンバランスである。多くの地区では一生懸命にしたりしなかったり、放置したりしなかったり、あるいは自然に任せたり任せなかったりという状態である。……留学者の帰国奉仕と祖国奉仕の活動を組織することを長期的な戦略的任務とし、大使館・領事館教育処（組）に適時に明確に要求し、また業務評価を行うべきである。そして彼らがこの業務の中で突き当たる具体的問題を解決するのを支援しなければならない。在外留学者が集中する地区の定員枠を適当に増加したり、大使館・領事館教育処（組）間の情報交換制度などを作り上げたりすることが求められる」という。

⑤　国際協力を強化し、共同行動を取るようにする。

中国のみならず発展途上国の人材流出を減少させる方策として、中国の取り組みだけでは不十分であり、国際的組織や人材の受け入れ国に協力を求めていく必要があり、ＷＴＯにおいて国際的人材流動の方面で、国際社会がそれに関連する規則を制定するよう要求しなければならないと述べ、「それによって発展途上国の人的資源の建設と開発能力を高めることができる。同時に、政府間の双方の協力も強化する必要がある」という。「米国や日本などのように、双方で文化教育交流協定を結び、双方がこれらの協定を厳格に守ることによって、我国の公費留学者の帰国を確保する。この他にも、多様なルートを通して国外の人材育成機関や交流機関との間に必要な協定を締結し、あるいは必要な理解を求める。」これによって、中国の留学人材を確保するよう求めている。

⑥　留学効果に対する評価を強化する。

公費留学評価機構を設立するか、あるいは関係機関に依頼して公費留学効果の定期的・不定期的な評価を行い、随時、改善していくことを提言している。多額の国費を投入する以上、特定の観点に偏ることなく、総合的な観点から公費派遣政策の効果について評価研究がなされなければならないという。当然の提案だと言えるだろう。

以上、二〇〇一年三月に実施された公費留学効果の評価研究を概観した。特に、その調査結果から導き出された提言に注目してきた。第一に、国家派遣留学の規模を「さらに拡大すること」が最も重要な提言であると思われるが、実際、その後、拡大を続けている。提言が生かされたと言うべきであろう。第二に、留学者が帰国後、就業あるいは創業するための環境整備が必要だと提言しているが、この点も地方政府においてより具体的な政策が実施されるようになった。第三に、海外定住した留学者が「春暉計画」等により短期帰国して諸活動を行う制度の更なる整備が重要だと提言しているが、この点もその後拡充されている。第四に、出国から帰国までの留学教育事業を総合的に管轄する公的機構の設立及び公費留学の定期的評価の必要性を説いている。この点のその後の経緯は現在のところ明らかではない。以上のように、この評価研究は中国のその後の、つまり二十一世紀の公費派遣政策の方針決定に対して重要な意義を持つものであった。

［注］

（1）江淵一公「ヨーロッパにおける大学の国際化の潮流――ERASMUS計画の動向を中心として」、広島大学・大学教育研究センター『大学論集』第二一集、一九九二年、三二一―六四頁

（2）Kemal Guruz, *Higher education and international student mobility in the global knowledge economy*, State University of New

York Press, 2008, pp. 171-207. 参照

(3) 横田雅弘・白土悟『留学生アドバイジング』ナカニシヤ出版、二〇〇四年、一一―一六頁

(4) 党保守派は、自由化と改革に反対する大きな勢力であった。その代表格は、長老では李先念と王震、イデオロギーでは胡喬木、鄧力群らである。ところで、天安門事件に関しては、張良編『天安門文書』（文藝春秋、二〇〇一年）が発刊されている。但し、この書は偽書の疑いもあるという。また、知識人の著作には、方励之『中国よ、変われ』（学生社、一九八九年三月）、王賡武他『中国の挫折と命運』（学生社、一九九一年）などがある。最近の史料では、劉暁波『天安門事件から〈〇八憲章〉へ』（劉燕子・横澤泰夫・及川淳子・蒋海波編訳）藤原書店、二〇〇九年。また趙紫陽、バオ・プー、ルネー・チアン、アディ・イグナシアス『趙紫陽極秘回想録』（河野純治訳、光文社、二〇一〇年）がある。趙紫陽死後、残された録音テープを起こして出版したものである。

(5) 加々美光行編『天安門の渦潮』岩波書店、一九九〇年、参照

(6) 同上書、一七一―一七六頁

(7) 同上書、一七六―一八二頁

(8) 『西日本新聞』一九八九年七月四・五日夕刊

(9) ジェームズ・マン（James Mann）『米中奔流』（鈴木主税訳）共同通信社、一九九九年、三〇四頁

(10) 同上書、三〇八頁

(11) 一九八九年十二月五日、党機関紙『人民日報（海外版）』および『中国日報』において、中国人学生が帰国すれば政治的迫害に遭うというのは米国議会が撒き散らしている謬論であると批判している。

(12) ジェームズ・マン、前掲書、三二二・三二三頁

(13) 黄潤竜『海外移民和美籍華人』南京師範大学出版社、二〇〇三年、六九頁

(14) カナダ移民に関しては、范瀛「従信息時代高度談留学人員回国趨勢」『出国留学工作研究』一九九八年（全国出国留学工作研究会編『全国出国留学工作研究会成立十周年紀念文集』北京大学出版社、二〇〇一年、三二一―三二七頁所収）。また、日本の入国管理政策に関しては、程希『当代中国留学生研究』香港社会科学出版社、二〇〇三年、一三〇・一三一頁、参照

(15) 留学交流事務研究会編『留学交流執務ハンドブック平成十一年度』第一法規、一九九九年、三〇五―三一三頁

(16) 国家教育委員会外事司編『教育外事工作：歴史沿革及現行政策』北京師範大学出版社、一九九八年、六三頁

(17) 「資産階級自由化」とは、ブルジョア階級の自由を追求する政治思想を意味し、ブルジョア階級の主張する議会制度、言論の自由、結社の自由、個人主義、道徳や芸術の基準、公益より私益の重視、資本主義社会の崇拝等々を含むものである。これに対

して、弁証法的唯物論（弁証唯物主義）では、事物の運動・変化・発展は事物の内部の矛盾が引き起こすものであると考え、理論は実践によって証明され、更に実践を導くとする。これがプロレタリア階級の世界観であり、唯一の科学的世界観であるとする。史的唯物論（歴史唯物主義）は、この弁証法的唯物論を社会生活と社会史に適用したもので、社会発展の原動力は物質的諸条件と、生存に必要な物質的財貨を産み出す生産様式にあるとする。因みに、生産様式とは生産力と生産関係（人と人の社会的関係）が統一された様相をいう。従って、生産力の発展によって、生産関係が変化し、やがて階級関係が生まれ、階級闘争が生じることで社会は発展するとする。

(18)　ジェームズ・マン、前掲書、三六〇・三六一頁、参照

(19)　教育渉外服務与管理叢書編集委員会編『自費出国留学指南』高等教育出版社、二〇〇五年、一〇三―一〇六頁。因みに、一九八〇年一月二十六日、教育部は「出国留学生予備部を増設し、早く建設することに関する意見」（関于出国留学生予備部併加快建設的意見）を発布、当時の北京語言学院に出国留学生予備部を新設して、一、六〇〇人規模の語学・政治訓練をすることを通知した（李滔主編、前掲書、五二九―五三〇頁、所収）。また一九八二年一月三十日、教育部は「出国留学予備人員培訓工作を強化することに関する意見」（関于出国留学予備人員培訓工作的意見）および「出国留学予備人員培訓部の管理教育工作の暫定的規定」（出国留学予備人員培訓部管理教育工作暫行規定）を発布。英語・日本語・ドイツ語・フランス語の予備生に対する教育管理、政治思想教育、修了試験等々について規定している（李滔主編、前掲書、五六四―五六七頁、所収）。

(20)　郝二奔「従実際出発、有針対性組織好対出国留学人員的思想政治工作」、北京語言学院出国留学予備人員培訓部編『出国留学人員短期培訓論集』北京語言学院出版社、一九九四年、三〇九―三一七頁

(21)　楊暁京・苗丹国「新中国出国留学教育政策的演変過程及対策研究」（初出は『出国留学工作研究』二〇〇〇年四月号、一―二七頁）全国出国留学工作研究会編『全国出国留学工作研究会成立十周年紀念文集』北京大学出版社、二〇〇二年、一四三頁

(22)　矢吹晋『図説中国の経済』蒼蒼社、一九九二年八月、二一一―二一二頁

(23)　『一四回党大会と中国の改革』新星出版社、一九九三年、一〇・一一頁

(24)　同上書、一三―二〇頁

(25)　矢吹晋『鄧小平』講談社、一九九三年、二〇〇・二〇一頁参照。矢吹氏は、毛沢東のような権限集中を批判してきた鄧小平がここにきて江沢民に最高ポストを集中させた理由を二点挙げている。ひとつは天安門事件が教訓となっている。総書記・趙紫陽と国務院総理・李鵬が対立し、官僚・全人代常務委員会・人民解放軍にまでその対立が及んだこと。もうひとつはソ連解体が教訓となっている。経済的・社会的条件に欠けた政治的民主化が党と国家を解体させてしまったこと。この二つを教訓として、鄧小平は党が一丸となって経済改革に当たるために、党総書記にポストを集中させたという。

(26) 教育部国際合作与交流司『教育外事工作文件匯編一九九五～一九九八』一九九九年、所収
(27) これら法律は『中華人民共和国重要教育文献一九九八～二〇〇二』に掲載されているが、これを見る限り、二〇〇二年末までにはこれ以後の補充規定はない。その後、二〇〇八年現在まで補充されているかもしれないが、今は明らかではない。
(28) 二〇〇六年五月三十日付『人民日報（海外版）』の一面トップ記事、「公派出国留学生九七パーセント回帰」参照
(29) 『神州学人』一〇月号、二〇〇八年、六・七頁
(30) 胡錦涛「堅持走中国特色自主創新道路、為建設創新型国家而努力奮闘」（全国科学技術大会における講話）、改革開放三〇年中国教育改革与発展課題組『教育大国的崛起一九七八―二〇〇八』教育科学出版社、二〇〇八年、二六〇頁、参照
(31) 潘晨光・娄偉「中国留学事業的回顧与展望」、潘晨光主編『中国人材発展報告№1』社会科学文献出版社、二〇〇四年、三九九―四二二頁。及び潘晨光・楊新育・長江「出国留学事業的回顧与展望」、潘晨光主編『中国人材発展六〇年』社会科学文献出版社、二〇〇九年、二六三―二六四頁、参照
(32) 閔維方主編『中国教育与人力資源発展報告二〇〇五―二〇〇六』北京大学出版社、二〇〇六年、一九九頁
(33) 教育部財務司編『国家公費出国留学人員経費管理工作手冊』中国人民大学出版社、一九九九年、六五・六六頁
(34) 白土悟「中国における留学生教育に関する学術研究団体について」『九州大学留学生センター紀要』第一三号、二〇〇三年、九一―九九頁。また『中国教育年鑑一九九二』人民教育出版社、一九九三年、二六五・二六六頁、参照
(35) 全国出国留学工作研究会編『全国出国留学工作研究会成立十周年紀念文集』北京大学出版社、二〇〇二年、参照
(36) 『教育部重大研究項目：公派出国留学効益評価研究摘要』（二〇〇二年五月）および陳学飛他『留学教育的成本与効果：我国改革開放以来公派留学効益研究』教育科学出版社、二〇〇三年、参照
(37) この提案に関する外国の成功事例として、インド及び台湾を挙げて、次のように述べている。「例えば、インドの学者たちは、総理大臣の下に内閣企画委員会（steering cabinet committee）を設立し、国の高レベル人材を利用する政策を段階的に改善していくことを提案した。この委員会の委員には、人的資源開発部と科学・技術部の部長、計画委員会副主任、工業部副部長および教育、科学、医学、その他の公共生活に関連した企業・事業体の知名人が参加している。委員会は、実施した政策が教育セクター、人材計画、研究と開発、工業セクターと職業計画などの領域でもたらした変化を評価し、改善策を提出する。そして今後の国家計画や重点プロジェクトにおいて、国内の高レベル人材を開発し利用するよう提案したのである。
一九五八年、インド科学・工業研究理事会は『科学技術者備蓄局』を設立して、帰国した科学者、エンジニア、技術者、医療従事者のために就職を斡旋している。その後、人材流出を防ぐために、その業務範囲を広げて、国内の高レベルの科学者とエンジニアにも就職を斡旋するようになった。一九五九年、インド政府は『科学人材庫』計画を立て、先進国に滞留するインド人の

エンジニアと科学者の帰国を促した。さらに、人材回帰政策を貫徹するために『長期帰国計画』、『一時的帰国計画』、『外国人学者訪問計画』を実施した。

一方、台湾当局は台湾に人材を回帰させるために『国家青年委員会』という内閣レベルの政府機構を設立し、具体的計画の制定とそれを実施する責務を課している。この委員会の基本的な職能は、第一に、在外の専門家や学者と幅広いネットワークを作り上げることであり、米国に三つのネットワークポイントを常設し、海外華人専門家・学者の個人別ファイルを作成している。ロサンゼルスのネットワークポイントでは台湾から米国に来ている約三、〇〇〇人のエンジニアやコンピュータ専門家の個人資料を収集している。第二に、台湾に帰って来る者が適当な仕事を探すのを援助し、また人材を求める台湾の企業が適当な人材を見出すのを援助している。第三に、台湾に帰ってニューテク産業を興すつもりのある専門家やエンジニアに必要なローン、生産用地、その他の必要な施設が得られるよう援助することである」と（『教育部重大研究項目：公派出国留学効益評価研究摘要』二〇〇二年五月）。

第七章　改革開放期における自費留学制度の形成

本章では、改革開放期（一九七八年十二月〜二〇〇八年現在まで）における自費留学制度の形成過程を検証することにしたい。自費留学については一九八一年一月に初めて国家の規定が公布された。以後、一貫して増え続けている。『中国教育年鑑二〇〇七』（人民教育出版社、二〇〇七年）によれば、二〇〇六年度の海外留学者数は一三・三八万人であった。そのうち、国家派遣（国家公派）四・二パーセント、機関派遣（単位公派）五・六パーセントに対して、自費留学は九〇・二パーセントを占めるに至った。自費留学は中国人の海外留学の本流を形成している。

自費留学は大衆に開かれた留学ルートであり、大衆の願望を強く反映するものである。人々は自費留学によって高学歴を得、将来、高収入を得る職業に就くというドリームを描き始めた。しかし、八〇〜九〇年代初めまで、一般に大衆には自費留学は経済的にほとんど不可能であった。ところが冷戦後、中国経済はグローバル化によって急成長を続けた。国民の所得水準は上がり、自費留学は実現可能なものになった。そこに中国政府の自費留学自由化政策（プッシュ効果）と先進諸国の留学生受け入れ増加政策（プル効果）という人材流動を促進する二つの条件が重なった結果、自費留学は今日の隆盛をみたと思われる。

第一節　改革開放前期の自費留学政策

1　自費留学政策の開始

改革開放の直後、一九七九年から自費留学の申請が急増した。だが、自費留学に関する全国統一的な政策や手続きの規定が未だなかったので、各地方では暫定的に不統一な対応がなされていた。このために一九八〇年十二月二十日、教育部・公安部・外交部・財政部・国家人事局・国家労働総局・国務院科技幹部局など七部門が「自費出国留学に関して指示を請う」（関于自費出国留学的請示）に、「自費出国留学の暫定的規定」（関于自費出国留学的暫行規定）一二条を附して国務院に提出、翌一九八一年一月十四日、国務院はこれを承認した。

「自費出国留学の暫定的規定」（以下、「八一年規定」と略す）は自費留学が人材育成にとって重要な方策であると認める最初の規定であった。以下は全訳である。

自費留学は人材を育成する大きな道である。この工作をしっかり行うために特に以下の規定を作る。

一、自費留学の範囲とは、主に大学あるいは大学院（仕事、研修、親類訪問、小中学校での学習などで国外に行くことは含まず）に入学するために国外に行くことを指す。自費留学者は高校あるいは大学の文化水準を有し、国外の親戚友人がその学習期間の費用全部を負担するという保証書および入学許可書をもって、自費留学を申請できる。

二、自費留学者の申請に対する審査は状況に応じて別々に対処しなければならない。

1、上記条件を有する高校生や大学生は学校に申請し、学校の証明を経た後、省・市・自治区の公安部に報告し、審査・許可を受けて証明書を発給される。

2、在職者（集体所有制の労働者を含む）は、教育・科学技術・各種業務の中核的人物を除き、職場に申請し、職場の署名入り意見書をもらい、所轄部門に報告して審査・許可され、さらに省・市・自治区の公安部門で審査・許可されて、証明書を発給される。

3、「社会青年」および農村社員は、県以上の公安局（あるいは市の公安分局）に申請し、現地の公安部門の審査後、省・市・自治区の公安部門で審査・許可されて、証明書を発給される。

4、外事工作人員（臨時に外事活動に参加する人員を含む）は、外国の賓客を接待する機会を利用して、本人あるいは子女のために出国留学を打ち合わせてはならない。このようにして国外に経済保証人を得ても、一般に承認しない。

自費留学者は、公安部門の発給する旅券と出国ビザ（出境簽証）を得た後、中国旅行社本社のビザ代理手続き処（簽証代辦処）に委託するか、あるいは本人が中国駐在の外国公館に赴き入国ビザ（入境簽証）の取得手続きをする。

在職者で国外研修する教育・科学技術・各種業務の中核的人物（専業技術骨干人員）――例えば、助理研究員、講師、工程師、主治医師、優秀なスポーツ選手、文芸関係の中心人物、各職場の中堅的人物――は、国外の学習・生活全般の経済保証書を須らく取得して、公費留学者の標準に照らして所属機関とその上部の所轄部門が承認し、教育部に報告して国家計画に組み込まれた後、公費留学者の方法・手続きによって派遣する。

三、自費留学申請者が留学先国家から学歴証明書、成績証明書、健康診断書などを求められれば、関係機関は協力して処理しなければならない。

四、自費留学する在籍学生は、本人が学籍保留を要求すれば、学籍を一年保留できる。

五、自費留学者は留学にかかる衣、食、住、学費、医療費、往復旅費などの一切の費用を自分で賄う。

六、在職者が自費で国外に行き、大学あるいは大学院で学ぶ場合、国外での学習期間を給与・勤続年数に換算する問題については、在職者が国内の大学あるいは大学院で学ぶのと同等の待遇とする。

七、教育部が在外公館に自費留学者の管理について通知するのに便利なように、各省・市・自治区の公安部門は証明書を発行する時、本人に「自費出国留学人員登記表」に記入させなければならない。公安部門は毎季、最初の月の上旬に教育部にそれを送付する。

八、自費留学者の出国前に、各機関はしっかり工作し、熱情をもって歓送し、彼らが努力して学習し、学業を成就させて帰国し、祖国の社会主義建設に奉仕するよう奨励しなければならない。出国後、各機関は彼らとの連絡を継続しなければならない。

九、自費留学者は出国後、我が在外公館と連携を保ち、自己の情況をまとめて報告し、かつ国内の元の所属機関と連絡を保たなければならない。

一〇、我が在外公館は自費留学者に積極的な関心を持ち、彼らとの連絡と管理教育の工作を強化しなければならない。

一一、自費留学者が学業を終えて帰国後、国家は彼らの国外での学歴と学位を承認する。彼らの就職は、所属の省・市・自治区（あるいは国務院各官庁）の人事部門が責任を持って斡旋する。給与待遇は、公費留学者の関連規定によって処理する。

一二、本規定は承認された日から施行する。しばらく実施して、必要なときに改訂する。過去の関連規定が本規定と抵触する場合は、本規定を以って準則とする。

（教育部他七部門「関于自費出国留学的暫行規定」）

この「八一年規定」では、大学生や高校生の自費留学に対して何の規制もない。また、在職者や「社会青年」（学校卒業後、職業のない都市部の青年）や農村社員（農業協同組合の職員）にも特に規制らしきものはない。唯一、各分野の第一線で活躍する中核的人物の自費留学については、公費留学と同一の手続きで取り扱うと規定している。恐らく人材流出を未然に防ぎたいという意図の現われであると思われる。これを除けば、第一条にあるように、やや曖昧な表現であるが、「高校あるいは大学の文化水準を有すること」（具有高中或大学文化水平）が自費留学の申請資格の唯一の条件であった。

では、なぜこの時期にほとんど制限のない「八一年規定」が制定されたのだろうか。これには二つの理由が考えられる。第一に、前年一九八〇年二月十二日、第五期全国人民代表大会常務委員会第一三次会議において「中華人民共和国学位条例」二〇条が通過し、一九八一年一月一日に施行されたことに関連があるだろう。学位条例はそれまでなかった学士学位、修士学位（碩士学位）、博士学位の授与基準について規定した。学位とは、当人の政治思想性に関係なく、当人の修得した専門分野における学術水準を明示する基準である。換言すれば、中国は専門的人材の公的基準を導入したのである。やがてこの新しい基準は専門的人材の中国社会での就職・給与・昇進と直結するようになることは誰の目にも明らかだったであろう。このことは文革以前に大学に入学したが学位を授与されなかったり、文革期に大学に入学できなかったりした大勢の青壮年知識人、そして、文革後にも大学に進学できなかった青年や学位を授与されない大学専科の卒業者にも、学位取得に対する強い動機付けを与えたに違いない。彼らは海外の大学に自費留学するという手段を必然的に希望したと思われる。「八一年規定」はその希望に添うためのものであっただろう。

また、第二の理由として、次の事情も影響したと推測できる。文革後、一九七八年七月に再開された全国大学統一入試によって大学に入学した本科生が一九八一年二月末に卒業見込みであった。彼ら本科卒業生が海外の大学院に進学する可能性を開くために自費留学を急いで開放する必要があったと思われる。学位条例も海外の入学基準に合わせて発布されたと考えられるのである。

だが、次に述べるように、中国国内の大学院への進学者やその在籍学生には自費留学は許可されないことになった。

2　大学院生に対する自費留学の制限

大学院制度（研究生教育制度）は、表7-1で明らかなように、文革期（一九六六～七七年）には完全に停止していた。文革終結後、一九七八年七月に大学院入試が行われ、翌年一〇、七〇八人が入学した。[1] 三年後の一九八一年六月、改革開放後はじめて大学院は修了生を送り出した。その後、大学院生は年々増え続け、一九八一年に一八、八四八人であったものが、一九八五年には八七、三三二人と約四・五倍に増大した。

因みに、日本文部省統計によれば、一九八五（昭和六十）年の日本の大学院生は、修士課程（博士前期課程）に四八、一四七人、博士後期課程に二一、五四一人であり、合計六九、六八八人であった。人数の上では中国は既に日

表7-1　文革期から改革開放期にかけての大学院課程の推移　（人）

年	修了生数	入学者数	在籍学生数	年	修了生数	入学者数	在籍学生数
1965	1,665	1,456	4,546	1978	9	10,708	10,934
1966	1,137	0	3,409	1979	140	8,110	18,830
1967	852	0	2,557	1980	476	3,616	21,604
1968	1,240	0	1,317	1981	11,669	9,363	18,848
1969	1,317	0	0	1982	4,058	11,080	25,847
1970	0	0	0	1983	4,497	15,642	37,166
1975	0	0	0	1984	2,756	23,181	57,566
1977	0	0	226	1985	17,004	46,871	87,331

出所）『新中国五十五年統計資料匯編』中国統計出版社，2005年，83頁

本を追い越していたのである。

さて、中国では一九八一年度の大学院の在籍学生一八、八四八人や、間もなく進学してくる一九八二年度の新入生約一万人に対して、在学中に自費留学を許可すべきか否かという問題が浮上した。これに関して、一九八一年九月八日、教育部は「大学院生の自費出国留学問題に関する通知」（関于在校研究生自費出国留学問題的通知）を、地方政府（省・市・自治区）の高等教育庁（局）・教育庁（局）および各大学宛に発布した。これには『自費出国留学の暫定的規定』は大学院生を含む問題であるかどうか、我が部の外事局は三月北京で開かれた座談会席上で、『自費出国留学の暫定的規定』は、大学院生を含むものではないという明確な解釈を行った」と述べている。その理由は何であったのか。以下、主要な部分の訳である。

大学院生の自費留学申請の問題では、新規定が出る前は、暫定的に以下の原則に従って処理すること。

一、国内で育成する大学院生は、国内で学業を完成させるべきである。学習期間の大学院生（その年に修了する大学院生を含む）は、途中で学習を停止し自費留学を申請してはならない。育成機関（培養単位）はこの申請を承認したり、学業成績証明書を発行したりしてはならない。自費留学者には、退学を許可し、学校（または研究機関）は学歴証明のみを発行し、学業成績証明書を発行しないこと。

個別の専門をもつ大学院生が、学業水準を高めるために、学校の承認を

得て後、教師の同意を得て連携し、かつ国外の経済的援助(旅費と生活費を含む)を取得するという条件で、出国申請して資料収集や短期間（一年を超えない）の学習を行った後、帰国して学習を継続し、修了論文の答弁を行う者については、同意してもよい。但し、所在地の省・市・自治区の高等教育庁（局）あるいは教育庁（局）がこれを審査し、我が部に承認する旨を通知すること。

二、大学院生は修了時、国家の統一的な職業分配に従わなければならない。自費留学する際は、就業地位に就いた後に手続きを行うこと。育成機関はその際の事務については責任を負わない。

少数の省・市において、今年の三月末以前に（この期限は各地ですでに正式に規定されており、各地の規定に従って運用すること。例えば、上海市は今年五月五日以前というように規定した）、育成機関の承認を経て、国外の博士課程に正式に申請した極めて少数の一九八一年度大学院修了生に対しては、遺留問題として処理すべきである。

もし、現在その修了論文がすでに答弁審査を通り、また国外の経済的援助（旅費と生活費を含む）と入学許可を取得していれば、育成機関は留学人員の条件に照らして再審査できる。その合格者が「大学所属の大学院生」の場合は、学校経由で省・市・自治区の高等教育庁（局）あるいは教育庁（局）の承認を得た後、公安局に出国ビザの手続きを要請すること。「研究機関所属の大学院生」の場合は、国務院の関係部門や委員会あるいは省・市・自治区の所轄部門の承認を経て、当該研究機関のある省・市・自治区の公安局に手続きを要請すること。

（教育部「関于在校研究生自費出国留学問題的通知」）

すなわち、国内の大学院生は一時的に海外で研究することは許可されるが、原則として中国の学位を取得しなければならず、また途中退学して自費留学することも許可されないとしたのである。当時、博士学位の水準は、外国学位のほうが国内学位よりも高く評価されていた。従って、もし中国の大学院が在籍学生に自費留学を許可すれば、大勢が外国の大学院、特に評価の高い米国の大学院を目指す可能性があったであろう。そういう事態は中国の大学院の威信を傷つける問題であるが、もっと重大な問題が危惧されていたように思われる。それは高度人材の流出あるいは頭脳流出が起こることである(2)。

ところで、上記の規定にある「大学所属の大学院生」「研究機関所属の大学院生」とは、前者は大学内に設置された大学院に在籍する学生を指し、後者は研究機関内に設置された大学院に在籍する学生を指す。例えば、国家最高の研究機関である中国科学院は一九五五年九月に大学院制度を発足させた。文革で中断したが、一九七八年に復活して以降、修士・博士課程の大学院生を育成している。

3 自費留学政策の紆余曲折

（1） 大学の在籍学生・卒業生及び大学院生に対する自費留学制限

大学院生の自費留学制限が決められた後、さらにいくつかの制限規定が出された。すなわち、一九八二年七月十六日、教育部・公安部・外交部・労働人事部の四部門は「自費出国留学に関する規定」（関于自費出国留学的規定）一五条を新たに発布した。以下、「八二年規定」と略すが、これによって、僅か一年半ばかり前に出された「八一年規定」は廃棄された。

さて、新しい「八二年規定」第三条には、自費留学者で国外の大学や大学院に入学する年齢は三五歳を超えてはならず、進修生は四五歳を超えてはならないし国家建設に必要な専門分野を選択すべきであると規定している。また第五条では、大学在学中の本科生・専科生には自費留学を許可しないこと。また「大学所属の大学院生」や「研究機関所属の大学院生（在職者の院生を含む）」にも自費留学を許可しないこと。更に、大学卒業生は国家の職業分配に従って二年間就労した後に、職場の承認を得て自費留学できるとした。要するに、自費留学に一段と制限が加えられたのである。

私たち日本人から見れば、自費留学は個人の費用で行くものだから、どうしようと個人の自由なはずであると考えるが、中国では大学専科以上の学歴を有する者は「公費生」として国家公費によって無料で高等教育を受けてきたのであるから、当然国家に奉仕すべきであると考えるのである。これが「八二年規定」の真意であろう。しかし、この「八二年規定」も僅か二年で廃棄されてしまった。

（2）自費留学の緩和

「八二年規定」に代わって、一九八四年十二月二十六日、国務院は「自費出国留学の暫定的規定」（関于自費出国留学的暫行規定）一八条を制定した。以下、「八四年規定」と略すが、ここでは、自費留学を政策上、公費留学と同一と見なすこと（一視同仁）を明言し、自費留学の条件を最大限に緩和した。同時に、自費留学者の帰国後の待遇も明示している。いわば自費留学の奨励政策である。しかし、そこには人材還流（自費留学者の帰国）を促したいという意図が読み取れる。以下、主要な条項の訳である。

一、およそ我国公民個々人は、正当で合法的な手続きを通して、外貨による資金援助あるいは国外奨学金を獲得し、入学許可証を得れば、学歴・年齢・就労年限の限定を受けず、等しく自費で国外に行き、大学（専科、本科）に入学すること、大学院生あるいは進修生になることを申請できる。

二、大学に在籍する専科生、本科生、大学院生は、学校あるいは所属機関に自費留学を申請することができる。出国後、一年間学籍を保留する。卒業見込みの専科生、本科生、大学院生は、すべて国家の統一的な職業分配に算入されるが、国家の分配に従って就業機関に行った後、自費留学を再申請し処置されるものとする。

三、自費留学者の審査工作は、本規定第一二条に定める者以外、公安部門の規定する方法によって処理する。在校生や在職者は学校や職場が意見を署名で提出しなければならない。

四、自費留学者の一切の費用——生活費・学費・医療費・往復旅費などは本人が自分で賄う。出国の旅費・雑費が必要ならば、公安部門の発給する出境証明と相手国の入国ビザによって、自ら準備した人民元を規定に基づき中国銀行で外貨に替えることを申請できる。

五、在職者が自費で国外留学する場合、一般に給与は停止するが職位は保留する。本人が退職を求める場合、同意すべきである。給与は停止して職位を保留する場合、出国から一カ月後に給与を停止しはじめる。進修生は五年以内に帰国し就業すれば勤続年数に加算する。五年以後に帰国し就業すると、出国前の就業期間と帰国後の就業期間を合算して勤続年数を計算する。

六、修士・博士学位を取得した自費留学者（自費から自費公派に変わった留学者を含む）は帰国し就業すれば、国家から帰国のための国際旅費が提供される。
七、自費留学者は国外での学習期間に、帰国して親族に会ったり、休暇を取ったり、実習したりすることができる。その回数に制限はなく、行き来は自由であるが、費用は自分で賄う。自費留学者の配偶者や子女が出国して本人に会うこと（出国探親）を求める場合、公安部門の規定に従って処理される。
一〇、自費留学者は帰国後、学用一致し、本人の意思を尊重することを原則として就職斡旋されなければならない。進修生が地区や部門を越えて就職することを求める場合、所属部門あるいは省・自治区・直轄市の科技幹部管理部門の審査を経て、国家科学技術委員会の科技幹部局に報告して就職斡旋する。また大学院修了生あるいは大学の専科生・本科生は本人が国家の職業分配を求める場合、在外公館に連絡し、「留学生回国分配工作登記表」に記入すれば、在外公館から国内に報告し、帰国後は公費留学した大学院修了生や大学生の分配方法に則して処理する。以上の者の帰国後の給与待遇と職称の評定は、同類の公費留学者の規定に則して処理する。
一一、自費で国外の大学に入学し学習したが卒業できなかった者は、帰国後、出国前にいた省・自治区・直轄市の労働人事部門により、専門や才能を考慮して採用するという原則によって、国内の同類の給与待遇を享受できるようにする。
一二、教育・科学研究・生産等の諸機関における中堅人員（助理研究員、講師、工程師、主治医師と相応の職称を有する人員及び優秀な文芸家、優秀なスポーツ選手、各職場の中堅的人物、特殊技術を有する人材等）と大学院修了生（修了見込み者を含む）が自費留学を申請する場合、必ず職場の同意を得なければならず、「自費公派出国留学辦法」（自費留学に属すが、公費留学の方法で出国手続きが処理されること等を規定）によって処理される。
大学本科卒業生（卒業見込み者を含む）や大学院在籍学生が自費留学を申請する場合、本人が望めば、第三条の規定する方法によって処理してもよいし、「自費公派出国留学辦法」によって処理することもできる。
一三、国外で大学院生となった自費留学者は本人が望めば自費公派留学者に転化できる。わが在外公館から「国家派出留学人員証明」を発給する。旅券やビザは変更しない。

（国務院「関于自費出国留学的暫行規定」）

以上の条項で分かるように、自費留学は学歴・年齢・就労年限の限定を受けずに許可される。在学中の大学生や大学院生も、さらに在職者も許可される。在職者の場合、五年以内に帰国すれば留学期間が勤続年数に加算されるが、五年を過ぎて帰国すると加算されないと規定している。これは五年以内の帰国者に対する優遇政策である。また、高学歴取得者を優遇する条項もある。すなわち、海外で修士・博士学位を取得した者には国家が帰国旅費を支給することを確約し（第六条）、海外で大卒以上の学歴を取得した者には希望すれば国家による職業分配を保証するという（第一〇条）。更に海外の大学を卒業できなかった者にも帰国して就職すれば相応の給与待遇を保証することを明言している（第一一条）。

また注目すべきは、第一三条のように、自費留学から「自費公派」に転化することを許可した点である。しかも、修士・博士学位取得者ではなく、修士・博士学位をいずれ取得すると思われる大学院留学者に対して転化を許可している。なお、一九八五年四月二十四日、教育部外事局は「大学院自費留学者が自費公派留学者に転化することに関する件」（関于研究生自費出国留学人員転為自費公派留学人員事）を在外公館宛に通知。ここでは「国家派出留学人員証明」の様式を明示するとともに、自費公派に転化後は国家派遣と同等に処遇するよう指示している。

以上のように自費留学者に対する種々の優遇政策によって帰国を促進しようとしたのである。

（3）　中共中央・国務院による改善命令

「八四年規定」の一年半後、一九八六年五月四日、中共中央・国務院は「留学者工作の若干の問題を改善・強化することに関する通知」（関于改進和加強出国留学人員工作若干問題的通知）を発布した。以下「八六年通知」と略すが、これは国家派遣留学と自費留学の制度的問題の改善点を述べ、国家教育委員会に改善の具体的方法を考え、実施するよう指示したものである。ここにいう問題とは「国家派遣計画において国家建設の需要と緊密に結びついたものが少ないこと、学んだ事柄が十分に活用されていないこと（学用脱節）、思想に関する政治工作が薄弱なこと、多くの留学者が帰国後に十分に作用を発揮できていないこと」の四項目である。

この四項目を踏まえて、自費留学については具体的に次の八項目を指示している。

①自費留学も公費留学と同様に一定の質を保証しなければならない。

②国家は自費留学者に対しても公費留学者と同様に関心と愛護を持つべきで、国内の所轄部門や在外公館は自費留学者との連絡を強化し、彼らの問題の解決や困難の克服を援助すべきである。

③自費留学者が学業を修了すれば、帰国して国家建設に奉仕するよう奨励すること。

④学士学位以上の学位取得者には、帰国旅費や国内の任地で住居を探して落ち着くまでの赴任手当（安家費）などを援助すること。

⑤自費留学者の職業分配や活用においては、その才能を発揮できるようにすること。

⑥国内の大学院生は期間内に規定の学習・研究計画を完成させるべきであり、一般に自費留学はすべきではない（この点は、「八四年規定」では許可していたが、この「八六年通知」で制限を加えたのである）。

⑦卒業年度の大学生で国家の職業分配計画にすでに組み入れられた後に自費留学を望む場合は、所轄部門の承認を得なければならない。

⑧在職者は雇用期間内に自費留学を望む場合、雇用機関の承認を得て、所轄部門が審査し許可する。

中国共産党の最高権力機構である中共中央（党中央委員会）と国務院による「八六年通知」は至上命令的な性質を持つ。その二カ月後、一九八六年六月二十五日、国家教育委員会・公安部は「留学者の政策方針を貫徹し、改善し、強化することに関する通知」（関于貫徹、落実改進和加強出国留学人員工作方針政策的通知）として、地方政府の教育行政部門、外事辦公室、公安庁、在外公館、全国大学宛に、中共中央と国務院の指示（基本指導思想）を忠実に実行せよという趣旨の短い通知を発布した。

（4）自費留学の新たな規定

国家教育委員会はその年の暮れ、一九八六年十二月八日、「出国留学人員に関する若干の暫定的規定」（関于出国留学人員的若干暫行規定）を発布した。以下、「八六年規定」と略すが、公費留学に関する規定を中心に海外留学全般について規定したもので、翌一九八七年六月十一日の党機関紙『人民日報』に全文が掲載された。すでに述べたが、中国で最初に一般公開された海外留学に関する法規である。

さて、その第六項に「自費留学」に関する規定が一一項目ある。自費留学に対する政府の基本的姿勢を表現している。以下は、その箇所の全訳である。

六、自費出国留学

(一)　自費留学は国家建設のための人材を培養する大きな道であり、支持されなければならない。自費留学者に対しては、公費留学者と同様に、政治上同等と見なし（一視同仁）、関心と愛護を与え、彼らが早く学業成就して帰国し、祖国の社会主義現代化建設事業に奉仕することを奨励する。

(二)　自費留学者とは、信頼すべき証明を提出して、外国や香港・台湾地区に居住する親戚・友人の資金援助で、あるいは本人や親戚・友人の国内の外貨資金を使用して、国外の大学・科学研究機関で学習したり研修したりするわが国の公民を指す。

(三)　非在職者、大学の卒業年次でない学生、帰国華僑とその眷属、国外華僑、香港・マカオ・台湾の同胞や外国籍を取得している華人の眷属で中国に居る者については、第二条の規定に符合し、国外の入学許可書と経済保証書を取得すれば、自費留学を申請できる。

(四)　国内の大学・科学研究機関などの職場の業務態勢を保つために、在職する職工が離職して自費留学を求める場合は、まず所属機関の承認を得なければならない。大学の卒業年次の学生は、すでに国家分配計画に組み入れられている場合は分配に従って、国家のために勤務しなければならない。国内の大学院生は、学習期間内は学籍規定に従って学習し研究計画を完成するよう努力しなければならず、一般には学習を中断して自費留学することはできない。

（五） 中核的な専門技術者——助理研究員、講師、工程師、主治医師及びそれ以上の人員を含む——、大学院修了生や優秀な文芸家、優秀なスポーツ選手、各職場の中堅的人物や特殊技術を有する人材などは、自費留学を申請する場合、できる限り公費派遣の範疇に入れるようにしなければならない。彼らの留学期間中の国外での管理と国内の待遇は公費派遣の運営法規に従って行う。

（六） 大学の在籍学生が自費留学の許可を得た場合、学籍を一年間保留することができる。在職者が自費留学の許可を得た場合、出国の一カ月後から給与を停止し、公職を一年間保留する。

（七） 在職者が自費留学から帰国して就業すれば、出国前の勤続年数（工齢）を保留することができる。かつ帰国後の勤務期間は勤続年数に合算する。博士学位を取得して帰国し就業した場合、国外の博士学位のための学習年限は国内の勤続年数として計算するが、その計算方法は公費留学者と同じとする。

（八） 自費留学者の出国前に、所属機関や中央官庁・省・自治区・直轄市の教育部門は、彼らに対して留学の関連規定や国内外の情況を紹介し、留学の準備について指導しなければならない。

（九） 自費留学者は出国後、わが在外公館に報告し、連絡を取らなければならない。在外公館と国内関係部門も自費留学者に連絡を保つよう働きかけ、彼らの合法的権益を保護し、彼らが努力して学習するよう励まし、彼らの国外での生活と学習に関心を持たなければならない。

（一〇） 学業を完成して帰国し就業する自費留学者に対しては、おしなべて学士以上の学位取得者には帰国のための国際旅費を国家あるいはその雇用機関が提供する。国内の任地で住居を探して落ち着くまでの赴任手当（安家費）は雇用機関によって情況に応じて補助される。

（一一） 自費留学による大学院修了生、大学本科・専科の卒業生が、国家の職業分配工作を要求する場合、卒業の半年前にわが在外公館に連絡して登録手続きを行えば、国家教育委員会は責任を持って分配工作を行う。あるいは帰国後に国家教育委員会に登録しても、同様の公費留学者の分配方法および賃金待遇の規定に従って処理する。

（国家教育委員会「関于出国留学人員的若干暫行規定」）

この自費留学の規定で注目すべきは以下の点である。

① 自費留学を公費留学と同等に尊重することを言明している。

② 自費留学を「国外の大学・科学研究機関で学習したり研修したりする」ことと定義している。つまり、外国の語学学校で学ぶ「就読生」や「語言生」は自費留学の範疇に入らない。従って、彼らは自費留学に与えられる待遇を享受できないのである。

③ 海外で大学専科以上の学歴や学位を取得して帰れば、国家は公費留学者と同様の待遇で歓迎するという。帰国旅費等の援助も受けられる。

④ 大学院の在籍学生はその課程を終えるまで自費留学を許可されないが、学部の在籍学生は自費留学を許可される。但し、国家の職業分配計画に組み入れられた後では自費留学は許可されない（この点は、「八六年通知」とは異なる）。

⑤ 様々な専門的領域での中核的専門技術者の自費留学に関して、初めから公費待遇を約束して送り出すよう指示している。

すなわち、この「八六年規定」は自費留学を強く後押しするものであった。自費留学は中国政府にとって公費をかけないで優秀な人材を確保できる重要な手段と考えられたのである。

以上、まとめれば、一九八一年一月十四日、教育部・公安部・外交部・財政部・国家人事局・国家労働総局・国務院科技幹部局など七部門が発布した「八一年規定」から、一九八六年十二月八日、国家教育委員会の発布した「八六年規定」まで、約六年間、自費留学には制限と緩和が繰り返された。この紆余曲折の背景には高度人材の積極的派遣論と人材流出を憂慮する消極論の対立があったように思われる。この自費留学の制限と緩和は、第二節以下に述べるように、論点を変えて二十一世紀初めまで約二〇年間続くのである。

4　自費留学者の海外生活管理

中国政府は公費留学者の海外生活過程について慎重な監督を行ってきたが、自費留学者についてはどちらかと言えば放任的であった。しかし、上記「八六年規定」において、自費留学者の海外生活管理に関し「自費留学者は出国後、わが在外公館に報告し、連絡を取らなければならない。在外公館と国内関係部門も自費留学者に連絡を保つよう働きかけ、彼らの合法的権益を保護し、彼らが努力して学習するよう励まし、彼らの国外での生活と学習に関心を持たなければならない」と述べ、自費留学者の問題にも注意を向けるよう指示したのである。自費留学者が八〇年代を通じて徐々に増加していたためである。

だが当時、自費留学の正確な統計は中国にはなかった。比較的信頼性が高い文献として、北京週報社編『外国に留学した人たち』（新星出版、一九九一年）があるが、これによれば、一九七九年から一九九〇年までの一一年間に海外留学者は一〇万人に達し、そのうち公費留学は七万人、自費留学は三万人余であったという(3)。これが正しいとすれば、自費留学は一九八一年一月に初めて規定が公布されてから一〇年間で三万人、一年間に平均三、〇〇〇人のペースで行われたと言える。

さて、その自費留学中の学生・研究者に関して、政府は漸く具体的な管理工作を指示することになった。一九八七年四月二十三日、国家教育委員会は「自費留学者の工作をしっかり行うことに関する通知」（関于做好自費留学人員工作的通知）を在外公館宛に発布した。ここでは「既に約一万人の自費留学者が国外で学習しており、彼らは主に米国、日本、カナダ、イギリス、フランス、西ドイツなどに分布している」と述べ、対外開放政策の成果を強調する一方で、海外生活の諸問題を解消するためのサービス等を行うというキャッチフレーズで自費留学者を騙す団体が出現し、あるいは宗教団体が絡んで自費留学者を引き寄せようとする国があるなどの実情が憂慮されるとして、在外公館に自費留学者を援助するよう指示したのである。以下はその指示の部分の全訳である。

一、国外に到着したばかりの自費留学者に対して、受け入れ工作（接待工作）をしなければならない。自費留学者の多くは初めて出国するため、不案内な国に到着するのであり、出迎える人がいない時もある。多くの困難に遭っている。わが在外公館教育処（組）は飛行場で公費留学者を出迎える時、到着した自費留学者も出迎えなければならない。彼らが親族と連絡したり、飛行機を乗り換えたり、宿舎と連絡したりすることなどを援助しなければならない。

二、留学者による聯誼会組織は、新入生歓迎の工作をしなければならない。すでに国外にいるすべての公費留学者には新入生を迎える義務がある。在外公館は聯誼会などの学生組織を使って、新しく到着した自費留学者が食事、宿舎、入学報告などの問題を解決するのを援助し、彼らに現地の学習・生活の中で注意すべき問題を紹介しなければならない。

三、自費留学者の登録事務をしっかり行わなければならない。各聯誼会は自費留学者を留学者名簿に編入し、留学人員登記表に記入して在外公館に送付しなければならない。いくつかの国では直接在外公館に登録させ、普段から連絡を保つようにしてもよい。

四、各在外公館はすぐさま人員を組織して、各国の「留学ガイドブック」（留学須知）を編集しなければならない。このガイドブックを入国したときに配布し、自費留学者が直ちに生活や学習に適応できるようにすべきである。

五、聯誼会などの学生組織は自費留学者が活動に参加するよう努力しなければならない。彼らに対して中国国内の新聞・雑誌を提供し、彼らが国内事情を理解するのを援助しなければならない。自費留学者が聯誼会活動に参加する場合、わが在外公館は公費留学者の活動経費の一人当たり標準に基づき、自費留学者がいる聯誼会にそれ相応の活動経費を支出すべきである。

（国家教育委員会「関于做好自費留学人員工作的通知」）

このような新入留学生に対しては、先進国の受け入れ大学等の教育機関では出迎え・入学手続き・宿舎の世話等を行い、留学生向けガイドブックを配布して学習・生活適応に便ならしめている。しかし、例えば日本の八〇年代末を振り返れば、大学等の教育機関には未だ十分な世話や情報提供サービスが確立していなかった。このような情況であったから、中国政府は公費留学者だけでなく、自費留学者の生活適応に関しても憂慮したのであった。

5　自費留学生リクルートの許可制度

一九八七年八月二十一日、国家教育委員会・公安部は「国内外の組織や個人が我国で自費留学者を勝手に募集してはならないことに関する通知」（関于国内外組織和个人不得擅自在我国招収自費出国留学人員的通知）を発布した。この頃、国内外の団体や個人が外国の教育機関のために自費留学者を募集するようになった。これに対して「通知」は冒頭に言う。「新聞・雑誌に広告を載せたり、我が学校を試験場にして公開募集したり、あるいは外国の学校が委託書を与え、国内の関係機関や個人が募集の委託を受けていたりする。更に甚だしきは、ある組織や個人は『自費留学相談』（自費出国留学諮詢）あるいは『自費留学を斡旋する』（帮助聯系、安排自費出国留学）の名目で、手段を選ばず虚偽を弄し、多くの人を騙している。調査によれば、我国で募集する多くの『外国の学校』は質が低く、その国の教育部門も承認していない。ただ言語を補習するだけのものであったり、初級の言語を補習するものであったり、その質は保証されていない。この種の学校の補習終了後、大学に進学することは非常に困難である。多くの『外国の学校』は、半分働き半分学ぶ（半工半読）と称して募集し、学生は入学後、高い学費と生活費を払うために、毎日長時間厳しい労働をしなければならず、精根尽き果て学習を継続することは難しい。これら学校や代理人が学生を受け入れるのは見せかけであり、中間に立って金を騙し取るのが真の目的である。国内のある人は留学のために多方面から借金して、はなはだしくは家産を売って、不法に外貨を購入し、出国手続き費用と国外での学費を預けてしまった。多くの人は出国後、経費なく、生活は難しく、落ちぶれて、国内外に悪影響を作り出している」と。この情況を改善するために、この「通知」が出された。以下は、条項部分の訳である。

一、国家は自費留学に対して既に明確に規定している。国家の規定に符合すれば支持されねばならないが、いかなる組織や個人も等しく国家の規定に違反している。

二、自費留学の条件に符合する我国公民は、留学を希望するならば、国家の規定によって親戚・友人と連絡しその援助を得て、国外の受け入れ機関を決める。旅券は本人が公安機関に申請する。出国ビザは本人か委託された中国旅行社が外国公館に申請する。いかなる国内外の組織や個人も等しく我国で、自費留学を斡旋する業務を行うことはできない。

三、留学者が国家の留学政策や国外の大学・研究機関の学術水準その他の情況を理解するのに便利なように、国家教育委員会の承認を経て、国内の関連組織は非営利の、公的サービスを目的とする留学相談機関を設立し、中国公民に留学相談を提供することができる。相談者は国家の留学政策や国外の情況を熟知していなければならない。相談業務は規定によって一定の手続料を取ることができる。但し、中間に立って利益を得ることは許されない。

四、いかなる国内外の組織や個人も我国の国内において、外国や香港・マカオ地区の学校等の学生募集のために、国内に募集機関を設置したり、新聞雑誌に広告を出したり、試験会場を設けたり、入試業務を行ったりするならば、国家教育委員会の承認を必ず得なければならない。国家教育委員会の承認を得ずに、一切行ってはならない。

五、現在、ある地方に見られるが、私的に外国の学校のために募集したり、自費留学の連絡や斡旋業務をしたりする活動については、地方政府の教育管轄部門が現地の公安部門と一緒に審査して整頓してほしい。既に設立されているが国家教育委員会の承認を受けていないような外国の学校の学生募集機関や留学相談機関は停止させなければならない。関係官庁や地方政府の関係部門の同意を既に個別に得て設置しているものも、新規に国家教育委員会の審査を受けることとする。同意を得る以前のものは活動を継続してはならない。国家の政策や規定に違反した国内の組織や個人は、厳格に処分する。国家教育委員会の承認を得ていない国内外の組織や個人の募集・連絡・斡旋によって留学証明書を得、自費留学申請を提出している者には、公安部門は出国手続きを行わない。

（国家教育委員会・公安部「関于国内外組織和个人不得擅自在我国招収自費出国留学人員的通知」）

このように、自費留学の募集や斡旋機関の設置・広告等の中国での活動について国家教育委員会の許可を得ることが制度化された。

以上、述べてきたように、自費留学者に対する出国・海外生活・帰国という三つの留学過程をめぐる諸政策が出揃い、制度的整備が進んだのである。これで自費留学制度は順調に動き続けると思われたが、二年半後の一九八九年六月四日、天安門事件が勃発する。それ以降、公費留学・自費留学ともに不帰国が目立つようになった。特に、自費留学については、国家は帰国を強制できないので、不帰国が常態化してきた。

ちょうど同じ頃、国内の大学卒業生や大学院修了生の職業分配制度が変更され始めた。市場原理を導入して、職業分配制度を段階的に廃止するのである。就職探しは個人の責任制に向かって動き出した。経済が順調に発展していたとしても、そこには当然失業が生じる。その就職不安は、経済発展で所得水準が上がり始めたことと相俟って、自己のキャリア向上のために自費留学を選択する人々を増やしたのではないかと思われる。海外留学すれば帰国後の就職・昇進に有利であると考えられるようになったのである。

このような大学卒業生・大学院修了生の就職改革の流れが自費留学増加に拍車をかけ、「高等教育培養費」の償還制度が新たに始められる契機となったと思われる。次に詳しく考察しよう。

第二節 「高等教育培養費」の償還問題

1 市場経済化による職業分配制度の廃止

（1） 大学卒業生の職業分配制度の廃止

中国では、大学は社会主義国家建設を担う指導的人材の養成機関であり、大学生は「金の卵」であるという考えに基づき、一切の学費・生活費がずっと免除されてきた。従って、大学卒業生は当然に国家に奉仕する義務があると考えられた。政府は大学卒業生に対して職業分配制度（高等学校卒業生分配制度）を実施し、配属方法にいろいろな改良を重ねながら、政府の決めた職場に配属してきた。なお、ここでは中国語の「分配」を日本語でそのまま「分配」と訳すことにしたい。

『教育大辞典』（上海教育出版社、一九九一年）によれば、この分配制度はもともと旧ソ連で始められたもので、国家計画委員会と連邦加盟国の計画委員会が合同で、職業分配計画（職場配属計画とも言える）を制定して大学卒業生に職業を割り振る制度であった。東ヨーロッパ諸国の一部、北朝鮮、モンゴル人民共和国、ベトナムなど社会主義国でも類似の制度を行っていた(4)。

中国では一九五〇年に試行し、一九五二年から大学卒業生（本科・専科）全員を対象にして計画的な職業分配制度を本格的に開始した。一九五二〜五八年までは、人事部・教育部・高等教育部・国家計画委員会が全国卒業生の分配計画案を作成し、国務院の承認を経た後、大学あるいは省・市の人事部門が卒業生を指定の職場に割り振る事務を行った。卒業生は「学用一致」を原則として成績順に機械的に割り振られた。もちろん、学生の専門分野、特色、健康、家庭事情、個人的希望などは考慮されたが、基本的に上意下達方式であり、不服の者は分配を受ける資格を失うことになる。学生側には国家奉仕という使命感が色濃くあったので、それによって不満はある程度抑制されていたと推測される。この分配制度では、大学卒業生が「失業」する心配はなかったが、分配された業務に積極性を持てなかったり、知的創造性の発揮が妨げられたり、また既婚者の場合には職場が遠く離れ夫婦別居しなければならなかったりするという問題点もあった(5)。

一九五九〜六一年の間は、教育部・建設部・鉄道部・衛生部などの「中央官庁直属の大学」の卒業生の場合は中央政府が全国統一的に分配し、「地方政府直属の大学」の卒業生の場合は中央政府と地方政府が分割して分配した。地方政府の分配はその地方の範囲内で行われた。そのため卒業生はその地方（出身地）から他の地方（省・市・自治区）に行くことはなかった。だが、一九六二年にはこの中央政府と地方政府の分割方式が廃止され、再び中央政府の全国統一的な分配方式に戻された。

文革が始まった一九六六年から一九七二年までは職業分配は行われなかった。なぜなら、卒業生は農場や工場において生産労働に参加するよう命じられたからである。文革後期の一九七三〜七九年までは、一部の卒業生に対してのみ全国統一的に分配が行われたが、大多数の卒業生は出身地区に戻って就業することになった。

文革が終結し、一九七七年末に全国大学統一入試が再開された。その合格者は翌一九七八年二・三月に入学し、一九八二年六月に卒業した。その年から全国統一分配計画の下で、「教育部直属の大学」の卒業生は政府が直接分配し、教育部以外の「中央官庁直属の大学」の卒業生は各官庁と大学所在地の地方政府が分担して分配した。また「地方政府直属の大学」の卒業生は地方政府が分配した。このように大学設置者別の分配方式が行われた。

しかし、一九八五年五月二十七日、中共中央は「教育体制改革に関する決定」（関于教育体制改革的決定）を発布。これによってそれまでの分配方式に加えて、「需要と供給をマッチさせる」（供需見面）方式が一部導入された。大学と雇用機関（用人単位）が直接協議して卒業生を分配する方法である。そのマッチング方式が発展して、大学推薦方式や雇用機関の選考方式など相互選択的な方式が各地で適宜に導入された。但し、大学授業料を自費で納入した「自費生」（一九八〇年に開始された制度）については政府による統一的分配計画には組み込まれず、学校推薦を受けたり、自分で探したりしなければならなかった。(6)

まさに市場経済化が進むのにあわせて、資本主義国と同様に、就職は基本的に個人の責任と考えられるようになった。一九八九年三月二日に国家教育委員会は「大学卒業生分配制度改革法案」（高等学校卒業生分配制度改革法案）を発布、大学生と雇用機関による相互選択制度（双向選択、自主択業）を少しずつ実施していくことを明示した。学生は自由に就職活動を行い、雇用機関は学生から適任者を選抜するというシステムに移行することを予告したものである。官庁や地方政府や大学は、卒業予定者の就職指導、就職面談会などを実施するようになった。そして、ついに一九九七年三月、国家教育委員会は「普通大学卒業生の就職工作の暫定的規定」（普通高等学校卒業生就業工作暫行規定）を発布、大学生と雇用機関による相互選択制度に全面的に移行することにしたのである。(7)

この相互選択制度では、大学卒業生は卒業後の進路選択について特に束縛を受けない。ある意味で自由な立場になった多くの学生は、給与水準の高い外資系企業への就職を目指すようになった。こうして外資系企業への就職のためには外国語修得が必須であり、海外留学経験があればなおさら有利であるという現実に直面することになった。

（2）　大学院修了生の職業分配制度の廃止

大学院生の就職に関しては、一九五三年十一月二十七日、高等教育部発布の「大学院生育成についての暫定法」（高等学校培養研究生暫行辦法）の中で、高等教育部が全国統一的に職業分配を管理すると規定された。また一九五五年九月一日、「中国科学院研究生暫行条例」の中では、大学院を修了して復職する者以外はこれもまた高等教育部が全国統一的に職業分配することを明示している。かくして五〇～六〇年代には大学院修了生（卒業研究生）は、高等教育部によってほとんど大学教員や科学研究員のポストに配属されたのである(8)。

しかし、一九六六年六月、文化大革命が勃発すると大学院の学生募集は停止されたので、一九六六～一九八〇年度まで一五年間、大学院修了生はいなかった。それが大学教員や科学研究員の世代間に大きな空白を生じさせた。

改革開放後、大学院の学生募集が再開され、一九八一年度に最初の修了生を送り出した。この時、修了生は文革以前と同じように、大学・科学研究機関やその他の社会需要の高い部門に優先的に配属されたのである。

一九八六年十二月、国家教育委員会は「大学院修了生の分配工作の暫定法」（卒業研究生分配工作暫行辦法）を発布した。ここでも大学と科学研究機関を充実する必要があるため、政府は大学院修了生をそれらに重点的に配属するとしている。つまり、大学院修了生は主に大学教員や科学研究員となった。また国家重点建設プロジェクトや設計・生産・専門技術分野にも重点的に配属されたのである(9)。

九〇年代に入ると、事情は変化してきた。国家教育委員会は「一九九一年大学卒業生と大学院修了生の分配問題に関する報告」（関于一九九一年高等学校卒業生和卒業研究生分配問題的報告）を国務院辦公庁に提出し承認を受けた。これによれば、原則的には国家の需要に応じて、国家が大学卒業生と大学院修了生の両者の就職を斡旋するとしているが、他方で大学と雇用機関がそれぞれ情報発信を行い、「需要と供給をマッチさせる」（供需見面）方式も可能であり、もし条件が許せば、大学は大学卒業生だけではなく、大学院修了生についても雇用機関に一定の範囲内で相互選択方式（双向選択）により就職斡旋を行ってもよいとしている。

すなわち、九〇年代には「科教興国戦略」や「西部大開発戦略」が計画され、大学院修了生は高度な専門的人材として、主に大学、科学研究機関、国家重点企業、中国共産党や政府や人民解放軍に所属する諸機関に就職することが奨励された[10]。国家が職業分配方針を決定し、それに基づいて大学が修了生を推薦する方式が取られたが、決して強制的なものではなくなったようである。もし分配方針に従うことを拒めば、自分で職探しをしなければならないが、すでに一部では、大学卒業生の場合と同様に、大学院修了生と雇用機関による相互選択制度が普及し始めていたのである。

また、市場経済化に則して、大学卒業生や大学院修了生の人材流動（学生は自分の能力を生かす職場を求めて移動し、雇用機関は必要な能力を有する人材を遠方から採用する）を支援するために、就職斡旋を行う人材流動サービス機関（各市の人材流動服務センターや人材市場）が全国に設置されていった。一九九五年現在、全国で人材流動サービス機関（人材流動服務機構）は三、九五〇カ所に達した。その内訳は、政府人事部門直属機関が二、七〇〇、中国人民銀行や他の官庁の直属機関が三八〇、民間の仲介機関が八七〇であった[11]。

以上のように、大学卒業生・大学院修了生の就職制度は計画的分配制度から相互選択制度へと大きく転換した。国家の半ば強制的な分配は行われなくなり、大学・大学院の在籍学生や卒業生・修了生は分配制度から自由になって、自費留学を申請できるようになった。一方で、自費留学制度が整備されると、国民の所得水準が向上していたこともあり、彼らが自費留学を実現する可能性は一段と高まったのである。しかし、国家の立場から言えば、大学・大学院の学費・生活費を免除して育てた人材が卒業後すぐに海外留学することは認めるとしても、もし彼らが帰国しなければ、国家が彼らにかけた高等教育経費は国家に全く還元されないことになる。国家に何も奉仕せずに生きることは社会主義道徳に悖る行為であった。実際に、不帰国現象が現れ、一九八九年六月の天安門事件後に一層顕著になると、高等教育経費の国家的損失は看過できない問題になった。こうして国家教育経費の損失の観点から自費留学対策が必要となったのである。

2　高等教育培養費の償還義務制

（1）　大学専科以上の学歴保持者の国家奉仕制度

一九九〇年一月二十五日、国家教育委員会は「大学および大学以上の学歴保持者が自費留学することに関する補充規定」（関于具有大学和大学以上学歴人員自費出国留学的補充規定）九条およびその「暫定的実施細則」六条を発布、「公費生」（公費の援助を受ける大学生と大学院生、即ち授業料免除された学生）の国家奉仕制度（服務制度）を制定した。以下、「九〇年補充規定」と略すが、この文書は現在では簡単に見ることができるが、当時は内部文書であり、公開されていなかった。以下、主要な部分の訳である。

第一条　留学工作政策を完璧にするために、大学および大学以上の学歴保持者の自費留学に対する指導と管理を強化し、審査手続きを明確にするために特に本規定を制定する。

第二条　全日制大学（普通大学）の公費による本科・専科卒業生、二重学位卒業生（双学位卒業生）、「研究生班」の卒業生、修士・博士卒業生、四年以上（四年を含む）在学した学生・大学院生およびこの段階で退学した者、また全日制成人大学の公費による本科・専科卒業生は、等しく国家に奉仕する義務を有する。一定期間の奉仕制度の精神とそれに関する規定を厳格に貫徹し執行しなければならない。奉仕年限を完了した後、自費留学を申請できる。

第三条　奉仕年限は以下の如し。

（1）　全日制大学の公費による本科・専科卒業生、二重学位卒業生（双学位卒業生）、「研究生班」の卒業生、修士卒業生、博士卒業生、四年以上（四年を含む）在学した学生・大学院生などの奉仕年限は、等しく五年（見習期間と生産に従事しない研修時間を含まず、以下同じ）とする。四年以上在学した学生・大学院生の中の退学者の奉仕年限も五年とする。二年制・三年制の専科卒業生の奉仕年限はそれぞれ二年・三年とする。

（2）　全日制成人大学の公費による専科卒業生の奉仕年限は二年、本科卒業生の奉仕年限は五年とする。

第四条　全日制大学の四年次未満に在籍中の公費生と全日制成人大学の公費生は、国家が在学期間に負担した「培養費」を償還した後、自費留学を申請できる。出国の日から八年以内に帰国して奉仕すれば、その納めた「培養費」を返還される。

第五条　華僑帰国者、国外華僑、香港・マカオ・台湾の同胞と外籍華人（六種類の人員、以下同じ）の国内あるいは内地にいる直系眷属――配偶者と子女、孫と外孫（配偶者を含む）、また非直系眷属――両親の兄弟姉妹とその子女（配偶者を含む）が、全日制大学に在籍中か、あるいは退学した公費生や公費大学院生であって、自費留学を申請する場合、この六種類の人員が国内外に定住しているという証明書の写しと申請者が全額経費負担するという証明を持参すれば、所在地の地方政府（省・自治区・直轄市）の華僑事務部門（一級僑務部門）あるいは台湾辦公室が眷属身分に基づいて適切に処理する。六種類の人員の直系眷属の自費留学は「培養費」を免除される。非直系眷属は学習期間に国家が負担した「培養費」を償還した後に自費留学を申請できる。第二条に規定する奉仕年限を完了した人員の直系眷属は奉仕年限を免除され、非直系眷属は「培養費」を償還した後に奉仕年限を免除される。

第六条　奉仕年限を完成した在職者の自費留学は、半年前に所属機関に申請しなければならない。その機関と雇用契約をしている人員はそれが履行された後に自費留学を申請できる。

第七条　大学および大学以上の学歴保持者の自費留学は、所属機関の同意を得て、かつ本人の奉仕年限を完成するか、「培養費」を償還した証明を取得するかした後に、地方政府（省・自治区・直轄市）の教育委員会（高等教育局）に報告したうえで、もとの所轄部門で審査を行う。規定に符合する者は審査部門の発給する証明によって公安機関に赴き出国手続きをすることができる。

第八条　本規定は大学および大学以上の学歴保持者が国外の語学補修学校の就学生を申請する場合にも同様に適用する。

第九条　非全日制成人大学の公費の在籍学生や卒業生が自費留学を申請する場合、所属機関は本規定を参照し、その勤続年数を考慮し、奉仕年限や「培養費」償還などについて相応しい規定を作成すること。

（国家教育委員会「九〇年補充規定」）

以上の「九〇年補充規定」によって、全日制大学・全日制成人大学において、公費によって大学専科以上の学歴を取得した者および四年以上在籍して退学した学部学生・大学院生（六種類の人員の直系眷属を除く）は、国家奉仕の義務があると認められるので、国内で一定の就業年限を完了しなければ、自費留学を申請できないことになった。

但し、便法として、義務的な就業年限が完了する前に自費留学を申請する場合、「培養費」（正式には「高等教育培養費」と称す）を国家に償還する方法も提示されている。その「暫定的実施細則」によれば、「高等教育培養費」の償還額は、各年度の標準学費に基づいて計算される。一九九〇年の全日制大学の標準額は、一学年は専科生一、五〇〇元、本科生二、五〇〇元、修士学生四、〇〇〇元、博士学生六、〇〇〇元である。従って、例えば全日制大学の公費による本科卒業生の場合、「九〇年補充規定」第三条により義務とされる就業年限は五年間、かつ培養費は二、五〇〇元の四年分一〇、〇〇〇元である。ここから償還すべき費用の一年分は二、〇〇〇元という計算になる。ゆえに、全く就業せずに自費留学すると一〇、〇〇〇元を償還しなければならないが、一年間就業すると二、〇〇〇元が差し引かれて、償還額は八、〇〇〇元となる。つまり就業年数分の培養費が免除されるのである。

例えば、博士課程の在籍学生が自費留学を申請すると、「実際の学習年限に応じて、博士段階、修士段階、本科段階の高等教育培養費を償還しなければならない」（「暫定的実施細則」第五条）ので、償還額は総額三六、〇〇〇元とかなり高額になる。つまり、高学歴者ほど償還額は高いので、自費留学の障壁は高くなるという制度である。

（2）　国家奉仕期間と高等教育培養費の設定

一九九三年七月十日、国家教育委員会は「自費留学関連問題に関する通知」（関于自費出国留学有関問題的通知）八条および「〈自費留学関連問題に関する通知〉の執行についての説明」（対執行〈関于自費出国留学有関問題的通知〉的説明）六条を発布、わずか一カ月後の八月十日から施行すると述べた。発布先は、各省・自治区・直轄市の教育委員会、高等教育（教育）庁（局）、国務院各官庁、解放軍総政治部幹部培訓局、中国科学院、中国社会科学院、各大学である。以下、これを「九三年通知」と呼ぶが、これは上記「九〇年補充規定」を若干変更したものである。以下は全訳である。

改革開放と建設を早めたいという要望に応えるため、わが国公民の自費留学を支持し、政策をさらに完全なものにするよう、関連問題について以下のように通知する。

一、中等学校の卒業生、大学在学中に「自費生」であった卒業生は、自費留学申請において、関連する証明資料を持参すれば、直接、戸籍地の公安機関で自費留学手続きを処理する。

二、大学専科以上に在学中の「公費生」や公費で養成した大学専科以上の学歴保持者（帰国華僑、国外華僑、香港・マカオ・台湾同胞および外国籍を持つ華人の直系・非直系眷属を含む）は、国内で一定年限奉仕するか、あるいは高等教育培養費を返還した後に、自費留学を申請できる。

三、国内での博士学位取得を奨励するために、大学院博士課程修了生の自費出国に対しては、博士取得後のポストドクター研究をするのであれば、高等教育培養費を徴収しない。

四、大学専科以上に在学中の「公費生」や公費で養成してまだ奉仕年限を完了していない大学専科以上の学歴保持者が自費留学を申請して償還する高等教育培養費は、それぞれ最後に通学した学校あるいは省・自治区・直轄市の教育委員会（高等教育局）によって徴収される。徴収標準額は実際に提供された培養費に基づいて国家教育委員会が確定する。徴収した高等教育培養費はすべて高等教育事業の発展と留学帰国者の就業支援に用いる。所属機関は自費留学者に対して重複して徴収してはならない。

五、大学専科以上に在学中の「公費生」や公費で養成された大学専科以上の学歴保持者が自費留学を申請する場合、省・自治区・直轄市の教育委員会（高等教育局）の審査を経て、関連する証明書類を取得した後、戸籍地の公安機関において自費留学手続きを処理する。

六、大学専科以上の在籍学生が自費留学を申請する場合、出国前に通学していた学校はその学籍を一年間保留しなければならない。在職者の留学申請ではその公職等の問題は所属機関が自ら処理する。自費留学者が留学できなくなった時、徴収機関はその償還された高等教育培養費を返還しなければならない。

七、自費留学者は関連規定により一定量の外貨に交換して、航空券を購入するという優遇を享受できる。
八、国家は自費留学者が学業を完成後、帰国し就業することを奨励する。雇用機関は自費留学者に対して、公費留学帰国者と同様に取り扱い、「双向選択の原則」によって採用し、かつ彼らに必要な仕事と生活の条件を提供しなければならない。
　過去に発布した文書が本文書と不一致であるところは、本通知を準則とする。

（国家教育委員会「関于自費出国留学有関問題的通知」）


　この「九三年通知」と一緒に発布された「〈自費留学関連問題に関する通知〉の執行についての説明」（対執行〈関于自費出国留学有関問題的通知〉的説明）六条によれば、一九九三年の全日制大学の公費生の一学年の標準額は、専科生一、五〇〇元、本科生二、五〇〇元、修士学生四、〇〇〇元、博士学生六、〇〇〇元である。また、義務とされる就業年限は、本科卒業生と二重学位卒業生は五年間（見習期間一年間が含まれるので、修学期間より一年長い）、また修士修了生、「研究生班」の修了生、学業を終えていない博士学生は三年間、専科卒業生と成人大学卒業生は二年間とされた。修士修了生、「研究生班」の修了生の奉仕年限は「九〇年補充規定」では五年間であったが、ここでは三年間とされ、二年間短縮された。つまり、自費留学はその分だけ緩和されたのである。これが主な変更点である。

　また、具体的な償還額の計算方法を例示して「四年制の本科卒業生の高等教育培養費は一〇、〇〇〇元、奉仕年限五年とする。卒業後既に一年就業して自費留学を申請したとすれば、二、〇〇〇元が免除され、実際の償還額は八、〇〇〇元となる」と述べている。

　このように、「九〇年補充規定」および「九三年通知」は、大学専科以上の現役の公費生およびかつて公費生だった大学専科以上の学歴保持者に対して、国家の規定した奉仕年限を満たさない分、高等教育培養費を償還しなければならないとした。しかし、逆に言えば、償還すれば、公費生である在籍学生も修士・博士学生も、またその卒業生も何の制限もなく自費留学できるのである。

（3）　全国自費出国留学工作会議の決定

この培養費徴収政策を全国に周知するために、一九九三年七月二十七日から三十一日まで青島市で「全国自費出国留学工作会議」が開催された。この会議を受けて、一九九四年一月一日から全国共通の「自費出国留学申請表」（自費出国留学申請表及び審核表）が使用されることになり、高等教育培養費の徴収業務が制度化された[12]。

すなわち、大学専科・本科を卒業して自費留学しようとすれば、まず公安局に旅券発給を申請しなければならない。その際、公安局に「自費出国留学申請表」を持参し、その場で高等教育培養費を支払うのである。こうして全国で自費留学管理体制（全国自費出国留学管理系統）が出来上がった。これによって、一九九四年以降、全国自費留学者の人数が正確に把握できるようになった。

一九九九年七月十五日、教育部は「自費留学者の償還した高等教育培養費の管理使用法」（自費出国留学人員償還的高等教育培養費管理使用辦法）を発布。大学専科以上に在籍中の公費生や中途退学した公費生が返還した培養費は、最後に在籍した大学の収入として、大学が事業費補填・留学帰国者の研究費助成・留学帰国者の業務支援という項目に限定して使用するよう規定した。

他方、大学専科以上の学歴を有する在職者が返還した培養費は、現地の地方政府や「計画単列市」（国務院指定の、経済管理上、省レベル政府と同等の権限を有することが認められた経済的に発展した市：一九九九年現在、一四都市）の教育委員会・教育庁（高等教育庁）にいったん納められたのち、十二月十日までにその七〇パーセントは教育部が使用し、残り三〇パーセントは地方の教育行政部門が使用することになった。培養費の徴収・使用・管理状況について地方の教育行政部門は毎年一月三十日までに教育部に報告し財務検査を受けることも規定された。

3　高等教育培養費に関する賛否両論

高等教育培養費の償還制度を利用して、二〇〇一年までに全国で二〇万人が自費留学したが、いろいろな問題が表面化し、制度に対する賛否両論が起こった。賛成論は高等教育の国家財政負担を軽減するために培養費の償還制度は必要であり、人材流出の可能性がある以上、国家の損失を減らすために返納させるのが当然であるという主張である。これに対して、苗丹国・潘暁景（二〇〇二）は六つの問題点を指摘して、制度廃止を提言している(13)。

①　一九九七年に高等教育学費納入制度（高等教育収費制度）が開始され、在籍学生は皆、一定額の学費（年額一、〇〇〇～六、〇〇〇元）を納入するようになった。彼らを「自費生」と呼ぶべきかどうかという問題が浮上した。なぜなら、一九九九年度教育事業費予算（教育事業費予算安排的具体方案）によれば、国家が拠出する学生経費の一人当たり年額は、専科・本科生五、〇〇〇元、修士学生九、八〇〇元、博士学生一一、八〇〇元である。そして、自費留学を許可する培養費は、一九九〇年からは若干上がってはいるが、専科・本科生三、〇〇〇元、修士学生五、八〇〇元、博士学生五、八〇〇元である。両者を差し引けば、国家は毎年一人当たり、専科・本科生二、〇〇〇元、修士学生四、〇〇〇元、博士学生六、〇〇〇元ほど公費を支出している。従って、在籍学生は皆、自費生ではなく、実質上は公費生である。これを勘案して、ある地方では高等教育培養費としてその差額を徴収し始めた。これはどの規定にもない勝手な徴収方法である。

②　一九九七年以来、大学・大学院に納める学費は上昇している。地方・大学・専門分野によって格差があるが、全体的に値上りしている。例えば、一九九〇年の本科生の平均学費は二、五〇〇～三、〇〇〇元であったが、二〇〇〇年には四、二〇〇～六、〇〇〇元と倍になっている。そして、国家の拠出する学生経費は一人当たり一六、〇〇〇～一八、〇〇〇元となっている。個人の負担する学費は国家の拠出する学生経費の二〇～二五パーセントが合理的であるとすれば、すでに合理的な額の学費を納めた本科卒業生が、自費留学を希望して培養費を更に徴収されるのは不合理である。

③　中国では出入国手続きを簡略化するために個人旅券（因私普通護照）を発給するようになった。大学生や奉仕期間未完了の就労者が個人旅券を大勢申請している。個人旅券を得れば、公安局に自費留学申請書類を提出しなくてもよいので、高等教育培養費を返納しなくても済む。この返納しないケースが増加している。

④　博士学位取得後にポストドクター研究で自費留学する場合には培養費を徴収しないという優遇的な規定が多くの人々の不満を引き起こしている。これに対して、博士課程の在籍学生が中途退学して自費留学する場合や博士修了生が自費留学してポストドクター研究をしない場合には、一定の培養費を返納しなければならないとされているからである。この優遇的な規定を取り消すべきだという要求が出されているが、今からこの優遇的な規定を取り消してポストドクター研究者から培養費を徴収するのは不可能である。

⑤　大学を卒業して、いったん数年間就労したのち大学院に進学して自費留学申請するような場合、一九九〇年通知では国家奉仕期間から就労期間を割り引くとしたが、一九九三年通知では割引計算方法を例示したけれども確定しなかった。その後、教育部は国家が拠出する培養費が増大している現状に鑑み、また計算を簡素化するため、この割引を取り消し全額返納させることにした。これによって、就労義務を果たした後に高い学歴・学位を求めて留学するつもりの人々の不満が噴出している。

⑥　一九九九年七月十五日、教育部は「自費留学者の償還した高等教育培養費の管理使用方法」（自費出国留学人員償還高等教育培養費管理使用辦法）を発布して、各地方で徴収された培養費の七〇パーセントを教育部に上納するよう規定しているが、一部の地方を除いて、ほとんど上納されていないのが現状である。

以上のような六つの理由を挙げて、「納付金の基準が混乱し、納付を逃れようとする留学者も出現、地方の関係部門は規定を守らず、中央の財政等も各種の問題をかかえた」ので、高等教育培養費を徴収する制度を廃止すべきだと主張している。「高レベルの優秀な人材は知識経済時代には全世界で欠乏するので、グローバルな人材争奪戦が引き起こされている。この人材争奪戦で西方国家、特に米国が資金・研究環境面で絶対的に優勢である。中国は明らかに人材を保有し使用する能力では限界がある。……中国は自国の自費留学者に対して『感情投資』を注意して行うべきだ。……この培養費を免除すれば、国家・大学・地方の教育委員会は……自費留学を支援したことになる。この『感情投資』の効果は計り知れない」と述べる。要するに、「感情投資」として培養費を免除するというのは、恩の感情に訴える論である。恩の感情こそが自費留学者が将来確実に何らかの形で国益をもたらす誘因になるという。国家が自費留学を無償支援して国家の株を上げるほうが得策だというのである。

結局、高等教育培養費の償還に関する義務論と廃止論の間には、自費留学の増加が将来国益を増大させるのか、あるいは損じるのかという国益論争があった。その中心には人材流出に対する考え方の相違があると言えるだろう。

4　ＷＴＯ加盟による自費留学の完全なる自由化

二〇〇一年十二月十一日、中国はＷＴＯに正式に加盟した。早速、サービス貿易（服務貿易）の分野に関する行政審査制度（許認可制度）を改革することになり、国務院は二〇〇二年十一月一日、「第一群の行政審査項目の取消に関する決定」（関于取消第一批行政審批項目的決定）を発布した。この行政審査項目の第七七項を取り消す決定に基づいて、二〇〇三年二月十二日、教育部は「大学専科以上の学歴保持者の自費留学審査手続き簡略化に関する通知」（関于簡化大専以上学歴人員自費出国留学審批手続的通知）を発布。次のことを通達した[14]。

① 遡って二〇〇二年十一月一日より、大学在籍学生や大専以上の学歴保持者（大学卒業者、大学院修了生などを含む）は規定の就業期間を完了していなくても自費留学申請に際して高等教育培養費を徴収されないこと。

② 「自費出国留学資格審査」（自費出国留学審核）を行わないこと。

③ 全国各地の入国管理機関に「自費出国留学資格証明書」（自費出国留学審核証明信）を提出しなくてもよいこと。

こうして手続きの簡略化が行われ、自費留学に高等教育培養費の償還義務等の規制がなくなったのである。

以上、第一・二節で見てきたように、一九八〇年代から二十一世紀初頭まで、自費留学に関する制限と緩和が交互に繰り返された。朝令暮改の感があるが、その背景には、政府内部においてまず高度人材の積極的派遣論と人材流出を憂慮する消極論の対立があり、次に公費生の国家奉仕義務をめぐる論争があったのである。ＷＴＯ加盟を機に、この約二〇年間の紆余曲折の論争は最終的に終息したが、ここに来て自費留学の自由化の方針はほぼ定まったと言えるだろう。方針が定まったことによって、いよいよ制度的完成に向けて、次の補完的な政策を打ち出すことができるようになったと思われる。

第三節　自費留学仲介制度の整備

1　自費留学仲介業者の国家認定制度

自費留学の補完的制度として、仲介業に関する規定が制定された。すなわち、一九九九年七月五日、教育部、公安部、国家工商行政管理局は「自費出国留学の仲介業務管理規定」（自費出国留学仲介服務管理規定）一六条を発布した。教育部は仲介実務を管理し、公安部は出入国管理および違反者の処罰、国家工商行政管理局は税金徴収のためにこの制度に関わっている。

翌日、党機関紙『人民日報（海外版）』（七月六日付）は管理規定が発布された背景を次のように解説している。すなわち、自費留学の増加に伴い、多くの仲介機関が出現したが、その中の一部の機関は、勝手に経営し、虚偽の広告を出し、不法に募集し、中間の利を貪り、家長と学生を騙していた。これは自費留学者の権益を損ね、正常な留学管理や出入国管理や正常な仲介業の市場を混乱させ、国内外に悪影響を与えるものであるという。従来まで留学斡旋を行う公的機関や民間会社は、各地で営業許可を得た後はほとんど放任されていたのである。この規定によって、中央政府の監督下に置かれることになった。教育部副部長・韋玉は「この管理規定の制定は社会の各界が関心を抱いていた大切なことであり、中央政府が制定している『支持留学、鼓励回国、来去自由』の出国留学方針を貫徹し、科教興国戦略と『二十一世紀教育振興行動計画』の具体的な措置でもある」と述べている。この管理規定は無責任な仲介業者を締め出すためのもので、ずっと待望されていた処置であった。

同年十月には「自費出国留学の仲介業務管理規定：実施細則（試行）」（自費出国留学仲介服務管理規定：実施細則〈試行〉）二三条を発布した。この実施細則は、管理規定の内容を解説し、実施する際の具体的な方法を詳述している。この二つの規定から仲介制度の内容をまとめると以下のようになる。(15)

2　自費留学仲介制度の内容

仲介制度導入の目的は次のように述べられている。管理規定第一条に「自費留学者の合法的権益を保護し、自費留学仲介服務の管理を強化するために本規定を制定する」とあるように、自費留学者の権益保護が目的である。今まで留学仲介業を行う公的機関や民間会社は各地で営業許可を受けたあとは、ほとんど行政からは無干渉に近い状態に置かれた。そのため、例えば仲介業者に入学料・手続き料を支払っても留学できないケースや留学条件が約束とは違うケース、契約解消しても返金されないケースなどトラブルが続出していたのである。この改善のために、全国統一の営業許可制度を発足させ、仲介業者を中央政府の監督下に置くことにしたのである。なお、ここにいう「仲介服務」には、「関連情報および法律相談、入学申請の代理、ビザ手続きの提供、出国前のトレーニングの実施など」（同六条）が含まれる。

さて、管理規定と実施細則には、仲介機関の認可条件が示されている。すでに認可されていた業者も改めて認可される必要があり、もし認可されずに行えば非合法活動として逮捕されるのである。認可条件および仲介活動の原則は下記の通りである。

①　仲介機関は、法人格を有する教育機関あるいは教育関連機関であること。

②　中国や外国の教育状況・自費留学政策を熟知している職員あるいは教育・法律関係の業務に従事した経験のある職員がいること。職員は大学専科卒以上の学歴を有し、少なくとも五名いること。その中には外国語、法律、財務会計、秘書の専門資格を有する職員がいなければならない。

③　管理規定第七条では、仲介業務の対象は高校卒業生と高等教育の修了者、そして大学専科以上の課程の在籍学生（但し、高等教育培養費の返還義務を果たした者に限る）であるが、仲介機関のある省・市・自治区を越えて業務活動を行うことは禁止。すなわち、所在地以外で支部を設置したり、他の機関や個人に業務委託したりできない。また、管理規定第一三条は「仲介機関は学校において留学相談や座談会や紹介など、いかなる形式の募集活動も行ってはならない」として、広報活動に制限を加えている。

④　管理規定第八条には、仲介機関は外国の高等教育機関やその他の教育機関と協力関係について協議締結し、省・市・自治区の教育行政部門に報告し認可を受けることとある。つまり、外国の教育機関（大学、高等専門学校、語学教育機関）など派遣先とあらかじめ信頼関係を確立し、協力に関する協議書（中文と外文の両方作成）を取り交わさなければならない。この協議書は認可申請に必要である。

⑤　管理規定第九条は、仲介機関は自費留学者と留学仲介に関する協議書（出国留学仲介服務協議書）を取り交わし、双方の権利・義務・責任を明確にするよう求めている。

⑥　自費留学仲介の依頼者に対して損害賠償できるだけの資金を有すること。資金準備額は五〇万元以上とする。北京では仲介依頼者が多く、その損害賠償額も多いと思われるので一〇〇万元の準備が必要とされる。

仲介機関は、省・市・自治区の教育行政部門や公安部門との間で、準備金の管理を委託する協議を行い、協議で決めた規定どおりに準備金を指定の国有銀行に預金する。この預金証明によって営業許可書が交付される。なお、準備金と利息は上記の管理委託された部門の許可なしにはどの機関のどの人物も動かすことはできない。

⑦　国外の機関、国内の外国機関、中外合資機関、中外合作辧学機関による認可申請はしばらく受理しない。

⑧　上記の条件を満たした後、仲介機関は当地の教育行政部門に必要書類を提出して審査を受ける。次に、中央の教育部と公安部により三〇日以内に資格認定を受け、当地の教育行政部門から五年間有効な営業許可書（自費出国留学仲介服務機関資格認定書）を交付される。この後、当地の工商行政管理部門で企業登録手続きを行う。

⑨　仲介料については具体的な規定はない。提供するサービスによっても料金は異なってくるが、聞くところでは、三、〇〇〇元～一万元の範囲内であるという。また重要なことは、派遣先である外国教育機関から紹介料を一切受理してはならないことである。

3　仲介業者の問題改善対策

二〇〇二年十月二十五日、教育部、公安部、国家工商総局は「自費留学仲介活動の秩序を規範化することに関する通知」（関于進一歩規範自費留学仲介活動秩序的通知）を発布した。すでに一九九九年七月五日「自費出国留学の仲介業務管理規定」を発布してから三年が経過している。全国で二四六の仲介機関が資格認定されてきた。しかし、いろいろな問題が現われてきたので、これに対処するための「通知」であった。

「通知」は次のように述べている。「現在、不法な留学仲介活動が依然行われ、市場の秩序を掻き乱している。さる合法的な留学仲介機関は資格要件を〈また借り〉したり、にせの資料をでっち上げたり、確認を取らず留学項目を勝手に広げたり、虚偽の広告を出したりするなど、違法問題が現われて、関係者の合法的権益を侵害する事件が発生し、国内外に良くない影響を与えている。また、ある地方行政機関では事態を十分に重視しておらず、法律に基づかなかったり、厳重に法を執行したりしない現象が依然として存在する。」このような理由で、行政関係部門に次の六項目にわたる監督強化を実施するよう求めたのである。

①　各地方政府は仲介活動の日常的な管理を強化しなければならない。そのために制度運営の監督に関して、教育・公安・工商など各部門が情報交換を密にして相互に協力すること。

②　各地方政府は留学仲介市場を厳格に監督しなければならない。仲介機関は企業法人の資格を有し、教育部発行の「自費留学仲介機関資格認定書」と工商行政管理部門発行の〈留学仲介服務〉の文字のある営業許可書を取得し、規定に応じて準備金を用意しなければならない。こうして許可を受けていない機関や個人はいかなる場合も仲介活動をしてはならないので、そういう違法行為の取り締まりに尽力すること。

③　各地方政府の教育行政部門は外国教育機関の資質を厳重に審査しなければならない。自費留学仲介機関と合作する外国教育機関は、必ずその国の政府の教育部門あるいは教育部門の承認した機関が認可した大学や大学予科や語学学校でなければならない。かつ我国の在外公館の教育処（組）あるいは文化処（組）の認証を経なければならない。これを原則として、地方政府の教育行政部門は仲介機関が外国教育機関と交わした合作協議書を確認すること及び国家資格認定を受けた仲介機関と外国教育機関との合作協議書についても新たに審査すること。

④　各地方政府の教育行政部門は仲介機関の内部管理や規定制度が健全であることに責任を持たなければならない。すなわち、サービスの対象が後期中等教育を卒業した国民であること、法に定める住所で範囲内の営業をしていること、分かりやすい位置に「自費留学仲介機関資格認定書」や営業許可書を掲示していること、工商行政管理部門が認めた企業名で押印し、業務・人事・財務管理・契約（出国後の問題処理に関する条項を含む）を統一的に実施していること、資格要件を不法に〈また借り〉していないこと、出国前の訓練など教育活動を法律に則って実施していることなどを、重点的に検査すること。

⑤　仲介機関の広告について監督を強化しなければならない。広告を出す場合、仲介機関の所在地の省・市・自治区の工商行政管理部門の許可を必ず得なければならないが、特に地方政府の教育行政部門が捺印している合作協議書を検査すること。

⑥　仲介活動を監督するためならば社会に暴露するという手段も講じなければならない。典型的違法行為の事例は新聞で報道してもよい。

なお、この「通知」は各地方が自費留学仲介機関の全面的な審査を二〇〇二年十二月三十一日までに行い、教育部、公安部、工商行政管理総局に報告するよう求めている。約二カ月後に報告せよというのである。教育部はその報告をもとに再審査を実施し、審査を通過した仲介機関を社会に広報したのである。これによって仲介機関に対する社会的信用は回復された。

二〇〇四年六月九日、教育部辦公庁は「国務院により取消が決定した教育部の行政審査項目リストに関する通知」（関于印発国務院決定取消的教育部第三批行政審批項目目録的通知）を公表した。即ち、国務院の第三次行政審査項目の取消決定を受けて、教育部関連の行政審査の中から一五項目を取り消すことを通知した。この中で自費留学仲介機関の他省での業務活動（跨省経営）に関する審査項目が取り消された。それまで仲介機関の活動は所在地の省内に制限されていたが、その制限がなくなったのである。これによって仲介機関は広域で業務を展開し始めた。仲介機関の間に良い競争が生じた反面、国家工商部による広告審査がなくなったので、仲介機関が不法な虚偽広告をするという問題が新たに生じるようになった。

この政府公認の仲介機関は増え続けている。二〇〇四年十二月一日現在、全国三四一カ所になり、二〇〇五年四月二十八日の教育部発表では全国三七九カ所に達した。仲介機関は全世界に自費留学者を送り出す窓口になっている。連絡先は教育部ホームページで全世界に公開されている。

第四節　外国語培訓学校の自費留学仲介

1　民営教育の発展と法的整備

民営教育（民辦教育）とは私立学校形式による教育事業を指す。新中国成立後、教育事業はすべて公営教育（公辦教育）であったが、改革開放後、国民の教育需要を満たすために、また社会の人材需要を満たすために、民営教育を発展させてきた。

一九八二年十二月四日、第五期全国人民代表大会第五回会議で新しい憲法、『八二年憲法』が採択された。その第一九条は教育事業に関する条文である。「国家は社会主義の教育事業を振興して、全国人民の科学・文化水準を高める。国家は各種の学校を開設して、初等義務教育を普及させ、中等教育、職業教育及び高等教育を発展させるとともに、就学前の教育を広げる。国家は各種の教育施設を拡充して、文盲を一掃し、労働者、農民及び国家機関の職員その他の勤労者に対し、政治、文化、科学、技術及び業務についての教育を行い、自学自習して有用な人間になることを奨励する。国家は集体経済組織及び国の企業・事業体並びにその他社会の諸組織（社会力量）が、法律の定めるところにより、各種の教育事業に取り組むことを奨励する。国家は全国に通用する共通語を普及させる」という。即ち、「集体経済組織及び国の企業・事業体並びにその他社会の諸組織（社会力量）」による教育事業を奨励するとあるが、これが民営教育の出発点であった(16)。

その後、一九八五年五月二十七日、中共中央「教育体制改革に関する決定」（関于教育体制改革的決定）、また一九八六年四月、第六期全国人民代表大会第四回会議で通過した「中華人民共和国義務教育法」においても、社会の諸組織（社会力量）による学校開設を奨励することを明言したのである。

このように八〇年代半ばから民営教育の発展が積極的に奨励されたが、具体的な方針は約一〇年後に示された。一九九七年七月三十一日、国務院は「社会力量辦学条例」を発布した。ここでは「社会力量辦学」は「企業・事業体、社会団体及びその他の社会組織や個人が非国家財政の教育経費を利用して、社会に向かって学校及びその他の教育機関を運営する活動」（第二条）と定義づけられ、「職業教育、成人教育、高級中等教育と就学前教育の教育機関を運営することに重点を置く」として、義務教育の補充となることは奨励するが、高等教育機関は厳しく抑制し、宗教学校は禁止するとしている（第五条）。

翌一九九八年十月二十五日、国務院は「民辦非企業単位の登記管理に関する暫定的条例」（民辦非企業単位登記管理暫行条例）を発布した。「民辦非企業単位」とは、「企業・事業体、社会団体とその他社会の諸組織及び公民個人が非国有資産を利用して設立したところの、非営利的な社会サービス活動に従事する社会組織を指す」（第二条）。即ち、教育や訓練など非営利活動を行う社会組織に、国務院民政部門か県級以上の人民政府の民政部門において登記することを義務付けたのである。登記すれば、その民事責任の負担方式に応じて、「民辦非企業単位（法人）登記証書」、「民辦非企業単位（合伙）登記証書」、あるいは「民辦非企業単位（个体）登記証書」が発行される。

更に、二〇〇二年十二月二十八日、第九期全国人民代表大会常務委員会第三一次会議において「中華人民共和国民営教育促進法」（民辦教育促進法）が通過。翌二〇〇三年九月一日より施行されると同時に、「社会力量辦学条例」は廃棄された。この「民営教育促進法」では、「民営学校は公営学校と同等の法律的地位を有し、国家は民営学校の運営自主権を保証する」（第五条）としてその地位を保障された。また「民営学校を設立する社会組織は法人資格を有しなければならない。民営学校を設立する個人は政治的権利と完全な民事行為能力を有しなければならない。民営学校は法人の条件を具備しなければならない」（第九条）とされ、「学歴教育、就学前教育、自学考試助学及びその他の文化教育を実施する民営学校の設立は、県級以上の人民政府の教育行政部門が国家の規定する権限によって審査する。職業技能を主とする職業資格訓練や職業技能訓練を実施する民営学校の設立は、県級以上の人民政府の労働社会保障行政部門が国家の規定する権限によって審査し、同レベルの教育行政部門に審査結果の写しを送る」（第一一条）としている。また「民営学校は国家の規定する納税優遇政策を享受する」（第四五条）として、優遇税制の適用を明示した。

更に続けて、二〇〇四年二月二十五日、国務院常務委員会は「民営教育促進法実施条例」を通過させ、民営学校の設置認可や理事会運営に関する規定等々の具体的方針を示した。特に、第三八条第一項に「資金を寄付して設立した民営学校と、出資者が合理的報酬を得ることを要求しない民営学校は、法によって公営学校と同等の納税その他の優遇政策を享受する」とし、同第三項には民営学校はすべて税務登記をしなければならないとしている。

以上のような法的整備によって、企業・事業体、社会団体及びその他の社会組織や個人が各レベルの学歴教育、就学前教育、受験予備校や各種の文化教育を行う学校法人を設立することを奨励したのである。

こうして各レベル・各種の民営学校が次第に発展してきた。発展状況は表7‐2の通りである。これを見ると、民営学校は小学校や初級中学のような義務教育段階でも徐々に増えているが、就学前教育（幼稚園）や中等・高等教育（普通高中、中等職業学校・普通大学）では急速に増えている。特に注目すべきは、従来厳しく抑制されてき

表7－2　2000～2008年の民営学校数の推移　（校）

年度	幼稚園	小学校	職業初中	普通初中	普通高中	中等職業	普通大学	培訓機関
2000	44,317	4,341	－	2,730	1,517	978	37	－
2001	44,526	4,846	－	3,171	1,849	999	89	－
2002	48,400	5,122	－	5,362		1,085	133	－
2003	55,500	5,676	－	3,651	2,679	1,377	175	－
2004	62,200	6,047	－	4,243	2,953	1,633	228	－
2005	68,800	6,242	25	4,608	3,175	2,017	252	29,048
2006	75,426	6,161	11	4,550	3,246	2,559	278	23,470
2007	77,616	5,798	6	4,482	3,101	2,958	297	22,322
2008	83,119	5,760	－	4,415	2,913	3,234	318	19,579

出所）教育部「全国教育事業発展統計公報」（各年度），陶西平・王左書主編『中国民辦教育』（教育科学出版社，2010年，451頁）及び『教育藍皮書：中国教育発展報告2010』（社会科学文献出版社，2010年3月，257頁）より作成

た民営大学が、二〇〇〇年三七校だったものが、二〇〇八年には三一八校と約一〇倍に増えていることであろう。多くの民営大学では外国語学科を設置し、英語専攻とともに日本語専攻を開設する所も増えた。それによって大学間交流協定による交換留学や卒業後の自費留学が増えたのである。

2　外国語培訓学校

（1）民営培訓学校の種類

民営学校の中には、各レベルの学歴教育や就学前教育のほかに、大学の学歴取得試験（高等教育自学考試）のための予備校や文化教育などを実施する民営培訓機関（民辦培訓機構）がある。特に民営培訓機関は非常な速さで発達してきた。教育部「全国教育事業発展統計公報」によれば、表7－2のように、二〇〇五年には全国で二九、〇四八校であり、受講生（学員）は八八九・五万人であった。二〇〇六年には二三、四七〇校（八七六・八四万人）、二〇〇七年には二二、三二二校（八八四・六八万人）、二〇〇八年には一九、五七九校（八三四・七六万人）と推移してきた。但し、この数値は県級以上の地方政府に登記された民営培訓機関の数であると思われる。実際の数値はこれを遥かに上回るのではないだろうか。

陶西平・王左書主編（二〇一〇）によれば、「市場経済条件の下、需要があれば供給ができる。巨大な利潤が大量の投資者を引き寄せて、

訓練サービス領域（培訓服務領域）に参入させている。目下、我国の訓練サービス市場は利潤が豊富であるのに、参入するための技術的障壁と資金的障壁は比較的低い。統計によれば、現在、全国で訓練サービスを提供している機関は、外資、合資、民営、大学校営など各種のものを含め、既に数百万校に達する。受講生が訓練を受ける種類と内容には、学歴証書取得、大学の学歴取得（高等教育自学考試）、技術職称取得、外国語修得、コンピューター技術修得、経営管理技術修得、全国大学統一入試のための予備学習（高考復習）などが含まれる」という。[17] 但し、「数百万校に達する」という点については根拠が示されていない。

瀋陽市の例を挙げれば、①企業幹部・管理訓練（瀋陽市税務学校など）、②教育訓練（遼寧省中大遠程教育学校、瀋陽才能教育培訓有限公司、瀋陽市鉄西区華英高考補習センターなど）、③語学訓練（遼寧省外国語協会外語培訓センター、瀋陽市冠亜外国語培訓学校など）、④コンピューター技術訓練（遼寧文達電脳培訓学校、瀋陽市電脳培訓センターなど）、⑤芸術訓練（瀋陽市劉寧鋼琴培訓学校など）、⑥職業技能訓練（遼寧省厨師培訓センター、瀋陽市高技能人材職業培訓学校など）、⑦美容美髪訓練（瀋陽標榜美容美髪学校など）、⑧運転手訓練（瀋陽軍成汽車駕駛員培訓学校など）、⑨その他（遼寧大学影視教育培訓学校、瀋陽鳳凰旅遊培訓学校、瀋陽市華信会計培訓学校など）に大別される。

これを見て分かるように、企業幹部の訓練から調理師・美容師・自動車運転手・楽器演奏者・旅行ガイドの育成やＩＴ技術・外国語の修得を目指すものなど多様である。その学校の名称には、「〜培訓学校」や「〜培訓センター」とするものが多く、その設立者は行政部門、民間企業、大学などとなっている。

このような民営培訓機関の中で市場規模がかなり大きいのが、ＩＴ訓練市場、外国語教育市場、六歳未満の幼児教育市場である。二〇〇五年の調査によれば、ＩＴ訓練市場では四一・九億元が消費され、外国語教育市場の中で最大規模の英語教育市場では約一五〇億元が消費された。六歳未満の幼児教育市場では都市居住の幼児五、二〇〇万人（全国一・四億人）によって、三一二億元が消費されたという。[18]

（2） 外国語培訓学校の自費留学仲介

本章のテーマである自費留学を推進するものは「外国語培訓学校」と総称されている。直訳すれば〈外国語訓練学校〉であり、いわば私立の語学学校である。この外国語培訓学校では、英語、日本語、韓国語など外国語教育を主に行っているが、外国語教師養成を行うところもある。現在、各地で外国語培訓学校は林立し、受講生獲得競争は激しい。大手の学校を除き、中小規模の学校は経営を維持することが非常に難しいと言われている。教育の質、教師の質、管理能力などをいかに高め、かつ教育内容を差別化できるか否かに、その盛衰がかかっている。すなわち、外国語培訓学校には次のような問題が指摘されている[19]。

① 教育訓練の内容が同質化している。どこの学校も似たり寄ったりの状態である。その内容を自主的に開発せずして、虚偽の宣伝を行っている。

② 教育訓練の方法を新しく開発する力がない。授業に魅力が乏しい。また学校を管理運営する人材に乏しい。

③ 教師の質に問題がある。各学校は教師の能力を高める訓練を行っていない。教師は幾つかの学校を掛け持ちしている場合が多い。また教師資格を偽造しているケースもある。

④ 受講料の価格競争が生じており、価格の安い中小規模の学校では教育の質が低い。逆に、高い受講料を設定して、暴利を貪る学校も現われている。

⑤ ブランド力が弱く、国際競争力に乏しい。そのため外国の知名度と実力のある語学学校が進出してくると、たちまち潰れる危険がある。

このような諸課題を抱えて外国語培訓学校は過当競争に曝されているのである。受講生が外国語培訓学校を選択する重要なポイントの一つは、自費留学斡旋の能力である。外国語培訓学校は、自費留学仲介機関として国家認定を受けなくても、学校法人（かつ民辦非企業単位）であることによって合法的に自費留学仲介業務を行うことができる。海外の教育機関（大学、語学学校等）と協定を結び、自校で学ぶ受講生に留学を斡旋する。例えば、日本の大学・日本語学校も各地の外国語培訓学校と協定を結び、留学希望者を紹介してもらっている。外国語培訓学校から連絡を受けて、大学・日本語学校の職員がすぐに現地に赴き、学力審査や面接を行い、合否を判定する。留学生を受け入れたい大学・日本語学校にとっては外国語培訓学校と信頼関係を築くことが非常に重要であり、信頼関係を築くことができれば良きパートナーとなる。もし自費留学の斡旋がうまく行けば、それはとりもなおさず外国語培訓学校の実績にもなり、過当競争に勝ち残る手段にもなるのである。この外国語培訓学校による自費留学者の送り出し制度は今後も拡充していくに違いない。

第五節　国内外の学歴・学位の判定と偽造文書問題への対応

1　学歴と学位の関係

自費留学が隆盛になるにつれて、外国に提出する学歴証書、学位証書、成績証明書などの偽造文書が横行するようになった。中国国内でも従来から偽造が頻発していたのであるが、外国の入国管理部門や大学・語学学校等の教育機関も対策に追われることになった。

さて、学歴証書・学位証書の偽造について述べる前に、中国の学歴・学位証書について簡単に触れておきたい。表7－3は、中国で発行している学歴・学位証書の種類である。

因みに、一九八四年八月十一日、教育部・国務院学位委員会は「大学本科卒業と学士学位の合一証書の実施に関する通知」（関于実行高等学校本科卒業与学士学位合一証書的通知）を発布。本科を卒業した学士学位取得者は、一九八五年度より卒業証書と学位証書をひとつに合体すること、本科卒業しても学士学位を取得していない場合は、卒業証書だけを発給することになった。

また表7－3にある成人高等教育機関（成人高等学校）とは、一九八八年四月に国家教育委員会が「成人高等学校設置暫行規定」（成人高等学校設置暫行規定）を発布して設置基準を定めた学校で、主として在職

表7－3　中国高等教育の学歴・学位証書の種類

証書発行者	証書の種類		授与要件
普通高等教育機関（全日制大学・学院，高等専科学校，高等職業学校，成人高等学校普通班，軍事大学普通班，遠隔教育機関）	学歴証書	卒業証書	専科，本科，碩士，博士の各課程を修了した卒業生に授与する。
		結業証書	①全課程の中で卒業に必要な科目（卒論・体育科目など）を未履修であるが，学業修了したと見なす者に発給する。就職して1年後に大学に戻って補講を受け合格すれば，卒業証書を授与する。 ②短期学習クラスの履修証明 ③進修生の履修科目の修了証明
		肄業証書	全課程の一部分を学習したことを証明する。何らかの理由で退学した者に発給される。除籍者には発給しない。
	学位証書	学士学位証書	本科卒業生
		碩士学位証書	碩士修了生
		博士学位証書	博士修了生
成人高等教育機関（広播電視大学，職工高等学校，農民高等学校，管理幹部学院，教育学院，函授学院）と私立大学（民辦学歴高校）	学歴証書	卒業証書	専科・本科の卒業生
		結業証書	前に同じ
		専業証書	ある特定の職種に必要とされる大学専科レベルの知識水準を証明するもの。但し，大学専科卒業証書と同等ではない。
高等教育自学考試機関	学歴証書	卒業証書	専科・本科の卒業生
		結業証書	前に同じ

出所）中国教育部ホームページ「国民教育系列的高等教育卒業証書」項目および『教育管理辞典』（海南出版社，2005年，488頁）より作成

者を対象として、ポストに求められる専門的分野の水準に到達していない者に対して、専科・本科教育やトレーニングや継続教育を行う機関である。更に、「高等教育自学考試」とは一九八一年一月に試行され、一九八三年五月から全国的に展開されている独学による大学の学歴取得試験である。合格者には国家認定の専科・本科の卒業証書が発行される。

特に、海外留学に関連してくるのは普通高等教育機関の卒業生の証書である。普通高等教育機関の学歴証書は、卒業証書、結業証書、肄業証書の三種類に分けられる。また、学位は学士、修士（碩士）、博士の三種類に分けられる。重要なのは、学歴と学位は同じではない点である。大学の本科、修士課程あるいは博士課程の卒業証書を持っていても、それ相応の学位を取得しているとは限らない。同様に、修士課程あるいは博士課程の卒業証書を持っていなくても、論文を申請して、修士学位（碩士学位）あるいは博士学位を取得していることがある。すなわち、学位は学術水準を証明するものであり、学歴とは別であるので、別々に発行されているのである。このような中国での学歴証書と学位証書の二重発行制度を理解しておかなければならない。

ところで、日本でも同様の考え方に立ってはいるが、学歴証書の発行制度がない。例えば、学部四年制を卒業して授与される卒業証書には学士学位を授与することが明記されている。修士課程を修了すれば、修士学位証書を授与されるが、修士の卒業証書は発行されない。博士課程も同様である。つまり、卒業証書と学位証書が合体しているのである。

因みに、このことによって日本に留学した中国人留学生に幾つかの問題が生じている。

第一に、中国の本科卒業証書を取得していても、学士学位証書を取得していない者に、日本の大学院受験資格を与えるかどうかという出願資格の認定上の問題がある。というのは、日本では学士学位が「学力」を証明するものとなっているからである。当人は本科卒業して学士学位を取得した者に比べ「学力」が劣るのであろうか。その辺は明瞭ではない。

第二に、成人高等教育機関や「高等教育自学考試」で取得された卒業証書・結業証書は「学歴」を証明している。

稀にその取得者が日本の大学院受験を希望することがあるが、受験資格を与えるかどうかという問題が生じている。

第三に、中国人留学生が日本の大学院博士課程を修了して、博士学位を取得していない場合に、日本では学歴証書（卒業証書）を発行しないので、中国に帰国してひと目で学歴を証明できない。履歴書の学歴欄に「博士課程満期退学」と書くことができるだけである。その「博士課程満期退学」証書は発行されない。日本の大学院の成績証明書を学歴証書に代替させるしか方法がないのが現状である。

第四に、党校の本科卒業は大学の本科卒業と同等であると言って、日本の大学院受験資格を認めるよう主張する留学希望者がいる。これにどう対処すればよいのか。そもそも党校とは、中国共産党幹部や共産党員のために全国各地に開設された研修機関である。そこでは党の歴史や政策を中心に学習する。中国では共産党員でなければ就任できない要職が多い。党校は党員が要職へと昇格するために必要な学習を行うところである。

党校の研修歴は国民教育制度の学歴とはもちろん異なるが、それを学歴として利用する慣習が長い間行われていた。しかし、一九九五年七月三十一日、国家教育委員会辦公庁は「党校の学歴は国民教育の学歴と同等に扱ってはならないことを重ねて声明する回答書」（関于重申党校学歴不應等同于国民教育学歴的復函）を北京市成人教育局宛に発布している。すなわち、「一、中央の関連文献の規定に基づけば、党校の学歴は国民教育系列の学歴と同等に扱ってはならない。二、党校の学歴は国民教育系列の専科から本科や大学院教育に出願するための根拠となる学歴とはならない」と述べる。つまり、党校の研修歴は非学歴教育であり、国民教育の学歴教育には含まれないので、当然のことながら同等視してはならないと指示したのである。

2　学歴・学位の国家間の相互承認協定

一九八三年十二月十二日から十六日まで、ユネスコ主催の「アジア太平洋地域の高等教育の学歴・学位の相互承認に関する国際会議」（UNESCO Regional Convention on Recognition of Studies, Diplomas and Degrees in Higher Education in Asia and the Pacific）がバンコクで開催された。アジア太平洋地域の経済成長や経済統合化の機運によって、大学学部や大学院レベルの学生の留学交流および労働市場における国際的流動性を促進する必要が生じていた。このためにこの問題に関心のある国々がそれぞれの高等教育における学歴・学位等の質について情報交換を行い、相互承認に関する協議を行ったのである。中国は教育代表団（団長は教育部副部長の黄辛白）を派遣し協約に署名した。これ以後、諸外国との間で高等教育の学歴・学位を相互承認する協定を結び始めた。

中国の学歴・学位が外国の学歴・学位のどれに相当するかを二国間で協議して相互に承認することを取り決めるものである。中国人学生が外国の教育機関に入学するために必要な学歴・学位の条件、また逆に外国の学生が中国の教育機関に入学するために必要な学歴・学位の条件を明確に決めるのである。これによって両国の学生が互いに相手国で留学・就業するのが非常に容易になる。

例えば、中国の普通高校（高級中学）の卒業証書の保持者に対して、ソ連は高等教育機関の受験資格を認め、また中国の中等専業学校の卒業証書の保持者にはソ連でその証書に提示されたレベルの職業に従事することや、相応の高等教育機関の受験資格を認める。また同様に、中国もソ連の各学校の卒業証書について中国での大学受験や就労に対する有効性を承認するという具合である。

中国は、一九八八年にスリランカと締結したのを皮切りに、一九九〇年にブルガリア、一九九一年にアルジェリアとペルー、一九九二年にモーリシャス、一九九三年にウズベキスタン、一九九四年にカメルーン、一九九五年にルーマニアとロシア、一九九七年にエジプトとハンガリー、一九九八年にウクライナとモンゴル、二〇〇〇年に白ロシア、二〇〇二年にドイツとキルギスタン、二〇〇三年にイギリス、フランス、オーストラリア、ニュージーランド、二〇〇四年に香港とオーストリア、また二〇〇五年にポルトガル、オランダ、イタリア、カナダ、二〇〇六年にアイルランド、スウェーデン、カザフスタン、二〇〇七年にタイ、デンマーク、スペイン、二〇〇八年にキューバとそれぞれ締結した。そして同年、韓国とは協議備忘録を取り交わした。二〇〇九年にはベトナムと締結している。

表7－4のように二〇〇九年現在、締結国は三四カ国・地区に達した。地域別ではヨーロッパ諸国が最も多く、

表7－4　学歴・学位の相互承認の協定国・地区（2009年現在）

地域	国家・地区	計
アジア	スリランカ，モンゴル，タイ，香港，ベトナム	5
中央アジア	キルギスタン，ウズベキスタン，カザフスタン	3
アフリカ	アルジェリア，モーリシャス，エジプト，カメルーン	4
南北アメリカ	ペルー，カナダ，キューバ	3
豪州	オーストラリア，ニュージーランド，	2
ヨーロッパ	ブルガリア，ルーマニア，ロシア，ハンガリー，ウクライナ，白ロシア，ドイツ，イギリス，フランス，オーストリア，ポルトガル，オランダ，イタリア，アイルランド，スウェーデン，デンマーク，スペイン	17
合計		34

出所）王英杰・劉宝在主編（2009）及び王輝耀主編（2009）より作成

全体の五〇パーセントを占めている。[20]

3　偽造文書への中国政府の対応

（1）偽造の取締り強化

従来、学歴証書は省・市・自治区ごとに統一的に印刷され管理されていたが、全国的にみれば、印刷は不統一であった。学歴証書の違法乱発や偽造事件が後を絶たなかった。例えば、民間企業が人を雇用するときには、その出生地まで調査員を派遣して学歴・職歴調査を行うのが普通である。それほど慎重にならざるを得ない状況が存在したのである。

一九九八年六月二日、教育部・公安部は「学歴・学位証書の管理を強め、偽造や学歴・学位証書の売買に厳しい打撃を与えることに関する通知」（関于加強学歴、学位証書管理和厳励打撃偽造、売買学歴、学位証書的通知）を発布した。以下は全訳である。

近年のある時期以来、北京、広東、上海、湖北、湖南などで、公安機関が偽造や学歴・学位証書の売買という案件を相次いで摘発した。この種の違法犯罪行為は国家の学歴・学位証書制度を甚だしく掻き乱し、国家の学歴・学位教育の名誉を傷つけ、雇用機関の人事管理に混乱を作り出し、幹部隊伍や科学技術隊伍の建設に危害を与え、社会風紀を壊した。学歴・学位証書の管理を強め、偽造や学歴・学位証書の売買などの違法犯罪行為に厳しく打撃を与えるために、ここに以下のように通知する。

一、各省・自治区・直轄市の教育委員会、教育庁（高等教育庁）は、各地の中等および高等教育機関の学歴・学位証書の管理を強化すべきである。国家の学生募集や証書管理に関する政策・規定に則って、学歴・学位証書を厳格に発行し、国家の学生募集規定を無視して、学生募集を乱し、学級運営を乱し、学歴・学位証書を乱発するという現象が発生するのを途絶しなければならない。

二、印章および印刷会社の日常的管理を強化すべきである。公安機関は印章および印刷会社と協力して登記などを健全に検証する制度を確立すべきである。規則に違反して、違法に印章を製造し、各種の学歴・学位証書を違法に印刷することに対しては、法に則って調査する。公安派出所、警察、治安部門は、所轄内の日常管理と巡邏検査を一緒に行い、社会的統制を強め、印刻露店を移動させたり、それが学歴・学位証書を売買することに対して、適時に対処しなければならない。

三、雇用機関は人員を招聘・採用する時、招聘する人員の卒業人事档案と学歴・学位証書にもし疑問があれば、教育主管部門、関係の学校あるいは大学院生養成機関に問い合わせるべきである。教育主管部門は積極的に協力し、雇用機関に送る学歴・学位証書をまじめに審査し鑑定しなければならない。審査と鑑定を経て、偽造の学歴・学位証書は没収する。偽造証書を使用している者はその所属機関によって行政処分を受ける。

四、各地の公安機関は偽造の学歴・学位証書を発見したならば、迅速に力を結集して、有力な措置を取り、製版の巣窟と一味を深くえぐり細かく調査し、法によって厳しく処罰し、典型的事例は宣伝媒体で露にする。

（教育部・公安部「関于加強学歴、学位証書管理和厳励打撃偽造、売買学歴、学位証書的通知」）

このように中国政府は国内における偽造等の違法行為の摘発を強化した。しかし、完全に根絶やしにできたわけではない。また、近年の印刷技術は向上し、真偽の判別は非常に困難になっているらしい。人の国際的移動が活発になり、学歴・学位の偽造文書が国外で使用される機会も増えているのである。

（2）　学歴証書の電子登録制度

二〇〇一年二月五日、教育部は「高等教育の学歴証書の電子登録管理の暫定的規定」（高等教育学歴証電子注冊管理暫行規定）一六条を発布した。この規定は、①高等教育機関（普通大学と成人大学）や大学院生を養成している科学研究機関が募集規定によって採用した学生の学歴証書、および②「高等教育自学考試」や「高等教育学歴文凭考試」によって学生に授与した学歴証書（卒業証書、結業証書の二種類）を電子登録することを二〇〇一年度から義務付けるものである。

教育部が地方政府の教育行政部門に登録業務を実施させ、教育部は登録された証書を審査し受理する。こうしてその証書は国家の承認を受けたことになる。以下は、高等教育機関の電子登録の内容について規定した第九条以下の訳である。

第九条　普通・成人高等教育の卒（結）業証書の登録内容

（1）　姓名、性別、生年月日

（2）　専攻、年次

（3）　学習形式：全日制大学、成人大学、業余大学、夜間大学、通信教育（函授）、TV教育（電視）、インターネット教育（網絡）

（4）　卒（結）業証書の登録番号（証書の編集番号）

第一〇条　（省略）

第一一条　卒（結）業証書の編集番号を登録番号とする。アラビア数字を用いて、一七桁に統一する。

（1）　普通・成人高等教育の卒（結）業証書の登録番号は学校あるいは他の教育機関が以下の順序で並べる。前から最初の五桁は学校その他の教育機関の国家コードとする。第六桁目は学校種類コードとする。第七桁～一〇桁目は年号とする。第一一桁・一二桁目は課程レベルコードとする。第一三桁～一七桁目は学校が卒（結）業証書に順につけた編集番号とする。

（3）学校種類コードは、普通高等教育1、成人高等教育5、「高等教育自学考試」と「高等教育学歴文凭考試」6とする。
（4）課程レベルコードは、博士課程学生01、修士課程学生02、第二学士学位04、本科05、専科（高職を含む）06とする。
第一二条　高等教育の学歴証書の電子登録業務は、国家、省（自治区・直轄市）、学校その他の教育機関の三つのレベルで管理する。（以下、省略）
第一三条　卒（結）業証書の電子登録制度は二〇〇一年に開始して実施する。この年に発行した卒（結）業証書で未だ登録が済んでいないものは、国家は承認しない。
第一四条　卒（結）業証書の登録に漏れや誤記のある場合、証書発行者は証明資料をつけて省（自治区・直轄市）の教育行政部門に修正を提出し、修正後に教育部は受理する。
第一五条　卒（結）業証書の登録漏れや誤記によって、卒（結）業生の就職あるいはその他の事に影響を与えた場合は、登録漏れや誤記をした機関が責任を取る。
第一六条　省（自治区・直轄市）の教育行政部門、各大学及びその他の教育機関、「高等教育自学考試」と「高等教育学歴文凭考試」の実施機関は、学歴証書の電子登録業務を重視して、学歴証書の管理を強化しなければならない。規定違反の操作や虚偽があった場合は、発行し登録済みの証書を無効とするほか、関係者と機関の責任を追及する。

（教育部「高等教育学歴証電子注冊管理暫行規定」）

すなわち、この登録制度によって、留学生受け入れ大学等は「中国高等教育学生信息網」（http://www.chsi.cn/index.html）を見て、手元の学歴証書に付された登録番号を入力すれば、二〇〇二年度以降についてはその学歴証書の発行大学等々が簡単に確認できる。手元の学歴証書とウェブ上の登録内容が異なっておれば、その証書は偽造だと分かるのである。(21)

（3） 国内の学歴・学位の認証制度

教育部は二〇〇三年十二月二十一日、北京に公益法人「学位と研究生教育の発展センター」（学位与研究生教育発展中心：China Academic Degrees & Graduate Education Development Center）を設置して、国内の学歴・学位証書の真贋を鑑定して認証書（Credentials Report）を発行する有償サービスを開始した。通常「学位センター」（学位中心）と略称されているこのセンターは、「学位与研究生教育評価処」（一九九四年設置）と「全国学位与研究生教育発展中心」（一九九九年設置）を前身として発展した部署であり、教育部と国務院学位委員会の指導の下に業務を行っている。

その業務は同センター副所長の王立生（二〇〇八）によれば九つある。[22]

① 学位と大学院教育に関する科学的研究
② 学位と大学院教育に関する評価と審査
③ 在職者が修士学位を取得するための全国統一試験の問題作成と試験監督
④ 中国学位と外国学位との比較研究
⑤ 外国の政府組織以外の部署との学位・大学院教育分野における連携
⑥ 中国学位証明書並びに関連資料に対する認証・鑑定・コンサルティング
⑦ 中国の学位及び大学院教育データセンターに対する設立・維持・開発
⑧ 民間における学位及び大学院教育の国際交流と連携
⑨ 雑誌『中国研究生』と雑誌『学位と研究生教育』の発行

この中の六番目の学歴・学位認証は二〇〇〇年に前身の機関で始められていたのを、二〇〇三年に学位センターが引き継いだサービスである。王立生によれば、「最初の認証サービスの内容は、学士・修士・博士の学位証書に対する認証しかありませんでしたが、学位センターの能力向上に伴って、国内外の会社や個人の要請に応えるためにサービス内容を増やしつつあります。今まで学位認証以外に、学習成績書、在学証明書など教育証書に対する認証サービスも提供できるようになりました。留学市場を管理強化するために、特に若い学生の留学問題に対応して、二〇〇六年から高校学歴の認証と大学入学統一試験の成績認証を始めました」という。

特に、高校学歴の認証と大学入学統一試験の成績認証に関しては、二〇〇六年十月二十四日、日本の文部科学省、外務省、法務省と連携して、（財）日本語教育振興協会が「学位センター」と北京で協定を締結した。協定によれば、（財）日本語教育振興協会の会員である日本語教育機関（通称、日本語学校）が、留学申請者に「学位センター」発行の認証書を提出するように指示すれば、留学申請者は「学位センター」に一部一八〇元で認証を申請する。「学位センター」は認証後にその報告を、日本語教育機関に直接送付するという制度である。日本語教育機関はあらかじめ認証制度を活用する旨を（財）日本語教育振興協会に伝えて登録し、「学位センター」はその名簿を確認して直接送付する。認証書は申請者本人や第三者に渡されないので偽造される可能性はなくなる。

「学位センター」が認証の対象とするのは、①地方政府の実施する高校生対象の卒業統一試験の合格書、②その卒業統一試験の成績（学科目ごとに Excellent, Good, Pass で表示する）、③大学入学統一試験の成績（学科目ごとに点数を表示する）の三つである。日本の日本語教育機関の入学申請に当たっては③を提出すれば、大学入学統一試験（普通高校卒業生のみ受験できる）を受験したという事実から本人が高校を卒業したという学歴は確認できるので、①と②は不要である。しかし、大学入学統一試験を受験していない学生については、①と②で学力の程度が確認できる。日本語教育機関は留学申請者に応じて三つの中から必要な認証書を指定するのである。

このように高校学歴の認証と大学入学統一試験の成績認証に関する協定は、世界で最初に日本と結ばれた。また、高校学歴の認証はオーストラリアとも協定締結をしている。二〇〇七年十一月十九日に韓国の韓中文化協力研究院、十二月三日にニュージーランド学歴評価委員会と協定締結に至り、イギリス国家認証センターやロシア、イタリアとも協議中であるという[23]。

（4）海外の学歴・学位の認証制度

公費・自費留学を問わず、留学帰国者の国内での進学や就職のために国外で取得した学歴・学位証書の真贋を鑑定する制度が樹立された。教育部管轄の中国留学服務センターがこの業務を行っている。業務内容は、大別して三つある。[24]

① 学歴・学位証書を発行した国外の高等教育機関が合法的なものであるか否かを調べる。国外の高等教育機関の教育の質的な問題（例えば、米国の大学にはアクレディテーション協会の認定を受けていないものがあるなど）や金銭で学位認定する不法な商売が横行している問題など、国外の学歴・学位証書の質が疑わしい場合があるからである。

② 国外の高等教育機関が発行した学歴・学位証書が偽造でないか否かを調べる。国外の著名な高等教育機関の学歴・学位証書を偽造した事件が発生している。実は、日本の大学の卒業証書を偽造した事件も起こっている。また、偽造ではないにしても、学歴・学位証書のレベルが知りたいという場合がある。留学帰国者を採用しようとする雇用機関からの問い合わせにも応じている。

③ 認証を終了して、認証書を発行する。現在、外国と香港・マカオ・台湾の高等教育機関のものを対象に認証業務が実施されている。また、その認証業務の範囲には、それらの国家・地域の高等教育機関の正規課程を修了して取得した卒業証書・学位証書、また国務院教育行政部門が承認した合作辦学機関（コース）で取得した証書、さらに中国の地方政府および国務院の教育行政部門が承認した大学専科レベル（非学歴教育を含む）の「中外合作辦学コース」において取得した証書なども含まれる。

以上、偽造文書の横行については、日本の大学でもすべての教職員の認識が必要である。しかし、偽造文書への対応は個別の教育機関では限界がある。日本に海外の学歴・学位の認証を行うことができる公的センターは現在のところ存在しない。（財）日本語教育振興協会では中国の「学位センター」との協議により日本語教育機関への留学申請者の出願書類に関する認証業務を委託したが、同様に、二〇〇九年十二月よりＪＡＦＳＡが会員大学等のために「学位センター」との協議により学歴・学位認証システムの業務を開始した。二〇一一年五月現在、このシステム利用校は一四大学である。多くの大学・専門学校などはまだ自らこの問題に取り組まなければならない情況にある。

第六節　自費留学者の公的支援政策

1　自費留学のためのウェブサイトによる情報支援

一九九〇年代後半、中国ではインターネットの普及によって、海外留学に関連する国内外の情報の受信が非常に容易になった。この情報化社会に対応して、教育部は「教育渉外監管信息網」（www.jsj.edu.cn）を開設、自費留学の仲介業務に関する公的情報を発信している(25)。

ここでは第一に、留学希望者に質の良い海外の学校を紹介している。この「教育渉外監管信息網」や「中国留学網」（www.cscse.edu.cn）を通じて、米国、カナダ、イギリス、アイルランド、フランス、ドイツ、デンマーク、ノルウェー、フィンランド、スウェーデン、オランダ、スイス、ギリシア、キプロス、日本、韓国、マレーシア、シンガポール、南アフリカ、オーストラリア、ニュージーランドなど、中国人留学者が比較的多い二一カ国について、安心して留学できる学校名を載せている。

第二に、海外留学に関して生じた違法事件、専門家からの注意事項、各国の留学事情などを月一回「留学預警」として広報している。例えば、次のようなニュースが記載されている。「カナダの Royal Columbia College が学生募集をしばらく停止させられた」という見出しで、「カナダのブリティッシュ・コロンビア州の私立大学委員会（ＰＰＳＥＣ）に登録されている私立大学の Royal Columbia College が二〇〇三年七月二十四日からこの委員会によって学生募集を停止させられた。新しい情報ではこの学校は既に委員会の要求を完了して、八月二十八日から学生募集を再開した」。あるいは「ニュージーランド最大の語学学校 Modern Age Institute of Learning が閉校した」という見出しで、ニュージーランド政府が留学生の学習継続のために他の語学学校に転入学させたことを報じている。

このような各国の留学事情は騙されやすい自費留学者の権益保護にかなり役立っていると思われる。

2 海外の学校の質的評価

海外の学校の質的評価も既に進められている。二〇〇三年八月から中国の在外公館は「国外教育機関資質情況認定表」を統一的に用いて情報収集を行っている。「国外教育機関資質情況認定表」には次のような事項が含まれている。すなわち、学校名（中文訳付き）、所在地、連絡方法、建学の歴史、在籍学生数、中国人留学生数および学校の性質、教育研究のレベル、その学歴・学位が各国政府あるいは権威ある授与機関によって認定されているか否かなど一一項目である。

このような海外の学校の質的情報は、中国留学服務センターに電話などで問い合わせることができる。これにより、留学希望者は各国の学校の実際情況を把握できるようになった。このように教育部は自費留学者が質の良い学校を選択できるように情報支援を展開している。

3 中国銀行ローンによる海外留学

中国銀行は海外の大学（香港、マカオを含む）や大学予備校あるいは大学院に留学する際に必要な保証金、学費、生活費（旅費を含む）を中国元で貸付している。貸付額は留学期間に必要な学費・生活費などの総額の八〇パーセントを超えないものとして、最低一万元、最高五〇万元までとなっている。日本円では、一元一五円と計算して、一五万〜七五〇万円となる。また、貸付期限は一般には一〜六年であるが、最長一〇年まで可能である。

また、中国銀行は米ドルによる外貨貸付も行っている。こちらも貸付額は留学期間に必要な学費・生活費などの総額の八〇パーセントを超えないものとして、最高四万米ドルとなっている。貸付期限は一般には一〜六年である。[26]このような留学ローンが開始されたのは近年であるが、財産を抵当に入れて自ら留学する、あるいは子孫を留学させるということが行われ始めている。中国の経済成長がもたらした新しい展開である。

4　自費留学生の政府奨学金制度

二〇〇三年に教育部は「国家優秀自費留学生奨学金」制度を開始した。優秀な自費留学生に中国政府の奨学金を給付するというものである。この奨学金はまず米国、日本、イギリス、フランス、ドイツの五カ国において試行された。選ばれたのは、米国三〇人、日本二五人、イギリス一三人、フランス一三人、ドイツ一四人の計九五人の自費留学生であった。[27]

二〇〇五年八月二十五日、国家留学基金管理委員会は「国家優秀自費留学生奨学金の実施細則（試行）」（国家優秀自費留学生奨学金実施細則（試行））を発布した。これによれば、奨学金の給付対象は、海外の博士課程に一年以上（一年は含まない）在籍し、中華人民共和国の旅券を持ち、年齢四〇歳以下の自費留学生である。

審査は次の順序で行われる。まず本人が在外公館に申請する。そこの教育処（組）が最初に審査して推薦する候補者を決定し、その名前を在外公館のウェブサイトに一〇日間載せて各方面の意見を聴取し、最終的に候補者を確定する。その後、国家留学基金管理委員会に候補者の資料を送付する。国家留学基金管理委員会は専門家による委員会を設置して再審査を行う。審査結果は国家留学基金管理委員会のウェブサイトに公開されるのである。

この奨学金の額は一人五、〇〇〇米ドルであり、滞在国の貨幣で一年間だけ支給される。なお、この奨学金受給者が博士学位取得後に帰国するときには在外公館から就職のための推薦を受けることができる。帰国しない場合には在外公館は短期帰国して祖国奉仕（為国服務）する活動方式を勧めることになっている。[28]

第七節　留学拉致論

優秀な自費留学生が賞賛される一方で、自費留学についてかなり否定的な議論も存在する。それは「留学拉致論」である。中国共産主義青年団の日刊紙『中国青年報』の外国担当記者・陳鉄源は二〇〇三年一月二日、『中国教育報』の下部系列の雑誌『青年時報』に、「誰が留学拉致を清掃するのか」（誰来清掃留学拉致）という記事を書いた。ドイツや日本における中国人留学生の実地見聞記である。ここに初めて「留学拉致」という概念が提起された。「留学拉致」概念はBBC放送、シンガポール『聯合早報』など海外メディアにも取り上げられ、その記事が載ったウェブサイトにはアクセスが殺到したという。以下は、『青年時報』記事の日本に関する部分の抄訳である。(29)

二〇〇二年初め、中国のメディアは二〇〇人の中国人留学生が日本の酒田短期大学から集団逃亡したと報じた。人々は逃亡の真相をあれこれと解読したが、中国人留学生自身の問題は注視されなかった。報道から次の事実が分かる。「三五二人の学校に三三九人の中国人留学生がいた」（これは既に正常ではない）、「二〇〇二年の新年が到来した際、二〇〇人近くの中国人留学生は黒に変わるよう迫る危険地帯に直面していた」（なぜ黒に変わるのか）、……「一月十日、東京入国管理局と警視庁は入管法違反の容疑で新宿歌舞伎町の風俗店を捜査した。この店でアルバイトをしていた酒田短期大学の二名の女子留学生を収容した。……この二名は中国人女子学生で強制送還される」（短大は隠れ蓑か。これは問題だ）。未だ多くの内容があるが紙幅の都合でいちいち列挙しない。しかし、この話が与える印象は、これは留学ではなく、ドタバタ劇の上演というものである。留学生自身が演じる役は悲しく嘆かわしい。……これ以外にも、記者は日本の東京、大阪、横浜などで中国人留学生に会ったが、多くの留学中の学生の態度は良くなかった。東京新宿の紅灯区、ぽん引きをする中国人男子留学生がいた。道端に立って客を強引にマッサージに引っ張りこむ中国人女子留学生もいた。日本中にインターネットカフェ店があり、多くの留学生が一日中そこで呆然と過ごし、大声で話している。その言葉は粗雑である。……

（陳鉄源「誰来清掃留学拉致」）

翌年、陳鉄源は『留学&拉致』（世界知識出版社、二〇〇四年）という本を刊行した。一六カ国で発生した中国人留学生の問題事例を編集したものである。その趣旨は、親は「望子成竜」（子の出世を願う）のためにわが子を海外に送り出し、自費留学仲介機関は金を稼ぐ目的で青年を海外に送り出し、送り出された一七〜一八歳の青年は海外で様々な問題を引き起こし、海外の受け入れ学校にも多くの問題点があることを例示して、四者の責任を問うことであるという。海外留学して学業に励む中国人留学生も多いが、多くの問題を抱える中国人留学生の実態も直視するべきであると訴える。

思うに、中国政府は優秀な中国人留学生を賞賛し厚遇することに忙しく、その裏面にある問題を直視して来なかったのかもしれない。彼らは拉致被害者のように帰るに帰れぬ生活を送っている。この解決の道も探らなければならない。世界最大の留学生送り出し国としての中国の責任が国内で問われたものと思われる。もちろん、受け入れ国や受け入れ大学の責任も問われていることを重く受け止めなければならない。

【注】

（1）一九七八年十月に中国社会科学院と中国科技大学に「研究生院」が成立した。この「研究生院」という名称はここに始まる。一九八四年に北京大学など二二校に設置された。「研究生院」は大学院生の教育を司る、独立した教学・行政管理組織である。従来の「研究生部」や「研究生処」という組織とは異なり、十分な経験を蓄積して、諸条件を満たせば設置が許可される。一九九五年十月九日、国家教育委員会は「研究生院設置暫行規定」を制定した。

（2）権藤與志夫編『アジア八カ国における大学教授の日本留学観　上』広島大学・大学教育研究センター、一九八八年、参照。これはアジア八カ国の大学教授層の留学観について一九八五年八月〜十一月にかけて行われた質問紙調査報告である。これによれば中国はじめアジア諸国において一様に米国の博士学位が最も高く評価されている。

（3）北京週報社編『外国に留学した人たち』新星出版、一九九一年、六四—七〇頁

（4）『教育大辞典』第三巻、上海教育出版社、一九九一年、八八・八九頁、参照

(5) 中国では社会主義の原則により「失業」という語は存在せず、一九九三年以前は「待業」と呼ばれていた。分配(職場配属)されるのを待っている状態にあるという意味である。しかし、一九九四年「城鎮登記待業人員」(都市で登録された配属待ちの人員)という呼称が「城鎮登記失業人員」に改められた。これ以降、「待業」は死語となり、「失業」が使用されるようになったという。(朱光磊ら編『当代中国社会各階層分析』天津人民出版社、二〇〇七年、一六四頁)
(6) 前掲『教育大辞典』第三巻、八九頁、参照
(7) 唐金士主編『大学生就業与創業指導』東南大学出版社、二〇〇六年、二九・三〇頁
(8) 謝桂華主編『二〇世紀中国高等教育――学位制度与研究生教育巻』高等教育出版社、二〇〇三年、五〇―六九頁
(9) 同上書、二三二―二四二頁
(10) 同上書、二四〇頁
(11)『中国人材流動服務機構実用全書』工商出版社、一九九七年、参照
(12)『中国教育年鑑一九九四』人民教育出版社、一九九五年、三四〇頁
(13) 苗丹国・潘暁景「対我国自費出国留学収取培養費制度的対策研究」『中国高等研究』二〇〇一年五期、一八―三〇頁
(14)『神州学人』第五期、二〇〇三年、五一頁
(15) 白土悟「中国の自費留学仲介制度の整備について」、文部省監修・日本国際教育協会編『留学交流』第十二巻・第七号、ぎょうせい、二〇〇〇年、一八―二一頁
(16) 宮沢俊義編『世界憲法集』岩波書店、一九八三年、参照
(17) 陶西平・王左書主編『中国民辦教育』教育科学出版社、二〇一〇年、一三六頁
(18) 同上書、一三七頁
(19) 同上書、一四一―一四三頁
(20) 国家教育委員会外事司編『教育外事工作:歴史沿革与現行政策』北京師範大学出版社、一九九八年、三六五―三六八頁。また、中ソの事例については、中国教育部ウェブサイト「中欧鍥定的国家間相互承認学位、学歴和文凭的双辺協議清単」(二〇〇三年二月)を参照。更に、王英杰・劉宝在主編『中国教育改革三〇年・高等教育巻』北京師範大学出版社、二〇〇九年、三〇・三一頁、及び王輝耀主編『中国留学人材発展報告二〇〇九』機械工業出版社、二〇〇九年、四六〇―四六三頁を参照
(21)「第二学士学位」とは、ある学問(学科門類の中のある専攻)の本科課程を完了して学士学位を一旦獲得した後、更に別の学問の本科課程を学習し、国務院学位委員会・国家教育委員会によって規定された内容を完了し合格して授与される二番目の学士学位を指す。因みに、ある学問の中の一つの専攻を優秀な成績で修了し、更に比較的近い専攻を兼学し、二つの本科課程を修了

すれば、同時に二つの学士学位が授与される。これは「双学士」と呼ばれる。

(22) 王立生「中国大学入学統一試験等の認証システムについて」『日本語教育振興協議会ニュース』No. 101、二〇〇八年、四〇―四五頁

(23) 同上書、四二頁

(24) 教育渉外服務与管理叢書編集委員会編『自費出国留学指南』高等教育出版社、二〇〇五年、四七―五五頁

(25) 同上書、二一七―五六三頁

(26) 同上書、四一―四三頁

(27) 『神州学人』二〇〇四年第七期、六・七頁

(28) 教育渉外服務与管理叢書編集委員会編、前掲書、二五・二六頁

(29) 陳鉄源『留学&拉致――来自中国海外留学生問題報告』世界知識出版社、二〇〇四年、八・九頁

第八章　中央政府における帰国奨励政策

一九九二年以降の社会主義市場経済において、在外留学者の有する先進的な科学知識と海外経験の重要性が高まった。中央政府は帰国奨励政策として、海外公報活動や国内の就業・生活条件の改善に本格的に取り組んだ。やがて「科教興国戦略」と「人材強国戦略」という国家建設の方針のもとで帰国奨励政策は強化されていくが、その対象は在外留学者の中の高水準の留学帰国者に次第に限定されるようになった。本章では、それら政策と制度の変遷及び現状を明らかにする。

第一節　不帰国現象の原因と対策

1　グローバリゼーションの負の側面

一九六〇年代から海外留学は、途上国において国民経済の「発展」の概念及び人々の社会的上昇志向と結びついて活発化した。その結果、途上国から先進国に向かう留学潮流が生まれ、次第に大規模化していった。同時に、途上国の優秀な人材が留学から帰国しないという現象が顕著になった。途上国から先進国に公費派遣される留学者は途上国では数少ない優秀な人材であり、自費留学の中にも多くの優秀な人材がいる。彼らの不帰国によって、国家が彼らの成育と教育にかけた時間と経費が国家の「発展」に還元されなくなると考えられた。ここに国家的損失が問題化した。

一九九八年十月九日、パリにおいてユネスコの高等教育に関する世界会議が開催され、「二十一世紀の高等教育に向けての世界宣言：展望と行動」が採択された。その第一六条は「頭脳流出」(brain drain) から「頭脳流入」(brain gain) へ向かって行動すべきだという指針であった[1]。

「頭脳流出」は食い止められなければならない。それは社会・経済的発展を加速するために必要なハイレベルの専門家を、発展途上国や先進国の仲間入りをしつつある国々から奪ってしまう。国際的な協力計画は、南北間の長期的協力関係に基づき、また途上国間の協力を促進するものでなければならない。…

発展途上国の研究者・学生が、国外の学術ネットワークの中心地で専門的かつ集中的な短期研究をする計画が重視されるべきである。熟練した研究者・専門家を（祖国に）引きつけ留まらせるような環境を創り出すことが考えられなければならない。高度の訓練された学者・研究者がその出身国へ永続的または一時的に帰ることを容易にするために、国家的政策や国際的な取り決めが必要である。それと同時に、「頭脳流入」の実現に向けた努力が必要である。それは国際的な側面を持つゆえに途上国における高等教育機関の設立と強化に貢献し、途上国の潜在力を最大限に生かすものである。

（ユネスコ「二十一世紀の高等教育に向けての世界宣言」）

このように、先進国が発展途上国や低開発国から高度人材を獲得するという従来の方法を批判し、その方法の軌道修正を求めた。他方、「頭脳流出」を食い止めるために、途上国側に対して高度に熟練した留学人材が帰国したいと思えるような良好な環境を国内に整える努力を求めている。このようなユネスコ的観点から眺めると、中国の帰国奨励政策は、留学人材の「潜在力を最大限に生かす」ために不帰国現象という課題に取り組んだケースと言えるだろう。

2　不帰国の原因究明

改革開放後、海外留学は国家の至上命令である四つの近代化（四个現代化：農業・工業・国防・科学技術の近代化）を推進する人材を育成する重要な手段と位置付けられた。留学派遣政策の成否は、留学帰国者がその能力を十分に発揮するか否かによって決まると言えるだろう。従って、国家としては公費留学者には必ず期限までに帰国してもらわなければならないし、優秀な自費留学者にもできれば帰国してもらいたい。だが、公費・自費を問わず、留学者の中に帰国しない傾向が生じてきた。

米国・カナダ・オーストラリアなど移民国家に定住する例が次第に増加した。特に、一九八九年六月四日の天安門事件直後には各国で永住権および国籍取得の申請者が大量に現われた。留学帰国者の近代化への貢献が期待されているだけにこの現象は問題視された。当然のことながら、彼らの不帰国を防止し、かつ帰国を促進することが重要な政策課題となった。

ところで、不帰国の原因について、それを助長したと思われる天安門事件の前後に様々な見解が発表された。陳昌貴（一九九六）は代表的意見を四人紹介している。(2)

(1)　台湾の研究者である劉勝驥（一九九一）は四つの原因を挙げる。①大陸の就業環境と給与待遇が悪い。②博士学位取得のために、あるいはポスドク研究のために留学期限の延長が希望されている。③政治に対する信頼がない。④海外に慣れ親しんだので離れがたい感情が生まれている、という。

(2)　同じく台湾の研究者である高哲翰・鄧綺華（一九九二）も四つの原因を挙げる。①中央政府が「四つの基本原則」を堅持しているために就業環境が悪化しており、また給与待遇が低い。②中央政府による教育・科学技術・文化などの事業への財政投入が少ないので、これらの分野で働く人々の就業条件が悪い。③合理的な官僚制度を欠き、党利を重視して、知識分子の権益を無視している。④政局が不安定で、政策が変転し過ぎる。政治が一切の方向を決めているので、学術研究の自由が失われている。研究者は外国で発展の機会を求めるし

表 8-1　不帰国現象の主要な原因

順位	帰国の促進要因	順位	帰国の阻害要因
1	家庭の紐帯	1	国内の政治が不安定である
2	国内で比較的高い地位を得ることができる	2	国内の就業条件と就業環境は米国との格差が大きい
3	国内は自分の事業を展開するのに有利である	3	国内の生活水準が極めて低い
4	愛国	4	子どもの発展が困難である
5	中国文化に引き寄せられる	5	中国では移動が難しく，事業の発展に限界を受ける

出所）陳昌貴（1996）110 頁より作成

かない、というものである。

(3)　大陸の研究者である黄新憲（一九九四）の挙げる四つの原因は、①国内の知識分子の地位が低い。留学者は改革開放政策の持続性と政治局面の安定性に疑念を持っている。②国内の科学技術部門の就業条件（設備等）が先進国と差がある。③留学者に対する国内の期待が高すぎるので、多くの人が「功なり、名遂げて帰国する」という態度を持つことになる。④世界的な人材争奪戦が留学者の不帰国を助長している、というものであった。

(4)　同じく大陸の研究者である李申生（一九九四）は次のような原因を挙げる。①建国以来、知識分子は政治闘争の対象となってきた。特に、文革では多くの知識分子が精神的・肉体的に回復できないほどの傷を受けた。②建国以来、教育と科学技術の事業に対する財政投入が少なく、経費・設備等の改善がなされなかったので、就業条件が悪い。③建国以来、低賃金・低消費の社会主義的福利制度が実施されたので頭脳労働が軽視され、大学・科学研究機関の教員・研究員はいつも極めて不公平であるという思いを感じてきた。④建国以来、ブルジョア階級を排除することを中心に据えた人事制度（論資排輩）を実施してきたので、多くの優秀な人材が才能を発揮できなかった、という。

以上、各意見の強調点は異なるが、国内における知識人の待遇と就業条件が海外に比べて劣悪であるという認識では一致している。しかし、陳昌貴

（一九九六）は、これらの見解はどれも主観的であって、客観的データの裏づけがなく、天安門事件の影響を多分に受けていると評する。そこで、実証的研究として、米国に滞留する中国人留学者二二二人の面接を実施、その結果から帰国に強く影響している促進・阻害要因を抽出した。それぞれの上位五つの要因を示したのが、表8－1である。帰国を最も促進する要因は、「家庭の紐帯」である。父母・兄弟と離れて暮らすことはできれば避けたいのであろう。帰国を最も阻害する要因は「国内の政治が不安定である」というものであった。知識人に対する政治的抑圧が再燃する心配が完全に払拭されていないと感じているのではないかと思われる。(3)

このような実証的な調査結果を基礎に、各研究者たちの個人的見解も含めて考えると、不帰国の原因は次のようにいくつかのカテゴリーに分類することができる。

① 政治の問題：政治が安定していない。言論の自由が保障されていない。知識人を冷遇する政策が続けられてきたので、それが急に変化するとは考えられない。

② 就職問題：中国では帰国後に適職が見つからない。自己の能力を十分に発揮できる環境がなく、良い職はすでにポストが埋まっている。

③ 待遇問題：中国の就職先（大学・研究機関・企業等）での給与・昇給・住居など待遇が悪い。

④ 就業環境の問題：中国では教育・研究に対する財政投資が少なく、特に、研究費・研究設備が不足している。

⑤ 子女教育の問題：帰国後の子どもの教育の支援が十分でなく、中国の教育制度の中で子どもは落ちこぼれてしまうという不安がある。

⑥ 事業展開の問題：中国で事業を展開するのに、そのインフラストラクチャーが十分に整備された地域は少なく、事業の発展に限界がある。

このような諸問題を解消していくことが不帰国現象を緩和し、留学人材を中国に還流させる方途であると認識されたのであった。

表 8－2　中国政府の在外留学者の帰国のための政策一覧

年月	重要政策	備考
1970 年代末以降	38 カ国の在外公館に 55 の教育組（処）を配置	約 2,000 の在外留学生団体および約 300 の在外研究者による専門学術団体を指導するため
1986 年 12 月	国家教育委員会「関于出国留学人員工作的若干暫行規定」発布	留学帰国者の管理政策の規定
1987 年以降	国家教育委員会による「優秀青年教師資助計画」の実施	国内の大学教員として採用する優秀な在外留学者に資金援助する。
1987 年 5 月	国家教育委員会『神州学人』創刊	（後述）
1989 年 4 月	教育部の法人組織として「中国留学服務センター」設置	（後述）
1991 年 9 月	国家教育委員会は「全国出国留学工作研究会」を設立	（前章既述）
1992 年 10 月	国家教育委員会は「留学回国人員証明」制度を開始	留学帰国者に対して，帰国前に在外公館で留学証明書を発給，帰国後の優遇処置を直ちに受けられるようにした。
1993 年 6 月	国家教育委員会は「留学人材，技術，項目供需信息網」を開始。1997 年「中国留学網」と改称する。	在外留学者に帰国政策や雇用情報をウェブ上で提供する。
1993 年 10 月	国家教育委員会「留学人員回国工作和辦理有関派遣手続的実施辦法」発布	
1996 年 4 月	国家教育委員会「春暉計画」実施	（後述）
1997 年 1 月	国家教育委員会と人事部は「全国留学回国工作会議」を共同開催する。	「優秀留学回国人員」318 人，「留学工作先進単位」25 を共同表彰
1998 年 8 月	教育部，「長江学者奨励計画」を開始する。	2004 年までに 605 人の長江学者特別招聘教授と 122 人の長江学者講座教授を 88 大学に聘任した。その中で海外から 299 人が帰国あるいは短期帰国した。

表 8－2　（つづき）

1999 年 2 月	教育部，「全国留学回国成果彙報会」を開催する。	105 人の優秀な留学帰国者が北京に招請されて会議に出席。帰国事業や創業経験について意見交換を行う。
2000 年 6 月～2001 年 6 月	教育部・科技部・人事部「国家留学人員創業園示範建設試点」事業を展開	留学帰国者の創業促進のため，留学人員創業園の模範例を 21 カ所確定する（後述）。
2000 年 1 月	教育部「関于妥善解決優秀留学回国人員子女入学問題的意見」発布	（後述）
2001 年 3 月～10 月	教育部（北京大学・中山大学委託）「公派出国留学効益評估」研究実施	（前章既述）
2001 年 5 月～12 月	教育部（北京師範大学委託）「留学回国人員科研啓動基金項目評估」研究実施	
2002 年 1 月	教育部「関于辦理高層次海外留学人材身分証明的通知」制定	
2002 年 10 月	教育部「関于吸引国外留学人員為西部服務，支持西部建設的通知」発布	西部地区に留学帰国者を就業させるための規定
2002 年 10 月	教育部「留学回国工作辦公室」設置	
2002 年 11 月 9 日	教育部『留学回国政策文献彙編』完成	
2003 年 9 月	教育部，中組部，中宣部，中央統戦部，人事部，科技部「関于表彰全国留学回国人員先進个人和先進工作単位的決定」を共同発布	311 人に「留学回国人員先進个人」の名誉称号，22 機関に「留学回国人員先進工作単位」の名誉称号を授与
2003 年 9 月 30 日	胡錦涛など党指導者は人民大会堂で「全国留学回国人員先進个人和先進工作単位表彰大会」に出席	胡錦涛（党総書記、国家主席）および曽慶紅（中央政治局常務委員、国家副主席）による講話

出所）苗丹国・楊暁京（2006）より筆者作成

3　不帰国現象に対する対策

中央政府は既に一九八〇年代初めから在外留学者の帰国を促す一連の政策を実行してきた。まず諸種の政策を時系列的に把握することにしたい。苗丹国・楊暁京（二〇〇六）は、諸政策の中から重要なものを選んで列挙しているが、表8－2はそれを執行順に並べたものである。様々な角度から帰国奨励政策が行われているが、大別すると六つのアプローチがある。

① 在外留学者個人および在外留学者団体に対する帰国広報・帰国指導
② 中国国内の大学・研究機関への就職斡旋
③ 留学派遣と帰国に関する政策研究の推進
④ 優秀な成果を収めた留学帰国者の表彰
⑤ 留学帰国者の創業支援
⑥ 西部地区への留学帰国者の就職促進

である[4]。

4　留学帰国率のデータ

在外留学者の帰国状況については、いくつかのデータが公表されている。表8－3は、一九七八年末から一九九八年末までの過去二〇年間の留学先国別の帰国状況である。これによれば、世界各国に海外留学した中国人は三〇万人で、帰国率は三三・三パーセントである。特に、米国留学は一六万人と過半数を占め、米国滞在中の留学者は一三万人である。その帰国率は一八・八パーセントであり、他の諸国に比べて最も低い。

次いで、帰国率が低いのは日本、カナダ、ドイツの五〇パーセント、そしてオーストラリア六〇パーセント、イギリス六二・五パーセント、フランス六三・六パーセントである。つまり、西側諸国からの帰国は少ないのである。

表8-3　中国人留学者の国別帰国率　（万人）

1978〜98年の留学先	総人数	留学帰国者数	在外留学者数	帰国率
米国	16.0	3.0	13.0	18.8％
日本	5.0	2.5	2.5	50.0％
カナダ	2.0	1.0	1.0	50.0％
ドイツ	2.0	1.0	1.0	50.0％
イギリス	1.6	1.0	0.6	62.5％
フランス	1.1	0.7	0.4	63.6％
オーストラリア	1.0	0.6	0.4	60.0％
その他	1.3	0.2	1.1	15.4％
合計	30.0	10.0	20.0	33.3％

出所）葉傳昇『人材戦争』中国文聯出版社，2001年，32頁

なお、表中の在外留学者の中には大学や研究機関に在籍する留学生や研究者は含まれているが、外国の語学教育機関に在籍する学生（就読生）は含まれていない[5]。

さて、中国では近年の順調な経済発展によって都市に就業機会が増え、留学帰国者は自然に増加する傾向にある。自然に帰国するとは、政策的な効果ではなく、留学者個々人の自由意志によって帰国することである。帰国の個別事情はそれぞれ異なるであろうが、母国で能力を発揮できる就職先がスムーズに見つかり始めたのである。

中国が帰国促進のための諸政策を実施し始めた理由は、諸外国の産業界が中国人留学者の高度な能力を自国産業等に吸収しようとする就業政策あるいは移民政策への対抗処置であると言えるであろう。シリコンバレーが好例であって、中国人留学者の知的産業部門での活躍は目覚しいものがある。だが、諸外国で活躍の場を得た在外留学者を取り戻すのに、国家の強制力を使うことはできない。在外留学者の個々人の自由意志を尊重することは最低条件である。彼らが自然に母国に帰ることを選択するように仕向けなければならない。つまり、諸外国との間の人材獲得競争とは、在外留学者にとって魅力ある帰国環境を国内において提供することに他ならない。

第二節　教育部の帰国奨励政策

1　二種類の帰国奨励政策

在外留学者に対する帰国奨励政策は二種類ある。ひとつは中国語で「回国服務」という。「服務」は一般に奉仕やサービスと訳されるので、「回国服務」は「帰国して祖国に奉仕する」という意味であると思われるが、この場合、もう少し深く読むほうが適切かもしれない。「服務」は誰に対してなされるかといえば、毛沢東『老三篇』に「為人民服務」（人民のために奉仕する）とあるように人民に対してなされるものである。そして、社会主義国家では知識人は労働者・農民階級に奉仕すべきだとされている。つまり、「回国服務」を意訳すれば、「知識人は帰国して労働者・農民階級に奉仕する」である。まさに社会主義国家における知識人の在り方を表現している。ここでは「帰国奉仕」と訳すことにしたい。

また、もうひとつの帰国奨励政策は「為国服務」である。「為国服務」とは、「海外に定住したままで、祖国に奉仕する」という意味で、「祖国奉仕」と訳すことができる。海外定住者が一時的あるいは短期的に帰国して様々な方式で祖国に貢献することを奨励するものである。

この祖国奉仕（為国服務）政策の背景にはやや複雑な心情が隠れている。一九九〇年代に入り、在外留学者の不帰国現象が顕著になったことは既に述べたが、留学終了後も留学先国で就職する者、永住権を取得する者、外国籍を取得する者が増加した。彼ら華僑・華人は、どちらも留学して海外に定住しているので、一括して「海外定住者」と呼ぶことにするが、このような海外定住者に対する複雑な心情が中国内には存在している(6)。

第一に、人材は中国だけでなく世界に属するものであり、各国の人材が交流して世界で活躍することは世界にとって好ましいという観点がある。これは国際的観点と呼ばれている。例えば、日本人選手がメジャーリーグや欧州サッカーチームに行き、逆に世界の選手が日本のチームで活躍することを考えれば、分かりやすい観点である。つまり、優秀な人材が中国で活躍するのも、海外で活躍するのも、どちらも同じくらい好ましいという意見である。

第二に、人材は一つの民族に属するという民族的観点がある。この観点に立てば、留学者が帰国しないのは民族の損失であり、頭脳流出であるとされる。留学者は学業が終われば、一刻も早く帰国するのが民族に対する義務であるという意見である。

第三に、留学者が一生帰国しなくても長期的に考えれば両国にとって好ましい結果を生むという互恵的観点がある。つまり、放っておいても、留学者は海外に滞在して中国との学術や経済交流に何らかの貢献をするに違いないという意見である。

写真4　教育部

第四に、短期的に見れば損失だが、一〇年後に帰国する人々もいるというように長期的に見れば損得の均衡が保たれるという均衡的観点がある。

では、中国政府はどの観点に立っているのだろうか。公費派遣に関しては民族的観点、自費留学に関しては国際的観点に立っていると思われる。また、海外定住者に対しては、国際的観点から言えば、有能な中国人が海外で活躍することは好ましいが、同時に民族的観点から言えば、有能な人材は中国でこそ活躍してほしいと考えるのである。こうした二つの観点の中間的観点として、海外定住者に対しては祖国奉仕（為国服務）政策が打ち出されていると言えるだろう。

2　帰国奉仕（回国服務）政策

（1）　帰国を促す四つの施策

一九七八年十二月以降の改革開放政策の下で、海外留学は先進諸国の知識と経験を中国に吸収する手段として奨励された。やがて米国、日本、欧州など西側諸国を中心にほぼ全世界に中国人留学者が滞在することになった。

その在外留学者の帰国奨励のために、中央政府は次の四つの施策を実施している(7)。

① 海外視察(出国慰問):政府による視察団が組織されたのは一九八三年十二月であった。教育部、外交部、中国科学院の三者は「看望出国留学人員小組」(留学者視察団)を組織して、党中央委員会と国務院を代表して、米国、カナダなどを訪問した。その後もこの視察は定期的に行われている。

② 帰国見学(回国匯報):一九八八年に国家教育委員会が在外留学者の代表者を帰国させて中国の現状を見学させるツアーを組織したのが始まりである。百聞は一見にしかずと言うが、中国の発展をその目で確認させるのである。

③ 留学成果の展覧(成果展覧):一九九〇年十一月、国家教育委員会と人事部が第一回全国留学帰国者の科学技術成果の展覧会を北京で開催した。この年から留学帰国者に科学研究費助成を提供し始めた。

④ 優秀者の表彰(表彰優秀):一九九一年一月、国家教育委員会と人事部は、教育・科学研究・生産部門の第一線で抜群の貢献をした留学帰国者三一〇人を表彰した。同年、国家教育委員会は優秀な在外留学者の帰国を促進するための招聘団を組織して海外に送ったのである。

(2) 留学帰国者に対する情報支援

総合誌『神州学人』は、唯一の在外留学者向け政府刊行物である。『神州学人』が創刊されたのは一九八七年五月中旬であった。二〇〇二年五月には創刊一五年を迎えた。これを祝して、五月号は特集を組んだ。黄宗宣「回憶創刊」など幾つかの記事は創刊の経緯を語って興味深い(8)。

一九七八年十二月の改革開放以降、中国人留学者は急増する。だが、彼らは外国にいて中国国内の報道を聞くことは稀であり、国内雑誌を読むことも稀であった。彼らは国内情報に飢え渇いていた。

黄宗宣は一九七七年から八三年まで駐米大使館で留学生管理に従事し、留学生の置かれた状況をよく理解していた。一九八四年春、留学事業に魅了されて、自ら進んで「欧美同学会」の幹部の一人となった。欧美同学会は中国初の留学帰国者団体である。清朝が倒れて中華民国が発足した翌年、一九一三年に結成された。植民地化されようとする祖国を救う目的で欧米から帰国した留学生たちによって創設されたのである。当時、既に創立七〇年を超えていたが、抗日戦争、国共内戦、文化大革命という長い動乱が続き、多年休会していた。一九八二年にやっと活動を再開したばかりであった。

一九八五年、黄宗宣は、欧美同学会の幹部である周培源、楊放之などに、外国に滞在する中国人留学者のために情報誌を創刊したい旨を提案して賛同を得た。その後、留学事業を管轄する「中央引進国外智力領導小組」の責任者であり、国務委員でもある張勤夫に雑誌の必要性を説いて同意を得、更に党中央宣伝部・中央対外宣伝小組の承認を経て、編集準備に取りかかった。

しかし、対外宣伝的な雑誌を発行するのは、欧美同学会のような民間団体では難しかった。編集作業に苦慮している時、一九八七年一月、中共中央と国務院の指示により、国家教育委員会が在外留学者を統一的に管理することになり、留学生向け刊行物を発行することが決まった。かくして黄宗宣らのやりかけていた編集作業は、国家教育委員会の管理と指導のもとで進められることになった。題は「神州学人」と決まり、題字は国家最高指導者であり、対外開放を唱導した鄧小平に依頼された。欧美同学会は当初、この雑誌の編集責任者の一つとなり、黄宗宣は神州学人雑誌社副社長（一九八七~九一年）に任じた。中国人留学者は現在、世界一三〇カ国に滞在している。総合誌『神州学人』は彼らのために留学関連情報や帰国情報などを提供している。一九九五年度からはインターネット版（電子版）の運営が開始され、二〇〇三年「神州学人網站」（www.chisa.edu.cn）と改称された。

（3）　中国留学服務センターの留学帰国者事業

すでに述べたように、一九八九年四月、国家教育委員会は管轄下に法人組織「中国留学服務センター」（中国留学服務中心）を設置した。その様々な業務の一つとして、公費・自費留学して大学専科以上の学歴を修得した留学帰国者に対して帰国情報や就職情報などを提供している。

現在、業務部門の一つである「回国人材処」では、主に次の業務を行っている。

① 政府の帰国奨励政策に関する情報を在外留学者に提供している。

② 一九九三年六月、在外留学者と国内雇用機関に対して双方の求職・求人情報を提供するためのウェブサイト「留学人材、技術、項目供需信息網絡系統」を開設した。在外留学者は中国留学服務センターあるいは在外公館に「海外留学人材信息項目表」（個人情報）と「海外留学人員技術・項目信息項目表」（修得した技術や関係するプロジェクトの情報）を提出すれば、このウェブサイトに無料でアクセスできる。一九九七年「中国留学網」と改称、様々な形式の祖国奉仕（為国服務）活動のための情報も掲載するようになった。

③ 在外留学者から国内での就職斡旋を依頼された際、地方政府の留学帰国者サービス機関に照会したり、逆に地方政府の留学帰国者サービス機関から就職斡旋を依頼されたりするという活動を全国ネットで展開している。

④ 留学帰国者の戸籍手続きや戸籍証明を行い、かつ帰国に際しての様々な問題に援助を与えている。

⑤ 帰国研究者の研究助成制度に関する窓口相談や申請受付・最初の審査などを担当している。

⑥ 一九九七年に設置した「留学人員档案室」の管理業務を行っている。

因みに、⑥の「留学人員档案室」とは次のようなものである。国を離れる海外留学者の「档案」（個人別履歴ファイル）を保管することは重要な問題である。職業に就いたことのない人々（例えば、大学在校生、大学卒業してすぐに海外留学した者など）の「档案」については人材交流センター（各省・市の人材交流中心、人材交流服務中心など）や各機関の「档案」管理機構では保管できない。そこで、出国手続きや帰国後の就職・戸籍手続きなどに便利なように「留学人員档案室」を中国留学服務センターに設置したのである。

この「留学人員档案室」に「档案」を保管してもらえるのは、次の六種類の留学者である。①国家派遣の本科生や大学院在籍学生、所属機関とは関係が切れている公費留学者。②自費留学者。それには高校在校生、高校卒業生、大学生、大学院生、大学卒業生、大学院修了生、辞職か離職した元在職者、そして親族・友人・学友を訪ねて出国し移民するなどして自らも自費留学者になった人。③香港やマカオで学習する本科生や大学院生。④シンガポールなどの国家から全額奨学金を受けている留学者。⑤国内の職場でほとんど就業したことのない留学帰国者。⑥就職が既に決まっていても、未だ就業していない身分で、職場がまだその「档案」を受け取ることができないでいる留学帰国者、等々である。これらの人々が申請して、自分の「档案」を「留学人員档案室」に預託している[9]。

（4）「留学回国人員証明」制度

一九九二年十月、国家教育委員会は「留学回国人員証明」を発給する制度を開始した。「留学回国人員証明」は、公費留学か、自費留学か、あるいは訪問研究員であったのか等、その留学身分と経歴を証明するものである。

在外留学者は帰国前に在外公館教育処（組）あるいは教育文化処（組）に赴き、「留学人員登記表」や旅券を確認され、学歴・学位証書、成績証明書、指導教員もしくは大学学部等による学習経歴の証明書（専攻、入学・卒業日時、学習成果などを記入）などを提出して「留学回国人員証明」を発給される。加えて、公費留学者は総括報告書や執筆論文を提出、訪問研究員は指導教員もしくは学校が発行した留学期間の証明書を提出しなければならない。

但し、この「留学回国人員証明」は、外国の高等教育機関や科学研究機関における正規課程の履修者、訪問研究員、進修生で、帰国するつもりの留学者に発給されるものであり、外国で語学学習をした「自費就読生」や留学者の家族、外国の会社等で研修を受けたり仕事をしたりした人には発給されない[10]。

この「留学回国人員証明」制度によって、留学帰国者は帰国前に国家や各地方の優遇処置を受けるための手続きをあらかじめ済ますことができるようになった。この「留学回国人員証明」があれば、留学帰国者は就職探し、創業、戸籍の変更、子女の就学、住居の購入、自動車の購入の免税措置、学歴・学位の認証などにおいて帰国後すぐに優遇措置の手続きを開始できるのである。

3　帰国研究者の支援政策

（1）　青壮年留学者の大学教員への導入策

一九八七年六月三十日、国家教育委員会は「優秀青壮年教師のための資金援助基金の申請問題に関する通知」〈関于申請〈資助優秀年軽教師基金〉有関問題的通知〉を発布し、基金を設立した。毎年数十名の優秀な青壮年大学教員に重点的に資金援助（一〇万元以内）するものであるが、大学が候補者を推薦するとき、その中に留学帰国者を半数以上含めなければならないと規定している。二〇〇三年末までの一六年間に二、二一八人に一・四億元の資金援助が行われた。この取り組みには優秀な青壮年留学者が国内の大学教員に応募するのを促す効果があるであろう。

また同じ頃、国内の大学では、国際化を進める一環として、優秀な留学者を公募あるいは推薦等により教員として採用する動きを活発化させ始めた。はじめ公募要領は党機関紙『人民日報（海外版）』や在外留学者向け総合誌『神州学人』に掲載されていたが、一九九〇年後半からインターネットの普及により各大学のウェブサイトに掲載されるようになった。

更に、教育部は二〇〇四年度から留学者対象の大学教員の求人情報（高校需求海外留学人材信息庫）を収集し始めた。二〇〇七年現在、「二一一工程」の大学、「九八五工程」の大学や国内の科学研究機関など一一一機関から約一万件近い求人情報を集めている。中国留学網、国家留学網、在外公館教育処、中国留学人員広州科技交流会などのウェブサイトを通じて、情報は世界中に発信されている。

（2）　科学研究費の支援

一九九〇年、国家教育委員会は留学帰国者がすぐに研究を開始できるように科学研究費を支給するための「留学帰国者科学研究始動基金」（留学回国人員科研啓動基金）を設立した。助成対象は海外で博士学位を取得し帰国後に大学や科学研究機関に勤務する留学帰国者に限定されている。一九九〇年後半に国家教育委員会留学生司は中央官庁と地方政府および一部の大学に「国外で博士学位を取得した留学帰国者の科学研究状況調査表」を送付し調査すると同時に、基金への応募を促した。これに応じて、十二月中旬までに八一機関二〇〇余人から科研費助成の申請がなされた。その中から審査を経て、一一三人を採用し数百万元の助成を行った。以来、この助成制度は継続されている。(11)

一九九八年十月、教育部は「留学帰国者の科学研究始動基金に関する暫定的規定」（留学回国人員科研啓動基金暫行規定）一五条を制定した。その第三条は、助成対象を次のように規定している。「国内・国外の博士学位を取得し、在外留学一年以上、年齢は四五歳以下、帰国後に教育・科学研究機関で教育や科学研究の業務に従事している留学帰国者は、帰国後二年以内に均しく申請できる」とする。

また第七条では、助成対象者の審査基準は、「1. 申請者の学術水準と科学研究能力、2. 申請者の専門が国内の需要に合致する度合い、3. 申請者の就業機関の関連学科が国内で持っている影響力、4. 申請者の就業機関が提供するソフト・ハード面での支援条件、5. 申請課題の効用・意義・先進性と実現性、6. 予算の合理性」であると明示している。

しかしながら、三年後、二〇〇二年一月三十一日、教育部の国際合作・交流司は「留学帰国者の科学研究始動基金の管理を強化する通知」（進一歩加強留学回国人員科研啓動基金管理的通知）を発布、助成対象等に関して規定を補充している。以下に全訳する。

留学帰国者の科学研究始動基金は一九九〇年設立以来、留学帰国者の教学・科学研究を促進し、彼らの帰国時の困難な段階での生活を援助し、多くの留学帰国者に歓迎された。科学研究始動基金の管理をさらに強化し、使用効率を高めるために、教育部上層部の同意を得て、以下のように規定を重ねて確認する。

一、留学帰国者の科学研究始動基金は、優秀な留学帰国者の帰国後の科学研究を始動するための問題を解決するのに使用する、かつ原則的には助成は一度だけで二度はしない（極めて少数の優秀な人材は例外である）。既に助成を得た後、再び出国する留学者に対しても、一般に二度も資金援助はしない。

二、助成の対象は、在外留学三年以上で博士学位を取得したか、あるいは国内で博士学位取得後に在外留学一年以上（一年を含む）になる者で、四五歳以下、帰国後に教育や科学研究に従事する優秀な留学帰国者でなければならない。

博士学位を未だ取得せず、かつ在外留学一年以下の進修生や訪問研究員は、もし重点的科学研究項目（重大科学研究項目）を持ち、専門家の特別推薦と審査評価があれば、助成を受けることができる。

三、申請者は我が部が制定した「留学帰国者科学研究始動基金申請表」（留学回国人員科研啓動基金申請表）を統一的に使用して申請する。教育部留学服務センターが、国家留学基金管理委員会の派遣した人員による申請も含めて、統一的に受理する。教育部留学服務センターは具体的に専門家を組織して審査評価し、その結果が教育部上層部の同意を得た後、教育部留学服務センターが関連経費を支払う。

四、専門家の作用を更に発揮し、審査制度を厳格にし、専門家の審査を通らなければ、助成を受けることはできない。審査中に、抜群に優秀な人材（優秀尖子人材）を慎重に見極め推薦しなければならない。また助成を強化するよう提案しなければならない。

五、国際合作・交流司は、留学帰国者の科学研究始動基金の管理と監督に責任をもち、経費の使用効率をさらに高めることとする。

（教育部国際合作・交流司「進一歩加強留学回国人員科研啓動基金管理的通知」）

中央政府の望む人材がこの文書に如実に表現されている。すなわち、四五歳以下の国内外で博士学位を取得した、しかもすでに優れた成果を上げている人物である。そういう人物には特別待遇を与え、帰国後に科学研究がすぐに始められるように科研費を助成するというのである。中央政府の要求する水準は非常に高く、極めて限られた少数の人物に焦点化した政策と言えるだろう。決して大人数を対象とするものではない。

この留学帰国者対象の科研費は一九九〇年から二〇〇六年までの一七年間に一・四万人が受給し、助成総額は四億元に達した。平均すれば毎年約八二〇人で、一人当り三〇万元である。しかし、帰国者が増加するにつれて、応募件数は増え、採用されるのは困難になっている。(12)

（3）　帰国子女に対する教育支援

在外留学者が帰国できない大きな原因は、帰国後の子女教育に対する不安にある。つまり、帰国後に母語能力の劣る子女が苛烈な受験競争についていけないのではないか、子女がせっかく身につけた外国語を忘れてしまうのではないかという問題があった。

この問題を解決するために、二〇〇〇年一月三日、教育部は「優秀な留学帰国者の子女の入学問題解決に関する意見」（関于妥善解決優秀留学回国人員子女入学問題的意見）を提出した。以下は全訳である。

一、「優秀な留学帰国者」とは、一般に国外の大学および高等教育機関で博士学位を取得した優秀な人材の中で、帰国就業している人員、また国外の永住権や外国籍を取得後に短期帰国して就業する人員を指す。これら人員の子女が我が国内で入学するときに遭遇する実際の困難に対して、各地の教育行政部門は各地の条件が許す状況下で、「適当に顧み、特別な事は特別に取り扱う」（適当照顧、特事特辦）という原則に従って、可能な限り便利な優遇条件を提供して、解決しなければならない。

二、九年義務教育段階の公立学校に入学して修学することを申請している「優秀な留学帰国者」の子女に対しては、一般に国家規定以外のその他の費用を徴収すべきではない。帰国して中学校入試あるいは大学入試に参加する「優秀な留学帰国者」の子女に対しては、各地で事情を斟酌して適切に対処する。

三、漢語を使用して学習するのが困難な「優秀な留学帰国者」の子女に対して、各地は事情を斟酌して、「バイリンガル・クラス（二言語教育班）」を開設し、漢語の水準が高まった後に、適当なクラスに変更して、正常に勉学できるようにする。条件が整う地方では、条件の比較的良い学校を一カ所あるいは数カ所指定して、「優秀な留学帰国者」の子女に入学させることもできる。

四、「優秀な留学帰国者」の中の「特殊で重要な貢献をした者」（その認定基準は各省・自治区・直轄市の人民政府が確定する）の子女が入学時に遭遇する特殊な問題に対して、事情を斟酌して「事柄を協議し、特別に許可する」（一事一議、特別審批）の方法で解決する。

各地の教育行政部門は各地の実際の情況に照らして上述の意見を行うよう、また上述の意見に基づいて各地の実際の情況に合わせて具体的な方法を決めるよう請う。

（教育部「関于妥善解決優秀留学回国人員子女入学問題的意見」）

これは「博士学位を取得した優秀な留学帰国者」の子女に限定される優遇措置である。しかし、留学帰国者の多くは博士学位を取得しているわけではない。彼らの子女教育については特別な対応は書かれていない。中国の受験戦争の中で取り残されていくという不安がまだ留学帰国者夫婦にはある。また、その不安は在外留学者夫婦にも強く存在する。こうした不安について留学帰国者団体は地方政府に解消策を建議している。だが、正式な文書として公表された解消策はない。例えば、優遇措置とは特定の大学学科の合格点を低く設定するなどであるが、公表されると必ず優遇反対の意見が出るので、公表されないのである。要するに、留学帰国者の子女の教育、即ち帰国子女教育の問題は重要な鍵であり、特別の配慮が既に陰でなされている。今後、中国では学校における帰国子女教育の諸問題が研究されなければならないだろう。

4　ポスドク流動ステーションによる留学博士学位取得者の帰国促進策

（1）　ポストドクター制度の発足

在米華人でノーベル物理学賞を受賞した李政道は、一九七九年に「中美物理聯考招生項目」（CUSPEA：China-U.S. Physics Examination and Application Program）という中国の最優秀な物理学人材（主に中国科学院大学院と北京大学大学院の在籍学生）に米国大学で博士学位を取得させる留学プログラムを提唱した。このＣＵＳＰＥＡは一九八〇年から八六年末までに約七〇〇人の学生を送り出し、非常な成果を収めつつあった。

このとき李政道は一九八三年三月五日、「科学研究流動ステーション設立についての初歩的建議」(設立科研流動站的初歩建議)、一九八四年五月十六日、「いかにしてポスドクの科技青年を案配するかについての建議」(関于如何安排博士后的科技青年的一些建議)を中国共産党・政府の指導部に提出し、ポストドクター制度の整備を訴えた。同五月二十一日、鄧小平は李政道夫妻に接見したとき、これらの建議について賛同の意を述べた(13)。

こうして、その二カ月後、一九八五年七月五日、国家科学技術委員会、国家教育委員会、中国科学院は「ポストドクター科学研究流動ステーションの試行に関する報告」(関于試辦博士后科研流動站報告)において設置案を提出し、国務院はこれを承認した。一九八五年七月より早速、「ポストドクター流動ステーション」(博士后流動站)が試行された。以下「ポスドク流動ステーション」と略すが、当時、外国で博士学位を取得した留学者が帰国後すぐに就職先が見つからないために海外に滞留するケースが非常に多かったので、ステーションで研究活動を継続しながら、研究職への就職を支援することにしたのである(14)。

また、一九八七年八月七日、「全国ポスドク管理委員会」(全国博士后管理委員会)は「ポスドク研究者の配偶者・子女で農村戸籍に属する者の生活補助問題を解決することに関する通知」(関于解決博士后研究人員配偶、子女属農村戸口者生活補助問題的通知)を発布して、ポスドクの誘致体制を整えた。以下は全訳である。

> 了解されているように、少数のポスドク研究者の配偶者や子女は農村戸籍に属する。彼らはポスドク研究者に従って一緒に流動する期間、都市の米・油や副食品の供給問題が解決されていないので、生活上に一定の困難を抱えている。この問題を妥当に解決することを検討し決定した。ポスドク研究者の配偶者や子女で農村戸籍に属する者は一人当たり毎月一五元の生活補助を給付、自由価格米や油を購入したり、副食の補塡費用とする。補助期限はポスドク研究者に従って流動した月から、ステーションを離れるまでとする。この補助はポスドクの日常経費より支出する。各ステーションはこれに照らして執行するよう求む。
>
> (全国博士后管理委員会「関于解決博士后研究人員配偶、子女属農村戸口者生活補助問題的通知」)

ここに決定された一人当たり毎月一五元の補助は少額であると思われるが、とにかく、配偶者や子女の生活に配慮し、支援を始めたことは画期的であった。

こうして、一九八六年に全国初の留学博士がスイスから帰国し、復旦大学の「ポスドク流動ステーション」に入学した。それ以来、一九九二年末まで、累計約一、八〇〇人が「ポスドク流動ステーション」で研究に従事した。中央政府は「ポスドク流動ステーション」を経費面で支援するほか、約三〇の政策文書を発布して、ステーションに関する採用、給料、福利厚生、戸籍転換、配偶者・子どもの処遇、住居問題、在任期間終了後の就職、ポスドク研究資金援助などについて規定している⑮。

ステーションの数は年々増加し、一九九二年までに二八三カ所に達した。設置された学科は、ほとんどが自然科学分野で、理学、工学、農学、医学の四分野に集中している。唯一、北京大学に社会学のステーションが設置されていた。

（2）　社会科学分野の「ポスドク流動ステーション」発足

一九九二年八月、「全国ポスドク管理委員会」は社会科学分野における「ポスドク流動ステーション」を一三の大学・研究機関に一六学科新設することを承認した。これによって社会科学分野のステーションは合計一七カ所になった。表8－4を見れば分かるように、分野としては経済学が最も多い。同一九九二年一～二月の鄧小平の南巡講話を受けて、中国の市場経済化の動きが加速化するのに合わせ、経済学分野の専門的研究の必要性が高まったことが背景にあると思われる。更に、既設の社会学に加えて、法学、中国語言文学、外国語言文学、歴史学など四種の学科にもステーションが設置された。

ところで、「ポスドク流動ステーション」の建設を支援するために、多くの官庁・企業・個人から「中国ポスドク科学基金会」（中国博士后科学基金会）に多額の寄付がなされた。例えば、海南賽格国際信託投資公司は七二万元、中国工程物理研究院や北京中自技術公司や北大方正集団公司や北京科技大学はそれぞれ二〇万元を寄付した。

表 8－4　1993 年現在，社会科学分野の「ポスドク流動ステーション」

	設置大学	ポスドク流動ステーション
1 2 3 4	北京大学	社会学博士后流動站 経済学博士后流動站 中国語言文学博士后流動站 歴史学博士后流動站
5 6	中国人民大学	経済学博士后流動站 法学博士后流動站
7	中国社会科学院世界経済・政治研究所	経済学博士后流動站
8	中国社会科学院数量・技術経済研究所	経済学博士后流動站
9	中国社会科学院法学研究所	法学博士后流動站
10	中国社会科学院近代史研究所	歴史学博士后流動站
11	南開大学	経済学博士后流動站
12	復旦大学	経済学博士后流動站
13	厦門大学	経済学博士后流動站
14	上海財経大学	経済学博士后流動站
15	武漢大学	法学博士后流動站
16	北京師範大学	中国語言文学博士后流動站
17	北京外国語学院	外国語言文学博士后流動站

出所）『人民日報（海外版）』1993 年 8 月 12 日付の記事より作成

また、北京聯想計算機集団公司は三万元、中国科学院物理所は二万元を寄付している[16]。

人事部・国家教育委員会は一九九二年八月十八日、「優秀な留学博士が帰国して、ポスドクとなることを更に進めることに関する通知」（関于進一歩争取優秀留学博士回国做博士后的通知）を発布。その内容は次の通りである。①外国での博士学位取得者で年齢四〇歳以下の者はポスドクになることを申請できる。②ポスドク流動ステーションでは各年度の定員に制約されずに留学博士を受け入れることができる。③ポスドク流動ステーションは留学博士との間に「博士后科研工作協議書」を取り交わし、研究内容・目標・期限（一般に二年間）、待遇等を含む双方の権利・義務を明確にする。④ポスドク研究員が協議書に規定する研究を完成した後、自費で再出国することを申請した場合は中国留学服務センターが四〇日以内にパスポートを手配する。その家族のパスポート発給も手伝う、等々である。これは在外留学者の疑念を解消し、往来自由を保証し、権利・義務を明確にして、ポスドクを誘引するのに有利な条件を作り出すものであった。

こうして二〇〇三年現在、全国の「ポスドク流動ステーション」は四三一カ所に増えた。政府人事部は、研究開発を進める諸条件が備わっている大型企業やハイテク企業、留学人員創業園などが、ポスドク流動ステーションを設立することで更にその数を二〇〇五年までに一、〇〇〇カ所にするとしている。[17]

5　祖国奉仕（為国服務）政策

（1）「春暉計画」の発足

さて、祖国奉仕（為国服務）政策として、一九九六年に「春暉計画」が立案された。その正式名称は「国家教育委員会資助留学人員短期回国工作専項経費」である。海外定住者が短期的に帰国して国家貢献するのに助成する事業である。翌一九九七年国家教育委員会は「〈春暉計画〉実施暫定法の発布および一九九七年度助成案に関する通知」（関于発布〈春暉計画〉実施暫行辦法及一九九七年度資助方案的通知）を発布、計画は実施に移された。以下はその全訳である。

一、国家の留学工作の方針を貫徹し、在外留学者が多種多様な方式で祖国に貢献することを支持し、かつそれに必要な条件を作り出すために、国家教育委員会は〈春暉計画〉を特に制定する。これによって広大な留学者に社会主義現代化建設において十分に作用を発揮せしめ、彼らが我国の科学と教育等の事業の発展に功績を挙げることを奨励する。

二、〈春暉計画〉の趣旨と内容を実施するために、国家教育委員会は在外留学者の短期帰国事業を資金援助するための特別経費を繰り出す。

三、本特別経費の助成範囲は以下のものを含む。

1、国内の主催部門が国際的な会議あるいは高レベルの重要な専門学術会議に帰国して参加するよう要請する場合に認める。
2、国内で実施される全国的な科学会議あるいは重要かつ最新の科学技術や教育の研究会に参加を要請する場合に認める。
3、国内機関が国内ではまだ空白に等しいか、あるいは高レベルであるところの科学の共同研究や教育交流に参加を要請する場合に認める。
4、国家教育委員会や在外公館教育処（組）が認めるその他の短期帰国奉仕活動。
四、本特別経費は、すでに博士学位を取得し、その専門領域で抜群の学術成果を得ている優秀な留学者（すでに外国の長期（永久）居住権あるいは留学先国に再入国する資格を有する者を含む）に優先的に助成する。申請者は国内の受け入れ機関（招請単位）となり、短期帰国工作の計画を実行しなければならない。
五、本特別経費は、我国の経済建設や社会発展に今すぐ求められている「国家の科学技術や教育に関する重点重大計画」における共同研究に対して優先的に助成する。それは次のものを含む：国家攀登計画、国家自然科学基金重点重大項目、国家八六三計画、国家重点科技攻関計画、国家産学研計画や国家教育委員会の各種の重大科技・教育計画。また国家レベルの科学研究基地（重点実験室や工程センターなど）や人材育成基地の建設、二十一世紀の重大な教育改革計画および「二一一工程」の重点建設項目に関連する共同科学研究や教育交流活動に参加する場合である。
六、本特別経費は、国内外で申請することができる。国内審査を経て国外で支給する。国家教育委員会は「資助留学人員短期回国工作専項経費（春暉計画）」の審査小委員会（審査小組）を設置し、各年度に助成する重点学科領域や専門分野の方向（専業方向）および重大項目や学術活動の内容等の事項を審議して定める。
七、申請審査の順序
1、国家教育委員会の審査小委員会（審査小組）を確定する。
2、在外留学者は直接わが在外公館教育処（組）に申請を行い、必要な申請書類を提出することができる。申請者は「資助留学人員短期回国工作専項経費〈春暉計画〉申請表」に記入し、本人の短期帰国工作計画の段取りや関連する手紙および本人の学術成果を証明する資料（本人の略歴、発表した学術論文の目録、国内外の専門家あるいは在外公館教育処（組）の推薦状など）を添付する。申請者は少なくとも短期帰国工作の三カ月前に申請すること。
3、在外公館教育処（組）は申請書類を審査して意見を国家教育委員会外事司に報告する。
4、国内の受け入れ機関（招請単位）もまた規定によって直接国家教育委員会に申請することができる。
5、国家教育委員会は専門家を組織して申請書類を評価する。
6、国家教育委員会は専門家による評価意見に基づき、助成対象者の名簿を決定して、〈春暉計画〉審査小委員会に報告し、小委員会が審査を行う。
7、国家教育委員会外事司は審査結果を在外公館教育処（組）に通知する。
・八、本特別経費は、原則として、留学者の短期帰国工作の片道の国際旅費に使用する。
九、国家教育委員会は年中いつでも申請を受理する。一般に三カ月ごとに一回集中して審査を行い、助成対象を選択する。
（国家教育委員会「関于発布〈春暉計画〉実施暫行辦法及一九九七年度資助方案的通知」）

一九九七年度「春暉計画」の主な重点学科領域は、①エネルギー、②電子情報技術、③先進的な製造技術、④生命科学と生物工学技術、⑤材料科学と工学、⑥農業の持続的発展という六領域であった。これら領域に関する研究開発のために海外定住者を短期で招請するのである。その他の助成対象を含め、表8－5のように公示された。助成対象となる学科領域は毎年更新され、新たな研究協力要請が全世界の海外定住者に向かって提示されている。

（2）「春暉計画」の公開募集

中国留学服務センターは、「春暉計画」を利用して、「遼寧省の大中型国有企業の抱える技術問題」を解決するために、世界各地に定住している留学者に向かって協力を求めた。一九九七年七月二十三日『人民日報（海外版）』紙上に公開状を掲載した。公開状は「春暉計画」募集の状況をうかがわせる。以下、全訳である。[18]

表8－5　1997年度「春暉計画」の主要な助成対象

重点学科領域	エネルギー，電子情報技術，先進的な製造技術， 生命科学と生物工学技術，材料科学と工学，農業の持続的発展。
専門分野の方向	電子学と情報システム，マイクロエレクトロニクス（微電子技術）， 生物医学工学，石炭利用工学，インターネット技術， 情報機密保持技術，環境工学，化学工学，節水農業と農業設備， 植物生物工学，自動車のエレクトロニクス，核エネルギー利用， 液体・固体廃棄物処理技術，純粋数学（核心数学）
重大項目	CERNET，技術研究と大型応用研究（清華大学等）， 石炭粉液化技術（清華大学，東南大学）， CAD応用工学技術開発（清華大学，華中理工大学）， 生物技術の最前線の科学研究（華東理工大学）， フランス留学者の中西部（甘粛省）建設プロジェクト， 留学者による大中型国有企業改革・技術改造奉仕プロジェクト
重点学術会議	インターネット技術高レベル国際学会（清華大学等） 旱魃農業・農業施設国際学会（蘭州大学等） 環境と工学地球物理国際学会（成都理工学院等） 21世紀高等工学教育人材育成モデル会議（浙江大学） 各国科学技術体制改革の高レベル学術会議（西安交通大学） 同歩輻射国際会議（北京大学・中国科学院） 中国97年度北京研究生教育国際学会（北京大学等） 微電子工業発展の鍵となる技術（北京大学・清華大学） 青年学者国際光電子学会（清華大学等） 複合材料加工過程の可視化研究（北京大学） 発達遺伝学と進化遺伝学研究（復旦大学） 先進機械製造技術（上海交通大学）
国内で実施される国際学術会議	○中国科協主催：第13回国際化学会議，97年度衛星通信国際会議， 第2回国際超声医学工学学会，第7回国際流体力学会議， 第14回国際酵素工学会議，第1回国際遺伝子治療学会 ○中国科学院主催：国際土壌浸食と旱地農業学会， 国際計算科学と工学会議，アジア国際情報･通信安全会議， 第6回国際電分析化学学会 ○農業部主催：第2回中国国際農業科学技術会議 ○衛生部等主催：世界医薬衛生会議

出所）国家教育委員会HPより作成。なお，表中のCERNET（The Chinese Education and Research Network）は，全国主要な大学に教育・科学技術に関する情報提供を行うネットワークである。

留学者各位

近年、留学帰国者の人数は年々増加し、留学帰国者は祖国の各種の建設において重要な作用を発揮しています。在外留学者は各種の方式で祖国貢献をする熱情をずっと持ち続けており、ますます多くの留学者がこの熱情を諸行動に付しており、また多くの留学者が祖国のため、家郷のため、母校のために実事を行っています。あなたも如何にして祖国の経済建設のために働くか、貢献するかと考えていることでしょう。このため、私たちはあなたが帰国して才能を発揮し、抱負を実現する機会を提供します。

広大な留学者が適切に我国の経済建設に貢献できるために、国家教育委員会は遼寧省が在外留学者を遼寧に招聘して企業の技術的難題を考察し、解決することを積極的に支持いたします。遼寧には工業企業が二・六万社あります。そのうち大中型企業は一、二六〇社で、全国の一〇分の一を占めています。これら企業の大部分は改革と技術更新の問題に直面しています。今年一月、遼寧省は企業の発展を阻害している三四項目の難題を選んで、私たちのウェブサイトに載せました。留学者から強い反応があり、多くの留学者が難題解決に協力できると申し出ました。最近、遼寧省はまた企業の実際の状況から二〇項目の技術難題を精選し、広大な海外留学者が企業のために難題を解決してくれること、企業の発展のために方策を提起してくれることを求めています。

具体的には、留学者は自分が解決できる技術難題を選び、個人名あるいはグループ名で私たちに申請してください。国内外での学習歴・職歴、難題解決の可能性についてのレポートを提出してください。同時に、あなたの連絡先、電話、ファックス、Eメールを付してください。私たちは専門家を組織して選評します。入選者は国家教育委員会の「春暉計画」助成を獲得できます。詳しくは、中国留学服務センター投資事務処あるいは遼寧省教育委員会外事処にご連絡ください。

（中国留学服務センター「〈春暉計画〉募集の公開状」）

すなわち、遼寧省や企業の抱える技術的問題に対して、在外留学者の協力を公募したのである。通常は技術的問題を解決するために国内外の大学等の研究機関に自治体や企業が高額の研究費を支払って研究委託するという方法が行われている。それを在外留学者に依頼する方策なのである。これには在外留学者の注意を祖国に向ける宣伝効果もある。「春暉計画」に期待されている重要な効果である。

（3）海外留学人材の学術分野での活用

二〇〇〇年十一月十三日、教育部は「春暉計画の中に海外留学人材が休暇帰国し学術に従事する項目を立てることに関する通知」（関于設立〈春暉計画〉海外留学人材学術休暇回国工作項目的通知）を発布した。海外の大学に教員・研究員として就職した元留学者が、中国の大学に招聘されて、休暇を取って帰国し、教育・研究に従事するケースが年々増加してきた。このようなケースを更に増やすために、往復国際運賃や奨励費の給付制度などを「春暉計画」の一環として行うことにしたのである。附件「〈春暉計画〉海外留学人材学術休暇回国工作項目実施辦法（試行）」二二条には、以下のように第二章、第四章に海外留学人材の条件や待遇規定がある。以下に訳出する。

第二章　招聘条件

第四条　招聘対象は国外の著名大学あるいは優秀な学科で助手以上の専門技術職務に任じ、かつ専門分野で重要な成果を上げたと国内外に認められた我が海外留学人材である。

第五条　海外留学人材が帰国して仕事をする場合、国家重点領域やハイテクなどの新学科や大学の重点学科に所属し、その領域は情報科学、生命科学、材料科学、資源環境科学や農業、エネルギー、法律、経済、管理科学でなければならない。

第六条　招聘する海外留学人材が招聘大学で仕事をする期限は六カ月から一年とする。

第四章　資金助成方式

第一二条　教育部は招聘を受けた海外留学人材に往復国際運賃を提供する。

第一三条　国家の関連規定の精神に則って、国内招聘大学は同レベルの専門技術職称を有する人員の給与標準の五～八倍相当を、招聘する海外留学人材の職務（地位）の奨励手当として給付すべきである。教育部は助手、准教授、教授の奨励手当の標準をそれぞれ毎月五、〇〇〇元、七、〇〇〇元、八、〇〇〇元とし、大学には補助を提供する。教育部の補助経費は教育部留学服務センターを通して、海外留学人材回国休暇の資金助成に関する通知に基づいて、年二回に分けて招聘大学に給付する。

第一四条　国内の招聘大学は招聘する海外留学人材に無償で宿舎を提供するか、宿舎費を提供する。

第一五条　国内の招聘大学は招聘する海外留学人材に医療保険を提供する。もし招聘される人員がすでに医療保険を持ち、それが中国にいる期間も有効であるならば、招聘大学と招聘される人員は協議契約時に相互に医療保険の保障方法について明確に説明すること。

第一六条　国内の招聘大学は必要ならばある程度の学術活動費を提供して、招聘する海外留学人材のために良好な職務・生活条件を創造するよう尽力すること。

（教育部「〈春暉計画〉海外留学人材学術休暇回国工作項目実施辦法（試行）」）

このように、国内の大学が重要な学術分野を強化するために海外に定住する研究者を六カ月〜一年間の短期間だけ活用するルートを制度化した。これは中国の大学が先進国の科学研究の成果を常時かつ直接的に吸収できるルートであると言えるだろう。

第三節　人事部の帰国奨励政策

1　人事部の職務

（1）人事部の人材管理の領域

一九九八年三月、中国共産党第一五期中央委員会第二回総会（中共十五届二中全会）と第九期全国人民代表大会

第一回会議（九届全人大）において「国務院機構改革方案」が審議され了承された。国務院の機構改革では、職能・機構・人員編成が改革され、かなりスリム化された。人員総数は四七・五パーセント削減された。

さて、その際、従来の「労働人事部」は廃止され、その職務は新設の「人事部」および新設の「労働と社会保障部」に分割された。その中にはそれ以外の他部門に移譲されたり、他部門の職務だったものが新たに加わるなどしている。このときの組織再編を簡便に紹介した『中央政府組織機構』（改革出版社、一九九八年）によれば、新設の人事部には多数の職責があるが、人材管理においては国家公務員、全国の「専業技術人員」、大型国有企業の経営管理者という三種類の人材を担当することになった[19]。

人材管理に関する職務には次のようなものがある。

1．全国の「専業技術人員」の管理・確保を行い、高級専門人材の育成計画および育成業務を行う。

2．政府特別手当を支給するため、抜群の貢献があった中年・青年専門家を選出する。また帰国定住する専門家の管理を行う。

3．留学帰国者の帰国後の就職調整・科学研究費助成の業務を行う。

4．「専業技術人員」の継続教育を行う。

5．中堅的な「専業技術骨干人材」の出入国と外国機関が中国で彼らを招聘することに関する管理政策を策定し実施する。

6．人材流動政策を策定する。

7．人材市場の発展と規範化を行う。

8．大学卒業生の就職制度改革や就業政策の策定に参画する。

9．国家がすぐに必要とする大学卒業生に関する就業配分計画を提出する。

10．国家が特別に必要とする人材を選抜する。

11．「農転非」政策法規の策定と実施を分担する。（「農転非」とは、農業戸籍から非農業戸籍へ変わること）

以上のように、人事部の人材管理に関する職務には、上記2・3のような留学帰国者に関するものが含まれている。人事部は留学帰国者の動向に一定の責任を負っているのである。[20]

（2）専業技術人員の位置づけ

人事部の管理対象である国家公務員とは中央政府・地方政府の官吏を指す。大型国有企業の経営管理者は説明するまでもないだろう。だが、「専業技術人員」については若干の説明が必要であろう。これは中国では漠然とした一般名詞ではない。『中華人民共和国職業分類大典』（中国労働社会保障出版社、一九九九年五月）によれば、中国における職業は表8-6のように、八つに大分類される。[21]

この八つに大分類された中のひとつが「専業技術人員」である。では、それは誰を指すのか。その中身は更に一四の中分類、一一五の小分類、三七九の細分類がなされている。中・小分類は表8-7に示す通りである。

なお、陳学芸主編『当代中国社会階層研究報告』（二〇〇二年）によれば、中国現代社会は所属組織・経済状態・文化状態という三つの基準で、「上層」の党・国家の指導幹部や企業経営者から「低層」の農民・労働者まで、「上層・中上層・中中層・中下層・底層」の五つの「社会等級」に分けられ、それは同時に一〇の「社会階層」を成しているという。上層から順に挙げれば、①「国家と社会の管理者」階層、②「経理人員」階層、③「私営企業主」階層、④「専業技術人員」階層、⑤「辦事人員」階層、⑥「個人工商戸」階層、⑦「商業サービス業の従事者」階層、⑧「産業労働者」階層、⑨「農業労働者」階層、⑩「都市の無職・失業・半失業者」階層である。すなわち、「専業技術人員」は社会階層の中で中上層に属すると考えられている。[22]

2 「専業技術職務名称」の沿革

中国語の「専業技術職務名称」制度（以下、「職称制度」と略す）に関して若干解説しておきたい。職称制度とは「専業技術人員」を能力・経験・実績を基に初級・中級・高級の三等級に格付けする国家職業資格制度である。職

表 8－6　中国における職業の８大分類

1	国家機関，党組織，企業，事業単位の責任者
2	専業技術人員
3	辦事人員と関係者
4	商業，サービス業人員
5	農・林・牧・漁・水利業生産人員
6	生産，運輸設備操作人員と関係者
7	軍人
8	分類できないその他の従業人員

出所）『中華人民共和国職業分類大典』中国労働社会保障出版社，1999 年

表 8－7　中国の専業技術人員の種類

14 の中分類	115 の小分類	小分類数
科学技術人員	哲学研究人員，数学研究人員，物理学研究人員など	18
工程技術人員	石油工程技術人員，冶金工程技術人員など	35
農業技術人員	土壌肥料技術人員，植物保護技術人員など	7
飛行機・船舶技術人員	飛行人員と領航人員，船舶指揮と引航人員など	3
衛生専業技術人員	西医医師，中医医師，民族医師，公共衛生医師など	9
経済業務人員	経済計画人員，統計人員，会計人員，国際商務人員など	6
金融業務人員	銀行業務人員，保険業務人員，証券業務人員など	4
法律専業人員	法官，検察官，律師，公証員，司法鑑定人員など	7
教学人員	高等教育教師，中等職業教育教師，中学教師など	7
文学芸術工作人員	文芸創作と評論人員，楽器演奏員，美術専業人員など	8
体育工作人員	体育工作人員	1
新聞出版，文化工作人員	記者，編集，考古及び文物保護専業人員など	8
宗教職業者	宗教職業者	1
その他専業技術人員	その他専業技術人員	1

出所）『中華人民共和国職業分類大典』中国労働社会保障出版社，1999 年，16–33 頁より作成

業資格が公費留学派遣の選考基準にされることもあり、また職業資格基準に照らして留学者の帰国時の待遇が決まることもあるなど、留学者に直接関わる重要事項である。

さて、新中国の職称制度の発達は、潘晨光・何強（二〇〇九）によれば、四期に分けられる。[23]

第一期は新中国成立から文革終結までで、「技術職務任命制」が実行された。高等教育・科学研究・医薬衛生・工程技術・農業技術の五分野における科学技術人員の称号に関する条例を作成し、その学術・技術の称号を位階の名称とした。即ち、科学研究員や大学教員に対して、到達すべき学術水準（未だ学位制度が確立されていなかった）や仕事の能力や業績に基づいて学術・技術の称号を定め、ポスト名の代わりにこれを付与したのである。しかし、文革期には人材の能力の客観的評価が軽視され、「技術職務任命制」はほとんど停止した。

第二期は文革後の一九七七年から一九八三年までの「職称評定制」の復興期である。一九七七年、中共中央は「全国科学大会を開催する通知」を発布し、「技術職称を回復し、試験制度を確立し、技術ポスト責任制（技術崗位責任制）を実行する」と記した。以降、「知識を尊重し、人材を尊重しよう」という方針に則して、各分野の職称が随時決定されていった。すなわち、一九七八年に国務院は、一九六〇年発布の「大学教員の職務名称及びその確定と昇格方法に関する暫定的規定」（関于高等学校教師職務名称及其確定与提昇辦法的暫行規定）を復活させ、また一九七九年に衛生部の「衛生技術人員の職称及び普通昇格条例（試行）」（衛生技術人員職称及普昇条例〈試行〉）を承認した。一九八一年には人事局が会計・経済・統計・図書档案資料・翻訳・新聞記者・編集の七分野の職称を提起した。

この時期の「職称評定制」の特徴は、専門家による能力・成績の審査によって職称が確定されたことである。ただ、これら職称は特定のポストに求められる性質のものではなく、賃金とも連動せず、更に一度獲得すれば、更新せずに一生享有できるものであった。一九八三年九月、中共中央は「職称評定工作を整頓することに関する通知」（関于整頓職称評定工作的通知）において次のような問題点を指摘した。①評定には基本的な制度と全体的計画が欠けている。審査権限・審査基準が曖昧である。②学術・技術職称を与えられた者の多くが学術工作や技術工作の従事者ではなく、名実が相伴っていない。③学術・技術職称の評定と賃金等級の評定は別であるはずだが、各地に職称に応じて政治面・生活面などで優遇処置を与えるケースが現われており、これは不適切である、というものである。このような問題点が指摘されて職称評定は約一年間停止した。その間、検討が重ねられ、職称は二二分野に整理された。

一九八二年十一月三十日、教育部・労働人事部・中国科学院・社会科学院は「修士・博士学位を獲得した大学院生の職称確定に関する暫定的辦法」（関于獲得碩士、博士学位研究生確定職称暫行辦法）を発布。大学院生は大学教員・科学研究員・技術員の補充要員であるとして、修士・博士学位取得者の職称を確定したのである。これによれば、修士課程を修了しているが修士学位未取得者には助教・研究実習員・助理工程師・助理農芸師など初級職称を与える。また修士学位取得者や博士課程を修了しているが博士学位未取得者には実際の水準や就業経験に基づき、一定期間の就労後に試験を行って、講師・助理研究員、工程師・農芸師など中級職称を与える。更に博士学位取得者には講師・助理研究員、工程師など中級職称を確定し、博士課程入学前に既に中級職称を持っていた者は一定期間の就労後に試験を行って、副教授・副研究員・高級工程師・高級農芸師などの高級職称を与える。そして、海外の修士・博士学位を取得するか、あるいはそれ相当の大学院を修了した留学帰国者にはこの規定に則して職称を与えるとしている。つまり、国内の学位と海外の学位の価値を同等に評価するとしたのである。

第三期は一九八六年から一九九四年までで、「専業技術職務聘任制」が実行された。まず一九八六年一月二十四日、中共中央・国務院が中央職称改革領導小組の「職称評定を改革し、専業技術職務聘任制度を実行することに関する報告」（関于改革職称評定、実行専業技術職務聘任制度的報告）を承認して発布。二月十八日に国務院は「専業技術職務聘任制度の実行に関する規定」（関于実行専業技術職務聘任制度的規定）を発布した。この両文書によって職称改革（通称、職改）が推進され、これまでの「職称評定制」を改め、「専業技術職務聘任制」が実行されることになった。また一九八八年に中央職称改革領導小組は解散し、国務院の指導の下に人事部が全国職称改革工作を担うことになった。

「専業技術職務聘任制」では、「専業技術職務」は実際の需要に基づいて設定され、その職責、任命条件、任期が明確で、専門的な業務知識・技術水準を有する者に対してそのポストを与えるというものである。「専業技術職務聘任制」には定員制限があり、初級・中級・高級の三等級の定員数は適当な比率で決められる。行政主導で評価委員会が置かれ、その審議を経て任命条件に符合すると思われる「専業技術人員」が任命（聘任）される。任命された者は任期中には「専業技術職務」の従事者として相応の賃金が支給される。

この改革で二九分野の職称が設けられた。企業・事業体において、行政職務と並行して、「専業技術職務」のポスト・職責・任命条件・賃金が明確にされたのである。これによって「専業技術人員」としての知識人の学術・技術水準は公正な評価を得ることになり、その社会的地位と待遇は改善された。

張志文他編（一九九二）によれば、一九九二年までに全国で二、五〇〇万人以上が統一基準によって「専業技術職務名称」を与えられた。これによって人材流動が活発になった。すなわち、大学教員（高等学校教師）、中等学校教師、中学教師、小学教師、技工学校教師、教練員、放送電波（広播電視播音）、税関（海関）、法律（律師）、公証員、航空飛行、船舶技術、芸術、自然科学研究、社会科学研究、工程技術、衛生技術、実験技術、出版、新聞、通訳（翻訳）、統計、会計、経済、档案、図書資料、農業技術、文物博物、工芸美術その他など三六分野にわたって、その職務の熟練レベルを初級・中級・高級の三等級に格付けし、各級に学歴・経験年数等の資格要件を規定し、職務名称を認定したのである。職務名称によって標準報酬も決まるという制度である。表8－8はその一部である。(24)

第四期は一九九四年から現在（二〇〇八年）までで、「専業技術職務聘任制」と「職業資格制」の両方が実施されている。一九九三年十一月、中国共産党第一四期中央委員会第三回総会（中共十四届三中全会）において、「社会主義市場経済体制の確立における若干の問題に関する決定」（関于建立社会主義市場経済体制若干問題的決定）が通過した。そこには各種の職業資格基準と採用基準を制定し、学歴証書と職業資格の二つの証書制度を実行しなければならないと明記された。

これを受けて、一九九四年二月に労働部・人事部は「〈職業資格証書規定〉の発布に関する通知」（関于発〈職業

表8－8　中国の専業技術職務名称

系列	大学	中学校	科学研究	工程技術	衛生技術	法律	会計
高級	教授	中学高級教師	研究員	高級工程師	主任医師	一級律師	高級会計師
	副教授		副研究員		副主任医師	二級律師	
中級	講師	中学一級教師	助理研究員	工程師	主治医師	三級律師	会計師
初級	助教	中学二級教師	研究実習員	助理工程師	医師	四級律師	助理会計師
		中学三級教師		技術員	医士	律師助理	会計員

出所）張志文他編『人事工作必備手冊』改革出版社，1991年より作成

資格証書規定〉的通知〉を発布して、「専業技術職務聘任制」を継続して実行すると同時に、先進国の方法を参考に、専業技術人員の職業資格証書制を随時推進すると述べた。これによって、「専業技術職務聘任制」と「職業資格制」の両方が実施されることになったのである。職業資格制には二種ある。①公共利益及び人民の生命・財産・安全に関する重要領域のポストに、個人の資質に対する要求を強化するため強制的に資格制を導入したもの。②先進国の方法を借用して、サービス領域が広く、社会需要が大きい領域について職業水準認証制度を設けたものである。こうして二〇〇二年から二〇〇七年の間に、人事部は専業技術職務の範囲を五〇分野に拡大した。

3　人事部の帰国奨励政策

二〇〇〇年七月二十八日、人事部は「全国留学人員回国工作会議」を開催した。この会議で在外留学者の帰国奨励政策について意見を提出、その意見は中共中央と国務院の承認を経て発布された。すなわち、「高層次留学人材の帰国工作を奨励することに関する意見」（人事部印発「関于鼓励海外高層次留学人材回国工作的意見」）である。二〇〇〇年八月一日、人事部はこれを各官庁や全国の関係部門宛に通知した。すなわち、「人事部関于印発《関于鼓励海外高層次留学人材回国工作的意見》的通知」（以下、「二〇〇〇年通知」と略す）である。

さて、「二〇〇〇年通知」は冒頭において、当時の留学帰国者の情況

を簡潔に説明している。「我国の海外への留学生派遣は既に一〇〇年余の歴史を持っている。一八七二年から一九七八年までの百年間、出国留学者は約一三万人であった。一九七八年から一九九九年までの約二〇年間、出国留学者は約三二万人であった。その中の一一万人余は学業成就して帰国。祖国に忠勤を尽くし、現代化建設のなかの新鋭部隊（生力軍）となっている。党と国家の『支持留学、鼓励回国、来去自由』という方針に鼓舞されて、近年は学業成就して帰国する留学者が毎年平均一三パーセント以上の速度で増加している。」

すなわち、清朝末から改革開放前までの一〇〇年間の留学者総数と比較して、一九七八年改革開放以来の二〇年間の留学者数は既に三倍に達した。そして、その三分の一にあたる一一万人余が帰国し、留学派遣に期待された成果、即ち国益が現われ始めたが、成果を更に確実なものとするため、より具体的な帰国奨励政策を提言するというのである。

「二〇〇〇年通知」によれば、人事部の提言した政策は五つに分かれる。以下に簡潔に述べることにしたい。なお、「高層次留学人材」という用語が使用されているが、その概念は後年、明確に定義されたが、この時点ではまだ明確ではない。また、これと併存して使用される「高級人材」の語は初級・中級・高級の三等級で能力を区分する場合の最も高度な人材を指す。だが、これとは異なって「海外留学人材」は能力を基準とする呼称ではない。これらに比べると、「高層次留学人材」はより一段高い能力を有する者を指していると思われる。

（1）「高層次留学人材」の帰国を増やす政策として、以下のことを指示している。

① 国家は銀行、保険業、証券業および大型の国有企業が自主的に「高層次留学人材」を採用するのを奨励すること。それに必要な資金は雇用機関が拠出すること。

② 高等教育機関、科学研究機関が「高層次留学人材」を採用する場合、国務院関係部門が制定した方法で厳格に審査すること。

③ 帰国後に受け持つ科学研究プロジェクトが国際的水準にある場合や国内ですぐに必要なものである場合は、

プロジェクトを立ち上げた後でも国家は科学研究経費を提供すること。

④「高層次留学人材」の選抜は質保証をしなければならない。かつ、ポストに人を募集するには公平であるべきこと。

⑤雇用機関は職務の需要に基づいて、銀行・保険・証券などの各機関の指導的職務、あるいは高等教育機関や科学研究機関の技術指導職や高級行政管理職に任用することも可能にすること。

⑥帰国就業している「高層次留学人材」は、海外の長期居住権や永住権（グリーンカードなど）を保留することができる。

⑦一定期間国内で職務に就いて、海外の長期居住権や永住権（グリーンカードなど）を放棄した「高層次留学人材」は、その機関の法定代理人に任ずることもできる。

⑧「高層次留学人材」の報酬は、本人の能力水準と国家に対する貢献と経済社会にもたらした利益にふさわしいものであること。

⑨競争制度を作り、その職務・地位の変化や貢献の大小を考慮し、また特許、発明、専有技術、管理業務などの要素も給与分配において考慮することができる。

⑩家庭生活の基盤が海外にある場合、その合法的に得られた収入は、納税後、外貨に変換して海外に持ち出すことができる。

⑪「高層次留学人材」は招聘期間や任用期間には、その雇用機関の他の人員と同一の医療・保険の待遇を享受できる。

⑫家庭生活の基盤が海外にある場合、出国して家族のもとに戻るための休暇を取ることができる。

⑬「高層次留学人材」に伴って帰国した家族（外国籍配偶者を含む）が中国で就職する場合、その雇用機関は受け入れ条件について調整しなければならない。困難な場合は、当地の人事部門が積極的に就職を援助する。

⑭子女が中学校（初級中学）や小学校に行く場合、当地の教育行政部門は比較的条件の良い学校あるいは「バ

イリンガル学校」（双語学校）、「バイリンガル・クラス」（双語班級）を直に斡旋する。高校（高級中学）や大学に出願する場合も配慮する。

⑮ 党と国務院は、以前に帰国した「高級人材」や国内で育成した「高級人材」の待遇を徐々に高め、顕著な貢献のある場合には「高層次留学人材」と同様の優遇政策を与えるよう求める。

（2） 在外留学者の祖国奉仕（為国服務）の領域を拡大する。

各地方は海外留学人材が祖国・故郷・母校に貢献できるように多様な形式を模索しなければならない。共同研究、委託研究、起業を進め、短期的講義・学術交流・各種相談・見学なども進めることができる。

（3） 「留学人員創業園」の管理を強化する。

「留学人員創業園」（留学帰国者の創業を支援するインキュベーター）は海外留学人材を吸収し、科学技術の成果を社会に還元する場であり、地方政府と中央官庁の共同運営でもよし、各地区が自己運営するもよし、複数の地区が共同運営するのもよい。人事部はこれについて責任を負う。

（4） 海外留学人材が西部大開発に貢献するよう奨励する。

人事部は海外留学人材による祖国訪問団を組織して、新疆ウイグル自治区、陝西省、甘粛省を訪問させ成果を収めた。今後は毎年五～一〇の訪問団を組織し、西部の他の省や市にまでこの活動を拡大すること。また、西部開発のためのプロジェクトや求人情況を海外に向けて発信したり、西部の省や市において組織された「海外人材招聘団」を海外に送り出したりする事業などを行う。

（5）留学者の帰国を促進する新方策を工夫する。

インターネットを利用して、海外と国内の情報交流を効率よく行う。留学帰国者の科学研究プロジェクト助成における審査方法を改革したり、経費の管理・使用制度を改良したり、重点学科や重点領域や優秀な留学人材に対して確実に資金が投入される体制に改める。そのために「留学人員工作站」（全国主要都市に二〇余設置されている）を十分に活用し、そこが新しい祖国奉仕（為国服務）方式を模索するのを期待する。

以上、人事部の帰国奨励政策は、教育部とは異なる観点から提言されている。すなわち、教育部の帰国奨励政策は教育・研究領域に限定して留学人材を確保することを目的とする。しかし、人事部の帰国奨励政策は、教育・研究領域よりもっと幅広い領域で、「高層次」から「高級」あるいは一般の留学人材まで、幅広く確保しようとしている。

「二〇〇〇年通知」によると、「近一〇年来、人事部も四、〇〇〇人余の留学帰国者の科学研究に助成し、一、〇〇〇人余の在外留学者の短期帰国貢献に対しても助成、その金額は一億元に達した」という。つまり、人事部は教育部と同一線上の政策を行ってきた。しかし、中国経済のグローバル化が進むにつれて、国際政治、市場経済、ハイテク、金融管理などの領域で人材が不足してきた。しかも、このような人材は世界各国で需要が高く、人材の争奪戦が起きている。こうした情勢に鑑み、人事部は中国全体の人材確保戦略を構想する立場から、在外留学者を確保する多面的な帰国促進の指針を提言したと思われる。

人事部の提言には、人材を集積しなければ、あるいは「人材流失」（Brain drain）を止めなければ、中国の発展は期しがたいという危機意識が感じられる。これら提言の効果はまだ明確に数字で把握されていないが、留学者の帰国促進に非常に重要な効果をもたらすに違いない。この「二〇〇〇年通知」以降、帰国奨励政策は人事部主導になっていった。

4　人事部、教育部、科技部、公安部、財政部の協力による帰国奨励政策

日本では縦割行政という批判があるように官庁間の政策的協調は行われにくい。他方、中国では一党独裁制であるから党内意見がまとまれば、官庁間の対話と協調は行われやすい。関係官庁が共同で提出する「意見」・「通知」の類は少なくない。これら「意見」・「通知」も、至上命令と同じ程度の強制力を持っている点が日本の常識とは異なる。

さて、二〇〇一年五月十四日、人事部・教育部・科技部・公安部・財政部は「在外留学者が多様な方式で祖国奉仕するのを奨励することに関する若干の意見」（関于鼓励海外留学人員以多種形式為国服務的若干意見）を発布。海外に定住して研究・就労する在外留学者による祖国奉仕（為国服務）の新しい方式について、様々なアイデアを五つの官庁共同で提言した。これら官庁の中で人事部が最初に挙げられているところから見て、これも人事部主導による政策提言であると考えられる。この中で祖国奉仕を提案する第二条には、以下のように七項目にわたって様々な案が列挙されている。以下はその部分の訳である。

第二条　国家は在外留学者が多様な方式で祖国奉仕するのを奨励する。

（1）　海外留学者が国内の大学、科学研究所、国家重点実験室、工程技術研究センター及び各種の企業、事業所の招聘を受け、専門技術職務、顧問あるいは名誉職を兼任することを奨励する。博士学位を取得した海外留学者は国内のポスドク研究流動ステーション（博士后科研流動站）やポスドク研究工作ステーション（博士后科研工作站）で研究できる。

（2）　在外留学者が先進的科学技術、その設備や資金などの条件を利用して、国内の大学、科学研究所、企業と共同研究を行うことを奨励する。共同研究は個人と機関、個人と個人、あるいは機関と機関の間の共同形式で行うことができる。研究は国外でも、長期あるいは短期に帰国して行ってもよい。国家は在外留学者と国内の企業・事業体

が共同すること、また国内でも国外でも共同研究開発の基地を作ることを奨励する。

(3)　在外留学者が国内から科学研究を委託され、国外で研究や活動を行うことを奨励する。また、国内研究機関や団体の委託を受けながら、国外の科学研究を進めることもできる。

(4)　在外留学者が特許技術、専有の技術、科学研究の成果などを国内に移転し株式化して起業することを奨励する。あるいは、専有の知識や技能や情報などを使って専門性の高いコンサルティング会社を起業することもできる。また、自己資金や外部資金を国内で投資することもできる。

(5)　在外留学者が海外の科学研究機関、教育機関、トレーニング機関などの委託を受け、国内の機関と共同あるいは委託を受ける形で、国内の人材の育成を援助することを奨励する。

(6)　在外留学者が西部地区で技術導入、科学技術の考察、コンサルティング、学術の展開や技術交流活動に従事するのを奨励し、国家は規定に基づき資金助成を行う。

(7)　在外留学者が国内で登記された仲介機関で、外国資本・技術・プロジェクトなどを導入するための仲介サービスを提供することを奨励する。すなわち、外国の専門家と連携して、中国で各種の学術・技術交流活動を行うこと、国外の学術・技術団体との連携を作り上げること、科学技術と経済の方面で国際交流および協力を展開すること、また国外でも国内商品が国際市場で推奨され消費されるための仲介サービスに従事することなどを奨励する。

上述の方式以外に、在外留学者が実践中に更に多くの方式を創造して祖国奉仕（為国服務）することを奨励する。在外留学者の専門的団体、学術・技術協会、聯誼会など社会団体の有利な点を発揮して、祖国奉仕の各種活動を展開するのを奨励する。

（人事部等「関于鼓励海外留学人員以多種形式為国服務的若干意見」）

これは在外留学者に対して、中国の国益になる研究活動、教育活動、商業活動を行う機会を提供するための総合的政策であると言えるだろう。特に、在外留学者個人のみならず、海外で組織された華僑団体による組織的貢献を促している点は注目すべきであろう。国内と海外との祖国奉仕ネットワークを一層促進しようとする戦略的提案である。このような提案は、教育研究やビジネスの機会があれば、いつの日か帰国したいと考えている在外留学者に大いに歓迎されたのである。

以上、人事部主導の二つの意見「海外の高層次留学人材の帰国工作を奨励することに関する意見」（人事部印発「関于鼓励海外高層次留学人材回国工作的意見」）および「海外留学人員が多様な方式で祖国奉仕するのを奨励することに関する若干の意見」（関于鼓励海外留学人員以多種形式為国服務的若干意見）を考察してきたが、これらは在外留学者に非常に大きな反響を呼び起こし、留学政策上の重要文献となった(25)。

5　人事部系統の組織的整備

（1）　中央政府人事部による留学帰国者サービス

人事部直属の「留学者と専門家に対する服務センター」（留学人員和専家服務中心）は教育部の中国留学服務センターと並んで国家レベルの組織である。その名称の通り、留学帰国者ばかりではなく、外国人専門家の招聘事務も司っている。

主な職務は、留学帰国者の就業と祖国奉仕（為国服務）活動に関連した仲介サービスを提供すること。留学帰国者の創業のために各種の支援サービスを提供すること、国内雇用機関や留学人員創業園（留学帰国者の創業を支援するインキュベーター）に対して留学者とその技術などを推薦すること、留学者からのホットラインによる問合わせに対応すること、在外留学者個人やその団体と連絡を取り合うこと、留学者とその技術項目に関するデータベースを作成すること、「中国留学人材信息網」の管理運営に責任を負うことなどである(26)。

（2）　地方政府人事部門による留学帰国者サービス

一九九〇年代に地方政府の人事部門に直属するものとして、留学帰国者を支援する組織が開設されていった。表8-9は二〇〇六年現在のそれらの名称、所轄部門を示したものである。一四省、二自治区、四直轄市、一一省都に、合計三一カ所設置されている。ほとんどは東北地方と沿海部の省・市である。その職務範囲は留学帰国者に特化したものもあれば、留学帰国者と外国人専門家の両者を含めて対応する所もある。また留学派遣事務を行う所もあれば、外国人専門家の招聘事務を行う所もある。各地で若干異なっている。

例えば、北京市人事局所管の北京市留学人員服務センターの業務は次の通りである。[27]

①　留学者に北京の求人情報を提供、雇用機関には留学者の情報を提供して、双方にそれぞれ推薦する。しかも、各地の留学人員服務センターや留学人員工作站とは、在外留学者の就職斡旋のために求人情報や求職者情報を交換している。つまり、全国的な就職情報網が築かれている。[28]

②　留学者が北京で短期間、講義・学術交流・共同研究などをするための橋渡しをする。

③　留学者が北京に会社を進出させたり、技術移転したり、新製品を開発したりするのに協力する。

④　北京に戻ってきた留学者のために幹部身分を回復し、就業機関に関して調整する。

⑤　他の省・市出身の留学者が北京で就業するために本人と家族の戸籍移動・転勤などの問題を解決する。

⑥　北京で創業する留学者に対して身分を認定して証明書を発行する。

⑦　国家や北京の留学帰国者向け科学研究費助成の申請を受け付ける。

⑧　北京の留学人員創業園や留学人員聯誼会の活動を指導する。

ここに詳述しないが、他の留学人員服務センターの業務も大体類似している。いずれにしても、留学者や外国人専門家などの国際的人材流動を円滑に進めるワンストップサービスを提供する部署として機能している。[29]

表 8-9　地方政府等の人事部門所轄の留学帰国者支援組織（2006 年現在）

名称	所轄部門
北京市留学人員服務中心	市人事局
上海海外人材服務中心	市人事局
天津市留学服務中心	市人事局
重慶市専家服務中心	市人事局
河北省専家与留学人員服務中心	省人事庁
遼寧省留学人員工作站	省人事庁
吉林省専家与留学人員服務中心	省人事庁
黒龍江省留学人員服務中心	省人事庁
江蘇省留学回国人員服務中心	省人事庁
浙江省専家与留学人員服務中心	省人事庁
江西省留学人員服務中心	省人事庁
福建省留学回国人員工作站	省人事庁
湖南省留学人員管理服務中心	省人事庁
河南省留学人員与専家服務中心	省人事庁
広東省海外人材引進服務中心	省人事庁
広西留学回国人員工作站	広西チワン族自治区人事庁
貴州省留学人員与専家服務中心	省人事庁
四川省人事庁留学人員与専家服務中心	省人事庁
甘粛省留学人員与専家服務中心	省人事庁
寧夏回族自治区専家服務中心	寧夏回族自治区人事庁
瀋陽市留学人員服務中心	市人事局
南京留学人員工作站	市人事局
杭州市専家与留学人員服務中心	市人事局
寧波市留学人員服務中心	市人事局
厦門市留学人員服務中心	市人事局
済南市留学人員工作站	市人事局
青島市留学回国人員工作站	市人事局
広州留学人員服務管理中心	市人事局
深圳市出国留学人員和外国専家服務中心	引進国外智力辦公室
成都留学回国人員工作站	市人事局
西安市留学人員与専家服務中心	市人事局

出所）王暁初主編『留学人員回国指南』中国人事出版社，2006 年より作成

第四節　科教興国戦略による留学人材の帰国促進策

1　科教興国戦略の実施

（1）人材に関する認識の深化

中国では、一九九〇年代になると、鄧小平の「尊重知識、尊重人材」の方針が根付き始めていたが、李成武（二〇〇六）によれば、鄧小平を代表とする党の第二世代指導グループ（第二代領導集体）と比較すれば、江沢民を代表とする党の第三世代指導グループは「人材」についてさらに深く認識するに至ったという。それは次の三点においてである。

「第一に、社会の各種資源の中で、人材は貴重で重要な資源である。当今の世界における総合的国力の競争は畢竟、科学技術力による競争であり、高資質人材による競争である。第二に、全面的に人材観を樹立しなければならず、全面的に成長の要求にしたがって、人材自身の思想道徳の素質と科学文化の素質を高めなければならない。人材隊伍の建設を強化し、また豊かな創造力を有する高資質人材の広大な隊伍を建設する努力をすることは、新世紀の根本的任務である。第三に、より活発な政策（工作思路）を模索しなければならない。方法や手段を広げ、政策がカバーする面を拡大する。人材を育成し、人材を吸引し、人材をよく用いる（培養人材、吸引人材、用好人材）という3つの重要なポイントをしっかり掴む。雇用機関（用人単位）の自主権を根付かせ、企業の科学技術における創造性や人材を吸引する主体的地位を強める。開放された活発な人材市場にするため、その調整のメカニズムを完全なものにする。各レベルの党委員会や人民政府はすべて党と国家の事業の長期的発展と総体的な人材需要に着目して、大いに人材戦略を実施しなければならない」という[30]。

すなわち、文化大革命以前の知識人論争（知識人はブルジョア階級か、労働者階級かという議論）とは異なり、国家の総合的国力の向上のために大量に人材を育成し、適材適所で活用する戦略を立てなければならないと認識されたのである。この第三世代指導グループの認識がその後の教育改革や留学政策の基本方針となった。

（2）二一一工程と九八五工程

既に第六章第四節に述べたように、一九九二年十月十二日〜十八日、中国共産党第一四回全国代表大会において、経済体制改革の目標は「社会主義市場経済体制」を確立することにあるとされた。この国家目標を追求するうえで、教育事業は基礎であり、優先的に発展させるべきものと位置づけられた。

これに則して、一九九二年十一月、全国普通高等教育工作会議において、国家教育委員会主任・李哲英が「二一一工程」の構想を発表した。「二一一工程」とは、中央政府が重点的に建設投資を行うべき一〇〇の大学・重点学科を選考して、二十一世紀初めまでにそれらを世界水準にまで引き上げるという計画である。翌一九九三年二月に、中共中央と国務院は「中国教育改革と発展綱要」（中国教育改革和発展綱要）を発布、教育事業の方針を提示した。その中で「当今の世界の政治は風の動きのようにとりとめもなく変化しており、国際競争は日増しに激烈となり、科学技術の発展は速い。世界の経済競争、総合的国力の競争とは、実質上、科学技術の競争であり、民族の素質の競争である」と述べ、二十一世紀の国際競争において優位に立つためには教育体制改革を行い、国民の素質を高めることが緊急の課題であり、特に科学技術人材（科技人材）を育成することが学校教育と高等教育の重要な任務であると記したのである。

一九九四年七月三日、国務院は「『中国教育改革と発展綱要』の実施に関する意見」（関于「中国教育改革和発展綱要」的実施意見）を発布、二〇〇〇年までの教育の規模・質・構造などの到達目標を示した。特に高等教育に関しては、規模の面では全日制大学及び成人大学の本科・専科の在籍学生数を当時の五五〇万人から二〇〇〇年に六三〇万人（本科生一八〇万人、専科生四五〇万人）まで拡大するとした。

質の面では、「二一一工程を実施する。二十一世紀に向かって、時期やグループを分けて一〇〇カ所前後の大学と重点学科を重点的に建設し、二〇〇〇年までにその教育の質・科学研究・管理水準及び運営効率などの方面を大きく高め、教育改革の方面で顕著に進展させる。頑張って若干の大学を二十一世紀初めには国際的な一流大学の学術水準に近づけるかあるいは到達させる」と述べている。「二一一工程」の大学として選抜されるのはかなり厳しい。一九九四年度に四年制大学は九九三校（総合大学七〇校・単科大学九二三校）だったので、約一〇倍の競争率ということになる。

一九九五年十月十八日、国家教育委員会、国家計画委員会、財政部は「二一一工程総体建設計画」（二一一工程総体建設規划）を制定した。これによって「二一一工程」は第九次五カ年計画（一九九六〜二〇〇〇年）の中に組み込まれ、中央政府・地方政府と大学が共同で建設資金を拠出することになった。こうして、全国の大学は九〇年代中頃までに独自の総合計画を策定し、自己資金を投入して整備を進め、審査を受けてきた。二〇〇一年八月に第一期審査が終了し、二〇〇二年九月から第二期整備計画が進められ、二〇〇五年に最終審査が始まり、二〇〇七年に全国二七省・市・自治区の一〇七校が選抜された。

その際、大学の国際化の情況は審査の重要な基準であった。そこで各大学では教員・職員の留学派遣や学術交流、外国人留学生の受け入れ、大学間交流協定に基づく交換留学など国際的活動に積極的に取り組むようになった。「二一一工程」は沿海部都市の大学だけではなく、辺境の民族自治地方の大学にも国際化するインセンティブを与えたのである。つまり、このときから全国の主要な大学は閉鎖的な情況から開放的な情況へと大きく変化し始めた[31]。

加えて、一九九八年五月四日、国家主席・江沢民が北京大学一〇〇周年記念大会の講演で「現代化を実現するためには、我国は若干であっても世界最先端の水準にある一流大学を持たなければならない」と述べたことにより、この年月にちなんで「九八五工程」と名づけられた研究助成プロジェクトが開始された。これも「二一一工程」と並んで、大学を選抜して、「一流大学」に引き上げるために重点的投資を行うものである[32]。

（3）「世界一流大学」の建設

一九九八年十二月二十四日、教育部は『面向二十一世紀教育振興行動計画』（五〇項目）を発表した。この中において、「世界一流大学」と一流学科を創建することを謳っている。「国家の有限な財力を相対的に集中し、多方面の積極性を引き出し、重点学科から建設に着手し、投資を拡大する。若干の高等教育機関と、すでに国際的な先進的水準に近づき到達する条件をもつ学科を重点的に建設する。今後一〇～二〇年で、若干の大学と重点学科を可能な限り努力して世界一流水準に到達させる」（第十九項）という。「世界一流大学」とは何かについては種々の議論があるが、簡単に言えば、先進国に存在する世界的に評価の高い一流大学に勝るとも劣らない高水準の教育と科学研究の拠点として、社会主義国家建設に有益な人材を輩出する大学のことである。一九九九～二〇〇一年の三年間に北京大学と清華大学に「世界一流大学」建設のためにそれぞれ一八億元が投入された。また教育部と地方政府が共同（共建方式）で、一九九九年七月～十一月に七大学に「高水準大学」（高水平大学）建設のための資金を投入した。中国科学技術大学（九億元）、復旦大学（一二億元）、上海交通大学（一二億元）、南京大学（一二億元）、西安交通大学（九億元）、浙江大学（六億元）、ハルピン工業大学（一〇億元）である。これを皮切りに二〇〇一年までに二二大学に投入された。

「世界一流大学」や「高水準大学」の建設という大目標に向かって発展するために、表8－10のように、人材養成、教師の陣容、学科建設、科学研究の成果、社会貢献、国際交流、物的環境、学術の評判（学術名望）など八つの具体的な評価指標が設定されている。各大学はこれらの指標によって自己点検し、改善点を見出しているのである[33]。

2 科教興国戦略による人材育成政策

世界一流の大学・学科を建設するための重点政策が進められるのと並行して、大学や研究機関における科学研究の推進と科学技術人材の集積政策が進められた。

表 8－10　中国における「世界一流大学」・「高水準大学」建設の目標と評価の指標

具体的目標	評価の指標
人材養成 （人材培養）	1. 卒業生の中の，著名学者や政府機関の司・局長以上の幹部，及び大中型企業の工場長や総工程師の人数 2. 在籍学生の規模，本科生と大学院生の比率，大学院生の中の修士学生と博士学生の比率 3. 既に卒業した本科生と大学院生の人数 4. 過去 3 年間の新入生の中の，高校生国際オリンピック大会での金銀銅賞の獲得者数，全国の数学・理工・化学・生物・コンピューターなどの学科競争で 3 位内の入賞者数，各省・市の共通試験で 10 位以内に入った者の人数
教師の陣容 （教師隊伍）	1. 著名学者の人数（国際的賞の受賞者，中国科学院院士，外国人の院士，各学科領域で突出した貢献のある者を含む） 2. 国務院学位委員会・学科評議小組のメンバーとなっている人数，中央官庁のカリキュラム指導委員会のメンバーとなっている人数 3. 国家一級学会の正副理事長と二級学会の正副主任の人数 4. 博士指導教授（博士生導師）の人数 5. 教授・副教授の人数と年齢分布 6. 国際的学術機構や団体において重要な職務の担当者の人数と情況 7. 教員中の博士学位取得者の人数 8. 過去 5 年以内に出版した教材・専門書数とその学外での使用情況 9. 本科・修士・博士課程の設置数 10. 教育・科学研究・管理・後方勤務・学生の各人数の比率
学科建設	1. 一級学科数 2. 博士学位を授与できる二級学科数とその比率，その中で国家重点学科となっている学科数 3. 修士学位を授与できる二級学科数とその比率 4. 国家重点実験室・開放実験室・工程研究センターの数と投資額
科学研究の成果	1. 国家発明賞，自然科学賞，科学技術進歩賞の獲得情況とその数 2. 中央官庁以上が管轄する科学研究成果賞の獲得数 3. 過去 3 年間の科研費総額，研究者の編制人数と平均科研費の額 4. 過去 3 年間に大学で担当した科研プロジェクトの情況と完成情況 5. 国家科学技術情報統計に記載される国内外の学術刊行物や重要学会での発表論文の数，特許獲得数

表 8-10　（つづき）

社会貢献 （社会服務）	1. 特許売却件数とその金額 2. 大学の科技産業の資産と利益 3. 技術譲渡項目，国家重点普及項目とその経済効果 4. 横方向の共同科研プロジェクトとその経費金額 5. 継続教育の情況 6. 高科技開発区における活動
国際交流	1. 外国人留学生の人数と国籍 2. 外国と共同育成（聯合培養）している博士学生の人数 3. 外国と交換派遣している訪問研究員の人数 4. 外国との共同研究プロジェクトの数と経費金額 5. 国際事務及び研究の機関数 6. 主催した国際会議の回数 7. 国際学術会議に参加した人数
物的環境 （物質条件）	1. 大学の国有資産の総額，学年ごとの教育経費と収入源 2. 図書館の規模と蔵書数 3. 国内外刊行物の種類の数 4. 実験室の情況（面積，5万元以上の精密機器数，設備投資総額） 5. 教学用の部屋の総面積と平均面積，平均住居面積（教職工の住居と学生宿舎を含む） 6. 社会各界から提供された奨学金の総額 7. 学生が使用する文化体育施設の情況 8. 学術刊行物の種類，学内刊行物と学生自主刊行物の種類
学術の評判	特に指標はない。

出所）尹鐘植（2000）より筆者作成

表 8-11　科学技術人材の育成政策一覧

年	政策の制定と実施主体	人材育成計画
1991	中共中央と国務院	抜群に貢献した専門家への政府特別手当給付政策
1993	国家教育委員会	跨世紀優秀人材培養計画
1994	中国科学院	百人計画
1994	中共中央と国務院	国家杰出青年科学基金
1995	人事部等の7部門	新世紀百千万人材工程
1998	教育部	長江学者奨励計画
2004	教育部	高層次創造性人材計画
2006	教育部と外国専家局	高等学校学科創新引智計画

出所）改革開放30年中国教育改革と発展課題組（2008）

一九九五年五月六日には、中共中央と国務院が「科学技術の進歩を加速することに関する決定」（関于加速科学技術進歩的決定）を発布した。その冒頭に「科学技術は第一の生産力であり、経済と社会の発展の主要な推進力であり、国家を隆盛にする決定的要因である。」と強調し、科学研究の振興と科学技術人材の育成という両輪を推し進めるために、様々な政策を実施すると宣言した。これは「科教興国戦略」（科学と教育による国家の振興方針）と呼ばれ、科学技術人材の育成政策として表8－11のような諸計画が実施されている。

ところで、この中で優秀な在外留学者を吸引して科学研究を推進しようと企図したものは、中国科学院の「百人計画」、人事部等の「新世紀百千万人材工程」、教育部の「長江学者奨励計画」である。以下に詳しく見ることにしたい(34)。

（1）　中国科学院の百人計画

百人計画は一九九四年に中国科学院が開始した人材招致政策である。中国科学院は二〇世紀末までに数億元を準備し、数百人分の高級研究者のポストを用意して、国内外の数百人の優秀な青年人材（中国籍）を公募して招聘し、各地の主要な研究所・実験室等において研究に従事させるとともに、学術リーダーの養成を強化することを目指した。採用者の任期は三年間で、通常の給与・医療保険等のほかに一人平均二〇〇万元の研究資金を与えるものである。

こうして一九九四・九五年度に計三〇人が選抜された。この三〇人が三年間に獲得した競争的資金は計七、六〇〇万元余に上った。一九九七年度から募集枠は「海外傑出人材の導入計画」（引進国外杰出人材計画）と「国内百人計画」の二つに分けられるようになり、一九九四年から二〇〇〇年までの六年間に二八二人の優秀な青年人材が採用された。その内訳は国外からの採用が六九・一パーセント、中国科学院外からの国内採用が一〇パーセント、中国科学院内からの採用が二〇・九パーセントであった。年齢は二七～四五歳で平均三五・三歳、博士学位取得者が九八・二パーセントである。すなわち、博士学位を取得した在外留学者が最も多かったのである。この百人計画は海外の先進的な科学技術人材の導入政策であるが、それはとりもなおさず在外留学者の帰国奨励政策でもある(35)。

二十一世紀に入ってからも百人計画は継続されている。二〇〇一年十月十七日、中国科学院は「海外傑出人材の導入に関する管理法」（関于引進国外杰出人材的管理辦法）を発布、従来の二計画に「海外有名学者招聘計画」（招聘海外知名学者計画）を加えた。海外の著名な研究者（海外有名学者）が短期間、中国科学院で研究するというものである。つまり、祖国奉仕（為国服務）政策の研究者版である。しかし、五年後の二〇〇六年七月十九日、これを廃棄して、新たに「海外傑出人材の導入と海外有名学者の招聘に関する管理法」（関于引進国外杰出人材和招聘海外知名学者的管理辦法）を発布した。この管理法では、中国科学院の「創新工程三期」の期間中に、海外傑出人材五〇〇人余を導入、海外の著名な学者二〇〇人余を招聘するという。公募条件は次のようなものである。以下は部分訳である。

第五条　導入する海外傑出人材は、中国籍の公民か、あるいは自ら外国籍を放棄して中国に来るか、あるいは帰国定住する専門学者とする。同時に、以下の基本条件を具備しなければならない。

1、博士学位を有する。

2、博士学位を取得後、連続四年以上、海外で科学研究に従事した経歴があり、国外で助教（助理教授）以上の職位、あるいは同様の職位を得ていなければならない。

3、単独あるいは主要メンバーとして課題研究の全過程に参画し、顕著な成果をあげたことがある。

4、国内外の学術界に一定の影響を与え、その学科領域の発展方向を把握し、長期的な戦略構想を有し、研究グループを指導して国際科学の前線で研究に従事し、国際水準の革新的成果を出すことができる。

5、その学科領域で深い学術的造詣を有し、国際水準の研究成果を出したことがあり、重要な刊行物に影響ある論文を多数発表しているか、あるいは鍵となる技術を掌握し、重大な発明の特許を持つなど、その研究水準が招聘機関の学術リーダーを担当するに相応しいこと。

6、科学道徳を守り、学派は正統で、誠実で、勤勉に学業し、他人を尊重し、我国の科学技術事業の発展と国民経済建設のために艱難辛苦する創業精神を有する。

第六条　国内外の優秀な人材の集団化作用を十分に発揮し、わが中国科学院の学際的学科や新興学科の発展を促進し、かつ各学科の最前線の基礎研究と技術革新において重大な成果をあげるために、「創新工程三期」では集団導入方式で、短期帰国工作する海外の著名な学者を継続して招聘する。著名な学者は以下の基本条件を具備しなければならない。

1、海外の著名な大学や研究機関で副教授あるいは副教授と同等かそれ以上の職位を得ていること。

2、国際的に認められた重要な研究成果を出したことがあり、影響力のある学術論文を多数発表し、あるいは鍵となる技術を掌握し、重大な発明の特許を得ていることなど。

3、学科の発展方向をよく把握し、革新的な構想を提起し、かつ研究グループで国際的で先進的な水準にある革新的成果を出している。

4、招聘を受ける期間を確保し、グループの実質的な共同研究に常に参加でき、かつ毎年の帰国工作の期間が累計して三カ月より少なくならないこと。招聘を受ける期間は国内の他の機関に兼務できない。

5、誠実で、学派は正統で、奉仕貢献することを喜び、科学を尊ぶ精神を持ち、共同研究を通して科学の発展を促し、祖国奉仕を実現したいと願うもの。

（中国科学院「関于引進国外杰出人材和招聘海外知名学者的管理辦法」）

以上のような百人計画の公募条件を見ると、中国科学院が求めるのは、博士学位取得者で、国際的な研究水準から見て重要な成果を既に上げているか、あるいはその可能性のある、勤勉誠実で協調性のある留学人材や海外定住研究者である。即ち、「高学位・高水準・高資質」を求めている。

（2）「新世紀百千万人材工程」の実施

一九九五年五月六日発布の中共中央・国務院「科学技術の進歩を加速することに関する決定」を受けて、一九九五年十一月三十日、人事部、国家科学技術委員会、国家教育委員会、財政部、国家計画委員会、国家科学技術協会、国家自然科学基金委員会など七部門は、「『百千万人材工程』実施方案の通知」（〈百千万人材工程〉実施方案的通知）を発布。「科教興国」の具体化に早速着手した。この「工程」の目標は以下のように述べられている。

一、目標

国家の科学技術発展計画と経済社会発展の需要に基づき、今世紀末までに、国民経済や社会発展に大きな影響を与える自然科学・社会科学の領域において、様々なレベルの次世紀の学術・技術リーダーとその予備候補者を育成する。第一レベルは、一〇〇人ほどの、世界の科学技術の最前線で、世界の科学技術界に比較的大きな影響力をもつ「傑出した青年科学者」（杰出青年科学家）である。第二レベルは、一、〇〇〇人ほどの、国内で先進的水準を持ち、その学問的分野に秀でた「学術・技術リーダー（帯頭人）」である。第三レベルは、一〇、〇〇〇人ほどの、各学問領域において比較的高い学術的造詣をもち、顕著な成果を上げ、根本的あるいは中心的な役割を演じている「学術・技術リーダー予備候補者」である。

この「工程」は二段階に分けて進める。第一段階は、一九九七年までに五、〇〇〇～六、〇〇〇人以上の、三〇～四〇歳前後の優秀な人材を選抜して掌握し、重点的に育成する対象とする。第二段階は、国民経済と社会発展に重大な影響を与える、およそ五〇の「一級学科」や五〇〇ほどの「二級学科」の中で、国内の一流あるいは世界レベルの専門家や学者を養成し、若い専門家や学者を各学科領域の次世紀の学術・技術リーダーに成長させる。我国の専門的技術リーダーの隊伍を改善し、青年人材を持続的に育て、絶えず輩出できるメカニズムを創る。我国の専門技術隊伍の建設事業を全面的に推進し、隊伍の全体的レベルを高めて、「工程」の全体的目標を基本的に実現する。

（人事部等「〈百千万人材工程〉実施方案」）

すなわち、中央政府の「百千万人材工程」は、すべての学問分野（一級学科、二級学科）において、最優秀な人々を三つのレベルに分けて全国で候補者を登録し、その成長を促すための条件整備に助成する制度である。因みに、中国の学問分類は三層構造になっている。「学科門類」、「一級学科」、「二級学科」である。一九九八年七月六日、教育部が新規に発布した「普通高等学校本科専業目録」によれば、大分類の「学科門類」は一一分野に分かれる。すなわち、哲学、経済学、法学、教育学、文学、歴史学、理学、工学、農学、医学、管理学である。この一一分野の中に、中分類の「一級学科」二四九分野がある。その下に小分類の「二級学科」（科目群）が内包されている。但し、国際的な学術分野の発展に対応するため「目録」以外の学科も大学の自主的判断で設置することを教育部に申請できる(36)。

さて、「百千万人材工程」の育成政策は次のように八項目指示されている。以下はその部分の訳である。

五、育成の措置

各省・自治区・直轄市や国務院の各官庁は、積極的に措置し、投資し、各レベルの候補者のより早い成長のための条件を作らなければならない。国家は第一・第二レベルの候補者を重点的に支持するつもりであり、また各レベルの候補者のためにより良い仕事・生活条件を創り出すことを支持する。

1、「工程」候補者を、国家や省・市・自治区、各官庁の重要な科学研究や生産プロジェクトに積極的に参加させ、彼らの科学研究と組織管理能力を高める。彼らを各種の学術委員会、学術団体、評価委員会などの活動に参加させる。「工程」候補者に対しては、重任を与え、合理的に活用し、十分な科学研究の自主権を付与し、鍛錬し、絶えず知識と才幹を伸ばすようにしなければならない。

2、各レベルの政府と関係官庁は様々な方法で資金を集め、「工程」候補者に対する経費支援を強化しなければならない。レベルの異なる「工程」候補者の要望に基づいて、方向を定めて投資したり、重点的に支持したりして、比較的大きな見通しをもつにもかかわらず、経費が不足しているような研究課題に対して主に経費補塡を行う。創造的で重要な学術的価値をもつ著作の出版を支持する。多様な方法で研修するための資金援助を行う。国内外の学術交流活動を行い、海外の優秀な人材を祖国奉仕させるために引き寄せること等に資金援助する。

3、第一・第二の「工程」候補者は、仕事のために職場の配置転換が必要な場合があり、地域や部門を越えることができれば、より良い作用を発揮する。各レベルの人事部門は優先的に職場の配置転換の手続きを取らなければならない。また、その支援が地域や部門を越えることが必要ならば、関係地域や部門は積極的に支持しなければならない。

4、既に出来上がった各種の人材育成制度を十分に利用して、次世紀の学術・技術リーダーを育成すれば、大きな成果を挙げることができる。

——各レベルの「工程」候補者の特徴に基づいて、多様な形式の継続教育事業を展開し、彼らの海外研修や国際交流等の活動を積極的に支持し、彼らが絶えず学術・技術水準を高めることを奨励し、かつ要望し、現代の科学技術の動向を把握して、国際的な科学技術競争に参加する素質や能力を高める。

——ポストドクター制度を着実に発展させ、ポスドク研究者の募集と育成の質を保証する。ポスドクに対するトレース管理を強化し、ポスドク研究を完成した優秀な人材の中から「工程」候補者を見出す。

——国家重点実験室、工程（技術）研究センター、重点学科などの比較的良好な就業条件を十分に利用して、色々な科学技術計画や国家重大建設プロジェクトの実施などと結び付けて、「工程」候補者のために良好な就業環境と鍛錬と成長の機会を提供する。

——継続して優秀な海外人材に祖国奉仕（為国服務）させる事業を行う。有効な措置を取って、顕著な成果を既に挙げ学問的に群を抜く優秀な人材あるいは潜在的な力をもち真に才能のある青年人材のために、帰国奉仕（回国服務）できる良好な条件を創り出す。

——留学者の中から「工程」候補者を積極的に選抜する。「工程」候補者となった留学帰国者の科学研究に対しては重点的に資金援助する。彼らが定期的に出国して国際学術交流活動に参加することを支持する。彼らに世界の先進的科学技術を追跡させ、学術・技術水準を高めさせる。継続して在外留学者が多種多様な方式で祖国奉仕（為国服務）するのを奨励する。優秀な在外留学者の中から「工程」候補者を見出し、彼らが帰国して活躍するための条件を積極的に創り出す。

——「国家杰出青年科学基金」の資金援助対象は四五歳以下で、自然科学の基礎研究を行う青年学者とする。その目的は青年科学人材の成長を促し、在外研究者が帰国して仕事をすることを奨励し、世界の最前線にいて次世紀を担う優秀な学術リーダーを速く育成するために、二〇〇〇年までに六〇〇～八〇〇人に資金援助する。国家自然科学基金の中に設置した青年科学基金は、三五歳以下の青年科学技術工作者に資金援助して、彼らの成長を促し、また優秀な人材が才能を現わすのを促すが、一九九五年から二〇〇〇年までに四、〇〇〇人前後を資金援助する予定である。国家自然科学基金はまた「留学人員短期回国工作講学専項基金」（短期帰国して教育に従事させるための基金）を設立し、在外研究者が祖国の科学技術事業の発展のために貢献することを支持する。以上のような科学基金は、絶えず経費投入を高め、評価と管理制度を改善し、資金援助の効果を高めて、第一・第二の「工程」候補者の育成に貢献しなければならない。その他の各種の基金団体や各基層部内もまた具体的な措置を講じて、「工程」候補者が工作を展開できるように支持しなければならない。

——継続して中国青年科学技術賞（中国青年科技奨）の審査を行う。地方や部門は奨励基金を設立できる。大きな成果を挙げた「工程」候補者を適宜に表彰し奨励する。特に抜群のものは二重に賞してもよい。

5、抜群の貢献をした青壮年の科学者・技術者・管理者の選抜制度をより一層完成させる。「抜群の貢献をした青壮年専門家」（国家有突出貢献的中青年専家）の選抜工作と次世紀を担う人材育成工作を密接に結びつける。今後、「抜群の貢献をした青壮年専門家」や四〇歳以下の優秀な青年専門家を選抜する比率は、人事部が各地方や部門に下達した指標の四〇パーセント前後を占めなければならない。第一・第二の「工程」候補者が、人事部の規定する「抜群の貢献をした青壮年専門家」の選抜条件に符合する場合、人事部は各地方や部門に「抜群の貢献をした青壮年の専門家」を配属するための指標に関して優先的に考慮する。第一・第二の「工程」候補者が多い地方や部門に対しては、人事部は情況を見て、選抜のための指標に関して適当に配慮する。

6、優秀な青年専門技術人材が、「政府の特別手当給付専門家」（政府特殊津貼専家）の中で占める比率をさらに拡大する。政府の特別手当事業を行うに当たっては、実践の中で現われる抜群の貢献をする若い優秀な人材を特に注意して選抜しなければならない。指導小組事務局がすでに組み入れた第一・第二の「工程」候補者が、政府の特別手当を受ける条件に符合するならば、優先的に政府の特別手当を受けられるようにしなければならない。

7、必要な制度をつくり、中年・老年の専門家や学者には人材を発見したり、人材を育成したりする工作で十分に役割を果たしてもらう。人材育成の方面で抜群の貢献をすれば、表彰して奨励しなければならない。各地方や部門は、「工程」を実施する中で情報を交換し、適宜に経験を総括し、問題を発見したり解決したりすることを強化しなければならない。

8、各地方や部門は、さらに措置を行い、優先的に「工程」候補者の生活待遇を改善し、彼らの住宅問題を徐々に解決しなければならない。「工程」候補者との連携を強め、彼らの生活の中の実際の困難を解決し、彼らの心を生き生きとさせ、後顧の憂いなく仕事ができることを保証すること。（同上）

以上のように、科教興国戦略を実現するためには、まず高度な人材を大勢育成する必要があり、人事部等は在外留学者の中からも積極的に選抜する「百千万人材工程」を開始した。これ以前に既に「抜群の貢献をした青壮年の専門家」（国家有突出貢献的中青年専家）および「政府の特別手当給付専門家」（国務院政府特殊津貼専家）という二つの専門家育成制度が実施されており、「百千万人材工程」を加えて三本柱になった。[37]

なお、「抜群の貢献をした青壮年の専門家」政策とは、一九八三年三月二十四日、中共中央書記処が第五〇回会議紀要で国内外の中年・青年科学者の生活問題（給与、住居、医療、単身赴任等）を取り上げ、国務院の承認を得て実施され始めた支援策である。抜群の貢献をした科学・技術・管理の専門家に対する待遇改善・交通費優待などを行ってきた。一九九八年以降は停止している。

同様に、「政府の特別手当給付専門家」政策は、主に自然科学分野で優れた成果を出した専門家・技術者に特別手当を給付するものである。一九九〇年七月より開始され、給付人数には増減があり、給付方法も毎月給付から一括給付に変更されるなど変化したが、二〇〇一年六月、中共中央・国務院は「抜群の貢献のある専門家、学者、技術者に対して政府特別手当制度を継続して実行することに関する通知」（関于対做出突出貢献的専家、学者、技術人員継続実行政府特殊津貼制度的通知）を発布、一〇年間、毎年約三、〇〇〇人に一人当り一万元を一括給付することになった。これら三つの政策の実績は表8－12の通りである。[38]

（3）「長江学者奨励計画」の実施

一九九八年八月、教育部と李嘉誠基金会は共同で「長江学者奨励計画」（長江学者奨励計划）を開始した。この「計画」は国内外の高レベルの人材を大学の教育と研究開発に活用しようとする制度であり、海外在住の優秀な研究者の帰国奉仕（回国服務）や祖国奉仕（為国服務）を促進するものでもある。

「計画」は、長江学者と称する「特聘教授」・「講座教授」の制度と「長江学者成就奨」の二つの部分から成る。「特聘教授」・「講座教授」とは特別待遇を与えられる者の称号である。「特聘教授」は重要な学科に属して国際的水準の研究開発と教育を行い、「講座教授」は先端的分野の学科や講座を開設し、その学科が国際的水準の研究開発を行えるように組織力を高めることが期待される。採用方法は、各大学が重点学科の教授職を国内外で公募し、その結果を教育部に推薦する。教育部は専門家による審査委員会を組織して全国の被推薦者の中から選考し採否を決定するというものである。

一九九九年六月十日、教育部は「大学の特聘教授ポスト制度の実施辦法」（高等学校特聘教授崗位制度実施辦法）を発布した。「特聘教授」は全国大学の中で国家が重点的に建設する学科に設置し、「特聘教授」としての在任期間は、毎年一〇万元の特別手当を給付（所得税免除）され、また特別待遇の給料・保険・福利厚生を受けられるものとした。そして任期中にあげた重要な研究成果に対して、毎年「長江学者成就奨」として一等賞一人に一〇〇万元、

表 8－12　国家の人材育成政策の対象者数の推移

（人）

年度	政府特別手当専家	突出貢献中青年専家	百千万人材工程
1984	－	422	－
1986	－	915	－
1988	－	864	－
1990	1,250	－	－
1991	9,288	666	－
1992	48,926	688	－
1993	49,197	－	－
1994	4,136	523	－
1995	4,928	－	－
1996	4,983	558	683
1997	4,996	－	－
1998	4,993	570	394
1999	4,481	－	－
2000	4,573	－	320
2001	3,000	－	－

出所）『中国人材報告 2005』人民出版社，2005 年，233 頁

二等賞三人に各五〇万元を授与するとした。また、教育部は「〝長江学者奨励計画〟の講座教授の実施辦法」（〝長江学者奨励計划〟講座教授実施辦法）を発布、「講座教授」には毎月一・五万元の特別手当を給付するとした。

更に、二〇〇四年六月十日、教育部は「大学における『高層次創造性人材計画』実施方案と関連実施辦法の通知」（高等学校「高層次創造性人才計划」実施方案和有関実施辦法的通知）を発布した。その計画の中で①「長江学者と創新団隊発展計画」、②「新世紀優秀人材支持計画」、③「青年骨干教師培養計画」を打ち出した。

①に関しては、「長江学者聘任辦法」と「創新団隊支持辦法」がある。「長江学者聘任辦法」が先の「大学の特聘教授ポスト制度の実施辦法」と「〝長江学者奨励計画〟の講座教授の実施辦法」に取って替わった。これによれば、毎年採用されるのは「特聘教授」一〇〇人、「講座教授」一〇〇人の計二〇〇人、その任期は三年である。採用条件は、「特聘教授」の場合、博士学位取得者であること、自然科学系は四五歳以下、人文社会科学系は五〇歳以下で、国内応募者は教授あるいはそれに相当する職位の者、国外応募者は高水準の大学の講師以上の職位の者であることであり、毎年招聘された大学で九カ月以上働かなければならない。他方、「講座教授」の場合、国外の高水準の大学の副教授以上の職位の者で、既に国際的に認められた業績を上げていることが条件であり、毎年国内の大学で三カ月以上働くことを保証しなければならない。

ところで、「計画」の成果は教育部発表（http://www.changjiang.edu.cn/news）によれば、次のようであった。一九九八年から二〇〇四年までに八八大学で「特聘教授」六〇五人、「講座教授」一二二人の計七二七人が招聘された。その九四パーセントは海外留学や海外勤務の経験があり、中国籍五八七人・外国籍一四〇人であった。外国籍といっても華人である。学科別では多い順に、工学（工程技術科学）二二四人、生命科学一七九人、数学・力学九〇人、情報科学六三人、化学五六人、物理学五四人、地学三四人、人文社会科学二七人であった。

もうひとつの「創新団隊支持辦法」は、一〇人以上の「大学で革新的な研究をしているチーム」（Innovative Research Team）に助成するもので、助成額は三年間で三〇〇万元である。毎年六〇チームに助成するという。

要するに、科教興国戦略において、高度な教育研究発展のために中国科学院や大学に優秀な研究者を招致する方策（百人計画や長江学者奨励計画）や国内の研究者育成を図る方策（百千万人材工程）などが、一九九〇年代後半に開始された。そのうち前者は留学人材の導入を主軸とするものであった。

第五節　人材強国戦略による留学人材の帰国促進策

1　二〇〇二年から二〇〇五年までの全国人材計画

二〇〇一年三月十五日、第九期全国人民代表大会第四次会議において、国務院総理・朱鎔基が行った「国民経済と社会発展の第一〇次五カ年計画綱要に関する報告」（関于国民経済和社会発展第十个五年計划綱要的報告）が採択され、同十九日『人民日報』に公示された。

この計画綱要の第三篇第一二章は「人材戦略を実施し、人材隊伍を壮大にする」という項目で、「人材は最も貴重な資源である。人材を育成し、吸引し、活用することを重大な戦略的任務となして力を入れ、才徳兼備を原則として、億を数える高素質の労働者や千万を数える創新精神と創新能力を持った専門人材を育成しなければならない」と述べる。すなわち、人材に関する三つのポイント「人材の育成、人材の吸引、人材の活用」（培養人材、吸引人材、用好人材）を実行することが重要な任務であるとして、人事制度改革、人材の合理的流動、創業・創新のための環境整備などに向けて法的整備を急ぐとしている。

この「第一〇次五カ年計画綱要」に沿って二つの計画が策定された。

（1）　二〇〇二年五月七日、中共中央辦公庁・国務院辦公庁は「二〇〇二～二〇〇五年全国人材隊伍を建設する計画綱要」（二〇〇二～二〇〇五年全国人材隊伍建設規划綱要）を発表した。これは人材隊伍建設に関する総合的方針を示したものである。この中で「人材強国戦略を実施する」という言葉を使用し、「党政幹部」、「企業経営管理人員」、「専業技術人員」という三種類の人材集団を集積することを目標に掲げ、次のように述べた。「二〇〇〇年末までに、我国は中等専業学校以上の学歴あるいは専業技術職務資格（職称）を有する各種人材が六、三六〇万人に達した。その中で党政幹部五八五・七万人、企業経営管理人員七八〇・一万人、専門技術人員四、一〇〇万人、その他人員は八九四・二万人に達した。」そして、二〇〇二年から二〇〇五年の間に人材の総数を増大させるとして、「二〇〇五年までに中等専業学校以上の学歴あるいは専業技術職務資格を有する各種人材を八、三五〇万人以上にする。その中の専業技術人員は五、四〇〇万人以上にする。……各種人材の中で大学以上の学歴を有する者を五八・八パーセント前後にし、また大学以上の学歴を有する者を一〇万人中に三、七〇〇人以上にする。研究や実験活動に従事する科学者や技術者の常勤を九〇万人以上にする」という。

すなわち、二〇〇〇年から二〇〇五年までに「中等専業学校以上の学歴あるいは専業技術職務資格を有する各種人材」を一、九九〇万人ほど増やす。その中で「専業技術人員」は一、三〇〇万人増やす計画であり、それは増加分の六五パーセントを占める。この計画が最も力点を置く部分である。なお、ここでいう「中等専業学校以上の学歴あるいは専業技術職務資格を有する人材」は、中国では「人材」の伝統的な定義である。しかし、やがて学歴・資格による定義では計れない品徳、知識、能力、業績などが人材を評価する基準として導入され、「人材」の定義は大きく変化してくる。

（2）二〇〇二年二月十日、中共中央辦公庁・国務院辦公庁は「西部地区の人材開発一〇年計画」（西部地区人材開発十年規划）を発表した。この中で、西部地区の人材開発の任務として、西部開発を指導できる幹部人材の育成（国家機関や東部・中部地区の幹部の派遣人事を含む）、また西部地区の党と政府の知識人政策や企業経営管理人材・専業技術人材の情況の把握（勤務条件や生活条件の改善を含む）、高度人材の育成（科学技術教育や「新世紀百千万人材工程」「西部の光人材培養計画」「西部地区千名学科帯頭人工程」の充実）および基礎教育の充実（九年制義務教育の普及、一五歳以上の文盲・半文盲の低減）、少数民族人材の育成（各民族出身の幹部や専業技術人材）、そして留学帰国者の西部地区導入（創業園の建設や短期帰国協力など）の方針を掲げている。

以上のように、二〇〇二年度に「二〇〇二〜二〇〇五年全国人材隊伍を建設する計画綱要」と「西部地区の人材開発一〇年計画」の二つの計画が策定されたが、その両方に人材強国戦略の具体的方針が明記された。そして、その方針の正式決定は翌二〇〇三年十二月の「全国人材工作会議」において行われることになった[39]。

因みに、二〇〇二年十一月八日、中国共産党第一六回全国代表大会（党十六大）において、総書記・江沢民は、「小康社会を全面的に建設し、中国の特色ある社会主義事業の新局面を切り開こう」（全面建設小康社会、開創中国特色社会主義事業新局面）という報告を行った。この報告で重視されているのは、三つの代表理論（〝三个代表〟重要思想）である。これは従来の原理原則であるマルクス・レーニン主義、毛沢東思想、鄧小平理論を「継承発展」させた新しい方針として正式に打ち出された。すなわち、三つの代表理論とは、中国共産党は中国における先進的生産力の発展要求、中国における先進的文化の進む方向、中国における最も広大な人民大衆の根本利益の三つを代表するものだという党是である。この新しい党是に基づき、反革命分子として打倒すべき対象だった資本家である「企業経営者」にも入党資格を認めることになった。このような党是変更に沿って、江沢民報告では「尊重労働、尊重知識、尊重人材、尊重創造」は必須の事柄であり、「党と国家の重大な方針として、社会全体に本当に貫徹させなければならない」と提起した。頭脳労働・体力労働・単純労働・複雑労働など多様化する労働と人材を全て尊重するという、この一二字のスローガンが今、普及しつつある。

なお、一週間後、十一月十五日、中国共産党第一六期中央委員会第一回総会（中共十六届一中全会）において、総書記に胡錦涛を選出。翌二〇〇三年三月に第一〇期全国人民代表大会第一次会議において、胡錦涛は国家主席に選出され、同時に国務院総理には温家宝が選出された。ここに彼らを中心とする第四世代の指導グループが発足したのである。

2　第一回全国人材工作会議の胡錦涛講話

二〇〇三年十二月十九日～二十日、第一回「全国人材工作会議」が予定通り開催された。開催に当たって、国家主席・胡錦涛は「人材強国戦略を大いに実施して、人材工作の新局面を絶えず開拓しよう」（大力実施人才強国戦略、不断開創人才工作新局面）という講話において、人材工作の重要性を強調した。国家最高指導者の発言は政策立案にとって決定的に重要である。関係箇所を下記にやや長く引用する。

……当今の世界では、世界の多極化、経済グローバル化の進展、科学技術の進歩は急激です。それに伴って、各国間の関係は緊密になっています。経済を基礎とし、科学技術を先導的な総合国力として、競争は日増しに激烈になっています。知識の創新、科学技術の創新、産業の創新が絶えず加速する時代条件の下、人材資源はすでに最も重要な戦略資源となっています。総合国力の競争はつまるところ人材の競争です。……現在、人材の市場化や国際化の趨勢は日増しに強まっています。先進国は強大な経済力と科学技術の実力にものを言わせて、高レベルの技術人材や高レベルの管理人材に対しては移民・定住などの制限をかなり緩めて、優遇条件で全世界から人材を吸収しています。激烈な総合国力競争と国際人材競争は、我々にとって峻厳なる挑戦です。我々は人材競争で主導権を握らなければなりません。必ずや人材工作を強化・改革し、人材を育て、人材を吸引し、人材を集め、人材を用いるのに良い環境を作りあげ、優れた政策を作らなければなりません。……（中略）……長期にわたり、党の三代にわたる指導者は人材工作に対して重要な論述をしています。革命戦争の時代に早くも、毛沢東同志は……強調しています。「民族圧迫と封建圧迫を排除し、新民主主義的国家を建設するために、多くの人民の教育家と教師、人民の科学者、技術者、医者、新聞工作者、著作者、文学者、芸術家と一般文化工作者が必要である」と。そして、新中国成立後に、彼は更に指摘しています。もし我国の経済上および科学文化上の遅れた状況を改めたいならば、「決定的には、幹部を持つことであり、十分な人数の優秀な科学技術者を持つことである」と。

改革開放の新歴史時期に鄧小平同志は知識を尊重し人材を尊重することを特に強調しました。彼は述べています。

「経済体制を改革するのに最も重要なこと、私が最も関心があるのは、人材だ。科学技術を改革するのに、私が最も関心があるのは、やはり人材だ」。「十億の人口を有する大国で教育を向上させたならば、人材資源はいかなる国家も比較できないほど巨大に優勢となる。人材が優勢であり、さらに先進的な社会主義制度を加えれば、我々の目標はすぐにでも到達できる」と。

中国共産党第一三期中央委員会第四回総会（中共十三届四中全会）以来、江沢民同志は繰り返し強調しました。「人材資源は第一の資源である」。「当今、世界各国において、経済力と科学技術力を基礎とした総合国力の競争が日増しに激烈になり、長期的になろうとしている。この競争はかなりの程度、人材の数量と質によって決まる競争で、特に指導人材の素質と能力の勝負である。私が述べたいのは、これは党、国家、民族の新世紀の前途と命運を決める競争であり勝負であるということだ」と。

これら重要な思想は私たちが人材工作をよく行うための方向を示しています。私たちは真剣に学習し、新しい実際状況に合わせて絶えず豊かに発展しなければなりません。

（胡錦涛「大力実施人才強国戦略、不断開創人才工作新局面」講話）

すなわち、国家主席・胡錦涛は、毛沢東、鄧小平、そして江沢民の講話を引きながら、科教興国戦略をさらに進めるとともに、中国が今後、「人材強国」への道を進むことを指示したのである。この政策方針がこの第一回全国人材工作会議において協議された結果、本会議で「中共中央、国務院による人材工作をさらに強化することに関する決定」（中共中央、国務院関于進一歩加強人材工作的決定）が承認され、二〇〇三年十二月二十六日、正式に公布された。

以下「〇三年決定」と略すが、これはすでに二〇〇二年五月と十一月に党政治局常務委員会と政治局全体会議で長い時間をかけて審議されたものであり、中国の人材育成と人材導入に関する今後の具体的な方針を二三条にまとめた非常に重要な文献である。

3　人材強国戦略の決定

（1）人材工作強化の目標

さて、「〇三年決定」第一条には、「人材強国戦略を実施するのは、党と国家の重大にして緊急な任務である」として、その目標は人材の総量、構造、素質を経済社会の発展の需要に適合させる仕組みを構築することにあり、具体的には以下の四つのことを遂行しなければならないという。

①現代化建設にすぐに必要な「高層次人材、高技能人材、複合型人材」を揃えること。

②人材リソース（人材資源）を市場に合わせて配置すること。

③人材流動に関する体制を整備すること。

④人材がその才能を十分に発揮できるように採用制度を完備すること。

また、第二条の冒頭には人材強国戦略について、「新世紀新段階の人材工作の根本的任務は人材強国戦略を実施することである」と言い、「我国を人口大国から人材資源強国に転化する」というスローガンを掲げている。そして、すでに再三述べられてきたように、ここでも「党政人材、企業経営管理人材、専業技術人材」の三種類の人材集団を育成すると述べている。

（2）「留学人材」と「海外人材」の概念

従来、「人材」は中国では中等専業学校以上の学歴を保持するか、あるいは専業技術職務資格（職称）を有する人員を指している。この伝統的な定義に従えば、統計も取りやすく甚だ便利であるが、社会の新しい需要に応える人材を的確に把握できない。「人材」とは何かについて、その基準が議論されている最中である。

では、「留学人材」と「海外人材」はどのような概念であろうか。「留学人材」とは海外留学経験のある中国人を指す。「留学人材」の中には、既に留学後に帰国した人材、及び海外留学中かあるいは留学後に帰国しないで海外に居住している人材、即ち「海外留学人材」ないしは「在外留学人材」が含まれる。

他方、「海外人材」はやや複雑である。字義通り解釈すれば、「海外人材」は外国籍を取得した中国系外国人（華人）および非中国系の外国人を指すと思われる。つまり、「海外人材」の「海外」を外国籍と解釈するのである。

しかし、北京人事局（二〇〇六）は次のように述べる。「各国の経済発展の水準は同じでなく、具体的な国家実情も異なるので、各国の海外人材の内容は同じではない。但し、各国は基本的に国籍を基準に国内人材と海外人材を区分している。このために各国における吸引戦略の対象である海外人材にもまた相違が出てくる。例えば、米国は海外人材吸引戦略の重点を外国人留学生と外国人専業技術者に置いており、インドは海外人材吸引戦略の重点を海外留学人材に置いている。現在、わが国は海外人材吸引戦略の対象を高層次の専業型人材と技能型人材に置いている。それは、海外留学人材、外国人専門家（外国専家）、華僑・華人の専門家、華裔の専門家（華裔専家）、外国人留学生などの集団を含んでいる」という(40)。

すなわち、米国は外国籍の専門家や外国人留学生を導入対象と考え、インドはインド籍の在外留学者を導入対象とする。これに対して、中国の導入対象である「海外人材」は、中国籍の人材（海外留学人材、華僑・華裔の専門家を含む）と外国籍の人材（外国人専門家、華人の専門家、外国人留学生を含む）の両方を含む。即ち、「海外人材」は国籍に関係なく、海外定住する人材という意味になる。しかも、導入したい「海外人材」を専業型と技能型に特定している。その導入政策では「人材」の国籍にこだわらず、「人材」の類型を重視するというのである。

以上をまとめれば、日本語で考えれば、「海外人材」は外国籍の人材を指す概念と考えられる。だが、中国ではそれだけではなく、海外居住する中国籍の「留学人材」も包摂する幅広い概念である。前者を狭義の「海外人材」概念とすれば、後者は広義の「海外人材」概念である。広義と狭義の「海外人材」概念の区別を明確にしておかなければならない。

（3）「高層次留学人材」と「海外高層次人材」の導入政策

「〇三年決定」第一四条は留学政策に関連する部分である。その中に「高層次留学人材」と「海外高層次人材」という用語が見られる。後年、その定義が決められるが、この時点では未だ判然とはしていない。とにかく、この二種類の人材の導入のための具体的方針が列挙されている。以下は第一四条の全訳である。

高層次留学人材と海外高層次人材を導入する政策をもっと強化すること。「支持留学・鼓励回国・来去自由」の方針を継続して貫徹し、在外留学者が様々な方式で祖国奉仕することを奨励する。留学ルートを開拓して拡大し、人材の帰国を促進し、新技術による創業（創新創業）を支持し、祖国奉仕を奨励することによって、留学人材帰国計画を制定し実施する。また高レベルの人材と緊急に必要な人材（緊缺人材）を重点的に吸引する。団体の導入、中心的人材の導入、ハイテク・ニューテク開発プロジェクト（高新技術項目開発）の導入などの諸方式を採用し、留学者の特性に符合する採用制度を確立する。全国統一的な留学人材情報システムと「留学人材庫」（留学人材のデータベース）を確立し、留学人材の評価認定制度を完備し、高層次留学人材を吸引する政策の的確性と実効性を高める。高層次留学人材の帰国経費の援助を強化し、留学帰国者の実際の困難と問題を的確に解決する。留学者の帰国創業を奨励し支持する政策を制定し、留学者の創業基地建設を大いに強化する。在外留学人材の祖国奉仕のための政策措置を十全に行い、彼らが多種類の方式で国家建設に貢献するよう奨励する。

「主体性を持ち、必要に応じて導入し、突出した人材に重点を置き、実効性を追及する」（以我為主、按需引進、突出重点、講求実効）という方針を堅持して、積極的に海外人材と知力を導入する。国家の海外人材導入計画を制定・実施し、海外人材の評価・導入許可制度を確立する。ハイテク・ニューテク、金融、法律、貿易、管理などの方面の高級人材および基礎研究方面で欠乏している人材を重点的に導入する。国際慣例と市場規則によって、投資移民法、技術移民法、海外高度人材招聘管理法を制定することに力を注ぐ。海外高度人材を招聘して公務に従事する方法を検討し制定する。導入する海外高度人材に対しては中国での長期居住あるいは永久居住制度を実施する。海外華人・華僑の専門家が我国の現代化建設に奉仕するよう奨励し吸引する。国際人材市場を確立し完備する。海外人材を導入する仲介機関を発展させ規範化する。招聘された海外人材と招聘した機関の合法的権益を保護する。

（中共中央、国務院「関于進一歩加強人材工作的決定」）

以上、「〇三年決定」を簡潔にまとめれば、在外留学者や華人・華僑の中の「高層次留学人材」の帰国奉仕（回国服務）と祖国奉仕（為国服務）政策を進めるために、個人情報の全国システムの整備、生活支援、創業支援などの施策を強化するという。他方、海外高度人材を導入するための招聘制度、永住・移民制度、公務に従事する方法の検討、仲介機関の設立などの施策も実施していくというのである。

これら列挙された方針は、国家・地方行政において政策として打ち出され、実現に向けて動き出すことになるだろう。全てが実現されるまでにかかる時間は予測できないが、かなり速いスピードで進められるものと思われる。

4　「海外高層次留学人材」の定義

二〇〇五年四月十四日、人事部、教育部、科技部、財政部の四官庁は「留学人材導入工作において海外高層次留学人材を画定することに関する指導的意見」（関于在留学人材引進工作中界定海外高層次留学人材的指導意見）を発布、「海外高層次留学人材」の定義を初めて示した。以下は関連部分の訳である。

二、海外高層次留学人材の範囲

「海外高層次留学人材回国工作的意見」の関連規定に基づき、海外高層次留学人材は一般に次のものを指す。わが公費派遣あるいは自費で留学し、学業成就後、海外で科学研究、教育、工程技術、金融、管理等の業務に従事し、かつ顕著な成績を挙げており、国内で今すぐ求められている高級管理人材、高級専業技術人材、学術技術リーダー、および良好な産業開発が展望できる特許権、発明あるいは技術を有する人材である。

三、海外高層次留学人材を画定する主要な原則留学人材を導入する中で海外高層次留学人材の画定をしっかり行い、以下の主要な原則を注意深く把握しなければならない。

・科学的人材観を堅持して指導する。

・才徳兼備の原則を堅持し、品徳、知識、能力、業績を人材を測る主な基準にする。

・人材の成長度や人材の学識、業績、貢献とその発展具合が、目に見えないところで結びついていることを尊重する。

・実践を通して人材を検分し、業界の中で認められているか否かに注意する。

・人材の多様性、レベル、相対性を尊重する。

四、海外高層次留学人材の画定の条件

海外高層次留学人材は祖国を愛し、祖国の発展と現代化建設のために貢献したいと願い、良好な専門的素養を有し、比較的強い創新意識と創新精神を備えている。その業種あるいは領域においてある程度の貢献、ある程度の功績がなければならない。

画定条件は以下の通りである。

1、国際的な学術・技術界において一定の声望があり、ある領域の開拓者、基礎を築いた人あるいはある領域の発展に重大な貢献をしたことのある著名な科学者。

2、国外の著名な大学、科学研究所で副教授、副研究員相当以上の職務を担当する専門家や学者。

3、世界五〇〇の強い企業の中で、高級管理職を担当する経営管理の専門家、あるいは著名な多国籍企業や金融機関で高級技術職を担当したり、よく知られた法律（会計、会計検査）事務所で高級技術職を担当したりして、それぞれの領域の業務と国際規則を熟知し、豊富な実践経験のある管理者や技術者。

4、国外の政府機関、政府間の国際組織、著名なＮＧＯで中・高レベルの管理職を担当する専門家や学者。

5、学術の造詣が深く、ある専門や領域の発展に重大な貢献があり、国際的に著名な学術刊行物に影響力のある学術論文を発表したり、あるいは国際的に影響のある学術奨励賞を獲得したりしたことがあり、その成果がその業種や領域の学術最前線にあり、業界内で普遍的に認められた専門家や学者。

6、国際的な大型の科学研究あるいは工程項目を主宰したことがあり、科学研究や工程技術について豊富な経験のある専門家や学者や技術者。

7、重大な技術の発明、特許など知的財産権あるいは専門技術を有する専門技術者。

8、特殊な専門に長じ、かつ国内で現在求められている特殊な人材。

（人事部、教育部、科技部、財政部「関于在留学人材引進工作中界定海外高層次留学人材的指導意見」）

簡潔に言えば、「海外高層次留学人材」とは、海外居住する「高層次留学人材」を指す。上記「海外高層次留学人材」の定義によれば、「海外高層次留学人材」とはすでに業績や豊富な経験があって、各業界で有名になった人々を指す。単なる留学帰国者ではなく、「優れた業績、豊富な経験」という条件が付された。換言すれば、単に留学帰国者の「数」を増やすのではなく、中国の各界で指導的役割を果たすことのできる「質」の高い留学人材に対象を限定して受け入れ政策を強化するよう求めているのである。

5　「高層次留学人材」の帰国事業の長期計画

（1）　二〇〇六年から二〇二〇年までの科学技術分野における留学人材帰国計画

「中華人民共和国国民経済と社会発展の第十一次五カ年規画綱要」（中華人民共和国国民経済和社会発展第十一个五年規划綱要）に基づいて、科教興国と人材強国という二つの戦略の実現のために、二〇〇五年十二月二十日、国務院は「国家中長期の科学と技術の発展計画綱要（二〇〇六～二〇二〇年）」（国家中長期科学和技術発展綱要（二〇〇六～二〇二〇年））一〇章を発布した。一五年先の二〇二〇年までに、様々な分野における重要な科学技術研究に大いに財政投入し、科学技術体制の改善や科学人材の育成を行うという中長期的目標を述べたものである。

特に、留学人材の帰国事業については、第一〇節第四項に留学人材と海外高層次人材を吸引する事業に力を入れるとして、「優秀な留学人材を吸引する帰国工作と祖国奉仕（為国服務）計画を制定し実施する。多種の方式を採用し、留学者の特徴に合った吸引制度を作る。高層次留学人材の帰国に対して資金援助を強化する。留学人員創業基地の建設を大いに強化する。留学人材の祖国奉仕の政策措置を健全化する。高レベルの創新人材の公募に力を入れる。実験室主任・重点科学研究の学術リーダーおよびその他の高級科学研究のポストは国内外での公募を逐次実行する。吸引力のある政策措置を実行し、海外高層次の優秀な科学技術人材やグループが中国で仕事をするように吸引する」と記している。

この簡潔に表現された帰国事業の方針に従って、ワンセットの政策が立案された。以下の三つである。

（2） 第一一次五カ年規画期間中の帰国工作

二〇〇六年十一月十五日、人事部は「留学人員帰国工作第十一次五カ年規画」（留学人員回国工作〝十一五〟規划）を、地方政府の人事部門、中央官庁とその直属機関の人事部門、新疆生産建設兵団人事局宛に通達した。

この中で、特に強調されているのは、「高層次創新人材に重点を置き、グループで導入し、中核となる人材を導入し、高新技術のプロジェクト開発に導入する」という方針である。グループで導入するとは、個人で帰国しても国内に協力者や理解者がいないために起業に失敗するケースが多いので、留学者のグループ（外国人も入っていてよい）で帰国して起業してもらいたいという意味である。目標として、二〇〇六年から二〇一〇年までの第一一次五カ年規画期間中に、一五万～二〇万人の留学者を帰国させるとしている。

帰国計画は四つの部分に分かれる。

① 高層次留学人材を集める計画：高層次留学人材は中国の国際競争力を引き上げ、科学技術の水準を引き上げるための「突破口」であるという。国家重点実験室、大学、科学研究機関の学術リーダーその他の高級ポストは、できるだけ国内外で公募する。

② 留学人材の創業計画：留学帰国者による競争力のあるハイテク企業を発展させるための政策を行う。二〇〇六年から二〇一〇年の間に、全国で留学人員創業園を一五〇カ所にし、人事部と地方政府が共同出資する留学人員創業園を四〇～五〇カ所に、入園企業を一〇、〇〇〇社にする。二〇〇五年末現在、全国の留学人員創業

園一一〇カ所、人事部と地方政府が共同出資する留学人員創業園二九カ所、入園企業は六、〇〇〇社であるので、五年間でほぼ二倍に増やすのである。

③「智力報国」計画：在外留学者がどこに住んでいるかは問題にせず、どのように活用するかを考えて、その範囲と規模を拡大する。海外に定住する高層次留学人材や留学者団体を吸引するために、国外兼職、共同研究、学術交流、帰国講義、管理経験交流、国外資金の導入などの祖国奉仕（為国服務）方式を多種工夫する。二〇〇六年から二〇一〇年の間に、二〇万人を吸引したい。

④高層次留学人材の特別導入路（緑色通道）の創設：職称の評定、表彰、家族の就職、子女の入学、出入国の手続きなどに特別の配慮をする。

このような四つの計画（かなり具体化された方針）を提出したのである。恐らくこの計画に沿って、地方政府の人事部門などが各地の既存の制度を改革していくのであろう。

（3）「海外高層次留学人材」の帰国工作の強化策

二〇〇七年二月十五日、人事部、教育部、科技部、財政部、外交部、国家発展改革委員会、公安部、商務部、人民銀行、国土資源部、国務院僑務辦公室、中国科学院、国家外国専家局、海関総局、税務総局、工商総局などの一六部門によって「海外高層次留学人材の帰国工作のための特別導入路を設けることに関する意見」（関于建立海外高層次留学人材回国工作緑色通道的意見）四節二五項が、地方政府の人事・教育・科技・財政・外事・公安・商務等々一五部門及び新疆生産建設兵団人事局、国務院官庁と直属機関の人事部門宛に発布された。

この一六部門がこの特別導入路（緑色通道）の様々な側面に関わっているのであり、共同で意見が出されたことは特別導入路が一層具体化したことを意味する。主に、高層次留学人材が帰国してすぐに安心して仕事ができるような環境を整備するために、諸種の改革を列挙している。すなわち、戸籍処理、子女教育の処理、知的所有権の保護、留学人員創業園に入る時の優遇処置、外国籍を取得している場合に「回国（来華）定居専家証」を発行して住居探しを容易にする措置等々が指示されている。
また、第四節第二三項には、各地の留学人員服務センター、留学人員創業園、留学人員工作站などの組織が高層次留学人材の導入業務を重点的に行うよう求めている点は注目すべき変化である。幅広い留学人材を求めることも一方では継続しながら、それとは一線を画して、従来よりもハイレベルの高層次留学人材に限定する施策を実施するようになったのである。国家が求める留学人材は明らかに高度化してきた。

（4）　教育部による「海外優秀留学人材」の帰国工作

二〇〇七年三月二日、教育部は「海外優秀留学人材を導入する工作をさらに強化することに関する若干の意見」（関于進一歩加強引進海外優秀留学人材工作的若干意見）を発布した。以下、略して「〇七年若干の意見」とするが、大学、研究機関、留学人員創業園などの雇用機関が「海外優秀留学人材」を導入する施策について意見を述べたものである。意見といっても、従うべき指示に近い。教育部は先の「海外高層次留学人材」のための特別導入工作を早々にスタートさせたのである。

ところで、ここでは先の「海外高層次留学人材」という語ではなく、「海外優秀留学人材」という語を使っている。二つの語の概念は若干異なっている。「〇七年若干の意見」第一節には、「海外優秀留学人材」を3つのレベル（層次）に区分している。

第一レベルは、国際的なトップレベルの学術リーダーである。一握りのそういう人物を導き入れて優秀な「発明・発見集団」（創新団隊）を形成する。

第二レベルは、学術の基礎が堅実で、抜群の創新能力と潜在的成長力をもつ優秀な学術リーダーである。彼らによって技術創新や学科の発展を促す。

第三レベルは、大量の青年教師と科学研究の中核となる人物である。彼らを導入し、教師や科学研究者全体の素質を引き上げる。

これを見ると、第一・第二レベルの「海外優秀留学人材」の概念は、「海外高層次留学人材」と重なっているように思われる。しかし、第三レベルは若干異なる。未だ若くてこれから成長が期待される人材を指している。

さて、「〇七年若干の意見」の第二～六節までは、留学人材導入の具体的な方策を示めしている。今後の教育部の政策方針が如実に表現されている。以下はその部分の訳である。

二、海外優秀留学人材の求人リストを編集し、海外優秀留学人材の情報庫（データベース）を作る。

我が部は教育発展、科学技術発展、産業発展、区域発展など人材に対する実際の需要を根拠にして、海外留学人材の求人予測と求人情報の公開制度を確立する。国内の各種の雇用機関（用人単位）の人材求人情報を全面的に掌握し、国内雇用機関の海外優秀留学人材に対する求人情報庫を完璧に構築する。国家と地方が留学人材を吸引する政策と措置の情報庫を作り、海外優秀留学人材の帰国工作のために便利で、速くて、整備され、時宜にかなう国内の人材求人情報の問合わせ対応と相談サービスを提供する。

わが在外公館教育処（組）による留学者の管理情報システムの建設をさらに強化し完全なものにする。それを基礎にして帰国の意思がある海外優秀留学人材の情報庫を確立し、わが在外公館教育処（組）の海外留学者に対する管理とサービス業務を強化し、国内が今すぐ求めている学科リーダー、学術リーダーや学術の中堅を認知し、連絡し、推薦する。

国内の雇用機関はその学科発展の特徴と計画に基づいて、ぴったり合った人材導入計画を立て、人材導入の施策と管理規則を制定する。

三、海外優秀留学人材の相互選択（双向選択）のプラットフォームを立ち上げ、海外優秀留学人材のために帰国工作と創業サービスを行う。

我が部は多様なルートと形式で、国内の海外留学人材求人情報と帰国の意思がある海外優秀留学人材の情報を発信する。ウェブ上で双方向に交流や話し合いなどができるプラットフォームを立ち上げ、国内の雇用機関と帰国の意思がある海外優秀留学人材のマッチングを推進する。

1、わが在外公館教育処（組）、中国留学網、国家留学網、「神州学人」などの機構を基礎として、専門のインターネット情報交流プラットフォームやパソコン動画通信を立ち上げ、定期的に求人情報を流す。海外優秀留学人材と雇用機関のために双方向の交流と話し合いができるサービスを提供する。

2、留学者に対する各種の学術団体や留学者聯誼会の連絡と指導を強め、留学者団体の橋渡し機能を十分に発揮させる。留学者団体を通して海外優秀人材の求人情報を流し、留学者の帰国就業のために相談とサービスを提供する。

3、我が部は毎年五月と十二月に海外留学者と国内雇用機関を組織して、北京科技博覧会や中国留学人員広州科技交流会の海外高層次人材招聘会に参加し、直接対面するマッチングと相互選択（双向選択）を進める。

4、計画的に順序立てて海外優秀留学人材を導入する面接団を組織し、また国内雇用機関の人事責任者を組織して留学者が集中する国家や地区に行き、人材の面接を進める。教育処（組）を通して、在外優秀留学者と国内雇用機関が交流し話し合うのを促し、海外優秀留学人材が帰国して大学や科学研究機関などの部門で仕事をするよう勧め導入する。国内雇用機関は我が部の指導の下、自主的に団体を組織して海外に赴き、海外優秀留学人材をぴったりとマークし、話し合い、導入工作を進めてもよい。

四、国家の科学技術・教育・人材資金援助のプロジェクトを十分に利用して、海外優秀人材を帰国させ創業させる。

1、「二一一工程」、「九八五工程」を実施している大学および百人計画を実施している科学研究機関は優秀な留学人材の帰国工作をその工程表の重要な内容とし、また海外優秀留学人材の帰国奉仕や多種多様な形式の祖国奉仕（為国服務）に対して特別経費を計上して支持し資金援助をしなければならない。

2、「長江学者奨励計画」、「新世紀優秀人材支持計画」などのプロジェクトを拡大し、優秀な留学人材の帰国奉仕をさらに支持し奨励する。

3、「高等学校学科創新引智計画」（一一一計画）を大いに実施し、グループごとの導入、中核的人材の帯同などの多様な方式で、海外優秀人材を導入し、学科発展と人材育成を促進し、高レベルの研究型大学の建設を推進する[41]。

4、教育部の「春暉計画」は海外優秀留学人材が短期帰国して奉仕するのを大いに支持する。海外優秀留学人材が「春暉計画」の資金援助を利用して短期帰国奉仕し、協力活動を通してゆっくりと中国に定着すること（軟着陸）を促し、最終的には優秀な留学人材が一部でも長期帰国して仕事をすることを実現させる。

「春暉計画」の学術休暇帰国工作プログラムを利用して、鍵となる領域と若干の学科において最前線にいる海外優秀留学人材が学術休暇期間を利用して帰国し、大学で研究や講義をすること、国内の新興学科や最前線の学科の建設および世界一流大学の創建のために奉仕することを奨励する。

5、「留学回国人員科研啓動基金」の資金力をアップし、受給者数を拡大し、「留学回国人員科研啓動基金」の審査サイクルを短くし、優秀な留学人材が帰国後すぐに科研工作が始められるような条件を創り出し、優秀な留学人材が国内で根づき発展するのを促す。大学や科学研究機関などの機関はそれ相応の「留学回国人員科研啓動基金」を設立しなければならない。

五、海外留学人材の帰国工作のスピードのある通路を作り、海外優秀留学人材が帰国して創業するための後顧の憂いを解決する。

在外公館教育処（組）、教育部留学服務センターによる、「留学回国人員証明」、档案管理、学歴・学位認証、居住などの側面のサービスを完全なものにし、サービス意識を強化し、サービス効率を高める。

国内雇用機関が導入しようと思う人材に連絡をつけたり、関連情況を確認したりしようとするとき、在外公館教育処（組）は適宜に相談を受け情報を提供しなければならない。

海外留学人材が帰国後、国民待遇を受けることができるよう具体的な措置を決めて積極的に実施する。彼らが帰国後、住居、報酬、戸籍、医療、社会保険、科研始動、創業投資、知的所有権の保護、子女の入学、家族の就職などの、優秀な留学帰国人材の仕事条件や身近な問題を妥当に解決する。優秀な留学人材の帰国工作や祖国奉仕（為国服務）に有利な業務環境や政策環境を創造する。

六、留学人員創業園、大学科技園、創業基地とサービス機構の建設に力を入れ、大いに「春暉杯」という中国留学人員創新創業競技大会を実施する。

留学人員創業園や大学科技園における創業サービスの公共情報プラットフォームを作り、園区と基地のインキュベーター機能、プロジェクト管理機能を完成し、留学者の帰国・創業のために良好なインキュベーター環境を創造する。現代の科技成果を吸引し凝集して掌握する。知的所有権をもち、同時に現代化した企業管理の知識とマーケティング能力をもつ優秀な留学人材と国内雇用機関は、協力して産学研連携の道を進み、国外の先進的技術や管理経験と国内の資源を有効に結びつけて、国内雇用機関の教育・科学研究やハイテク・ニューテク産業の発展に貢献する。

我が部と科学技術部は定期的に「春暉杯」という中国留学人員創新創業競技大会を開催する。海外優秀留学人材、留学人員創業園区や大学科技園区、投下資本機構（風険投資機構）が一緒に参画する創業プラットフォームを作る。「春暉杯」という中国留学人員創新創業競技大会を通して、海外優秀留学者の帰国・創業熱を十分に動かし、海外留学者が積極的に創新創業プロジェクトを届け出るのを奨励する。条件を創って、大会参加者が大学科技園や留学人員創業園や企業とともにプロジェクトを突き合わせて、技術水準、投資の見通し、利潤予測と産業化の情況に基づいて、留学人員創業園や大学科技園、投下資本機構と国内企業家がプロジェクトについて評価を行い、話合いで優秀者を表彰し、留学者が帰国してハイテク・ニューテク企業を創めるよう推進する。

（教育部「関于進一歩加強引進海外優秀留学人材工作的若干意見」）

このように教育部の定義する「海外優秀留学人材」の概念とその帰国奨励政策や創業政策に関する今後の方針において、幾つか注目すべき点がある。

① 海外優秀留学人材については公費留学か自費留学かを全く問うていない点である。公費留学に関しては九七パーセントの帰国率を達成し、残る自費留学者に関して優秀な者から中国に引き戻そうという戦略である。すでに国民所得が上昇し、公費に頼らずに自費で優秀な人材がさっさと留学している現状が背景にある。

② 国内求人情報と海外留学者の求職情報をデータベース化して一般公開し、就職探しを容易にする政策を実施するとしている。近年の国内でのインターネットの急速な普及でこれが可能になったが、このような大掛かりな情報提供は専門的部署あるいは専門的事業機関が設置されなければできないであろう。

③ 留学人員創業園や大学科技園など、留学帰国者に創業（起業）を促し、より一層その支援を強化する方針を打ち出している。この創業政策については後章に改めて考察することにしたい。

以上、本章では改革開放後の帰国奨励政策の全体像を見てきたが、これら政策が今後実施されるに伴って、優秀な中国人留学者は学業修了後に帰国する傾向を強めるであろう。

ところで、一九九〇年代に優遇条件で帰国を促した人材も「優秀な人材」であったが、二〇〇〇年代ではよりレベルの高い「高層次留学人材」や「海外優秀留学人材」に絞られるようになった。彼らはすでに専門分野で高い業績を上げた最優秀な人材であり、学歴で言えば、海外での博士学位取得者およびそれと同等以上の実績のある人材を指す。国際的な知識経済化の中で行われている知識産業を興こす競争において最優秀な人材の争奪戦を繰り広げようとしている。中国はこれら人材強国戦略によって確実にプル力を増していくものと思われる。しかしながら、恐らくそのような人材は一握りである。最も大勢いる「外国の大学の学部卒業生」に対しては国家レベルの帰国促進政策はない。それは地方政府レベルにおいて実施されているのである。

[注]

(1) ユネスコ「二十一世紀の高等教育に向けての世界宣言：展望と行動」一九九八年十月九日
(2) 陳昌貴『人材外流与回帰』(湖北教育出版社、一九九六年、八九—九一頁) に紹介されている代表的見解の出典は下記の通りである。劉勝驥「大陸留学人員滞留不帰之研析」(『中国大陸研究』第三三巻八期、一九九一年、五八—六四頁)、高哲翰・鄧綺華「評中共加強人材回流政策」(『中国大陸研究』第三五巻六期、一九九二年、四一—四五頁)、黄新憲「中国留学生〝学而不帰〟的原因及対策」(第二期中国東南地区人材問題国際研討論文、一九九四年六月、一—四頁)、李申生「関于人材外流与回帰之我見」(第二期中国東南地区人材問題国際研討論文、一九九四年六月、三・四頁)
(3) 同上書、一一〇頁
(4) 苗丹国・楊暁京「中国出国留学政策的沿革与培養和吸引留学人材的政策取向」、潘晨光主編『中国人才前沿№2』社会科学文献出版社、二〇〇六年、五四—五八頁
(5) 葉傳昇『人材戦争』中国文聯出版社、二〇〇一年、三二頁
(6) 北京大学教育学院・陳学飛教授への筆者面談、二〇〇四年九月
(7) 田正平主編『中外教育交流史』広東教育出版社、二〇〇四年、一〇二四頁

(8) 黄宗宣著「回憶創刊」、『神州学人』第五期、二〇〇二年
(9) 「留学人員档案管理権威答疑」、『神州学人』第七期、二〇〇二年、四四・四五頁
(10) 王暁初主編『留学人員回国指南』中国人事出版社、二〇〇六年、三―五頁
(11) 『中国教育年鑑一九九二』人民教育出版社、一九九二年、三八九頁
(12) 『神州学人』第一〇期、二〇〇六年、三一頁
(13) 史料として、「中国――美国聯合招考物理研究生（CUSPEA）項目」参照（李滔主編『中華留学教育史録』高等教育出版社、二〇〇〇年、五九二―五九四頁、所収）
(14) 同上書、五九四頁。および国家教育委員会外事司編、前掲書、四五―四九頁に概略
(15) 『人民日報（海外版）』一九九三年一月十六日
(16) 『人民日報（海外版）』一九九三年八月十二日
(17) 『神州学人』二〇〇三年第四期
(18) 『人民日報（海外版）』一九九七年七月二十三日
(19) 『中央政府組織機構』改革出版社、一九九八年
(20) 『中央政府組織機構』前掲書、二二二・二二三頁
(21) 『中華人民共和国職業分類大典』中国労働社会保障出版社、一九九九年五月
(22) 陳学芸主編『当代中国社会階層研究報告』社会科学文献出版社、二〇〇二年
(23) 潘晨光・何強「職称制度的歴史、経験及未来展望」、潘晨光主編『中国人材発展六〇年』社会科学文献出版社、二〇〇九年、三五〇―三八六頁
(24) 張志文他編『人事工作必備手冊』改革出版社、一九九一年、参照
(25) 中国人事科学研究院『中国人才報告二〇〇五』人民出版社、二〇〇五年、一七六頁
(26) 王暁初主編、前掲書、一四四・一四五頁
(27) 同上書、一四六頁
(28) 『神州学人』第六八期、一九九五年十月、一二―一四頁
(29) 王暁初主編、前掲書、一四五―一六三頁
(30) 李成武「中華人民共和国人材工作簡史一九四九―二〇〇四」、潘晨光主編『中国人材前沿№2』社会科学文献出版社、二〇〇六年、四〇五―四〇六頁。因みに、党の第一世代は毛沢東・周恩来を代表とする指導者たち、第二世代は鄧小平・陳雲を代表と

する指導者たちであり、第三世代は江沢民・朱鎔基を代表とする指導者たちを指す。
(31)　二一一工程部際協調小組辦公室編『二一一工程発展報告一九九五—二〇〇五』高等教育出版社、二〇〇七年、九・一〇頁
(32)　中華人民共和国教育部編『科教興国動員令』北京大学出版社、一九九八年、参照
(33)　朱宗順『交流与改革：教育交流視野中的中国教育改革一九七八～二〇〇〇』浙江教育出版社、二〇〇六年、二九八—三〇〇頁。及び尹鐘植『中国高等教育五〇年回顧与展望——普通・成人・少数民族高等教育：一九四九・一〇～現在』遼寧民族出版社、二〇〇〇年、一五八—一六〇頁
(34)　改革開放三〇年中国教育改革と発展課題組『教育大国的崛起一九七八—二〇〇八』教育科学出版社、二〇〇八年、二九七頁
(35)　記事「一九九四年中国科学院〝百人計画〟招聘指南」、『神州学人』第七期、一九九四年、四六・四七頁。および二〇〇〇年四月七日付『人民日報（海外版）』の記事「跨世紀的人材工程——中国科学院〝百人計画〟成効報道」参照
(36)　「中国高校専業総覧」『中国高校分布与概況』広東省地図出版社、二〇〇三年、二六二—二八六頁
(37)　類偉・張海夫「中国高層次人材政策体系分析」、潘晨光主編『中国人材発展報告No.３』社会科学文献出版社、二〇〇六年、四八—五〇頁、参照
(38)　李成武、前掲書、四〇五頁
(39)　同上書、四〇五頁
(40)　北京人事局「北京吸引海外人材戦略研究」、孟秀勤・史紹活主編『国際化人材：戦略与開発』中国人民大学出版社、二〇〇六年、一七七頁
(41)　「二一一計画」は、世界トップの一〇〇大学・研究機関から一、〇〇〇人以上の外国人研究者を招聘して、国内の優秀な研究者と共同研究をする拠点を全国に一〇〇カ所設置するというもの。二〇〇六年度「九八五工程の大学」に二五拠点、二〇〇七年度「九八五工程の大学」「二一一工程の大学」に四〇拠点、二〇〇八年度「九八五工程の大学」「二一一工程の大学」「国家重点学科のある大学」に三五拠点を設置し、各拠点に外国人研究者を一〇人以上配置した。（角南篤「中国の世界レベル研究拠点形成政策と一一一計画」JST/CRDS『中国月報』二〇〇六年、第三号、参照）

第九章　地方政府における留学帰国者の就業・創業政策

中国の対外開放による経済発展の戦略は、「経済特区—沿海開放都市—経済開放区—内陸部—辺境」という順序で実施されていった。これは市場経済が導入された順序である。こうして市場経済化の波が全国に波及するに伴って、先進的な科学技術、経営管理の知識と経験、また海外との強いコネクション等を有する留学帰国者の需要が各地で急速に高まった。留学帰国者は市場経済の発展地域において順次必要とされたのである。本章では、一九八〇年代に始まった経済特区及び沿海開放都市における留学帰国者の導入政策とその背景および一九九〇年代後半からの留学帰国者の創業を支援する政策について考察する。

第一節　対外開放による経済発展戦略

1　重層的な開放政策

一九八〇年八月、第五期全国人民代表大会常務委員会第十八次会議において、広東省の深圳、珠海、汕頭および福建省の厦門の四つの地域に「経済特区」を設置することが決定された。経済特区とは、外国企業との合作や合弁を促進するために特別の経済制度が適用される地区であり、ある程度の行政自主権が与えられ、外資導入に関して税制優遇措置を取ることが認められている。外資を活用して地域開発と産業振興を図るためである。また、先端技術を積極的に導入して、農業・工業・商業など幅広い分野で新しい企業を起こし、旧企業を改革して特区経済を発展させる。そして、この特区経済を牽引車として全国の経済発展を促進するというのが政府の戦略である。

広東省の一部として準経済特区であった海南島は一九八八年四月十三日、第七期全国人民代表大会第一回会議で省として独立することが決議されると同時に、五番目の経済特区に指定された。経済特区は二〇〇七年現在でも海南省を含めた五つ以外にはない。

さて、一九八四年一～二月、鄧小平は広東、福建、上海などを視察して、沿海都市にも経済特区における政策の一部を適用することを中央の関係者との談話において提案した。(1)

今日は、経済特区を立派に運営し、対外開放都市を増やすという問題について、みなさんと話し合ってみたい。我々が経済特区を設置し、開放政策を実施するに当たって、明確にしておかなければならない指導思想がある。引き締めるのではなく、緩めるのだというのがそれである。……今の特区のほか、大連、青島のような港湾都市をさらに幾つか開放することを考慮してもよい。これらの地区は特区とは呼ばないが、特区の一部の政策を実行してもよいだろう。

（鄧小平「経済特区を立派に運営し、対外開放都市を増やそう」）

この鄧小平の談話を受けて、一九八四年三～四月、中共中央書記処と国務院は「部分沿海都市座談会」を開催し、沿海部の一四港湾工業都市の対外開放を決定した。こうして同年九月、大連、秦皇島、天津、煙台、青島、連雲港、南通、上海、寧波、温州、福州、広州、湛江、北海の一四都市（「沿海開放都市」と総称する）を開放し、同時に各都市（北海を除く）には経済特区に準じた優遇税制を実施できる「経済技術開発区」を設置した。「経済技術開発区」では外資誘致に当たって、三資企業（合弁・合作・独資という形態の外資系企業）や知識集約型プロジェクト・輸出加工工業型プロジェクトを重視する傾向があり、海外経験の豊富な留学者を積極的に採用し始めた。「経済技術開発区」は一九九〇年代に北京、温州、杭州、ハルピン、長春、瀋陽など沿海部都市や重慶、武漢など内陸部都市にも設置された[2]。

他方、一九八五年には、長江デルタ（上海・江蘇省・浙江省）、珠江デルタ（広東省）、閩南三角地区（福建省南部）の三地域を「経済開放区」（「沿海経済開放区」とも称す）に指定した。「経済開放区」はひとつの経済圏と言える広い地域である。そこでは、沿海開放都市の市街区と同様に、外国の投資企業に対する企業所得税率が一般地区（三〇パーセント）よりも若干低く設定されている。また一九八八年三月、国務院は山東半島、遼東半島、秦皇島・唐山・滄州地区、広西チワン族自治区の北部湾沿海地区の四地域を新たに「経済開放区」に指定した。一九九〇年には上海浦東開発区、一九九二年には海南洋浦開発区も「経済開放区」に指定された[3]。

更に、一九九〇年には上海浦東地区の外高橋、天津港、大連開発区、深圳沙頭角や深圳福田の五つに「保税区」が設置された。保税区とは、輸入品の関税等が免除される地域で、保税区内で加工された輸出品に対する関税・付加価値税もまた免除される。保税区は通常、「経済技術開発区」の中、あるいはその隣接地に設置される。一九九〇年代後半になると、保税区は広州、青島、張家港、寧波、福州の五都市および珠海、汕頭、厦門、海南の四経済特区にも設置された。

また、一九九二年五月、東北部の黒河・綏芬河・満州里・渾春、広西チワン族自治区の凭祥・東興鎮、雲南省の河口県・畹町・瑞麗、新疆ウイグル自治区の伊寧・塔城・博楽、内蒙古自治区の二連浩特など一三都市（辺境対外開放都市）、さらに長江沿岸の湖口、九江、武漢、岳陽、重慶など五都市（沿江開放都市）、そして内陸部の省・自治区の省都・区都（内陸開放都市）が順次開放された。これを以て開放政策は全国に及んだのである。

以上のように一九八〇～九〇年代の約二〇年間に、経済特区、沿海開放都市、その中の「経済技術開発区」や「保税区」、さらに「経済開放区」が設置された。また辺境部・内陸部の都市が開放されるなど、重層的に全国の経済開放が進められた。

2　鄧小平の開放理論

一九九一年一月から二月にかけて鄧小平は上海を視察した。その際、上海市の責任者らとの懇談において、経済開放の重要性について次のように述べた(4)。

当初、四つの経済特区を確定したのは、主として地理的条件から考慮したことである。それというのも、深圳が香港に隣接し、珠海がマカオに近接し、汕頭は東南アジア諸国に潮州人が多く、厦門は海外で商売をしている者のうち福建省南部の出身者がかなり多かったからである。ところが、上海の人材面での強みは考慮されていなかった。上海人は聡明で資質が高い。もし当初から上海に経済特区の設置を決めておれば、今はもっと違っていただろう。一四の沿海開放都市の中に上海を入れても、それは当たり前のことである。浦東が開発されたら大きな影響を与える。それは単に浦東だけの問題ではなく、上海の発展に関わる問題であり、上海という基地を利用して長江デルタ地帯と長江流域を発展させる問題である。浦東の開発に力を入れて、それが完成するまで決して動揺してはならない。信用を重んじ、国際的な慣例に従って事を運びさえすれば、外国人は何よりもまず資金を上海に投入するだろう。競争という以上、このような手段に頼るほかはない。……（中略）……計画経済というと、これこそ社会主義であるとか、市場経済というと、これこそ資本主義である、と独り合点してはならない。そんなはずはなく、この両者はどちらも手段にすぎず、市場も社会主義に奉仕できるのである。鎖国政策はダメだ。……一九二〇年、私がフランスへ留学したとき乗ったのが五万トンの外国船だった。いまでは我々が開放して、一〇万トン、二〇万トンの船も製造できるようになった。もし開放しなかったら、我国の自動車はなお以前のようにハンマーでたたいて作られていただろう。だが、今は全く変わった。これが質の変化である。質の変化は自動車という業種だけにとどまらず、各分野にも反映されている。開放は断固として進めなければならない。……世界各国は経済を発展させるためにいずれも開放を進めたのであり、西側諸国も資金と技術の面で相互融合と交流を求めたのである。

（鄧小平「上海を視察した際の談話」）

ここで鄧小平は経済特区制度に始まる市場経済の導入政策が社会主義に反するものではないこと、鎖国政策はしてはならず開放政策が経済発展をもたらすことを主張する。所謂「鄧小平の開放理論」である。現在では中国全土が経済開放したため、特別な制度のもつ意義は若干薄れてしまったが、経済特区、沿海開放都市、経済開放区などは一九八〇年代から今日まで中国経済をリードし、将来もリードし続ける使命を担った地域である。これら地域の経済発展が進むにつれ高度人材の需要が高まり、留学帰国者や海外人材（主に華人）の導入政策が開始されたのである。

3　経済特区・沿海開放都市における留学帰国者導入のための法的整備

一九九一年十二月にソ連崩壊、その直後、一九九二年一～二月、鄧小平は武昌、深圳、珠海、上海などを視察して談話（南巡講話）を発表した。この談話に基づき、同年八月十四日、国務院辦公庁は「在外留学者関連の問題に関する通知」（関于在外留学人員有関問題的通知）を発布。天安門事件後、海外に滞留する傾向が強まった留学者に対する対策として、①留学者に対しては政治的態度に関係なく帰国（短期帰国を含む）を歓迎すること、②旅券の有効期限が切れたまま海外に滞留している留学者に新旅券を発行すること、③有効な旅券あるいは外国への再入国ビザを所有する留学者には出入国の自由を許可すること、④国際交流や国際協力のために中国で仕事をする場合には国外との兼職を許可すること、⑤関係官庁・地方政府が留学者の帰国・就職支援をすること等の基本方針を提示した。

この基本方針に沿って、経済特区、沿海開放都市、経済開放区では留学帰国者の導入政策が検討され、法的整備が進められた。経済特区では既に八〇年代に留学者の導入を企図した暫定的規定を発布していたが、一九九二年以降に他と足並みを揃える形で新規定を発布した。

一九九二年六月一日、広東省が「留学者が広東省で就業するのを奨励することに関する若干の規定」（関于鼓励留学人員来広東工作的若干規定）を発布した。それを受けて、七月に広東省深圳市は「留学生が深圳で就業するのを奨励する規定」（関于鼓励出国留学生来深圳工作的規定）を発布した。同七月、広東省珠海市は「珠海市の海外人材を導入する暫定的規定」（珠海市引進接収海外人材暫行規定）、海南省は「留学者が海南省で就業するのを奨励する規定」（関于鼓励留学人員来璟工作的若干規定）を発布した。また、同七月二十七日、上海市は「留学者が上海で就業するのを奨励することに関する若干の規定」（関于鼓励留学人員来上海工作的若干規定）を発布。十一月、山東省威海市が「留学者を吸引する優遇政策」（吸引留学人員優恵政策）を発布した。

ところで、一九九二年十月、中国共産党第一四回全国代表大会において「社会主義市場経済体制」を確立するという方針が決定された。ソ連崩壊後、社会主義国家としての中国の方向を早急に示す必要があったためと思われる。この決定によって市場経済化が加速されるが、その推進役としての留学帰国者の導入政策が本格的に行われ始めた。

一九九二年十二月末、早速、国家教育委員会は各地の留学帰国者の導入問題について情報交換会を開催した。すなわち、十二月二十六日、海南省海口市において「沿海部の省市における留学帰国事業についての交流座談会」（沿海部分省市留学回国工作交流座談会）を開催。広東省・福建省・海南省・広西チワン族自治区および経済特区の深圳・珠海など、南方地域の関係者が集められた。また同日に江蘇省蘇州市でも「沿海部の省市における留学帰国事業についての交流座談会」（沿海部分省市留学回国工作交流座談会）を開催。ここには江蘇省・浙江省・遼寧省・山東省および上海・天津・大連など北方地域の関係者が集められた。

すなわち、海口・蘇州両市の座談会には、経済発展を続ける中国沿海部の八省五市すべての関係者が招集されたのである。座談会では、同年三月から九月にかけて一部の地方政府が発布した留学帰国者の優遇政策についての報告と意見交換がなされた模様である。その詳細は関係者以外には不明であるが、両市の座談会後、各地は法的整備に急ぎ着手した。

表9－1は、一九九二年以降に経済特区や沿海地方の省市において出された留学者の導入政策に関する法の一覧である。但し、法的整備ができても、実際にすぐに現実が動き始めるというような地方はまだ少なかったと思われる。ただ法的整備だけは中央政府の方針に従ってこの時期に一気に進んだのである。

4　留学帰国者の総数と国内分布

留学帰国者数は新聞・雑誌等で様々な文脈で言及されるが、典拠不明の場合が少なくない。中国では国家統計局が各種の『統計年鑑』等にて公表する数値が唯一公式のものとされているので、それに拠らざるを得ない。表9－2は各年度『中国教育年鑑』記載の、改革開放以降の出国留学数と留学帰国数であるが、『新中国五十五年統計資料彙編』（中国統計出版社、二〇〇五年）からの引用である。出国留学数に関する『中国教育年鑑』の統計値は、公安部出入境管理局の保管する「留学」目的の「出国カード」数および中国駐在の各国大使館発給の留学ビザ数を主な根拠とし、各省・市・自治区の教育・人事部門、留学サービス機関、大学等から報告される情報も利用して確定されている。しかし、留学帰国数に関しては、根拠は判然としていない。

さて、表9－2からいくつかの特徴を読み取ることができる。まず出国留学数は冷戦終結後の一九九三年から急増する。それに比例して、留学帰国数も増加する。また、留学帰国数は一九七八年から二〇〇七年末までの三〇年間で累計二七五、一七四人である。特に二〇〇〇年から二〇〇七年末までの八年間は急増しており、その累計は二〇五、六七四人である。三〇年間の留学帰国数全体の七五パーセントを占める。換言すれば、二十一世紀に入って留学帰国数が急増しており、二〇〇七年時点ではその過半数は帰国後八年以内しか経っていない者だったのである。彼らを仮りに留学帰国者の「団塊の世代」と呼ぶとすれば、その活躍はいま始まったばかりと言えるであろう。

ところで、留学帰国者の国内分布についての正確な統計はほとんどない。少し古いが二〇〇〇年六月二十七日付『人民日報（海外版）』の記事は「帰国熱」（帰国ブーム）が現われたと述べ、一九七八年の改革開放以降、二〇〇〇年までの二三年間に公費・自費合わせて三二万人余が留学したのに対して一一万人（三〇パーセント）が帰国したという。また、彼らは少数の大都市圏に集中的に帰国する傾向があり、最も多いのは北京と上海であった。北京では二〇〇〇年末までに六万人が出国留学、一九九九年末までに留学帰国者は二万人。他方、上海は中国最大の出国地であるが、一九九九年末までに留学帰国者が一・八万人だったと報じている(5)。すなわち、一一万人の留学帰国

表9-1　各省・市の留学者の帰国就業政策の法的整備状況（1992〜1998年）

発布月日	法律名称
1992年6月1日	広東省「留学者が広東省で就業するのを奨励することに関する若干の規定」（関于鼓励留学人員来広東工作的若干規定）
1992年7月	広東省深圳市「留学生が深圳で就業するのを奨励する規定」（関于鼓励出国留学生来深圳工作的規定）
1992年7月4日	広東省珠海市「珠海市の海外人材を導入する暫定的規定」（珠海市引進接収海外人材暫行規定）
1992年7月	海南省「留学帰国者が海南省で就業するのを奨励する規定」（関于鼓励留学人員来瓊工作的若干規定）
1992年7月27日	上海市「留学者が上海で就業するのを奨励することに関する若干の規定」（関于鼓励留学人員来上海工作的若干規定）
1992年11月	山東省威海市「留学者を吸引する優遇政策」（吸引留学人員優恵政策）
1992年12月31日	江蘇省南京市「留学者が南京で就業するのを奨励する若干の規定」（鼓励留学人員来南京工作的若干規定）
1993年9月16日	湖南省「留学人材を導入して湖南省で就業させることに関する若干の規定」（関于引進留学人材来湖南工作的若干規定）
1993年	山東省青島市「留学者が青島で就業するのを奨励する規定」（鼓励出国留学人員来青島工作的規定）
1994年2月	安徽省「留学者が安徽省で就業するのを奨励することに関する若干の規定」（関于鼓励留学人員来安徽工作的若干規定）
1994年7月9日	山東省済南市「留学者が済南で就業するのを奨励することに関する若干の規定」（関于鼓励出国留学人員来済南工作的若干規定）
1994年11月1日	四川省重慶市「留学者が重慶で就業するのを奨励する暫定的規定」（鼓励出国留学人員来渝工作暫行規定）
1996年4月28日	江蘇省蘇州市「留学帰国者が蘇州で就業する若干の規定」（回国留学人員来蘇州工作的若干規定）
1996年7月9日	浙江省「留学者が浙江で就業するのを奨励することに関する意見」（関于鼓励出国留学人員来浙江工作的意見）
1998年9月17日	福建省福州市「留学者が福州で就業するのを奨励する若干の規定」（鼓励留学人員来榕工作的若干規定）

筆者作成

表9－2　改革開放期の各年度出国留学及び留学帰国実績　（人）

年	出国留学数（出国留学人員）	留学帰国数（学成回国）	年	出国留学数（出国留学人員）	留学帰国数（学成回国）
1978	860	248	93	10,742	5,128
79	1,777	231	94	19,071	4,230
80	2,124	162	95	20,381	5,750
81	2,922	1,143	96	20,905	6,570
82	2,326	2,116	97	22,410	7,130
83	2,633	2,303	98	17,622	7,379
84	3,073	2,920	99	23,749	7,748
85	4,888	1,424	2000	38,989	9,121
86	4,676	1,388	01	83,973	12,243
87	4,703	1,605	02	125,179	17,945
88	3,786	3,000	03	117,307	20,152
89	3,329	1,753	04	114,682	24,726
90	2,950	1,593	05	118,518	34,987
91	2,900	2,069	06	134,000	42,000
92	6,540	3,611	07	144,500	44,500

出所）『新中国五十五年統計資料彙編』（中国統計出版社，2005年）及び『中国教育統計年鑑』（2000～2006年）

者の中で約四万人（三六パーセント）が北京・上海という大都市に吸収されてきたのである。

それから七年後、二〇〇七年九月六日付『人民日報（海外版）』は、留学帰国者の就業地は「東部沿海地方の中型の都市」が四六パーセントで最も多く、次いで「香港・マカオ・台湾地区」二八パーセント、「北京・天津・唐山、上海・寧波・杭州、珠江三角州」二四パーセント、「中部・西部地区」二パーセントであると報じた。つまり、留学帰国者は二〇〇〇年以前には北京・上海という大都市に集中する傾向があったが、二〇〇七年には「東部沿海地方の中型の都市」に分散するようになった。沿海部全域の経済成長によって留学帰国者の就職地選択の幅が広がったのである。

5　留学帰国者の職業意識の変化

（1）「下海」ブーム

一九八〇年代初期、中国政府が「先富論」（先に豊かになれる人や地方から先に豊かにする、先に豊かになった人や地方が貧しい人や地方を援助する）という経済方針を提唱した。農村では、農業生産に請負制が実施され、農民は請負量を国家に納入し、それ以外の農産物を自ら販売できるようになり、市場（自由市場）が都市に形成された。また都市では、大卒・高卒後に就職できない青年（待業青年）や定年退職者（男五五歳、女五〇歳）が個人や家族で出資して私営企業を創業し始め、個人経営者（個体戸）と呼ばれた。市場経済の海に身を投ずることを「下海《シャーハイ》」と言うが、このような人々は最初の「下海者」となった。

一九八〇年代後半から九〇年代にかけて、党や政府の機関、余剰人員を抱える国有企業などの職員が私営企業に転職したり、自ら創業したりする動きが活発化した。また、医療費免除・年金支給・住宅支給など有利な条件が与えられている国有企業のポストを保留したまま「兼職」する人々も現われた。この動きはエスカレートして大学・研究機関の科学技術者や人民解放軍の軍人の間にも広がっていった。原因は、職場の低賃金への不満、能力が発揮できない運営体制への不満、不合理な職場配置への不満などであるが、主として「下海」によって高収入を得た成功例がさらに多くの人々を「下海」に向かわせたのである。

このような国内の「下海」ブームに呼応するように、留学者の帰国後の就職動向に変化が現われた。従来まで留学帰国者の三分の二以上が政府機関や大学・研究機関など国家機関（国有単位）に就職していた。特に、外国で博士学位を取得した留学帰国者の多くは、大学・研究機関の教育・研究職を求めるのが通例であった。それは知識人の伝統的な就職先であって、留学帰国者もほとんど例外なくそれを強く希望した。他方、先進的な科学知識と技術を修得した教員や研究員がかなり不足している大学・研究機関でも優秀な留学者の採用を重視してきた。このように両者の希望が完全に一致する時期が長く続いていたのである。

何翔皓他（一九九八）によれば、中国知識人は伝統的に国家機関（特に政府機関や大学・研究機関）に勤務することを名誉と考え、「下海」して高収入を得て物質的に満足するよりも、清貧であっても有名な国家機関の肩書きを得るほうを望む傾向が強い。それが彼らに精神的満足を与えるものであり、知名度のない民間企業に就職するのは親も本人も望まなかった。この精神的態度が知識人を国家機関への就職に固執させてきた原因であると指摘する。(6)

（2）　職業意識の変化

一九九〇年代後半になると、留学帰国者の職業意識に二つの変化が生じた。

第一の変化は、留学帰国者が政府機関や大学・研究機関だけではなく、国有企業（全民所有制）や集団所有制企業（集体所有制）、民間の外資系企業（三資企業）や私営企業（有限会社等）にも就職し始めたことである。逆に言えば、留学帰国者はまさに市場経済の中で成長する企業にとって必要な人材となってきたのである。[7]

沈人（一九九五）は宝山製鉄所（現・上海宝鋼集団公司）の例を挙げる。宝山製鉄所は鉄鋼企業の中では屈指の実績を持つが、一九八八年に単一の鉄鋼企業から自動車製造、設計、施工、機械、運輸、設備、家電、金融、貿易、科学研究など一五業種を傘下とする総合的企業に発展した。一九九三年以降の利潤額では中国第一位となった。すなわち、一つの企業が多方面の分野に事業展開することで発展した。その過程で新しい知識と能力を有する人材が不足し、留学帰国者が求められたという。以前では考えられなかったことだが、博士学位を取得した留学帰国者までが企業に就職するようになった。大学・研究機関の給与が低いこと、研究施設が先進国に比較して劣っており高度な研究の継続が困難であることなどがその裏事情であった。[8]

高学歴である留学帰国者の就職動向の変化は市場経済時代への積極的適応と言えるかもしれない。留学帰国者の中に自己の能力を発揮して「豊かになること」を追求する人生観が広がってきたと言えるかもしれない。ともあれ、旧来とは異なる新しい職業意識をもつ知識人世代が出現したのである。

第二の変化は、留学帰国者が自ら私営企業を創業するケースが現われたことである。その潮流は一九九〇年代後半に大きくなっていった。創業志向が高まった理由を明確に指摘することはできないが、例えば、張酉水（二〇〇一）は一九九九年現在、留学帰国者を名義人として創業された科学技術企業は約三、〇〇〇社、年間の生産額は一〇〇億元前後であり、留学帰国者のなかで科学技術企業を「自行創業」あるいは「合作創業」する人は一万人に上り、それは留学帰国者全体の一〇パーセントに相当するという。創業は、資金不足や市場の低迷など避けがたい問題に直面し、必ずしも順調なわけではない。二〇〇〇年末までに約一一万人が帰国している中で、創業はまだ一握

表9－3　留学帰国者の就職状況の変化

時期	就職地	就職機関	職業意識
改革開放前期 (冷戦期)	北京・上海等の大都市 経済特区	大学・研究機関 中央・地方政府部門	国家奉仕を名誉とする
社会主義市場経済期 (冷戦終結後)	沿海開放都市 中・小都市にも増加 香港・マカオにも増加	多国籍企業 外資系企業 創業志向	豊かさ優先 (「下海」風潮)

筆者作成

りの傾向であった[9]。

王輝耀（二〇〇七）は二〇〇六〜〇七年に実施した留学帰国者の就職先調査結果を載せている。調査の詳細は詳らかではないが、参考までに引用すると、就職先として多い順に、「多国籍企業・外資系企業」（跨国公司・三資企業）が二七・二一パーセント、「大学・研究機関」（大学・研究院所）が一七・〇一パーセント、「民間・私営企業」（民営・私営企業工作）が一五・六五パーセント、「自分で創業する」（自己創業）が一〇・八八パーセント、「国有企業」が九・五二パーセント、「政府部門」は三・四パーセントであった[10]。

以上、一九七八年の改革開放以後の留学帰国者の就職状況を考えると、冷戦期と冷戦終結後（ソ連崩壊後）に大きな境目があったと思われる。特に、一九九二年十月に「社会主義市場経済体制」建設の方針が出された前後に、留学帰国者の就職状況は変化し始めた。概略は表9－3のようになる。中国の人材需要は中小都市の人口増と経済発展に応じて急速に変化している。これに連動して、留学者の留学目的や帰国後の就職先・就職地も様変わりしてきたのである。

第二節　経済特区・深圳市における留学帰国者の導入政策

さて、留学帰国者の導入政策について、まず経済特区の事例を取り上げたい。経済特区である深圳は全国に先駆けて留学帰国者の導入政策を実施した地域であり、他の地域のモデルとされた。海南省は同じ経済特区でも深圳と諸条件が異なる。経済特区間の相違を知るために取り上げることにする。

1　深圳市の概況

現在の深圳は高層ビルが立ち並ぶ活気あふれる社会であるが、一九七〇年代末までは広東省の辺鄙な田舎に過ぎなかった。深圳は香港と境を接しており、かなり自由に往来でき、香港を通じて外資を容易に導入できる地理的位置にあったので、香港返還（一九九七年七月一日）を睨んで、一九八〇年に経済特区に指定された。深圳には「社会主義の香港」を建設するという使命が課せられた。経済特区となってからは、中国で最も早く市場経済化が進んだ地区である。

一九八〇年八月、経済特区になった時、深圳の常住人口はわずかに一〇・四万人だったが、一九八七年には六〇万人に膨張した。その過半数の三一・三万人（五〇パーセント）が外部から流入した外来人口であった。外来人口の中では一五歳から二九歳の若年層が圧倒的に多かった。すなわち、深圳の人民政府・企業等は新たな雇用を急速に拡大して若年層を吸収してきたのである。

深圳に入るには、深圳で就職することが決定していなければならない。例えば、鉄道で広州から深圳に入ろうとすると、列車内で公安局による入区資格の検査を受ける。資格のない者は列車から降ろされるのである。深圳は中国全土から選別された人々が集まって造り上げた、いわば「移民社会」である(11)。

2　深圳市の人材集積方法

一般的に言えば、省・市に人材を集積する方法は四つある。

①　自ら高等教育（留学教育を含む）を発達させ、高度人材を育成する。
②　国内の他の省・市から高度人材（留学帰国者を含む）を導入する。
③　国外から専門家（華僑・華人も含む）を招聘する。
④　国外から留学帰国者を直接導入する。

表9-4　深圳市の課程別在籍学生数の推移　（人）

年度	大学院生		学部生		普通高校（普通高中）
	博士	修士	本科	専科	
2000	112		7,405	6,718	27,134
2001	187		9,102	9,334	31,733
2002	2,187		10,707	13,821	38,022
2003	2,424		29,682		46,695
2004	4,937		36,314		56,393
2005	6,055		39,259		65,057
2006	7,568		44,326		73,317
2007	7,476		51,434		76,787
2008	7,783		56,892		84,823

出所）各年度『中国教育年鑑』人民教育出版社

深圳の場合、①については、経済特区となってから二八年間、高等教育は著しく発達した。深圳大学、深圳職業技術学院、深圳信息技術学院はじめ、北京大学深圳研究生院、清華大学深圳研究生院、ハルピン工業大学深圳研究生院、南開大学深圳金融工程学院など一〇カ所の高等教育機関が次々に設置された。表9-4のように二十一世紀に入って在籍学生数は急増している。二〇〇四年九月には広東省政府より「広東省教育強市」の称号が授与された。二〇〇七年度の深圳の戸籍適齢人口（一八～二二歳）に対する高等教育進学率（毛入学率）は四五パーセントであった。先進諸国並みに高い[12]。

また、②は他の省・市からの移住者を指すが、この中には留学帰国者も混じっている。③は国外の専門家を招聘する方法であるが、その多くは華僑・華人の専門家である。②と③の規模は統計的な資料が見出せず詳らかではない。以下では、④に関する政策について考察するが、それは②の留学帰国者や③の華僑・華人の専門家の招聘とも関連している。

3　優遇条件の法的整備

留学帰国者を積極的に導入する政策は次のようにして開始された。一九八八年に深圳人民政府は「留学生が深圳で就業するのを奨励する暫定的規定」（関于鼓励出国留学生来深圳工作的暫行規定）を発布した。しかし、鄧小平の南巡講話後、一九九二年に同規定を廃止して、新たに「留学生が深圳で就業するのを奨励する規定」（関于鼓励出国留学生来深圳工作的規定）一七条を発布。これは市場経済化を加速するための人材獲得政策の先駆的な規定となった。これを原型として他の経済特区の規定が作成された。以下は、全訳である。

第一条　留学者が深圳市で就職し、その科学技術を生かし、外国との架け橋の役目を果たして、深圳市の科学技術及び経済発展を促進するために、本規定を定める。

第二条　本規定にいう留学者とは、中華人民共和国の国民で、公費派遣または自費で留学した、学士以上の学位取得者、または国内で中級以上の専業技術職務資格（職称）を持ち、さらに外国の高等教育機関または研究機関で二年以上研究した（あるいは一年以上でも専門分野で優秀な成果を上げている）訪問研究員または進修生のことを指す。

第三条　深圳市の「引進国外智力領導小組辦公室」（以下、「引進智力辦」と略す）は、深圳市の留学生管理の専門機関であり、深圳市に就職の件で訪れる留学生の接待、情報提供、事務サービスと審査を担当する。

第四条　年齢五〇歳以下の留学者は深圳市で自己の専門に適合した企業を選択し、企業の同意を得た後、「引進智力辦」にて審査を行う。

第五条　留学者を採用する機関において、組織の定員や異動幹部枠あるいは幹部採用枠に制限がある場合は定員枠を追加することができる。定住戸籍に入れば、特区基礎施設増強費および幹部異動試験を免除する。特別な規定がない限り、留学者は深圳市内では自由に転職できる。内地に戻りたい場合は市人事局が協力する。

第六条　深圳で求職する留学者は「引進智力辦」に下記書類を提出しなければならない。

（1）留学者本人のパスポート（写）、外国での学歴証明、学位証書（原本）及び成績表を提出する。自費留学者は更に留学先国の中国公館の証明書を提出する。

（2）訪問研究員または進修生は本人のパスポート（写）、外国の大学の招聘状（写）及び中級以上の専業技術職務資格証明書（原本）を提出すること。研修が二年未満の場合、研修分野であげた優秀な成績を証明する書類を提出すること。

第七条　一九八八年十月五日以降、深圳市で求職し、「引進智力辦」が受け入れた留学者は、私用で出国申請する場合、往来自由の原則に基づき、まず就職先が許可し、「引進智力辦」を通して、市の人事局で審査した後、市の関係部門が出国手続きをする。

第八条　既に深圳市で定住戸籍に入った留学者は市内に民営企業を創業することができる。外国で登録した会社の名義で深圳に投資することもできる。また、自己所有の特許・専門技術・資金を用いて深圳の各種企業の株を購入できる。

第九条　留学者が深圳で就業する期間、専門技術職を担当する場合、規定により専業技術職務資格を取得しなければならないが、その認定定員枠の制限を受けない。

第一〇条　留学者が深圳で科学研究・新技術の開発またはハイテク製品を製造する場合、深圳市科学技術局より証明書を発行する。それに勤務先の企業法人証書または企業証明書を添えて、関係部門に対して科学技術発展基金あるいは銀行に対し開発・生産基金からの借款を申請できる。申請受付部門は優先的に受け付ける。

第一一条　深圳で優秀な成果を上げた留学者は深圳市人民政府と勤務先会社により奨励または表彰される。留学者が導入した技術項目は市の科学技術局の判定を経て、確かに先進技術でかつ経済的収益の大きな場合は特別に奨励する。

第一二条　留学者が深圳で就業している期間に得た合法的な外貨収入は、本人が国外送金を希望すれば、特区内の中国銀行を通じて行うことができる。

第一三条　留学者が深圳で就職先を見つけた場合、下記の状況に応じて手続きをしなければならない。

（1）　国家教育委員会または人事部が分配した留学者は、国家教育委員会発行の「留学者帰国工作通知」（留学人員回国工作報到通知）あるいは人事部発行の「卒業留学生の職業分配紹介状」（分配卒業留学生工作介紹信）を持参して、「引進智力辦」に深圳到着を届け出る。また、その書類と市人事局の行政紹介状を持って市公安局で戸籍手続きをする。

（2）　国家教育委員会や人事部の分配とは関係のない自費留学者は、市人事局の行政紹介状と出国前の戸籍所在地発行の戸籍移動証明書又は戸籍取消証明書を持って、市公安局で戸籍手続きをする。

（3）　規定通りに帰国して復職した留学者は、市人事局と元の職場とで相談し、職場に異動があれば、その転職と戸籍手続きを優先的に行う。

第一四条　留学者の配偶者と子女は下記の状況に応じて手続きをしなければならない。

（1）配偶者が国家の正幹部または正職員の場合、人事部門や労働部門がその転職と戸籍手続きを優先的に行う。
（2）定職のない配偶者と子女は、都市戸籍を持つ場合は同時に移動できる。個人の事情で同時に移動できない場合は後日転入してもよい。後日転入の場合は「引進智力辦」より証明書を発行し、また市公安局より移動証明書を発行し、戸籍転入の手続きを優先的に行う。
（3）農村戸籍を持つ配偶者と子女の場合、その特別事情に配慮し、「農転非」（農業戸籍から非農業戸籍に変わる）の手続きを優先的に行う。

第一五条　留学者は、正式に転入するのではなく短期間のみ深圳に勤務する場合、留学者本人が雇用機関と雇用契約を結ぶ。そして、規定により臨時居住証（暫住証）を取得しなければならない。

第一六条　深圳に転入した既婚留学者は、配偶者も転入すれば福祉分譲住宅を購入できる。留学者の雇用機関は住宅を優先的に配慮しなければならない。困難があり直ちに解決できない場合は「引進智力辦」が協力して市住宅局に申請すれば、住宅投資建設政策により安価で住宅を提供する。その住宅は「深圳経済特区住宅投資建設管理法」により管理される。

第一七条　本規定は公布された日から施行される。もとの「深圳人民政府関于鼓励出国留学生来深圳工作的暫行規定」（深府［一九八八］三〇五号）及び『深圳人民政府関于鼓励出国留学生来深圳工作的暫行規定』実施細則の印刷・配布に関する通知」（深府［一九八九］二五二号）は同時に廃止する。

（深圳市人民政府「関于鼓励出国留学生来深圳工作的規定」）

以上、規定は留学帰国者のための環境整備を目指しているが、少しまとめてみよう。

（1）第二条において、深圳が導入したいと考える二種類の留学者が挙げられている。「学士以上の学位取得者」及び「国内で中級以上の専業技術職務資格をもち、外国の高等教育機関または研究機関で二年以上研究した訪問研究員または進修生」である。専門分野で優秀な成績を上げている場合は一年以上の外国滞在でもよいとする。ここで注目すべきは公費留学か自費留学かをあまり問題にしていない点および大卒以上の学歴を持つことを最低条件に挙げ、できれば訪問研究員や進修生で海外留学した中堅専門家を欲している点である。すなわち、高学歴・高い専門性を重視しているのである。

(2) 第三〜六条及び第九条は、就職先を選択する制度(択業環境)の説明である。就職斡旋機関として「引進智力辦」を設置する。

(3) 第八条は深圳での創業(創業環境)について言及している。

(4) 第一〇・一一条は研究開発や新製品の開発に関する援助について述べている。研究開発やハイテク製品製造のための諸財団の助成や銀行の借款申請は優先的に受け付けるという。

(5) 第一三〜一六条は生活支援(生活環境)に関する政策である。留学帰国者とその家族は深圳で次の優遇政策が受けられる。

① 官庁・国営企業では定員枠を追加して採用される。配偶者が国家機関の職員である場合は深圳の職場に転職できる。

② 合法的に得た外貨収入は国外に送金できる。

③ 安価な住宅が優先的に提供される。

④ 私用での出国も容易である。

⑤ 農村戸籍を持つ配偶者と子女に配慮し、「農転非」の手続きを優先的に行う。

⑥ 既婚留学者は分譲住宅を購入できる。

このような規定によって、就職制度、創業環境、研究・開発環境、生活環境が整備された。これは国内に既に帰国していた留学者やこれから帰国しようとする在外留学者にとって非常に魅力あるものに違いない。こうして留学者を国内外から集積しようとしたのである。要するに、深圳における留学帰国者の導入政策とは、それ相応に実力ありと認められる留学者に対してポストを優先的に確保し、その能力を十分発揮できるよう積極的に支援するものである。

4　就職斡旋の方式

（1）「引進智力辦」の就職斡旋機能

深圳では、市政府部門、国内企業、外資系企業に多数の留学帰国者が採用されている。採用過程は二つである。ひとつは、留学者が個人的に深圳の企業と直接連絡を取り、採用試験を受けて採用されるケースや外国で企業本社に採用され深圳に派遣されるケースである。もうひとつは、市政府の「引進智力辦」の仲介を通して就職するケースである。

さて、この市政府に設置された「引進智力辦」は次の三つの業務を行っている。

① 企業管理・専門的技術の専門家を国外より招聘し各企業に紹介する。
② 外国に研修生を派遣する。
③ 留学帰国者の就職の窓口となり、履歴書等を登録する。

この中の③の業務について、筆者は一九九五年二月「引進智力辦」副主任に面談した[13]。その結果、次のことが分かった。「引進智力辦」は深圳で就職を希望する留学者の登録窓口である。その同一建物内に入り口を別にして隣接する「国際人材交流協会」という外郭団体（民間組織）が附設されている。「国際人材交流協会」は深圳の企業等の求人情報を受け付けて、就職希望者に情報を提供する組織である。面白いことに、「引進智力辦」の副主任は、「国際人材交流協会」の事務局長（秘書長）を兼務している。要するに、同一建物の中にある「引進智力辦」と「国際人材交流協会」の二つの事務所の副主任は両方の組織の実質的な業務責任者として、両事務所を行き来している。

「引進智力辦」によれば、北京にある教育部の中国留学服務センターから留学者の就職斡旋を依頼されるケースがあるという。中国留学服務センターは帰国後の就職先の紹介を依頼してきた留学者の登録情報を深圳の「引進智力辦」に流しているのである。また、深圳の「引進智力辦」は、中央官庁所管の中国科学院や化学工業部あるいは地方政府人事部門所管の「留学人員工作站」や「留学人員服務センター」などとも連携している。それら部門・機構間で留学者の求職情報や各地の求人情報を交換している。つまり、就職斡旋のために中央と地方の関係行政部門は協力体制を築いている。インターネットの普及によって、やがて中国全土をカバーする就職情報網が確立するものと思われる。[14]

　このように就職情報網が整備されてきたので、従来まで留学帰国者の大多数は情報の得易い官庁・大学・研究機関に就職していたのであるが、次第に民間企業に就職する者が増えてきた。また給与・生活条件が比較的良い大都市に集中していたのが、次第に地方の中小都市に就職する傾向も現われてきた。全国の就職情報網の確立は留学帰国者の就職探しの範囲を確実に広げている。換言すれば、中国の市場経済化に沿って高度な留学人材を各地各所に適切に配置する人材流動機能が整備されたのである。

写真5　深圳市人才服務センター，これに隣接して，「引進智力辦」・「国際人材交流協会」がある。

（2）　留学帰国者による深圳選択の理由

　外資系企業はもちろん中国企業においても外国語能力が高いことが重視されるが、それよりも更に重視されるのは専門的な知識・技術が高いことであるという。一九九五年当時、「引進智力辦」では毎年国内外にいる留学帰国者一、〇〇〇人以上から問い合わせがあるが、実際に就職が決まるのは四〇～五〇人であり、五パーセント前後である。その中では、フランス、イギリス、ドイツ、米国、オーストラリアからの留学帰国者が多い。なかでも海外での最初の一年間を公費留学生として過ごし、のちに自費留学生に身分変更して大学院に進学し学位取得した者が多い。

当時の「引進智力辦」が就職斡旋した実数は、一九八八〜九〇年度は三二人、九一年度一八人、九二年度二六人、九三年度五四人、九四年度四三人である。すなわち、七年間で一七三人である。採用人数は増えているもののかなり厳しい人選が行われているように思われる。

因みに、九四年度の四三人のうち日本からの留学帰国者は一〇人（二五パーセント）であった。一〇人はすべて自費留学生で、博士学位取得者三人、修士学位取得者五人、進修生一人、訪問研究員一人であり、深圳にあるリコー、キヤノン、航空会社、中国人民銀行、ミシンメーカー、貿易会社等に就職した。この学歴から見る限り、高度人材ばかりであり、外国の大学の学部卒業生（学士学位取得者）は斡旋されていない。競争で振り落とされてしまったのかその理由は明確ではないが、留学者の採用基準はかなり高いと言えるだろう。

ところで、「引進智力辦」を通じて深圳に就職した元日本留学者三人に面接した。彼らの就職過程は次の通りであった[15]。

①　A（男性）は湖北省出身、武漢大学を卒業して同大学の研究員となるが、一九八二年中国政府派遣により訪問研究員（四〇歳）として日本留学、二年間有機化学を専攻する。留学後、深圳市「引進智力辦」に就職希望の手紙を出し、接着剤の工場に就職、一九九五年現在は工場技師長である。

②　B（男性）は吉林省出身、中国の大学院修士課程二年生のとき中退して、一九八八年に日本政府奨学生（国費留学生）として日本留学（二六歳）、一九九四年に高分子学で博士学位取得、日本企業に就職したいと思ったが適当な職が見つからず、上海・北京の中国留学服務センターにも就職斡旋を依頼したがやはり見つからなかった。深圳市「引進智力辦」に手紙を出してやっと紹介を受けた。一九九五年現在、市政府の産業投資部門の管理職である。

③　C（女性）は天津市出身、武漢大学を卒業して同大学に勤務する。図書館部主任だった一九八八年「自費公派」で日本の日本語学校に入学（四〇歳）。一年間日本語を学習した後、大学の訪問研究員となって図書館学を学

ぶ。一九九一年に帰国して武漢大学に復職したが、四カ月後に深圳市「引進智力辦」に手紙を出して紹介を受け、日本企業に通訳として就職した。その後、転職して中日合資企業に勤務している。

このように、留学帰国者の経歴をみると、出身地は中国各地に及んでおり、また海外留学から帰国したのを契機に新興の経済特区に職を探して応募している。ここから次のことが推測できる。

① 一般に、中国では留学後に就職地・就職先を再選択する傾向がある。特に、不本意な就職先に「分配」されている場合はそうである。「引進智力辦」副主任は「一旦深圳に来て他に変わる人はほとんどいない。ここでは外国で学んだ知識や技術が生かせる」という。海外留学で学んだ専門が生かせるように職場を丁寧に斡旋している。要するに、海外留学は自己の能力を発揮できる職場への転職のチャンスを得る方法となっている。

② 深圳に定住すれば深圳戸籍を獲得できる。出身地よりも経済的に発達した都市での快適な生活が得られる。それは自分の世代だけでなく、子々孫々まで保証される。この点は留学帰国者に重視されており、経済の発展した地域（大都市・経済特区など）への帰国志向を生む誘因となっている。

③ 被面接者三人は、深圳で他の地域の平均給与の二〜三倍を得、出入国の自由を与えられている。

以上をまとめれば、中国人にとって海外留学とは、旧職場からの転進や自己実現を果たすチャンス、旧居住地から経済発展地域への戸籍移動、高所得の生活や出入国の自由を与えてくれるものである。誰もがそれを全て得られるとは限らないが、挑戦する価値があると考えられている。[16]

（3） 二〇〇五年の深圳市の留学帰国者の情況

深圳は毎年、留学者を導入してきた。二〇〇二年から〇五年まで毎年連続して一、〇〇〇人を超えた。二〇〇五年は一、六三九人であった。彼らは三二カ国から帰国した。内訳は、イギリスが最も多く五九〇人（三六パーセント）、オーストラリア一六二人（九・九パーセント）、米国一四六人（八・九パーセント）、カナダ一〇八人（六・六パーセント）、香港九八人（六パーセント）、日本九八人（六パーセント）、フランス四三人（二一・六パーセント）、

表9－5　2005年度，深圳市に就職した留学帰国者1,639人の情況

取得学位	人（%）	専攻	人（%）	海外就業経験	人（%）
学士学位	284（17.3）	工商管理関係	534（32.6）	0年	885（54.0）
修士学位	1,213（74.0）	電子情報関係	438（26.7）	1～3年	574（35.0）
博士学位	94（ 5.7）	金融関係	172（10.5）	3～5年	98（ 6.0）
ポスドク	24（ 1.5）	貿易関係	133（ 8.1）	5～10年	49（ 3.0）
訪問研究員	24（ 1.5）	経済関係	115（ 7.0）	10年以上	33（ 2.0）
―	―	その他	247（15.1）	―	―

出所）林活力他「広東人材国際化状況分析」2008年より作成

シンガポール二四人（一・五パーセント）、ドイツ二三人（一・四パーセント）であった。表9－5に示すように、彼らの学歴では修士学位取得者が最も多く七四パーセントを占め、次いで学士学位取得者一七・三パーセント、博士学位取得者五・七パーセント、ポスドク一・五パーセントであった。また、専攻分野は商工業の管理関係と電子情報関係で過半数を占める。また、全体の約八〇パーセントが深圳戸籍を有していない、深圳以外の出身者であった。

注目すべきは、修士・博士・ポスドクという大学院修了者が約八〇パーセントを占めることである。しかし、その中にあって学部卒業者（学士学位取得者）が意外に多く、二割を占めることは看過できない。深圳が幅広く留学人材を吸収していることを示している。また、海外での就業経験年数を見ると、経験のない者が五四パーセントと半数を占める。次に「一～三年」（三五パーセント）、「三～五年」（六・〇パーセント）の順である。即ち、海外の大学・大学院を卒業（修了）後、海外でいったん就職して、五年以内に深圳に移住した者は四一パーセントに達する。この数値も注目すべきであろう(17)。

5　深圳市留学生聯誼会の結成

一九九四年「深圳市留学生聯誼会」が留学帰国者間の人脈の拡大と情報交換を活発にするという目的で、市政府主導で結成された。留学帰国者であれば、留学先に関係なく誰でも入会できる。名誉会長は深圳市長であり、会長は留学帰国者の会員から互選される。事務局は「引進智力辦」に置かれている。一九九五年当時、会員数は約三〇〇人であった。公式の活動は年二～三回の交流会や茶話会である。

その後、二〇〇八年現在まで一〇年以上が経過している。「深圳市留学生聯誼会」の現状は把握していないが、その登録人数が増加していることは想像に難くない。

第三節　経済特区・海南省における留学帰国者の導入政策

1　海南省の概況

海南省は台湾に次ぐ中国第二の大きな島であり、面積三二・二〇〇平方キロメートルである。日本の九州三五・六六〇平方キロメートルよりやや小さい。一九八八年中国最大の経済特区に認定された。海南省は華僑の多い地方であり、島内には華僑・華人の親族が約一〇〇万人、香港・マカオの親族が二〇万人居住する。このことは開放政策にとって有利な条件となっている。

やや古いが、一九九二年統計によれば、人口は絶えず流入しているが、流入した就労人口の中で一八～二四歳の若年層が全体の八一・六パーセントを占める。全体の七六パーセントが四川省、湖南省、浙江省、江西省の農村部出身である。従って、学歴では中学・高校卒が四〇パーセントで最も多く、小学校卒一〇パーセント、中等専門学校卒一〇パーセント、大卒一〇パーセントであった。ここから大卒・大学院卒の留学帰国者はいかに希少価値があるかを知ることができる[18]。

2　海南省の高等教育の拡大と公費留学派遣の実施

さて、高度人材の集積のための方法はいくつかある。海南省の事例は深圳はじめ他の経済特区のものと基本的に同一である。海南省でも特区建設のために人材の需要が高まり、三つの方法で人材が集積された。

①　海南省内の高等教育の量的拡大を図る。

表9-6　2000〜2008年の海南省の課程別在籍学生数の推移　（人）

年度	大学院生		学部生		普通高校（普通高中）
	博士	修士	本科	専科	
2000	132		14,871	1,781	59,857
2001	203		18,728	6,483	68,295
2002	300		24,419	9,631	78,313
2003	46	396	43,498		88,946
2004	62	704	27,091	30,729	102,632
2005	70	1,053	33,709	36,275	118,165
2006	87	1,457	41,414	48,724	137,974
2007	87	1,770	50,289	58,007	146,411
2008	92	2,036	60,964	65,391	154,774

出所）各年度『中国教育年鑑』人民教育出版社

② 海南省内から公費留学派遣を実施する。

③ 海南省外から人材を招聘する。これには、ⓐ国内の他省から人材を採用する、ⓑ国外から専門家を招聘する、ⓒ国内外から留学帰国者を採用する、という三つの方法がある[19]。

このうち①は高等教育政策、②は留学教育政策である。これに対して、③の省外から人材を求めるⓐ・ⓑ・ⓒは即戦力となる人材を集める方法であり、即効型の人材導入政策と呼ぶことができるだろう。

（1） 高等教育の拡大

表9－6は二〇〇〇年以降の課程別在籍学生数の推移を示したものである。大学院生は、二〇〇〇年一三二人から二〇〇八年二、一二八人へと約一六倍に増加している。学部生は、二〇〇〇年は一六、六五二人であったが、二〇〇八年には一二六、三五五人となり、約七・六倍増である。学部生・大学院生が急増した原因は普通高校の在籍学生の増加である。これも二〇〇〇年と二〇〇八年を比較すると、約二・六倍増である。海南省の高学歴化は急速に進んでいる。

（2） 省内からの公費留学派遣の実績

海南省からの公費留学の現状と推移について、一九九五年二月、筆者は海南省人民政府の人事労働庁で関係者に面接を行った。説明によれば、公費留学は人事労働庁を通すのでその派遣人数は正確に把握されている。公費留学は毎年三〜五人程度である。公的資料は部外者には非公開が原則であり詳細は判明しなかった。他方、自費留学については、人事労働庁では把握されていない。

海南省人民政府は国外への研修派遣のためのルートを開拓しつつある。例えば一九九二年度、中央政府（国務院引進智力辦公室）に海南省内の商工業五七種の業務に関して、五九五人を外国研修に派遣する旨を届け出ている。そのうち日本に六一人（一一パーセント）、香港に二五人（四パーセント）を派遣しており、研修内容は自動車製造、機械、建築、ホテル業等となっている。日本の三菱自動車やマツダ、香港富豪酒店・香港中旅酒店、シンガポールの環境技術会社など数社が受け入れ先である。

日本への研修派遣が比較的多いが、海南省は兵庫県と友好協定を結んだ姉妹関係にあり、その協力によって海南省対外友好協会が一年間の研修生を派遣している。正式には機関派遣（単位派遣）の形式であるが、資金はほとんど自費である。身元保証人は兵庫県庁であり、機関保証をしている。一九九四年兵庫県庁の調査では、帰国研修生は海口市の缶詰工場、都市建設公司、造船所などで就業していた。

3　海南省における専門家招聘政策

海南省外から人材を招聘する方法は三つである。

第一に、国内の他省からの人材導入に関しては、一九九二年七月、海南省人事労働庁は「高級・中級の中年・青年の科学技術人材と管理人材の導入を加速することに関する若干の規定」（関于加速引進適用高中級中青年科技、管理人材的若干規定）を発布した。それによれば、採用対象となる人材はかなりレベルが高い。過去一〇年以内の国内の博士学位あるいは修士学位取得者、五〇歳以下の高級技術者の職称取得者、四五歳以下の副高級技術者の職称取得者、三五歳以下で中級技術者の職称取得者、市の二等以上の科学技術賞や省の三等以上の科学技術賞の獲得者、国家レベルの特許の取得者、国有企業の五〇歳以下の高級技師と四〇歳以下の技師などである[20]。これら人材を各種の企業・事業体に吸引して優遇するというのである。

第二に、国外から外国人専門家を招聘する事業では、例えば一九九二年度は国家の特別経費（中国人民幣二六・五四万元、外貨二・七九万ドル）により日本、ドイツ、米国、台湾から専門家一二人を招聘し、また海南省の経費（中国人民幣九〇万元）で一二分野の専門家八三人を招聘している。フランス（国際学術交流顧問協会）、米国（サンフランシスコ州立大学商学部、アメリカ教育学会）、ドイツ（退職専門家協会）およびシンガポール（環境技術会社）などからである。外国人専門家の教育指導を受けることは即効型の発展方法であろう。

第三に、他省の留学帰国者や海外に滞在中の在外留学者を導入する政策がある。他省の留学帰国者や在外留学者は、その多くが海南省出身ではないが、外国との経済交流をいち早く開始した経済特区で新たな職を探したいと考えている場合が少なくない。次に詳しく見てみよう。

4　海南省における留学帰国者の導入制度

（1）　留学帰国者導入のための法的整備

海南省でも留学帰国者の導入政策がすぐに実行に移された。一九九二年、留学帰国者の優遇政策を規定した「留学帰国者が海南省で就業するのを奨励する規定」（関于鼓励留学人員来瓊工作的若干規定）が制定された。留学者には国内の他省で既に就業している留学帰国者と海外に滞在中の在外留学者の二種類の人々がいるが、募集基準は同一である。以下、「規定」の内容を見てみよう。

まず、「規定」第一条に「留学者」（留学人員）は次のように定義されている。

① 国外で修士以上の学位を取得した者
② 国内で中級以上の専業技術職務資格を取得後、国外で訪問研究員として一年以上仕事や研究をした者
③ 国内大学の本科を卒業後、国外で二年以上研修した者

である。

このように「留学者」の条件はかなり限定されている。しかし、「規定」第二条には、その条件を満たす人材であれば、「出身地（香港、マカオ、台湾も含む）・出身部門、公費留学・自費留学を問わず、海南省で就職を希望する場合、誰でも適切に斡旋する」としている。深圳の規定は、「国外で学士以上の学位を取得した者」にも適用されているが、海南省では深圳よりもハードルが高い採用方針を打ち出したのである。

また、「規定」第三条には、就職斡旋は「組織部門」（共産党員の人事を司る部署）や「人事部門」（大卒以上の「幹部」人事を司る部門。因みに高卒以下の者は「労働部門」が主管する）が計画的に国家機関や人民団体に分配する場合を除いて、すべて「自主択業、双向選択」（個人が自主的に職業を選択する、個人と企業が互いに選び合う）という原則に基づいて行われ、また雇用契約も長期、短期、定期、不定期と各種があるが、両者で自由に決定できるとしている。

更に、「規定」第五条には、留学帰国者の優遇措置が一〇項目掲げられている。

① 何回も出入境・出入国ができるパスポートを発給する。

② 研修、調査、学術会議参加、親族訪問、海外定住のため再出国（出境）を申請できる。また、他の省・自治区・直轄市に転職することも許可される。留まるも去るも自由、都合のよいように取り計らう。

③ 海南省で就職し定住する留学帰国者には事情を考慮して五、〇〇〇～一〇、〇〇〇元の赴任手当（安家費）を支給する。もしくは、基本的な家庭生活用品を提供する。五年間海南省にいれば、返還しなくてもよい。国外、香港、マカオから直接海南省に来る場合、一セットの家庭用電化製品を持ち込むための関税を免ずる。

④ 海南省人民政府により、専門家の住居（専家公寓）や専門家活動センターを建設し、彼らに専用車を購入するための特別経費を支給する。適切に優遇するという原則に基づき、直接海南省に来る留学帰国者やその雇用機関（大学・会社等）に対して、住居の借上げ・賃貸などの有料サービスを提供する。

⑤ 国家機関あるいは非製造業の国有事業体（全民所有制事業単位）に就職することが確定した場合、もしその機関・会社が定員を超過していれば、定員を変更して就職することができる。

⑥　海南省の職称認定部門（職改部門）が認定した就業資格に基づき、優先的に専門技術職に任用する。ポストがすでに埋まっているならば、増設を許す。任用の定員枠が不足ならば、職称認定部門が特別に増設する。また配偶者の転勤、子女の就職・就学、戸籍の移転などは省の「留学回国人員工作站」の証明により、それぞれ人事、労働、教育、公安、食糧などの関係部門が通常の規定とは違い特別に処理する。配偶者・子女が農村戸籍ならば、「農転非」問題（農村戸籍を非農村戸籍に変えること）を特別に解決する。

⑦　各種の企業や研究機関を創設したり、経営指導したり、土地と建物を貸借したり、仕事を請け負ったりする留学帰国者に対しては、登記・融資・納税・輸出入などにおいて、優先優遇の原則に基づき、関係部門が「留学回国人員工作站」の証明により処置する。

⑧　留学帰国者を任用した機関（大学・会社等）が、実験室の計画経費、重要な科学研究の実施経費および国際学会参加のための往復旅費などが支給困難ならば、「海南省に抜群の貢献をする優秀専門家基金会」により事情を考慮して適当に資金補助する。あるいは、国家の関係規定に則って申請し、中央政府やその関係部門の援助を獲得する。

⑨　海南省に先進的な科学成果を携えてきた者、また重要なプロジェクト・巨額資金・優秀な人材を導入した者、あるいは海南省に来た後、重要な成績、重要な貢献、重要な社会的経済的利益をあげた者は、海南省人民政府か雇用機関が褒賞を与える。褒賞は外国での休暇、療養、調査、研修か、あるいは個人の研究所や実験室の建設と提供、高級住宅か高級車の提供、巨額の賞金の支給などである。

⑩　海南省で仕事をする留学帰国者の正当な収入は自由にしてよい。外国に送金するのも、省内の外資系銀行に預金するのも自由である。

要するに、留学帰国者に対する優遇政策とは、それ相応に実力ありと認められる留学帰国者に対してポストを優先的に確保し、その能力を発揮できるように研究・生活の諸条件を積極的に整備することである。なお、海南省で短期間だけ仕事をする華僑や外国人専門家も、この「規定」を適用して同様な待遇を受けられるとしている。

（2）「留学回国人員工作站」の設置

一九九二年九月八日、海南省人事労働庁の管轄下に「留学回国人員工作站」を設置した。「留学回国人員工作站」は、この人事労働庁内の「処」レベルの部署である。省政府機関の序列は「庁」「局」「処」「科」の順となっているので、「処」は中間レベルである。同年十月二日には中国留学服務センターの海南支部を兼務することになった[21]。「留学回国人員工作站」の業務は同年九月発布の「海南省の留学回国人員工作站の管理についての暫定法」（海南省留学回国人員工作站管理暫行辦法）に制定されているが、内容は上記「規定」と全く同一である。要するに「規定」に基づき、国内外から寄せられる留学帰国者の個人情報を登録させて保管し、省内から集めた求人情報と照らし合わせて、省内の政府部門や企業等に推薦すること、また当人の採用決定後に出入国・優遇措置その他に関する事務処理や支援を行うことである。

一九九五年三月、海南省人事労働庁において筆者は留学帰国者の受け入れ担当官と面談したところ、毎年約一〇〇人の在外留学者が米国・日本・イタリアなどから手紙・ファックスで就職斡旋を依頼してきたり、中国留学服務センターから大卒以上の留学生が紹介を受けて連絡してきたりするが、本人が海南省まで来るのはそのうち二〇～三〇人で、就職が決まるのは約一〇人（依頼人数の一〇パーセント）であると言う。なお、人事労働庁では公費留学は事務上で取り扱うので出入国数を確認できるが、自費留学については出入国数や帰国後の就職先など正規に把握されていない。

（3）留学生招聘団の海外巡回

一九九二年十一月、海南省副省長・辛業江は国家教育委員会が組織する留学者招聘団に参加して、米国を巡回し、多数の留学者と接触して海南省の宣伝をしている。その後、海南省を希望する留学者は急増したという。これが重要な契機となり、一九九三年には海南省独自に招聘団を組織してヨーロッパに出かけている。副省長・辛業江は、留学者は経済特区の建設に欠かせないものであると述べ、国内人材と比べて三つの点で有利に立つという[22]。

① 外国語に習熟しており、対外交流において言語の障害がない。

② 外国生活が長いので、幅広い社会関係を持ち、外国との交流・貿易に好都合である。

③ 外国の社会・経済・科学技術の発展の現状を理解し、外国の法律・国際的慣例を知っている。

すなわち、留学者は専門知識と技術以外に、外国語・貿易事情に通暁している点が有利である。恐らく経済の対外交流のキーパーソンとしての活躍が期待されているのである。

5　海南省留学帰国者の動向

（1）「海南省留学回国人員聯誼会」の名簿分析

深圳と同様に、海南省に勤務する留学帰国者を主たる会員として「海南省留学回国人員聯誼会」がやはり官主導で設立されている。会員資格は次のようになっている。

① 国外で学士以上の学位を取得した者

② 国内で中級以上の専業技術職務資格を取得後、国外で訪問研究員として一年以上仕事や研究をした者

③ 国内大学の本科を卒業後、国外で二年以上研修した者

④ 留学帰国者の関係業務に従事する者

である。

これは留学帰国者の優遇政策を定めた上述の「留学帰国者が海南省で就業するのを奨励する規定」の適用対象とほぼ同じである。相違点は「規定」が「国外の修士以上の学位取得者」に対象を限定しているのに対して、こちらは「国外の学士以上の学位取得者」にも入会資格を認めていることである。

表9－7　海南省留学帰国者の情況（1993年現在）　（人）

留学先国	留学人数	取得学位	
		修士学位	博士学位
米国	29	7	2
日本	18	3	
イギリス	6	4	1
カナダ	4	1	
ソ連	3		
フランス	3	2	
ドイツ	2	1	
スイス	2		2
シンガポール	2	2	
オランダ	1	1	
イタリア	1	1	
ニュージーランド	1		
オーストラリア	1	1	
計	73	23	5

出所）「海南省留学回国人員聯誼会」住所録，1993年。但し，留学者の実数は70人であるが，うち3人が2カ国に留学している。

この聯誼会の会則第一条に省人事労働庁の指導を受けるとあり、第二条には、会の趣旨は「海外留学者に対して我国・我省の改革開放がもたらした成果、および中央政府・海南省が留学者に与える優遇政策を宣伝すること。海南省留学帰国者と海外留学者の関係を強め、情報を交換し、友誼を深め、海南の高度科学技術産業を協力して開発すること」とある。すなわち、留学帰国者が海南省に就職するための橋渡しをすることが活動目的となっている。

ところで、「海南省留学回国人員聯誼会」の住所録（一九九三年版）には七〇人の会員が記載されている。だが、そこには公費留学・自費留学の区別、学生・訪問研究員など海外での留学身分の区別、かつ海南出身・他省出身の区別について記載がない。恐らくそのような区別は入会資格として問われていないためであろう。

会員は、三人が一九五〇年代のソ連留学組であり、国家派遣留学であることは明確であるが、他の六七人は改革開放後の一九八〇～九〇年代に留学しており、表9－7のように、留学先国は一三カ国で公費留学か自費留学かは明確ではない。米国が最も多く二九人、次いで日本一八人、イギリス六人、カナダ四人、ソ連とフランス各三人の順である。そのうち三人は二カ国に留学している。取得学位は修士二三人、博士五人、合計で二八人であり、全体の約四〇パーセントを占める。

因みに、日本留学一八人の専攻は、医学が一一人で最も多く、ほとんどが一～二年間の研修であり、その全員が海南人民医院に勤務している。また職種別に見ると、表9‐8のように大学・研究機関が最も多く二八人（四〇パーセント）だった。この傾向は全国的な傾向と同じである。次いで企業一八人（二五パーセント）であるが、民間企業よりも国有企業が多い。さらに、病院医師一四人（二〇パーセント）、官庁八人（一一パーセント）となっている。この時点では、留学帰国者は教育・研究の領域に就業する傾向が強かったと言えよう。

表9‐8　海南省留学帰国者の職種別人数（1993年現在）

勤務先	人数	備　考
大学・研究機関	28	海南大学，海南師範学院，海南医学院
企業	18	海南省航空公司，中国人民銀行
病院	14	海南人民医院
官庁	8	海南省人民政府，海南省建設庁
その他	2	帰国華僑連合会，公園
計	70	

出所）「海南省留学回国人員聯誼会」住所録，1993年

（2）自費留学者の帰国状況

海南省からの自費留学者の帰国状況（帰国者数、帰国後の就職先など）は、海南省人事労働庁、海南省人材交流センターなどの官庁では把握されていない。そもそも留学帰国者の導入政策の基本方針は、実力主義であり、出国時点での公費・自費留学の区別は問題にせず、大卒以上であれば誰でも就職を斡旋する。自費留学・自費就学などの概念は官庁業務とは無関係な区分なのである。

自費留学者の就職問題について、海南大学関係者との面談では、次のような感想が返ってきた。「自費留学帰国者の一般的イメージは、自費留学者は留学先でアルバイトに追われ勉強していないように思われる。中国の大学を卒業していない場合は成績があまり良いとは思われていない」というものであった。それで、人民政府など公的機関は国内大学の卒業生を優先的に採用する。だが外資系企業はその国の語学力が高くないと採用しないので、留学帰国者は有利ではある。

しかし、外資系企業は中国で社会的人脈が広い人を求める傾向があるので、語学力だけでは就職は難しい。結局、自費留学の帰国者は大部分が私営企業に勤務している。文系では金融・商業・経営関係を専攻した者が求められており、理系

では大体どの専攻でも歓迎される傾向にあるという。自費留学帰国者についてはこの程度しか判明していない。

6　海南省からの日本留学の状況

（1）　日本留学のルート

日本留学の状況についてのみ多少把握することができた。渡日ルートは四種類である。

①　既に述べたように、広東省と兵庫県とが友好姉妹関係を結んでおり、海南島が広東省の一地区であった時期から現在まで、一年間の研修生を派遣している。現在は海南省の対外友好協会を通して派遣し、身元保証人は兵庫県庁（機関保証）がなっている。これは機関派遣（単位公派）であるが実際は自費研修である。

②　企業が資金を提供し派遣する研修生がいるが、数は少ない。

③　日本の奨学金を獲得して留学する機関派遣がある。ある大学教員は、国際交流基金で一年間日本の大学で訪問研究員として研究後、更に二年間自費訪問研究員としてそのまま滞在した。帰国して元の職場に復帰している。

④　香港の旅行社を通じて、東京周辺の日本語学校に自費就学生となるルートが一九八七年から一九九〇年の三年間あった。香港の旅行社に三～四万香港ドルを支払い、入国・入学手続きをしてもらう。このルートで海南省から約三〇〇人が日本に行き、一～二年間日本語を学習した後、一部の大学進学者を除けば、大半が東京・神奈川周辺の専門学校に進学した。アルバイトで専門学校を卒業後、日本の商社などに就職した人や帰国した人がいる一方で、専門学校の学費・生活費が高いために途中で退学し不法滞在した人もいる。一九九五年現在、海南省には約一〇〇人が帰国しているのではないかという。しかし、公的資料はなく事実は確認できない。

（2）　日本からの留学帰国者の就職事例

一九九五年三月、元日本留学者三人に、帰国就職の状況について面接した。彼らは在職中に留学し復職した事例である。

①　D（男性）は、海南大学法学院の講師在職中に、一九九〇年度（財）国際交流基金の助成を受けて一年間、京都産業大学に訪問研究員として滞在。その後、一年間自費で同一身分のまま滞在する。法学を学んで一九九二年に帰国し復職した。一九九五年現在、海南大学特区法制研究所所長であり、海南省人民代表大会常務委員にも選出されている。

②　E（男性）は、海南省人民政府に在職中、一九八七年香港の旅行社を通じて自費で東京の日本語学校に入学。彼を含め同郷一〇人が入学した。二年間日本語を学んだ後、専門学校に進学し二年後に卒業。帰国して復職した。

③　F（男性）は、中国で理工大学の三年制専科を卒業し、海南の国営企業に在職中、文化大革命終焉後の一九七七年から独学で日本語を学習した。一九八七年辞職して学士学位取得を目指して日本留学する。香港の旅行社を通じて日本語学校に入学し、二年間学習。だが、大学進学できず、専門学校に進学して二年間で卒業。その後一年間、それまでに使った大金を取り戻そうと考え、不法滞在で働いた。一九九二年海南省の元の職場の上司から勧誘され、ミネラルウォーターのボトル工場に就職。一九九五年現在、従業員四、〇〇〇人を擁する中国最大手のボトル工場の副工場長である。

なお、彼ら三人の日本留学評価では、「日本語を覚えたこと」「日本人の勤勉さを知ったこと」「日本人の友人ができたこと」を最大の収穫だったという。逆に、日本語学校での大学進学指導がほとんど無かったこと、来日当初に一〇〇万円支払って後はアルバイトで苦しい生計を立てたこと、日本の同世代の青年が中国を理解せずにただ遅れていると考えて内心軽蔑しているように感じられたことなどが改善されるべきだと語った。つまり、①日本語学校の大学進学指導、②就学生の経済的支援、③日本人学生の偏った中国観に「問題」を感じたという。

以上、深圳市と海南省について見てきたが、経済特区において市場経済が進展する過程で、専門的人材の需要が高まり、在外留学者を海外から直接採用する制度が整えられた。在外留学者にとって経済特区は優遇条件を提供してくれる魅力ある帰国先となった。一九九〇年代に経済特区の経済は急速に発展する。一九八〇年代からの留学帰国者の集積が、外資活用、商品開発、対外貿易等々を有利に展開できた一因であったと思われる。

第四節　留学帰国者の創業政策

1　市場経済体制下における創業政策

一九九〇年代前半には経済特区・沿海開放都市において留学帰国者を地元の政府機関や企業等で活用するための導入政策が進められた。しかし、市場経済が少し進展した二〇〇〇年代前半になると、留学帰国者の創業を支援する政策が打ち出され始めた。

なぜ創業が奨励されるのか。一般的理由としては、どのような企業であれ、新規に企業が立ち上がれば、国内の社会需要を満たし、雇用を創出し、税収を伸ばすからである。では、創業者は必ずしも留学帰国者でなくてもよいはずであるが、なぜ留学帰国者の創業が奨励されるのか。三つの理由が考えられる。

第一に彼らの中に海外の先端的知識や技術を修得した者が多数存在するからである。知識経済の発達をリードする米国のシリコンバレーでは、当時、二〇万人の科学技術人員がいる中で、中国人留学者は六万人に達していた。経済特区・沿海開放都市では彼らのような優秀な留学者が中国に帰国して知識産業を起こすことが期待された。特に、ＩＴ産業など知識産業は国際的に展開する可能性が高い。彼らこそ知識産業の開拓者であると見なされたのである。[23]

第二に、留学帰国者側にも先進的知識や技術を生かして中国で創業したいという強い意欲をもつ人々が少なからず存在したからである。創業政策は留学帰国者のニーズを満たすための政策であった。

第三に、留学帰国者のための創業政策は帰国奨励政策と表裏一体である。すなわち、既に述べたように、一九九三年十一月十一日〜十四日、中国共産党第一四期中央委員会第三回総会において採決された「社会主義市場経済体制の確立についての若干の問題に関する決定」の中で「支持留学、鼓励回国、来去自由」という一二字の留学派遣方針が決定された。問題は「来去自由」（往来の自由）の方針である。実際には、留学者を含む中国の科学技術人材は米国、日本、カナダ、オーストラリアなど諸外国で需要が高く、留学終了後に留学先国で就業しながら、母国と頻繁に往来していた。「来去自由」の方針はその現状を追認したものであった。だが、中国の人材、特に科学技術人材（在外留学者の多くがこれである）の出入国の自由化は先進国との人材獲得競争でもともと不利な立場にある中国からの人材流出（人材流失）を助長する危険を孕んでいる。従って、留学者を祖国に惹きつけるには否応なく先進国と同じように帰国環境を整備しなければならないのである。

このように海外との往来が自由化される情勢の中で、留学者の帰国奨励政策として、帰国奉仕（回国服務）政策や祖国奉仕（為国服務）政策が取られてきた。前者は留学者に対する国内就職情報の提供や就職斡旋機関の全国的な配置であり、後者は中国での短期間の講義・研究滞在費用の支給、中国の大学・研究機関との共同研究の促進などである。これに加えて、今また留学帰国者のための創業政策が取られるようになった。創業政策は留学者の帰国を促進する効果もある一挙両得の政策である。

以上のような理由で、留学帰国者のための創業政策が開始されたのである。近年では中国での創業は留学帰国者の帰国パターンのひとつになっている。なお、中国語の「創業」は、日本語の「起業」・「創業」と同義である。

2　中央政府による創業環境の整備

中央政府の推進する経済開発区建設という大規模な産業振興政策の一環として、各地では「高新技術開発区」「科技園区」「創業センター」など特別区が設置された。特に、上海、北京、江蘇省など経済が比較的発達した地域ではいち早く創業を支援する総合的サービス体制作りに着手した。また、上海、北京、広州など大都市では、「高新技術開発区」「科技園区」「創業センター」などの特別区のなかに、留学帰国者の創業を支援する「留学人員創業園」が設置された。

例えば、二〇〇〇年四月三十日、北京市は「留学者の北京での創業工作を奨励する若干の規定」（北京市鼓励留学人員来京創業工作的若干規定）を発布、また二〇〇五年十一月二十四日には上海市がそれまでの規定を廃棄して、新たに「留学者が上海で就業し創業することを奨励する若干の暫定的規定」（鼓励留学人員来上海工作和創業的若干暫行規定）を発布するなど、留学帰国者の創業政策が整備された。

だが、大都市だけではない。経済特区である深圳は、二〇〇〇年六月七日、「留学者が深圳で創業することを奨励する若干の規定」（関于鼓励出国留学人員来深創業的若干規定）を発布。同じく厦門は、二〇〇二年六月一日、「留学者の厦門での創業を奨励する規定」（鼓励留学人員来厦創業工作規定）を発布した。また、興味深いのは少数民族の集中居住地域でも、創業規定が発布されたことである。すなわち、二〇〇一年七月二十七日、雲南省は「海外高度留学者を雲南で創業させるために導入する若干の規定」（関于引進海外高層次留学人員来滇創業的若干規定）を発布。また二〇〇一年九月三十日、広西チワン族自治区の南寧でも、南寧高新技術開発区管理委員会が「留学者の創業に関する若干の規定」（関于鼓励留学人員創業的若干規定）を発布している。このように全国各地で留学帰国者の創業環境が整備され始めた。

ところで、張西水・潘暁景他（二〇〇二）によれば、在外留学者の帰国から創業までの経路は表9－9のように三つある。[24]

①　在外留学者が帰国促進事業を通して帰国し、中国の大学や研究機関に就職して応用研究で上げた優れた成果をシーズ（seeds）として科技園（大学科技園を含む）等のインキュベーター（孵化器）で公的に支援されて事業化する経路がある。

②　在外留学者が帰国して外資系企業に採用されてキャリアを積み、その経験を生かして民間会社を創業する場合に科技園等のインキュベーターで公的に支援される経路がある。

③　在外留学者が帰国してすぐに民間会社を創業したい場合に、科技園等のインキュベーターで公的に支援される経路がある。但し、この経路で創業するのは、在外留学者が海外から優れた研究成果あるいは豊富な資金を持っ

表9－9　留学帰国者の創業経路

	第1段階		第2段階	第3段階
在外留学者	回国工作	大学・研究機関―応用研究	科技園など孵化器	創業
		外資系企業		
	回国創業			

出所）張西水・潘暁景ら「留学人員回国創業現状分析」『神州学人』2001年4期，14頁

て帰国する場合、すでに海外で創業した会社を中国で展開する場合など、すでに創業に有利な条件が揃っている場合に限られる。

3　大学科技園の設立と発展

（1）　科技園の種類

中国の「科技園」は、英米ではScience ParkあるいはResearch Parkと呼ばれ、イタリアやフランスではScience City、日本では「科学技術園区」、韓国では「研究団地」と呼ばれている。その科技園には、国家科技部の批准する国家級の「高新技術開発区」や省・市の人民政府が批准する省・市級の「高新技術開発区」があり、また民営企業が主導する民営科技園区や大学が主導する「大学科技園」などがある。

科技園の共通する特徴は、①高度な知的人材の集積地区にあって、主にハイテク・ニューテク企業や産業の育成を目的にしていること。②良好な工業技術の基礎と交通設備があること。③政府の方針で、それ相応の優遇政策を提供していること、などである[25]。

規模から言えば、ビジネス・インキュベーター（企業孵化器）が最も小さく、「大学科技園」が中間程度、「高新技術開発区」が最大である。機能から言えば、インキュベーターは起業支援を行うだけだが、「大学科技園」では起業支援の他に、研究開発機構・技術センター・中小規模の科学技術型企業が設立され、研究開発や企業活動を行っている。「高新技術開発区」では、大学科技園と同様の機能に加えて、大規模な生産を行う企業も存在する[26]。

ところで、中国政府は一九八二年に国家自然科学基金を設立し、一九八四年には「国家重点工業性試験項目計画」を開始した。また一九八六年に鄧小平の「高科技を発展させ、

産業化を実現しよう」(発展高科技、実現産業化)というスローガンを全国的に広報した。これ以降、一九八五年「星火計画」(農村経済の開発と農業技術者の育成計画)、一九八六年に「八六三計画」(国家高技術研究発展項目計画)、一九八八年「火炬計画」(高新技術開発区において多種多様な形式で、研究成果を迅速に産業化する計画)、同年「国家級重点新産品試産計画」、一九九一年「攀登計画」(国家基礎研究重大項目計画)、一九九五年「国家重大科技成果産業化項目計画」などを開始し、ハイテク・ニューテク開発(高新技術開発)を重点的に推進している。こうして見ると、一九八〇年代は科学技術力の向上が国策として強力に推進された画期的な時期であった[27]。

さて、このような国策の方針に沿って、一九八〇年代後期にまず「高新技術開発区」が設立され始めた。「高新技術開発区」には国家級のものや地方級のものも多数存在する。二〇〇五年現在では、五三カ所に国家級の「高新技術開発区」が設立されている。この「高新技術開発区」における運営経験を基に、一九九〇年代に大学主導の「大学科技園」が創立され始めた。

(2) 大学科技園の発展

周知のように、一九五一年にスタンフォード大学が世界初の Science Park(大学科技園)を創業した。やがてシリコンバレーとして世界的に有名になる。一九五七年にはソ連がソ連科学院シベリア分院を設置、それを基礎にして新シベリア・サイエンス・シティ(Science City)を設立。一九五九年にはマサチューセッツ工科大学、ハーバード大学、ブラウン大学等々のあるボストンにおいて、環状高速道路ルート一二八号に取り囲まれた半円形の地区一帯にハイテク企業を集積し始めた(この地区は「ルート一二八」と呼ばれる)。一九六〇年代、日本は貿易立国から技術立国に転換し、筑波大学サイエンス・シティ計画を実施した。

中国の大学科技園はこのような世界の趨勢から見れば、やや遅れて出発した。一九九〇年一月、遼寧省の東北大学が中国初の大学科技園を創始したのである。東北大学は瀋陽市が南湖科技開発区を建設するのを契機に、スタンフォード大学のサイエンスパークの経験を借りて、瀋陽高新技術開発区の中に大学科技園を設立。大学科技園委員会を組織して、計画を練り、「東北大学の科技園建設に関する若干の規定」（東大科技園建設的若干規定）を作成して、起業その他の諸活動のための優遇政策を与えた。こうして有名大学などが集中する地区の高度人材と良好な研究環境を利用して、大学の内部と周辺に企業群を形成し、大学の研究成果を既存の企業に移転したり、その研究成果をシーズとして自ら起業したりする動きが活発化していった。

一九九二年一月の鄧小平の南巡講話以後、ハイテク・ニューテク（高新技術）の産業化が加速されるとともに、同三月に上海工業大学科技園、同八月にハルピン工業大学高新技術園区、同九月に北京大学科技園、一九九三年五月に清華大学科技園、瀋陽工業学院科技園、一九九四年一月に華中理工大学科技工業園、同三月に西南交通大学科技園、同八月に南京大学科技園が発足した。

大学科技園の形態は、各大学の有する諸条件が異なっているので一様ではない。李忠武（二〇〇一）は、中国の大学の実状から考えて、次のような五つの発展モデルがあると述べている。(28)

①　孵化器モデル：研究成果の産業化は簡単ではない。多くの場合、二次的な開発を経て新製品を産み出し、新しい企業を起こすことができる。大学科技園で大学の研究項目に資本と管理サービスを提供して、校営ベンチャー産業として発展させたり、また、合資・合作・持ち株・合弁などの方法で既存の企業に移したりする。

②　内園モデル：大学構内に区域を設け、校営の科学技術型企業や外部企業を吸引して、時間をかけてブランドを形成し、社会的知名度を持つ企業を作り上げる。このモデルはキャンパスが広大で、交通条件が良い大学に適する。

③　内外園モデル：研究開発は内側で、産業は外側で行うもの。大学と外部企業が連携して科学技術の成果を商品化する。規模の小さな大学はこのモデルが適する。

④　虚擬園モデル：仮想モデルの意味であり、園区を設定しないもの。大学の技術・産業を円の中心として、技術と製品を一定の半径の経済区域に提供する。このモデルは農林系の大学に適する。

⑤　園中園モデル：既存の科技園や大学科技園の中に、規模の小さな専業園区を設置して、既存の園区のリソー

スを十分に利用するもの。このモデルは、大学が科技園を建設する負担を軽減し、短期間に建設できるので入園する企業の負担も軽減できる。大多数の大学がすぐに産業領域に進出できるモデルである。

このように大学が産業領域に進出するための様々な方式が案出され、各大学は動き始めたのである。

（3）　国家大学科技園の建設

中央政府の大学科技園に対する支援が始まった。一九九九年九月、中共中央・国務院は全国技術創新大会を開催して、「技術創新を強化し、高科技を発展させ、産業化を実現することに関する決定」（関于加強技術創新、発展高科技、実現産業化的決定）を発布、大学科技園の発展を支持することを表明し、科技部副部長と教育部副部長を主任とする「全国大学科技園工作指導委員会」を設置した。これに沿って、同年九月、科技部・教育部は「大学科技園建設の試点を展開することに関する通知」（関于組織開展大学科技園建設試点的通知）を発布するや、二〇余の省・市の五〇以上の大学が国家大学科技園建設の実験校（試点）となるための申請を提出した。科技部・教育部は共同で「大学科技園建設指導委員会」を設置して、専門家によって申請してきた大学科技園の総合的評価を実施した。

更に、同年十二月二日、科技部・教育部は「国家大学科技園建設の試点工作の実施に関する通知」（関于做好国家大学科技園建設試点工作的通知）を発布して、清華大学など一五の大学科技園を確定したことを通知した。原則として一年間の試行後、正式に「国家大学科技園」の称号を授与するものである。

二〇〇一年三月、科技部・教育部は専門家を組織して大学科技園を審査し、表9－10のように、二二カ所を「国家大学科技園」に認定した。その二二カ所は、各々の大学に委託され、初期の総投資は一七〇・六五億元（社会資金一三〇億元、大学と地方の資金四〇億元、科技部・教育部の資金援助一、五〇〇万元）であった[29]。

二〇〇一年六月六日、科技部・教育部は「国家大学科技園第十次五カ年発展規画綱要」（国家大学科技園十五発展規划綱要）において、大学科技園とは、「研究型大学あるいは大学群に委託され、大学の人材・技術・情報・実

表 9－10　中国における国家大学科技園（2001 年現在）

	所在地	名称	委託大学
1	北京	清華大学国家大学科技園	清華大学
2	北京	北京大学国家大学科技園	北京大学
3	天津	天津大学国家大学科技園	天津大学
4	瀋陽	東北大学国家大学科技園	東北大学
5	ハルピン	ハルピン工業大学国家大学科技園	ハルピン工業大学
6	上海	上海交通大学国家大学科技園	上海交通大学
7	上海	復旦大学国家大学科技園	復旦大学
8	南京	東南大学国家大学科技園	東南大学
9	南京	南京大学一鼓楼高校国家大学科技園	南京大学，河海大学など
10	杭州	浙江大学国家大学科技園	浙江大学
11	合肥	合肥国家大学科技園	中国科技大学，合肥工業大学
12	済南	山東大学国家大学科技園	山東大学
13	武漢	東湖高新区国家大学科技園	華中科技大学，武漢大学
14	長沙	岳麓山国家大学科技園	中南大，湖南大，国防科技大
15	広州	華南理工大学国家大学科技園	華南理工大学
16	成都	四川大学国家大学科技園	四川大学
17	成都	電子科技大学国家大学科技園	電子科技大学
18	重慶	重慶大学国家大学科技園	重慶大学
19	昆明	雲南省国家大学科技園	雲南大，昆明理工大学など
20	西安	西南交通大学国家大学科技園	西安交通大学
21	西安	西北工業大学国家大学科技園	西北工業大学
22	楊凌	西北農林科技大学国家大学科技園	西北農林科技大学

出所）中国高等教育学会編『中国高等教育』第 15・16 期，2001 年，62 頁

験設備・文化的雰囲気などの総合的リソースの優勢を利用して、危険負担資本（風険投資）を含む多元化した投資方法を通じて、政府の政策の導入と支持のもとで、大学の周辺区域に建てられた技術革新や企業孵化活動に従事する高科技園である」と述べ、また「それは大学の技術創新基地、企業を孵化する基地、創新創業人材の集積と育成の基地、高新技術産業を輻射し促進する基地である」とも定義している。そして、発展目標を三点述べる。

①　模範となるような国家大学科技園を五〇前後に増やし、少数は国際的に影響力のある大学科技園とする。

②　大学科技園が今後五年間に孵化するハイテク・ニューテク企業を五、〇〇〇社前後とする。その中で情報・生物・新材料な

ど重点的なハイテク領域において国際競争力のある企業を育成し、知的所有権を有するハイテク商品を作り、国内外で一定の市場を占めるようにする。

③　高い素質をもつ科学技術企業家や「創新創業人材」を育成し集結させて、大学科技園の高水準で専門的な管理者・従事者の隊伍を作る。

かくして、大学科技園の振興が図られ、国家が資金援助する国家大学科技園も次第に増えていった。二〇〇三年五月、科技部・教育部は武漢で全国第二次大学科技園工作会議を開催、そこで国家大学科技園の第二次選抜を行うことを決定した。第二次選抜では一四カ所が選ばれ、その後、第三次選抜で六カ所、第四次選抜で八カ所が選ばれた。

二〇〇四年、科技部・教育部は「国家大学科技園の建設と発展を更に進めることに関する意見」（関于進一歩推進国家大学科技園建設和発展的意見）を発布、大学科技園は国家創新体系の重要な一部であり、地域経済発展の主要な源泉であると述べ、「一流の大学科技園は一流の大学の重要な指標の一つである」とした。二〇〇四年末、国家大学科技園の孵化企業五、〇三七社の収入は二三四・九億元、工業生産値は一九二・二億元、利潤は二三・八億元であり、企業の従業員は七万人に達し、留学帰国者一、四九三人を導入したという[30]。

二〇〇五年現在、大学科技園は全国で一〇〇カ所に増え、大学一校で設立するもの、大学数校で合作するもの、大学と政府が共同で建設するものなど設置形態は多様化している。また国家大学科技園は二〇〇一年に掲げた目標通り、五〇カ所に達した。

二〇〇六年十二月六日、科技部・教育部は「国家大学科技園第十一次五ヶ年発展規画綱要」（国家大学科技園十一五発展規划綱要）を発布した。二〇一〇年までに国家大学科技園を八〇カ所に増やし、大学の研究成果を利用してハイテク・ニューテク企業を一五、〇〇〇社ほど起業することなど、新たな目標を掲げた。本章のテーマである留学帰国者を今後も吸引し続ける方針に変わりはない。

4　留学人員創業園の設立と運営

（1）　留学人員創業園の機能

全国各地の都市は、初めに在外留学者の帰国就業政策（地元企業への就職斡旋）によって優秀な人材を獲得しようとし、次に帰国創業（回国創業）を支援する政策（地元での創業を支援する）を打ち出した。更に帰国創業に対して総合的な支援サービスを効率的に提供するためにインキュベーター（専門的孵化基地）を設置する地方も現われた。

留学帰国者を対象とするインキュベーターは一般に「留学人員創業園」と呼ばれている。「留学人員創業園」は、留学帰国者が創業するに際して、場所、資金、納税、各種手続き、生活などで便宜を与えるインキュベーターである。英語名称は「The Overseas Students Pioneer Park」や「Business Initiation Park for Overseas Students」あるいは「Hi-Tech Park for Returned Scholars」など様々である。

留学人員創業園は次のような四つの機能を有している[31]。

① サービス機能：留学者の帰国創業のために各種の専門的なサービスを提供する。

② 管理機能：ある程度、留学者の創業した企業に対する管理機関的な役割をする。

③ 孵化機能：留学者の科学技術分野の研究成果（シーズ）を応用して新製品を開発するなどハイテク企業を育てるインキュベーター（孵化基地）である。企業が大規模になれば、創業園以外で発展するよう支援する。

④ 凝集機能：ある程度、優秀な科学技術人材を国内外から集める作用をもつ。

すなわち、①や③のインキュベーターとしての機能だけではなく、②や④のような留学者の創業した企業に対する管理や高度人材を特定の地域に集積するという機能もあり、所期の創業目的が達せられなくても、他の創業に高度人材をすぐに提供できる態勢がそこにできあがるのである。

ところで、張西水（二〇〇一）によれば、留学人員創業園は、各地の「高新技術開発区」（ハイテク開発区）、

「科技園区」「創業センター」という特別区の基盤の上に設置されている。その運営形態は四分類される[32]。

① 中央官庁と地方政府が共同で運営するもの。例えば、蘇州留学人員創業園は教育部、科学技術部、江蘇省人事庁、江蘇省科学委員会、蘇州市科学委員会が共同で運営している。

② 地方政府が支持し運営するもの。例えば、上海嘉定留学人員創業園や江蘇昆山留学人員創業園などには地方政府が出資している。

③ 「高新技術開発区」が運営するもの。例えば、上海漕河経留学人員創業園、上海張江留学人員創業園などは、「高新技術開発区」を管理する科学技術開発公司という会社が運営している。

④ 民間組織と郷鎮レベルの政府（基層政府）が共同運営するもの。例えば、上海辛辛学子留学人員創業園は、車敦鎮政府が上海大学、ある研究所およびある発明協会と共同出資して始めたもので、上海大学科技園において大きく成長した。

（2） 留学人員創業園の優遇政策

留学人員創業園の提供する優遇政策は各々が制定した法規に明示されているが、一般的には次の五つがある。

① 地方税を減免する。一般に「免二減三」か「免三減三」である。「免二減三」とは、利益が生じた年から二年間は所得税を免除し、その後の三年間は所得税を減ずるという意味である。

② 創業のための事務室や研究開発用の部屋の家賃を減免する。低価格で使用させるか、あるいは一定期間、家賃を免除する。

③ 登録、公用施設、生活などの各種サービスを提供する。例えば、公的住居の提供、子女の優秀校への入学斡旋などである。

④ 公的助成金を得られるようにする。創業園は創業資金を一定額あるいは一定割合提供する。

⑤ 創業された企業を積極的に宣伝し、顧客の接待や懇親活動を組織する。

このように、各地の留学人員創業園は所得税や施設賃貸料などで優遇政策を実施し、またホームページや海外での説明会などで宣伝し、在外留学者の導入にしのぎを削っている。

例えば、青島市は二〇〇〇年「中国青島留学人員創業園区管理暫行辦法」を発布し、留学者の技術、知力、情報、資金などを十分に発揮できる環境を整えた。青島留学人員創業園への入園資格は次の五つである。[33]

① 国家派遣・自費留学で、学士以上の学位を取得した者

② 国内で中級以上の専業技術職務資格をもち、国外の大学・研究機関で二年以上の訪問研究員か進修生であった者

③ 海外留学して外国の長期居住権や留学先国に再入国資格を有する者

④ その他、国外の学識者で、青島に投資したり、企業を創業したり、開発したりする者

⑤ 国内外のハイテクとその項目を掌握している国内の者

である。このような条件を満たし、創業園管理部の資格認定を受け、留学帰国者は創業園区に入ることができる。創業園区は、「高科技工業園」内に設置されており、その中は孵化区、総合区、居住区に分かれている。つまり、そこで仕事と生活ができるようになっている。

そして、園区内で創業された企業や合弁企業などは優遇政策の対象となる。優遇措置は次のようなものである。

① 留学帰国者はパスポート（国内・国外のもの）を使用して、企業経営の許可を申請する身分証明とする。留学帰国者が青島市出身でない場合は戸籍がないので、「青島市（留学人員）特聘工作証」が発給される。

② 事務室・研究開発用の部屋は一年目の家賃を免除、二年目は市価の三〇パーセント、三年目は市価の七〇パーセントを支払えばよい。

③ 市政府は留学帰国者の科学研究始動に一定の経費を出し、研究に挑戦する資金、ハイテク成果を転化し産業化する活動の初期資金も提供する（市の科学技術監督部門が認定した者を優先する）。

④ ハイテク項目の研究と開発と成果の転化を行う留学者企業（留学人員企業）は、科技項目転化資金、高科園

科技成果孵化資金、中小企業リスク担保、約束手形を現金に変えるときに支払う利息（貼息）のための資金などを申請できる（資金管理部門の専門家の審査認定した企業を優先する）。

⑤　外国の投資を受けるハイテク・ニューテク企業の場合、利潤を得た年度から二年間所得税を免除、その後三年間所得税を半減する。

⑥　創業園区で短期に仕事をする留学者は園区内の公共住宅を優遇貸与される。

⑦　長期に投資する者と定住する者は市政府の公共住宅を優遇購入できる。あるいは優遇貸与される。

これら以外にも種々の審査を通過して様々な優遇措置を受けることができる。

（3）　留学人員創業園に対する国家の強化政策

留学人員創業園に対する国家の関心は高い。一九九九年三月九日付け『人民日報（海外版）』によれば、留学人員創業園は留学経験者を吸収し、科学技術を発展させる有効な方法であり、科技部、教育部、人事部の努力により、統計では二〇数カ所に達した。その中で留学者の創業した企業は約一、〇〇〇社にのぼった。また中国致公党代表の王洵章（中山大学副学長）は、第九期全国政治協商会議第二次会議第三回全体会議で、留学人員創業園を更に発展させるための資金問題の解決を訴え、国家による基金設立を建言したという。留学人員創業園において留学帰国者に創業させることができれば、国家の税収は増え、産業構造は調整され、雇用機会は増えるという社会的効果があると認められたのである。

一九九九年七月三～四日、教育部、人事部、科技部は天津で留学人員創業園工作座談会を開催した。全国の留学人員創業園の関係者一三〇人が意見交換を行った。当時、全国の留学人員創業園は三〇カ所、入園企業は約一、〇〇〇社を超えていた(34)。

二〇〇〇年十月二十六日、科技部・人事部・教育部は「北京・上海等の留学人員創業園を国家留学人員創業園のモデル建設の試点に確定することに関する通知」（関于確定北京・上海等留学人員創業園為国家留学人員創業園示範建設試点的通知）を発布。漸く中央政府として留学人員創業園を支援する方針を示した。以下、全訳である。

科技部・人事部・教育部の国家科技発火字〔二〇〇〇〕二五七号文件「国家留学人員創業園のモデル建設の試点工作の組織的展開に関する通知」（関于組織開展国家留学人員創業園示範建設試点工作的通知」を根拠として、関係する省・市政府が推薦する留学人員創業園をベースに検討を加え、北京の留学人員海淀創業園、上海の留学人員創業園（嘉定創業園と張江創業園を含む）、成都の留学人員創業園、大連の留学人員創業園、西安の留学人員創業園、寧波保税区の留学人員創業園、蘇州の留学人員創業園（昆山創業園を含む）、福建の留学人員創業園、済南の留学人員創業園を「国家留学人員創業園示範建設試点」とすることを確定した。

写真 6　広州の留学人員創業園

天津新技術産業園区の留学生創業園、瀋陽の海外学子創業園、長春の海外学人創業園、武漢の海外学子創業園、杭州市の留学人員高新区創業園、合肥の留学人員創業園、煙台の留学人員創業園も国家留学人員創業園としてうまく運営する条件を基本的に備えている。二〇〇一年内に審査を行った後、「国家留学人員創業園示範建設試点」に組み入れる。

各地が留学人員創業園の工作に対して指導を強化するよう望む。適宜に経験を交流して総括し、中国共産党第一五期中央委員会第五回総会（中共十五届五中全会）の精神に照らして、各地区の経済発展の特徴と社会主義市場経済のメカニズムを結合して、逐次留学人員創業園の建設を健全で完璧なものにし、良好な環境を創造し、更に多くの留学者の帰国創業によって、我国のハイテク・ニューテク産業の発展に貢献せよ。

（科技部・人事部・教育部「関于確定北京・上海等留学人員創業園為国家留学人員創業園示範建設試点的通知」）

こうして国家が既存の留学人員創業園の中から選抜して模範的創業園（示範建設試点）に指定し財政投入することになったのである。

また、二〇〇一年五月十二日、教育部、人事部、科技部、外国専家局は、一一カ所の留学人員創業園を在外留学者の帰国創業のために良好な条件を創出した功績で表彰している。その直後、『人民日報（海外版）』（二〇〇一年五月十四日付け）は留学人員創業園の状況について、次のように伝えた。すなわち、留学人員創業園は直轄市である北京・天津・上海をはじめ、遼寧省の大連・瀋陽、山東省の青島・済南・威海・泰安・烟台、江蘇省の蘇州・無錫・昆山・南通・常熟、また安徽省の合肥、浙江省の寧波・杭州、福建省の福州、広東省の広州など経済発達が著しい東部沿海部の主要都市のみならず、湖北省の武漢・株州、陝西省の西安、四川省の成都など内陸部の都市にも設立されている。大部分は一九九七年以降に設立されたもので、一九九九年三月に約二〇カ所だったものが、七月には三〇カ所に増え、二〇〇一年五月現在、五〇カ所を超えた。そこでは二、〇〇〇社が創業中であるという[35]。

王暁初主編『留学人員回国指南』（二〇〇六）は「人事部専業技術人員管理局」と「人事部留学人員和専家服務センター」という人事部系統の部署が編集に携わった公的性格をもつ文献である。これによれば、全国の留学人員創業園は二〇〇四年現在、一一三カ所に達した。二〇〇一年時点に比べると倍増している。中央・地方政府の後押しを受けて全国各地で発展したのである。留学人員創業園の設置状況を地方別に見れば、表9－11のように、二四地方にあり、中でも江蘇省が一六カ所で最も多く、山東省一四カ所、北京市と浙江省一二カ所、広東省八カ所という順である[36]。

5　創業された企業の種類

張西水（二〇〇二）によれば、留学人員創業園での成果も含めて、それまでに留学帰国者によって創業された企業は二つの領域に集中している。第一に法律事務所や建築設計事務所やコンサルタント会社などの民間サービス産業の領域、第二に情報技術・バイオテクノロジー・新材料・医薬・物理化学実験用器具・環境保全などハイテク技術産業の領域である。後者の企業の科学技術水準は国際的レベルにあり、一部は最先端である。どれも中国社会の切実な需要を満たすと同時に、国際市場に進出する例も少数あると述べる。
また、留学帰国者の創業する企業は次のような一般的特徴を持つという(37)。

表9－11　地方別留学人員創業園数（2004年現在）

順位	省市	創業園数
1	江蘇省	16
2	山東省	14
3	北京市	12
	浙江省	12
5	広東省	8
6	湖南省	6
7	上海市	5
	天津市	5
9	遼寧省	4
10	吉林省	3
	黒龍江省	3
	河北省	3
	福建省	3
	四川省	3
15	内蒙古自治区	2
	安徽省	2
	湖北省	2
	河南省	2
	広西チワン族自治区	2
	陝西省	2
21	江西省	1
	雲南省	1
	甘粛省	1
	新疆ウイグル自治区	1
	計	113

出所）王暁初主編『留学人員回国指南』中国人事出版社，2006年

① 製造技術は高度であり、多くはハイテクである。
② 経営管理は国際上から見ても先進的である。その管理理念や管理モデルも先進的であり、国際交流しやすい。
③ 国外と密接な関係を保持し、ハイテクの発展に機を失せずに追いつき、国際的に協力するのに有利である。その多くが国外にも企業を持っており、国内外の有利な条件を利用して、新製品の開発や市場の開拓ができる。
④ 国外の資金を中国に導入してくる。留学帰国者の個人資金には限界があるので、国外の大会社や投資会社を巧く引き入れている。
⑤ 早期の帰国者を除き、九〇年代中期の帰国創業者は大部分が初歩段階にあり、中小規模の研究開発型企業である。しかし、少数の大企業も現れている。一九九五年一四万米ドルの資金で杭州のハイテク区に進出した「UT斯達康公司」は、一九九九年の販売額は九・七億元、純利益は一・三五億元、納税額は一・六億元であり、全国通信業界の優秀者となった。また、一九九五年、北京に創建された「亜信集団」は一九九八年の営業額は八億元で、世界でも有数のインターネット網、大型のネットワーク運用ソフト開発とネットワーク管理経験を有するハイテク企業となった。

以上のように、留学帰国者の創業する企業は国際競争力が高いものが多く、産業界全体のレベルアップに重要な影響を与えている。創業者は、多くが国外企業で就業した経験があり、既に自分で企業を起こしているか、合作で企業を起こしている。彼らは高学歴で、特許、技術を持ち、大体、既に国内外で創業者または技術リーダーである場合が多い。

6　留学帰国者の創業政策の課題

張西水・潘暁景他（二〇〇二）は留学帰国者による創業を促進するための提言を七点述べる。ここから今後の創業促進戦略を窺うことができる。[38]

①　国家が基本的な税収政策を統一すれば、地方は良好な創業環境を作ることができる。現在、各地は留学者を吸引するために税の減免を含めた優遇政策を個々別々に実施しているが、長期的には各地の優遇政策の内容を統一する方がよい。国家はハイテク産業を奨励し税の優遇を与えているが、留学か非留学か、早く帰国したか遅く帰国したかによって異なる税収政策を取るべきではない。各地の競争は重要だが、税収政策の優遇競争は行うべきでない。

②　留学者の創業のためにサービスを提供する方法は多種多様でよい。各地に留学服務センターや留学人員創業園のようなサービス機関が設立されているが、各地区に合った機関を設立することが必要であり、必ずしもどの地区も同一の機関を設立する必要はない。どの地区にも留学人員創業園を設立する必要はない。各地の「高新技術開発区」、大学科技園、創業センターなど、全て創業基地になりうる。

③　大学の作用を充分に発揮し、大学科技園を留学者の帰国創業の基地にする。

留学者の大多数は大学と密接な関係を持っている。帰国創業には大学のリソース、特に科学研究員を利用する必要がある。大学の発展にも優秀な留学人材が必要であり、ハイテク企業と大学の需要は密接に関連している。そこで、大学科技園が留学人員創業園の機能を持つべきことを提言する。大学科技園はハイテク産業その他の孵化基地であり、人材の育成、情報の集散基地である。大学にも近く、大学の各種のリソースを利用できる。留学帰国者と大学が多種多様な形式で協力することが、国家の経済、科学技術、教育の発展にとって利益になる。

④　留学者の創業基金を設置し、多様な資金集めのルートを開拓する。

留学帰国者は国内の事情に疎く、資金を調達するのが困難である。国家や条件の整った地区には創業専門の基金を設立すべきである。八〇年代後半、国家は留学帰国者の科学研究を支持する貸付制度を創設、教育部は「優秀で若い教師を助成する基金」（資助優秀年軽教師基金）を設置、また人事部は「留学者の帰国のための科学研究基金」（資助留学人員回国的科研基金）を設置した。これらは留学者が帰国して教学、科学研究に従事するのに重要であった。今、留学者の創業を促進する基金が必要である。

⑤　人材育成の方法を改善し、質の高い創業人材を育成する。
中国は創業人材の育成経験に乏しく、育成のための環境が欠けている。そこで海外留学や海外研修を奨励してきた。改革開放以来の留学事業は「教育・科学研究に携わる人材」（教学科研人材）を育成した。そのような人材を継続して育成するとともに、「新しい事業を起こす人材」（創新創業人材）の育成にもっと力を注がなければならない。海外の大企業、ハイテク企業に留学派遣する比率を高めたり、あるいは学校卒業後、海外の企業に一時期勤め、帰国して創業させたりすること、あるいは中国の大学が海外の大学や企業と協力して「創新創業人材」育成を奨励することが必要である。

⑥　法体制と市場原理を完璧にし、公平な競争と創業環境を作り上げる。
特に、法体制の確立が重要で、留学者や非留学者が創業できる環境を整え、才能を発揮せしめ、事業を発展させなければならない。

⑦　人材に関する政策研究を行い、各種人材が現代化建設に充分貢献できるようにする。
二十一世紀には知識経済が発展し、人材競争が必然的に経済競争と総合国力の競争の焦点になる。いかにして人材を育成するか、人材を吸引するか、人材を活用するか、この戦略的意義は大きいので、人材政策を完全な物にしなければならない。

上記の中で注目したいと思うのは⑤の提言である。留学派遣と言えば、派遣先は海外の大学・研究機関と決まっていたが、その方針を変えて海外の大企業やハイテク企業への留学派遣枠を増やすべきだというのである。在外留学者に対しては海外企業でのインターンシップ経験や卒業後に海外企業での就労経験を積むよう奨励して、帰国後に創業できる人材を育成すべきだともいう。

因みに、このような海外企業経験を重視する傾向は中国だけではない。韓国政府が二〇〇八年四月二十九日に発表した「グローバル青年リーダー一〇万人養成計画」（海外企業・国際機関等で大学在籍学生や卒業生に職場研修・ボランティア活動を経験させる産学官連携プログラム）にも見られるように、顕著になってきた。受け入れ国や受け入れ大学は今後このようなニーズの増大を考慮すべきであろう。

第五節　大都市における留学帰国者の就業・創業政策――上海・北京・広州の事例

地方政府における留学帰国者の就業・創業政策の実情について考察する。各地方では、地方間の人材獲得競争や経済発展競争の圧力を受けながら、その実情に応じて独自に留学帰国者の就業・創業政策を進めているため、その状況は一様ではない。そこで、そのトップを走る大都市の現状を考察したい。それが今後の全国都市の方向性を示す模範とされるのではないかと思われるからである。

1　上海市の事例

（1）　留学帰国者の就業・創業政策

上海市は早くも九〇年代初めに創業環境の整備に着手し、留学帰国者による企業を誕生させてきた。一九九二年七月二十七日、上海市は「留学者が上海で就業するのを奨励する若干の規定」（上海市鼓励出国留学人員来上海工作的若干規定）を発布した。この「上海九二年規定」では、海外で大専（短大）以上の学歴を取得した者あるいは公費留学した訪問研究員や進修生は、海外の長期滞在権や永住権を取得していても、上海で創業するならば、融資、納税、住居などで優遇条件を与え、華僑や香港・マカオ・台湾の同胞と同等の優遇条件を与えるとしている。翌一九九三年四月には、上海市人事局、財政局、税務局、外国投資委員会、工商行政管理局は合同で「留学者が上海で投資し創業することに関する関連規定」（関于出国留学人員来上海投資興辦企業的有関規定）を発布。海外に長期あるいは永久に居住する留学者が上海で投資し創業する企業に対しても優遇政策を行うものとした。この上記二つの規定により、上海市は留学帰国者や海外定住者にとって好都合な創業環境を整えたのである。

更に、一九九七年四月十日、上海市は「上海市が海外高層次留学人員を導入するための若干の規定」（上海市引進海外高層次留学人員若干規定）を発布した。この「上海九七年規定」では「高層次留学人員」を吸引する方策として、上海に定住するつもりの「高層次留学人員」には本人と家族に上海戸籍を与え、既に外国籍を取得している者には「上海市居住証Ｂ証」を発給して市民待遇を与えるとしている。

他方、創業環境の整備事業として、インキュベーターである嘉定、漕河経、張江、虹橋臨空など四つの留学人員創業園を設立、またほぼ同様な機能をもつ「上海市留学人員科学技術創業孵化基地」も設立した。

こうして法的・施設的整備が急速に進んだ結果、二〇〇〇年五月末には上海で留学帰国者の創業した企業は九〇〇社に達し、投資総額は二億米ドルを超えた。大部分は上海市科学技術委員会によって「高新技術企業」（ハイテク・ニューテク企業）に認定され、うち情報技術関係は一五〇社、バイオテクノロジー関係（生物工程関係）は八〇社、新材料関係は二〇社であった[39]。

二〇〇三年十二月、中共中央・国務院による「人材工作を更に強化する決定」（関于進一歩加強人材工作的決定）が発布され、「人材強国戦略」に基づき高度人材を各界の指導的地位に受け入れよという指示が出されるや、地方政府は地方の事情を勘案して独自の行動計画の作成に取り掛かった。上海市では早速二〇〇四年三月、上海市人民代表大会・政治協商会議で論議され、同十一月、上海市共産党委員会は「上海の実施する人材強市戦略の行動要綱」（上海実施人材強市戦略行動綱要）を公表するに至った。「綱要」は国内外から優秀な人材（外国人専門家、在外留学者など）を誘致して、上海市を経済・金融・貿易・航空運輸の四つの方面において国際的拠点となる都市づくりを構想したものである。

（2）「人材強市」戦略

二〇〇五年十一月二十四日、上記「上海九二年規定」・「上海九七年規定」を廃棄して、新たに「留学者が上海で就職又は創業することを奨励する若干の規定」（関于鼓励留学人員来上海工作和創業的若干規定）全五章三八条を発布した。以下、「上海〇五年規定」と略すが、上海市の国際的拠点都市構想に組み入れる形で、留学帰国者の導入政策について具体的に述べている。

「上海〇五年規定」第一章第一条には、「中共中央・国務院の『人材工作を更に強化する決定』を貫徹するため、『科教興市』（科学と教育による市の振興）という戦略を実施し、『上海実施人材強市戦略行動綱要』を着実に実施し、留学者が上海で就職又は創業する環境を最適化することを目的に本規定を制定する」と述べ、第二条では規定の適用対象を上海で就職又は創業する「在外留学者」「香港・マカオ・台湾地区出身者」「外国籍を取得した在外留学者」の三種としている。

同じく第二章では、在外留学者の要件および上海市での勤務形態（服務形式）を具体的に述べている。以下、その部分の訳である。

第二章　留学人員の要件および本市での勤務形態

第六条　本規定にいう留学人員

（1）公的派遣または自費で海外留学し、かつ海外の学士以上の学位取得者

（2）国内の大学学部以上の学歴を有するか、または中級以上の専業技術職務資格を持ち、海外の高等教育機関や研究機関で一年以上の研修を受け、かつ一定の成果を収めた訪問研究員または進修生。

第七条　本市は戦略産業と重点プロジェクトに緊急に必要な「高層次留学人員」を重点的に導入する。本規定にいう「高層次留学人員」とは、第六条の「留学人員」の要件を満たすだけでなく、下記の要件にも合致しなければならない。

（1）国際学術技術界において一定の知名度があり、ある領域では開拓者、創設者、あるいは当該領域の発展に重要な貢献をした著名な科学者

（2）海外の有名大学や研究機関で准教授または副研究員の職にある専門家や学者

（3）世界的に有名な企業で上級管理職を担当する経営管理専門家、有名な多国籍企業や金融機関、有名な弁護士事

務所または会計事務所で上級技術専門職を担当し、関連領域の実務と国際的法令に詳しく、豊富な実務経験を持つ管理者や技術者

（4）海外の政府機関、国際組織、有名なＮＧＯの中で中間レベル以上の管理職を担当する専門家や学者

（5）学術の造詣が深く、ある専門領域の発展に対して重大な貢献があり、国際的に有名な学術刊行物に影響ある論文を発表したことがあるか、あるいは国際的に影響力のある学術賞を受賞したことがあるか、あるいはその成果が当該業界又は当該専門領域の先端レベルにあり、関係者間で広く認められている専門家や学者

（6）国際的な大型科学研究プロジェクトなどを主宰し、豊富な研究と技術の経験を持つ専門家や学者や技術者

（7）重大な技術の発明、特許など知的所有権または特殊技術を持つ専門技術者

（8）特殊な技能を持ち、かつ上海市が当面緊急に必要としている特殊な人材

第八条　留学人員が法律、法規、規則及び国家と本市の関連規定に基づき、多様な形態で本市の経済社会の発展に貢献することを奨励する。

（1）国家機関において国家公務員、顧問、コンサルティングや技術専門職を担当する。

（2）技術投資あるいは資金投資の形式でハイテク企業を創設する。

（3）国有企業の法人代表を担当する。

（4）学校、科学研究機関、医療機関、文化芸術団体、新聞等のマスコミ、金融機関、公開された重点実験室、技術研究センター及びその他の企業・事業部門で専門職、中級と上級の管理職、顧問または名誉職を担当する。

（5）教育、医療機関あるいは建築設計、弁護士、会計、コンサルティングなどのサービス機構に投資して設立する。

（6）先進的な科学技術・設備や資金などの条件を活用して、大学、科学研究機関、企業などと共同研究を行ったり、研究開発の基地を設立したりする。

（7）重大な工事や重点プロジェクトの上級管理職あるいは技術専門職を担当する。

（8）本市に来て学術講演や文化芸術交流を行う。

（9）海外にいて研究開発を委託されるか、あるいは海外の科学研究開発プロジェクトを本市の関連研究機関や研究団体に委託する。

（10）海外の科学研究、教育、研修機関と提携し、関係部門と共同でまたは受託する形で必要な人材育成を行う。
（11）本市で仲介機構を登録し、本市の外資・技術・プロジェクトの導入に関する仲介サービスを提供する。外国の専門家に本市に来て各種の学術・技術の交流活動を行うよう働きかける。国外の学術及び技術団体に科学技術面での国際交流と国際協力を働きかける。海外で本市の商品の国際市場開拓のためのプロモーション活動を行う。
（12）本市の関係部門の海外駐在機構で働く。
（13）その他の形態で本市のために貢献する。

（上海市「関于鼓励留学人員来上海工作和創業的若干規定」）

上記第七条の「高層次留学人員」の定義を見れば、国際レベルの専門性が重視されていることが分かる。彼ら「高層次留学人員」を第八条のように政府機関、国有企業等で幹部として採用したり、また重点的な研究を担当させたり、あるいはハイテク企業を創業させるという方策である。「上海〇五年規定」は「上海九二年規定」・「上海九七年規定」に比べると、留学帰国者に要求する学術・技術・経験等の水準が高度化している。また、国家の留学者帰国奨励政策は上海市の国際化政策の一環である人材政策として実現されようとしていることが分かる。

2　北京市の事例

（1）　留学帰国者の就業・創業政策の変遷

北京市は上海市と同じく一九九二年一二月二二日、「在外留学者が北京で就業し服務することに関する政策についての通知」（関于在外留学人員来北京市工作和服務有関政策的通知）を発布して、北京市で就業しようとする留学帰国者に対して優遇政策を取ることを規定した。一九九九年には「北京市で高新技術産業を更に発展させることに関する若干の政策」（北京市関于進一歩促進高新技術産業発展若干政策）によって、留学者が科学技術の成果を携えて北京に来て、ハイテク・ニューテク製品を開発し生産することを奨励するという方針を打ち出した。続けて「北京市の人材導入と《北京市工作居住証》の処置についての暫定法」（北京市引進人材和辦理《北京市工作居住証》的暫行辦法）や「北京市の留学者の身分認定法」（北京市留学人員身分認定辦法）などの関連法規を発布。留学帰国者は他の省市出身で北京戸籍がない場合も《北京市工作居住証》を持っていれば北京市民と同等の権益を享受できるとし、もし外国籍を取得している場合には二年間有効の「外国人居留証」を発給して市民待遇を受けられるとした。(40)

他方、創業環境の整備事業として、北京市留学人員海淀創業園（一九九七年十月）、北京市留学人員大興創業園（一九九九年七月）、北京市留学人員空港創業園（一九九九年末）をはじめ、二〇〇六年現在までに一二カ所に留学人員創業園を設立した。

最初に設立された北京市留学人員海淀創業園は北京市留学人員服務センターと北京市新技術産業開発試験区の海淀試験区創業服務センターが共同出資したもので、創業園区は五、〇〇〇平方メートル。一九九八年に技術工業貿易収入は五、〇〇〇万元であった。一九九九年五月には留学帰国者六〇人余（うち博士学位取得者五〇パーセント）が四四企業を起こしており、居室は満室であったという。(41)

翌二〇〇〇年五月一日、北京市は「留学者が北京で創業するのを奨励する若干の規定」（北京市鼓励留学人員来京創業工作的若干規定）を発布し、二〇〇一年十二月には同「実施辦法」を発布した。以下、「北京二〇〇〇年若干規定」と略すが、公費留学や自費留学により学士以上の学位を取得した者及び高級専業技術職務資格（職称）を有する専門技術者や管理者が北京で就業あるいは創業する場合、出入国手続き、短期帰国、戸籍取得、住居提供、納税等において特別待遇を与えるとした。また「北京市留学者の創業賞の評価選考の暫定法」（北京市留学人員創業奨評選暫行辦法）、「北京市留学者専用のプロジェクト資金の管理法」（北京市留学人員専項資金管理辦法）などの法整備も進められた。殊に、後者の管理法に基づき、二〇〇一年「北京市留学者専用のプロジェクト資金」（北京市留学人員専項資金）と「中関村の留学帰国者の創業扶持資金」（中関村帰国留学人員創業扶持資金）が新設された。(42)

更に、二〇〇九年五月一三日に、「北京二〇〇〇年若干規定」を廃棄して、北京市は新たに「海外高層次人材が北京で創業・就業するのを奨励する暫定的辦法」（北京市鼓励海外高層次人才来京創業和工作暫行辦法）及び「留学者が北京で創業・就業するのを促進する暫定的辦法」（北京市促進留学人員来京創業和工作暫行辦法）を発布した。前者は海外人材の導入規定であり、後者は在外留学者の導入規定である。

ところで、後者の新法規と旧法規の「北京二〇〇〇年若干規定」との相違は次の点であった。

① 適用対象の「留学人員」は、旧法規が「公費留学や自費留学により学士以上の学位を取得した者及び高級専業技術職務資格（職称）を有する専門技術者や管理者」を指していたが、新法規では「公費や自費で一年以上留学し、修士以上の学位を取得した者か、大学院修了の学歴を有する者、出国前に既に中級以上の専業技術職務資格を取得していた者、出国前に博士学位を取得し、出国後にポスドク研究や研修をした者」と規定された。即ち、旧法規と比較すると、新法規では留学者の取得した「学歴」を一段上の修士学位以上としてランクを上げている。しかし、専業技術職務資格の取得では「高級」から「中級」へと一段ランクを下げている。都市化の急速な進展によって、中堅である「中級」技術者の需要が高まったのではないかと思われる。

② 北京での創業・就業の方式として、新旧法規とも七つの方式を挙げている。新旧法規は第一～五項目までは同じだが、第六・七項目が異なる。以下は新法規のその部分の訳である。

第三条　留学者が北京で創業・就業する主な方式

（1）技術を株式化するか、投資する形式で企業を創業する。
（2）各種の経済実体と研究開発機構を賃借して創業する。
（3）国有企業・事業機関や他の類型の経済社会組織で就業する。
（4）学術交流、共同科学研究を展開するか、科学研究プロジェクトを担当する。
（5）ポスドク流動ステーション（博士后科研流動站）や工作ステーション（工作站）で、ポスドク研究に従事する。
（6）コミュニティの公共サービス等の公益団体で就業する。

（7）　市・区・県の国家機関で公務員職を担当する。

（北京市「北京市促進留学人員来京創業和工作暫行辦法」）

すなわち、新法規の第六・七項目は留学帰国者を公益団体職員や国家公務員に採用することを掲げた。北京市は留学者を受け入れる職域を拡大したのである。留学者にとって北京市はより魅力的な就業の地になったに違いない。

（2）　留学帰国者の就業調査

二〇〇一年、北京市は「北京市留学人員工作居住証」（北京市戸籍の取得者を含む）を基礎資料として、北京で就業・創業した留学帰国者を登録する「北京市留学人材数据庫」（データベース）を設立した。二〇〇四年末現在、二、〇〇〇人が登録していた。北京市留学人員服務センター（二〇〇六）は、この二、〇〇〇人分のデータの分析結果である。そこから次の点が判明した[43]。

①　留学帰国者の中で出国前に北京戸籍だった者は五五三人（二七・七パーセント）に過ぎず、他の省市の戸籍所持者は一、四四七人（七二・四パーセント）であった。つまり、本来、北京出身でない留学帰国者が非常に多く北京市で職を得ているのである。出身地で最も多いのが遼寧省一七九人であり、次に黒龍江省一三九人、吉林省一〇二人、広東省一〇二人、河北省九六人、山東省八一人、上海七九人などの順である。興味深いのは東北三省が合計四二〇人（二一パーセント）で非常に多いことである。

②　外国籍の取得者が四八四人（二四・二パーセント）また外国の永住権取得者は二八二人（一四・一パーセント）である。すなわち、四〇パーセントがすでに長期間、海外居住していた者である。彼らは北京に一時的に滞在して、就業しているのである。

③　留学帰国者の中で最も早い者は一九八六年に北京市に帰国していた。一九八六年から二〇〇〇年末までの一五年間の留学帰国者は計五五八人（二七・九パーセント）であった。しかし、二〇〇一年から二〇〇四年末までの四年間で一、四四二人（七二・一パーセント）に膨らんだ。北京市の近年の国際化の進展を象徴している。

④　留学帰国者の留学先は四二カ国に及ぶが、米国五六八人、イギリス三〇四人、日本二三一人、カナダ一七六人、オーストラリア一四三人であり、この上位五カ国の西側諸国で七一・一パーセントを占める。またロシアからの留学帰国者は一六一人に上るが、多くが学士学位取得者で、かつロシア語、ロシア文学、貿易、歴史など文科系が多く、理科系が少ないのが特徴であった。

⑤　留学帰国者の学歴を見ると、海外の博士学位取得者は二八八人（一四・四パーセント）、同じく修士学位取得者は一、三四三人（六七・二パーセント）、同じく学士学位取得者は二五五人（一二・八パーセント）であった。残りは訪問研究員・進修生一一四人（五・七パーセント）である。つまり、博士・修士学位取得者は合計一、六三一人で全体の八一・六パーセントを占める。

⑥　留学資金別に見ると、自費留学が一、八三〇人（九一・五パーセント）を占める。

⑦　留学帰国者三三五人（一六・八パーセント）が自分の企業を起こしている。三三五企業のうち二四〇企業（七一・六パーセント）が「ハイテク・ニューテク企業」（高新技術企業）であり、二九六企業（八八・四パーセント）が二〇〇〇年以降に創業されたものであった。

すなわち、大体の傾向として次のことが言えるであろう。北京戸籍を有しない他の地方出身の留学帰国者（約七二パーセント）が北京に集まっている。彼らは九割が自費留学者であり、かつ八割が海外の博士・修士学位の取得者である。また既存の企業・事業体への就業が八三パーセント、これに対して創業は一七パーセントである。創業はほぼ二〇〇〇年以降になされ、多くがハイテク・ニューテク企業である。つまり、彼らは明らかに中国の現代知識産業をリードしていると言えるであろう。

3　広州市の事例

（1）　留学帰国者の就業・創業政策

広州市の場合は、北京・上海のような直轄市でないので、上部組織である広東省の方針に従って政策が展開される。広東省は一九九二年「留学者の広東での就業を奨励することに関する若干の規定」（関于鼓励留学人員来広東工作的若干規定）を制定。また二〇〇一年には「専業技術人材の隊伍を建設することに関する決定」（関于加強専業技術人材隊伍建設的決定）を発布、その中で多種多様な人材導入策を列記した。

この広東省の方針に沿って、一九九九年十二月、広州市は「留学者が広州で就業することに関する規定」（広州市鼓励留学人員来穂工作規定）を発布。また二〇〇一年十二月二十七日、市政府人事局・科技局など六部門が「留学者へのサービス業務の実施細則」（広州市留学人員服務工作実施細則）を発布した。この二つの規定によって留学帰国者政策はほぼ完備したと言われている。主な内容は次のようなものである。[44]

① 留学帰国者の生活・研究・創業を改善するために市政府・区政府は資金援助を行う。これに関しては、「広州留学人員専項資金」「広州市留学人員科技創新資金」を設立し、二〇〇〇年度から広州市では創業資金を補助している。第一期「広州留学人員専項資金」は三年間で四〇〇万元、「広州市留学人員科技創新資金」は三年間で六、〇〇〇万元を補助した。

② 留学帰国者は広州で就職するのに職場の定員枠・ポスト枠の制限を受けない。

③ 留学帰国者がハイテク・ニューテク企業（高新技術企業）を創業する際には各種の優遇政策を受けることができる。また、科学技術の成果は株式にすることができ、その登記資本に占める比率は制限を受けない。留学者はパスポートを会社運営届出の際の身分証明とすることができる。

④ 留学帰国者は優遇資格証を受領し、本人・家族の戸籍手続き、子女の入学、住居の家賃、創業・出入国手続きなどの点で配慮される。「広州留学人員服務管理センター」がワンストップサービス（一站式服務）を提供している。

⑤ 外国籍を取得している留学帰国者には「広東省居住証」を発給し市民待遇を与える。

以上のような法的・施設的な環境整備がほぼ完成した二〇〇一年以降、留学帰国者の広州市での就業・創業は急速に増えていった。

表 9－12　広州における留学帰国者の就職先　（%）

就職先	内訳
一般企業（68.1）	民営企業・外資系企業（58.6） 企業の創業（9.5）
大学・研究機関・公営事業体（28.8）	
政府機関（3.1）	

出所）林活力他「広東人材国際化状況分析」2008 年，233・234 頁より作成

表 9－13　広州市の留学帰国者の企業数（2006 年現在）

創業園の名称	企業数	留学帰国者数（人）
広州留学人員創業園	370	354
黄花崗科技園	178	125
天河科技園	57	100
荔湾留学生科技園	25	40
広州高新技術創業中心	20	17
海珠高新技術創業中心	9	13
番禺区留学生創業基地	17	11
雲埔工業区	4	5
計	509	690

出所）林活力他「広東人材国際化状況分析」2008 年 234 頁

（2）留学帰国者の就業・創業状況

二〇〇八年現在までに広州市の留学帰国者は八、二〇〇人余となった。彼らの就職先は表9－12のように、「一般企業」が六八・一パーセントで最も多い。その内訳は「民営企業・外資系企業」など非国有企業が多く、全体の五八・六パーセントを占める。「企業の創業」はわずか九・五パーセントであった。次に多いのは「大学・研究機関・公営事業体」であるが、全体の二八・八パーセントである。「政府機関」は三・一パーセントにすぎない。つまり、留学帰国者がそれを望んだか否かにかかわらず、「官」よりは「民」への就職が主流となっている。[45]

他方、留学帰国者による創業政策も成果を挙げている。創業企業はすでに六〇〇社余に上る。特に、留学帰国者のための創業園は表9－13のように一〇カ所設立され、二〇〇六年現在で五〇九企業が入居、六九〇人の留学帰国者がここで就業している。

なかでも、広州留学人員創業園は、科技部・人事部・教育部・国家外国専家局という四部門によって「国家留学人員創業園建設示範点」（国家レベルの模範的園）に認定されている。林活力他（二〇〇八）によれば、「一九九九～二〇〇四年末までに累計で孵化した企業は三〇〇社。……登記資本は累計一〇・一億元、一、

二〇五米ドル、一、一一二香港ドルに達した。投資総額は一六・三億元、一、九三二米ドル、三・九香港ドルであった。導入した科学技術プロジェクトは二八三件、就業ポスト五、六〇〇を提供し、園内で就業する留学帰国者は三〇〇人余であった。二〇〇二〜二〇〇四年までの企業からの税収累計は四、五三六万元、総生産値は一一・三三億元に達した」という。[46]

4 新しい趨勢：地方都市間の人材競争

改革開放後、都市部に人口が集中し始めた。表9－14は二〇〇一年から二〇五〇年までの都市部の人口動態の将来予測である。これによれば、都市人口は二〇〇一年に四億八、〇〇〇万人（総人口の三八パーセント）であったが、二〇〇五年に五億四、七〇〇万人（四一パーセント）になった。将来予測では二〇一〇年に六億一、〇〇〇万人（四六パーセント）、二〇二〇年に八億二、二〇〇万人（五六パーセント）となって、農村部の人口比率を上回る。更に、二〇五〇年には一二億二、〇〇〇万人（総人口一五・二億人の八〇・三パーセント）に達するという。都市人口は人口抑制政策により自然増加率が徐々に低下して、自然増加分は四億八、〇〇〇万人前後で推移するが、農村部から都市部への流入人口が年々増加していくのが原因である。二〇〇一年から二〇五〇年までの五〇年間で三倍に増加すると予測されている。すなわち、近未来において中国の都市化は急速に進む。[47]

因みに、中国では都市は人口規模によって、「特大城市」（非農業人口が一〇〇万人以上）、「大城市」（非農業人口が五〇万〜一〇〇万人）、「中等城市」（非農業人口が二〇万〜五〇万人）、「小城市」（非農業人口が一〇万〜二〇万人）に分類される。すなわち、非農業人口が一〇万人以上は「城市」と呼び、二、〇〇〇人〜一〇万人未満は「鎮」、それ以下は「郷」である。[48]

中国政府は市場経済化による各都市の発展動向を把握する研究を開始した。一九八〇年代、都市の主な指標（ベンチマーク）は人口、面積、工業生産値、農業生産値だったが、一九九〇年代以降、都市の発達に合わせて、資本（投資環境）、基盤整備、科学技術、教育文化、環境、政府管理、企業管理などが主な指標となった。各指標から各

表 9－14　2001 年－2050 年の都市人口動態予測　（億人）

年度	総人口	都市人口の自然増加率（%）	都市の自然増加分の人口	都市人口の比率（%）	都市人口	農村から都市へ移動する人口
2001	12.80	6.576	4.61	37.66	4.82	0.21
2005	13.22	6.312	4.71	41.38	5.47	0.76
2010	13.77	6.536	4.83	46.17	6.36	1.53
2015	14.30	5.576	4.85	51.03	7.30	2.45
2020	14.72	4.168	4.87	55.87	8.22	3.35
2025	15.04	2.837	4.88	60.61	9.12	4.24
2030	15.25	1.872	4.89	65.15	9.94	5.05
2035	15.38	1.128	4.89	69.43	10.68	5.79
2040	15.44	0.104	4.89	73.40	11.33	6.44
2045	15.38	-1.770	4.88	77.03	11.85	6.97
2050	15.22	-3.880	4.86	80.29	12.22	7.36

出所）国家教育発展研究中心編（2005）

都市の発達の程度や特徴を正確に把握し、政策決定のための資料としている[49]。

実際のところ中国の都市間には発達の格差がある。その中で比較的繁栄した都市は更なる発展を求め、経済戦略を立て、その実現を保障する高度人材を計画的に集積し始めた。

現在、数十の都市が国際的都市（国際性大都市）建設を標榜している。なお、国際的都市とは、国際サービス、国際物流、国際頭脳、国際アメニティ、国際交流などの諸機能を複数有する都市を意味するとすれば、中国ではそのような機能を充実させようとする都市が出現してきた[50]。

列挙すれば、北京、上海、広州の大都市もあれば、深圳、佛山、東莞、寧波、大連など中小都市もある。このような情勢の中で、留学帰国者はもちろん、華僑・華人の専門家、外国人専門家、外国人留学生や外国人研究者など国際的な高度人材を定住させること、即ち、都市における「人材国際化」が重要課題とされるようになった。

このような動向から言えることは、省級の地方政府や地方中枢都市は、中央政府の「国家的ニーズ」に基づく国家派遣の留学政策を忠実に実行する一方で、「地方の経済社会の発展ニーズ」に基づき、留学帰国者を吸引するための就業・創業政策に取り組んでいる。それは今後長期にわたって続けられていくものと思われる。このことが東部と西部の地域間に、また同一地域の地方都市間に人材競争を生じている。長期的に見れば、中央政府の強力なマクロ調整がなければ、地域間・都市間においては、すでに存在する経済格差と連動して、豊かな方へ高度人材が流動し、結局、人材集積の格差が一層広がっていくように思われる。

【注】

（1）鄧小平「経済特区を立派に運営し、対外開放都市を増やそう」、『鄧小平文選一九八二～一九九二』東和文化研究所・中国外文出版社、一九九五年、六八・六九頁

（2）『現代中国事典』一九九九年、二四一頁、参照。経済技術開発区では、「生産型外国投資企業に対する一五パーセントの企業所得税率（一般の地区は三〇パーセント）、二年免税・三年半減のタックスホリデイ、海外送金の免税や輸入設備・物資の免税措置など、経済特区に与えられている優遇措置がほぼ適用される」という。

（3）同上書、二四〇頁、参照。経済開放区では、生産型外国投資企業に対する二四パーセントの企業所得税率（一般の地区は三〇パーセント）として優遇措置を適用している。

（4）鄧小平「上海を視察した際の談話」、前掲書、三六八・三六九頁

（5）他方、上海ではどうだろうか。『人民日報（海外版）』（一九九六年八月十四日付）によれば、上海から八万人が海外留学したという。

（6）何翔皓他『第一動力：当代中国的科技戦略問題』今日中国出版社、一九九八年、一二三―一二五頁

（7）項目「所有制」『現代中国事典』岩波書店、一九九九年、五五〇頁、参照

（8）沈人「留学回国服務工作新態勢述評」『神州学人』第十期、一九九五年

（9）張西水「留学人員回国創業総述」、中国高等教育学会編『中国高教研究』第一期、二〇〇一年、一九―二二頁。著者は教育部科技司に所属する。

（10）王輝耀『当代中国海帰』中国発展出版社、二〇〇七年、八・九頁

（11）桂世勛「中国経済技術開発区外来人口研究」、同編『中国経済開発区外来人口研究』華東師範大学出版社、一九九六年、一―一五頁

（12）『中国教育年鑑二〇〇七』人民教育出版社、二〇〇八年、七五二頁

（13）一九九五年二月「引進智力辦」副主任に対する筆者の面接による。また、白土悟・于東振「中国華南の経済開放区における海

外留学者の帰国及び就職動向――深圳・海南・広州における調査報告」、『九州大学留学生センター紀要』第九号、一九九八年、一〇五―一一七頁、参照。

(14) 沈人、前掲書、一二―一四頁

(15) 一九九五年二月「引進智力辦」における元日本留学生に対する筆者の面接による。

(16) 同上の面接で日本の留学生教育に対する要望を聴取した。参考までに記しておく。

① 留学中に大学の中だけで生活していたので、民間人との交流がなかった。交流がなければ日本のことは分からない。帰国後も日本との交流がないので情報は入りにくい。留学生は大学で学ぶ以外のことも学習しなければならない。そのような機会を作るべきである。

② 日本には帰国留学生短期研修制度（帰国後に大学・研究所・行政機関に五年以上勤務することが応募条件）はあるが、民間企業に勤務する者にはないようだ。今、日本の民間企業で研修する機会が最も欲しい。中国で最も良い言葉は「回炉」である。鉄をもう一度炉に入れて焼きなおすのが原義であるが、もう一度留学するという意味である。

③ 大学で研究していたので、日本企業の実態が分からなかったのが残念である。合弁会社を創りたいが、どのようにすればよいのか、分からない。大学だけの留学では不満である。短期間の企業研修が欲しい、というものであった。

このように留学中の企業研修制度、帰国後のアフターケアとして企業勤務者の研修留学制度、また留学終了後の企業研修制度が希望されていた。中国では市場経済化が進むと、経済交流の中核的役割は民間企業が担うようになるだろう。深圳はそのトップを走っている。その彼らが希望する日本の留学生教育の在り方は傾聴に値するであろう。

(17) 林活力・李偉権・彭力・張桂円「広東人材国際化状況分析」、余仲華主編『中国人材戦略管理評論』社会科学文献出版社、二〇〇八年、二二九・二三〇頁

(18) 詹長智、孫山「海南特区外来人口研究」、桂世勛編『中国経済開発区外来人口研究』華東師範大学出版社、一九九六年、二四六―二五一頁

(19) 白土悟「中国における留学生帰国奨励政策について――海南省の事例を中心に」、『九州大学教育学部附属比較文化研究施設紀要』第四七号、一九九六年、五三―六五頁

(20) 『海南年鑑：第二巻――海南政治と法律年鑑』海南年鑑社、一九九三年、二二・二三頁。なお、高級・中級・初級の三レベル職称制度に関しては、張志文他編『人事工作必備手冊』改革出版社、一九九一年、参照

(21) 人事労働庁とは、字義通り人事部（課）と労働部（課）が一つになっている部署である。通常は高等教育以上の学歴を有する者は人事部、中等教育以下の学歴を有する者は労働部がそれぞれ取り扱うことになっているが、人事労働庁はその両業務を司る

部署である。
(22) 辛業江「大特区召還、海外学子」、『神州学人』第三期、一九九三年、七・八頁
(23) 楊栄蘭編『中国硅谷——来自中関村的前沿報道』北京郵電大学出版社、二〇〇〇年、二二六・二二七頁
(24) 張西水・潘暁景他「留学人員回国創業現状分析」『神州学人』第四期、二〇〇一年、一四頁。また、大学科技園に関しては、白土悟「中国における大学と企業とのパートナーシップの考察——産学合作および産学研合作教育の実践」『学校と企業のパートナーシップに関する国際比較調査研究』（平成十一〜十三年度 文部省科学研究費補助金〈基盤研究Ａ２〉研究代表者 山田達雄）二〇〇二年、一二八—一四〇頁、参照。
(25) 黄親国『中国大学科技園発展研究』江西人民出版社、二〇〇六年、一三・一四頁
(26) 何翔皓他、前掲書、一七頁、参照
(27) 同上書、二三八—二六五頁
(28) 李忠武「大学科技園区三論」、『中国高等教育』第二期、二〇〇一年、四六頁
(29) 科技部・教育部「国家大学科技園十五発展規划綱要」二〇〇一年、参照
(30) 黄親国、前掲書、五九頁
(31) 張西水、前掲書、一九—二二頁
(32) 同上書、一九—二二頁
(33) 「青島市海外留学人員来青工作待遇及優恵政策」参照
(34) 『神州学人』八月号、一九九九年、二四頁
(35) 『人民日報（海外版）』二〇〇一年五月十四日
(36) 王暁初主編『留学人員回国指南』中国人事出版社、二〇〇六年、二一五—二二七頁
(37) 張西水、前掲書一九—二二頁
(38) 張西水・潘暁景他、前掲書、一五—一七頁
(39) 『人民日報（海外版）』二〇〇〇年六月二十七日
(40) 北京人事局「北京吸引海外人材戦略研究」、孟秀勤・史紹活主編、『国際化人材：戦略与開発』中国人民大学出版社、二〇〇六年、一九二頁
(41) 『神州学人』第十期、一九九九年、五・六頁
(42) 唐鉱・趙立軍「新北京、新奥運与国際化人材培養」、孟秀勤・史紹活主編、前掲書、一六五・一六六頁

(43) 北京市留学人員服務センター「海外留学人員来京創業、工作現状的調査」、孟秀勤・史紹活主編、前掲書、二一四―二二〇頁
(44) 広州留学人員服務管理中心・広州市外国専家局・広州市社会科学院社会学与社会政策研究所『帰国留学人員和境外専家広州就業：現状与分析』二〇〇七年九月
(45) 林活力・李偉権・彭力・張桂円、前掲書、二二三・二二四頁
(46) 同上書、二三四頁
(47) 国家教育発展研究中心編『二〇〇五年中国教育緑皮書――中国教育政策年度分析報告――』教育科学出版社、二〇〇五年十二月、一一九頁
(48) 胡経礼・陳兆徳・黄中鼎『国家公務員必備』中国人事出版社、一九九五年、二二三・二二四頁
(49) 項光勤『城市競争力研究』中国工商出版社、二〇〇六年、二八二―二八九頁。中国社会科学院財貿所の出した都市競争力序列表を参照。
(50) 国土交通省『国際的拠点都市形成に関する現状と課題――「集積」と「国際性」による拠点都市の戦略的発展』二〇〇三年、参照

第一〇章　民族自治区政府における留学政策

日本の高等教育機関に在籍する中国人留学生の中には少数民族出身の学生がいる。朝鮮族、白族、回族、満州族、ウイグル族、蒙古族等々である。彼らの留学ルートや社会的背景はほとんど明らかにされていない。もちろん日本留学ばかりではない。彼らは世界各国に留学している。また、彼らの出身地は北京・上海など大都市であったり、内蒙古自治区や新疆ウイグル自治区のような辺境の民族自治地方であったり様々である。そこで、本章では民族自治区政府に焦点を絞り、その留学政策の展開について考察したいと思う。民族自治区政府の留学政策は、まさに中央政府の民族政策、民族教育政策、西部大開発戦略など政治・経済・教育史などの諸領域と密接に関連している。

第一節　民族政策の基礎理論

1　「統一的多民族国家」の形成

中国において「少数民族」という言葉が最も早く使用されたのは、一九二四年一月、中華民国において孫文の定めた「中国国民党第一次代表大会宣言」の中においてである。一九二六年十一月には中国共産党が「西北軍工作に関する指示」と「国民軍工作に関する決議」の二つの文献の中で初めて使用した。当時は蒙古族、チベット族、回族、ウイグル族など新疆地方の諸民族を指していたという。その後、この語はしばしば使用されるようになったが、

「弱小民族」や「小民族」や「落後民族」という語と併用される場合が多かった。つまり、社会発展の遅れた、人口の少ない、弱い民族集団という幾らか蔑視した意味合いが含まれていた[1]。

一九四九年十月、中華人民共和国が成立。その直前の九月二十九日、中国人民政治協商会議を通過した「共同綱領」（臨時憲法の役割を果たした）において「統一的多民族国家」の形成が標榜された。すなわち、「中華人民共和国境内の各民族一律平等、……大民族主義と狭隘民族主義に反対し、民族間の差別待遇、各民族団結を圧迫し分裂させる行為を禁止する」「各少数民族聚居地区にて、民族の区域自治を実行する」「各少数民族はその言語文字を発展させ、その風俗習慣および宗教信仰を保持しあるいは改革する自由を均しく有する」など、少数民族の政治的・文化的主体性を尊重して、漢族を含む全民族が団結すべきであると明記されたのである。

中国では、秦始皇帝を除いて、歴代王朝は中央集権的な国家を成立させることができなかった。その広大な地域は交通の便が悪く、適切な支配方法が確立されず、国境も常に不明瞭だったのである。中国史は民族間の戦争と各地の分裂割拠に彩られてきた。

近代に入り、西欧列強によって半植民地化されたとき、各地に自衛的な軍閥が台頭して分裂的様相を呈した。国家の軍事的擁護が得られないと分かって、地方の有力階級は国家への忠誠心を捨てたのである。また地方に群居する諸民族も「中原の王」に侵略され支配された過去を有し、また大人口を擁するウイグル族、蒙古族などはかつて政治的独立を有していた記憶もあった。彼らは独立運動を行う素地を持っていたのである。しかし、西欧列強への反発から、孫文らの民族自決の主張が生まれ、中国は「統一的多民族国家」を形成しなければならないという自覚を持つに至った。もしそれが実現できなかったならば滅亡するであろうという危機意識から生まれた自覚であった。現代中国が「統一的多民族国家」を標榜するのも歴史的教訓に基づいている。

米国・オーストラリアなど移民国家は「多民族国家」であるが、そこでは世界各地の民族や国民が出身民族や出身国家を捨てて移民国家の国籍に自らの意思で入る。中国ではこれとは異なり、もともと住み分けていた諸民族が解放戦争を通して中国の版図の中に組み入れられ、中国国籍を与えられたのである。従って、各民族には民族意識が色濃く残存し、彼らの居住地域はもとより国家までも常に民族間の対立によって分裂する可能性がある。そこで「統一」が重要なテーマとなる。「統一的多民族国家」とは「統一」を標榜した国家なのである。

「統一的多民族国家」は民族間の団結（民族団結）によってもたらされる。では、民族間の団結をもたらすためには何が必要であるのか。第一に、各民族は排外的ナショナリズムを捨てて、相互尊重の精神を基礎に据えた新しい民族主義を打ち立てなければならない。第二に、少数民族の集中居住地は国境近辺に位置するため、周辺諸外国との国境安定にとって、また豊富な天然資源を埋蔵するため経済発展にとって重要な地域である。中国共産党と中央政府は重要な少数民族地方の分離独立を警戒し、漢族社会との融和を創出しなければならない。

この現実的要請によって、党と政府は民族団結を推進する民族政策を取った。これによって、「少数民族」の語は「兄弟民族」や「少数兄弟民族」という語と同義的に使用されるようになった。少数民族の社会的地位は高まったのである。

2　民族政策の基礎理論

あらゆる政策に理論的根拠が必要であるように、民族政策も必ず民族理論の上で肯定されるものでなければならない。中国の民族政策はマルクス・レーニン主義の民族理論に基づいている。それは民族および民族問題を次のように規定している。

民族とは、スターリンの定義により、言語、居住地域、経済生活、心理状態の四つの特徴を基準にして、他と区別される集団である。一九五〇〜六〇年代にかけて民族識別調査（ethnic identification）が行われ、今までに漢族を含め五六の民族が認定された。漢族以外の五五の民族はすべて「少数民族」（national minorities）と総称されているが、この民族識別調査が行われたとき、このスターリンの定義が基準とされた。但し、民族には四つの特徴が当てはまらない例外もある。例えば、漢語は満州族や回族も使用しており、漢族の独自の言語ではなくなっている。また複数の民族が雑居する地域もあり、必ずしもひとつの民族が特定の居住地域を独占しているわけではない。心理

表10－1　マルクス・レーニン主義の社会発展段階と民族問題

社会発展段階		生産資料の所有制	民族問題の基本的内容
原始社会		原始共産制	血縁・地縁集団の発達
階級社会（民族・国家の発達）	奴隷制社会	私　有　制	統治階級は民族抑圧・掠奪・搾取を実行する。ゆえに，民族間に闘争・怨恨・軽蔑・意見・感情の隔たりが生じる。
	封建社会		
	資本主義社会		
社会主義社会		公　有　制	各民族プロレタリアートに国家主権がある。ゆえに，各民族は「繁栄発展」し、平等・団結・協力する。
共産主義社会（階級・国家の消滅）			「民族融合」の結果，「民族消亡」する。

出所）王国東『民族問題常識』寧夏人民出版社，1982年，24-27頁より筆者作成

状態も生活条件の変化によって変わるもので、特定の民族に不変の心理があるわけではない。従って、四つの特徴はそれぞれが民族を認定する絶対的な基準というのではなく、その総和をもって基準としたのである[2]。

民族は歴史上に形成された集団である。社会発展のある段階で生じ、またある段階に至れば消滅する存在である。ゆえに、社会発展の各段階によって民族問題の基本的内容は変化する。また、人類社会の発展段階に関する基本的認識は、人類社会は原始社会から階級社会に、階級社会から社会主義社会に、そして必然的に共産主義社会に進化するというものである。各社会発展の段階と民族問題の基本的内容の関係を表10－1に示している[3]。

すなわち、現代中国は社会主義社会の段階にあるので、各民族の経済・文化を「繁栄発展」させなければならない。「繁栄発展」政策は「民族同化」政策とは正反対の立場に立つ。「民族同化」とは、生産力の高い大民族が生産力の低い小民族を自己に吸収する過程を指し、その過程には「強迫同化」と「自然同化」の二種類がある。「強迫同化」とは「統治民族が被統治民族を圧迫して、固有の言語、文化、風俗、習慣を放棄させること」であり、「自然同化」とは「実質上、生産方式の先進者が後進者と競合し、最終的に勝利する闘争の過程」である[4]。

要するに、「強迫同化」と「自然同化」、いずれにしても「民族同化」を促進する政策は多かれ少なかれ弱小民族に対する圧迫政策であり、結果として民族間に亀裂を生じ、その団結を乱す原因となる。従って、社会主義社会の段階では「民族同化」政策に反対し、各民族の経済・文化の「繁栄発展」を促進する政策を行わなければならないとされる。中国政府が少数民族経済に対して多額の財政援助を行い、また民族語教材による民族教育を支援し、民族文化の伝承を育み、民族の宗教信仰の自由を保障するのも、この理論に基づいてのことである。

現在、各民族の「繁栄発展」には甚だしい格差があるが、将来、全民族の「繁栄発展」が同じレベルに到達すれば、階級も消え、「民族融合」が進行し始める。そして、長期間を経て民族間の文化的差異が完全に消え、全世界の民族が「融合」して一体となる条件が整う。この「民族融合」によって民族そのものが自然に消滅する。漢語では「民族消亡」という。「民族消亡」は、ある民族が他の民族に滅ぼされて消える「民族滅亡」という概念とは異なる。かくして「民族融合」が進み、ついに「民族消亡」して共産主義社会が樹立されると想定する。遥かな未来像である。

このようなマルクス主義の社会発展段階論は中国共産党指導部においてどれほど強固に信じられていたのだろうか。毛沢東は社会発展段階について、一九四九年六月三十日の演説「人民民主主義独裁について」（翌七月一日『人民日報』掲載）の中で、次のように述べている。(5)

……人間は年寄りになればやがて死ぬが、党もこれと同じことである。階級がなくなれば、階級闘争の道具としてのすべてのもの、政党や国家機関は、その機能を失い、必要がなくなることによって、次第に衰え、自己の歴史的な使命を終え、そして、より高級な人類社会へと進んでいく。我々はブルジョア政党とは逆である。彼らは階級の消滅、国家権力の消滅、党の消滅を口にすることを恐れる。ところが、我々はこれらのものの消滅を促すために、条件を作り出し、努力奮闘するものであることを公然と声明する。……全人類はみな、階級を消滅させ、国家権力を消滅させ、党を消滅させるという道を歩まなければならず、問題はただ時間と条件だけだということ……階級や国家権力や政党が極めて自然に死滅し、人類が大同の世界に入れるように、仕事に励み、条件を作り出すことである。……ついでながら、ここで、この人類進歩の未来図の問題に触れたわけである。
（毛沢東「人民民主主義独裁について」）

恐らく毛沢東だけでなく中国共産党指導部はこのマルクス主義の社会発展段階論を基本的な世界観としている。そして、それに基づく民族理論を民族政策の指導理論としている。従って、現段階において社会主義社会を建設しようとする中国では、国内少数民族の経済・文化の「繁栄発展」を達成して民族間の不平等を解消することを歴史的課題とするのである。

3　民族自治地方の行政と産業

民族自治地方の自治権は中国の憲法（一九五四年及び一九八二年）によって認められてきたが、漸く一九八四年五月三十一日、第六期全国人民代表大会第二次会議において「中華人民共和国民族区域自治法」が採択され、十月一日から施行されることになった。この法律は少数民族の集中居住地域を基礎に成立する民族自治地方において民族区域自治を実行するよう規定したものである。即ち、民族自治地方は、高度な自治権を行使する自治機関（人民政府、人民代表大会）を有する行政単位として、国家の基本方針を遵守することを前提に各地方の実情に応じて教育計画を決定し、民族教育を自主的に展開することを保障された。

民族自治地方は自治区、自治州、自治県（旗）という三つのレベルの行政区に分けられる。自治区が最上位であり省級に相当し、自治州は地級に、自治県・自治旗は県級に相当する。現在、全国に五自治区、三〇自治州、一二四自治県（旗）がある。これら民族自治地方の総面積は中国全土九六〇万平方キロメートルの六四パーセントを占める。

さて、民族自治区には、内蒙古自治区、寧夏回族自治区、新疆ウイグル自治区、チベット自治区（西蔵）、広西チワン族自治区の五つがあり、いずれも中国の国境周辺部に位置する。表10－2のように、面積と人口を見ると、

表10－2　民族自治区の人口・産業の基本情況

自治区・直轄市	面積(万㎢) 2004年	人口(万人) 2004年	第1次産業 (%) 2005年	第2次産業 (%) 2005年	第3次産業 (%) 2005年
内蒙古	118.3	2,384.40	53.8	15.6	30.5
寧夏回族	6.6	587.71	48.4	22.3	29.3
新疆ウイグル	166.5	1,963.11	53.3	13.3	33.4
チベット	122.8	263.44	61.4	9.2	29.3
広西チワン族	23.7	4,889.00	56.2	11.2	32.6
北京市	1.6	1,492.70	6.8	24.6	68.6
上海市	0.6	1,352.39	7.1	38.7	54.2

出所）『新中国五十五年統計資料彙編』（中国統計出版社，2005）及び『中国統計年鑑2006』より作成

どの自治区も北京・上海に比べると人口密度が極度に低い。山岳地帯や大砂漠や人跡未踏の高原がその多くを占めているからである。二〇〇五年末の各自治区の産業構成を見ると、第一次産業の農牧業に従事する人口割合がほぼ過半数を占める。特に、チベットではその割合が最も高い。第一次産業の全国平均は四四・八パーセントであるので、各自治区ともそれを上回っている。第一次産業が余剰労働力を吸収しているのである。北京・上海は第三次産業が過半数を超えており、対照的である。各自治区では、高等教育を受けた高度な知的人材に対する需要はやはり低いと思われる。だが、後述するように、近年、その情況は著しく変化している。

第二節　民族政策の沿革と現状

1　時期区分

一九七六年十月、江青ら「四人組」逮捕によって文化大革命が終結した。その傷痕のいまだ癒えぬ一九八一年六月二十七日、中国共産党第一一期中央委員会第六回全体会議において、「建国以来の党の若干の歴史問題に関する決議」（関于建国以来党的若干歴史問題的決議）が採択され、文化大革命の過誤が反省された。

この「決議」に則して、翌一九八二年『青海民族学院学報』に李竹青・仁慶紮西「解放後の三〇年余の民族工作についての試論」（試論解放后三

十多年来的民族工作）という長文の論文が発表された。この「試論」は新中国成立から文革終結直後までの三〇年間の民族政策の展開過程を四期に分けて総括している。(6)

① 民族政策の急速な発展期　一九四九年十月～一九五六年

② 紆余曲折と前進の時期　一九五七年～一九六六年五月

③ 一〇年の過誤　一九六六年五月～一九七六年十月

④ 過誤の反省と前進の時期　一九七六年十月～現在（一九八二年）

この四期の区分に沿って、以下の民族政策の歴史的沿革を概述することにしたい。一九八二年以降については別に言及する。

2　民族政策の発展期

第一期は、一九四九年十月の建国から一九五六年九月の中国共産党第八回全国代表大会の頃までである。この第八回全国代表大会において、ほぼ全国で社会主義的改造が基本的に達成されたことが宣言された。この時期はちょうど新民主主義社会から社会主義社会への移行期であった。すなわち、「土地改革法」の公布とその完了（一九五〇～五二年）、そして第一次五カ年計画（一九五三～五七年）が開始され、順調に経済復興が進んだのである。

さて、この時期の民族政策は以下のように急速に発展した。

① 一九五六年から六三年に大規模な全国民族調査が実施され、五五の少数民族が識別された。この調査により、各少数民族の解放前・民主改革前の社会情況が明らかにされたが、当時の少数民族人口約三、五〇〇万人余は、原始公社制の残存する社会、奴隷制社会、封建農奴制社会、封建地主制社会の四種の社会を形成している情況だった。そして、表10－3のように、様々な社会情況に則して社会改革（民主革命と社会主義的改造）が慎重に実施された。

② 少数民族の平等の権利と自治権を保障する法律が制定された。

表 10－3　解放前の少数民族社会の情況（1956〜63 年調査による）

<table>
<tr><th>社会情況</th><th>帰属人口</th><th>主な民族</th><th colspan="2">社会改革の方法</th></tr>
<tr><td>原始公社制の残余</td><td>60 万人</td><td>リー，チンポー，リス，エヴェンキ，ラフ，ヌー，チノー，トールン，オロチョン，高砂族の一部</td><td colspan="2">階級対立は少なく，生産力は極めて低い。
↓
直接に社会主義に移行する方式を取る。</td></tr>
<tr><td>奴隷制</td><td>100 万人</td><td>涼山イ族</td><td colspan="2" rowspan="2">階級闘争は複雑で，生産力は低い。
↓
平和的な協議（和平協商）の方式を取る。</td></tr>
<tr><td>封建農奴制</td><td>400 万人</td><td>チベット，タイ，ウイグル，永寧ナシ</td></tr>
<tr><td>封建地主制</td><td>3000 万人</td><td>満
蒙古
苗</td><td>牧畜業地区では，生産資料と生活資料が一致する脆弱な経済である。
↓
牧主と牧工の両利政策を取る。</td><td>地主と農民の間に階級対立がある。
↓
漢族地区と同じ土地改革の方式を取る。</td></tr>
</table>

出所）李竹青・仁慶紮西（1982）より筆者作成

一九四九年九月「共同綱領」をはじめ、一九五二年二月「中華人民共和国民族区域自治実施綱要」、「地方民族民主聯合政府実施辦法の決定」（関于地方民族民主聯合政府実施辦法的決定）や「散居する少数民族に平等の権利の享有を保障することに関する決定」（関于保障一切散居的少数民族成分享有民族平等権利的決定）、また一九五七年八月、国務院総理・周恩来による青島民族工作座談会での講話「我国の民族政策に関する幾つかの問題」（関于我国民族政策的几个問題）などにより、民族区域自治の原則が明確にされた。こうして一九五七年末までに民族が集中居住する地区の約九〇パーセントに民族自治政府が成立した。

③　少数民族社会をリードする民族幹部を大量に養成する方針が決定された。

一九五〇年十一月二十四日、政務院第六〇次政務会議で「少数民族幹部を養成する試行方案」（培養少数民族幹部試行方案）および「中央民族学院を計画し実施する試行方案」（籌辦中央民族学院試行方案）が通過した。

既に、長征の途上で貴州、雲南、四川、甘粛、

写真7　中央民族学院

寧夏などの少数民族地区から多数の青年が紅軍に参加して党幹部になっており、また一九四一年に設立された延安民族学院（のちの中央民族学院）で民族幹部が育成されていた。だが、民族区域自治を本格的に実行するためには、民族自治地方の政府部門に一定数の民族幹部（官僚）を配置する必要があり、優秀な民族幹部を大量に養成しなければならない。民族幹部の質と量は少数民族地区に対する中央政府の政治的統御と経済援助政策の成否を分ける鍵であると考えられたのである。

この二つの方案が通過する前後に、各地で相次いで民族学院が設立された。すなわち、一九五〇年八月、西北民族学院（蘭州）設立。一九五一年五月、貴州民族学院（貴陽）設立。そして、中央政府は方案に則して、北京大学、清華大学、燕京大学、南京大学、復旦大学、西北大学などの民族学、人類学、民族語言文学、辺境史などを専門分野とする優秀な教員と学生を集めて、六月に中央民族学院（北京）およびその西南分院（成都）を設立した。同じく八月に雲南民族学院（昆明）、十一月に中央民族学院の中南分院（武漢）、翌一九五二年三月に同じく広西分院（南寧）設立。当時、民族学院は主に各地方の民族幹部を養成するものであった。その後の発展については後述する。(7)

一九五二年十一月九日、政務院は「少数民族卒業生の分配工作に関する指示」（関于少数民族卒業生分配工作的指示）を発布。大学・専門学院、中等専業学校、師範学校、普通高校の少数民族卒業生に関して、各地区の人事部門・教育部門と民族事務機構は共同責任で職業の分配を行うこと、また専門分野を考慮して分配すること、なるべく民族地区で就業できるよう配慮すること、民族関連の事務部門に分配することなどを指示した。

3　民族政策の紆余曲折期

第二期は、一九五七年六月の反右派闘争に始まり、一九六六年五月の文化大革命発動の直前までである。この期間には、すでに述べたように、大躍進運動と全国農村の人民公社化（一九五八年）の失敗によって、経済は停滞した。そのうえ自然災害（一九五九年）、中ソ論争の悪化によるソ連技術者の引揚げ（一九六〇年）も重なり、社会は非常に困難な局面を迎えた。

この間、多くの漢族が少数民族地区に盲目的に流入して民族工作を妨げたという。次の二点が指摘されている。(8)

①「民族融合論」の鼓吹

民族融合は遥か未来に想定されているにもかかわらず、一九五八～六〇年まで盲目的に共産主義社会を招来しようとする「共産風」が吹き荒れた。このために少数民族独自の言語文字、風俗習慣、文芸、特産品など文化的特徴が軽視された。また、全国画一的な大躍進運動・人民公社化が行われ、画一的な農業・牧畜業の方法は森林資源を破壊し、少数民族の物質的・文化的生活に悪影響を及ぼした。この政策に反対する民族幹部は「地方民族主義」のレッテルを貼られて批判された。こうした事態は少数民族大衆の感情を著しく傷つけた。

②　宗教信仰の自由の軽視

宗教界の封建的な特権や搾取制度を改革することは社会主義革命の課題であった。マルクスによれば宗教は人民を麻痺させるアヘンであり、レーニンによれば宗教は統治階級を維持するのに役立つ、被抑圧者の痛苦と犠牲を慰める道具である。要するに、宗教は科学と唯物主義に対立する思想体系である。一九五八年から愛国的宗教関係者と信仰をもつ大衆の意向を基本として宗教界の改革闘争が始められた。この闘争の最中に極端な左派思想の影響で宗教信仰を一気に消滅させようとして、仏像・法器を没収、僧侶を解散帰郷させ、寺院を取り壊すという事態を招いた。これは多くの少数民族大衆の反感を募らせた。

しかしながら、一九五九年四月、毛沢東は国家主席を辞任、党中央委員会主席・軍事委員会主席ではあったが行政の第一線から退いた。こうして一九六〇年冬から大躍進政策の行過ぎ＝毛沢東路線の批判を軸にして、党中央委員会副主席・兼国家主席の劉少奇、党総書記の鄧小平らの「実権派」によって経済調整が始まった。一九六一年七月、西北地区第一次民族工作会議で、甘粛・青海地区の民族工作中の左派的過誤が糾弾された。

教育方面では、一九六二年八月二日、教育部は「大学が少数民族学生を優先的に採用することに関する通知」（関于高等学校優先録取少数民族学生的通知）を発布。少数民族学生が重点大学等を受験する場合、「同等の成績ならば、優先的に採用する」（同等成績、優先録取）という方針を復活させた。また、民族自治区の大学を受験する場合、入試成績が教育部規定の最低ラインに到達しておれば入学させてよいとし、少数民族言語で教育を受けてきた高校卒業生が大学の文科系を受験する場合、「古代漢語」問題を免除するよう指示した。

だが、一九六三年から毛沢東は階級闘争を堅持すべきであるという信念の下に実権派打倒を始める。それに呼応して左派思想が再び台頭する。「民族問題の実質は階級問題である」という理論が強調されていった。[9]

4 文化大革命期の民族政策

第三期は、一九六六年五月、文化大革命の基本方針のひとつである「五・七指示」が発動されてから、一九七六年十月六日「四人組」逮捕までの一〇年間である。この期間、民族工作は完全に頓挫した。現在では、「林彪一味」と「四人組」こそ「反革命集団」であったと批判されている。しかし、文革中に権力の中枢にいた彼らが「革命」として推進した極左路線は民族工作に次のような影響を与えたという。[10]

① 民族問題の存在を否認した。

「蒙古族が長衣を脱げば、漢族と同じだ」と公然と主張するなど、民族文化の差異を認めず、民族工作機関・民族院校・民族刊行物・民族特需商品の生産が全面的に停止させられた。

② 民族区域自治は「分裂主義」「独立王国」であると非難した。

民族自治機関の幹部に少数民族を一定数入れるという「中華人民共和国民族区域自治実施綱要」の規定を認めず、

「幹部の共産主義化」という名目の下に、幹部を漢族化した。こうして民族区域自治権は奪われたのである。

③　宗教を人為的に消滅させようとした。

マルクス主義の宗教論では、抑圧と搾取がなくなり、経済が高度に発展すれば、人々は超自然の力から独立し、自己の命運を完全に掌握できる、その時に宗教は自然に消滅するというが、これを誤用して人為的に宗教を消滅させるため、信徒・宗教関係者を迫害、大衆を煽動して寺院・教会を破壊させ、宗教書や仏像を焼いた。これは大勢の少数民族信徒に強烈な不満を抱かせた。

④　民族問題を階級問題に帰するという理論的な誤りを犯した。

毛沢東は「民族問題は究極的には階級問題である」と述べたが、この考え方が誤用されたという。中国での「民族問題」とは本来、中国国内の民族圧迫制度を排除することであり、資本主義国内で民族圧迫に反対する「民族闘争」とは概念を異にする。毛沢東が資本主義国内での民族間の階級闘争について述べた箇所を誤用して、中国のような社会主義国家内での民族問題をすべて階級闘争の問題に帰してしまった。こうして少数民族地区で階級闘争を拡大化し、「内蒙古内人党」「寧夏西海固事件」「新疆叛国集団」「雲南沙甸事件」「延辺朝修集団」などを「製造」して多くの少数民族の幹部と大衆を迫害したという。

⑤　民族高等教育の発展が阻害された。

民族自治地方に開校していた大学は全国の大学と同様に学生募集停止（停止招生）、あるいは運営停止（停辦）あるいは閉鎖（撤鎖）になった。これにより少数民族学生は激減してしまった。

当時九校あった民族学院においても、一九六六年から一九六九年の間に、西南民族学院、広西民族学院、広東民族学院など三校が運営停止となり、一九六九年から一九七〇年の間に前後して西北民族学院、中南民族学院、雲南民族学院、青海民族学院、西蔵民族学院など五校が閉鎖された。また一九七〇年には中央民族学院が学生募集を停止した。

これら民族学院は一九七一年から開校され始め、徐々に復活することになったが、「民族学院は閉鎖や運営停止させられた期間、校舎は不法占有され、財産は分割され、学生は急激に減少、教師は大量に流出、教育設備・図書資料は深刻な損害を受けた」という[11]。

5　改革開放初期の民族政策の軌道修正

第四期は、文革終結後の改革開放初期の情況である。民族自治地方における文革期の破壊の深刻さに関してはまだ実証的研究によって明らかにされていない部分が多々ある。文革期の出来事はまるごと封印され、文献には「破壊」という二文字が痛々しく付与されているだけである。一九七八年末、改革開放政策の下、まず「破壊」された状態からの復興が緊急の課題とされた。主な復興事業には次のようなものがある[12]。

①　民族理論の再検討：民族問題と階級問題との関係、社会主義社会の段階における民族問題の長期性などが明確にされるとともに、人民大衆に対して党の民族政策の再教育が進められた。

②　政治的対応：中共中央と国務院は一九八四年五月三十一日、第六期全国人民代表大会第二次会議において「中華人民共和国民族区域自治法」を通過させるなど、民族関連法を制定し、少数民族の平等的地位と自治権を保障した。また、民族幹部等に首都北京や内地を見学させ、党と国務院が接待し、国家指導者と会見させて、民族関係を修復する行事が始められた。更に、民族地区で文革中の冤罪をそそぐ処置が取られた。

③　教育的対応：少数民族幹部および少数民族人材の養成が急務とされた。そのために三つの事業が進められた。次節に述べるように、民族学院が復興され、また新たに民族クラス（民族班）が一部の重点大学に設置され、更に民族自治地方の高等教育の充実が図られた。

④　文化的対応：少数民族社会の政治・経済・文化の学術研究が再開され、一九七九年一月『民間文学』、七月『民族団結』、九月『民族研究』が再刊された。また、他の少数民族向けの刊行物も出版され始めた。

こうして、文革以前の民族政策の掲げていた目標に向かって情況は回復していった。しかしながら、文革期の傷跡が癒えるには長い時間を要するのかもしれない。中央政府と少数民族大衆の間には心理的な溝ができたようである。現在、中央政府は民族自治地方における民族間の利害関係を調節するという課題を重視している。

第三節　改革開放期の民族高等教育の発展

1　少数民族学生の留学派遣の困難点

国務院の中に、全国少数民族に関する全般的な監督行政を司る「国家民族事務委員会」がある。国務院辧公庁秘書局等編『中央政府組織機構一九九八』によれば、その任務は次のように記されている[13]。

① 中共中央・国務院の民族工作の方針と政策を貫徹執行し、その政策立案に協力（参謀助手）する
② 民族理論、民族政策、民族問題等の重大な課題について調査研究を展開し、民族政策・法規の宣伝教育を展開し、その執行を監督する
③ 民族区域自治制度建設を監督し完成し、少数民族の権益保障の件について監督し実施する
④ 民族地区経済の進行情況を分析し、民族地区の改革開放・経済発展計画の策定を援助する
⑤ 少数民族言語文字工作を管理し、少数民族言語文字の翻訳・出版と民族古籍の収集・整理・出版工作を行う
⑥ 民族教育の改革発展問題について意見や建議を提出する

などである。

筆者は一九九二年八月、北京において国家民族事務委員会副主任（日本の事務次官に相当）に面談した。その結果、少数民族出身者の全国留学状況について統計はないことが分かった。国家派遣の選抜において、出身が漢族か少数民族かの区別は原則的にしていないためであるという。また、少数民族の海外留学の将来展望については、少数民族が国家派遣される可能性は低いという意見であった。その理由は、①少数民族学生は大学入学のために漢語を学ばなければならないので、留学試験に必要な外国語学習に時間を割くことが難しいこと、②理工系・医学系中

心に動いている国家派遣政策や機関派遣政策の方針の下では、文科系中心の民族学院の少数民族学生が派遣されるのは難しいというものであった。

その後、十数年が経過した。この間に民族自治地方の教育界は大きな発展を遂げた。殊に、民族高等教育の著しい発展と西部大開発戦略の開始によって、民族自治地方からの留学派遣数も、また派遣学生の中の少数民族学生の割合も徐々に増加したのである。以下、その情況を概観する。

2　少数民族幹部養成のための高等教育の展開

(1)　民族学院の復興と発展

民族学院はほとんどが一九五〇年代に設置された。少数民族が集中居住する地方の民族幹部養成を目的とする文科系大学であった。しかし、文革によって全国の大学と同じように大きなダメージを受けたのである。

改革開放政策が進むにつれて、伝統ある民族学院が復興するとともに、一九八〇年代以降、西北第二民族学院、湖北民族学院、大連民族学院、内蒙古民族大学の四校が新たに設置された。また逆に、一九八八年に経済特区の海南省が成立すると、海南省からの少数民族学生の志願者が減少した広東民族学院の如きは廃止され、漢族学生を多く採用する広東職業技術師範学院に変わった。

一九九三年七月九日、国家民族事務委員会は「管轄する民族学院の改革と発展の歩みを速めることに関する若干の意見」(関于加快所属民族学院改革和発展歩伐的若干意見)を提出、「民族学院は少数民族地区の大量に求められている各種の少数民族専門人材を養成しなければならない。当面、継続して党政人材を養成すると同時に、特に科技人材と経営管理人材を養成することを強化しなければならない。少数民族地区の郷鎮企業のために人材を養成し、普通教育及び職業技術教育の教員を養成することに注意を払わなければならない」(第七条)と述べている。民族幹部養成は、従来まで中国共産党や地方政府の幹部養成が主流であったが、ここにおいて科学研究者や経営管理者や教員の養成にも力点が置かれるようになったのである[14]。

表 10－4　民族学院一覧表（2005 年現在）

校名	設立年月日	管轄	所在地	備　　考
西北民族学院	1950 年 8 月	国家民委	蘭州	
貴州民族学院	1951 年		貴陽	1959 年貴州大学に合併されるが，1974 年独立再建
中央民族大学	1951 年 6 月 11 日	国家民委	北京	1993 年 11 月，中央民族学院を改名
西南民族大学	1951 年 6 月 1 日	国家民委	成都	2003 年 4 月，西南民族学院を改名
雲南民族大学	1951 年 8 月 1 日	雲南省	昆明	2003 年 4 月，雲南民族学院を改名
中南民族大学	1951 年 11 月	国家民委	武漢	2002 年 3 月，中南民族学院を改名
広西民族学院	1952 年 3 月 19 日	広西チワン族自治区	南寧	
青海民族学院	1956 年 9 月	青海省	西寧	
広東民族学院	1957 年	広東省	広州	1988 年，海南省成立後に学生激減。 1998 年，広東職業技術師範学院に改組
西蔵民族学院	1958 年 9 月 10 日	西蔵自治区	咸陽	西蔵公学を 1965 年改名
西北第二民族学院	1983 年	国家民委	銀川	寧夏回族自治区
大連民族学院	1997 年 7 月	国家民委	大連	
内蒙古民族大学	2001 年 7 月 16 日	内蒙古自治区	通遼	内蒙古民族師範学院，内蒙古蒙医学院，哲里木畜牧学院が合併して成立
湖北民族学院	1989 年	湖北省	恩施	土家族苗族自治州。1998 年 5 月，旧湖北民族学院と恩施医学高等専科学校が合併して成立

出所）欧以克『民族高等教育学概論』民族出版社，2005 年，286-303 頁より作成。なお，表中の「国家民委」とは中央官庁「国家民族事務委員会」の略称である。

また、表10－4に示すように、一九九三年から二〇〇三年の一〇年間に校名が「民族学院」から「民族大学」に変更するところも現われた。一九九三年十一月に中央民族学院が中央民族大学に変更したのを皮切りに、西南民族大学、雲南民族大学、中南民族大学など四校も相次いで変更したのである。「学院」が八つの学問分野（文科、政法、財経、教育、理科、工科、農林、医薬）のうち、一つの分野を主たる学科とする単科大学であるのに対して、「大学」は三つ以上の異なる分野を主たる学科とする総合大学であり、「学院」から「大学」への校名変更は多様な専門家を養成する機関に昇格したことを意味する。[15]

（2）　重点大学における民族クラスの設置

改革開放直後、一九八〇年六月二十一日、教育部は「一九八〇年に一部の重点大学において少数民族クラスを試験的に行うことに関する通知」（関于一九八〇年在部分全国重点高等学校試辦少数民族班的通知）を発布、少数民族地方の「四つの現代化」建設に求められる人材を育成する目的で、重点大学に民族クラス（少数民族班）が設置されることになった。民族クラスは原則一年間の予科で、漢語、数学、コンピューター操作、民族理論と民族政策などを学習する。もしこのような特別クラスがなければ、重点大学への少数民族入学者は少ないに違いない。これは少数民族優遇政策である。

最初の一九八〇年度には五大学が民族クラスを開設、少数民族学生を受け入れた。北京大学三〇人、清華大学三〇人、北京師範大学三〇人、大連工学院三〇人、陝西師範大学三〇人であり、合計一五〇人であった。北京大学だけが本科に民族クラスを設置し、他大学は民族予科クラス（民族預科班）を設置した。なお、民族予科クラスでは高校の理数科目と漢語学習の補習を一～二年間行い、補習後に試験に合格すれば、入試を受けずに本科に進学できるというものである。

この年、民族クラス・民族予科クラスの学生は、全国大学統一入試（普通高等学校入学考試）を受験して、全国重点大学の合格最低ライン以上の成績を取った、二〇歳以下の学生の中から民族自治地方の需要に基づいて選抜された。募集定員を満たさない場合は、全国重点大学の合格最低ラインから三〇点を限度に合格ラインを下げて採用されたのである。

一九八一年度には中山大学、華中師範学院、華東師範大学、西南師範大学、東北師範大学など五校にも民族教員養成のために民族クラスが設置され、入学者は合計二五〇人であった。これで重点大学に設置された民族クラスは計一〇校となったが、更に中央民族学院や西南民族学院に民族予科クラスが設置されるとともに、中央官庁や省・自治区・直轄市の管轄する大学にも民族クラスが設置されていった。一九八三年末までに三三一の民族クラスに一、二〇〇〇人余の少数民族学生が在籍するようになった[16]。

一九八四年三月三十日、教育部・国家民族事務委員会は「高等教育機関の民族クラスについて指導を強化し、さらに充実させることに関する意見」（関于加強領導和進一歩辦好高等院校少数民族班的意見）を発布し、広大な西北・西南地方の建設に動き出すに当たって少数民族人材が必要であり、民族クラスでの育成を強化する方針を指示した。これによれば、民族クラスを予科・専科・本科の三種類に分ける。民族予科クラスでは基本的な技能訓練を行い、学習期間は学生のレベルに応じて一年または二年とする。民族専科・本科クラスでは「紅であり専である（又紅又専）」即ち、社会主義の自覚と専門的知識・技術をもつ専門的人材を育成することを目的にする。民族予科クラスの学生が試験に合格すれば専科あるいは本科に直接入学させ、入学後は通常の専科・本科の専門教育を受けさせる。また一九八四年以降、民族クラスの募集は辺境の農村、山区、牧区に広げ、「あらかじめ卒業後の配属先を決めて募集し育成すること（定向招生・定向培養・定向分配）」などを方針とすると述べている。

3　民族自治地方の大学教育に対する支援体制

文革以前から、内地の重点大学は辺境の大学を支援してきた。北京大学は内蒙古大学、北京師範大学は西北師範大学、北京農業大学は新疆八一農学院、北京医科大学は新疆医学院に対して一対一の支援を実施してきた。だが、文革によって停滞してしまった。

改革開放の直後、一九八〇年に教育部・衛生部・国家民族事務委員会は「内地の省市が少数民族地区の医学教育の発展に対する専門的支援を行うことに関する試行方案」（関于内地省市対口支援少数民族地区発展医学教育試行方案）を発布した。内地の省・直轄市がそれぞれ辺境の省・自治区に対して、衛生技術者の育成や医薬系大学の教員の能力向上等々に協力するというものである。北京市は内蒙古自治区、河北省は貴州省、江蘇省は広西チワン族自治区と新疆ウイグル自治区、山東省は青海省、天津市は甘粛省、上海市は雲南省をそれぞれ支援し、チベット自治区は全国で支援することになった(17)。

一九八七年八月十八日、「内地と辺境民族地区高等教育機関の支援協作会議」（内地与辺遠民族地区高等院校支援協作会議）がウルムチで開催され、全国の省・自治区・直轄市の教育部門および国家民族事務委員会の責任者、国務院の各官庁教育局と九〇大学の責任者が参加した。会議では、支援協力の新たな方法として、内地の大学（内地大学）と辺境の大学の間で直接的に協力関係を確立するほうが効率的であるという結論が出された。これを踏まえて、一九八九年十月二十～二十四日、北京で「内地と新疆高等教育支援協作計画会議」（内地与新疆高等教育支援協作規?会議）が開催され、新疆の大学と内地の大学との協力関係が決定された。新疆大学と北京師範大学、新疆師範大学と華東師範大学、伊犁師範学院と東北師範大学、カシュガル師範学院と華中師範大学、石河子大学と北京大学である。

協力内容は、①内地の大学が学位授与（新疆の大学院修了者に学位を認定する）すること、②新疆の大学院生を育成するために新疆の大学が新しく研究科や専攻を開設したり強化したりするのを支援すること、③新疆の大学が実験室を作るのを援助したり共同研究をすること、④内地の大学教員を派遣して講義を行ったり、新疆の大学で短期間任用すること、⑤新疆の大学教員の政治資質・業務資質の向上のために研修を優遇して行うことなどである(18)。

表10－5　1980～2004年の民族自治区の中等・高等教育機関（本・専科）の発展

自治区	高等教育機関の在籍学生数(万人)				普通高校·中学の在籍学生数(万人)			
	1980	1990	2000	2004	1980	1990	2000	2004
内蒙古	1.80	3.20	7.20	19.90	136.0	107.0	131.0	165.0
寧夏回族	0.42	0.80	1.71	4.15	22.0	28.0	32.0	39.0
新疆ウイグル	1.43	3.13	7.29	16.82	82.0	86.0	113.0	152.0
チベット	0.15	0.20	0.55	1.47	1.9	2.1	5.5	13.6
広西チワン族	2.55	3.87	11.80	28.10	156.0	141.0	285.0	306.0

出所）『新中国五十五年統計資料彙編』（中国統計出版社，2005）より作成

4　民族高等教育の発展と国際化

（1）　民族自治区の高等教育人口の増加

民族自治区の中等教育は、表10－5の右欄に示すように順調に発展してきた。二〇〇四年現在、普通高校と普通中学の在籍学生数では、広西チワン族自治区が三〇六万人で最も多い。しかも、この自治区では一九八〇年から二〇〇四年の二五年間で一五〇万人増加、ほぼ倍増である。次に多いのは内蒙古自治区の一六五万人であり、同期間に約三〇万人増加した。次の新疆ウイグル自治区は一五二万人である。同期間に七〇万人増加、こちらもほぼ倍増である。寧夏回族自治区では同期間に二二万人から三九万人へと一七万人増加したが、ここもほぼ倍増している。最も在籍学生数の少なかったチベット自治区でも同期間に一・九万人から一三・六万人へと一二万人近く増加、約六倍増である。このように五つの民族自治区における中等教育は改革開放期になって急速に発展したのである。中等教育の発展は高等教育への進学圧力を高める。

一九九九年六月十三日、中共中央と国務院は全国教育工作会議において、普通高校と高等教育の規模を拡大し、同年齢人口の高等教育進学率を一九九九年の九パーセントから二〇一〇年には一五パーセント前後に引き上げるとした。マーチン・トロウ（Martin Trow）の分類によれば、一五～五〇パーセントは高等教育の大衆化段階と言われるが、まさに中国の高等教育は大衆化に向かって動き出した。(19)

このような全国レベルの政策によって、表10－5のように民族自治区の高等教

育も増大した。二〇〇四年度の民族自治区の高等教育機関（本・専科）の在籍学生数では、広西チワン族自治区が二八万人で最も多い。次いで、内蒙古自治区の約二〇万人、新疆ウイグル自治区の約一七万人、寧夏回族自治区の四万人強、チベット自治区の一・五万人の順である。北京市五〇万人、上海市四一万人など大都市（直轄市）に比較すると半数以下でしかないが、一九八〇年度と比較すると、広西チワン族自治区で一一倍増、内蒙古自治区でも一一倍増、新疆ウイグル自治区は約一二倍増、寧夏回族自治区は一〇倍増、チベット自治区でも一〇倍増である。

更に、表には記載していないが、二〇〇九年度の高等教育機関の在籍学生数は、広西チワン族自治区が六七・三万人、内蒙古自治区は四二・一万人、新疆ウイグル自治区は二九・三万人、また寧夏回族自治区は一〇・三万人、チベット自治区は三・七万人であった。高等教育は急速に拡大してきたのである。その結果、民族自治区においても外国大学への留学希望者は次第に増えているのである。

（2）　民族高等教育の国際化

民族大学・民族学院および民族自治地方の大学にも国際化の波が打ち寄せている。教員・職員の留学派遣や外国人留学生の積極的な受け入れ、外国の大学との国際学術交流や交換留学制度など国際的活動が実施され始めた。

そのひとつの促進要因は「二一一工程」であった。既に述べたように、「二一一工程」は一九九五年に始まった国家プロジェクトで、中国の大学・重点学科を一〇〇カ所選抜して、その教育研究を二一世紀初頭までに世界水準にまで高めるために重点的に投資するものである。全国の大学は総合計画を策定し、自己資金を投入して整備を進め、政府の審査を受けてきた。二〇〇一年八月に第一期審査が終了。二〇〇二年九月から第二期整備計画が進められ、二〇〇五年に最終審査が始まり、二〇〇七年に全国二七省・市・自治区の一〇七校が選抜された。民族自治地方では、内蒙古大学（内蒙古自治区）、新疆大学（新疆ウイグル自治区）、広西大学（広西チワン族自治区）、延辺大学（吉林省延辺朝鮮族自治州）の四大学が審査を通過した[20]。

また「二一一工程」の対象となるような研究型大学だけではなく、その波及効果であると思われるが、民族自治地方の他の中小の大学・学院においても同様に国際化が重視されるようになった。この趨勢は今後、長期間継続していくものと思われる。特に、二〇〇〇年に開始された西部大開発戦略において、少数民族人材の育成のための留学教育の方針が明確に打ち出された。これによって、民族自治地方の各種大学の国際化は一段と進むに違いない。

第四節　西部大開発戦略による留学政策

1　西部大開発戦略の人材計画

一九九九年十一月、中共中央は経済工作会議を開催した。この会議では二〇〇〇年から西部大開発を全面的に実施するための戦略について討議された。西部大開発は、八〇年代に鄧小平の唱導した「二つの大局」（両個大局）戦略が発端である。即ち、東部を優先的に発展させるという戦略と、東部の発展が一定の段階に達すれば、転じて中部・西部の発展を期すという戦略である。

二〇〇〇年一月十六日、国務院は「国務院の西部地区開発領導小組」の設置を決定した。組長は朱鎔基（国務院総理）、副組長は温家宝（国務院副総理）、教育部・科技部・財政部・鉄道部・交通部また国家発展計画委員会・国家経済貿易委員会・国家民族事務委員会など一五官庁の大臣（主任あるいは部長）、その他の四部署の部・局長など、計二一人であった。西部地区の開発・発展計画や法律の立案を行うことになった[21]。

二〇〇二年二月十日、中共中央辦公庁・国務院辦公庁は「西部地区人材開発一〇年計画」を公布し、総合的な人材政策の方針を指示した。これに基づいて、十二月二十三日、国務院辦公庁は「二〇〇三年の西部開発工作をうまく行うことに関する通知」（関于做好二〇〇三年西部開発工作的通知）を発布、更に二〇〇四年三月十一日、国務院は「西部大開発を更に推進することに関する若干の意見」（関于進一歩推進西部大開発的若干意見）を発布するなど、政策の指示を出し続けている。

西部大開発戦略のいう「西部」とは、五自治区（新疆、内蒙古、寧夏、広西、チベット）、一直轄市（重慶）、六省（甘粛、陝西、青海、四川、貴州、雲南）を指している。西部の総面積は五四〇万平方キロメートル、全土の五六パーセントを占める。そこには五、〇〇〇万人の少数民族を含む三億人が居住している。東部との格差はもとより甚だしいが、西部の各地方間の自然、経済、交通などの現状にも甚だしい格差が存在する。この二重の格差は容易に埋めることはできない。

国家発展計画委員会（二〇〇二）は、西部人材情況について次のように述べている。「西部地区マンパワーの現状の主要な問題は、人材の数量不足である。特に、農村経済発展に必要な各種の人材が欠落している。また、人材分布が不均衡である。都市に多く、農村に少ない。さらに、人材が産み出す利益が低く、人材流出の現状は憂うべきものがある。予測では、数年で西部では、正・副教授の四二・二パーセント、高級工程師や高級農芸師や正・副研究員や正・副主任医師の五〇パーセントが退職する。これは将に人材が本来欠落している西部にとって雪上に霜を降らせるようなものである[22]」。

今後二〇年間に西部地区で欠乏する人材の種類と数量について、同書は中央政府が今後進めようとしている西部開発プロジェクトをベースに、以下のように予測する。①科学技術開発人員（エネルギー、交通、水利資源開発、生態環境保護、観光資源開発、農業・牧畜技術の改良など）及び「投資創業人員」や科学管理人員（企業経営管理や公共行政管理、公安、検察、裁判所、税務などの人員を含む）は、三〇〇万人から五〇〇万人ほど必要となる。②沙漠の生態環境管理と沙漠農業技術者は、綿花・果樹・牧畜・薬材という西部地区の主要産業の発展を支えるために八〇〇万人から一、〇〇〇万人が必要となる。③天然資源の開発と加工を行う人員は、石炭・石油・鉱物・水力・熱帯及び亜熱帯植物などを利用した産業発展のために五〇〇万人から六〇〇万人が必要となる。④観光業とその関連のサービス産業の人員は、約一、〇〇〇万人が必要となる。⑤仲介サービス業の人員は、弁護士・金融・銀行・保険・公証・会計などの分野を担うのであるが約一〇〇万人以上が必要となる。⑥国際貿易の人員（必要人数未定）、⑦教育と医療衛生のために教師・医師あわせて八〇万人から一〇〇万人が必要となる。

すなわち、西部地区は今後二〇年間でこれら七種類の人員の需要をいかにして満たすかという課題を抱えているという。

2　西部地区からの留学派遣政策

西部では高度人材の需要を満たす方策として、①地元の高等教育の拡充、②地元からの留学派遣、③国内外からの専門家の招聘、④在外留学者の導入政策が実施されている。

この中の留学派遣に関しては、二〇〇二年九月十九日から二十三日まで、「西部地区の国際教育交流と出国留学工作研討会および『西部地区人材培養特別プロジェクト』契約書調印式会議」（西部地区国際教育交流与出国留学工作研討会暨『西部地区人材培養特別項目』簽約儀式会議）が雲南省昆明で開催された。「西部地区人材培養特別プロジェクト」とは、国家留学基金管理委員会と西部地区の地方政府が契約し、共同で実施する西部人材育成を強化するための留学派遣政策である。

教育部辦公庁発行の昆明での「会議紀要」（二〇〇二年十二月二十日公布）によれば、国家派遣留学に関する次の現状が確認された。「①西部地区の毎年の国家派遣留学者の規模は、中部・東部の発達地区よりかなり小さく、自費留学と機関派遣も経済力に制約があるために規模はかなり小さい。②国家派遣留学は西部地区からの留学の重要なルートである。西部地区の人員は他の地区と比べて競争力が弱く、毎年の採用率は低く、西部地区全体に対する影響は十分でなく、西部地区が占める面積と人口割合とも不釣合いである。多くの中核的な人材は国家派遣方式により出国学習することを希望しているが、まだ満足な情況に至っていない。③国家留学基金の申請、派遣、管理から帰国までの工作において、派遣機関は役割を十分に果たせておらず、加えて西部地区では人材流出現象が起こり、多くの機関は国家派遣留学で派遣することに積極的ではない」という。会議では対策が話し合われ、今後取り組むべき重点事項が五つ提起された。以下はその部分の訳である。

（1） 西部地区は国際教育交流と合作において、思想をもう少し解放し、観念をもう少し更新し、工作をもう少し主体的に行うべきである。
（2）「西部地区人材培養特別プロジェクト」にまだ調印していない省も需要があると思えば、啓発工作に力を入れ、プロジェクトに計上された資金を積極的に使い、プロジェクトの留学派遣や管理等の各種工作を行う人員を組織すべきである。国家留学基金管理委員会は、まだこのプロジェクトに参画していない省があれば、早くこのプロジェクトに加入するよう勧め、西部地区人材の育成工作と西部地区の対外交流・合作を促進すること。
（3） 企業等の非教育セクションによる留学工作を積極的に支持し、西部地区の教育外事工作を大いに進める。
（4） 今後、西部地区の留学工作は現地の実際の情況と結びつけて、建設的な派遣を増やし、西部地区の特色あるプロジェクトを教育部に対して届け出るべきである。
（5） 西部地区からの派遣人員に対する外国語訓練を強化し、留学の質と効果を保証しなければならない。
（教育部辦公庁「西部地区国際教育交流与出国留学工作研討会曁『西部地区人材培養特別項目』籤約儀式会議的通知）

要するに、国家派遣を増やし、それによって人材流出が起らないように対策を講じるべきであるという。

3 留学人材の西部地区での就業促進策

更に、西部地区に留学帰国者や在外留学者を組織的に送り、西部の発展に尽力させる方策も講じられている。二〇〇二年十月二十七日、教育部辦公庁は「海外留学人員を吸引して西部のために奉仕させ、西部建設に従事することを支持する文書」（関于吸引海外留学人員為西部服務、支持西部建設有関工作的函）を各省・自治区・直轄市の人民政府宛に発布した。教育部は省・自治区・直轄市に人材需要や留学帰国者の活用方法について報告するよう求めている。以下は全訳である。

関係する省・自治区・直轄市人民政府辦公庁

中共中央の制定する西部大開発戦略を貫徹し、優秀な在外留学者の帰国就業あるいは適当な方式による祖国奉仕（為国服務）を支持し奨励するために、留学者を導入し、積極的に西部地区の科学技術・教育・経済建設と社会発展に参加させる。わが部は春暉計画の範囲内で計画し、「グループ方式で、縄で縛って動けないような制度にして、基地を作る」（集団式、梱綁制度、基地化）という方法で、優秀な在外留学者と留学帰国者を組織して、西部で就業させ、あるいは西部の建設と発展に奉仕させる。上記の工作を実現するために、ここにあなた方に以下の数項目の工作を遂行するよう協力を請う。

一、貴省（自治区・直轄市）が経済発展に関連する科学技術・教育などの領域で急いで解決を求めているところの鍵となる技術の難題や科学技術の共同プロジェクトに関する資料を提供してほしい。

二、貴省（自治区・直轄市）が優秀な在外留学者を吸引して帰国就業させ、あるいは創業させる具体的な政策や措置に関する資料を提供してほしい。

三、貴省（自治区・直轄市）の科学技術・教育・「高新技術開発区」などの各部門や業界で、優秀な在外留学者・留学帰国者に職務を担当させるか、あるいは就業させないなどの意向を知らせ、並びに担当させる具体的な職位を提出して欲しい。

四、政治素質が強く、科学研究プロジェクト管理・組織管理に比較的強い能力をもつ幹部を一～二名選抜して、わが部の春暉計画の西部支援プロジェクトの実施に参画させてほしい。具体的には貴省（自治区・直轄市）とわが部と在外公館の教育処（組）の連携、協調やプロジェクト実施の確認工作（跟踪工作）に対して責務を負う。

二〇〇二年十一月十五日前に上述の資料および情況（電子版）をわが部に報告し、それによってわが部は貴省（自治区・直轄市）の報告する情況や要求を根拠にして、在外公館やインターネットや『人民日報（海外版）』、『神州学人』などを通じて外国に向けて公示し、在外留学人材を選抜して組織し、西部地区のために奉仕させる。

（教育部辦公庁「関于吸引海外留学人員為西部服務、支持西部建設有関工作的函」）

以上をまとめれば、改革開放後、民族自治区の中等・高等教育人口は順調に増加してきた。殊に、中央政府の高等教育拡大政策によって二〇〇〇年前後より急速に増加している。また、各自治区とその中心的大学は教育・研究水準を向上させるために自己資金を投入し、特に「二一一工程」などの国家プロジェクトによって重点的に資金を投入される大学に選抜されることを目指して非常な努力を行っている。その選抜条件の中で大学の国際化の達成状況は重要な指標とされている。これによって、若手教員の質向上のための留学派遣あるいは外国人留学生受け入れに積極的な姿勢を持ち始めた。

時を同じくして、中央政府は西部大開発戦略を開始したが、民族自治区の開発において高度人材の不足をいかにして補うかという課題が急浮上している。特別プロジェクト（西部地区人材培養特別項目）によって西部地区人員の留学派遣が行われ始めた。このように民族自治区では高等教育の発展、大学の国際化の要請、西部大開発戦略という各文脈によって留学政策が重視されるようになった。

第五節　内蒙古自治区の留学政策

内蒙古自治区は一九四七年五月一日、全国で最も早く自治区として成立し、蒙古族による区域自治が実施されている。区都はフフホトである。総面積は一一八・三万平方キロメートルであり、総面積の三分の二はモンゴル高原（八八万平方キロメートル）で占められている。海抜一、〇〇〇～一、五〇〇メートルの平らな高原である。そこに豊かな草原が広がっている。草原の奥では遊牧民が季節的な移動生活をしている。高原の西端には大砂漠がある。内蒙古自治区を北上すれば、隣国はモンゴル国である。自治区の蒙古族人口は約一五パーセントであり、漢族人口が約八〇パーセントを占める。残りは回族、満州族、朝鮮族、ダフール族、オウンク族、オロチョン族、シボ族、土家族、東郷族、ミャオ族、チワン族などである。

1　文革終結までの留学派遣の沿革

内蒙古自治区における最初の国家派遣はソ連邦の一つであるモンゴル人民共和国（現・モンゴル国）であった。国務院総理・周恩来が派遣を許可したという内容の文書が教育部に残存している。すなわち、一九五〇年九月、外交部は六人の内蒙古学生をモンゴル人民共和国に留学派遣する通知を教育部に提出した。教育部辦公庁は外交部宛に次のように回答をした[23]。

写真 8　内蒙古自治区人民政府

外交部：

学生をモンゴル人民共和国に学習のために派遣することに関して、モンゴル側はすでに同意しており、総理は内蒙古青年の中から六人を選抜して派遣するよう指示しました。三人はモンゴルの新文字を、三人は獣医学を学ばせます。この件を貴部と民族事務委員会とで処理し、人選後に教育部の亜洲司に通知して手続きをしてください。此致

教育部辦公庁　一九五〇年九月二日

モンゴル人民共和国に送り出したのは、モンゴル語が通じる蒙古族青年であったと思われるが、はっきりしたことは分からない。一九五七年四月二十八日、高等教育部は内蒙古と新疆の高校卒業生を留学させる許可を国務院に求めたことが分かっているが、内蒙古から何人の学生を派遣する計画を提出したかは不明である。

その後、文化大革命で留学派遣が停止されるまで、内蒙古自治区からど

のくらいの留学生がどの国に送り出されたかは残念ながらまとまった資料を入手できない。

2　改革開放期の留学交流

(1)　国家派遣の現状と実績

国家派遣される内蒙古自治区留学生について、派遣人数、派遣国、専攻分野などが明らかな資料は入手できない。各年度『中国教育年鑑』『内蒙古年鑑』にも若干の記載を見出すことができるだけである。

近年では、二〇〇六年度、国家留学基金管理委員会の「全学資助項目」と「西部地区人材培養特別項目」を利用して、大学教員・高校教員二九人を留学派遣している。二〇〇七年度には、大学教員・高校教員四五人を留学派遣。また高校卒業生七〇人をキューバ共和国に医学・スペイン語の学習のために留学派遣し、かつ内蒙古大学・内蒙古師範大学の本科二年生一〇人をロシアに語学留学させている。改革開放後に全国の国家派遣人数は増加しており、内蒙古自治区に割り当てられた派遣定員枠も当然に増えてきたのである。

(2)　自治区派遣制度の発足

自治区派遣には、留学資金別に公費派遣と自費公派の二種類がある。公費派遣は、訪問研究員派遣、実習研修生派遣の二タイプがある。公費派遣機関は、自治区政府科学技術委員会の中に設置された。名称は「内蒙古自治区出国進修留学生派遣小組辦公室」である。この辦公室は一九八六年九月に改組され、「内蒙古自治区引進国外智力領導小組辦公室」と改称された。主な職務は、外国人専門家の導入および留学生・実習生の選抜派遣である。「引進国外智力領導小組」の組長は自治区政府副主席、副組長は自治区政府の副秘書長であり、科学技術委員会主任、教育庁副庁長など政府首脳部である。実務を担当しているのは、「引進国外智力領導小組」の外郭団体「内蒙古国際人材交流協会」(Inner Mongolia Association for International Exchange of Personnel) である。一九九二年八月、筆者はこの人材交流協会秘書長に面接した。以下は、その際得られた情報である。

表10－6　内蒙古自治区の公費派遣における等級別職称

		大学教員	工場や大企業の研究所の技術者	中国科学院・中国社会科学院の研究者
高級者		教授	高級工程師（高高級工程師とも呼ぶ）	研究員
		副教授	高級工程師	副研究員
中級者		講師	工程師	助理研究員
初級者		助教	助理工程師	実習研究員
			技術員	

出所）面接記録による

①　訪問研究員の派遣

訪問研究員（訪問学者）の派遣には専業技術職務資格（職称）で言えば、「高級者」派遣と「中級者」派遣がある。高級者・中級者の区別については、表10－6の通りである。内蒙古の「高級者」派遣は、主として理工系の大学教授・副教授を派遣している。年齢は五〇歳以下である。「中級者」派遣は三〇歳以上の大企業の研究所や工場に勤務する「工程師」派遣である。「工程師」とは、大学卒業後五年以上勤務して国家試験に合格した技術者に与えられる中級の職務資格である。工程師の中から外国語試験と技術試験をして派遣者を選抜する。工程師の多くが外国語は独学もしくは夜間大学に通学して学習しているという。なお、表10－6の「工程師」は資格を表す職称であり、国家公務員技術職の役職名である「部総工程師」「局総工程師」などとは異なる。

これら訪問研究員に対して、自治区政府は一年間、日本円で月額八万円（四〇〇米ドル）を給付する。航空運賃は自治区政府が三～四万元、職場が一万元給付するが、残りは個人負担である。研究用品は二、〇〇〇～三、〇〇〇元かかるが、個人で準備することになっていた。

②　実習研修生の派遣

自治区政府からは留学資金は支給されない。「初級者」派遣とも呼ばれており、中学校・職業学校の教員や技術関係職員が対象となっている。海外の酪農場や工場で働き、給料を支給されながら、専門知識・技術を習得する。三五歳以下で、三年以上の就労経験があることが応募条件である。

③　派遣実績

詳細な統計資料は得られなかった。しかし、人材交流協会秘書長の説明によれば、公費派遣は、一九八一年から一九九二年までの一〇年間で九一八人に達した。「高級者」は二五パーセント、「中級者」五〇パーセント、「初級者」二五パーセントの割合であった。

民族別で言えば、規則によって公費派遣の四〇パーセントは少数民族出身（蒙古族、タタール族、回族）でなければならず、この一〇年間に四三一人（四七パーセント）が派遣された。派遣先は、日本二〇パーセント、米国一七パーセントであるという。日本が留学先として最も多い。

（3）　自治区派遣による日本留学

一九七八年八月十二日、日中平和友好条約が締結され、翌一九七九年より日本への国家派遣が始まった。日本留学に全国から二〇〇人派遣する中で、内蒙古自治区が中央政府から与えられた定員枠は僅か二人であった。蒙古族のために一人分を確保することも難しく、自治区政府は独自に留学ルートを探るため訪日団を組織することにした。

しかし当時、日本では中国人の入国を厳しく規制しており、訪日団に容易に入国許可は下りなかった。最初に蒙古族華僑団体（旧満州、蒙疆からの官費留学生で戦後日本に残留した人々）が受け入れを依頼され、日本政府に働きかけたが、承認されなかった。蒙古族華僑団体はこの件をつながりのあった会社員の都竹武年雄氏に相談した。都竹氏は戦時中、青年期に蒙古で暮らした経験があり、生涯蒙古で暮らしたいと考えていた人である。蒙古族華僑とも深い付き合いがあった。都竹氏はこの件を依頼され、一三の蒙古関係団体をまとめて「内蒙古教育訪日団招聘事務所」を開設した。これによって一九八〇（昭和五十五）年十月、やっと訪日団「科学技術教育訪日団体」を招聘することができた。

訪日団は文部省、東京外国語大学、東京農業大学などを訪問し、大学の学費免除・生活費援助という条件で内蒙古留学生を受け入れてもらいたいと申し出たが、国立大学ではこの条件で受け入れる体制はなく、協議は全く進展せず、止むを得ず国立大学への派遣を諦め、私立大学への派遣を考えることになった。都竹氏はこの件を日本私立

表 10－7　日本私立大学と内蒙古自治区政府の定期協議書

定期協議

日本私立大学協会は，中国内蒙古自治区政府の要請に基づいて，1981 年以来継続している自治区への人材養成協力事業が，着実に発展し大きな成果を上げて成功を収めていることを深く認識するものである。
更に今後の人材養成協力事業の継続にあたっては，次の従来の協定の基本条件を守ることを，双方が再認識し，次の条件で促進することとする。

一．自治区側派遣条件
1．中国の大学を卒業しており，日本において日本語で充分に勉学・研究をすることの可能な者（中国の国外留学の資格を有する者と同程度の者）
2．期間は１年間とし，日本側の指定した期日に来日させ，期間終了とともに必ず帰国させる。
3．自治区と日本の受入れ大学の間の往復交通旅費は自治区側が負担する。在日期間中の生活費については，１人１カ月８万円（日本円）を自治区が負担する。

二，日本私立大学協会の受入れ方針
1．日本私立大学協会は，内蒙古側，日本の受入れ大学側双方に対して，夫々第一次責任機関として業務の推進・運営に当たる。
2．日本私立大学協会は，加盟の各大学及びこの条件・主旨に賛同する他の私立大学に，受入れ配分業務を実施する。
3．受入れ大学は，学納金等を免除し，その他可能な援助をして各人の研究分野に応じた研究指導・教育を実施する。

三．来日研究員の責務
1．来日研究員は，自治区の公務派遣員であることを自覚し，真面目な研究･学習生活を送ること。
2．日本国法を遵守し，日中双方に迷惑をかけないこと。
3．派遣期間中は帰国及び家族呼び寄せは禁止する。
4．期間延期はしない。大学院等への進学，資格取得などについては，一旦帰国したのち再来日の機会を待つこと。

1991 年 8 月 16 日
日本私立大学協会
副会長　森　本　正　夫

内蒙古引進国外智力
領導小組組長
趙　志　宏
1991.8.16

出所）日本私立大学協会提供

表10－8　日本私立大学協会による内蒙古研究員の年度別受け入れ実績　（人）

年度	1982	1983	1984	1985	1986	1987	1988	1989	1990	計
人数	12	8	0	30	3	10	6	0	8	77

出所）日本私立大学協会調べ

表10－9　日本私立大学協会による内蒙古研究員の専門分野別人数　（人）

分野	理工系	農獣医	医薬系	経済	人文系	計
人数	47	12	9	3	6	77

出所）日本私立大学協会調べ

大学協会に相談した。日本私立大学協会では当時、専務理事・事務局長であった矢次保氏が早速、国際交流委員会を招集し訪日団と懇談。その結果、受け入れ協議がまとまった。一九八一年四月末、日本側の内蒙古教育視察団一〇人を内蒙古に訪問派遣し、自治区政府副主席ら幹部と協議して、具体的な受け入れ条件について合意した。翌一九八二年四月から「訪問研究員」身分で私立大学に受け入れることになった。後日、都竹氏は日本私立大学協会の内蒙古・新疆学術交流委員会担当幹事に就任し、この留学派遣プログラムを担当した㉔。

この日本留学派遣の受け入れ条件は次の三つである。

① 学位取得を目的としない訪問研究員を受け入れること

② 専門分野での研究指導を受けるのに十分な日本語能力を有すること

③ 留学期限を守り、期間終了後、直ちに帰国すること

である。

日本私立大学協会が受け入れ大学の選定、入国手続き、事務連絡を担当し、受け入れ大学は各種学納金を免除することになった。表10－7は一九九一年の「定期協議書」であり、協定文書に相当するものである。各種条件はこれに記された通りである。受け入れ実績については、表10－8の通りである。一九八二年から一九九〇年までに私立大学二九校に七七人を受け入れている。その専攻分野は、表10－9のように、理工系が約六〇パーセントを占めた。

都竹氏はこの留学派遣プログラムの問題点を三点指摘する。①訪問研究員の在留資格は「留学」ではなく「文化活動」であるので、各種奨学金に応募できないこと。②私立大学での大学宿舎の確保が困難なこと。つまり、私立大学で

受け入れようとしても大学宿舎がないために民間アパートに入居せざるを得ないので、経費がかかる。③就労できない在留資格であるためアルバイトができないことである。要するに、経費不足で、物価の高い日本での生活は苦しい状態にある。

（4）　自治区政府によるモンゴル国との留学交流

二〇〇五年、自治区政府はモンゴル国との間に「モンゴル国留学生を受け入れ、漢語教師をモンゴル国に派遣することに関する協議」（関于接受蒙古国留学生来華学習和派遣漢語教師赴蒙古国任教的協議）を締結した。二〇〇五〜〇九年に毎年モンゴル国留学生一〇〇人を本科教育に受け入れ、三〇人の漢語教師を派遣している。また、二〇〇九年度、自治区政府は全額奨学金を支給して、モンゴル国境軍一五人の専門技術者の訓練に協力している。これはモンゴル教育史で初めてのことだという（『中国教育年鑑二〇〇九』参照）。

（5）　自費公派による留学

通常、「自費公派」は助理研究員や工程師等の様々な専門分野の中核的人物を自費あるいは受け入れ国の奨学金等を支給して送り出す制度を指すが、内蒙古自治区における「自費公派」は学生派遣である。自治区政府が許可したという意味で「公派」と呼んでいる。自治区政府は学生身分の者に奨学金を給付することは原則上できないので、留学費用は学生が負担することになる。従って、純粋の自費留学と変わらない。ただ、自治区政府の外郭団体である内蒙古国際人材交流協会が書類等の手続きを取り扱う。即ち、公費派遣と同様に取り扱われるので、「公派」と呼び習わしている。

日本への「自費公派」は、一九八一年に始まり九〇年まで、毎年一〇人を吉備国際大学に派遣している。学生の生活費は自費であるが、大学側から学費免除されている。また、高澤財団奨学金で毎年二人を亜細亜大学の大学院修士課程に送り出している。

（6）　自費留学の増加

内蒙古自治区においても自費留学は家庭経済が豊かになると、次第に増加していった。人材交流協会秘書長の説明では、一九八一年から九二年までの自費留学生は約五八〇人であった。留学先は米国が五〇パーセントを占め、最も多かった。自費留学が増加した大きな原因は、大学卒業生に対する職業の国家分配制度がなくなり、学生と企業が相互に選択するという「双向選択」制度が主流になってきたことである。留学は外国語習得、海外事情の豊富な知識、海外人脈の保持という点で内蒙古における就職に有利に働くと考えられたという[25]。

その後の自費留学の動向については『年鑑』等の公文書には記載されていない。恐らく増加したとしか言えない。

3　内蒙古自治区における日本語教育

（1）　中国全土の日本語学習者数の推移

内蒙古自治区からの日本留学は今後増加するのか否かを考えるとき、日本語教育の普及度は有力な参考データであろう。国際交流基金は定期的に海外の日本語教育機関に質問紙を送付して、日本語教育の現状を調査してきた。その際、学校教育（初等・中等・高等教育）と学校教育以外の機関での日本語教育の情況を区別している。学校教育とは、正規科目や課外活動として、また公的な特別プログラムとして地域で学習されている場合や語学学校で学習していても正規の外国語の単位として学校が認定している場合も含んでいる。

さて、以下では中国の学校教育（学校教育以外の機関は除く）における日本語学習者の推移を見てみよう。国際交流基金日本語国際センター編『海外の日本語教育の現状』（一九九二）によれば、一九九〇年調査時点での日本語学習者は一九四、八一六人であった。最も多いのは、吉林省で六一、九一五人（三一・八パーセント）。次いで、遼寧省四三、一九三人（二二・二パーセント）、黒龍江省二〇、七一一人（一〇・六パーセント）、内蒙古自治区一〇、九二八人（五・六パーセント）、北京市九、七九六人（五・〇パーセント）、上海市五、五四七人（二・八パーセント）の順である。すなわち、旧満州国に相当する東北三省と内蒙古自治区で総数の七〇パーセントを占めた。

表10－10　中国の地方別日本語学習者数の推移　（人）

順位	省市	1990年調査		省市	2003年調査		省市	2006年調査	
		機関数	学生数		機関数	学生数		機関数	学生数
1	吉林	208	61,915	遼寧	114	39,786	遼寧	167	57,695
2	遼寧	153	43,193	吉林	80	24,295	江蘇	101	38,810
3	黒龍江	92	20,711	黒龍江	64	22,147	広東	46	34,215
4	内蒙古	45	10,928	江蘇	57	18,972	山東	60	30,514
5	北京	63	9,796	上海	53	18,805	黒龍江	73	27,671
6	上海	31	5,547	北京	61	17,702	浙江	50	27,602
7	江蘇	38	5,130	浙江	32	16,638	河南	43	26,185
8	天津	21	4,795	山東	38	14,607	吉林	97	26,039
9	四川	30	4,422	河南	27	13,777	上海	66	22,777
10	陝西	25	3,193	広東	24	13,466	湖南	38	22,045
11	－	－	－	陝西	21	9,686	北京	72	21,421
12	－	－	－	天津	16	9,384	陝西	36	18,283
13	－	－	－	内蒙古	27	8,590	河北	36	14,522

出所）国際交流基金日本語国際センター編『海外の日本語教育の現状（1992年）』凡人社 1992年，および国際交流基金編『海外の日本語教育の現状 —— 日本語教育機関調査・2003年』凡人社，2004年，同編『海外の日本語教育の現状 —— 日本語教育機関調査・2006年』凡人社、2008年より作成

その後一〇余年、中国では経済成長が続き、日本ではバブル崩壊後の不景気が続いた。日本企業は生産コストを下げるために中国に生産拠点を作っていった。両国の経済関係が深まるにつれて、中国における日本語教育は急成長した。国際交流基金による二〇〇三年調査によれば、中国の学校教育における日本語学習者は二八五、五〇二人に達していた。二〇〇六年調査では、四八三、六二三人と更に増加していた。一九九〇年調査の二・五倍である。

しかしながら、地方別の日本語学習者数は順位が入れ替わった。表10－10に示すように、二〇〇三年調査では、東北三省は上位を維持しているが学習者数の伸びは他の省市より下回り、内蒙古自治区は一三位に落ち、学習者数は減少した。東北三省と内蒙古自治区の合計は九四、八一八人で、総数の三三・三パーセントを占めるに留まった。一九九〇年時点に比べると、比重は二分の一に下がった。二〇〇六年調査では、東北三省はかろうじて上位にあるが、江蘇省・広東省・山東省がいちじるしく伸びて上位を占めることになった。対照的に、内蒙古自治区は一八位に落ち、学習者は一〇、四八〇人であった。

一九九〇年調査以来、ほとんど横ばい状態である。

(2) 内蒙古自治区の日本語教育

一九九二年八月筆者の調査時点では、内蒙古自治区の高等教育機関の中で日本語学科を有するのは内蒙古大学だけであった。日本語を一科目として提供している大学は他にもあるが、日本語学科はこの大学だけであった。内蒙古大学は自治区教育庁が主管する重点大学で、少数民族学生が約二五パーセント在籍している。一九七八年外国語学部を創設、七九年に日本語学科を設置した。外国語学部の教員数は英語学科三九人、日本語学科一二人、ロシア語学科六人、ドイツ語学科一人、フランス語学科一人である。ここから分かるように英語に次いで日本語の人気が高かった。日本語学科の一二人の教師のうち一〇人が日本訪問の経験を有していた。質の高い日本語教育が行われていると思われたが、日本語学科卒業生の多くは日本語を活用できない職に就いている。日系企業が内蒙古には少ないためであるという。

蒙古族に日本語学習者が多い。彼らは国家語である漢語を習得しなければならず、その負担が重いので、中等教育段階の選択必修科目である「第一外国語」には英語よりも、文法がモンゴル語に近い日本語を選択するのである。

一〇余年を経て、国際交流基金の二〇〇三年調査では、七つの高等教育機関で日本語が学習されている。内蒙古大学の日本語・ロシア語学科では学習者数は五二五人である。その他に、内蒙古工業大学の外国語学院日本語・ロシア語教学部(二二三人)、内蒙古師範大学の外国語学院日本語学科(一、二一六人)、内蒙古医学院の基礎部外国語教研室(二〇〇人)、内蒙古農業大学外語系日本語教研室(三〇〇人)、内蒙古智力引進外語専修学院の日本語学科(六四四人)、そして少数民族学生が大多数を占める内蒙古民族大学の外国語学院日本語専攻(一、二〇四人)がある。すなわち、国際交流基金の一九九〇年調査では一一の高等教育機関の学習者数は一、七四九人であったが、二〇〇三年調査では、七つの高等教育機関の学習者数は、内蒙古全体の学習者数が減少しているのとは逆に二・五倍増であった。初等・中等教育機関の学習者が減少していたのである。また二〇〇六年調査では、一一の高等教育機関の学習者数は五、二二四人であり、一九九〇年調査のときに比べ約三倍増であった。

第六節　新疆ウイグル自治区の留学政策

写真9　カシュガルの並木

新疆ウイグル自治区は、一九五五年九月十三日全国人民代表大会常務委員会で旧新疆省の廃止が承認され、十月一日に正式に成立した。総面積は一六六・五万平方キロメートルであり、中国西北部に位置し、自治区を南北に分けて天山山脈が走り、南部には広さ世界第二のタクラマカン砂漠が横たわり、その南端に連なる崑崙山脈がチベット自治区との境をなしている。天山山脈の北側と南側には古代シルクロードで知られている天山北路・南路がある。天山山脈から流れ出る雪解け水が砂漠の下に伏流し、それをカレーズ（地下水路）によって導きいれたオアシスに中小の都市が建設されている。地下資源が豊富であり、西部大開発によるプロジェクトが進行中である。

二〇〇八年の自治区総人口は二、一三〇・八万人であった。漢族以外の五四の少数民族が居住し、その人口は合計一、二九四・五万人（全体の六〇・八パーセント）である。二〇〇七年統計では、一〇〇万人以上の人口を擁するのはウイグル族（九六五・一万人）、漢族（八二三・九万人）、カザフ族（一四八・四万人）の三民族である。一〇〇万人未満は回族（九四・三万人）、キルギス族（一八・二万人）、蒙古族（一七・七万人）であり、一〇万人未満はタジク族（四・五万人）、シボ族（四・二万人）、満族（二・六万人）、ウズベク族（一・六万人）、ロシア族（一・二万人）である。その他、一万人未満にはタタール族、ダフール族などがいる。少数民

表 10－11　1957 年新疆ウイグル自治区のソ連留学派遣計画

専攻分野	派遣人数
農業生産機械	2
水利土壌改良	2
動物飼育	2
獣医	2
土壌農業化学	2
植物保護	1
土地整理	2
林業	1
園芸	1
新劇監督*	2
舞踏	2
作曲	1
生物学	2
物理学	2
数学	2
経済地理	1
自然地理	1
化学	2
計	30

＊新劇（話劇）とは，旧劇（京劇など）に対して新しい形式の歌劇を指す

族人口の中でウイグル族が最多で七四・五パーセントを占める。

1　文革終結までの国家派遣の沿革

（1）　新疆少数民族のソ連留学派遣

新疆省（一九五五年十月一日に新疆ウイグル自治区となる）の最初の留学派遣は、新疆中ソ石油公司および新疆中ソ有色金属公司という二つの合弁会社による派遣要望が実ったものであった。因みに、「有色金属」とは亜鉛、錫、銅、銀、ゲルマニウム、インジウム、硫黄などを指す。この両会社はソ連政府と毎年五〇人を派遣する協定を締結した。

中央官庁である高等教育部、重工業部、燃料工業部、人事部、教育部はこの協定締結を受けて、新疆教育庁・人事庁と両会社に対して、一九五四年・五五年の二年間に新疆の少数民族幹部と少数民族学校の学生の中から選抜して派遣するよう指示した。少数民族の幹部と学生は高卒程度の者を選抜しソ連の大学一年に進学させることになった(26)。

派遣される五〇人のうち二五人は新疆で選抜され、残り二五人は高等教育部で選抜することが決められた。かくして人物審査、学科試験、身体検査を通過して選抜された者が、一年間のロシア語と政治課を補習したのちに派遣されたのである。ソ連での専攻分野は判然としないが、新疆の主要な地下資源である原油、鉄鉱石、石炭、有色金属などエネルギー産業に関する学習が主であったと思われる。

（2）　専門家養成のためのソ連派遣計画

一九五七年四月二十八日、高等教育部は新疆ウイグル自治区と内蒙古自治区の高校卒業生を留学させる問題について、国務院に派遣人数計画を提出し許可を求めた。その中の新疆ウイグル自治区の計画は表10－11のように一八分野三〇人の派遣であった。一方、内蒙古自治区の計画は明らかではない。

国務院はこの高等教育部の計画に対して三日後に次のような返答をしている(27)。

高等教育部：

新疆が三〇人の高校卒業生をソ連に派遣すること、および内蒙古が五人の高校卒業生をモンゴル人民共和国に留学させる計画に同意するので、すぐに処理してください。

一九五七年五月三日

このようにして一九五四年から数年間、新疆ウイグル自治区からソ連への国家派遣は順調に進んだ。だが、一九六〇年に中ソ関係が悪化して中断してしまう。そのうえ、間もなくして文化大革命が勃発し、その渦中で全国の留学派遣が停止した。一九六九年六月には新疆ウイグル自治区において国境をめぐり中ソ両軍の武力衝突が起こる。国境問題は同年十月に両国の協議が行われ収束したが、新疆ウイグル自治区からソ連への留学派遣の再開については協議されなかったのか、途絶えてしまう。

2　改革開放期の留学政策

（1）　国家派遣の情況

一九七八年十二月の改革開放とともに国家派遣制度（国家公派）が復活した。新疆ウイグル自治区は中央政府から一九八三年までの五年間に三五人の定員枠を与えられた。だが、定員枠に対して、自治区全体でわずか七人しか

表 10-12　1978〜1986 年の新疆ウイグル自治区の国家派遣の実績

年度	定員枠	派遣人数	派遣先国
1978	5	5	米国 1，ルーマニア 2，イタリア 1，西ドイツ 1
1979	不明	0	−
1980	不明	0	−
1981	5	2	パキスタン 2
1982	5	2	シリア 2
1983	8	8	米国 3，イギリス 2，ユーゴスラビア 1，ルーマニア 1，ニュージーランド 1
1984	4	4	イギリス 3，カナダ 1
1985	33	29	米国 8，ソ連 7，イギリス 4，西ドイツ 2，ベルギー 2，日本 2，カナダ 2，フランス 1，ニュージーランド 1
1986	24	24	米国 7，イギリス 3，ソ連 2，西ドイツ 2，カナダ 2，ニュージーランド 2，オーストラリア 2，日本 1，フランス 1，スイス 1
計	99	74	

出所）『新疆年鑑 1987』新疆人民出版社，1987 年，pp.466-467

派遣できなかった。志願者が外国語試験に合格できなかったためである。特に一九七九年と八〇年は一〇人枠に対して一人も派遣できなかった。この事態を憂慮した自治区政府は二つの対策を講じた。

① まず外国語教育を強化する方針を打ち出した。各大学の若手教員を増加し、各大学で外国語トレーニングを実施した。この二年間の成果として、一九八四年から漸く外国語試験を通過する者が増え、派遣定員枠を満たすようになった。

② 自治区政府は、一九八五年三月二十七日から四月一日にかけて海外専門家招聘および留学生派遣事業に関する会議を開き、この二つの業務を行う「引進国外専家和派遣留学生工作辦公室」（以下、引進辦と略す）というオフィスの新設を決めた。

このような制度整備の結果、一九八六年の国家派遣一八人の定員枠に対して一八人を派遣することができた。約三〇〇人がVST試験（国家公費派出進修人員のための外国語予備選抜試験）を受験し、四一人が養成訓練ライン（培訓線）に到達、一一人が出国採用ライン（出国録取分数線）に到達した。加

表 10－13　1996〜2002 年の新疆ウイグル自治区の国家派遣の実績

年度	1996	1997	1998	1999	2000	2001	2002	計
派遣人数	22	32	56	72	65	99	65	411

出所）2002 年 9 月 24 日自治区教育庁外事処における筆者の面接調査による

えて、中央政府が初めて自治区に与えた大学院修士留学生（出国攻読碩士学位研究生）の枠に二人採用することもできた。

表10－12に示すように、一九七八年から一九八六年までの九年間に九九人の定員枠をもらい、七四人を派遣している。派遣率は七五パーセントまで高まったのである。その七四人のうち少数民族は三〇パーセントを占めた[28]。

一九九〇年代に入り改革開放が進展し、新疆ウイグル自治区は隣接するロシア、カザフスタン、パキスタン等の周辺国との交通網が整備された。特に、西部大開発戦略以来、新疆ウイグル自治区は西部開発の重要な拠点になった。中央政府は自治区政府の教育交流や国際共同研究に協力するようになり、いろいろなレベルの教育交流や国際共同研究が進んだ。

このような機運の中で留学派遣事業も拡大した。自治区教育庁での二〇〇二年九月の筆者の面接によると、一九九五年以前、国家派遣は毎年二〇名前後であり、帰国率はわずか約一〇パーセントしかなかった。原因は、新疆ウイグル自治区の経済レベルが低いこと、生活条件が悪いこと、大学の研究施設が整っていないことなどであったという。しかし、近年の派遣実績は表10－13のように次第に増えている。派遣されるのは、ほとんど四〇歳以下の大学教員であり、そのうち少数民族が八〇パーセントを占める。中には外国の博士学位を取得する者も若干いるという。

一九九五年に国家派遣制度において不帰国者に対する違約賠償制度が導入されると、その帰国率は九五パーセントに上昇した。一九九八年、自治区教育委員会も「一九九八年・一九九九年の地方の公費派遣政策の改革実施法案」（一九九八年和一九九九年地方公派出国留学工作改革実施方案）を提出し、選抜派遣方式に違約賠償制度を導入した。これにより帰国率は上昇した。

更に、二〇〇三年に自治区教育庁は報告文書に次のように述べている。「国家派遣は自治区の主要な留学ルートである。中央が西部大開発を実施しているという有利な時期であるのを捉えて、自治区の人材出国留学培養計画を制定し、学科の指導的人物、教育科学研究の中心的人物、若い優秀な人材のために外国語教育強化等の準備工作を実施し、派遣できる条件を創り出そうとしている」と。[29]このような努力が徐々に実を結んで、二〇〇五年の派遣実績は、国家派遣一二人、自治区派遣一五人、「西部地区人材培養特別項目」の国家派遣四四人であった。

（2）　自治区派遣による日本留学

新疆ウイグル自治区は留学派遣を重視し、剰余外貨の利用や世界銀行からの借款などいろいろな方法を講じて、留学機会を増やす努力をした。自治区政府による機関派遣（単位公派）は「自治区公派」と呼ばれている。「自治区公派」には、下記のような日本派遣制度と大学間交流協定による交換留学制度がある。

①　日本への技術研修生等の派遣

一九八五年は新疆ウイグル自治区成立三〇周年であった。自治区の首府ウルムチでは十月一日の国慶節に大きな祝賀会が開催された。『新疆年鑑一九八六』によれば、その少し前、九月二十七日、自治区政府の招待で、日本の国務大臣（国土庁長官、北海道開発庁長官）河本嘉久蔵の一行六人がウルムチを訪れた。河本長官らは、祝賀会のために来ていた中央代表団団長・中央顧問委員会副主任の王震、また自治区の主席や党書記と会見した。翌二十八日、河本長官は答礼晩餐会を開き、席上、新疆開発のための「河本信託技術交流基金（三億円）」の利息で、新疆ウイグル自治区からの技術研修生や技術者を日本に受け入れたいと表明したという。その後、このプログラムがどのように進展したかは詳らかではない。

②　日本私立大学協会との協定による留学派遣プログラム

また、もうひとつは日本と長期継続しているプログラムで、上述した内蒙古自治区と同じものである。内蒙古自治区が日本私立大学協会と締結したという情報を得て、自治区政府は早速、「新疆ウイグル自治区文化教育視察団」を組織して日本に派遣した。日本私立大学協会を訪問し協議の結果、一九八五年から一九八七年まで学費免除とい遣するとことになった。また、一九八六年十月に自治区副主席の毛徳華が訪日団を率いて来日し、日本私立大学協会と再協議の結果、一九八八年から九〇年にかけても同様の条件で毎年二五人を留学派遣することになった。

しかし、留学者の帰国率は低かった。そこで一九九五年度からは派遣期間を従来の二年から一年に短縮し、国家派遣制度に倣って、期間満了後には帰国するという契約を結び、違約した場合の保証金をあらかじめ取ることにした。自治区教育庁は派遣する各大学と契約し、各大学は留学者と契約する。期限内に帰国しなければ保証金一万元を納めさせるのである。これによって帰国率が一〇〇パーセントになったという。また、一九九七年度から生活費を月額一〇万円（以前は八万円）に引き上げ、毎年二〇〜二五人を派遣している。この制度では、一九八五年から二〇〇一年までに二七〇人を派遣した。その中で一〇〇人前後は修士学位あるいは博士学位を取得しており、約五〇人が帰国していない。この派遣プログラムは今日なお続いている(30)。

③　大学間交流協定による交換プログラム

このような派遣方法がどの大学でいつから始まったのかは定かではない。近年、活発になったようである。派遣先は米国、カナダ、日本、ロシア、ヨーロッパ諸国である。

例えば、新疆大学は日本の帯広畜産大学、奈良女子大学、芝浦工業大学、創価大学やカザフスタン、キルギスタンの大学など一五大学と交流協定を締結している。交流協定校とは派遣だけではなく、受け入れも行っている。

（3）　自費留学の現状

新疆ウイグル自治区からの自費留学は非常に少ない。主な留学先はイギリス、米国、カナダ、ドイツ、マレーシア、シンガポール、ロシア、カザフスタンなどである。自治区教育庁によれば、日本留学プログラムなどで日本に滞在している親戚がいる少数民族の人々は、日本留学を希望している。しかし、彼らにとって日本は物価が非常に高いので自費留学することは困難であるという。

3 新疆ウイグル自治区における外国語教育

留学派遣政策において重要なのは、留学志願者の外国語能力である。外国語は必ずしも留学を目的に学習されるものではないが、留学実現の可能性が高ければ高いほど、熱心に学習されるだろう。

① 英語・ロシア語教育

新疆ウイグル自治区の大学（一七校）の中で従来から外国語学部（外国語学院あるいは外語系）を有しているのは、新疆大学、新疆師範大学、伊梨師範学院、カシュガル師範学院であり、二〇〇一年に新疆財経学院、新疆農業大学に新しく設置され、またにウルムチ職業大学も設置されて合計七大学となった。

因みに、新疆大学は総合大学であり、少数民族学生が約六五パーセントを占める。新疆師範大学はウルムチ市にあって中等教育の教員養成を目的としており、少数民族学生は約六〇パーセントである。伊梨師範学院はカザフ族の多いイーニン市にあり、カザフ族の中等教育教員養成を目的とする。カシュガル師範学院はウイグル族が集中居住するカシュガル市にあり、ウイグル族の中等教育教員養成機関である。新疆財経学院は財務管理・商学の専門家養成、新疆農業大学は農林学・獣医学・草地学などの専門家養成を行っている。

この七大学すべてにおいて教授されている外国語は英語である。英語専攻はどの大学にも設置されている。英語は西洋の近代科学文明を学ぶために一九世紀末からアジア全域で学習されてきたが、第二次大戦後は国際語として学習価値が一層高まっている。新疆においても建国当初から英語は必須科目とされた。しかし、その他の言語については、二〇〇二年の筆者の調査時点では、教員がいるところだけで開講されている。

ロシア語専攻は、新疆大学と新疆師範大学、ウルムチ職業大学に存在する。しかし、ソ連崩壊後、ロシアの政治、経済、文化の影響力は低下しており、新疆との直接の経済関係も減少している。そのためにロシア語の学習者は激減している。イーニン市はロシア国境まで約八〇キロメートルの位置にあり、ロシア族も居住し、その文化的影響力は強く残っているが、そのイーニン市にある伊梨師範学院でもロシア語専攻は二〇〇二年現在、開講されていない。

② 新疆師範大学における日本語教育

英語・ロシア語に続いて、近年、学習者が増加しているのは日本語である。日本語専攻では新疆大学の学習者数の二四四人が最も多く、新疆師範大学（五五人）、新疆財経学院（四三人）、ウルムチ職業大学（四〇人）の順である。

例えば、新疆師範大学の情況は次の通りである。新疆師範大学の外国語学院（日本の学部に相当）では、英語、ロシア語、日本語の専攻がある。英語専攻とロシア語専攻は本科四年制であり、英語は就職に最も有利である言語なので、学習者が多く、約一、〇〇〇人以上である。

写真10　新疆師範大学

日本語専攻は二〇〇〇年に専科三年制が開講された。しかし、専科を卒業しても学士学位を取得できないので、専攻生はあまり増えない。日本語専攻を発展させるには、本科四年制に格上げする必要がある。本科に格上げになるためには日本語専攻に「副教授」がいなければならない。では、教員人事はどのようになっているかと言えば、大学本科四年の卒業者には、日本語教員の資格がまだ与えられず、資格のない「助教」（日本の助手に相当）となる。「助教」は大学内で一年間の研修を受けて数科目の単位を取得すれば、教員資格を授与され、「講師」に昇任する。「講師」は三年間勤務した後、大学の資金提供により、修士課程に進学して修士学位を取得する。その際の専攻は日本語教育や日本語学でなくても良い。教育学や言語学でよい。ともかく修士学位を取得すれば、「副教授」に昇任する。こうして日本語専攻の「副教授」が誕生すれば、専科から本科に格上げされるというわけである。

二〇〇二年現在、日本語専攻には四人の教員がいる。ウイグル族二人、キルギス族一人、日本人一人である。日本人一人はＪＩＣＡ海外青年協力隊の派遣教員である。ウイグル族一人とキルギス族一人は大学四年を卒業したばかりの女性教員であり、まだ教員資格を取得していない。教員資格を取得するために、授業の合間に大学の講義を受けて単位を取得中である。もう一人のウイグル族教員は「講師」になったばかりである。このような教員の陣容であり、本科に格上げされるにはまだ時間がかかるであろう。

日本語専攻の学生数は、一年生二一人、二年生三三人、三年生二七人であり、計八一人である。日本語授業は学年によって異なり、一年生は週二二時間、二年生は週一八時間、三年生は週一四〜一六時間である。最終学年の三年生では日本語のほかに日本文学の科目も行われている。また、三年生では(財)日本国際教育協会（現・日本学生支援機構）主催の日本語能力試験二級以上に到達することが目標となっている。だが、この試験は新疆では行われていない。年一回、西安で行われる。西安までは旅費がかかるために、新疆からの受験者は一〇〇人程度という少ない情況である。[31]

4　西部大開発に伴う人材育成の課題

西部大開発の中で重要な鍵のひとつは、高度人材の定着である。その方法として、地元での育成、留学派遣、国内の他地域からの導入、在外留学生の導入あるいは外国人専門家の招致が実施されている。

しかし、地元での育成事業や留学派遣を除いて、他の方法は「辺境」の西部地区で効果をあげるのは難しい。「辺境」は高度人材を惹きつける魅力に乏しいからである。かくして高度人材の不足は新疆にも例外なく存在する。科学技術、経済、環境管理、教育などの分野で不十分であると言われている。

新疆からは大学専科以上の学歴を有する高度人材が流出しているという。巨額の費用を使って育成した高度人材が、西部から東部に流出していく。その流出に関する正確な統計は存在せず、まさに不可視の状態であるが、自治区教育庁によれば、新疆の約二〇万人が別の省に流出し、彼らのうち年間一万人が中国国籍を破棄しているという。

大学の教育人材流出の引留め策としては、各大学の研究費を豊かにするために中央政府に申請すること、研究課題に応じて若い研究者に研究費を助成できるように基金を作ること、外国の大学の研究者に積極的に打診して新疆の研究者との共同研究を促進することなどを行っているという。

中国科学院新疆分院でもこの問題を深刻に受け止め、対策を早急に講じる必要を説いている。「一九八七年から一九九六年まで、新疆分院では副研究員以上の高級者の科学技術人員が一〇〇人近く流出した。九九パーセントは漢族人員であった。少数民族の科学技術人員の流出は極めて少ない。その主な理由は彼らが新疆に生まれ、新疆に育ち、新疆を愛し、新疆に根を下ろし、新疆を建設するという天性の性質を有しているからである。新疆分院はすでに学士、修士、博士学位を有する回族、ウイグル族、カザフ族などの一三人の少数民族科学技術人員を、ロシア、ノルウェー、米国、日本などに派遣し学習させたが、すでに四人が帰国している。……日本で八年学習し博士学位を取得したカザフ族のチャトール氏は今年（二〇〇〇年）帰国。早速、日本との共同研究を進めている。……中国科学院は国家派遣政策を実行する以外に、内部で少数民族留学政策を制定して、少数民族科学技術人員の数を増やさなければならない」と述べる。すなわち、西部大開発において、特に新疆に根付きやすい少数民族人材の育成が求められている[32]。

以上、民族自治区政府における留学派遣政策の展開過程を辿った。一方、九〇年代に入り、中央政府の関心は大量の在外留学者をいかに回収するかに移ってきた。留学帰国者の優遇政策、在外留学者が短期帰国して貢献する祖国奉仕（為国服務）制度、留学者の起業を支援する留学人員創業園の設置など、積極的に対策を実施している。このような動向についてはすでに前章に述べたので繰り返さないが、要するに、民族自治区においても、西部大開発戦略の始動を契機として、自国人・外国人を問わず高度人材の集積に本格的に取り組み始めたところである。このような開発政策が続く限り人材需要は尽きることがなく、民族自治区からの留学派遣政策と留学帰国者の導入策は今後もさらに拡充されるだろう。

しかしながら、沿海部に比べて経済的に未発達な民族自治区や民族自治州の教育事業は総体的に遅れている。また経済的水準から見て自費留学は一部の非常に限られた人々にしか許されていない。恐らく主流としては公費派遣枠によるエリート留学が続くであろう。

すでに在日中国人留学生の中には蒙古族、ウイグル族、朝鮮族その他の少数民族学生がいる。彼らは少数民族と言っても北京など沿海部の都市出身者が多いが、内蒙古自治区・新疆ウイグル自治区・吉林省延辺朝鮮族自治州など民族自治地方の出身者が次第に増えている。日本の大学が教育協力として民族自治地方にある少数民族学生の多い大学との留学交流を積極的に進めていることは非常に意義のあることである。その規模の拡大が今後の課題であろう。

［注］

（1）金炳鎬「少数民族の語は我国にいつ現れたのか」（「〝少数民族〟一詞在我国何時出」）、『民族団結』六月号、一九八七年、四七頁。新中国成立前の民族論に関しては、松本ますみ『中国民族政策の研究――清末から一九四五年までの〈民族論〉を中心に』多賀出版、一九九九年、参照。

（2）費考通「関于我国民族的識別問題」、『民族与社会』人民出版社、一九八一年、一四―一九頁。なお、一九七九年六月、国務院は雲南省のジノー族（基諾族）を五五番目の民族に認定した。

（3）白土悟「中国少数民族の教育政策について――その理論的問題の考察」『九州大学教育学部紀要（教育学部門）』第二九集、一九八四年、六五頁。また小川佳方『社会主義中国における少数民族教育』東信堂、二〇〇一年、参照。

（4）劉先照「我国民族関係史研究若干理論問題総述」、『民族研究』№3、一九八三年、五三頁

（5）『毛沢東選集』第四巻、新日本出版社、一九六四年、四九九・五〇〇頁

（6）李竹青・仁慶紮西「試論解放后三十多年来的民族工作」、『青海民族学院学報』第三期、一九八二年、二六―四〇頁（『復印報刊資料・中国少数民族』十月号、一九八二年、一三―二八頁、所収）

（7）欧以克『民族高等教育学概論』民族出版社、二〇〇五年、二八六―三〇三頁、参照。

（8）李竹青・仁慶紮西、前掲書、三〇―三二頁

(9) 王国棟『民族問題常識』寧夏人民出版社、一九八二年、二七―三〇頁
(10) 李竹青・仁慶紮西、前掲書、三〇―三二頁
(11) 馬麒麟主編『中国民族高等教育的改革与発展』教育科学出版社、二〇〇〇年、四三頁
(12) 李竹青・仁慶紮西、前掲書、三〇―三二頁
(13) 国務院辦公庁秘書局等編『中央政府組織機構一九九八』改革出版社、一九〇・一九一頁
(14) 林仕梁『中国少数民族高等教育的発展与研究』高等教育出版社、二〇〇一年、五〇・五一頁。及び勝星主編『二〇世紀中国少数民族与教育』民族出版社、二〇〇二年、三五四―三六三頁、参照。
(15) 国務院「普通高等教育機関の設置に関する暫定条例」一九八六年十二月十五日公布
(16) 謝啓晃主編『中国民族教育史綱』広西教育出版社、一九八九年、二一九―二二五頁
(17) 林仕梁、前掲書、五一―五三頁
(18)『中国教育事典――高等教育巻』河北教育出版社、一九九四年十一月、七四三頁
(19) 喜多村和之『高等教育の比較的考察』玉川大学出版部、一九八六年、二九―四七頁
(20) 二一一工程部際協調小組辦公室編『二一一工程発展報告一九九五―二〇〇五』高等教育出版社、二〇〇七年、九・一〇頁
(21) 国務院「関于成立国務院西部地区開発領導小組的決定」
(22) 国家発展計画委員会政策法規司編『西部大開発戦略研究』中国物価出版社、二〇〇二年十二月、一六頁。また今後二〇年間の人材需要の予測については同書四二九―四三二頁参照。なお、日本のＪＢＩＣ（国際協力銀行）は「内陸部人材育成事業」に円借款を供与している。この事業は内陸部二二省・市・自治区の計二〇〇大学を対象に教職員研修と日本からの専門家派遣を行うものである。（日本学生支援機構編『留学交流』九月号、二〇〇六年、一六頁）
(23) 李滔主編、前掲書、九九頁
(24) 都竹武年雄氏の私信による。
(25) 白土悟「内蒙古自治区の留学形態」、柴田俊造・白土悟編『中国少数民族地方の留学形態に関する基礎的研究』ＪＡＦＳＡ研究助成報告書、一九九四年、四五―五八頁
(26) 李滔主編、前掲書、一二三頁
(27) 李滔主編、前掲書、一四六頁
(28)『新疆年鑑一九八七』新疆人民出版社、一九八七年、四六六・四六七頁。『新疆年鑑』は一九八五年自治区成立三〇周年に創刊された。以後、毎年出版されているが、年鑑編集方針が年々変更になり、記載事項は若干異なる。留学派遣事業については『新

疆年鑑一九八六』・『新疆年鑑一九八七』の初期年鑑には記述されていても、昨今では記載がほとんどない。
(29) 新疆ウイグル自治区教育庁「在新形勢下進一歩倣好新疆出国留学工作」、『出国留学工作研究』二〇〇三年三号、四八—五〇頁
(30) 『新疆年鑑一九八七』新疆人民出版社、一九八七年、四六六・四六七頁
(31) 筆者による二〇〇二年九月新疆師範大学外国語学院における面接結果。なお、日本文学の授業では、日本のビデオ鑑賞を行っている。「東京ラブストーリー」「魔女の条件」「氷の世界」「ひとつ屋根の下で」などが学生に人気があるという。
(32) 新疆分院人教処「西部開発与高層次人材培養」『出国留学工作研究』二〇〇〇年三号、三二頁

第一一章　留学帰国者団体の設立と活動

留学帰国者の中には、第二次世界大戦前に留学した者は現在では少数になったが、新中国成立後の留学帰国者や、特に改革開放後の留学帰国者が非常に増加している。現在、改革開放後すでに三〇年が経過しており、当時の留学者もすでに五〇～六〇歳になろうとしている。今や留学帰国者の年齢層は非常に厚い。「同学会」（同窓会）の中では幅広い世代間、同業者間及び異業種間の有益な情報交換・相互協力がなされ、活発な社会活動が繰り広げられている。二〇～三〇年前に細々と発足した「同学会」は逞しい姿に変貌している。「同学会」についての認識は改められなければならない。本章では留学帰国者の公的ネットワークである「同学会」の活動と海外に結成された在外留学者団体との連携について考察する。

第一節　留学帰国者の社会貢献の研究

中国では一九七八年十二月に改革開放政策が始まり、今日（二〇〇八年）で三〇年になる。一九八〇年から今日までに約一〇六万人が海外留学し、二七・五万人が学業を終えて帰国した。三〇年が経過する中で、多くの留学帰国者が行政、教育、科学研究、民間企業等の様々な領域で活躍してきた。

一九九二年、中国で初めて『中華留学名人辞典』が編纂された。十九世紀末から二十世紀半ばにかけて活躍した政治家・革命家・科学者・教育者など留学帰国者二、〇二五人の略歴と業績を記載している。留学教育史の貴重な資料であることはもとより、編者が序言に「私はこの辞典により私たちの若い留学生に、旧世代の留学生が祖国を愛し、国家・民族・各種事業のために不撓不屈の精神をもって、自分の聡明な才能を自分の祖国発展に捧げたことを知ってもらいたい」と記しているように、在外留学者に帰国貢献を呼びかける意図もあったようである。

一九九三年、政府人事部主編『新中国留学帰国学人大詞典』が発刊された。新中国の留学帰国者の中で「外国の博士学位取得者」・「帰国後、高級専業技術職務資格の取得者」・「国家・省レベルの一等奨獲得者」という三条件のうち一つを満たす存命者七、〇〇〇人を紹介している。

また、その他、丁揚主編『中国著名人物留学生涯』（一九九三）が鄧小平・李鵬など政府首脳を含めて二六人の留学と功績を紹介している。同様に、李振平・曹青陽主編『留学生足跡』（一九九六）は改革開放後に留学し、帰国後に大学・研究機関等で活躍する四五人の「高級知識分子」の面談録である。更に、周棉主編『中国留学生大辞典』（一九九九）は清末から改革開放前までの留学帰国者約四、〇〇〇人を紹介し、留学生史料を収載したものである。

他方、世界各地の留学生活を紹介したものも北京・上海で相次いで発行された。天一編『留学生群生相』（一九九三）、王凌虚主編『世界串連——中国留学生生活紀実』（一九九三）、李振平・曹青陽主編『留学生看世界』（一九九六）、同『留学生随感録』（一九九七）等々である。これらは中国青少年の海外留学に拍車をかけるものであった(1)。

この一九九〇年代初期は冷戦直後で、社会主義の理念と優越性の信念が揺らぎ、計画経済から市場経済に転換することが急務となった。その転換に当たって高度人材の不足が大きな課題となっていた。海外留学と帰国貢献を促すという明確な意図が留学帰国者の功績を顕彰する背景にあったと思われる。

ところで、経済発展が続く近年、留学帰国者数は増加傾向にあるが、留学帰国者の祖国貢献は個人的功績によるものばかりではない。留学帰国者が自主的に組織する「同学会」の活動も漸く活発になってきた。以下、これについて考察を進めたい。

第二節　社会団体登録制度の確立

一九八〇～九〇年代にかけて中国各地で留学帰国者のネットワークとして「同学会」が次々に結成された。現在、中国国内に留学帰国者団体はどれくらい存在するのか。また、それらがどのような活動を行っているのか、包括的資料はない。

留学帰国者団体（同学会）は社会団体の一種である。一般的に言えば、社会団体は独立した権利と義務を有する主体として存在する。社会団体には経済団体、政治団体、宗教団体、文化団体、軍事団体など種々あるが、大別して営利目的の経済活動を行うものと非営利の社会活動を行うものに区分される。社会団体はミル（J. S. Mill）やグリーン（T. H. Green）およびその後の社会学者など多元主義者たちがその重要性を主張したように、個人にとっては多様な価値観の自己表現あるいは自己実現の機会を提供するものである。また政治学においては、社会団体は国家と個人の中間に存在し、国家それ自体を否定しない限りにおいて、国家の極端な権力行使を抑制し、ある場合には補完するという健全な機能をもつものである。だが、社会団体の発達は政治的・経済的条件の制約を受けるため、それらがどのような社会的機能をどのような方法で果たすかは社会の発達状況によって種々異なってくる。

さて、中国では主に政治的条件の制約により社会団体はあまり発達しなかった。一九七五年憲法第二八条においても、一九八二年憲法三五条においても「中華人民共和国公民は、言論、出版、集会、結社、行進および示威の自由を有する。」と記し、人民の権利として「結社の自由」を保証している。改革開放以後、政治的安定と経済成長により社会団体が大量に結成された。このため一九五〇年九月に政務院の制定した「社会団体登記暫定法」（社会団体登記暫行辦法）を廃棄して、一九八九年十月二十五日、国務院は「社会団体登記管理条例」を発布した。これに基づき、審査を受け登記された社会団体は中央政府民生部および県レベル以上の人民政府の民生部門の監督の下、次のような合法的権益が保障される(2)。

①　国家の法の範囲内で、会則を自主的に決め、社会活動をする権利
②　正当な方法で資金を集める権利
③　国内外の寄付と賛助を受ける権利
④　法によって取得した名誉、栄誉、財産、知識などの権益が法の保護を得る権利
である。

一九九五年版『中国社会団体大辞典』（警官教育出版社）によれば、「全国レベルの社会団体」（全国性社会団体）は一、七〇〇団体、「地方レベルの社会団体」（地方性社会団体）は二〇万団体に達したと言う。[3]この後、更に増加したことは間違いないであろう。

ところで、全国レベルの社会団体とは、会員の所在や活動範囲が全国的でなければならないことは言うまでもないが、加えて中国ではその方面の活動を代表する資格があると認められなければならない。全国レベルの社会団体として公認されると、その団体名には「中国」「全国」「中華」などを冠することが許可される。留学帰国者団体は多数誕生しているが、全国レベルの社会団体と認定されているものは、現在のところ欧美同学会と全国青聯留学人員聯誼会である。

第三節　全国レベルの同学会の設立と活動

1　欧美同学会

（1）　曲折の歴史

一九一一年十月十日辛亥革命（武昌起義）によって、翌一九一二年一月に中華民国成立、翌二月に宣統帝が退位して清朝は滅亡する。一九一三年、欧米からの留学帰国者たちが北平（現・北京）において、既存の留英同学会

（イギリス）、留美同学会（米国）、留法同学会（フランス）、留徳同学会（ドイツ）などを合併して「欧美同学会」を結成した。「欧美同学会」は、留学帰国者によって自発的に組織された中国初の民間団体であった。「欧美」とは欧州と米国を意味し、「同学会」とは同一の学校で学んだ同窓会を意味する。「欧美同学会」は、この名の通り、欧州と米国に学んだ留学帰国者の同窓会である。会員は約二四〇人ばかりであった。

結成の理由はこうである。当時、北平の東交民巷は外国公館地区であったが、その東交民巷にあった国際倶楽部という外国使節団のサロンは中国人の加入を拒否していた。「華人と狗は入るべからず」という立札まであったという。これに憤激した留学帰国者たちは「科学救国」「教育救国」「実業救国」の志に集結し、西洋文明を吸収して、列強諸国によって半植民地化されている中国を富強にすることを目的に掲げたのである。この憤激こそが結成の原動力であったと語り伝えられている。彼らは国内外から独力で資金を集め、明代にラマ廟であった普勝寺を購入して会所とした。その後、一九二五年に改築して、図書室、食堂、ホールを備えた四合院造りの施設となして今日に至っている。

欧美同学会は一九二〇〜三〇年代には学術活動を中心に発展した。中国地質学会・中国工程学会・中国化学会・中華医学会・中国経済学社・中国科学社などを誕生させた。その声望は国内外に及び、救国的精神の象徴となった。この救国精神は後続の同学会の模範とされている。

だが、一九三七年七月七日、盧溝橋事件を契機に抗日戦争が勃発する。日本軍の北京・天津総攻撃が始まり、大部分の会員が南方に避難して活動は停止した。会所は日本軍に占拠され、高級将校のクラブとなった。この抗日戦争は一九四五年八月十五日、日本の太平洋戦争敗戦まで八年間続いた。翌一九四六年、北京に戻った会員たちは、国民党政府の「敵産委員会」と交渉して、会所を取り戻した。

その後、国共内戦を経て、一九四九年十月、新中国が成立するや、会員三〇〇人余りで再出発することになった。欧美同学会は新政府の取り組んだ留学帰国者の受け入れ事業に国家統一戦線部のもとで参画し、在外留学者の大陸への早期帰国を呼びかけた。一九四九年から一九五七年までに約三、〇〇〇人の在外留学者が帰国したが、その多くが欧美同学会に加入して、往年の活況を取り戻した。だが、一九六六年六月に文化大革命が発動されると、知識人（知識分子）を「革命の敵」と見なす風潮が極端に高まり、知識人団体である欧美同学会の活動はここに再び停止することになった。

改革開放後、一九八二年に欧美同学会は漸く活動を再開した。その一〇年後、一九九二年五月、国家教育委員会の賛同のもと、全国レベルの社会団体として登記されたのである。当時、八〇年余の歴史を有する欧美同学会は中国最大の留学帰国者団体であり、約七、〇〇〇人（海外会員二〇〇人）の会員を擁していた。(4)

（2）　会員の条件

欧美同学会の会則（一九九二年「欧美同学会章程」）第四条によれば、会員の入会条件は以下の通りである。

① 欧米等の四年制大学あるいは大学院を卒業していること。

② 国内の大学を卒業後、欧米等の大学・研究機関・鉱工業の企業等で連続二年以上、学習・就業・教育・研究に従事していること。

③ 国内で修士・博士学位取得後あるいは講師・工程師その他同等の職称（職務資格）を取得後、欧米等の大学・研究機関・鉱工業の企業等で連続一年以上、学習・就業・教育・研究に従事していること。

このような条件を満たす者はエリートであることは言うまでもない。

欧美同学会の会員は二〇〇〇年現在、約一万人に膨らんだ。会員には人文・社会科学専攻が少なく、その八〇パーセントは自然科学専攻であるのが特徴である。会員には欧州留学組、米国留学組が多く、日本を含めアジア留学組はまだ少ない。しかし、欧米に限らず、留学帰国者間の全国的な協力関係を築き上げるのが創立精神であるので、アジアからの留学帰国者の加入を歓迎している。

（3）　主な活動

欧美同学会の目的は、会則第三条によれば、次の五つである。

① 愛国主義思想を宣伝し、留学報国を唱導し、留学帰国者の事跡と学術的成果を紹介する。
② 会員の友誼を増し、学術交流を強化し、文化生活を豊かにするための活動を行う。
③ 海外の専門学者・留学生・各界人士との相互理解を促し、民間友好交流を展開する。経済・科学技術・文化教育などの領域で人物交流・学術交流を行う。
④ 会員の専門を生かして、各種の情報提供や人材訓練を行い、中国と外国との産業界の共同事業や交流事業のための道を開拓する。
⑤ 会員の合法的利益を維持し、国家の関係部門に対して留学帰国者政策に関する意見と建議を行う。

これに基づき、研究会・親睦会の開催、情報誌『欧美同学会会刊』の発行（一九八七年創刊）、海外留学相談、在外留学者の就職相談や帰国時の世話、在外留学者団体や華人・華僑団体に対する情報提供、あるいは地方企業のコンサルティングなど、様々な活動を行っている。例えば、一九九三年三月、同会の青年委員会は北京の企業家との懇談会を開催し、人材情報と技術情報を交換した。また、浙江省仙居県の県長は、ニューヨーク州立大学でＭＢＡを取得した会員であるが、県幹部・県内企業幹部三〇人と欧美同学会の会員を引き合わせた。その結果、北京大学教授など会員一〇人余が県政府の顧問となって県内企業活動に協力することになったという。この会には多彩な専門家が揃っているのである。[5]

また、欧美同学会は留学帰国者の職業生活を安定させるために国家の諸政策に自分たちの要望を反映させようとして、建議を行っている。更に、在外留学者個人やその団体との連絡を密にして、彼らに祖国貢献活動を要請するなど、国内の知識人の学術交流や親睦の場として機能しているだけではなく、国外のネットワークも築きつつある。

2　全国青聯留学人員聯誼会

（1）　運営組織

二〇〇四年、全国レベルの社会団体「全国青聯留学人員聯誼会」が発足した。この「聯誼会」は中国の青年留学者と青年華僑および留学帰国者団体と華僑団体によって結成された非営利団体であるが、自発的に結成されたものではなく、中央政府部門の政策的な意図で結成されたものである。

「聯誼会」は、全国青聯（中華全国青年聯合会）の指導下に置かれ、事務所（秘書処）は「全国青聯海外学人工作部」に置かれている。英文名はReturned and Overseas Chinese Scholars Association of All China Youth Federation（ROCSA）である。

さて、この「聯誼会」は会員から選出される理事会によって運営されるが、「聯誼会」に対して指導的役割を有する顧問や指導委員会がその上部組織として置かれている。その構成メンバーは政治・行政・経済・科学・教育など諸分野で第一線に立つ錚々たる人々であり、「聯誼会」を権威付けているとともに、大きな役割が期待されていることを窺わせる。表11－1はそのメンバー一覧である。[6]

ところで、「聯誼会」を実際に運営する理事会は、会長一人、副会長二三人、事務局長（秘書長）一人および常務理事八四人、理事二九九人から成る。任期は三年である。会長、副会長、事務局長は「会長会議」を開催して、理事会閉会中の会務を執行している。

理事会のほかに、専門委員会（専業委員会）が一二種類設置されている。専門委員会は専門分野を同じくする会員の集合体である。一二種類とは、農業科学、情報技術、生物技術、材料科学、管理科学、金融投資、商貿物流、法律、教育文化、マスコミ（新聞伝媒）、医薬衛生、華僑である。

表 11－1　全国青聯留学人員聯誼会の顧問指導メンバー（2004 年現在）

役職名	個人名	現在の職名
名誉顧問	銭学森	
顧問	韓啓徳	全国人民代表大会常務委員会副委員長
	羅豪才	全国政治協商会議副主席
指導委員会・主任	周強	団中央書記処　第一書記
	胡偉	団中央書記処　書記，全国青聯常務副主席
	陳喜慶	中央統戦部副部長
	章新勝	教育部副部長
	程津培	科技部副部長
	王暁初	人事部副部長
	白春礼	中国科学院副院長
	馮長根	中国科協書記処　書記
	陳章良	中国農業大学　校長
	潘立剛	中央組織部人材工作局　局長
	佟志広	中国世界貿易組織研究会会長

出所）『中華全国青年連合会留学人員聯誼会　会員名録』2004 年

（2）個人会員と団体会員

個人会員は七九四人（国内会員五六二人、海外会員二三二人）であるが、この七九四人はこの「聯誼会」が発足するに当たって、「四五歳以下で、ある一定の成功を収め、比較的大きな影響力を持った青年留学者の中の代表的人物」として、全国青聯によって選抜されたのである。

国内会員は、各省・自治区・直轄市および香港・マカオの特別行政区から選出されている。他方、海外会員は、世界一五カ国の留学経験者（華僑・華人を含む）と在外留学者である。その国家は、北米（米国、カナダ）、欧州（イギリス、フランス、ドイツ、イタリア、フィンランド、オランダ、ポルトガル、チェコ、スロバキア）、そしてアジアでは日本、韓国、シンガポール、オーストラリアである。

団体会員は表11－2のように、国内四つの留学帰国者団体と三九の海外団体（在外留学者団体、華僑・華人団体を含む）の合計四三団体である。これら各団体の会員数の合計は約四〇万人に達する。「聯誼会」は非常に大きな影響力を持ちうる団体となるよう設計されていると思われる。(7)

（3）活動目標

この全国青聯留学人員聯誼会の活動目標は次のように記

表11－2　全国青聯留学人員聯誼会の国別団体会員名

<table>
<tr><th>所在</th><th>団体会員</th><th>所在</th><th>団体会員</th></tr>
<tr><td>中国</td><td>北京市僑聯帰国留学人員聯合会
河北青年留学人員聯誼会
広東省留学青年回国創業促進会
広州留学回国科技工作者協会</td><td rowspan="2">イギリス</td><td rowspan="2">中国学生熱線
全英中国学者専業団体聯合会
中英科技貿易協会
全英中国学生学者聯合会
新華聯誼会
全英清華校友会
旅英紡績服装学会</td></tr>
<tr><td rowspan="2">米国</td><td rowspan="2">国際潮青聯合会
中華国際牙科学協会
美国中国青年聯誼会
硅谷中国工程師協会
中華海外博士聯合会
中国旅美科技協会
中国留学人員回国創業協会
北美華人科技協会
大紐約地区中国学生学者聯合会
美国浙江総会</td></tr>
<tr><td>フランス</td><td>全法中国科技工作者協会
全法中国学者学生聯合会
旅法中国同学会
中国旅法工程師協会
全法中国法律与経済協会
中国旅法生物医学会
全欧華人専業協会聯合会</td></tr>
<tr><td rowspan="3">カナダ</td><td rowspan="3">カナダ・中国科学技術協会
カナダ中国専業人士聯合会
カナダ華人経貿総商会</td><td>ドイツ</td><td>中国留徳学者計算機学会
華力 IT 論壇</td></tr>
<tr><td>イタリア</td><td>意大利華僑華人友好協会</td></tr>
<tr><td>オランダ</td><td>荷蘭華人生命科学網</td></tr>
<tr><td>日本</td><td>中国留日同学総会
全日本中国留学人員友好聯誼会
全日本中国人博士協会
京都地区中国人留学生聯誼会</td><td rowspan="2">オーストラリア</td><td rowspan="2">全澳華人専家聯合会
澳中国際商会
澳大利亜ニューウェールズ州中国学生学者聯誼会総会</td></tr>
<tr><td>韓国</td><td>在韓中国留学生聯誼会</td></tr>
</table>

出所）『中華全国青年連合会留学人員聯誼会　会員名録』2004年，3・4頁

されている。(8)

① 海外と国内の「青年留学人員」の広範なネットワークと団結を作り上げ、愛国主義の伝統を大いに高揚し、「青年留学人員」間の交流および彼らと国内の社会各界との交流を強化する。

② 祖国の経済と社会の発展を宣伝し、ルートを大きく開いて、「青年留学人員」と国内各地の人材、資金、プロジェクト、技術などの合作を促進する。

③ 「青年留学人員」の合法的権益を維持し、彼らの成長と才能の発揮と事業の発展のためにサービスし、優秀な留学人員を推挙し宣伝する。

④ 「青年留学人員」に関する事業を関係各方面と一緒に展開し、意見や提言を行い、彼らの成長を図り、創業環境を向上させるよう努力する。

⑤ 中華全国青年聯合会に与えられた権利内で、その他の事業を展開する。

こうして政府主導により結成された全国青聯留学人員聯誼会ではあるが、今後の展開は見逃せないものがある。

第四節　地方レベルの同学会の設立と活動

1　上海市欧美同学会

(1)　上海の情況

まず上海市欧美同学会の活動拠点である上海市について述べよう。上海は一八四二年、アヘン戦争後の南京条約によって開港した小さな港町だった。その後、イギリス、フランス、米国、日本など列強が租界を築き、国際都市として発展していった。一九四九年十月、新中国が成立するや「中央直轄特別市」(通称、直轄市)となる。一九九二年一～二月、鄧小平の南巡講話以降、浦東地区の開発によって急速に発展し、中国経済を牽引する拠点都市となっていった。

二〇一〇年に万国博覧会が開催されたが、それに向けて旧市街は取り壊されて、市内の道路は至る所で整備拡張され、市外に延びる高速道路網もでき上がった。更に外国からの投資を呼び込んで経済発展し、高層ビルが林立している。まさに近代都市に大きく変貌しようとしている。

ところで、上海戸籍人口の自然増加は一九九三年度に初めてマイナスとなり、以後、十数年その状態が続いている。しかし、上海の常住人口は増えている。原因は外来人口にある。二〇〇五年の常住人口は一、七七八万人、そのうち外来人口は四三八万人（二五パーセント）であった。彼らは上海の労働力となり、経済成長を支えている(9)。また、約二〇数万人の外国籍の定住人口がいるが、これを二〇二〇年には六〇万人にして「アジア国際文化交流センター都市」になることを標榜している(10)。二〇〇八年四月現在、東京都の人口は一、二八三万人（但し、区部・市部のみの合計）である。東京と比べると上海市の大都市化の進展ぶりが理解されるだろう。

（2） 発足の経緯と沿革

上海市中心部を横切って延安東路・中路・西路と名を変えながら、幅広い道路が外灘から一筋に西に伸びている。延安東路・中路一帯が上海で最も繁華な地域である。その延安中路と陝西北路の交差点近くに「上海市民主党派大廈」はある。各民主党派の事務局等が入居している。このビルの五階フロアが上海市欧美同学会の事務局である。英文名はShanghai Overseas Returned Scholars Association、略してSORSA（ソーサ）という。なお、上海市には留学帰国者が約七万人いるが、SORSAの会員や非会員も含め、ほとんどが「上海市留学人員聯合会」の会員となっている。SORSAはその事務局も兼ねている。

さて、SORSAの歴史を辿れば、清朝末、一九〇五年七月一日、復旦大学学長であった李登輝が「寰球中国学生会」を創設したのが始まりである。この「寰球」とは世界・地球を意味する。一九一二年一月に中華民国成立、翌一九一三年「寰球中国学生会」は「上海欧美同学会」となった。同じ年、北平には「欧美同学会」が成立したの

表11－3　上海市欧美同学会の主な全体的活動

1	国際シンポジウム	1998年より2年に1回，上海の発展に関するテーマを取り上げて，国内外の専門家を招聘して開催する。
2	迎春招待会	1999年より，中国人の留学事業を支援している約20カ国の総領事館員等を招いて交流する。
3	両院の院士座談会	同学会の約70人の院士による専門的フォーラム開催。
4	SORSAフォーラム	2004年以降，政治・経済・文化などのテーマを討論する。
5	政府への政策提言	留学帰国者の情況調査，帰国奨励事業，起業支援，子女教育支援などについて提言を行っている。
6	調査研究	上海市政府部門の人材開発研究，教育の国際化研究，帰国留学者のマンパワー活用研究，帰国留学者の起業・就業問題の研究などに参画している。
7	親睦活動	海外旅行，中秋節の交歓会，重陽節の敬老会，クリスマス・パーティなど。

出所）上海市欧美同学会・上海市留学人員聯合会編『第七届理事会工作回顧』2007年

で、それに呼応する形で上海でも同一名称を用いたらしい(11)。しかし、北平の欧美同学会とは連絡を保ちながらも独立性を維持し、一九一九年には上海に「全国中華欧美同学会」が成立する。この年は北平に五・四運動が起こり、全国で排日の機運が盛り上がった時だった。留学帰国者たちも全国的に糾合しようとしたように思われる。

だが、その後の経緯ははっきりしない。抗日戦争・国共内戦・文化大革命など動乱が続き、活動は停滞した。一九八四年九月三日、改革開放の下で、五〇年代のソ連留学帰国者たちによって「上海市欧美同学会」として再興された(12)。

（3）　全体の組織と活動

さて、二〇〇八年現在、上海市欧美同学会の会員数は約七、〇〇〇人である。そのうち海外会員は約三〇〇人で、日本、オーストラリア、英国、米国に滞在する華僑・華人もいる。上海市政府は事務局にフロアを無料提供し、諸活動に対して年間約一〇〇万元の補助を行っている。因みに、会員の年会費は二〇元と安価である。

繰り返すが、上海市欧美同学会は七、〇〇〇人規模である。恐らく日本には海外留学者を構成員とするこのような大規模な社会団体は存在しないだろう。しかも、同学会は有力な知

表 11－4　2006年上海市欧美同学会の国別・専業別分会の人数　（人）

国別分会		専業分会	
名称	人数	名称	人数
留徳語国家分会	538	創業分会	120
留東欧国家分会	51	法律分会	192
留法語国家分会	368	国際工商分会	258
留加拿大分会	242	金融分会	453
留美分会	1,421	文化芸術分会	122
留美海軍分会	21	医療衛生分会	328
留前蘇聯国家分会	498	WTO専業分会	42
留日分会	747		
留英語国家分会	802		
留英海軍分会	62		
計	4,750	計	1,515

出所）上海市欧美同学会・上海市留学人員聯合会編『第七届理事会工作回顧』2007年

識人集団として上海市政府に積極的な政策提言を行い、その調査研究に参画するなど、活発な活動によって信頼を勝ち得ている。上海市欧美同学会の全体活動は表11－3の通りである。またホームページでは上海市の科学振興政策や留学帰国者関係の法規、国際シンポジウムの内容などを掲載している[13]。

（4）各種分会の情況

上海市欧美同学会のもとに、一〇の国別分会、一二の国内外校友分会（国内外の大学別同窓会）、四つの地区分会（居住地区別）、七つの専業分会（専門分野別）、一一の上海院校分会（上海の教育機関別）など、四四の下部組織が成立している。

特に、国別分会と専業分会は重要な機能を果たしていると思われる。両分会では、新しい留学帰国者の就職・子女教育等の支援、仕事上の情報・協力などが提供されている。表11－4のように、国別分会では、留美分会（米国留学）が一、四二一人で最も大きい。

次いで留英語国家分会（英語圏留学）八〇二人、留日分会（日本留学）七四七人、留徳語国家分会（ドイツ語圏留学）五三八人、留前蘇聯国家分会（旧ソ連留学）四九八人の順である。もう一方の専業分会では、金融分会が最も大きく四五三人である。次いで医療衛生分会三二八人、国際工商分会二五八人、法

律分会一九二人の順である。特に、金融分野の留学帰国者が多いのは、アジアの金融センターである上海の特徴であろう。(14)

各分会の活動は親睦活動、講演会開催など多彩である。例えば、医療衛生分会は二〇〇一年から約一〇〇名のメンバーが参加して、街頭にテントを張って無料診療（義診）を開催している。また、幾つかの分会が関係して、「寧波保税区の留学人員創業園」や「蘇州工業園区の国際科技園」などのインキュベーターと共同事業を行っている。

（5）　上海留日同学会

下部組織である留日分会は、対外的には「上海留日同学会」と称している。戦後の中国と日本の留学交流は一九七八年、日中平和友好条約の締結によって再開した。中国は理工系を中心とする留学生を大量に国家派遣した。かくして一九八四年に第一期生が帰国した。同年五月、水産大学の任為公、同済大学の陳恵興を中心に留日同学会の設立構想が持ち上がり、一九八六年に上海市政府と上海市欧美同学会の支持を得て、分会として成立した。

一八九六年、日清戦争直後、清朝は初めて日本に一三人の留学派遣を行った。ここから起算して二〇〇六年は中国人日本留学一一〇周年に当たる。また上海留日同学会が設立されて二〇周年であった。この二つを記念して、SORSA編『紀念中国留学生留日一一〇周年』（二〇〇六年）を発行した。日本留学者が帰国後に上げた業績をまとめた冊子である。(15)

2　広州留東同学会の発足と活動

（1）　発足の経緯と沿革

広州留東同学会は一九一四年元旦に結成された。広州を中心にした日本留学帰国者の学術・親睦団体である。結成は欧美同学会に遅れること一年であり、やはり長い歴史を持っている。三〇年代初めに募金して会所を建て活動を開始した。

一九三一年満州事変を機に日本は全満州を占領、翌一九三二年に満州国を建てる。一九三三～三六年当時、東京には約六、〇〇〇人の中国人学生がいたが、多くがこれに抗議して退学・帰国した。一九三六年十二月、西安事変により国共合作がなり、抗日民族統一戦線が結成されるや、再び多くが帰国した。また、一九三七年七月七日、盧溝橋事件が起こると、祖国救援のためほとんどが帰国してしまう。

広州では、留学帰国者たちは広州留東同学会に集まり、翌一九三八年「留東同学抗敵後援会」と改称して、一部は武装集団に参加、一部は八路軍の広州事務所となって遊撃戦の講習会開催、革命理論普及のための雑誌『武装』発刊、郭沫若などの広州来訪時の接待など抗日運動に寄与した。それは同年十月二十一日、広州陥落の時まで行われた。その後は太平洋戦争、国共内戦、文化大革命など社会が混乱を続けたため長期にわたり活動はなされなかった。

活動が再開されたのは改革開放後、一九八三年三月広東省政府の文教辦公室が復会を承認し、翌一九八四年に大会を開いてからである。広州は、人口の半数が華僑の親族をもつと言われ、「華僑の故郷」と呼ばれている。そのため親族を頼って米国・オーストラリア・ニュージーランドへの留学が多い。ところが八〇年代に日本と広州との経済交流が活発になり、日本語学習ブームが起こった。これを背景に日本語人材の育成と日本に関する知識が広く求められた。広州留東同学会は日本との文化・経済交流の促進に寄与することを目的に活動を再開した。こうして一九八九年に「社会団体」として登記された。(16)

（2）　会員と活動
二〇〇〇年二月に新しく規定された「広州留東同学会章程」第八条によれば、会員は次の条件を満たさなければならない。すなわち、
①　日本の大学（短大を含む）で一年以上修学した者。

表11－5　広東省における日本留学帰国者名簿の分析

所属機関	人数	備考（専攻・勤務先等）
暨南大学	11	国際経済，国際金融，化学，医学などの専攻
中山大学	15	日本文学，法律，昆虫学，環境学などの専攻
中山医科大学	2	附属病院
華南師範大学	9	運動生理学，物理学，日本文学などの専攻
華南農業大学	10	植物遺伝学，作物育種などの専攻
華南理工大学	16	高分子学，建築などの専攻
広東外語外貿大学	4	日本語教育，言語文化学などの専攻
広州中医薬大学	10	附属病院，研究所など
広州医学院	1	附属病院
広東工業大学	6	電気工学，機械，経済学，自動制御などの専攻
中国科学院	8	広州化学研究所・華南植物研究所など
広東省	4	附属研究所，高等教育局，気象局など
広州市	3	環境保護局など
その他	27	民間会社，日系企業など
計	126	

出所）日本広州総領事館編『広東留日学生名簿』1999年より作成

②　中国の大学（専科を含む）卒業生もしくは助理研究員・講師・工程師であり、日本の大学院・研究所において半年以上修学した者。

この会員資格は欧美同学会のものに比べればかなり幅があり、日本留学期間が短くても会員と認めている。

広州の日本領事館は一九九九年十二月に「広東留日学生名簿」を作成した。広東省の日本留学者全員を網羅したものではない。だが、ほとんどが広州留東同学会の会員であり、これによって会員構成の輪郭が把握できる。所属機関と人数は表11－5の通りである。八〇年代以降の留学帰国者（主に訪問研究員）が中心であるが、戦前の留学者も若干いる。現時点では大学・研究所などに勤務する研究者が過半数を占める。

主な活動は、年数回不定期に会合し、日本や会員の近況について情報交換している。また専門分野の学術的交流、日本問題の学術的研究、「日本研究中心図書館」（日本研究センター図書館）の運営、日本との友好交流活動などである。二〇〇九年現在、会員は一七六人である。

特に注目されるのは、一九八八年に設立された日本研究図書資料を収蔵する「日本研究中心図書館」である。中国では図書館はすべて官庁・大学・研究所の所有する公的機関であるが、社会団体という民間が図書館を所有するのは極めて珍しい。現在、会所には大量の図書を収蔵するスペースはなく、資金も豊富ではないが、省政府、内外の日本留学者、日本の有志などの協力で図書は増加している。

3　他の留学帰国者団体

数多くの留学帰国者団体については、留学生向け情報誌『神州学人』や『人民日報』等に関連記事を散見できるだけである。その一部を簡単に紹介することにしたい。

①　浙江省欧美同学会

創立年は不明。杭州の浙江省科学技術幹部局が事務局となっている。一九八七年秋の親睦交流会には二五〇人が出席、会では浙江省台湾事務室から台湾問題の状況紹介、浙江大学大学院副院長により浙江省高等教育代表団の欧州訪問の報告が行われた。

②　福建留学生同学会

一九八六年十月福州にて創立。目的は福建省の帰国留学者と在外留学者の関係を強化し、学術および就業経験の交流を活発にすることである。福建省の近年の帰国留学者は五〇〇人、在外留学者は欧州・米国・アジア・太平洋地区の二〇カ国に二、〇〇〇人余りいる。理事二九人の中には福建農学院教授、福建師範大学教授、私立華南女子学院院長、厦門大学副学長などがいる。

③　留日学人活動站

一九九二年十一月、日中国交回復二〇周年を記念して北京に設立。中日青年交流センターに事務所を置いている。二〇〇二年現在、全国各地に会員一、八〇〇人を擁し、連絡会員を各省市に配置している。その意味で全国的な性格を持っている。主な活動は親睦会（遠足、懇談会など）、日本の最新の図書・科学技術情報の資料収集、日本と中国の科学技術と文化の交流促進のため年一回の学術的シンポジウムの開催、会報『留日学人』の発行などである。

一九九三年末に日本各地で「日本留学帰国者科学技術成果展覧会」を開催し、各分野で活躍中の元日本留学生四〇人の業績を紹介した。

また、(財)日本国際教育協会（現・独立行政法人日本学生支援機構）と中国留学服務センター共催の日本留学説明会の北京開催時には、留学生ＯＢを通訳として動員している。

④　遼寧省留日同学会

一九九三年九月、瀋陽に設立。遼寧大学日本研究所が本部となっている。文集『遼寧留日学人』（日本研究雑誌社、一九九四年）を発行している。約四〇〇人の会員がいる。(17)

⑤　吉林省留日学人専業委員会

一九九八年二月、長春に一九七八年日中平和友好条約二〇周年を機に設立。文集『白山松水話扶桑』（吉林大学出版社、一九九九年）を発行している。会員は約九〇〇人に達する。(18)

⑥　新疆留日同学会

一九八八年ウルムチに設立された。日本私立大学協会は一九八五年から今日まで新疆ウイグル自治区政府との協定に基づき一年間学費免除で訪問研究員を受け入れてきた。受け入れ数は一九九六年までで一八四人（漢民族三七人、少数民族一四七人）に達している。この第一期生が中心になって帰国後設立したものである。

以上のように、入手できる情報はやや偏りかつ不明の点も多い。上述した欧美同学会、上海市欧美同学会、広州留東同学会の足跡を辿るかぎりでは、救国的精神に基づく発足、学術の振興、抗日戦争・国共内戦・文化大革命による停滞、改革開放後の復活という歴史はほぼ共通している。巨視的に見れば、留学帰国者たちは各時代の社会情勢の中で自分たちの使命を果たそうとして奮闘したエリート集団であったと言えるだろう。

一九八〇年代に大小の留学帰国者団体が各地方で再結成され、あるいは新結成されて活動を開始している。例えば、「留日学人活動站」のような団体は現代社会の国際化の中で重要な役割を果たしていくだろう。中国で推進されている「四つの現代化建設」や「科教興国」の過程において、これら団体は国内の学術・経済・文化の発展に寄与するであろうし、また同時に、国際的な学術交流、経済交流、文化交流に貢献するに違いない。

第五節　在外留学者団体の活動と国内とのネットワーク

1　在外留学者団体の種類

中国国内の留学帰国者団体の活動目標の一つは、在外留学者個人と在外留学者団体および華僑・華人の社会団体との連携である。華僑・華人は世界に約三、〇〇〇万人、その社会団体は約九、〇〇〇余り存在するが、ここでは留学終了後に海外定住した華僑・華人による社会団体と在外留学者団体のみを取り上げることにする。

在外留学者団体は、在学中の留学者が結成した相互扶助的性質をもつものである。それには中国政府の管理的意図が働いているものもあり、全く自主的なものもあるであろう。また、元留学者の華僑・華人による社会団体には学術的性質をもつものが少なくない。これら団体は留学者の多い米国と欧州諸国に多数存在する。しかし、これら団体に関する包括的資料はなく、中国の雑誌・新聞等から断片的な記事を見出すしかない。

例えば、雑誌『神州学人』の「国外の中国留学生刊行物」（一九八七年第五期）という短い記事によれば、「完全な統計はない」と断ったうえで、米国・カナダ・イギリス・ドイツ・オーストラリア・スイス・スウェーデン・日本など国外で発行されている留学生刊行物は約四〇種に達すると述べている。二〇〇七年現在では、その刊行物はさらに増えている可能性が高い。その他、『人民日報（海外版）』にも世界各地の団体の活動を短く紹介している。[19]

また、方雄普・許振礼編著『海外僑団尋踪』（中国華僑出版社、一九九五年）では、欧米の留学者団体を若干紹介し、米国の学術的な留学者団体で近年、中国科学技術委員会等との共同研究を要望している団体は五〇以上に上ると記しているが、「その全体像は不明である」ともいう。[20]

このような現状から考えて、この領域はまだ未発掘の部分が多い。個々の団体の活動は活発であっても、それが総体として中国社会あるいは所在国にどのように貢献しているかは見えにくいのかもしれない。表11－6には、判明している範囲で団体名を挙げている。

表11－6　主要な留学先国における中国人留学者団体

所在国	団体名（設立年・所在地等）
米国	中国留美学者学生聯誼会聯合会 中国赴美科学研究生聯誼会 中国留美同学人口学会 中国留美同学経済学会 留美学生歴史学会 中国旅美科技協会（1992年8月，ニューヨーク） 中国旅美学生学者商業協会 全美中国留学生企業家協会 海外学協（1991年） 中国旅美工程学会（1995年4月，ニューヨーク）
イギリス	全英中国学生学者聯誼会（1988年，ロンドン） 旅英中国土木工程学会 旅英中国材料学会 全英中華医学会
ドイツ	旅徳科協 旅徳経済協会 旅徳土建協会 旅徳地球科学協会 中国旅徳科技工作者協会（1988年，フランクフルト）
フランス	中国留法人員農業学会（1985年，パリ） パリ社会科学学会 中国留法生物医学会（1984年，パリ） 在法中国科技工作者協会
日本	全日本中国留学生学友会（1992年，東京） 全日本中国人博士協会（1996年，東京） 中国留学生福建発展研究会（1988年，大阪）

出所）方雄普・許振礼編著『海外僑団尋宋』中国華僑出版社，1995年，188頁および『神州学人』・『人民日報』の関連記事より作成

2　在外留学者団体の活動

現実の留学生活において存在感を持っているのが、在外留学者団体である。その活動の一端を窺うことにしたい。在外留学者団体は二種類に大別できる。「聯誼会」等の相互扶助団体と「学会」等の学術団体である。また、その両方の性質を持っている団体もあると思われる。以下、現状は詳しくは分かっていないが、雑誌・新聞記事等に散見した世界各地の団体を列挙する。

（1）「聯誼会」の発足と活動

① 中国留美学者学生聯誼会聯合会（米国）は一九八四年九月『留美通訊』を創刊した。

② イギリス・マンチェスター留学生聯誼会は『新竹』を発刊した。

③ 留法学生聯誼会（フランス）は一九八六年十二月『留法通訊』を創刊した。

④ カナダのトロント地区聯誼会は詩歌集『游子吟』を発刊した（設立年月日不詳）。

⑤ 在朝留学生総会は一九八六年十一月北朝鮮の平壌に設立された。平川分会・解放山分会・金大分会・沙里院分会の四つに分かれ活動している。活動は運動会・映写会などの娯楽親睦会、朝鮮語学習や朝鮮人民との友好活動などである。会報『旅朝春秋』を発刊している。(21)

⑥ 全英中国学生学者聯誼会は一九八八年七月、ロンドンに成立した。イギリス各地にある五六の留学生聯誼会を連合したものであり、上記のマンチェスター留学生聯誼会もこの下部組織になる。約八、〇〇〇人の中国人留学生とイギリスの華僑社会との友好促進を目的にしている。(22)

⑦ スウェーデン中国留学人員聯誼会は一九八六年ストックホルムに設立された。会員は三四〇人（一九八八年現在）で、活動はスウェーデンの小旅行・工場見学・スポーツ大会・映写会など会員の親睦とスウェーデン社会の理解を深めることを目標にしている。会報『留瑞通訊』と『生活副刊』の二冊を発行している。(23)

⑧　中国留ソ人員学生総会は一九八五年、モスクワに設立された。会員は三五〇人前後（一九八八年現在）であり、ソ連の政治・経済・歴史・文芸・教育などを紹介する講座を開講したり、祝祭日を祝ったりする活動をしている。また新入留学生のために『留ソ人員手冊』（銀行・交通事情など生活便利帖）を発行した[24]。

⑨　全日本中国留学生学友会（全日本中国留学人員友好聯誼会）は一九九二年四月一日、東京に設立された。下部組織として東京地区学友会はじめ北海道地区・東北地区・名古屋地区・北陸地区・関西地区・中国地区・四国地区・九州地区の学友会および各大学の学友会がある。一九九五年現在、会員二四、〇〇〇人、卒業会員一五、〇〇〇人であった。二〇一一年現在は一〇万人近くに増えている。活動としては一九九四年以来、駐日中国大使館の提唱のもと「希望工程」（一九八九年十月に始まった中国貧困地区で小学校を中途退学した児童を復学させるための募金活動）を支援する活動をしている。大学での映画会・学園祭などで稼いだり、日本の友好団体や華僑団体から集めたものを「希望工程」プログラムに送ったりしている[25]。

⑩　中国留日同学総会は一九九八年二月一日、「全日本在職中国留学人員聯誼会」として成立。二〇〇〇年十月に、伝統あるこの名称に改められた。中国公館、教育部、人事部、統一戦線部、欧美同学会、共青団中央、中華全国青年連合会、国家計画委員会などの支持を得て成立したものである。日本で就業する元留学者の団体で、祖国奉仕（為国服務）の活動を主に行っている。

（2）「学会」等の学術団体

「学会」等の学術団体には、元留学生の華僑・華人による社会団体が多い。例えば、次のような団体がある。

①　「海外学協」（China Academic Link, Inc.）は一九九一年末に設立され、現会員は四、〇〇〇人である。一九九六年度の第五期主席にはプリンストン大学訪問研究員の胡林氏が選ばれた。活動としてコンピューターにより国内外の学術会議や就職関係の情報を発信しているが、購読者は二万戸である。国家自然科学基金会、中国科学院や諸大学、また米国にある専門家協会と連携して、短期帰国して教鞭をとるための訪問団を数回組織してい

る。協会誌『科技新聞』（英文）と就職情報誌『工作信息』（英文）を発刊している[26]。

②「中国旅美科技協会」（Chinese Association for Science and Technology, Eastern U.S.A.）は、一九九二年五月に元留学者により組織化され、八月十五日にニューヨークで成立。当時の会員は約四〇〇人であったが、九〇年代に約一、五〇〇人に増加した。会員は米国二七州に居住、専門部会・地域部会が一〇以上設立された。

一九九三年八月設立された専門部会のひとつ「中国旅美電子及び信息技術協会」は中国と米国との電子情報技術の学術・技術交流と共同ビジネス活動を行っている。

同じく専門部会のひとつ「中国旅美工程学会」は一九九五年四月一日にニューヨークに設立された。会員は米国の政府部門・企業・大学などに就職しているエンジニア専攻の元留学生たちである。会員の学術活動を行うとともに、中国と米国間の科学技術・貿易などの交流に寄与することを目的としている[27]。

③「中国留法工程師協会」は一九九六年パリに設立された。会員は五〇人余りで、フランスの企業・研究機関に長年勤務している元留学生であり、ほとんどが博士号または修士号を取得している。活動はフランスと中国の経済・技術交流を促進することを目標にしており、中国の企業等に対して技術相談や通訳、専門家の推薦、フランスの協力者・協力企業を捜す援助、フランスの管理経験や最新設備を導入する援助、フランスの市場を理解する援助などを行う予定であるという[28]。

3　トランスナショナルなコミュニティの形成

以上のように一九八〇～九〇年代にかけて、海外において多数の在外留学者団体や元留学者の華僑・華人団体が血縁・地縁及び学問的関心の上に結成され、会員の相互扶助と学術的な情報交換、祖国中国と留学先国との経済・技術交流の促進、中国の貧困問題・教育問題の援助などの活動を行っている。

また、教育部による「春暉計画」等の様々な形式による祖国奉仕（為国服務）政策に個人的に、あるいは団体としても参加している。一九九〇年代の交通と情報技術の発達によって、また世界経済が一体化する状況の中で、中国国内の「同学会」と世界各国の在外留学者・華僑・華人の団体との連携は強まり、トランスナショナルなコミュニティが形成されている。

このような現状は、中国人留学者の受け入れ国にとって留学生教育の結果のひとつとして認識されるべきであろう。また、今後、受け入れ国の大学や地方自治体・地域団体などは国内外の中国人留学者団体とのネットワークを築いて、地域内の相互理解活動や二国間の経済交流・文化交流・教育交流に活用すべきではないかと思われる。

【注】

（1）中華留学名人辞典編集委員会編『中華留学名人辞典』東北師範大学出版社、一九九二年。また、政府人事部主編『新中国留学帰国学人大詞典』湖北教育出版社、一九九三年。丁揚主編『中国著名人物留学生涯』人民日報出版社、一九九三年。天一編『留学生群生相』人民日報出版社、一九九三年。および王凌虚主編『世界串連——中国留学生生活紀実』上海社会科学院出版社、一九九三年。雑誌『神州学人』叢書として、李振平・曹青陽主編『留学生足跡』教育科学出版社、一九九六年および同『留学生看世界』教育科学出版社、一九九六年などがある。また周棉主編『中国留学生大辞典』南京大学出版社、一九九九年

（2）範宝俊主編『中国社会団体大辞典』警官教育出版社、一九九五年

（3）同上書、三頁

（4）欧美同学会編『志在振興中華——欧美同学会八十年』経済科学出版社、一九九三年

（5）白土悟「中国人留学者団体の組織化とネットワーキングの動向」、江淵一公編『トランスカルチュラリズムの研究』明石書店、一九九八年、四二八—四四七頁

（6）『中華全国青年連合会留学人員聯誼会　会員名録』同秘書処、二〇〇四年、一・二頁

（7）留学人員回国指南編集委員会『留学人員回国指南』中国人事出版社、二〇〇六年、一九七頁

（8）同上書、一九七頁

（9）王桂新・沈続雷「上海市人口遷移与人口再分布研究」、『人口研究』第三二巻第一期、二〇〇八年、五八—六九頁。通称「外来人口」（正式には市外入遷人口あるいは外来常住人口）とは、上海以外の三〇の省・自治区・直轄市に戸籍を置いたまま上海で半年以上居住する者を指す。上海市に戸籍を移した者（毎年一〇万人前後）も含める。また、外来人口の範疇には入らないが、「半年未満、上海に居住する人口」も相当数いる。

(10)郭建中・程旺「教育服務市場営銷研究」、劉同蘭編『世博会与来華留学生教育』同済大学出版社、二〇〇五年、一七四頁
(11)白土悟「帰国留学生とのネットワークづくり――中国における留学帰国者団体の沿革と活動」、『留学交流』第十三巻・第二号、二〇〇一年、二―六頁
(12)上海市欧美同学会・上海市留学人員聯合会編『第七届理事会工作回顧』二〇〇七年
(13)HPは、http://www.china-sorsa.org/である。
(14)上海市欧美同学会・上海市留学人員聯合会編『第七届理事会工作回顧』二〇〇七年
(15)SORSA編『紀念中国留学生留日一一〇周年』二〇〇六年
(16)広州留東同学会編『留東会訊』第六期、一九八九年。これは創立七五周年記念号であり、会の歴史について会員が寄稿している。
(17)遼寧省留日同学会『遼寧留日学人』日本研究雑誌社、一九九四年
(18)吉林省留日学人専業委員会編『白山松水話扶桑』吉林大学出版社、一九九九年
(19)記事「国外の中国留学生刊行物」、『神州学人』一九八七年第五期
(20)方雄普・許振礼編著『海外僑団尋淙』中国華僑出版社、一九九五年
(21)①～⑤については、『神州学人』第七期(一九八八年五月)五八頁
(22)『神州学人』第六〇期(一九九五年二月)九頁
(23)『神州学人』第一〇期(一九八八年十一月)五一頁
(24)『神州学人』第四期(一九八八年七月)三四頁
(25)『神州学人』第六〇期(一九九五年二月)八頁
(26)『人民日報(海外版)』一九九六年六月十二日
(27)『華僑華人百科全書:社団政党巻』中国華僑出版社、一九九九年
(28)『人民日報(海外版)』一九九六年六月二十六日

第一二章　中国の留学交流の将来動向に関する考察

これまでの章で中国の留学政策を歴史的背景とともに考察してきた。留学政策には国内外の政治情勢、経済情勢や知識人政策、科学技術政策、高等教育政策、民族教育政策などがそれぞれの文脈において関わりをもっていた。その文脈を辿るのは、はなはだ厄介な作業であったが、ある程度、留学政策の背景となった歴史的文脈は理解できた。本章では、それら歴史的情報を基に影響力のある要因を限定し、その要因を基礎に理論的推論を用いて、中国の海外留学需要の将来動向を考えたい。将来を予測することは大変困難である。しかし、結論から言えば、現在の中国の留学政策は過去の歴史的経緯——改革開放路線下の知識人政策の定着や自費留学の自由化——を見ると、将来もそのまま継続する可能性が高いように思われる。また、中国人の留学意欲もある程度まで持続性のあるものと判断できる。それに他の政治的・経済的・社会的・教育的要因を考え合わせれば、将来動向をある程度見通せるのではないかと思われる。

他面では、中国は外国人留学生の受け入れ国として台頭してきた。中国語の世界的普及政策も進んでいる。更に、大学の運営自主権が確立し、自ら国際化を進めている。その将来に向かう趨勢についても考察する。

第一節　中国人の海外留学の現状と将来予測

1　問題の所在

中国の留学交流の将来動向は、日本の留学生受け入れの将来に大きな影響を与える。なぜならば、二〇〇六年五月現在、日本の高等教育機関に在籍する中国人（大陸）留学生数は全体の六三パーセントを占めているからである。その動向は関係者の関心を集めている。また、中国はアジアで第二位の留学生受け入れ国となった。アジアで第一位の留学生受け入れ国は日本である。中国は日本の留学生受け入れ数に追いついてきた。日本と中国とは相互交流を行っているが、並行して、他の諸国の留学先の選択肢として両国は競合するようになってきた。このように日本の留学交流の将来とも密接に関連した中国の留学交流の現状と将来動向を考察することは重要な課題である。

さて、その将来動向に関しては、以下のような四つのテーマがあるだろう。

第一に、中国において海外留学需要は将来どれほど増大するのか。

第二に、中国において日本留学需要は将来どれほど増大するのか。

第三に、韓国・日本などアジア諸国において中国留学需要は将来どれほど増大するのか。

第四に、中国の高等教育機関は将来どれほど外国人留学生を受け入れるつもりなのか。

ここでは、第三のテーマを除き、第一と第四のテーマを考察する。第二のテーマについては日本の留学生受け入れの将来計画がどのように進むかを考え合わせる必要があるだろう。終章で論述することにしたい。

2　IDPによる世界の留学需要の将来予測値

オーストラリアの留学広報及び研究機関であるIDP Education Australiaは、世界の留学需要の二〇二五年までの将来予測について、『*Global Student Mobility 2025*』（IDP Research Publication）という報告書を二〇〇二年と二〇〇三年に発表した。二〇〇三年版は二〇〇二年版の改訂版であるので、ここでは二〇〇三年版を参照する。なお、留学需要とは、外国の高等教育に対する需要を指す。海外留学だけではなく、自国にいて外国の大学分校に進学したり、外国の遠隔教育を受講したりする場合も含んでいる[①]。

このIDP報告書は、留学需要が伸びるための三つの条件を仮定する。第一の仮定は、科学技術が発展し続ける。加えて、知識経済の出現が海外留学や遠隔教育を盛んにして、教育産業の新しいビジネスモデルが生まれる。第二の仮定は、各国の人口高齢化が熟練労働者に対する需要を高める。外国人留学生は、労働需要を満たせないことを懸念する受け入れ国の経済発展にとって重要な存在になる。そして、第三の仮定は、教育サービスの輸出入に関する国家の障壁が低くなる、というものである。これら三つの仮定は、どれも現時点では妥当なものであろう。

さて、IDP報告書は、実質所得の中位水準での成長と、国連の中位人口推計を利用する「ベース・シナリオ」において、二〇〇三年〜二〇二五年の期間、世界の高等教育に対する留学需要が、「シェア横ばいシナリオ」（英語圏の先進国の市場シェアが不変と仮定する）の下で、年率六・〇八パーセントで成長すると予測する（表12-1）。

主要な結果は以下の通りであった[②]。

① 世界一四四カ国の高等教育への海外留学者数は、二〇〇三年に二一一万人であったものが、二〇二五年には七六九万人に増大する。

② 地域別の予測によれば、二〇二五年には全世界の留学需要の七〇パーセントはアジアで生じる。アジアの留学需要は二〇〇〇年の六倍に膨れ上がると予想する。即ち、アジアからの海外留学者数は二〇〇三年に九六・三万人だったものが、二〇二五年には五三〇万人に達する。年率八・一パーセントの増加率である。

③ アジアの中でも東アジアの需要が伸びる。東アジア出身の海外留学者数は二〇〇三年五七・六万人で、世界全体の二七パーセントを占めたが、二〇二五年には三六二・三万人に増大し、世界全体の四七パーセントを占めるに至ると予測する。留学需要は年率八・七パーセントで成長する。

表 12-1 IDP 報告書における地域別の留学需要予測（単位 1,000 人）

	2003	2005	2010	2015	2020	2025	成長率（年率）
アフリカ	225	250	321	409	525	673	5.08%
サハラ以南	140	156	203	267	355	474	5.69%
北アフリカ	84	94	118	142	171	199	3.91%
中東	133	147	185	233	291	358	4.61%
アジア	963	1,142	1,806	2,674	3,815	5,355	8.11%
東アジア	578	693	1,089	1,666	2,485	3,623	8.73%
東南アジア	170	186	266	373	489	638	6.37%
南アジア	154	192	358	517	696	921	8.24%
中央アジア	62	71	94	119	145	174	4.71%
アメリカ	172	182	212	247	285	325	2.98%
北米	87	90	101	112	125	138	2.16%
中米	27	29	37	47	57	67	4.38%
南米	58	63	74	88	103	120	3.33%
ヨーロッパ	610	640	724	808	885	966	2.11%
西欧	385	397	430	458	482	504	1.22%
東欧	225	243	293	350	403	462	3.32%
オセアニア	10	10	11	13	14	15	2.07%

出所）IDP 報告書，2003 年，55 頁

④　東アジアの次に、留学需要の成長率が高いのは東南アジアである。二〇二五年までに東南アジアの留学需要は年率六・三七パーセントの勢いで増大し、海外留学者数は六三・八万人になる。海外留学者の絶対数では南アジア出身が急増し、二〇二五年には九二一万人になると予測している。

⑤　ヨーロッパ出身の海外留学者数は二〇〇三年六一〇万人で、世界全体の二九パーセントを占めたが、二〇二五年には九六六万人で、世界全体の一三パーセントに低下すると予測されている。ヨーロッパの中でも東ヨーロッパは若干ではあるが留学需要（年率三・三二パーセント）が伸び、西ヨーロッパはあまり伸びない（年率一・二二パーセント）という。

ところで、表12-2は、国別留学需要の予測値である。上欄が二〇〇〇年のトップ一〇、下欄が二〇二五年のトップ一〇を示している。中国は二〇〇〇年も二〇二五年も第一位であ

表12－2　IDP報告書における留学需要のトップ10（シェア横ばいシナリオ）

2000年	2000	2005	2010	2015	2020	2025	成長率
中国	327,351	431,127	788,361	1,321,480	2,099,309	3,195,916	10.8%
インド	110,754	141,454	270,844	377,162	488,703	628,088	7.8%
韓国	90,405	96,860	114,860	138,166	158,258	178,158	3.2%
日本	66,034	65,947	68,735	70,890	72,380	73,162	0.5%
ギリシャ	65,228	68,460	75,652	80,540	85,139	89,342	1.3%
マレーシア	62,242	65,728	95,376	135,375	184,458	248,754	6.8%
ドイツ	55,452	56,669	61,951	65,438	67,463	69,107	1.0%
モロッコ	50,083	57,012	68,838	81,160	94,873	110,208	3.4%
トルコ	48,722	49,058	59,429	77,677	94,631	114,632	4.3%
台湾	46,423	49,230	58,588	67,474	76,618	86,133	2.8%
2025年							
中国	327,351	431,127	788,361	1,321,480	2,099,309	3,195,916	10.8%
インド	110,754	141,454	270,844	377,162	488,703	628,088	7.8%
マレーシア	62,242	65,728	95,376	135,375	184,458	248,754	6.8%
韓国	90,405	96,860	114,860	138,166	158,258	178,158	3.2%
ベトナム	17,598	23,202	44,338	74,982	98,173	127,293	3.2%
トルコ	48,722	49,058	59,429	77,677	94,631	114,632	4.3%
モロッコ	50,083	57,012	68,838	81,160	94,873	110,208	3.4%
バングラデシュ	15,472	18,386	34,492	56,730	78,897	102,395	9.2%
パキスタン	14,731	17,328	29,147	44,590	67,325	98,000	9.0%

出所）IDP報告書，2003年，56頁

る。二〇二五年には、世界の留学需要の五〇パーセント以上を占めるようになる。またインド、マレーシア、韓国、ベトナム、トルコ、モロッコ、バングラデシュ、パキスタンで留学需要が高まり、新しい留学生市場が形成されると予測する。

因みに、日本の留学需要は、二〇〇〇年では六六、〇三四人で世界四位であったが、二〇二五年には七三、一六二人（年率〇・五パーセント）であると予測されている。二〇二五年に日本は順位を落とす。つまり、日本人の留学需要はあまり伸びないというわけである。

3　中国の留学需要の将来予測

ＩＤＰ報告書（二〇〇三年版）から中国・台湾を抜き出したのが表12－3である。これを見ると、中国の留学需要は二〇一〇年七九万人、二〇二〇年二一〇万人、二〇二五年三一九万人に達するという。台湾においても留学需要は二〇一〇

表12－3　IDP報告書における中国の留学需要の将来予測　（人）

年	2000	2005	2010	2015	2020	2025
中国	327,351	431,127	788,361	1,321,480	2,099,309	3,195,916
台湾	46,423	49,230	58,588	67,474	76,618	86,133

出所）IDP報告書，2003年，56頁

年の五・八万人から二〇二五年には八・六万人に増大すると予測する。この予測値については疑問も出されているが、ともあれ二〇二五年まで「中国人」の留学生市場は膨張し続けるという。[3]

この世界第一位の留学生市場に欧米・豪州・日本その他の教育機関が参入して、多くの留学生を獲得しようとしている。特に、優秀な留学生の獲得方法として様々な手法が用いられている。例えば、米国には、途上国の成績優秀な高校生に国際航空券を渡して米国まで自分の大学を見学に来させ、見学して気に入れば留学資金を助成すると誘う方法を用いる大学もある。日本では「アジア人財資金構想」のように、日本での就職を条件に留学資金を提供する方法を実施し始めた。このように優秀な外国人材の獲得競争は既に始まっている。将来はさらに激化することだろう。

第二節　留学生送り出し国としての中国の将来動向

1　中国人の海外留学の特徴

（1）　留学生送り出し実績

ＩＤＰ報告書が述べるように中国人の海外留学が将来も増加し続けるとしても、ＩＤＰ報告書の統計的推論とは違う観点からその将来動向を考えてみる必要がある。政治・経済情勢との関連において留学政策の変遷を辿りながら、各年度別の留学者数・帰国者数の推移を示したのが表12－4である。[4]

顧みれば、新中国成立後、一九五〇年に東欧諸国に三五人の留学者を派遣したのを皮切りに、国家派遣政策は国家発展戦略として実施されてきた。しかし、反右派闘争から文革終結までの階級闘争路線下での知識人政策によって約二〇年間停滞してしまった。一九七八年十二月の改革開放後は安定した政治状況の中で機関派遣政策が開始され、今日まで総じて公費派遣は順調に増加している。他方、自費留学は一九八〇年代初めから経済成長とほぼ比例して急速に増加してきた。

大まかに言えば、留学者数は一九七八年十二月の改革開放方針の決定、一九九三年十一月の社会主義市場経済建設方針の決定、また二〇〇一年十二月のWTO加盟を節目として倍増している。

他方、帰国者数は一九九三年十一月の社会主義市場経済建設の方針決定以降に増え始め、二十一世紀に入ってからは特段に増加している。それは主に経済成長により国内就職が良好になったためであるが、改革開放路線下における知識人尊重政策の定着及び国を挙げての帰国奨励政策の効果でもある。中国の将来の留学動向については、この政治・経済の安定と知識人尊重政策が持続することを前提に考えなければならない。

2　留学動向に関する理論的考察

さて、二〇〇七年度に一四・五万人が出国留学したが、そのうち国家派遣八、九〇〇人、機関派遣六、九〇〇人であり、合わせて公費留学は一五、八〇〇人（約一〇パーセント）であったのに対して、自費留学は一二・九万人（約九〇パーセント）に達した（表1－10）。国家派遣や機関派遣の増加は、明らかに中央政府及び地方政府等の政策の結果である。この増加政策は今後も続けられるだろう。だが、国家派遣・機関派遣の留学規模には限界がある。将来、全体として海外留学の規模が大幅に増加するとすれば、それは全留学の九〇パーセントを占める自費留学が増加した結果であると考えられる。つまり、自費留学の増減要因の分析をすれば、中国の将来の留学動向を見通すことができるということである。

では、今日、自費留学増加の原因は何であろうか。中央政府も地方政府も自費留学の増加をもたらすために特段に有効な政策を行っているわけではない。ただ、鄧小平の南巡講話を受けて、一九九二年八月、国務院「在外留学

表 12－4　1949～2007 年の中国留学政策史と送り出し実績　（人）

年	関連事項（政治・経済情勢と留学政策）	出国留学数（出国留学人員）	留学帰国数（学成回国）
1949	7 月毛沢東「人民民主主義独裁を論ず」。10 月新中国成立。	－	－
50	留学帰国運動起こる。朝鮮戦争（50～53 年）勃発。7 月東欧 5 カ国・北朝鮮と交換留学開始。	35	－
51	8 月中国留学生のソ連受け入れ協定締結	380	－
52		231	－
53	第 1 次 5 カ年計画。	675	16
54		1,518	22
55		2,093	104
56	1 月周恩来「関于知識分子問題的報告」	2,401	258
57	6 月「六・八指示」（反右派闘争の開始）11 月毛沢東，モスクワ大学講話	529	347
58	第 2 次 5 カ年計画。2 月大躍進運動の提唱	415	670
59		576	1,380
60	4 月中ソ論争。七月ソ連，中国より技術者を引揚げる。	441	2,217
61		124	1,403
62	3 月周恩来「政府工作報告」で知識人問題を論ず	114	980
63		32	426
64	10 月原爆実験に成功（留学帰国科学者，多数参画）	650	191
65		454	199
66	第 3 次 5 カ年計画。5 月文化大革命発動される。留学派遣停止。	－	－
67	1 月「関于国外留学生回国参加文化大革命運動的通知」	－	－
68		－	－
69		－	－
70		－	－
71	第 4 次 5 カ年計画。4 月「二つの評価」提唱。10 月国連代表権復帰	－	－
72	2 月ニクソン大統領訪中。9 月田中角栄首相訪中，国交正常化。	36	－
73		259	－
74		180	70
75		245	186
76	第 5 次 5 カ年計画。1 月周恩来死去。4 月第一次天安門事件。9 月毛沢東死去。	277	189
77	5 月鄧小平「尊重知識，尊重人材」談話	220	270

表 12 - 4　（つづき）

1978	8 月日中平和友好条約締結。12 月改革開放路線の決定	860	248
79	3 月赴日留学生予備学校開設。日本に国家派遣開始。	1,777	231
80	2 月「中華人民共和国学位条例」	2,124	162
81	第 6 次 5 カ年計画。 4 月内蒙古自治区と日本私立大学協会の派遣協定	2,922	1,143
82		2,326	2,116
83		2,633	2,303
84	9 月「部門、地方自行選派出国留学人員的通知」 12 月国務院「関于自費出国留学的暫行規定」	3,073	2,920
85	新疆ウイグル自治区と日本私立大学協会の派遣協定	4,888	1,424
86	第 7 次 5 カ年計画。 12 月「出国留学人員工作的若干暫行規定」	4,676	1,388
87		4,703	1,605
88	スリランカと初めて学歴・学位の相互承認協定を結ぶ。	3,786	3,000
89	6 月第二次天安門事件。12 月米ソ冷戦終結宣言	3,329	1,753
90		2,950	1,593
91	第 8 次 5 カ年計画。12 月ソ連崩壊	2,900	2,069
92	1 ～ 2 月鄧小平の南巡講話 8 月「関于在外留学人員有関問題的通知」	6,540	3,611
93	11 月「関于建立社会主義市場経済若干問題的決定」	10,742	5,128
94		19,071	4,230
95		20,381	5,750
96	第 9 次 5 カ年計画。6 月国家留学基金管理委員会新設	20,905	6,570
97	2 月鄧小平死去。7 月 1 日香港返還。	22,410	7,130
98		17,622	7,379
99	7 月「自費出国留学仲介服務管理規定」	23,749	7,748
2000	1 月西部大開発戦略が開始される	38,989	9,121
2001	第 10 次 5 カ年計画。3 月公費留学の評価研究。 12 月 WTO 加盟により，自費留学は完全に自由化される。	83,973	12,243
2002		125,179	17,945
2003	2 月「高等学校境外辦学暫行管理辦法」 3 月「中外合作辦学条例」	117,307	20,152
2004		114,682	24,726
2005		118,518	34,987
2006	第 11 次 5 カ年規画。 11 月「国家公派出国留学選派辦法」	134,000	42,000
2007		144,500	44,500

出所）『新中国五十五年統計資料彙編』（中国統計出版社，2005 年）および『中国教育統計年鑑』（2000 ～ 2008 年）

者関連の問題に関する通知」（関于在外留学人員有関問題的通知）において提唱された「留学を支持し、帰国を奨励し、往来は自由とする」（支持留学、鼓励回国、来去自由）の方針のもとに留学自由化政策を堅持しているだけである。従って、自費留学の増加する原因は個々人の留学動機とそれを強めたり弱めたりする社会的背景に求めなければならない。

さて、留学理論には、人々を海外留学に押し出す中国側のプッシュ要因と人々を海外留学に誘い出す外国側のプル要因を分析する「留学のプッシュ・プル理論」がある。但し、実際には、中国国内にはプッシュ要因だけがあるのではなく、それと反対方向の作用を働かせている要因も存在する。例えば、経済成長が続き国民の所得水準が上がれば、それは留学のプッシュ要因（促進要因）になるが、他面で経済成長によって大学卒業生の就職事情が好転すれば、「箔をつける（鍍金）」ための留学の必要性は薄れる。それは大勢の人々の留学動機を弱める要因（阻害要因）ということになる。

従って、筆者は次のようにこの理論を再考したいと思う。すなわち、送り出し国が留学生を押し出す作用を「プッシュ力」と呼ぶと、それは留学の促進要因と阻害要因の総和であると考える。同様に、外国が留学生を引き寄せる作用を「プル力」と呼ぶと、そこにも留学の促進要因と阻害要因が存在する。「プル力」の本質はある国への留学にどれほど魅力を感じるかということであるとすれば、魅力とは本来それを魅力と感じる側の創り出す感情であるので、例えば、ある国への留学は日本人にとってはそれほど魅力とは思われなくても、中国人にとっては非常に魅力があるという場合がある。同様に、魅力を感じる対象は留学志望者個々人においても相違がある。しかし、もしある国への留学が非常に多いとすれば、そこには多くの留学志望者に共通する「プル力」が働いていると言うことができるのである。

かくして、プッシュ力とプル力との総和によって、留学が促進されるか否かが決定されると考えられるのである。つまり、留学需要の増大は促進要因の増加だけではなく、阻害要因の減退によっても起こる。逆に、留学需要の減少は阻害要因の増加だけでなく、促進要因の減退によっても起こるのである。

換言すれば、中国にとってプッシュ力とは留学の内因であり、諸外国のプル力は留学の外因である。つまり、中国の留学需要の増減は、内因と外因のせめぎあい（複合作用）によって決定されている。「留学のプッシュ・プル理論」を一歩進めて、「留学の内因・外因理論」と呼ぶことができるだろう。

この理論的枠組みに従って、表12－5に自費留学の内因・外因を列挙してみた。現在、中国の海外留学は増加し

表12－5　中国人自費留学の内因と外因

留学に関する中国の内因（プッシュ力）	促進要因	改革開放政策 知識人の尊重政策 留学自由化政策 自費留学仲介制度の確立 外国語教育および外国語能力試験の普及 留学情報の普及 高等教育への進学意欲の上昇 大学卒業生の失業不安 海外留学者の高い社会的評価 所得水準の向上
	阻害要因	国内政治の混乱 受け入れ国との政治関係の悪化 経済的低迷による所得水準の低下 留学の制限政策 留学情報が乏しい。 外国語教育および能力試験の機会が乏しい。
留学に関する諸外国の外因（プル力）	促進要因	留学情報量の増加：各国留学フェアの中国開催 留学相談センターの中国開設 経済支援の充実：奨学金給付枠の拡大 アルバイト制限の緩和 高度人材の移民政策
	阻害要因	送り出し国との政治・経済関係の悪化 留学生の入国制限政策：不法滞在者対策 奨学金給付率の低下 物価高騰 移民の抑制政策

出所）白土悟（2007）を参考に作成

ており、内因においては自費留学の促進要因が阻害要因よりも優勢である。そこに焦点を絞って考察を試みようと思う。(5)

3 自費留学の促進要因（一）――党・政府の政策的要因

自費留学の発展に最も大きな影響を与えたのは、一九七八年十二月の中国共産党第一一期中央委員会第三回総会において決議された、党・政府による改革開放政策である。改革開放政策の方針の中で、特に民衆による大規模な階級闘争を終結し、「社会主義現代化建設」に向けて努力することを宣言したこと、及び米国・日本・欧州・アフリカ諸国・ラテンアメリカ諸国など西側諸国との外交政策を進展して、東側諸国に限定することなく、世界との友好関係を発展させる方針を打ち出したことである。

これに関連して、鄧小平の一九七七年五月二十四日の談話「知識を尊重し、人材を尊重しよう」（尊重知識、尊重人才）を基本方針として、知識人の労働環境と待遇の改善が行われたことである。鄧小平は、知識人を中国の遅れた教育と科学技術を発展させるための「頭脳労働者」と位置づけた。教育と科学技術の発展がやがて経済発展をもたらすからである。

この改革開放政策と知識人尊重政策は海外留学を推進する基本的枠組みであると言えよう。そして、これらの政策は今後も恐らく変わることはないと思われる。

4 自費留学の促進要因（二）――教育政策的要因

① 自費留学の自由化

改革開放後、知識人を反革命的存在と見る従来の政策を改め、知識人尊重政策を推進した。それが社会的思潮として全国に浸透するとともに、自費留学の申請が急速に増加した。しかし、自費留学に関する統一的な政策がなかったので、一九八一年一月十四日、教育部他七部門の提出した「自費出国留学に関して指示を請う」（関于自費出国留学的請示）および「自費出国留学の暫定規定」（関于自費出国留学的暫行規定）によって整備された。その後、自費留学政策は幾度か変更され続けるが、二〇〇一年十二月、WTO加盟に伴って教育サービス貿易（教育服務貿易）の分野が開放されることになり、法改正の結果、留学資格の制限や留学資格審査は廃止され、自費留学は完全に自由化された。

②　自費留学仲介制度の整備

自費留学の補完的制度として、一九九九年七月五日教育部、公安部、国家工商行政管理局は合同で「自費出国留学の仲介業務管理規定」（自費出国留学仲介服務管理規定）、十月「実施のための細則」（実施細則）を発布、自費留学者の権益保護を目的に、留学斡旋を行う民間会社・公的機関の資格認定条件を規定して中央政府の管理下に置いた。今まで斡旋業者は営業許可を受けたあとは、ほとんど行政からは無干渉に近い状態に置かれた。そのため、例えば、斡旋業者に入学料・手続き料を支払っても留学できないケースや留学条件が約束とは違うケースなどトラブルが続出していた。この改善を目指したものである。二〇〇四年十二月一日現在、資格認定を受けた留学仲介機関は全国三四一カ所に達した。

③　留学情報の普及

公的な情報支援として、教育部は「教育渉外監管信息網」（www.jsj.edu.cn）や「中国留学網」（www.cscse.edu.cn）を開設し、自費留学の仲介業務に関する情報や、米国・カナダ・イギリス・日本・韓国・オーストラリアなど中国人留学者が比較的多い二一カ国の良質の学校に関する情報を発信している。

二〇〇三年八月から在外公館が「国外教育機関資質情況認定表」を用いて各国学校の質的情報を収集しているが、中国留学服務センターではその資料を基に問合せに応じている。

また二〇〇三年度から「国家優秀自費留学生奨学金」を実施し、自費留学の優秀研究者に政府奨学金を給付している。

また、海外の教育機関が中国で留学フェアを開催し、宣伝・勧誘するようになった。更に、中国においてもインターネット環境が整い、海外の大学の留学情報にアクセスしやすくなった。

④　外国語教育および外国語能力試験の普及

英語・日本語・フランス語・ドイツ語・ロシア語など高等学校・大学における外国語教育が普及し、あわせて各外国語の能力試験が中国内で実施されるようになった。受け入れ国側の入学審査がこれによって容易になったのである。加えて、民間の外国語学校が増え、そこが自費留学仲介を盛んに行うようになった。

5　自費留学の促進要因（三）――教育社会学的要因

（1）　大学進学率の上昇

一九九八年大学受験者が三二〇・三二万人だったのに対して、入学者は一一五・六万人であった。受験者の約二〇四・七二万人（六四パーセント）が入学できなかったのである。同年十一月、アジア経済危機の最中に、湯敏（当時、アジア開発銀行北京本部副主席）は夫妻で「中国経済の有効な道筋――大学募集人数の倍増に関して」（関于啓動中国経済有効途径――拡大高校招生量一倍）を執筆して国務院上層部に建議した。すなわち、大学入学者を三～四年以内に倍増すれば国家は少ない投資で内需を拡大でき、国民の切実な願望も実現できる。新しく増える学生は全額自費入学にして、困窮する学生のための政府奨学金を増額し、また学資貸与できるようにする。こうすれば、毎年約一、〇〇〇億元の投資と消費を生み出すほか、毎年一〇〇万～二〇〇万人の労働力を市場に送り出すのを遅らせ失業率を減らすことができ、四年間で五〇〇万～六〇〇万人の職工の雇用を生み出すので、失業者は減少すると論じた。湯敏はこれによってマスコミに「中国教育産業化の父」と称されることになった⑹。

翌一九九九年一月、教育部は「二十一世紀に向けた教育振興行動計画」（面向二十一世紀教育振興行動計画）を制定、高等教育規模を拡大して二〇一〇年には粗在学率（毛入学率）即ち、適齢人口（一八～二二歳）における高等教育在学率を当時の九パーセントから一五パーセント前後まで高め、またいくつかの大学と重点学科を一〇～二〇年後には世界一流水準に引き上げるという目標を立てた。同年六月、中共中央・国務院は「教育改革を深め素質

表12-6　1998～2008年の大学進学率と粗在学率

年度	普通大学本科・専科の学生募集数（万人）	高校卒業生の進学率（%）	高等教育在籍学生の粗在学率（18～22歳）
1998	108.36	46.1	9.8
1999	154.86	63.8	10.5
2000	220.61	73.2	12.5
2001	268.28	78.8	13.3
2002	303.76	83.5	15.0
2003	382.17	83.4	17.0
2004	447.34	82.5	19.0
2005	504.46	76.3	21.0
2006	546.05	75.1	22.0
2007	565.92	70.3	23.0
2008	607.66	72.7	23.3
2020		—	30.0

出所）各年度『中国教育統計年鑑』

教育を全面的に推進することに関する決定」（関于深化教育改革全面推進素質教育的決定）を発布、「二十一世紀に向けた教育振興行動計画」の提示した高等教育規模の拡大目標を正式に発表した。

こうして高等教育機関の入学枠は、表12-6のように急速に拡大されていった。それに伴って、高校卒業生（高級中学）の進学率は一九九九年六三・八パーセントにまで上昇し、二〇〇五年には七六・三パーセントを記録し、二〇〇八年度には七二・七パーセントであった。なお、進学率は高校卒業生数と大学募集定員の比率であり、外国の大学への進学者数は進学率の計算には含まれていない。

さて、この進学率の上昇と同時に、粗在学率も上昇し始めた。二〇〇二年に一五パーセントという大衆化段階に達し、二〇〇三年に一七パーセント、二〇〇四年に一九パーセント、二〇〇五年に二一パーセント、二〇〇八年には二三パーセントに達した。教育部附属の国家教育発展研究センターの予測では、粗在学率は二〇一〇年に二〇パーセント以上となり、二〇二〇年に三〇パーセントを超えるとしているが、それよりも早く上昇している。(7)

このように高等教育への進学率が高まることは、更なる上昇志向を持つ学生が増えることを意味する。こうして海外留

表 12－7　中国の大学の在籍者数の推移　（人）

大学の課程		2000 年	2004 年	2000 年と 2004 年の差
専科	普通	2,160,719	5,956,533	3,795,581
	成人	2,818,819	2,782,002	▼ 36,817
	e ラーニング	—	1,095,450	1,095,450
本科	普通	3,400,181	7,378,436	3,978,255
	成人	717,623	1,415,954	698,331
	e ラーニング	—	1,270,458	1,270,458
大学院	修士	233,144	654,286	421,142
	博士	67,293	165,610	98,317
合計		9,397,779	20,718,724	11,320,945

出所）国家教育発展研究中心編（2005）41 頁より作成

学も活発化したと考えられる。

（2）大学の課程別在籍者数の推移

次に、表12－7に示した大学の課程別在籍学生数の推移を見ると、専科生は二〇〇〇年の約四九〇万人が二〇〇四年には九八〇万人と約二倍に増えた。特に、eラーニング（網絡教育）の在籍学生数が一〇〇万人を超えた。因みに、eラーニングは二〇〇〇年に教育部高等教育司の「若干の大学の建設したeラーニング学院による現代遠隔教育の試行的展開を支持することに関するいくつかの意見」（関于支持所高等学校建設網絡教育学院、開展現代遠程教育試点工作的幾点意見）、即ち「一〇号文件」に始まり、二〇〇四年までに清華大学、北京大学、西南交通大学など六七校に開設が認められた。その学生募集・入試・学歴証の発行など大学に自主権が認められている(8)。

他方、本科生は二〇〇〇年の四二〇万人が二〇〇四年には一、〇〇〇万人と、やはり二・五倍増である。eラーニングで一三〇万人近く増えているのが注目される。

更に、一九八〇年二月「中華人民共和国学位条例」発布、翌一九八一年一月一日より施行されて後、大学院教育の規模は拡大していく。表12－7によれば、大学院在籍学生数は修士課程では二〇〇〇年二三万人が二〇〇四年六五万人と三倍増になり、博士課程では二〇〇〇年約七万人が二〇〇四年一六万人と二倍増になった。

要するに、在籍学生数は、専科、本科、大学院の全課程で拡大している。すなわち、二〇〇〇年と比べ二〇〇四年では高等教育在籍学生数は合計一、〇〇〇万人以上も増加している。同時期、自費留学は二〇〇〇年（三・二万人）と比べ二〇〇四年（一〇・四万人）では約三倍以上も増加している（表1－10）。この事実から考えて、大学・大学院の入学枠の拡大やeラーニングの普及など、国内の高等教育の拡大は、海外留学の阻害要因ではなく、逆に海外留学の促進要因として作用したと言えるだろう。

（3）学部留学の優勢

日本の文部科学省の規定では、海外で一二年以上の学校教育を受けていれば、日本の高等教育機関への外国人留学生の出願資格を満たす。つまり、中国で一二年の学校教育修了者はすべて日本留学の可能性がある。この日本留学のケースを念頭において考えると、中国からの海外留学のパターンは次のように五種類ある。

① 中国の職業高校・中等専業学校を卒業後、海外で語学教育機関を経て、高等専門学校・専修学校（専門課程）に入学する。あるいは、数少ないが、成績優秀者は大学の学部に入学する場合もある。

② 中国の普通高校を卒業後、海外で語学教育機関を経て、四年制大学の学部に入学する。中国の大学に合格できなかった場合と初めから留学を目指す場合がある。

③ 中国の大学専科を卒業後、中国では学士学位を取得できないので、海外で語学教育機関を経て、四年制大学の学部に入学する。

④ 中国の大学本科を卒業後、外国の大学院修士課程に留学する。語学教育機関に一旦入学する場合もある。

⑤ 中国の大学院修士あるいは博士課程を修了後、外国の大学院修士あるいは博士課程に留学する。博士課程修了者の場合はポスドクに応募する場合が多い。

北京の例では、一九九四年から一九九七年までの四年間、自費留学者の中で本科卒業生が五〇パーセント、修士以上の学歴保持者が四三・四パーセントを占めた。この両者で九三・四パーセントになる。つまり、④、⑤のパ

表 12－8　2000～2008年の大学（本科・専科）の卒業生数の推移　（万人）

年度	普通大学本科・専科の卒業生数	成人大学本科・専科の卒業生数	eラーニング本科・専科の卒業生数	総計
2000	95.0	32.8	—	127.8
2001	103.6	31.6	—	135.2
2002	133.7	117.4	—	251.1
2003	187.7	159.3	1.1	348.1
2004	239.1	189.6	39.3	468.0
2005	306.8	166.4	75.9	549.1
2006	377.4	81.5	88.5	547.4
2007	447.7	176.4	82.8	706.9
2008	511.9	169.0	90.1	771.0

出所）国家統計局編『中国社会統計年鑑 2006』（中国統計出版社，2006年12月）及び各年度『中国教育年鑑』より作成

ターンが圧倒的に多く、自費留学生の高学歴化が生じている。[9] しかし、北京は中国で最も教育レベルの高い特別な地域である。全国的に見れば、①、②、③のパターンのような学部留学が多数を占めるものと考えられる。

例えば、二〇〇六年五月現在、日本では外国人留学生の中で大学院レベルの学生数二六パーセントに対して、学部・短大・高等専門学校・専修学校専門課程などの学部レベルの学生数は合計七二パーセントを占めている。圧倒的に①、②、③のパターンが多い。要するに、学士学位取得を目標とする学生が多い。たとえ短大・高等専門学校・専修学校専門課程に進学して学士学位を取得できなくても、四年制大学の三年次に編入することができる。もしそれができなくても、外国事情・外国語に通暁することができれば、帰国して給与水準の高い外資系企業に就職するのに有利になると考えられている。

（4）　大学卒業生の失業予測

大学卒業生の就職は、一九八五年まで国家が就職先を斡旋する制度（国家統一分配）であったが、徐々に改革され、ついに一九九七年三月、国家教育委員会は「普通大学卒業生の就職工作の暫定的規定」（普通高等学校卒業生就業工作暫行規定）を発布、大学生と雇用者による相互選択制度（双向選択、自主択業）に全面的に移行した。

表 12－9　抜群の国家貢献者の中で留学帰国者の占める比率

名　称	留学帰国者の比率
中国科学院・院士	81%
中国工程院・院士	54%
中国社会科学院研究員	4%
中国医学科学院・高級専業技術者（留学 1 年以上）	37.3%
中国農業科学院研究員	13.7%
九期 5 カ年計画期間の国家 863 計画課題組長以上の科学者	72%
「百千万人材工程」12 レベルの入選者	18%
「長江学者奨励計画」の入選者	93%

出所）中央宣伝部・人事部・教育部・科技部「中国留学人員回国創業成就展」（中国人材網, 2007 年 8 月）

相互選択制度は需要と供給のバランスという市場原理に従うものであり、大学卒業生といえども就職できない事態が生じてきた。就職問題が厳しくなっている原因はいろいろあろうが、供給が需要を上回っていることが大きな原因である。

表12－8のように近年の大学卒業生（本科・専科）は大幅に増加している。彼らは労働市場に新規参入する者である。全日制大学（普通大学）・成人大学・eラーニングによる卒業生の総計を見ると、二〇〇〇年に一二七万人であったが、二〇〇五年に五四九万人となり、二〇〇八年には七七一万人に上った。これを反映して、大学卒業生の公務員受験者が急増し、二〇〇一年の受験者は三万人であったが、二〇〇五年に五四万人に膨らんだという。

海外留学志向の強い全日制大学（本科・専科）の卒業生に限ってみても二〇〇〇年の九五万人から二〇〇五年には三〇六・八万人と三倍増となり、二〇〇八年には五倍増の五一一・九万人に達している。大学卒業の学歴に相応しい職が少ないためと言われているが、その年の就職率は六五パーセントであった。

大学卒業生の就職戦線は一段と厳しくなった。求職者増加に対して求人数が伸びれば問題ないが、そう簡単ではないであろう。国内就職の厳しさは国内の大学院進学希望者と海外の大学院留学希望者を増加させた原因であったと思われる。

表 12－10　中国の経済成長

年	GDP（億元）
2000	99,215
2001	109,655
2002	120,333
2003	135,823
2004	159,878
2005	183,217
2006	211,924
2007	249,530

出所）国家統計局『中国統計摘要 2008』中国統計出版社，2008 年

（5）　海外留学者の高い社会的評価

留学需要を高めている原因の一つには、留学帰国者の各界での活躍がある。近現代では辛亥革命・中国革命に貢献した人々に留学生が甚だ多い。孫文、郭末若、魯迅、周恩来、劉少奇、朱徳、鄧小平、陳雲、葉剣英などである。新中国においても、例えば一九九五年中国科学院の第一期「学部委員」（のちに院士）の中で九二パーセントが留学帰国者であったし、原水爆・ミサイル・人工衛星（両弾一星）の実現によって中共中央・国務院・軍事委員会から「両弾一星巧勛奨章」を授与された二三人中二一人が留学帰国者であった。

現在、表12－9のように、中国科学院の院士の八一パーセントと中国工程院の院士の五四パーセントが留学帰国者である。このように中国各界で輝かしい業績をあげた人々に留学帰国者が甚だ多いことは、青年の海外留学に対する憧憬を深めている要因であろう。[10]

6　自費留学の促進要因（四）――経済的要因

中国の改革開放後、一九八〇年代に先進諸国の企業は生産コストの安い中国に生産拠点を移していったが、このことによって中国経済は急速に発展した。国民総生産値は一九七八年に六、八四六億元であったが、二〇〇七年には二三・一億元と三三倍になった。一九七八年の貿易輸出入総額は二〇六億ドルであったが、二〇〇七年には二一、七三八億ドルと一〇五倍に増加した。外貨保有額は一九七八年に一〇億ドルであったが、二〇〇七年には一・八兆ドルに達し、一、八〇〇倍になった。中国はこの三〇年間という短期間に工業化、都市化、市場化、国際化の過程を突き進んできたのである。これにより国民所得は上昇し、都市・農村の平均収入はそれぞれ六倍以上に増えた。

一部に高額所得の富裕層が出現するなど、高所得者層の厚みが増している。所得の向上によって彼らの子女を自費留学させることが可能になった。将来も経済発展が続けば、さらに多くの人々の所得を引き上げるだろう[11]。

表12－10は、国家統計局による近年のＧＤＰの推移である。これによれば、二〇〇〇年に約一〇兆元であったが、二〇〇七年には約二五兆元と二・五倍となった。

だが、二〇〇八年九月に世界金融危機が勃発し世界的不況を生じたように、予測できない事態もある。しかし、この世界的不況の中でも経済成長は二〇〇九年現在のところ衰えていない。

7　不帰国者の動向

二〇〇七年三月教育部統計（教育渉外監管信息網）によれば、一九七八年から二〇〇六年末まで、各種の出国留学者数は、一〇六・七万人に達した。そのうち留学帰国者は二七・五万人（二五・七パーセント）、在外留学者は七九・二万人（七四・二パーセント）である。在外留学者の中では、五八・三万人（全体の五四・六パーセント）が外国教育機関の在籍者であり、学部生、大学院生、ポスドク、訪問研究員などの身分で留学中である。残りの二〇・八万人（全体の一九・四パーセント）がいわゆる不帰国者である。

さて、不帰国者に注目すると、華僑や外国籍取得者（華人）の海外就労組が最も多いものと思われるが、不法滞在者も相当数に上るだろう（表1－5）。

第一に、全留学者数の約二〇パーセントが海外就労していると考えれば、留学の所期目的の中で就労目的の占める比率は高いと解釈できるだろう。中国における就職事情が悪化すれば、海外就労を最終目的とする留学は増加するものと予想される。

第二に、海外就労が多い理由は、中国人留学者が受け入れ国の産業界によって高度な労働力として歓迎されていること、またシリコンバレーが好例であるように、自ら科学技術型の企業を創業し、あるいはしたいと考えていることである。

第三に、不法滞在者の問題が深刻である。もし各国で中国人の不法滞在者が増加すれば、各国は中国からの留学者の入国制限処置を取るだろう。日本はその好例である。

このような不帰国の理由は、中国人の海外留学の促進要因にも阻害要因にもなりうると言えるだろう。

以上のように、中国からの自費留学の促進要因を考察してみると、経済的要因の変化や不帰国者の動向を長期的に予測することは不可能であるが、他の促進要因は長期的に見てほとんど変化しないと思われる。そうであれば、自費留学はまだしばらくは拡大していくと考えられるであろう。但し、中国の内需拡大によって国内産業が成長すれば、国内の大学卒業生の就職率は当然上がり、外国の大学への留学のメリットはそのコストに比べて小さくなるかもしれない。そういう情況になれば、留学需要は当然減ずるであろう。そのような予測も成り立つ。いずれにせよ、将来、中国からの自費留学の潮流はどの国・地域に向かって流れ出るかという問題がある。この点は今後の受け入れ国側の留学生政策如何にかかっていると言えるだろう。

第三節　留学生受け入れ国としての中国の将来動向

1　外国人留学生受け入れの現状

日本に留学する外国人留学生数は、主に三つの要因――送り出し諸国のプッシュ要因、日本のプル要因、他の受け入れ諸国のプル要因――の力学的関係によって決まってくる。中国はアジアにおける留学生受け入れ国として日本のライバルとなりつつある。

外国人留学生の受け入れ総数は、中国の「留学生」概念から言えば、表12‐11のように、中国は一四一、〇八七人（二〇〇五年十二月現在）であり、日本の一一七、九二七人（二〇〇六年五月現在）より約二万人余も多い。だが、

表12－11　高等教育在籍課程別の外国人留学生数：中国と日本の比較

中国 2005年 12月末	学歴教育（人）					非学歴教育（人）				計（人）
	専科		本科	修士	博士	高級進修生	普通進修生	短期留学生 6カ月以内	—	
	593		37,147	4,807	2,304	948	57,913	37,375	—	141,087
日本 2006年 5月現在	高専専修	短大	学部研究生	修士	博士	訪問研究員		短期留学生 1年未満	準備教育課程	計（人）
	22,105	2,474	52,997	30,910		—		7,423	2,018	117,927

出所）『中国教育年鑑2006』および日本学生支援機構の統計により作成

正規課程（学歴教育）の在籍学生数を比較すると、中国は四四、八五一人、日本は一〇八、四八六人であり、日本が約二・五倍である。日本では「高等専門学校、専修学校専門課程」の在籍学生が二二、〇〇〇人以上も加算されるからである。なお、日本では「留学」ビザの取得者を「留学生」と呼ぶので、日本語学校の準備教育課程の学生は「留学生」であり計算に含めるが、中国の「高級進修生」「普通進修生」に相当する訪問研究員は「留学生」の範疇には入らないので計算には含めない。

2　改革開放以降の外国人留学生受け入れの現状

文化大革命勃発によって留学交流はいったん停止された。外国人留学生（来華留学生）は一九七三年に受け入れを再開したが、まだ文革の最中であり人数は非常に限られたものであった。一九七三年から一九七八年末までに三五校の大学で八〇カ国から二、四九八人のみである。

一九七八年末、改革開放の方針が決定して以来、外国人留学生受け入れは活発になっていった。一九七九年に七九カ国一、二七八人、一九八〇年には七六カ国一、三七四人を受け入れた。だが、その二〇年後、二〇〇〇年には一六六カ国五二、一五〇人を受け入れている。そして、表12－12のように、二〇〇五年には一四万人を超えたのである。

では、なぜ中国は外国人留学生を受け入れるのか。例えば、日本では途上国の人材養成に対する援助であるというのがその主な理由であるが、中国では異なる目的論が語られている。およそ次のようなものである。[13]

表12－12　中国の大学の外国人留学生数の推移
（各年12月末現在）

年	在籍者	
	国・地域	総数（人）
1973～78	80	2,498
1979	79	1,278
1980	76	1,374
2000	166	52,150
2001	169	61,869
2002	175	85,800
2003	175	77,715
2004	178	110,844
2005	179	141,087

出所）各年度『中国教育年鑑』より作成

現今の先進国では、知識経済の発展と自国の発展戦略のために世界各地で高度レベルの人材を獲得する方策を取っている。シリコンバレーに見られるように、大学は人材養成機関であるだけでなく、科学と知識の創造の場でなければならず、そのためには世界中から優秀な人材を集めることが必須であり、中国の大学でも多くの優秀な外国人留学生を受け入れるべきだというものである。特に、大学院に外国人留学生が集まるような世界水準の大学を建設しなければならないともいう。

既に第八章第四節で述べたように、一九九五年より「二一一工程」が進められている。これは二十一世紀に一〇〇の大学と学科を選抜して重点的投資によって先進的水準にまで優先的に高めるプロジェクトである。二〇〇五年九月全国で一〇七大学が二一一工程の対象に選ばれている。二一一工程の評価項目において留学生受け入れ人数は重視されており、在籍学生総数の五～一〇パーセントが望ましいとされている。ちなみに、留学生は定員外で受け入れている。[14]

次に、一九九八年五月四日、国家主席・江沢民が北京大学一〇〇周年記念大会の講演で「世界一流大学」を持たなければならないと述べたことにより、この年月にちなんで「九八五工程」が開始された。「二一一工程」と並んで、「世界一流大学」と一流水準の学科を建設することを目標として重点投資を行うプロジェクトである。[15]

「世界一流大学」とは何かについては、種々の議論があるが、大学院における外国人留学生の比率が高いこともその指標の一つとされている。二〇〇二年三月現在、ハーバード大学（二一・三パーセント）、ＭＩＴ（三三・三パーセント）、オックスフォード大学（四一・六七パーセント）、東京大学（一三・九パーセント）に対して、北京大学（三・〇七パーセント）、南京大学（二・六六パーセント）、浙江大学（一・二七パーセント）、清華大学（〇・七七パーセント）であった。中国のトップ大学の大学院に優秀な外国人留学生がまだ世界から集まってはいないのである。[16]

3　留学生受け入れ大学の増加

さて、外国人留学生受け入れについては、二〇〇〇年一月三十一日教育部、外交部、公安部は「高等教育機関の外国人留学生受け入れ管理規定」（高等学校接受外国人留学生管理規定）を発布。第二条において、外国人留学生を受け入れることができる大学とは、教育部が承認した全日制大学（普通大学）であると明記された。外国人留学生の中国語教育もいわゆる中国語学校が存在しないので、すべてこれらの大学の中で行われる。

また、第七条によって、従来まで外国人留学生を受け入れる大学の資格審査権は教育部が有していたが、教育部は省級の地方政府の教育行政部門、外事部門、公安部門に審査権を委譲したので、大学はすべて外国人留学生の受け入れを申請できるようになった。また、大学以外に、科学研究機関も受け入れるようになるが、詳細は明らかではない。

表12－13　中国における外国人留学生受け入れ大学数の推移

年	受け入れ機関（校数）
1991	100
1995	283
2000	346
2001	346
2002	395
2003	353
2004	420
2005	464
2006	519
2007	544
2008	592

出所）各年度『中国教育年鑑』。科学研究機関も受け入れるようになるが，いつ頃からかは不明である。

二〇〇八年現在、全日制大学は二、二六三校であるが、表12－13のように、留学生受け入れ大学は五九二校で二六・一パーセントである。まだ受け入れていない大学が多い。受け入れる余地がまだ十分に残っていると言えよう。

加えて、二〇〇一年十二月、WTO加盟後、教育をサービス産業と考える思潮が徐々に定着し、留学生は大学財政にとって不可欠な存在と見なされるようになった。かくして、

表 12－14　1998～2008年の中国における在籍課程別の外国人留学生数の推移　（人）

年度	学歴教育の課程				非学歴教育の課程			計
	専科	本科	修士	博士	高級進修生	普通進修生	短期留学生（6カ月以下）	
1998	160	8,445	1,907	850	513	17,471	13,738	43,084
1999	181	8,402	2,000	896	579	17,158	15,495	44,711
2000	228	10,224	2,192	1,059	626	21,343	16,479	52,150
2001	1,282	11,797	2,377	1,194	536	24,040	20,643	61,869
2002	499	16,309	2,858	1,389	778	38,668	25,328	85,829
2003	263	19,319	3,397	1,637	814	39,026	13,259	77,715
2004	450	25,351	3,883	1,932	773	44,097	34,358	110,844
2005	593	37,147	4,807	2,304	948	57,913	37,375	141,087
2006	46,216		5,966	2,677	997	63,877	42,962	162,695
2007	57,367		7,629	3,218	1,017	74,933	51,340	195,503
2008	65,724		10,373	3,908	1,218	83,779	58,497	223,499

出所）各年度『中国教育年鑑』、于富増（2004）より作成

留学生を受け入れる大学は毎年少しずつ増加している。大学だけではなく、中国科学院等でも受け入れを始めている。このような受け入れ拡大傾向は当分続くと思われる。

4　外国人留学生の履修課程

一九九五年十二月、国家教育委員会は「外国人留学生が漢語水準証書の登録により入学することに関する規定」（関于外国留学生凭〈漢語水平証書〉注冊入学的規定）を発布。これによって、外国人が中国の大学に入学するために必要な語学力レベルが明確に提示され、必ず漢語能力試験（ＨＳＫ：漢語水平考試）を受験しなければならなくなった。中国の理工系大学本科や漢語本科の入学には、ＨＳＫ初等三級以上の「漢語水平証書」が必要である。文科系大学の中国文学・歴史学・哲学専攻の本科および医学系大学本科の入学には、ＨＳＫ六級以上の「漢語水平証書」が必要とされる。こうして外国人留学生教育の入学基準が明確になった。

近年の受け入れを課程別に見たのが、表12－14である。まず注目すべきは、全課程で在籍者数が年々増加している点である。特に、二〇〇四年以降は急増している。

次に、二〇〇五年をみると、最も多いのは「普通進修生」（語学研修生を含む）の五七、九一三人で、全体の四一・一パー

表12－15　2000〜2008年の中国における出身地域別の外国人留学生数の推移　人(%)

年	アジア	アフリカ	ヨーロッパ	南北アメリカ	オセアニア	計
2000	39,034 (74.80)	1,388 (2.66)	5,818 (11.20)	5,144 (9.86)	766 (1.47)	52,150 (100.00)
2001	46,142 (74.60)	1,526 (2.50)	6,717 (10.90)	6,411 (10.40)	1,073 (1.70)	61,869 (100.00)
2002	66,000 (76.90)	1,600 (1.90)	8,100 (9.50)	8,900 (10.40)	1,100 (1.30)	85,800 (100.00)
2003	63,672 (81.90)	1,793 (2.30)	6,462 (8.30)	4,703 (6.10)	1,085 (1.40)	77,715 (100.00)
2004	85,112 (76.80)	2,186 (2.00)	11,524 (10.40)	10,695 (9.70)	1,327 (1.20)	110,844 (100.00)
2005	106,840 (75.70)	2,757 (2.00)	16,463 (11.70)	13,221 (9.40)	1,806 (1.30)	141,087 (100.00)
2006	120,930 (74.33)	3,737 (2.3)	20,676 (12.7)	15,619 (9.6)	1,733 (1.07)	162,695 (100.00)
2007	141,689 (72.47)	5,915 (3.03)	26,339 (13.47)	19,673 (10.06)	1,887 (0.97)	195,503 (100.00)
2008	152,931 (68.43)	8,799 (3.94)	32,461 (14.52)	26,559 (11.88)	2,749 (1.23)	223,499 (100.00)

出所）各年度『中国教育年鑑』より作成

セントを占める。次いで「短期留学生」二六・五パーセント、「本科」の二六・四パーセントの順である。上位二つ（七〇パーセント弱）は学位取得を目的としない非学歴教育に属する。主に中国語学習を目的とする留学と思われる。また、上位三つの合計が九四パーセントとなる点も特徴的である。二〇〇六年以降、「本科」と「専科」の個々の数値は明らかではないが、二〇〇八年の「本科」「専科」の合計は六五、七二四人であり二〇〇五年の約二倍増である。

また、二〇〇八年の学歴教育課程の在籍留学生数は、八〇、〇〇五人（三六パーセント）である。二〇〇〇年では一三、七〇三人（二六パーセント）であったので、五・八倍増である。このように現在は非学歴教育である中国語学習が主流を占めているが、他方で専門的学習のための留学が急速に増えていることも注目される。[17]

表 12-16　2000～2008 年の中国における外国人留学生数の上位 10 カ国の推移　（人）

年	韓国	日本	米国	ベトナム	インドネシア	タイ	ロシア	インド	フランス	ドイツ	計
2000	16,787	13,806	4,280	647	1,947	667	703	—	891	1,270	52,150
2001	22,116	14,692	5,413	1,170	1,697	860	1,050	—	1,057	1,321	61,869
2002	36,100	16,000	7,400	2,300	2,900	1,737	1,492	—	1,341	1,226	85,800
2003	35,353	12,765	3,693	3,487	2,563	1,554	1,224	—	962	1,280	77,715
2004	43,617	19,059	8,480	4,382	3,750	2,371	2,288	765	1,954	2,187	110,844
2005	54,079	18,874	10,343	5,842	4,616	3,594	3,535	3,295	3,105	2,736	141,087
2006	57,504	18,363	11,784	7,310	5,652	5,522	5,035	5,634	3,857	3,090	162,695
2007	64,481	18,640	14,758	9,702	6,590	7,306	7,261	7,190	4,698	3,554	195,503
2008	66,806	16,733	19,914	10,396	7,084	8,476	8,939	8,145	—	4,417	223,499

出所）各年度『中国教育年鑑』より作成

5　外国人留学生の出身国別統計

中国における外国人留学生の出身地域統計は五大陸で表現されている。アジア、ヨーロッパ、アフリカ、南北アメリカ、オセアニアである。二〇〇八年、最も多いのは表12-15のように「アジア」で約六八パーセントを占める。次いで「ヨーロッパ」一五パーセント、「南北アメリカ」約一二パーセントの順である。まだ少数ではあるが、「アフリカ」や「オセアニア」も順調に増加している。なお、台湾・香港・マカオからの学生はここには含まれていない。

出身国別では、表12-16のように二〇〇八年には韓国が最も多く二九・八パーセントを占め、次いで米国（八・九パーセント）、日本（七・四パーセント）、ベトナム（四・六パーセント）、ロシア（三・九パーセント）の順である。この五カ国で約五五パーセントを占める。

また、二〇〇八年を見ると、過去五年間にどの国も急増しているが、日本だけが減少している。どのような原因があるのだろうか。また興味深いのは、インド人留学生の増加である。二〇〇〇～二〇〇三年は五〇〇人以下であり、数値は公表されておらず不明であるが、二〇〇五年には一気に三、二九五人になり、八位に上昇した。二〇〇八年には八、一四五人となり、六位に浮上している。中国とインドの両大国の経済交流が活発化するための基礎作りが始まったと見てよいだろう。

表 12－17　2000〜2008 年の中国における留学資金別の外国人留学生数の推移（人、％）

年月	国家レベル奨学金	自費留学生	計
2000	5,362（10.20）	46,788（89.80）	52,150（100.00）
2001	5,841（ 9.40）	56,028（90.60）	61,869（100.00）
2002	6,074（ 7.10）	79,755（92.90）	85,829（100.00）
2003	6,153（ 7.90）	71,565（92.10）	77,715（100.00）
2004	6,715（ 6.10）	104,129（93.90）	110,844（100.00）
2005	7,218（ 5.20）	133,869（94.90）	141,087（100.00）
2006	8,484（ 5.21）	154,211（94.79）	162,695（100.00）
2007	10,151（ 5.19）	185,352（94.81）	195,503（100.00）
2008	13,516（ 6.05）	209,983（93.95）	223,499（100.00）

出所）各年度『中国教育年鑑』及び郭建中・程旺（2005）より作成

6　留学資金別の統計

中国に留学する外国人留学生の資金別統計は表12－17に示すとおりである。[18]自費留学生が九割以上を占めている。しかし、高レベル人材の獲得という観点からであると思われるが、中国政府奨学金給付数が年々増加している。国家間の協議等によって給付する中国政府奨学金には、二国間政府交換奨学生（互換政府奨学生）と中国からの一方向的な中国政府奨学生がある。更に、中国教育部が提供する「優秀留学生奨学金」「ＨＳＫ優秀者奨学金」「ＵＮＥＳＣＯ奨学金（長城奨学金）」「中華文化研究奨学金」「発展中国家智力援助奨学金」なども設けられている。

自費留学生にとって留学先国を選択する基準のひとつは、留学費用の低廉さであろう。それは通常、奨学金給付の状況やアルバイト許可の状況とセットで考慮される。中国の留学費用の標準値は表12－18のように定められている。実際は各大学で若干の差異があるが、かなり安価である。なお、表中の「高級進修生」とはすでに修士学位以上の学位取得者、「普通進修生」は大学で二年以上の学歴保持者で、ともに中国の大学で一〜二年間研修する者を指す。「漢語生」は中国語専攻の学生であり、外国人留学生のために設けられた課程を履修する。[19]

さて、先述したように、中国の外国人留学生は「普通進修生」「短期生」「本科生」の三種類で九四パーセントを占めているが、例えば、比較的安価な文科系の「本科生」の学費に関して言えば、中国では「約一、七〇〇〜三、

表 12－18　中国への留学費用の標準値

費用項目	留学生の種類	標準的費用（1学年）
文科系	本科生，専科生，漢語生，普通進修生	14,000～26,000 元 （約 1,700～3,200 米ドル）
	修士課程学生，高級進修生	18,000～30,000 元 （約 2,200～3,700 米ドル）
	博士課程学生	22,000～34,000 元 （約 2,700～4,200 米ドル）
	短期生（1カ月）	3,000～4,800 元 （約 360～5,800 米ドル）
理・工・農系	本科生，専科生，普通進修生	15,400～33,800 元 （約 1,800～4,100 米ドル）
	修士課程学生，高級進修生	19,800～39,000 元 （約 2,400～4,700 米ドル）
	博士課程学生	24,200～44,200 元 （約 2,900～5,300 米ドル）
	短期生（1カ月）	3,300～6,240 元 （約 400～750 米ドル）
医・体育・芸術系	本科生，専科生，普通進修生	21,000～52,000 元 （約 2,550～6,300 米ドル）
	修士課程学生	27,000～60,000 元 （約 3,250～7,250 米ドル）
	博士課程学生	33,000～68,000 元 （約 4,000～8,200 米ドル）
	短期生（1カ月）	4,500～9,600 元 （約 550～1,150 米ドル）
登録費	400～800 元（約 50～100 米ドル）	
住居費	2人部屋で1人1日 12～32 元（共同トイレ，浴室） 標準的ツイン部屋（トイレ，浴室付）は最高でも1人1日 80 元を超えない。	
教材費	文科系で 240～400 元，理工系・医学体育芸術系は若干高い。	
食費	留学生用食堂で毎月約 350～500 元。 中国人学生食堂では毎月約 300 元。	

出所）高等学校外国留学生教育管理学会編『留学中国 2005』今日中国出版社，2005 年

二〇〇米ドル」であるが、日本では「約五、〇〇〇米ドル（国立大学）～七、二〇〇米ドル（私立大学）」であり、中国の二倍以上である。例えば、第三国の立場から中国と日本の留学費用を比較すると、中国留学は格段に安価に映るであろう。このように留学費用面からいえば、中国は非常に留学しやすいのである。

7　外国人留学生受け入れ拡大の方策

（1）　海外における中国語の普及

符徳新「走向世界的漢語」（二〇〇五年四月六日『中国教育報』）によれば、典拠は明らかではないが、世界の中国語学習者は三、〇〇〇万人をすでに超えた。一〇〇カ国以上の二、五〇〇の大学で学習されている。韓国では人口四、〇〇〇万人のうち三〇万人（〇・七パーセント）が学習しており、一四二の大学すべてで中国語課程が開設されている。韓国の「二〇〇五～二〇〇七年教育計画」では小中学校で中国語を開設するという。また、日本では総人口一億三、〇〇〇万人のうち一二〇万人（約一パーセント）が学習しており、中国語を開設する高校も増えている。インドネシアの「二〇〇四～二〇〇七年教育計画」では全国八、〇三九の高校すべてで中国語課程を開設しており、ドイツでは二〇〇四年に多くの州で中国語を中学入試科目に入れてよいことになった。イギリス・フランスでも小中学校で中国語を教える学校が増え始めているという[20]。

また、中国語・中国文化の対外教育を促進するために、孔子学院を世界各地で開設している。二〇〇七年現在、五〇カ国一四〇カ所に増えた。同年四月九日、北京に孔子学院本部（孔子学院総部）が設置され、世界の孔子学院の建設・評価・支援を行う最高管理機関となった。

（2）　国際的拠点都市形成のための行政の積極的関与

表12-19のように、外国人留学生数の多い上位五つの省・直轄市は過去八年間変わらず、北京、上海、天津、遼寧省、江蘇省である。二〇〇八年を見ると、北京六六、三一六人（二九・六パーセント）、上海三六、七三八人（一

表 12-19　中国における外国人留学生受け入れ数の多い上位５省市

年度	北京市	上海市	江蘇省	天津市	遼寧省	計
2001	23,166	9,117	4,165	3,938	3,230	61,869
2002	35,361	13,303	4,212	4,779	3,760	85,829
2003	29,332	13,858	3,684	4,952	3,434	77,715
2004	37,041	22,197	6,051	7,371	5,122	110,844
2005	43,329	26,055	7,606	8,814	7,655	141,087
2006	46,529	31,568	8,776	10,155	7,789	162,695
2007	54,906	34,809	9,961	11,433	10,475	195,503
2008	66,316	36,738	11,184	12,183	11,541	223,499

出所）各年度『中国教育年鑑』より作成

表 12-20　上海市の定住外国人の増加計画

項目	2000 年	2005 年	2010 年	2020 年
上海市人口に占める定住外国人数とその比率	7 万人 (0.5%)	10 万人 (1.0%)	25 万人 (2.0%)	60 万人 (5.0%)
上海市の大学在籍学生に占める外国人留学生の比率	2.3%	4.0%	6.0%	10.0%

出所）郭建中・程旺（2005）

六・四パーセント）、天津一二、一八三人（五・五パーセント）、遼寧省一一、五四一人（五・二パーセント）、江蘇省一一、一八四人（五・〇パーセント）の順であり、この上位五つの省・直轄市で六一・七パーセントを占める。

国際的拠点都市とは、国際サービス業、国際物流、国際頭脳、国際アメニティ、国際交流などの諸機能を複数有する都市を指すが、上海市もまた「アジア国際文化交流センター都市」を標榜して、二〇一〇年の世界博覧会を契機に国際頭脳拠点機能、国際交流拠点機能を強化しようとしており、留学生を含む外国人高度人材の受け入れ体制づくりをその政策の一環として取り上げている。すなわち、大学主導ではなく、行政主導の外国人受け入れプランを打ち出したのである[21]。

表12-20は上海市における留学生を含む定住外国人の今後の増加計画である。定住外国人を二〇一〇年には二五万人（二パーセント）、二〇二〇年には六〇万人（五パーセント）にするという。国際都市における外国人の人口比率は一般に五〜一〇パーセントであるので、上海の計画の五パー

セントは突出した水準ではない。

さて、その定住外国人の中に留学生が含まれるわけであるが、上海市が掲げた目標は、市内の大学と高校の留学生数を拡大し、全日制・各種訓練など様々な形式で学習する留学生を五万人にし、その中の二万人を重点大学が吸収するようにすること。重点大学の留学生を二〇〇五年までに在籍学生数の一〇パーセント以上に増やし、各種の教育サービス収益を一〇億ドルに到達せしめることであった(22)。

高校留学生についてはさておき、表12－20に見る大学の留学生数の増加計画をもう少し詳しくみておこう。『中国教育年鑑二〇〇六』によれば、二〇〇五年の上海市の高等教育在籍学生数は、全日制大学における大学院生七八、七二八人、本科・専科生四四二、六二〇人で、合計五二一、三四八人である。高等教育には成人大学（本科・専科生一四七、一九四人）とその他各種の大学もあるが、留学生が入学するのは全日制大学であるからそれらは考慮しないでよいだろう。そして、この全日制大学の在籍学生数が二〇二〇年も変わらないとして比率計算すれば、留学生数は二〇一〇年に約三一、〇〇〇人、二〇二〇年に約五二、〇〇〇人となる。二〇〇五年の留学生数は一二六、二〇〇人であったので、二〇二〇年までの一五年間で倍増する。

このように中国では大・中都市間において外国資本の導入、外国企業の誘致と並行して、海外高度人材の導入、留学帰国者の導入などの点でも競合が始まっている。上海市はその周辺の長江三角洲地域を含めた大都市圏の国際化という文脈のなかで留学生受け入れを推進しようとしている。このような国際的拠点となろうとする地方都市が今後、各地に出現してくるだろう。

（3）　外国人留学生五〇万人計画

二〇一〇年七月二十九日、中共中央・国務院は「国家の中長期の教育改革と発展規画綱要（二〇一〇～二〇二〇年）」（国家中長期教育改革和発展規划綱要〈二〇一〇～二〇二〇年〉）を、省級の教育庁（教育委員会）、新疆生産建設兵団教育局、関係官庁の教育司（局）、官庁所管の各大学宛に発布した。これは二二章七〇項からなる教育全般にわたる改革方針である。

さて、その第一六章五〇項には「外国人留学生の規模を更に拡大する。中国政府奨学金の数量を増やし、発展途上国の学生を重点的に援助し、留学生の構成を優れたものにする。留学予備教育を実施し、大学に外国語で授業をする学科専攻を増やし、留学生教育の質を絶えず高めていく」と述べられている。これを受けて、同年九月二十一日、教育部は「留学中国計画」（留学中国計划）二〇条を制定した。以下は全訳である。

「国家の中長期の教育改革と発展規画綱要（二〇一〇～二〇二〇年）」を実現するために、中外教育交流と合作を強化し、留学生事業（来華留学工作）の健全な持続的発展を推進し、わが国の教育国際化の水準を高める。特に本計画を制定する。

1、発展目標

二〇二〇年までに、わが国をアジア最大の留学目的国とする。わが国の国際的地位、教育規模や水準に相応しい留学生事業とサービス体系を確立する。留学生教育のための高水準の教員を大いに育成する。特色ある留学生教育を行う大学群と高水準の学科群を形成する。中国を理解し、中国に友好的な（知華・友華）高素質の卒業留学生を大いに育成する。

2、主要任務

二〇二〇年までに、国内の大学及び高校・中学・小学校で学ぶ留学生を年間五〇万人にする。そのうち高等学歴教育を受ける留学生を一五万人にする。国家戦略と発展需要に基づき、中国政府奨学金の定員を逐次増加する。留学生の出身国やレベル・種類をバランスよくする。

3、指導思想

規模・構造・質・利益を総合的に勘案して、留学生事業を推進し、持続的に発展できるように調整する。中国教育を国際ブランドに作り上げる。

4、工作方針

規模を拡大し、構造を良くし、規範的に管理し、質を保証する（拡大規模、優化結構、規範管理、保証質量）。

5、発展の考え方

「改革創新」を念頭に置き、制度建設を中心に据える。留学生教育の管理体制・予算投入体制・教育体制・学校内部の管理体制の改革を推進する。政府の責任をさらに強化し、予算投入に力を注ぎ、省市ごとに発展計画を制定し、細かく指導する。中国留学のサービス制度や監督制度を完成し、条件の揃った学校・研究機関その他の教育機関や社会組織に留学生教育に参加し、法律に従って展開するよう鼓吹する。

6、政策的な保障

留学生のための政策・法規・制度を絶えず改善していく。政府や受け入れ教育機関と留学生の権利・義務・責任を明確にする。留学事業の順法性、科学性、規範を保証し、留学事業の良好な法的環境を作り、留学事業の発展に有利な体制と制度を形成する。

7、管理体制

教育部は留学生事業のマクロ管理に責任を負う。省級の教育行政部門は自主管轄の原則に照らして、管轄地区の留学生管理に責任を負う。受け入れ教育機関は法律・法規と規則制度に基づき、機関内の留学生の日常管理とサービスに責任を負う。

8、工作制度

各地の教育行政部門はその地区の外国人の中国留学の管轄部門である。外事、公安、財政、人力資源、社会保障、衛生などの各部門と協調すること。相互に業務を分担し、それぞれがその業務を司り、政府各部門と受け入れ教育機関の間の権利と責任を明確にする。合理的に分担し、科学的に政策を決定し、順次実行し、有力な管理工作制度を保障すること。

9、宣伝推奨

中国留学の宣伝と推奨力を大いに強化する。国内外の各方面のリソースを整理し、国内の関係機関や駐華公館、海外の孔子学院（孔子課堂）などのもつ中国留学の宣伝作用を十分に発揮する。「留学中国網」及び受け入れ教育機関での外国語のウェブサイトを強化する。

10、募集と採用

留学生の募集と採用方法を改革して、国際的に行われている審査・考査・試験などを結合した柔軟な募集方式を採用する。予備教育制度を改善したうえで、留学生が本科に入学して専攻学習を進める基準を徐々に確立する。厳格な学籍・学歴の登録制度を新しく作る。

11、育成モデル

留学生教育の育成モデルを絶えず改良する。受け入れ教育機関に積極的に探求するよう鼓吹し、学歴教育の柔軟な学制を試行する場を設け、多種多様な形式で留学生教育を国外まで押し広げる。留学生のためのｅラーニング教育（網絡教育）と遠隔トレーニングの実施可能性を検討する。

12、専攻課程

ブランドとなる専攻を作り、専攻構造を優れたものにする。留学生を惹きつける専攻課程体系を確立する。大学が中国語で授業をするブランド専攻を作るのを支持する。英語で授業をする学位課程を一定程度開設する。中国の特色を備え、国際的に見ても優勢な学位課程については重点的に支持し、その国際的影響力を高める。

13、教員の建設

留学生教育の教員の隊伍建設を強化する。大学の人材隊伍建設と結びつけて、外国語教育などの方面の教師の能力のトレーニングを強化し、留学生教育の教師の業績評価方法を改善する。比較的に高い学術的造詣を有し、教育に精通し、学生を大切にする優秀な教師に、留学生教育の中心的な力になってもらう。

14、質の保証

留学生教育の質の評価体系を構築する。留学生教育の条件や育成の質と管理サービスの水準に対する評価を強化する。学校に合理的な場所を探すのを促し、留学生工作の運営の特色を増強する。留学生教育のモデル基地を徐々に確定する。

15、教育管理

留学生やわが国の学生の管理とサービスを積極的に推進して同化し、中国の法律・法規や優秀な伝統文化と国情教育を強化し、留学生が中国社会の発展情況を客観的に理解するのを助ける。

16、管理者の隊伍
留学生の管理工作者の養成制度を改善する。養成制度を強化し、安定した、仕事を愛し業務を尊び、外事を熟知し、管理に精通した留学生管理工作者の隊伍を建設する。
17、生活面のサービス
留学生の生活の保障制度を改善する。留学環境を絶えず改良し、キャンパスにおける文化生活を豊かなものにする。留学生のために各種の文化・体育活動を積極的に実施する。留学生の医療保険体系を改善する。
18、社会実践
条件が揃えば、留学生のアルバイト（勤工助学）のために便宜を提供し、実習のために条件を作り出す。教学と実習、授業と社会学習を入れた教育制度を徐々に作り上げる。
19、奨学金体系の建設
中国政府奨学金の規模を安定的に増加することを保障し、奨学金の各内容を貨幣化する改革を徐々に実行する。地方政府、学校、企業・事業機関やその他の社会組織や個人が各種の留学生のための奨学金を設立するのを鼓吹し支持する。
20、卒業生の連携工作
卒業留学生との連携工作を強化する。関係する直属機関に委託して卒業留学生工作を展開する。工作の進展と需要を見て、専門機関の設立を申請する。卒業留学生が海外で校友会を設立するのを鼓吹し支持する。
（教育部「留学中国計画」）

このように中国は大学・高校・中学・小学校など全教育課程で学ぶ留学生総数を毎年五〇万人規模にすると公表した。これに向けて、受け入れ体制の改革に着手することになった。その目的は中国の国際的地位を高め、知中・親中派を世界に作ることであり、中国教育の国際化を図り、ブランド化することであると述べられている。その内容を一言で言えば、受け入れ体制の整備と各国の留学帰国者の同窓会支援である。今後の計画の進展を注視しなければならない。

8 まとめ

上述した第三節をまとめると、中国は外国人留学生を増やすのに有利な条件をすでに持っている、あるいは急ピッチで揃えつつあると言えよう。

第一に、中国の順調な経済成長は政治・経済における国際的地位を向上させた。中国は安価な労働力の提供によって世界の製造業を請け負うと同時に、人口一三億の巨大市場として世界の企業を引き寄せている。この両面が外国人留学生を引き寄せる強力なプル要因となっている。

第二に、大学の教育研究水準の向上が図られている。

第三に、留学生を受け入れる大学が年々増加している。また、大都市圏ではそれを後押しするように国際的拠点都市をめざす政策が動き始めている。

第四に、海外において中国語学習者が増加しており、しかも留学費用は安価である。

第五に、中国は悠久の歴史的・文化的伝統を有しており、諸外国の人々を魅了する。

第六に、大学の留学生教育に関する制度改革・学制改革を実施し、二〇二〇年までに全教育課程で計五〇万人の留学生受け入れを達成する計画を公表している。

このように考えると、中国にはこれから本格的な留学生受け入れの時代が到来するように思われる。

第四節　WTO加盟後の大学主導の留学交流政策

1　大学の運営自主権の拡大

一九八六年三月十二日、国務院は「高等教育の管理責任の暫定的規定」（高等教育管理職責暫行規定）を発布、大学の自主権（学生募集、経費、基本建設、人事任免、職称の評定、教育、研究、対外交流の八項目）の拡大を図った。一九九三年二月十三日、中共中央・国務院は「中国教育改革と発展綱要」（中国教育改革与発展綱要）を発布、専攻の調整、機構の設置、幹部の任免、給与配分などについても大学に自主権を付与した。すなわち、学生・教職員の留学派遣や外国人留学生受け入れは、新中国成立以降ずっと中央政府の管轄であったが、大学の運営自主権の確立によって、大学の管轄になった。

ところで、大学の国際的活動には、学生・教職員の留学派遣、外国人留学生受け入れ以外に、国際学術会議の開催、国際共同研究、国際共同教育などがある。大学の国際的活動が増えていくことを「大学の国際化」と呼ぶとすれば、大学の国際化は科教興国戦略や人材強国戦略など国家戦略に基づいて活発化し、また大学の教育研究を世界水準にまで高めようとする国家プロジェクト「二一一工程」・「九八五工程」によっても促進された。

更に、二〇〇一年十二月のWTO加盟以降、「中外合作辦学」・「境外辦学」のように、外国の大学の教育プログラムを国内の大学で開講し、あるいは国内の大学の教育プログラムを外国の大学で開講するなど教育プログラムの輸出入も行われている。すなわち、大学の国際化の進展とともに、大学主導の留学政策が推進されるようになった。

この新たな段階に入ったように思われる大学主導の留学政策に関する研究はまだ少ない。単行書では、中国高等教育学会引進国外智力工作分会編『大学国際化：理論与実践』（北京大学出版社、二〇〇七年）、李梅『高等教育国際市場——中国学生的全球流動』（上海教育出版社、二〇〇八年）、顧建新『跨国教育発展理念与策略』（学林出版社、二〇〇八年）などが最近立て続けに発刊されている。この方面の研究は始まったばかりである。本節では大学主導の留学政策の趨勢を概観しておきたい。[23]

2　大学主導の留学交流政策

（1）　大学間交流協定による留学派遣

中国の大学と海外の大学との大学間交流は中国語では「校際交流」と言う。両大学が協定を締結して、対等の立場で相互の利益のために学生・教職員の留学派遣、学術論文・図書資料の交換、教育・研究の協力などを行うことである。

遡れば、一九五四年十月、北京大学がモスクワ大学と交流関係を樹立したのが最初であり、改革開放以前は、中国の大学はソ連、ポーランド、チェコスロバキア、ルーマニア、アルバニア、東ドイツ、ブルガリア、北朝鮮などの大学と交流関係を締結していた。一九七八年の改革開放後、海外の大学、特に西側諸国の大学との大学間交流が増えていった。それは教育や科学研究の情報交換、大学院生の共同育成、科学研究者の交流などの点で中国の大学にとって甚だ有益であると認められたのである。

一九七九年六月、教育部・外交部は「校際交流の展開に関する幾つかの意見」（関于開展校際交流的幾点意見）を提出、一般的な友好訪問ではなく学術交流を重視すること、米国など少数の西側諸国や少数の大学に偏らず、アジア・第三世界の大学も重視するよう、軌道修正がなされた。[24]

一九八一年十月、教育部は「国務院が臨時に派遣する出国団・組・人員の審査権限に関する暫定的規定を頒布したことの通知」（国務院頒発関于派遣臨時出国団、組、人員審批権限的暫行規定的通知）を発布、中央官庁や地方政府の管轄する重点大学は外国の大学と自主的に交流活動をすることができ、非重点大学においてもそれを管轄する地方政府の許可を得ればそれが可能である旨を通知した。こうして一九八六年以降、大学の運営自主権の拡大とともに、大学間交流協定は盛んに締結されるようになり、これに基づいて海外の大学との交換留学が実施されるようになった。

（２）　大学による教員・研究者・在籍学生の派遣審査制度

中国の大学は外国の奨学金や大学経費等を使用して、教員・研究者・在学生を留学派遣するようになった。この制度自体は一九八〇年代初めに始まったのであるが、恐らくその審査方法等が明確でなく、その合否基準が曖昧だったのであろう。一九八五年四月十八日、教育部は「部属の高等教育機関が自ら選考派遣する留学者の審査方法に関する通知」（関于部属高等院校自行選派留学人員審批辦法的通知）を発布した。なお、「部属」とは教育部等の中央官庁を指すが、中国の大多数の大学は教育部直属である。その他、衛生部・鉄道部・国家民族事務委員会などに直属する大学もある。

この通知は既に第五章で全訳したので繰り返さないが、国家が大学に留学者を選抜派遣する権限を委譲する方向にあるので、大学は政治思想、業務、外国語、身体条件についての派遣審査を国家派遣の基準と同様に厳格に実施し、「大学経費による公派審査登記表」を教育部に提出するという手続きを規定している。畢竟、派遣者の質を高めるための方法である。

3　大学における「国境を越える教育」の展開

ユネスコ統計年鑑は、各国の高等教育に在籍する外国人留学生数を記載している。これによって世界の学生流動（student mobility）の情況はおよそ把握できる。しかし、その統計には含まれていない学生流動がある。すなわち、国境を越えて海外から輸入された教育課程を受講する学生数である。彼らは自国にいて海外の高等教育を受講し学位を取得しているからである。

この種の国境を越えて展開される教育課程には、①国際的な遠隔教育（International distance education）、②フランチャイズされた教育課程（franchising）、③ツイニング・プログラムのような国内と国外のカリキュラムを接続した教育課程（articulation）、あるいは④海外分校（branch campus）など様々な形態がある。これらは「国境を越える教育」（跨国教育：transnational education）と総称される[25]。

「国境を越える教育」には輸出国と輸入国とがあり、両国は高等教育を商品と同じように輸出入している。今、国際社会では、この「教育サービスの貿易」（教育服務貿易：Trade in educational services）の市場が次第に成長しつつある。その原因は一体どこにあるのだろうか。

ひとつは輸入国側に原因がある。輸入国では自国の高等教育が国内の多様なニーズを満たすことができない。先端的分野の教育を与えることができず、人材育成が遅滞し、優秀な学生は海外留学をせざるを得ないという事態が続いてきた。しかし、海外留学はどうしても経済的条件等の整った一部の人々に限られるので、海外の多様な教育内容をできれば国内にいて学習したいという要望が生じる。海外留学に比べ非常に安価なためであり、時間も労力も節約できる。この要望に応える形で、政府は海外の教育プログラムを輸入することを許可するようになった。

もうひとつは輸出国側に原因がある。教育の輸出国では高等教育機関の経費が削減されるという事態が生じていた。国家の緊縮財政、少子化による学生数の減少、そして国立大学の法人化による財政逼迫などがその主な理由である。大学は外国人留学生の受け入れによって学生定員の充足率を維持しながら、教育プログラムを商品として海外で提供し大学財政を安定化させようと考えたのである。

一九九五年、ＷＴＯは国際社会における「教育サービスの貿易」の自由化を提唱することによって、「国境を越える教育」の発展を制度的に保障した。二〇〇一年十二月、中国がＷＴＯに正式加盟したことによって、中国においても必然的に教育の輸出入が行われることになったのである。輸入形式としては、「中外合作辨学」が普及してきた。他方、輸出形式は「境外辨学」と呼ばれている。法的整備は既になされたところである。今後、中国の大学はこの教育輸出入の両面において動きを活発化させていくものと思われる。これは従来の学生自由流動（free movers）方式の海外留学とは異なる方式である。

（1）　中外合作辦学の法整備と指導監督

改革開放後、海外の教育機関等と中国の教育機関等による教育活動の共同（合作）事例が徐々に増えていった。その共同関係は多種多様である。これは「中外合作辦学」と総称されているが、幼稚園、小学校、中学校、普通高校、職業高校、大学（専科、本科）、大学院などの学歴教育の様々なレベルや塾・研修コースのような非学歴教育において、幅広く実施された。しかし、海外の教育機関が営利目的で高額の授業料を取って行うものや政治・宗教活動を行うものなどが現われ、中国の教育主権を侵害するような状況も出現した。

これを問題視して、国家教育委員会は一九九二年四月「国外機関あるいは個人が中国で学校運営をする問題に関する通知」（関于国外機構或个人在華辦学等問題的通知）を内部で発布、中外合作辦学は原則的に受けないよう通知した。その後、米国や日本やフランスなどの法律を研究して議論を重ね、一九九三年六月三十日、国家教育委員会は「海外の機関と個人が中国で合作辦学する問題に関する通知」（関于境外機構和个人来華合作辦学問題的通知）を発布。一転して、多様な形式による教育交流や国際的合作は改革開放政策の重要な一部であることを認め、中外合作辦学の主体・範囲や行政による監督等を規定した。更に、中央官庁や地方政府の教育行政部門などの意見を聴取して、一九九五年一月二十六日、国家教育委員会は「中外合作辦学の暫定的規定」（中外合作辦学暫行規定）を発布。この中で、中外合作辦学の実施に関して、中国の教育主権を侵害し、公共の利益に反しないものであること、また義務教育や国家が特別に規定する教育・訓練を除けば、各レベルの各種の教育機関が実施できること、更に合作の主体に関しては、中国側は法人資格を有する教育機関や社会団体であること、外国側も法人資格を有する団体（国際組織や個人の関係するものを含む）であること、そして宗教団体やその代表者でないこと等々の条件を規定した。[26]

しかし、二〇〇一年十一月三十日、教育部は「中外合作辦学関連の文書を廃止することに関する通知」（関于廃止有関中外合作辦学文件的通知）を発布。ＷＴＯ加盟にあわせた措置で、上記の一九九二年四月の通知および一九九三年六月三十日の通知を正式に廃棄することを通達した。

二〇〇一年十二月、WTOに正式加盟した後、「教育サービスの貿易」に関する議論が進み、中外合作辦学形式の法的整備がなされていった。中外合作辦学は、二〇〇一年末に六五七カ所（機関・課程）で開設されていたが、二〇〇二年末には七一二カ所（機関・課程）に増加。合作の相手の中には日本の教育機関（五八課程）も含まれているが、高校以下の教育機関との合作がほとんどで、高等教育機関との合作はなされていなかった[27]。

かくして国務院は二〇〇三年三月一日に「中華人民共和国中外合作辦学条例」（六四条）を発布した。この「条例」において、外国の組織・個人ないしは国際機関が、中国で単独あるいは中国の教育機関と共同（合作）で、学校や教育課程を運営すること（中外合作辦学）が正規に認可された。すなわち、単独型とはアメリカンスクールや日本人学校のような外国人子女のための学校を外国の組織が単独運営するものを指す。「外籍人員子女学校」・「国際学校」と呼ばれているが、二〇〇八年十月現在、全国に九八カ所が設置されている。

他方、合作型とは中国人学生を対象に中国語で教育する課程を指す。この合作型によって高等教育機関の中外合作辦学が急速に発展した。近年、欧米・豪州の大学は、中国の大学と共同で、主に修士課程を開設している。米国、オーストラリア、イギリス、フランス、カナダ、オランダ、ノルウェーなどが主だった国である。この中外合作辦学の課程を修了すれば、外国の学位が授与されるので、中国では「不出国留学」とも呼ばれている。中国全土の中外合作辦学は二〇〇八年末には八二四カ所（一一九機関・七〇五課程）に達した。この動きは今後も拡大するように思われるが、どこまで拡大するかは未知数である。

ところで、合作の方式は三種類ある。

① 教員、教材、学生選考、入試問題など、すべて外国に依拠するもの。

② 中国と外国の双方がカリキュラムや単位認定基準を相互承認して、双方の教員が授業を行い、学生には中国と外国の双方の学位を授与するもの。

③ 学生は中国の大学で数年学習した後、外国の大学で残りの課程を学習するというもの。

例えば、上海交通大学は、二〇〇〇年八月、ミシガン大学と共同で「機械工程学院」を設立した。この学院は両大学の教授で構成される教授会によって運営される。ミシガン大学の教授は主に遠隔教育方式で授業を行う。英語教育はミシガン大学の教材を使用して行われる。学部課程では、ずっと中国にいて教育を受け、成績優秀者だけが四年生後期に渡米してミシガン大学で授業を受けることができる。修士課程では、一年目は全部中国で、二年目は成績優秀者が選抜されてミシガン大学で学習する。成績優秀者は両校の学位を授与されるのである。博士課程では、両校共同で指導を行い、博士学位も両校共同で授与することになっている。

中外合作辦学を行うことによる中国の大学のメリットは、主に四つある。(28)

① 外国の教育経験（理念、内容、方法、教材）を中国の大学に導入できる。

② 大学に学科を新設できる。

③ 中国にとって今すぐ必要な高度人材を育成できる。

④ 学生の留学需要に応じることができ、大学の吸引力を増すことができる。

逆に、高等教育を産業と見なしている外国の大学にとってのメリットは、中国の高等教育市場を開拓できることである。例えば、オーストラリアでは中国・香港・マレーシア・シンガポールなど海外で提供する教育プログラムをオフショア・プログラムと呼ぶが、相当の収益を上げている。

この中外合作辦学は概ね順調に発展してきたが、様々な問題も現われてきた。二〇〇七年四月六日、教育部は「中外合作辦学の秩序の規範化を更に一歩進めることに関する通知」（関于進一歩規範中外合作辦学秩序的通知）を各省・市・自治区の教育庁及び新疆生産建設兵団教育局宛に発布、問題点の是正を指示した。そこに指摘された問題点は、例えば、①提供されている学科目はコストのかからない商科・コンピュータ科・情報技術科に偏している、②外国教育の優秀なリソースを導入することが目的であるが、外国の専門課程を実施しなかったり、あるいは外国の教育機関の外国人教師による授業を実施していない比率が高い、③学生が外国の学歴・学位を取得できず、また留学ビザも取得できない場合がある、④ある重点大学では外国大学の予科的な課程を提供しているにすぎない等々である。これに対して、次のような改善方針を通知したのである。以下はその部分の訳である。

中外合作辦学の秩序を規範化するために、関連事項について以下の如く通知する。

1. 大学の工作を安定させるという責任感と緊張感を維持強化しなければならない。大学の安定を保持することは社会主義的な調和社会を構築するための必然的な要求であり、また高等教育事業の健全な発展を持続させるための重要な保障である。中外合作辦学を展開するには、政治的な鋭敏さと政治的な責任感を更に強化し、教育政策の厳粛性・安定性・連続性を維持し、また学生の合法的権益を維持し、各種の原因によって誘発される学生集団の事件を防ぎ、中外合作辦学の工作に悪影響を及ぼさないようにし、中外合作辦学の健全な発展を促進しなければならない。

2. 中外合作辦学の公益性の原則を必ず堅持しなければならない。大学の中外合作辦学は、国家が規定した費用項目と、その所在地の省級人民政府が批准した費用基準に厳格に依拠して徴収し、また費用項目と費用基準を公示しなければならない。中外合作辦学の指導思想を正し、中外合作辦学を新しい収益の手段とするような間違った認識とやり方を排斥しなければならない。

3. 優秀な教育リソースを導入することを中心に据え、審査をしっかりと行わなければならない。今後、教育部は本科以上の高等学歴教育を実施する中外合作辦学機関とそのプログラムを審査する。その際、外国教育機関が有名な高等教育機関であるか、有名な専門学科や著名な教授であるか否かなどを主な根拠とする。外国教育機関が中国内で既に同種の合作辦学プログラムを実施している場合、あるいは計画中の合作辦学プログラムの専攻が国内で比較的に多い場合、また届け出ている費用基準が明らかに辦学コストと懸け離れている場合は、原則として許可しない。

4. 高等職業教育段階における中外合作辦学の政策研究と発展計画を強化しなければならない。高等職業教育の改革と発展の重点とするところを拡大し、教育の質を向上させなければならない。二〇〇八年末まで、原則としてこの種の中外合作辦学機関とそのプログラムの登録申請（備案編号申請）を受理することをしばらく猶予する。各地はこの期間に高等職業教育の合作辦学の計画を立て、教育部に報告するようお願いする。学科・専攻や国別の選択、数と分布などを考慮して各地区の職業教育の中外合作辦学計画を立て、学校が外国の優秀な教育リソースを導入することに力を注ぐよう指導してほしい。外国における学科専攻の設置、カリキュラム体系の改革、教学内容の更新、人材育成モデルの刷新などの方面の有益な経験を借用し、先進的な製造業・現代農業・現代サービス業、特にエネルギー・鉱業・環境保護及び金融などの高技能人材を育成する力を増大させなければならない。

5．中外合作辦学の政策の境界を正確に把握しなければならない。今、若干の大学、特に重点大学はいわゆる外国の大学の予科班を独自に実施しているし、ある大学では単純に外国語の訓練に属していたり、外国の大学は中国での教学活動に参加していなかったりする。双方はいわゆる単位の相互承認協議に調印して、その課程で学習している学生に外国の大学に転学して学習を継続する機会を与え、かつ学業修了後に海外において外国の大学の学位証書を獲得することを許可している。これら上記の活動は中外合作辦学には属さず、大学の教学の質向上にとっても益はない。各大学は工作の重点を教育の質を高めることに置かなければならず、この類の教育活動を実施してはならない。中外合作辦学の名目でこの種の教育活動を実施すべきではない。

6．法律通りに処理し（依法治理）、規則通りに管理する（規範管理）という精神によって、中外合作辦学の全過程の監督管理を強化しなければならない。当面の工作の重点は募集規則や広告の規範管理と、矛盾を引き起こし易い学歴証書の発布や学制などの重要な部分の監督である。この二つの工作を主に行って、まず調査して問題を発見し、適時に解消すべきであり、重い問題に対して妥当に処理しなければならない。中外合作辦学機関あるいはそのプログラムの募集規則・募集広告は厳格に実行し、適時に審査機関に案を報告しなければならない。中外合作辦学機関あるいはそのプログラムの報告は、規定の期間内に審査機関に提出することなどを規定しなければならない。

7．わが部は関連措置を取って中外合作辦学の行政管理を更に強化する。「二つのプラットフォーム」と「二つの制度」の建設を重点的に推進する。すなわち、教育渉外監管信息網に委託して中外合作辦学の監督管理工作の情報プラットフォームを開設する。中外合作辦学の発給する証書の認証工作のプラットフォームを開発する。一部の省・市を選んで学科分類に応じて中外合作辦学の質評価を展開して、中外合作辦学の質評価制度を構築する。法規に基づき、辦学機関と各レベルの管理部門の責任を強化して、中外合作辦学の法的履行と処罰の制度を構築する。政務公開と情報開示の強化のために、わが部は逐次、社会に向かって、批准した中外合作辦学機関とそのプログラムのリストの関連情報を公開する。今年一月初め、本科以上の高等学歴教育を行っている中外合作辦学機関とそのプログラムの情報について、すでに教育部のウェブサイトや教育部の教育渉外監管信息網を通して公布した。

8．各地の教育行政部門や各大学は本通知に基づいて、中外合作辦学の秩序を規範化する工作方案を制定し提出すること、また当面の中外合作辦学の中の規範に反した行為を集中的に整理整頓すること。中外合作辦学の情況に対して速やかに調査を行い、全面的に情況を掌握し、問題を発見し、適時に改めること。関連する工作方案と整理整頓の情況を適時にわが部に報告するように。

わが部は各地・各大学に対して、この通知が実施されている情況を監督し検査する。また適時に検査組を組織して、関連工作が実施されている情況を検査して指導する。

（教育部「関于進一歩規範中外合作辦学秩序的通知」）

この「通知」以降、中外合作辦学は教育部の管理下に置かれることになった。中外合作辦学は、外国の教育機関にとって〈中国教育市場への進出〉という側面を持つが、中国にとっては〈先進的な教育経験の借用〉という側面を持っている。中国が重視するのは、この後者の側面である。中外合作辦学が今後も推進されるとしたら、後者の側面が中国にもたらす利益が大きいと判断された結果である。もし中外合作辦学機関がこの原則を守らず、学生からの収益だけを追求するような状況が顕著になれば許可は取り消されるだろう。あるいは将来、〈先進的な教育経験の借用〉の必要性がなくなれば、中外合作辦学は廃止されるかもしれない。この「通知」は中外合作辦学の本来の目的を改めて強調したのである。

なお、ここで注目すべきは、第四項目に、教育部が高等職業教育の方面にも中外合作辦学の方法を取り入れ、教学の質向上を図るよう指示していることである。高等職業教育とは、高等職業学校（通称、短期職業大学）、高等専科学校、高卒者を受け入れる一部の中等専業学校や中卒者を受け入れる五年制中等専業学校、成人大学の一部などで実施されている二〜三年制の専科レベルの教育を指す。これら高等職業教育において中外合作辦学の市場は今後さらに発展する見込みである。

（2）境外辦学の展開

「境外辦学」とは、中国の高等教育機関が外国の教育機関と合作して、あるいは単独で、外国人を対象にする教育課程を国外に開設することである。つまり、中国の高等教育が国際市場に進出することである。

「境外辦学」はすでに一九七〇年代に開始されており、二〇〇一年末には全国で二〇大学・機関が実施していた。大部分は香港、マカオ、シンガポール、マレーシアおよび日本、イギリスなどで行われていた。教育内容は中国語、中国文学、漢方医学など中国の伝統文化が主流であった。初期には、ほとんどのコースが非正規課程であったが、近年は正規の学部・大学院課程に昇格するまでに発展している。

南京大学は大学院教育の国外進出の最初の事例である。一九九三年国家教育委員会と国務院学位委員会によって、シンガポールでＭＢＡコースを開設することが承認された。南京大学の商学院とシンガポール・マネジメント情報会社（管理諮詢公司）の合作であった。このコースでは、中国の政策や法律、企業管理の実情を詳細に紹介し、中国で商業活動をしたいと考える企業家を育成するのが目的である。南京大学の教員がシンガポールに赴いて中国語で講義を行い、論文を指導し、また審査・答弁を南京大学で実施して合格すれば学位を授与するというものである。二〇〇〇年の入学者は一三六人であったが、その中の一二〇人が卒業し、一一九人が中国のＭＢＡを取得した。また一二〇人の中でシンガポール人が六二・五パーセントを占め、残りはマレーシア、台湾、シンガポール在住の華僑であった[29]。

二〇〇二年十二月三十一日、教育部は「高等学校境外辦学暫行管理辦法」一二条を発布して、その対外教育事業の積極的な展開のための法律を制定、二〇〇三年二月一日から施行した。なお、「高等学校」は高等教育機関を意味する。以下は運営規定の部分訳である。

第一条　中国の教育の対外交流と合作を促進し、高等教育機関の「境外辦学」活動を規範化するために本辦法を制定する。

第二条　本辦法にいう高等教育機関の「境外辦学」とは、高等教育機関が独立して、あるいは国外の法人資格を有しかつ当該国（地域）政府の認可した教育機関やその他の社会組織と合作して、国外において、国外の人民を主要な募集対象とする教育機関を運営したり、その他の形式で教育活動を展開し、高等学歴教育、学位教育や非学歴高等教育を実施したりすることを指す。
第三条　高等教育機関の「境外辦学」は、積極的に模索し、ゆっくり発展し、分相応に実行し、質を保証し、規範によって管理し、法に則って運営するという方針を堅持しなければならない。
第四条　高等教育機関の「境外辦学」は、中国の関係規定に符合し、当該国（地域）の法律・法規を遵守し、かつ相応の合法的資格を取得して、相応の法的責任を自分で担わなければならない。
第五条　高等教育機関の「境外辦学」は、中国の高等教育において比較的優勢であるか、あるいは特色のある学科を優先して行い、かつ当該国（地域）の需要と発展の特徴を十分に考慮しなければならない。国家は高等教育機関が更に広範な学科領域において境外辦学活動を展開するのを奨励する。
高等教育機関の「境外辦学」は、中国の学歴・学位を授与する場合、その専攻の設置や学制は中国の関係規定に符合し、中国の高等教育の質の標準や信用を確実に維持しなければならない。
第六条　高等教育機関の「境外辦学」において、本科あるいは本科以上の学歴教育を実施する場合、従属関係にある省・自治区・直轄市の人民政府あるいは学校の所轄部門によって審査した後、教育部に報告され審議される。教育部は申請を受け付けた日から三〇日以内に承認か不承認の決定を下さなければならない。
第七条　高等教育機関の「境外辦学」において、専科教育あるいは非学歴高等教育を実施する場合、従属関係にある省・自治区・直轄市の人民政府或いは学校の所轄部門によって審査し、申請を受け付けた日から三〇日以内に承認か不承認の決定を下さなければならない。審査機関は承認した日から一五日以内に承認文書を教育部に送らなければならない。
（教育部「高等学校境外辦学暫行管理辦法」）

この「辦法」は、香港・マカオ特別行政区にも適用できるが、台湾については別途規定するとしている。台湾への教育進出は未だ先のことかもしれない。また大学間交流で派遣する教員が国外の教育機関で行う教育にはこの「辦法」は適用されない（第一一条）。それは「境外辦学」の範疇には入らないのである。当今、中国の大学が海外進出するという形式の教育産業化をどこまで進めるつもりなのか、データはなく判然としないが、ともあれ「境外辦学」が発展すれば、海外ブランチ校の開設にも繋がる。それは近い将来ありえないことではない。

【注】

(1) A. Bohm, D. Meares, D. Pearce, M. Follari, A. Hewett *Global Student Mobility 2025*, IDP Research Publication, 2003, 参照。また二〇〇二年版は A. Bohm, D. Davis, D. Meares, D. Pearce, *Global Student Mobility 2025*, IDP Research Publication, 2002 である。

(2) 下図の予測式は、$y=211(1+0.0608)^n$ と単純な複利計算の式である。

(3) 新田功「オーストラリアのＩＤＰによる留学生数の将来予測～Global Student Mobility 二〇〇五より」、『留学生交流の将来予測に関する調査研究』（平成十八年度文部科学省先導的大学改革推進経費による委託研究、研究代表者　横田雅弘）二〇〇七年九月、一一八―一二五頁

(4) 『新中国五十五年統計資料彙編』（中国統計出版社、二〇〇五年）および『中国教育統計年鑑』（二〇〇〇～二〇〇六年）参照

(5) 白土悟「中国の留学交流の将来動向に関する考察」、『留学生交流の将来予測に関する調査研究』（平成十八年度文部科学省先導的大学改革推進経費による委託研究、研究代表者　横田雅弘）二〇〇七年九月、一三八―一六三頁

(6) 王義祥『当代中国社会変遷』華東師範大学出版社、二〇〇六年十二月、二一二頁。また、中国網：http://big5.china.com.cn/education/txt/2002-07/19/ を参照

(7) 国家教育発展研究中心編『二〇〇五年中国教育緑皮書』教育科学出版社、二〇〇五年、四七頁

(8) 国家教育発展研究中心編、前掲書、四一頁

(9) 中国人事科学研究院『中国人材報告二〇〇五』人民出版社、二〇〇五年八月、一七二頁

(10) 同上、一七三・一七四頁。中国人才網　http://www.chinatalents.gov.cn/ 参照

留学生数の予測

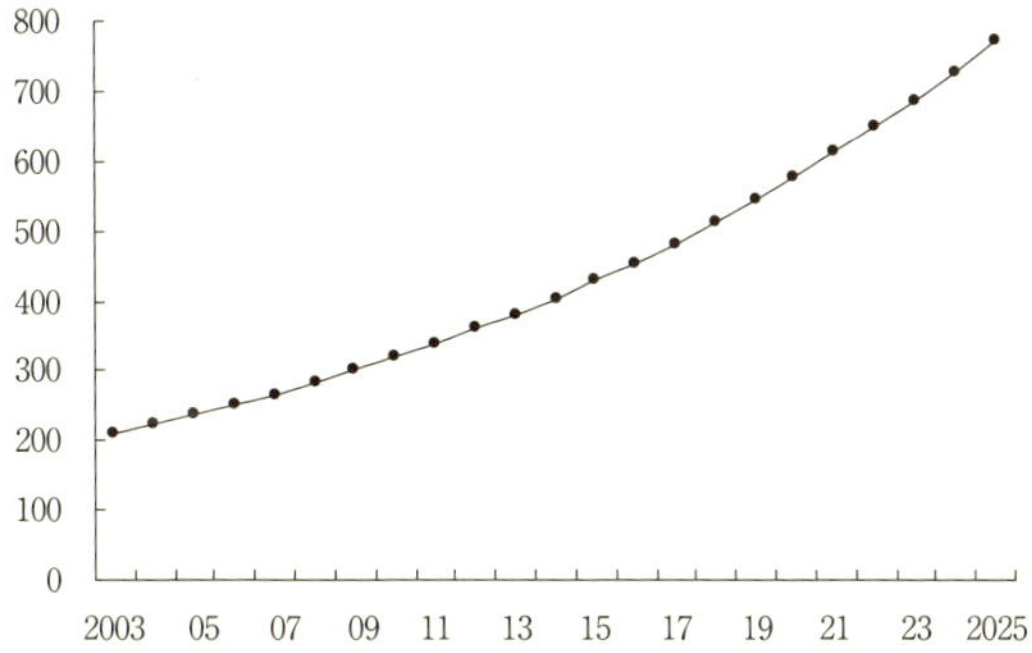

(11) 曹景椿「論中国特色的人口和計画生育道路」、『人口研究』六号、二〇〇八年、四四・四五頁
(12) 国家統計局『中国統計摘要二〇〇八』中国統計出版社、二〇〇八年
(13) 閻維方「発展知識経済的関鍵与大学的使命」、中華人民共和国教育部編『科教興国動員令』北京大学出版社、一九九八年、一〇三—一一六頁、参照
(14) 傅錦彬・方竹根「高校発展来華留学教育的対策研究」、『黒龍江高教研究』第四期、二〇〇三年、七九頁
(15) 中華人民共和国教育部編『科教興国動員令』北京大学出版社、一九九八年、参照
(16) 深圳新聞網 www.sznews.com「世界一流大学与中国一流大学的比較」(二〇〇三年三月三十一日)参照。「世界一流大学」はいかにすれば建設できるかに関する議論は様々である。田正平主編(二〇〇四、一二六二—一二七〇頁)は世界一流大学の重要な特徴を教育交流の観点から四つ挙げる。第一にその学長は学術面で著名であり、組織運営面で非凡な能力を有する以外に、国際的視野を有すること。即ち、中国の一流大学の現学長はほとんど例外なく、海外留学・訪問研究の経験がある。第二に世界的に著名な外国人研究者を招聘していること。第三に海外の一流大学で博士学位取得した留学者を教授陣に多数採用していること。つまり、教授陣の質が高いこと。第四に外国人留学生や訪問研究員を受け入れたり、国際学術会議を開催したり、外国大学と共同研究・共同教育を実施したりするなど「広範な対外教育交流を展開し、国際化の程度を高めていること」であるという。
(17) 于富増「当前我国外国留学生教育発展趨勢分析」、高等学校外国留学生教育管理学会編『来華留学生教育発展研究』高等教育出版社、二〇〇四年、四頁
(18) 郭建中・程旺「教育服務市場営銷研究」、劉同蘭編『世博会与来華留学生教育』同済大学出版社、二〇〇五年、一七三頁
(19) 高等学校外国留学生教育管理学会編『留学中国二〇〇五』今日中国出版社、二〇〇五年
(20) 符徳新「走向世界的漢語」、二〇〇五年四月六日『中国教育報』の論説(『中国教育年鑑二〇〇五』人民教育出版社、二〇〇六年十二月、三五〇—三五五頁、所収)
(21) 『国際的拠点都市の形成に関する現状と課題——「集積」と「国際化」による拠点都市の戦略的発展——』国土交通省国土計画局、二〇〇三年、参照
(22) 郭建中・程旺、前掲書、一七四頁。なお、この論文によれば、上海市の二〇〇四年一~十月の統計では、上海で学習した外国人児童・生徒・学生(境外学生)は三九、三〇〇人であった。その内訳は、上海の二四大学の外国人留学生が一九、三〇〇人、上海の一五〇の小・中・高校の外国人児童・生徒が一二、〇〇〇人、上海の二二のインターナショナル・スクール(国際学校)の在籍学生が八、〇〇〇人であった。
(23) 中国高等教育学会引進国外智力工作分会編『大学国際化:理論与実践』北京大学出版社、二〇〇七年。李梅『高等教育国際市

場――中国学生的全球流動』上海教育出版社、二〇〇八年。顧建新『跨国教育発展理念与策略』学林出版社、二〇〇八年、参照

(24) 国家教育委員会外事司編『教育外事工作：歴史沿革与現行政策』北京師範大学出版社、一九九八年、二三五―二三九頁

(25) 顧建新『跨国教育発展理念与策略』学林出版社、二〇〇八年、一―四頁

(26) 国家教育委員会外事司編、前掲書、二三九―二五七頁、参照

(27) 葉林「第五章〝中外合作弁学〟の展開」、黄福濤編『高等教育研究叢書八一――一九九〇年代以降の中国高等教育の改革と課題』広島大学・高等教育研究開発センター、二〇〇五年、四五―六六頁、参照

(28) 謝桂華主編『二〇世紀的中国高等教育：学位制度与研究生教育巻』高等教育出版社、二〇〇三年、三八五―三九一頁、参照

(29) 同上書、三九一・三九二頁

終　章　全体のまとめと今後の課題

第一節　全体のまとめ

1　中国の留学政策の沿革

新中国成立直後、一九四九年十二月から一九五四年末まで、中央政府は在外留学者の帰国事業を実施した。その結果、米国・日本・欧州などから約二、〇〇〇人が国造りの意気に燃えて帰国した。時を同じくして、一九五〇年九月から一九六五年五月まで、主にソ連・東欧など社会主義諸国に国家派遣を実施した。この一五年間の派遣者数は累計一〇、六九八人であったが、そのうちソ連派遣が八、四一〇人（七八パーセント）を占めた。これら建国初期の帰国事業と国家派遣は、ともに知識人（知識分子）を社会主義国家建設の指導的人材として各方面で活用することが目的であった。

一方で、一九五七年六月の反右派闘争から一九七六年十月の文革終結までの二〇年間、知識人に対する迫害と冷遇が続き、人材育成は遅滞した。特に文革期、国家派遣は停止し、一九七二年に再開したが、七六年末まで僅か九九七人を派遣したにすぎなかった。

文革期には、教育はプロレタリア階級専政に奉仕する階級闘争の道具でなければならないという方針が強く打ち出され、学力より政治思想性が重視された。しかし、一九七八年末からの改革開放以後、教育は「社会主義現代化建設」に奉仕するという方針に変わった。これが指導理論となって知識人尊重政策が唱導され、その基盤の上に科学技術領域における高度人材の大量育成が推進された。その一環として留学教育が重要視され、主に生産力向上のために先進的科学技術を吸収する目的で、国家派遣の規模は文革前の約一〇倍に拡大された。派遣先はそれまでとは一転して米国、西欧、日本など西側資本主義諸国に変わった。派遣身分は、一九八〇年代半ばまで学部留学派遣が主流であったが、次第に大学院留学派遣が増え、一九九〇年代後半には一年間の進修生や訪問研究者の短期派遣にシフトして行った。彼らのほうが短期間で成果を挙げることができると考えられたからである。

国家派遣に加えて、一九八四年九月、中央官庁・地方政府や大学・研究機関等の主導する機関派遣が正式に許可された。機関派遣は次第に拡大し、二〇〇六年度には国家派遣の約一・五倍となった。更に一九八一年一月、自費留学政策が打ち出された。自費留学者の人材流出が懸念されたため、政策は紆余曲折したが、二〇〇一年WTO加盟によって完全に自由化された。二〇〇六年度には自費留学は一二・一万人となり、国家派遣・機関派遣の合計約一三、〇〇〇人の一〇倍となり、出国留学者数の九〇・二パーセントを占めるに至った。大量の自費留学者の中には留学に挫折する人も当然増えていく。このような問題に中国はもとより受け入れ国はどのように対処すべきなのか、今後の重要な課題である。

他方、一九八〇年代前半から在外留学者の帰国促進のため、中央政府教育部及び人事部主導の帰国奉仕（回国服務）・祖国奉仕（為国服務）の諸政策が実施されている。九〇年代半ば、科教興国戦略・人材強国戦略の方針の下、教育部は外国の博士学位取得者で、かつ教育・科学研究において優れた研究成果を上げた高度人材に限って帰国を促進するための優遇政策を取っている。人事部は教育・科学研究領域だけではなく、幅広い領域で留学人材を帰国奉仕・祖国奉仕させる政策を打ち出している。また、地方政府主導の留学帰国者のための就業政策が一九九〇年代前半から経済特区・沿海開放都市・経済開放区で始まり、大学科技園や留学人員創業園の新設など創業環境も整備されてきた。

更に、二十一世紀に入って、従来の公費・自費留学政策は継続しつつも、一九九〇年代に大学の運営自主権が拡大されたことによって、大学主導による留学交流――大学間交流協定に基づく教員・学生の交換留学、外国大学との共同育成プログラム等――が活発になった。また二〇〇一年ＷＴＯ加盟を受けて、二〇〇三年に教育プログラムの輸出入に関する法的整備が進められ、大学は「国境を越える教育」（中外合作辦学、境外辦学）を展開し始めた。

以上が新中国成立から二〇〇八年までの過去六〇年間の留学政策の沿革である。

2　中国の人材需要の変化

では、このような留学政策は各時期のどのような人材需要を満たしてきたのだろうか。一九五〇～六〇年代の国家派遣は、中国共産党の指導者や政府官僚や外国語通訳など所謂「党政人材」・「外国語人材」を育成し、かつ高等教育機関や中国科学院等の研究機関をレベルアップさせるために大学教員や科学技術研究員など「教学人材」と「科技人材」を育成するのが主要な目的であった。

国家派遣は一九六六年から七六年までの文革期一〇年間は停滞したが、改革開放後にすぐに復活し、八〇年代に開始された機関派遣ともども、「教学人材」と「科技人材」を順調に育成した。冷戦後の九〇年代には市場経済化が加速し、各方面の生産力を伸ばすために科学技術力が必要とされた。先進的な科学技術を求めて、大学教員や科学技術研究員が公費派遣（国家派遣と機関派遣）され、彼らは帰国後、元の大学や中国科学院等に就職したのである。終表‐1は公費留学の評価研究である陳学飛他（二〇〇三）によるが、公費留学帰国者が大学において管理・学術リーダーになっている二〇〇二年前後の情況を報告している。これによれば、「院士」の七六パーセント、四五歳以上の博士指導員の五八パーセント、四五歳以下の博士指導員の五五パーセント、大学の学長等の責任者の五一パーセントが公費留学帰国者であった。彼らは大学において重要な管理者・教育者・研究者に育っていたのである。[1]

一九九二年以降、社会主義市場経済体制の下で、国営・私営企業の管理者である「企業経営管理人材」や中級以

終表－1　中国の大学の各級責任者における公費留学帰国者の比率

大学の教学等の責任者	公費留学者の比率(％)
院士	76
博士指導員 45 歳以上（博士生導師）	58
博士指導員 45 歳以下	55
修士指導員 45 歳以上	24
修士指導員 45 歳以下	25
大学の全学的責任者（校級領導）	51
学部・学科の責任者（院系級領導）	35
専攻講座の責任者（教研室主任）	24
部・課の責任者	17
正高級職称 45 歳以上（正高職）	46
正高級職称 45 歳以下	34
副高級職称 45 歳以上	24
副高級職称 45 歳以下	21

出所）陳学飛他（2003）41 頁。及び田正平主編（2004）1266 頁参照。なお，表中の「博士生導師」とは博士課程学生を指導できる資格を認められた業績顕著な教員を指し，「高級職称」とは高級レベルの研究員を指す。また「教研室主任」とは「系」（学科）の下部組織である専攻講座の責任者を指す。

上の専門技術者である「専業技術人材」が求められるようになり、また知識経済の国際的な発展の影響を受けて、二〇〇六年に「創新型国家」建設を目的に掲げて後、発見・発明を成し得る高度な科学研究者や科学技術型企業を創業する実業家など「創新創業人材」が熱心に求められるようになった。このような人材需要の変化は海外留学と留学帰国者に対する社会的期待の変化をもたらした。なお、終表－2は留学政策関連のキーワードを年代別に書き入れたものである。

ところで、「党政人材」・「外国語人材」・「教学人材」・「科技人材」や「企業経営管理人材」・「専業技術人材」・「創新創業人材」が、国家社会の求める高度人材であると言ったが、現今、公費留学者を遥かに上回る自費留学者の学業修了後の就職状況はどのようであろうか。自費留学者は必ずしも国家社会が求める高水準の学術・技術を有する人材ばかりではない。

自費留学は一九八〇年代に始まり、九〇年代後半から増加し始め、二〇〇二年度以降には毎年一〇万人を超える規模になった（表６－７）。彼らの中に

終表－2　中国の留学政策関連の年代別キーワード

<table>
<tr><th rowspan="2">年代</th><th colspan="4">国際・国内の政治情勢</th><th rowspan="2">経済情勢</th><th colspan="3">留学政策</th></tr>
<tr><th colspan="3">時代区分</th><th>知識人政策</th><th>派遣･管理･帰国</th><th>人材需要</th><th>主な留学先</th></tr>
<tr><td>1949
～65</td><td rowspan="5">冷戦期</td><td colspan="2">建国初期</td><td>思想改造運動
労働者階級論
反右派闘争
上山下郷運動</td><td>計画経済
大躍進政策
人民公社化</td><td>留学者帰国事業
国家派遣政策</td><td>党政人材
教学人材
科技人材
外国語人材</td><td>ソ連・東欧
北朝鮮
キューバ
フランス
イギリス</td></tr>
<tr><td>1966
～70</td><td rowspan="2">文革期</td><td>前期</td><td>知識人弾劾
下放政策</td><td>共産主義化</td><td>教育革命
留学交流停止</td><td>なし</td><td>なし</td></tr>
<tr><td>1971
～76</td><td>後期</td><td>２つの評価論</td><td>国際連合復帰
４つの現代化</td><td>国家派遣の再開</td><td>外国語人材</td><td>フランス
イギリス</td></tr>
<tr><td>1977
・78</td><td colspan="2">撥乱反正期</td><td>階級闘争終結
改革開放路線</td><td>社会主義初級段階論
先富論</td><td>教育復興
国家派遣の拡大</td><td rowspan="2">党政人材
教学人材
科技人材</td><td rowspan="3">米国
日本
イギリス
韓国
ドイツ
フランス
カナダ
ロシア
オーストラリア</td></tr>
<tr><td>1978
～91</td><td rowspan="2">改革開放期</td><td>改革開放前期</td><td>尊重知識・
尊重人材
天安門事件</td><td>市場経済化
経済特区
沿海開放都市
経済開放区</td><td>機関派遣政策
自費留学政策</td></tr>
<tr><td>1992～
2008</td><td>冷戦後</td><td>社会主義市場経済期</td><td>科教興国戦略
人材強国戦略
創新型国家</td><td>知識経済の進展
大学科技園
留学人員創業園
西部大開発戦略
WTO 加盟</td><td>帰国奨励政策
博士后流動站
境外辦学
中外合作辦学</td><td>党政人材
企業経営管理人材
専業技術人材
創新創業人材</td></tr>
</table>

出所）筆者作成

も、公費留学者に劣らず、外国の博士学位・修士学位の取得者が多数出現した。しかし、大学や研究機関では公費留学帰国者の復職や国内の大学院修了者の採用などで教育・研究職ポストは埋まり、外部の者が新たに採用される余地は次第に狭まっていった。こうして大量の自費留学帰国者の就職先は多様化せざるを得なくなったが、折しも市場経済化の波が押し寄せ、留学帰国者の職業意識も、国家機関で働くことを名誉とする知識人の伝統的考え方から、自分の能力を生かせるならば民間企業で働くことを可とする現代的考え方に大きく変化し、社会の実際の人材需要に適合するようになってきた。

　多くの自費留学帰国者の中に

は外資系企業・民間企業の従業員など多様な職種に就く者が増えていった。しかし、就職先を探し出せずに「待業者」となる者も増えた。彼らは海外から帰国して「待業」しているところから「海待」と呼ばれた。「海帯」（昆布）と発音が同じであるが、それは水中で漂い居所が定まらない情況が同じだからだという。国内で適職を得られなくなると、必然的に海外就職することになる。自費留学者においては帰国せずに留学先国の大学・企業等に就職して海外定住することが常態化してきた。現在は留学前から移民を目的とし、海外就労の希望を抱く者も増えているという。

公費留学には帰国義務が課されているが、自費留学には帰国義務がない。従って、彼らは祖国以外で就業可能である。彼らは留学先国の労働市場を含めた、さらに広い国際労働市場に出て行くこともできる。国際労働市場では、先進国企業が知識経済の発展に応じて、理系大学院修了レベルの有能な人材を獲得しようとしのぎを削っている。中国の二〇〇〇年以降の高度経済成長が給与の高い就職先を増やし帰国率を引き上げてはいるが、他方、日本が好例であるように、少子高齢化によって減少していく労働人口を補うために、また中国に企業進出するために、中国人留学生あるいは中国の大学卒業生を採用する企業が増えている先進国もある。中国との経済関係が緊密になればなるほど、この趨勢は強まっていくものと思われる。

中国は先進国との人材獲得競争では総じて不利な立場にある。給与、待遇、研究設備と研究資金、生活の利便性、子女教育のレベルなど先進国に比べ魅力が劣ると言ってもよいだろう。従って、中国政府は大学院修了レベルの有能な留学者（華僑華人研究者を含む）を公費・自費留学にかかわらず優遇する帰国奨励政策、主に就業支援、研究支援、生活支援、創業支援を実施している。それは確実に成果を挙げているように思われる。

しかしながら、有能な留学者は一部に過ぎない。大量に存在する学部レベル卒業の自費留学者に対して現時点では中央政府に特段の政策はなく、今後の彼らの帰国後の就職問題および受け入れ国における定住化問題が残されている。

第二節　日本の大学における外国人留学生受け入れ予測

中国における留学政策の歴史的経緯と現状を把握し、留学交流の将来動向について考察を試みてきた。結論としては、中国は留学者の送り出し国としてだけではなく、外国人留学生の受け入れ国としても、今後ますます台頭するであろうという見通しを得ることができた。それによって、中国の高等教育と科学研究における国際的地位は今後さらに上昇していくものと思われる。

さて、日本の政府や大学等の教育機関はこのような中国の留学交流の将来動向にどのように関わっていくのだろうか。最後に、この問題を考えることにしたい。

1　在日中国人留学者の現状

中国人留学生は日本において多少の増減はあったが、一貫して増加傾向にある。日本でいう「留学生」とは、出入国管理及び難民認定法において在留資格「留学」を取得した高等教育機関・準備教育課程等の在籍者を指す。（独）日本学生支援機構の調査によれば、終表－3のように、二〇〇八（平成二十）年五月一日現在、外国人留学生数は一二三、八二九人で、過去最高となった。出身国・地域別では、中国が七二、七六六人で五九パーセントを占める。次いで、韓国の一八、八六二人（一五パーセント）、台湾の五、〇八二人（四パーセント）の順である。中国が韓国、台湾を大きく引き離して圧倒的に多い。外国人留学生一〇人のうち六人が中国人である。

加えて、在留資格「就学」を取得して、中等教育機関や日本語教育機関（通称、日本語学校）に在籍する「就学生」もいる。「就学生」の中で多数を占めるのは日本語教育機関で日本語を学習する生徒たちである。彼らの主な目的は日本の高等教育機関に入学することである。（財）日本語教育振興協会の調査によれば、二〇〇八（平成二十）年七月一日現在、日本語教育施設の生徒数は三四、九三七人であった。出身国・地域別では、中国が一七、九六

終表－3　2000～2008年の国籍別・在日留学生数の推移　（人）

年度	中国	韓国	台湾	マレーシア	タイ	ベトナム	米国	留学生総数
2000	32,297	12,851	4,189	1,856	1,245	717	1,044	64,011
2001	44,014	14,725	4,252	1,803	1,411	938	1,141	78,812
2002	58,533	15,846	4,266	1,885	1,504	1,115	—	95,550
2003	70,814	15,871	4,235	2,002	1,641	1,336	1,336	109,508
2004	77,713	15,533	4,096	2,010	1,665	1,570	1,456	117,302
2005	80,592	15,606	4,134	2,114	1,734	1,745	1,646	121,812
2006	74,292	15,974	4,211	2,156	1,734	2,119	1,790	117,927
2007	71,277	17,274	4,686	2,146	2,090	2,582	1,805	118,498
2008	72,766	18,862	5,082	2,271	2,203	2,873	2,024	123,829

出所）（独）日本学生支援機構調べ（各年度５月現在）：短期留学生も含む数値である。

八人と最も多く、五一・四パーセントを占める。次いで韓国一〇、五二八人（三〇・一パーセント）、台湾二、二二八人（六・四パーセント）、ベトナム六〇七人（一・七パーセント）、タイ五九七人（一・七パーセント）の順であった。この数値の中には日本語教育機関の設置する準備教育課程の「留学生」も含まれるが、その重複を考慮しても、中国人留学生と就学生の合計は、九〇、七三四人であり、早晩一〇万人に達するであろう。なお、二〇一〇年七月、入管法改正により、在留資格「就学」は在留資格「留学」に一本化されてなくなった。

2　日本の大学の外国人留学生受け入れ予測

日本の高等教育機関は外国人留学生をどれくらい受け入れることができるのか。あるいは受け入れを増やすつもりがあるのか。横田雅弘・坪井健・白土悟他（二〇〇六）は、二〇〇五年八月から十一月にかけて日本全国の四年制大学・大学院大学（文部科学省所管の大学校を除く）七一七校の国際部門の責任者に対して質問紙調査を実施した。回答数は三六二校（五〇・五パーセント）であった。大学の外国人留学生受け入れ方針に関する回答を以下に見ることにする。[2]

（1）外国人留学生を増やしたいと考えているか

外国人留学生の今後の受け入れ方針では、終表－4のように、「大いに増やす」は三二校（八・八パーセント）であり、「少し増やす」は八〇校

（二二・一パーセント）であった。すなわち、増加方針を持つ大学は合計一一二校（三一パーセント）である。反対に、「大いに減らす」「少し減らす」という抑制方針を持つ大学は一六校（四・四パーセント）に過ぎない。この点は注目すべきである。

しかし、「現状維持」という大学もかなり多く、九四校（二六パーセント）に上る。「現状維持」とは、外国人留学生を現時点の人数程度は継続して受け入れるという意味であると解釈すれば、受け入れにある程度積極的な姿勢を持っていると言えよう。その意味で増加方針を持つ大学と同じ範疇に入れることができる。この両者を合計すれば、二〇六校（五六・九パーセント）で、過半数に達する。また「どちらともいえない」は、留学生の増加・抑制の方針を明確に決めていない大学である。それは八三校（二二・九パーセント）であった。この回答には、どのような事情が背後にあるのか明らかではないが、受け入れに積極的とも消極的とも判断できない。要するに、受け入れに積極的な大学は全体のほぼ三分の二である。従って、日本ではまだ受け入れ傾向が続くと見て差し支えないだろう。

ところで、終表－5は興味深い結果を示している。すなわち、国立大学では「大いに増やす」「少し増やす」という増加方針を持つ大学は五八校中三二校で五五パーセントを占めるのに対して、公立大学三二・四パーセント、私立大学三二・四パーセントであり、国立大学の約半分の比率である。つまり、公立・私立大学に比べて、国立大学では今後、受け入れ数を増加させていくと思われる。

終表－4　日本の大学の外国人留学生受け入れの今後の方針

項目	回答数（校）	割合（％）
大いに減らす	1	0.3
少し減らす	15	4.1
現状維持	94	26.0
少し増やす	80	22.1
大いに増やす	32	8.8
どちらともいえない	83	22.9
無回答	57	15.7
合計	362	100.0

出所）横田雅弘・坪井健・白土悟他（2006）

（2）　外国人留学生を増加させる予定の課程

終表－5　日本の国公私立大学別の外国人留学生受け入れの今後の方針　（校）

項目	国立大学	公立大学	私立大学	合計
大いに減らす	0	0	1	1
少し減らす	0	0	15	15
現状維持	14	7	72	93
少し増やす	20	9	50	79
大いに増やす	12	2	18	32
どちらともいえない	12	16	54	82
合計	58	34	210	302

出所）横田雅弘・坪井健・白土悟他（2006）

終表－6　外国人留学生受け入れを増加させたい課程（複数回答）

項　　目	回答数（校）	%（115校中）
学部課程	76	66.1
大学院博士前期（修士）課程	56	48.7
大学院博士後期（博士）課程	50	43.5
交換留学プログラム（学部課程）	63	54.8
交換留学プログラム（大学院課程）	38	33.0
短期留学生受け入れのための英語によるプログラム	27	23.5
日本語日本文化研修生プログラム	22	19.1
短期日本語等の研修プログラム（サマースクール等）	20	17.4
日本語別科等の予備教育課程	7	6.1
その他	1	0.9
合　　計	360	—

出所）横田雅弘・坪井健・白土悟他（2006）

終表－6は、増加方針を持つ大学のみに、大学のどのプログラムに外国人留学生をさらに受け入れるつもりであるかを問うた結果である。多い順に「学部課程」（六六パーセント）、「交換留学プログラム（学部課程）」（約五五パーセント）、「大学院博士前期（修士）課程」（約五〇パーセント）、「大学院博士後期（博士）課程」（約四五パーセント）である。すなわち、学部課程および学部の交換留学生（一年未満）を増やしたい大学が過半数を占めるが、大学院の修士・博士課程に外国人留学生を増やしたいという大学も半数を占めている。

他方、短期（一年未満）の英語によるプログラムや二～三週間の短期日本語等の研修プログ

終表－7　外国人留学生受け入れの問題点（複数回答）

項　　目	回答数（校）	%（289 校中）
留学生の日本語力不足	130	45.0
宿舎の確保が困難	127	43.9
事務局の負担が大きい	115	39.8
財政的負担が大きい	113	39.1
教員の負担が大きい	83	28.7
留学生の学力不足	73	25.3
日本人学生との交流が進まない	67	23.2
志願者が少ない	60	20.8
留学生の受け入れを増やすビジョンがない	57	19.7
志願者が特定の学部や学科に偏る	54	18.7
地域の協力が得られない	7	2.4
その他	20	6.9
合　　計	906	—

出所）横田雅弘・坪井健・白土悟他（2006）

ラムなどへの受け入れを増加させようと考えている大学は比較的少ない。大体二〇パーセント前後である。思うに、短期留学生を受け入れる体制が整っていない大学が多いのではないだろうか。短期留学生受け入れは今後あまり大きくは進展しないようである。

（3）　外国人留学生受け入れの問題点

終表－7は、受け入れを推進する上で特に問題と考えている事柄を問うたものである。最も多かった回答は、「留学生の日本語力不足」であり、一三〇校（四五パーセント）の大学が問題として挙げている。日本の大学のほとんどは、日本にある日本語学校で一～二年間学習した学生を受け入れているのが現状である。

その学習到達度は大学初年度の講義を理解するのに十分とは言えない場合がある。そのため入学後の日本語学習のフォローが必要であり、二・三年生からの専門課程の講義を理解できるようになるためには専門日本語の学習も徐々に積み上げられるようにフォローする必要がある。そういうフォローが一切なされないならば、少なからぬ留学生が初年度で大学の講義の消化不良を起こすのである。

次いで、「宿舎の確保が困難」（一二七校、四四パーセント）という回答が多い。この原因は様々であり、学生寮が不足している場合、大学周辺に公営住宅・民間アパートが少ない場合などが予想される。さらに、「事務局の負担が大きい」（一一五校、約四〇パーセント）、「財政的負担が大きい」（一一三校、約四〇パーセント）、「教員の負担が大きい」（八三校、約三〇パーセント）という大学側の受け入れコストの問題が挙げられている。

このように四割を超える大学が問題点と感じている五つの課題を、どのようにすれば乗り越えることができるだろうか。本当に困難な壁である。これらは日本留学の基本的な課題として従来からずっと言われてきたのであるが、いまだに悩まされているのである。

3　「留学生三〇万人計画」の実施

二〇〇七年度に官邸主導で作成された「アジア・ゲートウェイ構想」（二〇〇七年五月十六日）、「教育再生会議・第二次報告書」（二〇〇七年六月一日）、「経済成長戦略大綱」（二〇〇七年六月十九日改定）等において述べられた留学生政策への提言を受け、同年十二月二十五日から中央教育審議会・大学分科会の制度・教育部会留学生ワーキンググループで検討された結果、翌二〇〇八年一月十八日、福田康夫首相は第一六九回国会における施政方針演説において、「開かれた日本」を形成するために、「アジア・世界との間のヒト・モノ・カネ・情報の流れを拡大する『グローバル戦略』を展開」する一環として、「二〇二〇年を目途に外国人留学生を三〇万人まで増やす」計画を策定すること、および「産学官連携による海外の優秀な人材の大学院・企業への受け入れの拡大」を進めることを発表した。

ここにいう「開かれた日本」がどのような将来像を目指すのか、わが国はどのように変貌していくのか、今後さらに議論は深められるであろうが、殊に「留学生三〇万人計画」がまだ曖昧模糊とした将来像に向かっていくプロセスの一環として位置づけられていることを認識しておかなければならない。

さて、その後、中央教育審議会大学分科会の留学生特別委員会において審議の結果、二〇〇八年七月、外務省・

文部科学省・経済産業省・国土交通省・法務省・厚生労働省の六省庁合同で「〈留学生三〇万人計画〉骨子」が策定された。

「〈留学生三〇万人計画〉骨子」は今後の施策方針を五つ挙げている。①日本留学への誘い：日本留学への動機付けとワンストップサービスの展開、②入試・入学・入国の入り口の改善：日本留学の円滑化、③大学等のグローバル化の推進：魅力ある大学づくり、④受け入れ環境づくり：安心して勉学に専念できる環境への取り組み、⑤卒業・修了後の社会の受け入れ推進：日本の社会のグローバル化、である。

①〜④までは、日本留学の受け入れ制度の強化策を述べたものであるが、⑤は留学生の日本での就職を促進するということである。「〈留学生三〇万人計画〉骨子」によれば、（独）日本学生支援機構による「私費外国人留学生生活実態調査」の結果として、卒業後の進路希望に「日本において就職希望」と回答した者が全体の六割（五六・三パーセント）であったが、二〇〇七年度中に卒業（修了）し、進路が明らかな留学生のうち、実際に日本で就職した者は全体の三割（二九・三パーセント）であり、相当数の希望者が就職できないでいるので、就職情報の提供や就職フェアを充実させるという。つまり、留学生の日本での就職を支援するのは、留学生がそれを希望するからだという理由である。しかし、理由は必ずしもそれだけではない。

この目標の背後には、日本の将来の労働力不足を補い、かつアジア市場への企業進出という人口学的・経済的目的が存在する。そのために日本は留学生の日本就職、即ち海外高度人材の獲得を必要としているのである。すなわち、「留学生三〇万人計画」は国益を追求するものである。この点が一九八〇年代の「留学生一〇万人計画」の推進した、国益を度外視したような文化政策的理念とは明らかに異なっている。日本の留学生受け入れ政策は理念的な転換期を迎えたと言えるであろう。

かくして、日本がこのような留学生の増加政策および日本での就職政策を打ち出したことにより、今後も留学生は当然のことながら増加していくに違いない。

第三節　日本の大学における中国人留学生の増加の可能性

今後、中国の海外留学需要が増大し、日本の大学の過半数が外国人留学生受け入れの増加方針を持ち、日本政府も「留学生三〇万人計画」を推進していくとすれば、これまでの経緯から見て、中国人留学生は今後もかなり長期間にわたって日本の高等教育機関において増加し続けると思われる。しかし、中国からの日本留学は、日本語の通用性が限られているので、英語圏留学に比べるとそれほど需要は増大しないのではないかとも思われる。

前節で述べたように、現在、日本の大学の多くが希望しているのは、学部留学生および大学間交流協定に基づく学部の交換留学生（一年未満）の受け入れを増やすことである。これとは対照的に、研究型の国立大学や一部の私立大学では、大学院留学生の受け入れを増やすこと、特に英語で教育する学部・大学院特別コースを増やすということを模索している。それによって、世界各地から、日本語はできないが、優秀な留学生・若手研究者を受け入れることができるようになるという。これらの提案にはもちろん賛成であるが、中国では学士学位取得のための学部レベルの留学需要が将来最も拡大し、彼らのほとんどが自費留学である。つまりは、学部レベルの留学生教育体制の充実が最も必要である。加えて、専門日本語の教育、学生指導、宿舎整備、経済支援、就職支援などが、これまで同様、基本的に重視されなければならないのではないだろうか。

また今後、中国と日本の留学交流の展開にはいくつかの課題があると思われる。

1　中国と日本の留学交流の課題

（1）　中国人の不法滞在者の減少

不法滞在者が増えれば、日本政府は入国制限を行う可能性があり、この問題を減らす必要がある。

（2）　日本の大学と中国の大学のツイニング・プログラムが増える可能性

中国の大学で二年間、残りを外国の大学で学び、外国の学位を授与されるという「2＋2」の方式である。中国では、留学費用をかなり安く抑えることができるのでこのツイニング・プログラムの人気が高まっている。しかし、日本の大学とのツイニング・プログラムの数は現実にはまだ少ない。特に国立大学はほとんど行っていない。また課程内容の接続の問題も見られる。今後の展開が期待される。

（3）　日本留学試験の中国実施の可能性

中国人学部留学生のリクルート方法として日本留学試験は最も有効であると思われるが、現時点では中国国内で実施することは許されていない。中国からの留学生は日本で増加の一途を辿ってきた。しかも、将来日本留学ニーズは中国において一層高まる傾向にある。大学や日本語教育機関は優秀な中国人学生をいかなる方法でリクルートするかは喫緊の課題である。

実際には、中国の留学生市場に欧米・豪州の大学が参入して留学生獲得競争が始まっている。特に、中国は二〇〇三年三月一日に「中華人民共和国中外合作辦学条例」を発布した。外国の組織・個人ないしは国際機関が中国で単独あるいは中国の教育機関と共同で、学校や教育課程を運営することが正規に認可された。欧米・豪州の大学は中国の大学と共同で修士課程を陸続と開設している。この修士課程では外国の学位が授与されるので、中国では「不出国留学」と呼ばれている。この動きは高等職業教育段階にも広げられて、さらに加速するように思われる。このような留学生獲得は各国の産業界に高度人材を導入するための前段階の競争であると言うことができる。日本ではこの動きは微弱である。

（4）　日本での外国人の就職状況が改善される可能性

法務省入国管理局の統計によれば、二〇〇七年に日本企業に就職した外国人留学生は一〇、二六二人であった。

そのうち第一位は中国の七、五三九人（七三・五パーセント）であった。第二位は韓国の一、一〇九人（一〇・八パーセント）、第三位は台湾の二八二人（二・七パーセント）、第四位はバングラデシュの一三八人（一・四パーセント）、第五位はベトナムの一三一人（一・三パーセント）であった。この上位五カ国で九〇パーセントを占めた。また、学歴別（二〇〇六年統計）では、学部卒四、〇〇七人（四八・五パーセント）、大学院卒二、七三七人（三三パーセント）であった。つまり、中国人留学生の学部卒業生が多く日本で就職している。

このような日本での就職現象の原因は留学生側にもあるが、むしろ日本側のほうが有力である。それは第一に、日本の少子化の進行に伴い、将来の熟練労働力不足が懸念されることによる。外国人労働者の就労可能な在留資格の範囲が拡大されるべきだという要望が高まりつつある。また第二に、日本の人口減少は中長期的に経済縮小をもたらすのに反し、中国は一三億人の巨大な購買力が潜在する大市場である。中国市場に進出する中小企業や今後進出を考える企業が中長期的に見れば優秀な中国人青年（必ずしも在日留学生ではない）を採用する趨勢にある。日本留学経験のある優秀な中国人従業員を、二言語を操る即戦力として採用したいと欲する場合も確実に増えるであろう。第三に、主としてハイテク分野では優秀な理工系留学生（必ずしも中国に限らない）が地場産業界で求められている。

しかしながら、日本の大企業の採用人数は限られており、中小企業は外国人採用に不慣れである。かつ多くの受け入れ大学には出口戦略、即ち留学者の就職率を高めるためのインターンシップや企業関係者との交流会などの施策が不足している。今後、中国人を含め留学生の就職問題について、大学は即戦力となる人材を育成するべく留学生教育を見直し、戦略的に中小企業と密接に連携する必要があるだろう。二〇〇八年一月に公表された「留学生三〇万人計画」はこの可能性がないならば、実現することは不可能であるに違いない。

（5）　外国人労働者の暮らしやすい都市を形成する可能性

外国人の日本の都市社会への定着過程には様々な側面の問題が予想される。そこには行政的課題・企業風土の改革とともに、市民の異文化との共生という課題も存在するだろう。市民が外国人を隣人として受け入れる態度を形成するためには比較的大きな意識改革が必要となるように思われる。

以上のように、日本の大学の外国人留学生受け入れ体制については、教育指導上及び生活上の基本的問題が未だ解決されていないと言えるだろう。他方、中国は経済成長するに随って世界中から留学生を集めるようになり、中国政府はその受け入れ体制作りに積極的に投資し始めた。近い将来、日本と中国は留学生・海外高度人材の招致においてライバルとなるだろう。

2　留学交流の不均衡問題

また、もうひとつの課題が浮上している。米国との不均衡問題である。二〇〇九年十一月、米国のオバマ大統領(Barack Obama, Jr)が訪中し、米国人学生による中国留学を劇的に増やしたいと発案した。翌二〇一〇年五月、クリントン国務長官（Hillary R. Clinton）は訪中の際、公式にこの政策を開始すると表明、「100,000 Strong Initiative」(中国への一〇万人派遣計画を民間から寄付を集めて推進する）が開始された。これに対して、中国政府は米国人留学生一万人に奨学金を給付することを表明した。米国国務省のウェブサイトには、その必要性が次のように記されている。「米中関係は世界平和と安全を守る上で、世界で最も重要なものである。世界経済の復興、気候変動、核兵器廃絶など国際問題は米中両国を抜いては進展しない。米国はもっと中国を理解しなければならないが、米国滞在の中国人留学者は、中国滞在の米国人留学者の一〇倍である。英語を学習する中国人は中国語を学習する米国人の六〇〇倍である。この知識の不均衡は両国間の信頼を損ねる可能性がある。この不均衡を少なくするため、また米国人が効果的な外交を行うための文化理解や言語運用力が不可欠である。学生は国際経済における学術的・専門的な成功を勝ち取る能力を習得するだろう」と。

在米中国人留学者は、二〇〇〇年五九、九三九人であったが、二〇〇八年には九八、二三五人と一・六倍増である

（表4－7）。在中米国人留学者は二〇〇八年に一九、九一四人（表12－16）であり、米中間の留学交流は確かに不均衡である。しかし、今度それが大きく是正されようとしている。将来、そこから政治・経済・学術などの領域で太い人脈が形成されるだろう。他方、在米日本人留学生は二〇〇〇年四六、四九七人であったが、二〇〇八年には二九、二六四人に減少した。これに対して在日米国人留学生は僅かずつ増えてはいるが、二〇〇八年には二、〇二四人だった（終表－3）。日米間の留学交流もかなり不均衡であり、かつ先細りである。しかし、残念ながらこれを是正する政策はない。将来、両国間の人脈は縮小していく可能性がある。これは今後の政策的課題であると思われる。

以上、このような国際情勢の中で、日本留学は欧米留学や中国留学とは異なる魅力を発揮しなければならないと思われるが、果たして可能であろうか。また日本人の海外留学の減少傾向も改善していかなければならないだろう。今、日本の大学のプル力、日本社会のプル力について、また日本人の海外留学問題について総合的に評価し改善策を提言してゆく研究体制が十分ではない。こうした日本の留学交流に関する研究・評価体制を早急に作り上げる必要があるのではないだろうか。

【注】

（1）陳学飛他『留学教育的成本与効果：我国改革開放以来公派留学効益研究』教育科学出版社、二〇〇三年、四一頁。また田正平主編『中外教育交流史』広東教育出版社、二〇〇四年、一二六六頁、参照

（2）横田雅弘・坪井健・白土悟・太田浩・工藤和宏『岐路に立つ日本の大学――全国四年制大学の国際化と留学交流に関する調査報告』二〇〇六年九月（平成十五・十六・十七年度文部科学省科学研究費補助金〈基盤研究B〉最終報告書）

主要な参考文献

A

A. Bohm, Roger King, *中国 Positioning Australian Institutions for The Future*, IDP Education Australia Limited, 1999

A. Bohm, D. Davis, D. Meares, D. Pearce, *Global Student Mobility 2025*, IDP Research Publication, 2002

A. Bohm, D. Meares, D. Pearce, M. Follari, A. Hewett, *Global Student Mobility 2025*, IDP Research Publication, 2003

アグネス・スメドレー『中国の歌ごえ』（高杉一郎訳）みすず書房、一九五七年

アグネス・スメドレー『偉大なる道――朱徳の生涯とその時代』（阿部知二訳）岩波書店、一九七七年

阿部洋編『日中教育文化交流と摩擦――戦前日本の在華教育事業』第一書房、一九八三年

安藤正士・太田勝洪・辻康吾『文化大革命と現代中国』岩波書店、一九八六年

B

Burkart Holzner and Davydd Greenwood, "The institutional policy context for international higher education in the United States of America," Hans de Wit ed., *Strategies for internationalization of higher education*, EAIE, 1995

馬継森『外交部文革紀実』中文大学出版社、二〇〇三年

馬嘶『百年冷暖二〇世紀中国知識分子生活状況』北京図書館出版社、二〇〇三年

馬麒麟主編『中国民族高等教育的改革与発展』教育科学出版社、二〇〇〇年

苗丹国・潘暁景「対我国自費出国留学収取培養費制度的対策研究」、中国高等教育学会編『中国高教研究』二〇〇一年五期、二八―三〇頁

苗丹国・楊暁京「中国出国留学政策的沿革与培養和吸引留学人材的政策取向」、潘晨光主編『中国人才前沿No.2』社会科学文献出版社、二〇〇六年、四六―六七頁

C

趙紫陽、バオ・プー、ルネー・チアン、アディ・イグナシアス『趙紫陽極秘回想録』（河野純治訳）光文社、二〇一〇年

中央教育科学研究所編『周恩来教育文選』教育科学出版社、一九八四年

中華人民共和国教育部編『科教興国動員令』北京大学出版社、一九九八年
『中華全国青年連合会留学人員聯誼会　会員名録』同秘書処、二〇〇四年
『中国赴日本国留学生預備学校：慶祝建校二十周年一九七九－一九九九』一九九九年
中国人事科学研究院『中国人才報告二〇〇五』人民出版社、二〇〇五年
中国高等教育学会引進国外智力工作分会編『大学国際化：理論与実践』北京大学出版社、二〇〇七年
中非教育合作与交流編写組『中国与非洲国家教育合作与交流』北京大学出版社、二〇〇五年
張志文他編『人事工作必備手冊』改革出版社、一九九一年
張澤宇『留学与革命――二〇世紀二〇年代留学蘇聯熱潮研究』人民出版社、二〇〇九年
張西水「留学人員回国創業総述」、中国高等教育学会編『中国高教研究』第一期、二〇〇一年、一九－二二頁
張西水・潘暁景他「留学人員回国創業現状分析」『神州学人』第四期二〇〇一年、一二－一七頁
陳学飛主編『高等教育国際化：跨世紀的大趨勢』福建教育出版社、二〇〇二年
陳学飛他『留学教育的成本与効果：我国改革開放以来公派留学効益研究』教育科学出版社、二〇〇三年
陳焜旺編『日本華僑・留学生運動史』日本僑報社出版、二〇〇四年
陳昌貴『人材外流与回帰』湖北教育出版社、一九九六年
陳鉄源『留学&拉致――来自中国海外留学生問題報告』世界知識出版社、二〇〇四年

D

段躍中『現代中国人の日本留学』明石書店、二〇〇三年
田正平『留学生与中国教育近代化』広東教育出版社、一九九二年
田正平主編『中外教育交流史』広東教育出版社、二〇〇四年

E

江淵一公「ヨーロッパにおける大学の国際化の潮流――ERASMUS計画の動向を中心として」、広島大学・大学教育研究センター『大学論集』第二二集、一九九二年、三一－六四頁
江淵一公『大学国際化の研究』玉川大学出版部、一九九七年
江淵一公編『トランスカルチュラリズムの研究』明石書店、一九九八年
エドガー・スノー『北京・ワシントン・ハノイ：日本で考えたこと』（松岡洋子訳）朝日新聞社、一九六八年

エドガー・スノー『中国の赤い星』（松岡洋子訳）筑摩書房、一九七二年
遠藤誉編『帰国中国人留学生の比較追跡調査による留学生教育の改善と展望に関わる研究』（平成六・七・八年度文部省科学研究費助成金〈国際学術研究〉調査報告書）一九九七年
衛道治編『中外教育交流史』湖南教育出版社、一九九八年
閻維方「発展知識経済的関鍵与大学的使命」、中華人民共和国教育部編『科教興国動員令』北京大学出版社、一九九八年、一〇三―一一六頁
袁振国主編『当代教育学』教育科学出版社、二〇〇四年

G

厳家祺・高皋『文化大革命十年史』上下巻（辻康吾訳）岩波書店、一九九六年
権藤与志夫編『アジア八カ国における大学教授の日本留学観』上下巻、広島大学・大学教育研究センター、一九八八年
権藤與志夫編『世界の留学――現状と課題』東信堂、一九九一年
魏祖鈺「改革開放以来中国留学服務事業的創立与発展」、王輝耀編『中国留学人材発展報告二〇〇九』機械工業出版社、二〇〇九年、三三〇・三三一頁
岳慶平主編『中南海三代領導集体と共和国科教実録』上中下巻、中国経済出版社、一九九八年

H

Hans de Wit and Hilary Callan, "Internationalisation of higher education in Europe", Hans de Wit ed. *Strategies for internationalization of higher education*, EAIE, 1995, pp. 67-98
平塚益徳「教育における国際交流――その歴史と現代的意義」『文部時報』第一〇五五号、一九六五年、二～九頁
彭澤周『中国現代史』泰流社、一九七八年
范瀛「従信息時代高度談留学人員回国趨勢」『出国留学工作研究』一九九八年（全国出国留学工作研究会編『全国出国留学工作研究会成立十周年紀念文集』北京大学出版社、二〇〇一年、三二一―三二七頁所収）
潘晨光・倪玉平・張如意「中国院士制度的誕生与発展」、『中国人材発展報告№1』社会科学文献出版社、二〇〇四年、三五〇―三七二頁
潘晨光・娄偉「中国留学事業的回顧与展望」、潘晨光主編『中国人材発展報告№1』社会科学文献出版社、二〇〇四年、三九九―四二二頁

高等学校外国留学生教育管理学会編『留学中国二〇〇五』今日中国出版社、二〇〇五年
項光勤『城市競争力研究』中国工商出版社、二〇〇六年
孔慧雲主編『知青生活回憶』山東画報出版社、一九九八年
黄親国『中国大学科技園発展研究』江西人民出版社、二〇〇六年
黄潤竜『海外移民和美籍華人』南京師範大学出版社、二〇〇三年
黄宗宣著「回憶創刊」、『神州学人』第五期、二〇〇二年
広州留学人員服務管理中心・広州市外国専家局・広州市社会科学院社会学与社会政策研究所『帰国留学人員和境外専家広州就業：現状与分析』二〇〇七年
国家教育委員会外事司編『教育外事工作：歴史沿革与現行政策』北京師範大学出版社、一九九八年
国家教育発展研究中心編『二〇〇五年中国教育緑皮書――中国教育政策年度分析報告――』教育科学出版社、二〇〇五年
国家発展計画委員会政策法規司編『西部大開発戦略研究』中国物価出版社、二〇〇二年
国務院辦公庁秘書局等編、『中央政府組織機構』改革出版社、一九九八年
胡経礼・陳兆徳・黄中鼎『国家公務員必備』中国人事出版社、一九九五年
胡連成『走向西洋――近代中日両国官派欧美留学之比較研究一八六二～一九一二』吉林大学出版社、二〇〇七年

L

Leo A. Orleans, *Chinese Students in America*, National Academy Press, 1988
李梅『高等教育国際市場――中国学生的全球流動』上海教育出版社、二〇〇八年
李喜所『近代留学生与中外文化』天津人民出版社、一九九二年
李喜所・劉集林他『近代中国的留美教育』天津古籍出版社、二〇〇〇年
李喜所主編『留学生与中外文化』南開大学出版社、二〇〇五年
李成武「中華人民共和国人材工作簡史一九四九～二〇〇四」、潘光主編『中国人材前沿№2』社会科学文献出版社、二〇〇六年、三七一―四〇六頁
李竹青・仁慶紮西「試論解放后三十多年来的民族工作」『青海民族学院学報』第三期、一九八二年、二六―四〇頁（『復印報刊資料・中国少数民族』十月号、一九八二年、一三―二八頁所収）
李忠武「大学科技園区三論」『中国高等教育』第二期、二〇〇一年
李伝松・許宝発編著『与祖国風雨同舟――当代中国留学人員創業簡史』上海外語教育出版社、二〇〇一年

李滔主編『中華留学教育史録』高等教育出版社、二〇〇〇年
李梅『高等教育国際市場――中国学生的全球流動』上海教育出版社、二〇〇八年

M

松永裕二「ソ連における留学生受け入れの現状と展望」、権藤與志夫編著『世界の留学――現状と課題』東信堂、一九九一年、二八三―二九七頁
松本ますみ『中国民族政策の研究――清末から一九四五年までの〈民族論〉を中心に』多賀出版、一九九九年
宮沢俊義編『世界憲法集』岩波書店、一九八三年
『毛沢東選集』第一～四巻、新日本出版社、一九六四年
『毛沢東選集』第五巻、外文出版社、一九七七年
望田研吾『現代イギリスの中等教育改革の研究』九州大学出版会、一九九六年
望田研吾編『二十一世紀の教育改革と教育交流』東信堂、二〇一〇年
孟秀勤・史紹活主編『国際化人材：戦略与開発』中国人民大学出版社、二〇〇六年

N

中嶋嶺雄編『中国現代史』有斐閣選書、一九八一年
中嶋嶺雄『文明の再鋳造を目ざす中国』筑摩書房、一九八四年
新田功「オーストラリアのIDPによる留学生数の将来予測～Global Student Mobility 2025より」『留学生交流の将来予測に関する調査研究』（平成十八年度文部科学省先導的大学改革推進経費による委託研究、研究代表者　横田雅弘）二〇〇七年九月、一一八―一二五頁

O

大里浩秋・孫安石編『中国人日本留学史研究の現段階』御茶の水書房、二〇〇二年
大塚豊「日中学術文化交流」、『中国総覧』霞山会、一九八六年
大塚豊『中国大学入試研究』東信堂、二〇〇七年
王立生「中国大学入学統一試験等の認証システムについて」『日本語教育振興協議会ニュース』№101、二〇〇八年、四〇―四五頁
岡益巳・深田博己『中国人留学生と日本』白帝社、一九九五年

小川佳万『社会主義中国における少数民族教育』東信堂、二〇〇一年
欧以克『民族高等教育学概論』民族出版社、二〇〇五年
欧美同学会編『志在振興中華――欧美同学会八十年』経済科学出版社、一九九三年
王輝耀『当代中国海帰』中国発展出版社、二〇〇七年
王輝耀主編『中国留学人材発展報告二〇〇九』機械工業出版社、二〇〇九年
王奇生『中国留学生的歴史軌跡（一八七二〜一九四九）』湖北教育出版社、一九九二年
王奇生『留学と救国：抗戦期間海外学人群像』広西師範大学出版社、一九九五年
王義祥『当代中国社会変遷』華東師範大学出版社、二〇〇六年
王暁初主編『留学人員回国指南』中国人事出版社、二〇〇六年
王桂新・沈続雷「上海市人口遷移与人口再分布研究」、『人口研究』第三二巻第一期、二〇〇八年、五八―六九頁
王国棟『民族問題常識』寧夏人民出版社、一九八二年
王尚銀主編『中国社会問題研究引論』浙江大学出版社、二〇〇五年
王雪萍『当代中国留学政策研究：一九八〇〜一九八四年赴日国家公派本科留学生政策始末』世界知識出版社、二〇〇九年

P

北京週報社編『外国に留学した人たち』新星出版、一九九一年
北京人事局「北京吸引海外人材戦略研究」、孟秀勤・史紹活主編『国際化人材：戦略与開発』中国人民大学出版社、二〇〇六年、一七四―二一三頁

R

劉傑『漢奸裁判――対日協力者を襲った運命』中央公論新社、二〇〇〇年
廖承志文集編集辦公室編『廖承志文集』（安藤彦太郎監訳）徳間書店、一九九三年
婁偉・張海夫「中国高層次人材政策体系分析」、潘晨光主編『中国人材発展報告No.3』社会科学文献出版社、二〇〇六年、四一―六一頁
留学人員回国指南編集委員会『留学人員回国指南』中国人事出版社、二〇〇六年
劉暁琴『中国近代留英教育史』南開大学出版社、二〇〇五年
劉先照「我国民族関係史研究若干理論問題総述」『民族研究』No.3、一九八三年、四八―五五頁

林仕梁『中国少数民族高等教育的発展与研究』高等教育出版会、二〇〇一年
林活力・李偉権・彭力・張桂円「広東人材国際化状況分析」、余仲華他主編『中国人材戦略管理評論』社会科学文献出版社、二〇〇八年
遼寧省留日同学会『遼寧留日学人』日本研究雑誌社、一九九四年

S

さねとう・けいしゅう『中国人　日本留学史』くろしお出版、一九六〇年初版、七〇年増補版
サンケイ新聞社『蒋介石秘録』上下巻、サンケイ出版、一九八五年
柴田俊造・白土悟編『中国少数民族地方の留学形態に関する基礎的研究』JAFSA研究助成報告書、一九九四年
朱建栄『毛沢東の朝鮮戦争』岩波書店、一九九一年
周恩来『十九歳の東京日記』（矢吹晋編・鈴木博訳）小学館、一九九九年
周恩来『中国の内外政策』上下巻（森下修一編訳）嶋崎経済研究所、一九七三年
章詒和『嵐を生きた中国知識人――「右派」章伯釣をめぐる人びと』（横澤泰夫訳）集広舎、二〇〇七年
白土悟「中国少数民族の教育政策について――その理論的問題の考察」『九州大学教育学部紀要（教育学部門）』第二九集、一九八四年、六三―七二頁
白土悟「中国から見た日本留学」、『大学研究ノート』第七〇号、広島大学・大学教育研究センター、一九八八年、四五―五九頁
白土悟「中国における留学生帰国奨励政策について――海南省の事例を中心に」、『九州大学教育学部附属比較文化研究施設紀要』第四七号、一九九六年、五三―六五頁
白土悟・于東振「中国華南の経済開放区における海外留学者の帰国及び就職動向――深圳・海南・広州における調査報告」『九州大学留学生センター紀要』第九号、一九九八年、一〇五―一一七頁
白土悟「中国人留学者団体の組織化とネットワーキングの動向」、江淵一公編『トランスカルチュラリズムの研究』明石書店、一九九八年、四二八―四四七頁
白土悟「中国の自費留学仲介制度の整備について」、文部省監修・日本国際教育協会編『留学交流』第十二巻・第七号、ぎょうせい、二〇〇〇年、一八―二一頁
白土悟「帰国留学生とのネットワークづくり――中国における留学帰国者団体の沿革と活動」、『留学交流』第十三巻・第二号、二〇〇一年、二―六頁
白土悟「中国における留学生教育に関する学術研究団体について」『九州大学留学生センター紀要』第一三号、二〇〇三年、九一―九

九頁
白土悟「中国の中央政府及び民族自治区政府における留学派遣政策の考察」『九州大学留学生センター紀要』第一五号、二〇〇六年、一―三九頁
白土悟「中国の留学交流の将来動向に関する考察」『留学生交流の将来予測に関する調査研究』（平成十八年度文部科学省先導的大学改革推進経費による委託研究、研究代表者　横田雅弘）二〇〇七年九月、一三八―一六三頁
白土悟「現代中国初期における留学生帰国政策の考察」『九州大学留学生センター紀要』第一六号、二〇〇七年、三九―六二頁
白土悟「中国における自費留学制度の形成過程の考察」『九州大学留学生センター紀要』第一七号、二〇〇八年、四三―七五頁
白土悟「中国政府の海外人材受け入れ政策と留学人材帰国政策」、『福岡における国際的拠点都市形成に関する研究：留学生を中心とした海外高度人材の集積』（二〇〇七年度トヨタ財団研究助成、研究代表者　白土悟）、二〇一〇年、一〇一―一三七頁
新谷恭明・折田哲郎編『大学とはなにか』海鳥社、二〇〇二年
蘇暁康・羅時叙・陳政『廬山会議』毎日新聞社、一九九二年
史衛民・何嵐『知青備忘録：上山下郷運動中的生産建設兵団』中国社会科学出版社、一九九六年
謝啓晃主編『中国民族教育史綱』広西教育出版社、一九八九年
謝桂華主編『二〇世紀中国高等教育――学位制度与研究生教育巻』高等教育出版社、二〇〇三年
謝長法『中国留学教育史』山西教育出版社、二〇〇六年
朱宗順『交流与改革：教育交流視野中的中国教育改革一九七八～二〇〇〇』浙江教育出版、二〇〇六年
周全華『〝文化大革命〟中的〝教育革命〟』広東教育出版社、一九九九年
肖貴玉主編『第一動力：二〇〇六年度上海人材強市戦略研究』上海社会科学院出版社、二〇〇七年
邵巍・車偉民・張宝「我国国（境）外学歴学位認証工作発展趨勢」『中国高等教育』三・四号、二〇〇九年、三四―三六頁
勝星主編『二〇世紀中国少数民族与教育』民族出版社、二〇〇二年
瀋殿成主編『中国人留学日本百年史（一八九六～一九九六）』遼寧教育出版社、一九九七年
新疆ウイグル自治区教育庁「在新形勢下進一歩倣好新疆出国留学工作」、『出国留学工作研究』三号、二〇〇三年、四八―五〇頁
新疆分院人教処「西部開発与高層次人材培養」『出国留学工作研究』三号、二〇〇〇年、二六―三一頁
成有信主編『教育与生産労働相結合問題新探索』湖南教育出版社、一九九八年
楚樹竜『冷戦后中美関係的走向』中国社会科学出版社、二〇〇一年
曹景椿「論中国特色的人口和計画生育道路」『人口研究』六号、二〇〇八年、四四―四八頁
孫石月『中国近代女子留学史』中国和平出版社、一九九五年

孫勇勝『中華人民共和国対外関係史綱』甘粛人民出版社、一九九六年

T

竹内実『毛沢東と中国共産党』中央公論社、一九七二年
竹内実編訳『毛沢東　文化大革命を語る』現代評論社、一九七四年
董国強編『文革——南京大学一四人の証言』（関智英・金野純・大澤肇編訳）築地書館、二〇〇九年
鄧小平『鄧小平は語る』上下巻（竹内実・吉田富夫監訳）風媒社、一九八三年
鄧小平『鄧小平文選一九八二—一九九二』（中共中央編訳局・外文出版社訳）東和文化研究所&中国外文出版社、一九九五年
徳澤龍潭『ユネスコの世紀』西荻書店、一九五〇年
程希『当代中国留学生研究』香港社会科学出版社、二〇〇三年
丁暁禾主編『中国百年　留学全紀録』全四冊、珠海出版社、一九九八年
杜作潤主編『中華人民共和国教育制度』三聯書店（香港）有限公司、一九九九年
唐金土主編『大学生就業与創業指導』東南大学出版社、二〇〇六年
唐鉱・趙立軍「新北京、新奥運与国際化人材培養」、孟秀勤・史紹活主編『国際化人材：戦略与開発』中国人民大学出版社、二〇〇六年、一五九—一七三頁
陶西平・王左書主編『中国民辦教育』教育科学出版社、二〇一〇年
佟麗華・馬勇編『自費出国留学：法律指南』知識出版社、二〇〇〇年

U

植田捷雄「中ソ論争の現状と将来」、日本外政学会編『中共政権の現状分析』明徳出版社、一九六一年、三〇九—三二四頁
ウーヴェ・リヒター『北京大学の文化大革命』（渡部貞昭訳）岩波書店、一九九三年
于富増「当前我国外国留学生教育発展趨勢分析」、高等学校外国留学生教育管理学会編『来華留学生教育発展研究』高等教育出版社、二〇〇四年、一—四三頁
浦善新・陳徳彧・周芸『中国行政区画概論』知識出版社、一九九五年

W

若林正丈『台湾の政治：中華民国台湾化の戦後史』東京大学出版会、二〇〇八年

Y
矢吹晋『図説中国の経済』蒼蒼社、一九九二年
矢吹晋『鄧小平』講談社現代新書、一九九三年
葉林「第五章〝中外合作弁学〟の展開」、黄福濤編『高等教育研究叢書八一―一九九〇年代以降の中国高等教育の改革と課題』広島大学高等教育研究開発センター、二〇〇五年、四五―六六頁
横田雅弘・白土悟『留学生アドバイジング――学習・生活・心理をいかに支援するか』ナカニシヤ出版、二〇〇四年
横田雅弘・坪井健・白土悟・太田浩・工藤和宏『アジア太平洋諸国の留学生受け入れ政策と中国の動向』（平成十五・十六年度文部科学省科学研究費補助金〈基盤研究B〉調査報告書）二〇〇五年三月
横田雅弘・坪井健・白土悟・太田浩・工藤和宏『岐路に立つ日本の大学――全国四年制大学の国際化と留学交流に関する調査報告』（平成十五～十七年度文部科学省科学研究費補助金〈基盤研究B〉最終報告書）二〇〇六年九月
横山健堂「嘉納治五郎伝」（一九四一年発刊）、講道館監修『嘉納治五郎体系』第一一巻、本の友社、一九八八年、所収
吉田正晴編『比較教育学』福村出版、一九九〇年
湯応武『抉択――一九七八年以来中国改革的歴程』経済日報出版社、一九九八年
楊暁京・苗丹国「新中国出国留学教育政策的演変過程及対策研究」、『出国留学工作研究』四号、二〇〇〇年、一―二七頁（全国出国留学工作研究会編『全国出国留学工作研究会成立十周年紀念文集』北京大学出版社、二〇〇二年、一三六―一六一頁、所収）
楊栄蘭編『中国硅谷――来自中関村的前沿報道』北京郵電大学出版社、二〇〇〇年
羊憶蓉『教育与国家発展――台湾経験』桂冠図書公司、一九九八年
葉雋『異文化博弈：中国現代留欧学人与西学東漸』北京大学出版社、二〇〇九年
葉傳昇『人材戦争』中国文聯出版社、二〇〇一年

Z
全国出国留学工作研究会編『全国出国留学工作研究会成立十周年紀念文集』北京大学出版社、二〇〇二年
全国政協暨北京・上海・天津・福建政協文史資料委員会編『建国初期留学生帰国紀事』中国文史出版社、一九九九年

史料集・事典類

『現代中国経済事典』東洋経済新報社、一九八二年
『現代中国事典』岩波書店、一九九九年
国際交流基金編『海外の日本語教育の現状・一九九二年』凡人社、一九九二年
国際交流基金編『海外の日本語教育の現状――日本語教育機関調査・二〇〇三年』凡人社、二〇〇四年
国際交流基金編『海外の日本語教育の現状――日本語教育機関調査・二〇〇六年』改訂版、凡人社、二〇〇八年
日本外務省『主要国・地域の留学生受け入れ政策』二〇〇四年
陳東林、苗棣、李丹慧（加々美光行監修）『中国文化大革命事典』（徳澄雅彦監訳）中国書店、一九九六年
留学交流事務研究会編『留学交流執務ハンドブック平成十一年度』第一法規出版、一九九九年
『海南年鑑：第二巻――海南政治と法律年鑑』海南年鑑社、一九九三年
華僑華人百科全書編集委員会編『華僑華人百科全書：社団政党巻』中国華僑出版社、一九九九年
郭斉家・雷銑主編『中華人民共和国教育法全書』北京広播学院出版社、一九九五年
『教育管理辞典』第三版、海南出版社、二〇〇五年
教育部国際合作与交流司『教育外事工作文件匯編一九九五～一九九八』一九九九年
教育部財務司編『国家公費出国留学人員経費管理工作手冊』中国人民大学出版社、一九九九年
国家教育委員会編『中華人民共和国：現行教育法規匯編一九四九―一九八九』人民教育出版社、一九九一年
国家教育委員会編『中華人民共和国：現行教育法規匯編一九九〇―一九九五』上下巻、人民教育出版社、一九九八年
国家教育委員会政策法規司法規処編『中華人民共和国：教育法適用大全』広東教育出版社、一九九五年
国家民族事務委員会編『民族政策法規選編』中国民航出版社、一九九七年
周棉主編『中国留学生大辞典』南京大学出版社、一九九九年
『新中国五十五年統計資料彙編』中国統計出版社、二〇〇五年
『新疆年鑑一九八七』新疆人民出版社、一九八七年
寿孝鶴・李雄藩・孫庶玉主編『中華人民共和国資料手冊一九四九―一九八五』社会科学文献出版社、一九八六年
政府人事部主編『新中国留学帰国学人大詞典』湖北教育出版社、一九九三年
『中華人民共和国国史全鑑』全六巻、団結出版社、一九九六年
『中華人民共和国国史通鑑』全四巻、紅旗出版社、一九九三年
『中華人民共和国職業分類大典』中国労働社会保障出版社、一九九九年

『中華人民共和国重要教育文献一九四九~二〇〇二』全四巻、海南出版社、二〇〇三年
『中華人民共和国重要教育文献二〇〇三~二〇〇八』新世界出版社、二〇一〇年
『中華留学名人辞典』東北師範大学出版社、一九九二年
『中国教育成就：一九四四―一九八三』人民教育出版社、一九八五年
『中国教育年鑑一九四九―一九八一』人民教育出版社、一九八二年
『中国教育年鑑』一九八八年以降の各年度
『中国教育統計年鑑』一九八七年以降の各年度
『中国教育行政管理大詞典』光明日報出版社、一九九一年
『中国教育事典――高等教育巻』河北教育出版社、一九九四年
『中国高校分布与概況』広東省地図出版社、二〇〇三年
陳学恂・田正平編『中国近代教育史資料匯編――留学教育』上海教育出版社、一九九一年
陳俊生主編『中国改革政策大典』紅旗出版社、一九九三年
範宝俊主編『中国社会団体大辞典』警官教育出版社、一九九五年
倪忠文・譚慕雪編『中華人民共和国建国史手冊』新華出版社、一九八九年
二一一工程部際協調小組辦公室編『二一一工程発展報告一九九五―二〇〇五』高等教育出版社、二〇〇七年
劉小萌・定宣庄・史衛民・何嵐『中国知青事典』四川人民出版社、一九九五年

あとがき

学生のとき教育哲学の授業で、教育は「祈り」であると教えられた。この言葉が強く印象に残っている。教育とは次の世代に対する切実な願いであるというのである。この言葉は同じ国の日本人学生の教育に対して使う場合には非常に分かりやすいが、外国人留学生の教育に対して使う場合には少し分かりにくい。すなわち、留学生教育には、そこにどのような「祈り」があるのか。留学生教育の利益を受けるべきは留学生当人であり、そのために「祈り」は存在するのでなければならないが、そもそも誰が「祈り」を捧げているのか。

まず誰が彼らに「祈り」を捧げているのかと言えば、第一に彼らの父母であろう。第二に彼らの母国ではないだろうか。第三に彼らを受け入れて教育している教師でなければならないだろう。第四に彼らを受け入れている大学等の教育機関であると言えるであろう。第五に彼らを受け入れている国家であると言えるかもしれない。受け入れ国家には常に政治的・経済的な打算が存在するのであるが、国家が国益を重視する機構である以上、それも止むを得ないことである。このように留学生教育には五つの「祈り」が込められていると言えるのではないだろうか。

いま留学生教育に五つの「祈り」があることを考えたが、第一、第二の「祈り」は送り出し国側のことであり、第三、第四、第五は受け入れ国側のことである。そこで、送り出し国側の「祈り」は、果たして受け入れ国側に通じているだろうか。受け入れ国側はその「祈り」を理解しているだろうか。また受け入れ国側の「祈り」は送り出し国と同じだろうか、あるいは異なるだろうか。現在の日本について考えると、われわれは、一二万人近くの外国人留学生を受け入れているが、彼らに対して、どのような「祈り」を抱いているだろうか。筆者にはこの両国の意志疎通の問題が最も気になるところであり、送り出し国としての中国の「祈り」(意図)を留学政策の分析によって理解したいと考えたのが本研究のそもそもの発端であった。

一般的に言えば、留学生受け入れ大学は送り出し国の留学政策について理解しておく必要があると思われる。今日、わが国の大学には、国際交流担当の副学長、留学生指導担当の教員、国際交流会館の主事、留学生の海外募集・入学事務職員、留学教育プログラムのコーディネーター、外国人に対する語学教師、留学派遣アドバイザー・海外オフィスの事務職員など、通称「留学生関係者」と呼ばれる教職員が多数いる。また、政府や地方自治体、民間団体にも留学交流や留学生支援に携わる職員やボランティアが大勢いる。このような人々はそれぞれの立場において留学生送り出し国の留学政策——派遣政策、海外生活の管理政策、帰国奨励政策——に関する知識を多少とも必要としている。

筆者は長年、留学生指導担当の教員として世界の留学生たちに接してきた。その経験から送り出し国の留学政策について知っておく必要性をずっと感じてきた。留学生指導は留学生の修学・生活上のいろいろな悩みやトラブルについて相談を受け、適切な助言や援助を提供する業務である。その際、留学生の話を聴いて、その置かれている問題状況を把握することが最初の作業となる。それには留学生当人に関して、国籍、年齢、学歴、所属学部・学科、指導教員、奨学金の有無、配偶者・子どもの有無、留学目的、留学予定期間、滞日期間、人格の成熟度など、一般的な情報を得ることも必要である。これによって、かなりの程度、留学生の置かれている問題状況を立体的に把握できる。

しかし、それだけでは十分でない場合がある。どの国の留学生も個人的意志で留学した人々であるに相違ないが、そこには個人的意志を超える時代的要請ないしは国家社会的要請が必ず働いている。時代的ないしは国家社会的要請というものは漠然として捉え所のないものであるが、留学者の誰もが個人的意志だけでは充分に説明できない何ものかに動かされて留学してきたという側面を持ち合わせているのである。それは何であろうか。

中国について具体的に言えば、国際的な政治・経済情勢、二国間の国際関係、国家の知識人政策、科学技術政策、高等教育政策、人材育成計画、民族教育政策等々があり、また在外公館の支援活動、留学生組織の結成と相互扶助活動、政治的発言の制限や計画出産の規定など日常生活の行動規範、更には帰国時の旅費支給や帰国後の就職斡旋制度・創業政策などがある。このように出国から帰国までの間、留学生たちは様々な文脈の中に置かれている。その「置かれている情況」が時代的要請ないしは国家社会的要請を表象しているように思われる。それらを知ることによって、留学生が語る問題の実相やその深刻さの程度、感情の複雑さをより的確に洞察できたと感じる場合が少なくないのである。中国の留学政策の分析を通して、中国人留学生の「置かれている情況」を広い文脈で把握したいと思った所以である。しかしながら、不十分な点が多々あると思われる。ご叱正・ご批判を賜われば幸いである。

＊

本書は二〇〇九年度九州大学に提出した学位論文に若干加筆したものである。本書に関連する中国現地調査では、多くの方々と同行して直接ご指導頂き、また中国の方々にもいろいろご協力頂いた。春夏秋冬、中国各地を訪ね歩いてご教示頂いたことが昨日のことのように有難く思い起こされる。

特に、中国教育研究に関しては、元九州大学の権藤與志夫先生、丸山孝一先生、畏友・于東振氏（学校法人中村英数学園・国際言語学院）に長くご指導を頂いてきた。元九州大学留学生センター長の上尾龍介先生、柴田俊造先生には留学生教育研究において、また、元九州大学の故江淵一公先生、明治大学の横田雅弘先生には留学生問題研究においてご指導を頂いてきた。皆様に改めて感謝の意を表したい。

学位論文の執筆に取り掛かってからは、九州大学大学院人間環境学研究院の望田研吾先生（現・中村学園大学）のご指導を受けた。脱稿までに数年を要してしまったが、毎年、年頭の挨拶では必ず激励頂いた。ご心配をおかけしたことと思う。心より御礼申し上げたい。

また、調査研究を進めるうえで貴重な資料や研究助成を頂いた文部科学省、独立行政法人日本学生支援機構、東京アメリカンセンター及びＪＡＦＳＡ（ＮＰＯ法人国際教育交流協議会）、財団法人トヨタ財団、財団法人中村治四郎育英会に厚く御礼申し上げたい。

本書出版に際しては、独立行政法人日本学術振興会の平成二十三年度科学研究費補助金（研究成果公開促進費）を頂いた。また、財団法人九州大学出版会の永山俊二氏はじめ編集部の方々に大変お世話になった。心より感謝申し上げたい。

最後に、私事になるが、学位論文提出の前後、父と岳父が相次いで他界した。これまで見守っていてくれたふたりに感謝の意を記すことをお許し願いたい。

二〇一一年五月十一日

白土　悟

マ行

ヤ行

ラ行

索　引

著者紹介

白土　悟（しらつち・さとみ）

1982年九州大学大学院教育学研究科博士後期課程単位取得退学。九州大学教育学部助手，九州大学留学生会館主事，九州大学留学生センター助教授を経て，現在，同准教授。1991年度フルブライト奨学生として米国の国際教育交流行政研究。異文化間教育学会理事，日本比較教育学会理事などを歴任。博士（教育学）

専門分野：国際教育交流研究・中国現代教育研究

主要著書：『世界の留学 ―― 現状と課題』（共著，東信堂，1991年），『中国と日本との留学交流 ―― 担当者のための基礎ノート』（編著，アルク，1999年），『留学生アドバイジング ―― 学習・生活・心理をいかに支援するか』（共著，ナカニシヤ出版，2004年）ほか

現代中国《げんだいちゅうごく》の留学政策《りゅうがくせいさく》

―― 国家発展戦略モデルの分析 ――

2011年11月30日　初版発行

著　者　白　土　　　悟

発行者　五十川　直　行

発行所　(財)九州大学出版会

〒812-0053 福岡市東区箱崎 7-1-146

九州大学構内

電話　092-641-0515(直通)

振替　01710-6-3677

印刷・製本／大同印刷㈱

ISBN978-4-7985-0064-5